城市轨道交通环线工程创新与实践
——成都地铁 7 号线

成都轨道交通集团有限公司　著

西南交通大学出版社
·成　都·

图书在版编目（CIP）数据

城市轨道交通环线工程创新与实践：成都地铁 7 号线 / 成都轨道交通集团有限公司著. —成都：西南交通大学出版社，2022.6
ISBN 978-7-5643-8575-0

Ⅰ. ①城… Ⅱ. ①成… Ⅲ. ①城市铁路 – 轨道交通 – 工程施工 – 研究 – 成都 Ⅳ. ①U239.5

中国版本图书馆 CIP 数据核字（2021）第 277228 号

Chengshi Guidao Jiaotong Huanxian Gongcheng Chuangxin yu Shijian
—Chengdu Ditie 7 Hao Xian

城市轨道交通环线工程创新与实践
——成都地铁 7 号线

成都轨道交通集团有限公司 / 著

责任编辑 / 宋浩田
封面设计 / 原创动力

西南交通大学出版社出版发行
（四川省成都市金牛区二环路北一段 111 号西南交通大学创新大厦 21 楼　610031）
发行部电话：028-87600564　　028-87600533
网址：http://www.xnjdcbs.com
印刷：四川煤田地质制图印刷厂

成品尺寸　210 mm × 285 mm
印张　31.5　　字数　759 千
版次　2022 年 6 月第 1 版　　印次　2022 年 6 月第 1 次

书号　ISBN 978-7-5643-8575-0
定价　280.00 元

图书如有印装质量问题　本社负责退换
版权所有　盗版必究　举报电话：028-87600562

城市轨道交通
环线工程创新与实践
编委会

主　任：胡庆汉　沈卫平　刘　毅

副主任：张　智　饶　咏　时亚昕
　　　　张海波　杨玉德　张　杰

顾　问：于　波　朱开伟

委　员：（排名不分先后）

朱俊平　郑永平　凌喜华　苟明中
陈华银　彭宝富　蒋岢松　周勇义
乔彦甫　卢家勇　蒋　辉　母泽友
侯昭路　张培胜　安　然　贾飒飒
潘运宏　高世兵　赵永平　刘海鹰
游光建　李冬竹　徐安雄　丁　超
刘　兵　赵　月　廖理明　陈　辉
李向红　黄　嘉　方　杨　孙永全
何　方　刘　迁　郑晓薇　吴　爽
明瑞利　向　红　徐云鹤　周　旭
周　欢　刘　益　许　平　张　蕾
陈慧洲　罗筱姝　黄　莹　王佳庆
李　俊　江万红　汤　曦　甘　宁
钟　玲　何　珂　宋　欢　罗晓敏
周志勇　张　强　周文建　陈赤坤
曾　华　何　剑　代　刚　龚志润
张　平　俞丰平　彭玥锴　张　庆

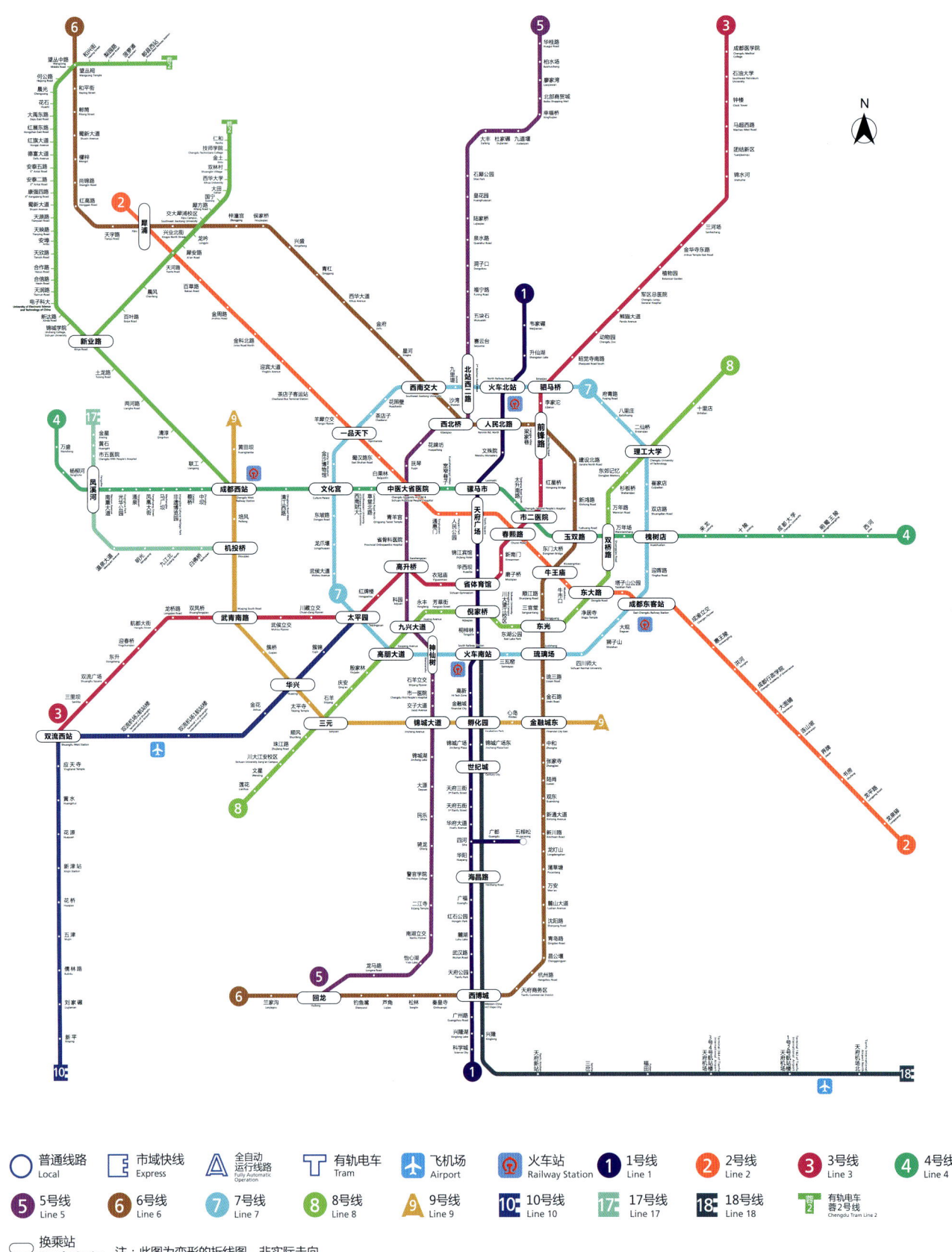

成都地铁 7 号线

《城市轨道交通环线工程创新与实践——成都地铁 7 号线》编写人员表

章	节	小 节	撰稿人
第1章 成都地铁7号线概述	项目概况部分内容	一、建设意义	周维韬
		二、工程特点	向红
		三、建设历程	田理
	技术创新部分内容	一、规划创新	明瑞利
		二、设计创新	向红
		三、建设管理创新	张培胜、王尹
		四、工程实施创新	龚志润、张平
		五、运营组织创新	洪江、熊超
第2章 7号线工程规划	环线的工程规划部分内容	一、环线的必要性与功能定位	明瑞利
		二、环线方案的构建	明瑞利
		三、环线服务水平与系统标准	江永、李世民
		四、环线的实施时机选择	赵亮、李世民
		五、环线工程规划重难点	赵亮、周维韬
		六、环线与BRT的关系及运营效果	明瑞利
	环线的客流分析方法部分内容	一、地铁7号线客流预测指标	向红
		二、地铁7号线客流预测指标的解读	
	环线线路选线特点部分内容	一、环线线路选线特点	周旭
		二、锚固环线线路设计的重点	
		三、克服环线轮轨偏磨的创新技术	
		四、适应工程环境的配线设计创新技术	
第3章 7号线工程设计	环线运营组织设计部分内容	一、环线的行车交路设计特点	向红
		二、环线的配线设计	
	车辆基地设计部分内容	一、环线车辆基地设计特点	许平
		二、车辆基地工艺专业技术特点及创新	张攀峰
		三、建筑及消防工程技术特点及创新	王彦宇
		四、结构专业技术特点及创新	宋欢、黄冲
		五、机电专业技术特点及创新	曹明淑、雷秋红
		六、综合效益体现	许平

续表

章	节	小 节	撰稿人
第3章 7号线工程设计	土建工程技术创新部分内容	一、环线车站设计重难点与创新	罗筱姝、何珂、王佳庆、钟玲、翟蓉、赵莉、何晓东、刘晰铭、喻涛、周欢、刘益
		二、区间结构设计重难点	李俊、张增
	机电工程技术创新部分内容	一、机电设备设计技术	徐云鹤、高建、袁超、曹树勇、苏平安、刘永红、扈梦迪
		二、牵引供电系统设计技术	陈慧洲、张娜、林慧、杨璇
		三、弱电系统设计技术	肖珊、青岚昊、李海博、张蕾、张思宇、张霞、王光前
	停车场上盖控制中心设计技术部分内容	一、控制中心选址	甘宁、张蕾、宋林波、刘强、李学英
		二、首次构建成都轨道交通线网"最强大脑"	
	车站装修与城市文化的融合部分内容	一、车站装修特色及重难点	王绪明、张运谋
		二、装饰装修技术创新及实践	
第4章 7号线工程建设管理	建设管理模式部分内容		张昌国
	工程筹划部分内容	一、主要工期节点	李冬竹、汤徐、李舟
		二、工程筹划重难点采取措施	
	前期统筹与协调部分内容	一、前期工作的特点	游光建、孙伟、陈东（2）
		二、前期工作开展的方式	
		三、前期工作解决问题的手段	
	工程建设管理重难点部分内容	一、三线换乘地下车站同步统筹实施建设管理	陈东（1）、罗松、王飞
		二、超大体量全地下地铁场段建设管理	陈东（1）、周军峰、虞德陈
		三、火车南站扩能改造	陈东（1）
		四、站后工程统筹管理	李冬竹、李舟、杨敏
		五、装修工程管理	刘海鹰、严学波、罗红丽、张平
		六、BIM技术助力站后工程质量上新台阶	王毅、李颖光、张琦
		七、单机单系统调试	赵永平、汤徐、李魁、康佳、韩宇
		八、消缺整改管理	刘寅、黄云亭、冯华敏
		九、运营协调管理	汤徐、刘进、王毅

续表

章	节	小 节	撰稿人
第4章 7号线工程 建设管理	安全与质量管理 部分内容	一、安全管理的重难点	马龙、孙振兴、吴云利
		二、质量安全管理举措	
第5章 7号线工程 实施	车站施工 关键技术创新 部分内容	一、富水砂卵石地层车站站台层大断面暗挖法横向扩挖施工技术	邢妤清、崔忠东
		二、富水砂卵石地层车站全盖挖顺作施工技术	伍斌、薛昌军
		三、穿越车站结构的超高压电力隧道保护技术	喻兵、文浩宇
		四、城市特殊复杂环境低矮空间下邻近建（构）筑物桩基施工技术	姜冲、冯波
		五、城市轨道交通工程控制保护区既有线自动化监测技术	刘玉勇、张哥其
	区间施工 关键技术创新 部分内容	一、复杂砂卵石、泥岩地层盾构法隧道成套施工技术	俞丰平、韩惠军
		二、盾构接收段近距离下穿超大管径带压污水管施工技术	章成龙、赵太东
		三、盾构下穿客运专线施工技术	章成龙、王安成
		四、盾构直接穿越危桥托换桩基施工技术	俞丰平、赵太东
		五、富水砂卵石地层土压平衡盾构带气带压开仓施工技术	穆世旭、邓祎
		六、砂卵石地层盾构掘进渣土分离减排技术	俞丰平、唐正一
		七、隧道洞内控制测量虚拟双导线测量技术	郭平、邓果
	超大型地下场段 施工关键技术创新 部分内容	一、超大型地下车辆基地深基坑施工技术	龚志润、巴宗泽
		二、超大型地下停车场主体结构施工关键技术	
	轨道关键施工 技术创新 部分内容	一、整体道床施工技术	张鹏、李加洋
		二、场段柱式检查坑施工技术	
		三、检查坑无缝线路施工技术	张鹏、陈虓
		四、轨道过渡电阻测试技术	
	机电系统技术 创新与实践 部分内容	一、供电系统框架绝缘、电缆、接触网施工技术	石绍勇、王兴勇、韩宇、王江
		二、动力照明消防电源监控施工技术	袁碧科、谭志强、孟繁斐
		三、站台门接地、绝缘施工技术	周钰敏、牛麒、谢鹏

续表

章	节	小 节	撰稿人
第6章 7号线运营管理	运营筹备组织创新部分内容	一、"线网+线路"分层级运营筹备创新	贾佳、张海君
		二、"1+3"线网管理体系创新	杨盼
		三、线网模式下的运营筹备创新	何璐川、孟蝶
	综合联调组织创新部分内容	一、"线网+线路"模式下的综合联调	陈诚、盘建勤
		二、多专业异地调试	杨帆、范天文
		三、全地下场段综合联调	文蜀钰
	客运组织创新部分内容	一、漏斗型客流换乘站	刘芩瑜、罗安媛
		二、首个多线换乘站	罗安媛、龚云海
		三、安检互信换乘站	刘芩瑜、单娜
		四、交通枢纽换乘站	刘芩瑜、罗安媛
	行车组织创新部分内容	一、首末班车发车组织	黄诗浩
		二、线上存车组织	胡邱恒
		三、不均衡运输组织	邹晋阳
		四、C字型交路加密发车	邹晋阳、何善富
		五、应急行车组织	张波
		六、虚拟起终点运用	邓一维
	维保信息化创新部分内容	一、维护监测系统	杨金伟、彭俊杰
		二、集中告警系统	王绍昆、陈娥
		三、车辆故障预警及健康管理系统	赵娜、黄振东
		四、线网资产及运营生产管理系统	卢重阳、陈忠
		五、大型检测维修设备	雷涛、苟然

序

　　城市轨道交通环线可以减缓外围较大客流直接进入城市核心区的压力，为外围组团与中心城区客流提供更多的换乘路径，从而减轻换乘压力，增强网络通达性，同时满足了环线沿线客流需求，提供周向联系便利。

　　成都轨道交通环线——地铁 7 号线在 2005 年版线网规划中被提出，在 2012 年版线网规划中形成。2013 年国家发改委批复建设规划，同年开工建设，2017 年开通试运营，是国内一次建成通车里程最长的轨道交通环线工程。

　　系统采用 A 型车 6 辆编组，设计时速 80 km/h，全长 38.615 km，设车站 31 座，其中换乘站 22 座，全为地下线。线路位于成都市中心城区的中环路，穿越金牛区、青羊区、武侯区、成华区、锦江区五区居住用地最密集地带，串联了成都北站、成都东站、成都南站三大铁路客运枢纽。

　　作为成都市的首条轨道交通网络环线，工程条件复杂，各参建单位在项目建设过程中实现了众多技术创新。从规划上解决了与铁路枢纽环线的利用之争，并提出了环线的实施时机；在设计中首次设计全地下车辆段，全地下双层停车场，同时采用了灵活的配线设计，提高了环线的运营效率；在建设管理中高度重视轨道交通与其他市政工程的衔接与共建，创新管理模式，节省了工程建设资金；在实施过程中运用并形成了富水砂卵石及泥岩地层条件下的盾构法隧道成套施工技术、站台层暗挖扩挖法及超大型地下车辆基地建造技术；在运营管理中按照"线网＋线路"分层级开展新线筹备和综合联调工作，并多专业协同开展异地调试，在成都东客站实施了地铁与铁路安检互信方案，并采用环线首末班车多点发车方式、早高峰采取不均衡运力配置及"C 字型"交路优化等方案提升行车组织效能。

　　地铁 7 号线于 2017 年 12 月 6 日开通试运营，开通一年内，线网客流从年日均 214 万人增加至年日均 317 万人，环线客流聚集效应明显，它的开通对成都轨道集团完善线网运营结构，提高线网可达性，引导绿色出行具有重要的意义。

　　本书详细介绍了 7 号线的工程规划、工程设计、工程建设管理、工程实施、运营组织阶段的主要亮点，总结了环线工程建设的相关经验，可为其他轨道交通环线工程规划建设提供借鉴。

目 录

第 1 章　成都地铁 7 号线概述 · 001
　1.1　环线概述 · 002
　1.2　项目概况 · 009

第 2 章　7 号线工程规划 · 013
　2.1　环线规划 · 014
　2.2　环线选线基础 · 044
　2.3　环线客流分析 · 059

第 3 章　7 号线工程设计 · 067
　3.1　环线工程设计特点 · 068
　3.2　环线配线设计 · 069
　3.3　地下车辆基地设计 · 076
　3.4　环线换乘站和枢纽站设计 · 091
　3.5　车辆段上盖综合开发设计 · 221
　3.6　车站空间装饰与城市文化的融合 · 231

第 4 章　7 号线工程建设管理 · 245
　4.1　建设管理模式 · 246
　4.2　工程筹划 · 246
　4.3　前期统筹与协调 · 248
　4.4　工程建设管理重难点 · 252
　4.5　安全与质量管理 · 273

第5章　7号线工程实施 … 279
5.1　车站施工关键技术创新 … 280
5.2　区间施工关键技术创新 … 314
5.3　超大型地下场段施工关键技术创新 … 363
5.4　轨道关键施工技术创新 … 378
5.5　机电系统技术创新与实践 … 387

第6章　7号线运营管理 … 401
6.1　运营筹备管理创新 … 402
6.2　综合联调创新 … 411
6.3　客运组织创新 … 418
6.4　行车组织创新 … 438
6.5　维保信息化创新 … 445

第7章　7号线开通后的影响分析 … 457
7.1　轨道环线开通后的影响概述 … 458
7.2　成都地铁7号线开通后影响分析 … 462

第8章　7号线创新成果汇总 … 473
8.1　规　划 … 474
8.2　设　计 … 475
8.3　建设管理 … 480
8.4　工程实施 … 485
8.5　运营组织 … 488

第1章 成都地铁7号线概述

1.1 环线概述

1.1.1 环线的概念

环线是轨道交通环状路线的名称（英文名称：Loop Line）。依据苏联学者观点，城市轨道交通网络由肢段和圈层构成，环线就是环上任一点不用换乘均可到达环上另一点的特殊圈层。环线是轨道交通线网发展的必然产物，它一方面可以将城市各个片区或客运集中点紧密衔接，有利于乘客选取更便利的轨道交通换乘方式和更多的换乘站点，减少换乘次数；同时加强了轨道交通线网的行车组织能力和抗风险能力。

轨道交通环线全线客流量往往高于放射形线路的客流量。环线的线网结构形态，可将城市内部多个客流集散点连接起来，形成基本客流源和支撑点，并形成环线自身的客流走廊。环线既可截流外围（环外）线路之间的换乘客流，又可提高线网换乘点选择的灵活性，发挥更大的客流输送功能。

1.1.2 环线分类

截止到2020年年底，全球共有77个国家和地区的538座城市开通运营城市轨道交通，运营里程达到33 346.37 km，车站数超过34 220个。其中，线网规模大于100 km的城市中，有超过50%都设置了轨道环线，伦敦、马德里、悉尼和东京等城市拥有2条环线，新加坡拥有3条环线，莫斯科甚至考虑规划建设城市的第4条环线；在国内，北京、上海、广州、武汉、西安、重庆、成都等城市也纷纷开通了环线。尽管轨道交通环线在物理形态上均有一个环形线路，但由于环线外的接线方式不同，从而形成了不同的运营方式。比较典型的方式有4种：独立环线运营、勺形环线运营、共线环线运营、组合环线运营。

1.1.2.1 独立环线

独立环线是指列车在环线上运行，不进入环线以外的轨道交通线路，同时其他线路的列车也不会进入环线内运营的线路模式。独立环线运营组织便于客运管理和行车组织，交路设计简单，乘客换乘方便。

莫斯科、东京、首尔、马德里、名古屋等城市就是采用独立环线的运营方式，而莫斯科环线则是独立环线的代表，其线网如图1-1所示。

莫斯科地铁有两条环线，5号线、14号线，均为独立环线。莫斯科地铁5号线长约19.4 km，于1950年开通运营，设12个车站，其中两线交汇车站9个，三线交汇车站3个，市郊铁路干线车站7个，环线列车运行一周需要29 min。莫斯科地铁14号线长约54 km，于2016年开通，设31个车站，其中2线换乘站15个，3线换乘站1个。

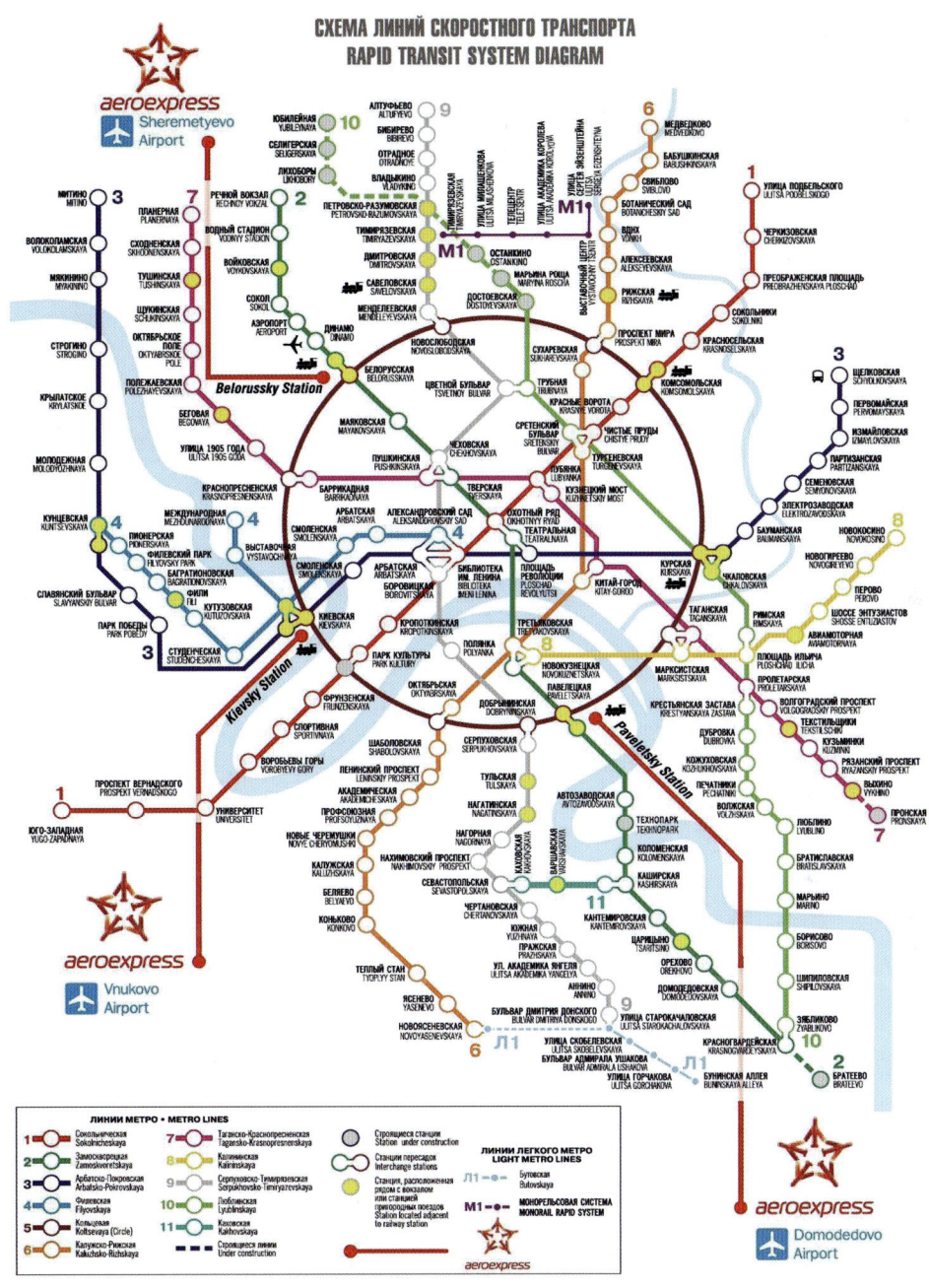

图1-1 莫斯科地铁环线（莫斯科地铁官网版）

1.1.2.2 勺型环线

勺型环线是指除环形线路外还有进出环线的放射线路，列车沿放射线路进入环线中，沿环线运行，然后再沿出环线的线路离开。勺型环线是一般线路与环线线路的组合，能够有效减少端头与环线的换乘量，适用于从端头到环线的某些车站存在大量的客流，而沿整个环线运行的客流不大时的勺型线路。东京大江户线、芝加哥城轨线网是典型的勺型环线。

东京地铁大江户线全长40.7 km，于1991年开通运营，设38个车站，全程行车时间约72 min，如图1-2所示。

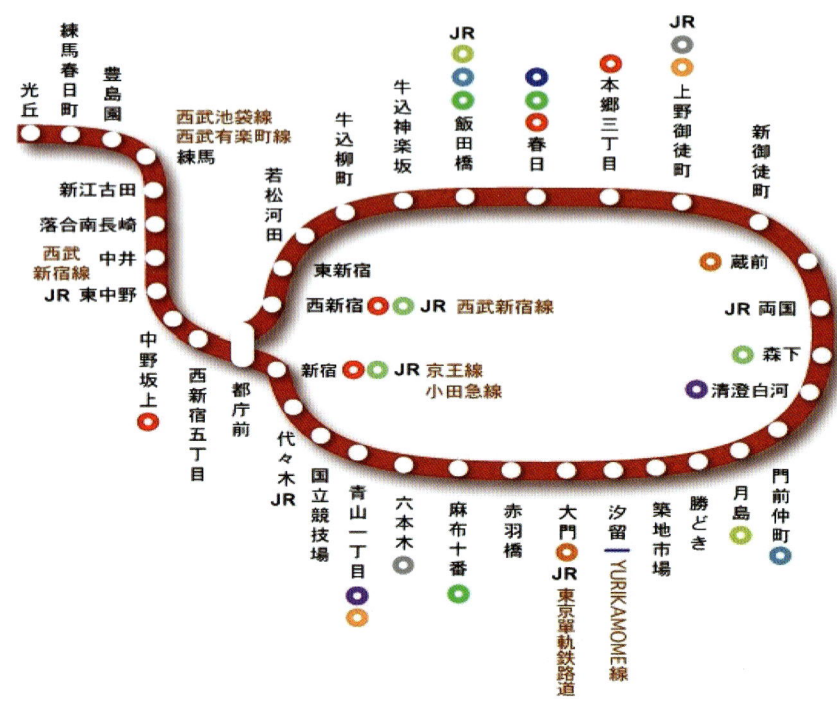

图1-2　东京大江户线

1.1.2.3　共线环线

共线环线运营是指环线列车与来自环外线路列车在整个或其中一部分线路上共线运营。共线环线同时具备独立环线和勺型环线的特征,在运营组织上比较灵活,适用于共线区段内客流量较小、且能力足够的线路,典型的共线环线是伦敦地铁,其线网如图1-3所示。

图1-3　伦敦地铁共线环线(2021年官网版)

伦敦地铁区域线、都市线、Circle、Harmmersmith&City四条线路共用一条轨道交通线路。这条线路全长22.5 km，受四线共线运行的影响，发车间隔7 min，客流强度较低。

1.1.2.4 组合环线

组合环线由两条及以上线路通过道岔和一些辅助线路连接起来，形成一个完整环线路径。是不同线路分别组织运营，在交会点处实现换乘，形成分段运营的环线模式，适用于两条线路客流相差比较大且线路间换乘量较小的轨道交通线路。典型的组合环线是巴黎地铁、汉堡地铁。

如图1-4所示，巴黎地铁2号线、6号线共同组成巴黎地铁环线。巴黎地铁2号线全长约12 km，设25个车站，其中10个换乘站，为巴黎地铁北环线；巴黎地铁6号线全长约13.5 km，设28个车站，其中11个换乘站，为巴黎地铁南环线。

图1-4　巴黎地铁组合环线

1.1.3 典型环线介绍

1.1.3.1 北京地铁 2 号线

北京地铁2号线是北京第1条环线铁路，也是中国第1条环形地铁线路，线路全长23.1 km，设18个车站，其中换乘站9个，如图1-5所示。北京地铁2号线分期建成，1969年10月一期工程（北京站至高井站）开通运营，1984年9月二期工程（复兴门站至建国门站）开通运营，此时2号线还没正式成环，1987年12月二期工程和一期工程的长椿街站至北京站通过改造组成环线运营。

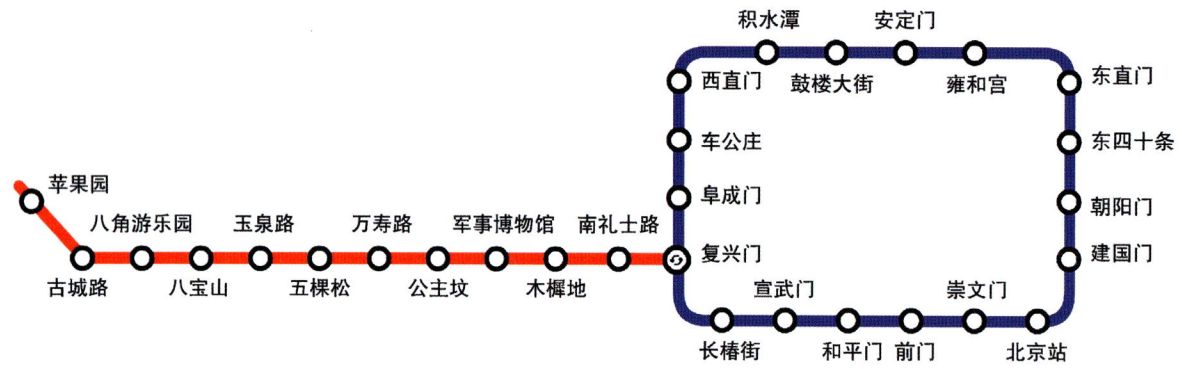

图1-5 北京地铁2号线

1.1.3.2 北京地铁 10 号线

北京地铁10号线为全地下线路，线路全长57.1 km，共设车站45个，其中有32个换乘站，如图1-6所示。2008年7月19日，北京地铁10号线一期（巴沟站至劲松站）开通，直接服务于2008年举办的北京奥运会。2009年8月，北京地铁10号线在首经贸站与草桥站之间增设了纪家庙站，取消位于莲花桥站和六里桥站之间的马官营站。2012年12月二期工程（劲松站至首经贸站、西局站至巴沟站）开通运营。2013年5月5日开通运营二期剩余段（首经贸站至西局站）。北京地铁10号线作为北京地铁轨道交通线网中的第二条环线，具有连接中心城西北、东南方向的对角线功能，是线网中的骨架线路。

1.1.3.3 重庆轨道交通环线

重庆轨道交通环线是重庆轨道交通线网中的骨干线路和唯一的闭合环状线路，东北半环（重庆图书馆—海峡路）于2018年12月28日开通试运营，西南半环（海峡路—二郎）于2019年12月30日开通试运营，线路全长50.88 km，共设车站32个，其中2线换乘车站9个，3线换乘车站3个，如图1-7所示。重庆轨道交通环线是集连接铁路、公路、水运、空运多位一体的轨道交通线路，有利于建立便捷、高标准的内部交通和对外交通体系，促进客运交通一体化建设，对重庆市空间结构优化和有序建设起到重要的引导与支持作用。重庆轨道交通环线是有效缓解重庆交通拥堵、拉大城市骨架，优化城市结构布局、促进主城区整体发展，连接主城组团、交通枢纽的重要轨道交通骨干线。

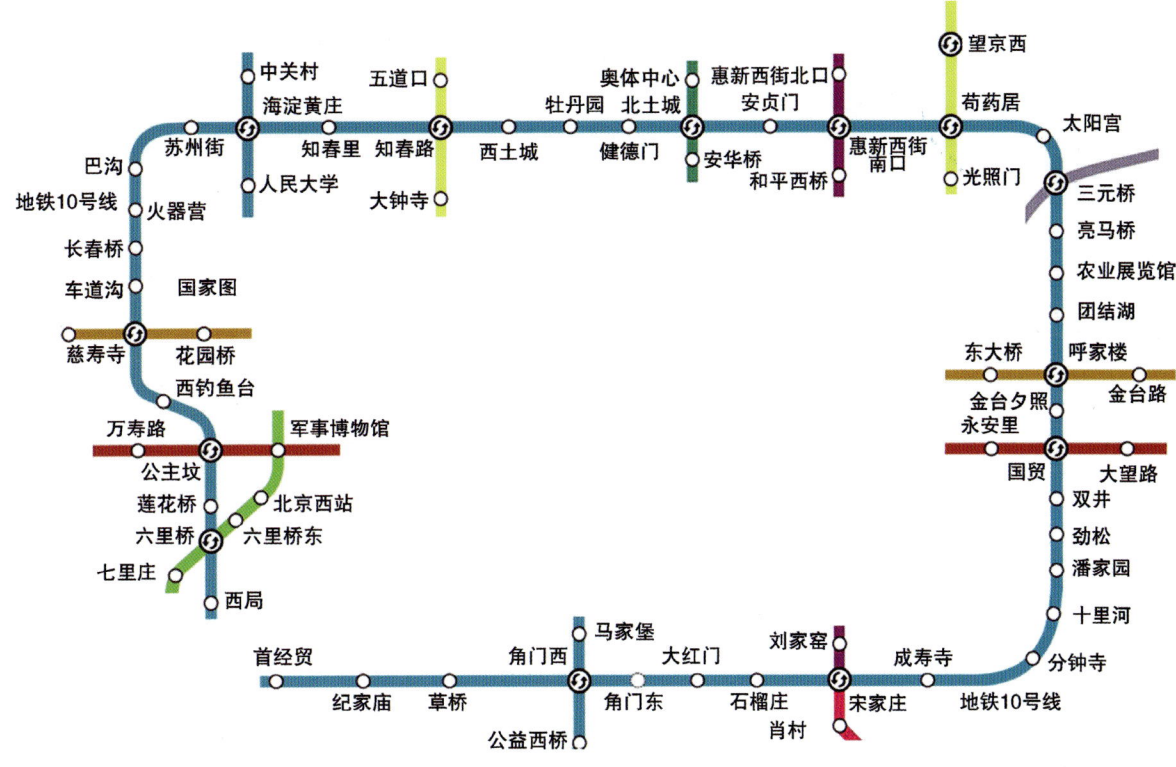

图1-6　北京地铁10号线

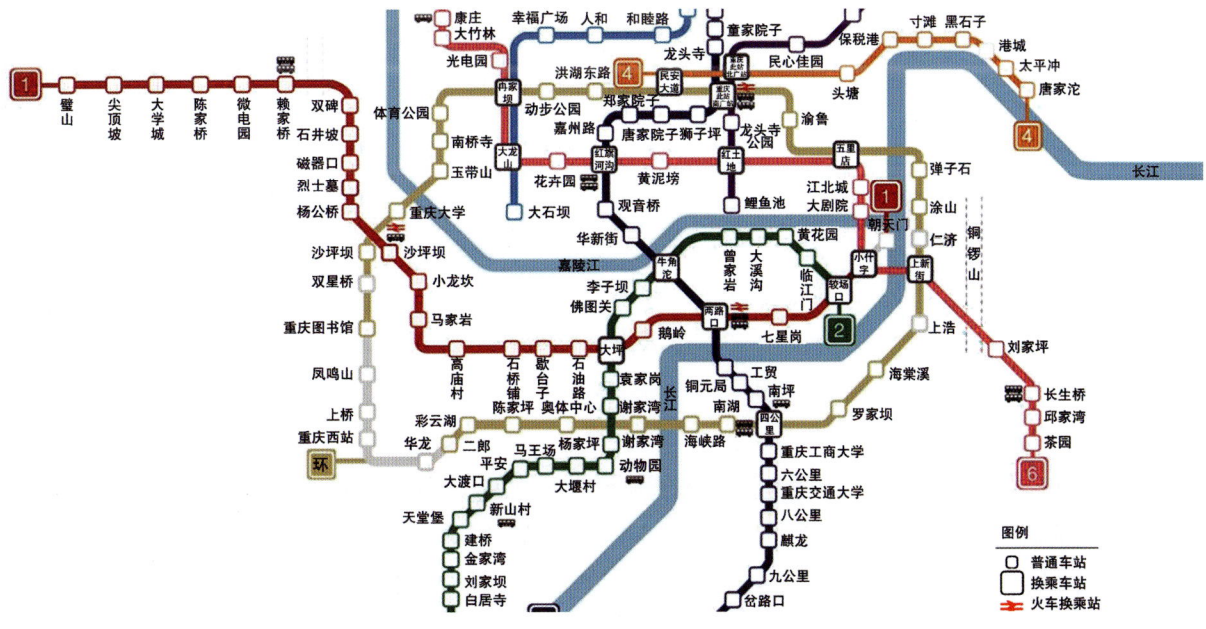

图1-7　重庆轨道交通环线

1.1.3.4 广州地铁环线

广州地铁11号线（Guangzhou Metro Line 11）是广州地铁正在建设的城市轨道交通线路之一，预计于2023年年底开通运营，线路全长43.2km，共设32个车站，其中20个为换乘站，列车采用8节编组A型列车，线路如图1-8所示。广州地铁11号线开通后，不仅会串联起广州的各个区，还将连接广州火车站、广州东站等大型交通枢纽。环线绕行一圈要一小时左右，环线能串联广州主要交通集散点，完善地铁线网结构，提升地铁服务水平。

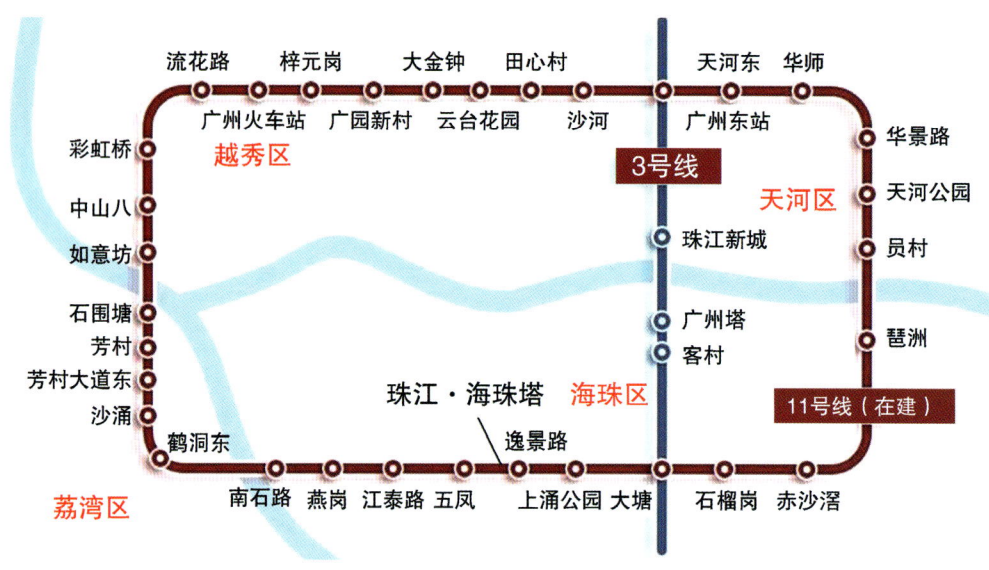

图1-8　广州地铁11号线

1.1.3.5 上海地铁4号线

上海地铁4号线是上海第5条建成运营的线路，一期工程于2005年12月31日开通运营（大木桥路—蓝村路站），2007年12月29日开通运营环线全线，线路如图1-9所示。上海地铁4号线线路全长33.6 km，共设26个车站，其中18个换乘车站，采用6节编组A型列车。上海地铁4号线的环线结构与上海地铁1号线、上海地铁2号线组成"申"字，构筑起上海轨道交通的基本框架，并使得在上海市中心平行通过而不交汇的多条平行线路能通过上海地铁4号线进行过渡换乘，加强了各条线路的连结及换乘的便利性。上海地铁4号线26座车站中的9座车站仍与上海地铁3号线29座车站中的9座车站"共线运营"。

图1-9 上海地铁4号线

1.2 项目概况

1.2.1 建设意义

成都地铁7号线绝大部分区段位于二环路和三环路之间的中环路，局部位于二环。线路沿途经过二仙桥、东郊、沙河堡、火车南、红牌楼、双楠、光华、金沙、茶店子等成熟商业及住宅区，串联了成都站、成都东站、成都南站三大铁路客运枢纽，是成都老城区一条十分重要的轨道交通环线。线路全长38.615 km，全为地下线，设地下车站31座，其中换乘22座。最大站间距2.207 km，最小站间距0.719 km，平均站间距1.246 km。

线路始于成都站，依次沿驷马桥路、八里庄路、二仙桥西路、二仙桥东路、成华大道、崔家店南路、建材路、机场路东延线、广和街、黄忠大道、紫瑞大道、科园大道、武阳大道、青羊大道、同和路、一品天下大街、金房北路、二环路北段，接入起点火车北站。沿途于成都东站、成都南站等局部偏离中环路，以更好衔接枢纽，其线路规划具有以下重要意义。

1. 支撑城市空间结构优化

成都地铁7号线规划建设之时，正是原中心城区二环内过度集中、城西和城南开发趋于成熟、城东退二进三改造时期，是规划将成都由单中心城市转变为多中心城市的关键时期。环线建设提升了中心城区的交通承载力，促进中心城的布局和各分区的功能优化，支撑城市空间结构优化。

2. 利于发挥成都市轨道交通线网整体功能

成都市轨道交通网络为典型的"环+放射"型结构，放射线间换乘站点均位于一环内，即全网换乘客流均需即进入城市核心区，为中心区线路和车站带来较大的客流压力。而建设环线增强放射线间的联络，分流部分换乘客流，有效提升网络的周转效率。

3. 衔接枢纽，服务重要居住和文教区

成都地铁7号线串联了成都站、成都东站、成都南站三座重要的综合交通枢纽，使得大部分地区通过放射线仅需一次换乘即可到达上述枢纽，提升了铁路客运枢纽服务能级。此外，线路串联了茶店子、光华、双楠、神仙树、成都南站等成熟住区，以及金沙博物馆、西南交大、成都理工、四川师大、西南财大等文教区，提升城市综合服务水平。

1.2.2 工程特点

成都地铁7号线线路穿越成都市金牛、青羊、武侯、成华、锦江五区居住用地最密集地带。全线设置一段一场川师车辆段和崔家店停车场，均为地下工程；全线共有三座主变电站，均与前期修建的2、3号线主所共址资源共享；控制中心设置于崔家店停车场上盖处，名称为崔家店控制中心，定位为线网第二座区域控制中心，负责5、6、7、8号线的运营调度指挥。

成都地铁7号线的工程有以下几方面的特点：

（1）继1、2、3、4号线后，率先在成都地铁线网中将原定的以地铁B型车为线网主要车型的资源共享架构调整为选用地铁A型为主要车型。为地铁A型车在成都线网的实际运用，从技术标准的统一和线网资源共享上进行了充分论证和清理，为后续线路的标准统一打下坚实理论和实践基础。

（2）全线31座车站中有22座换乘站，换乘站数量占比高达71%，换乘站种类繁多，工程条件复杂。其中火车北站、火车南站、太平园站为三线换乘站，太平园站还是全线网第一座开通运营的三线换乘站，其三线防灾联动调试为线网后续的多线换乘站开通带去了宝贵经验。在设计过程中，将22座换乘站根据建设时序分为两大类型：一是在7号线建设前已开通运营的换乘站的接入，在与这些换乘站接入过程中，重点考虑对运营的影响；二是在7号线之后开通的换乘站，其中又分为在7号线之后五年内将建设开通的换乘站和五年之后再建设的换乘站。对前者的设计和预留原则是同步设计，最大程度地同步建设；对后者的设计和预留原则是尽量采取通道换乘形式，做好通道接入的换乘条件预留，以节约工程投资和应对未来的不确定性调整。

（3）首次在成都地铁工程中尝试将停车场/车辆段均设置为地下工程，尤其是停车场，在用地资源不足的情况下，仅用不到10公顷（1公顷=0.01 km^2）的土地，建设了地下双层停车场，上下两层共设36股道的停车列检线，停车列检能力为72列位，其中带列检停车位53列位，停车19列位。双周/三月检库设于负一层，设有2条双周/三月检线，1线2列位，共4个列位，可保证全线30对/小时系统设计能力所需的全部72列运用列车停放。采用"2+2"八字型出入段线，将停车场

上下两层分别接入崔家店站和槐树店站，满足环线左右、内外环均衡发车的需求，其停车规模和功能之强大均堪称国内首创。

（4）率先在成都地铁工程中采用取消车载电阻，增设再生制动回收系统的新技术，并探索了中压网和低压网两种电压等级回收系统效果，为后续线网建设线路对该项技术的选择提供了充分的实践经验。

（5）构建了首张成都地铁骨干传输网，能迅速、准确、可靠地传送世纪城控制中心、崔家店控制中心、新苗控制中心三个线网级区域控制中心之间地铁运营管理所需要的各种信息。首次在成都地铁线网中采用中心软交换设备构建地铁线网公务电话系统，与成都地铁10号线新苗控制中心配置的中心软交换设备互为冗余备用，满足线网中14条轨道线路公务电话业务的汇接接入及交换处理功能。

1.2.3 建设历程

2011年3月，受成都地铁有限责任公司（2017年4月25日正式更名为"成都轨道交通集团有限公司"，以下简称"成都轨道集团"）委托，中铁二院工程集团有限责任公司（以下简称"中铁二院"），开展成都地铁7号线的可研编制工作。

2012年1月11日，成都市政府与中国中铁股份有限公司（以下简称"中国中铁"）签订了《关于成都地铁建设合作协议》，协议中，中国中铁以"BT方式"建设成都地铁7号线，负责完成除车辆、牵引制动、信号、外电引入等以外的全部工程的建安、机电设备购置及安装集成项目的设计施工总承包。

2012年2月7日，中国中铁在成都组建了中铁成都投资发展有限公司（以下简称"中铁城投"），代表中国中铁进行项目投融资和实施施工总承包工作。

2012年3月16日，成都轨道集团与中铁城投协商确定了成都地铁7号线的全部设计单位及设计任务分工，正式开展初步设计。

2012年5月10日，通过公开招标，上海市隧道工程轨道交通设计研究院（以下简称"上隧院"）中标成为本工程的设计监理单位。

2012年12月26—2012年12月29日，受国家发展和改革委员会的委托，上隧院在成都市对《成都地铁7号线工程可行性研究报告》进行专家预评估。

2013年2月16日，《成都市城市轨道交通近期建设规划（2013～2020年）》获得国家发改委批复（发改基础〔2013〕269号），其中批复成都建设成都地铁7号线工程（环线）。

2013年9月16日，四川省发改委对成都地铁7号线正式批复（川发改基础〔2013〕1022号）。

2013年7月24—2013年7月29日，受成都市城乡建设委员会（以下简称"成都市建委"）委托，广州地铁设计院对成都地铁7号线初步设计进行了专家预审查。

2013年11月7日，成都市建委对成都地铁7号线初步设计正式批复（成建委〔2013〕477号）。

2013年8月—2013年12月16日，完成初步设计修编工作。

2013年10月21日，全面开展施工图设计。

2013年5月工程陆续开工，2013年11月7日，土建工程全面开工建设，2016年11月底土建工程正式全面完工。

2015年1月—2016年6月期间，各机电系统完成常规设备招标。

2015年12月，全线车站完成主体结构封顶。

2016年9月14日，全线洞通。

2017年2月28日，全线轨通、环网电通。

2017年4月10日，全线接触网送电。

2017年4月25日，全线热滑。

2017年5月26日，开始综合联调。

2017年8月8日，开始空载试运行。

2017年9月21日—2017年9月23日，成都市建委组织召开成都地铁7号线初步设计审查专家意见落实情况审查会。

2017年10月11日—2017年10月13日，成都市交通运输委员会（以下简称"成都市交委"）组织召开成都地铁7号线工程试运营基本条件预检查评审会。

2017年11月26日—2017年11月29日，成都市交委组织召开成都地铁7号线试运营基本条件专家正式评审会。

2017年12月6日上午9:00，7号线正式开通试运营。

第 2 章

7 号线工程规划

城市轨道交通线网规划（后文简称线网规划）是城市总体规划中的专项规划，在城市规划流程中，其位于综合交通规划之后、专项详细控制性规划之前，是长远的、指导性的专项宏观规划。城市轨道交通环线是线网规划中成环且列车可循环运行的线路，形态的特殊性决定了其功能及设置条件都与一般线路有所不同。城市轨道交通环线规划是线网规划的一部分，应在线网规划的指导下进行。环线的设置对整体线网功能的发挥有重要的影响。环线的功能分析、设置条件、设置规模及其他相关问题的研究已成为城市轨道交通线网规划和修编过程中争论和关注的焦点。本章将对城市轨道交通环线规划的基本要素和分析方法进行简明扼要的介绍，并通过成都地铁7号线工程案例进行实例分析。

2.1 环线规划

2.1.1 环线建设必要性论证方法

2.1.1.1 环线设置的影响因素

1. 客流需求

环线的设置首先要满足轨道交通建设的基本条件，即客流需求达到一定规模。具体是指环线建设运营后一段时期内应达到一定规模的客流量以保持正常运营。环线客流主要来源于放射线换乘客流和环线本线客流。放射线换乘客流的数量及特征取决于放射线的数量、位置、性质和客流特征。放射线客流量大且出行方向的多样化将增加放射线间的换乘需求。放射线呈"米"字型布局，将会使得放射线间换乘客流多数于城市中心线路密集处换乘。如果放射线长度较长，衔接市郊，且各郊区之间换乘客流量较大，则需要在恰当位置设置环线以满足郊区之间的切向换乘客流。环线本线客流的数量及特征取决于环线沿线的客流发生吸引点的客流量及其位置。环线通过的客流集散点越多，其通达性越好，环线方向出行客流越多。城市轨道交通被引入大城市以前，城市多以摊大饼式分圈层发展，人口、工作岗位和大型客流集散点均均匀分布于市中心四周同一环状带内，而通过设置环线，较易串联圈层式发展型城市的大型客流集散点。如环线本线客流出行需求和放射线间换乘需求均达到一定规模，则可设置环线。具体可以通过一些量化指标进行分析判断，如客流断面不均衡系数和主要集散点数量等。

1）客流断面不均衡系数

客流断面不均衡系数等于全日环线客流断面最大值与平均值的比，该指标反映线路承担客流的均衡程度，是对客运效率的评价。以客流预测为基础进行的计算，计算公式见（2-1）：

$$P = \frac{Q}{K} \tag{2-1}$$

式中　P——客流断面不均衡系数；

Q——全日双向最大断面流量；

K——断面流量的平均值。

2）主要集散点数量

周向均匀分布的充足客流对环线的设置非常重要。而环线客流主要取决于沿线人口和就业数量，也就是环线自身串联的客流集散点的规模。环线的沿线必须有足够的人口和工作岗位，通过较多的客流集散点或城市重要活动区域来保证环线足够的本线客流。城市主要客流集散点包括城市的公交枢纽、市级的行政中心、大型商业中心、大型娱乐中心、大型文体中心、大型会展中心六类。串联集散点数量越多，就越能保证既有一定的本线客流量，又能较易形成城市副中心。

2. 工程条件

城市轨道交通线路需要设置停车场、车辆段等占地面积大、工程条件要求高的辅助设施，一般不小于10公顷。穿越市区的放射线两端位于城市外围区域，其建设条件和用地条件都较好，可以较便利地设置车场；而环线为了保证有足够的客流吸引能力并对线网构架发挥相应的作用，往往设置在市中心内或边缘，通过区域的建设条件和用地条件紧张，辅助设施设置困难。

为了解决工程条件的制约，一般可以采用以下两种方式：

（1）增加环线的长度，使环线向城市外围扩大或局部线路通过城市较为外围的区域以保证环线部分区段所通过的区域其建设条件和用地条件能够满足设置辅助设施的要求。

（2）在环线上增加支线或利用联络线与其他放射线联系。在支线或放射线上设置辅助设施，通过相应的运营管理措施来保证环线与支线或其他放射线共享辅助设施。

3. 城市规划

在城市发展战略的指导下，城市轨道交通环线的设置首先取决于城市的空间布局结构。城市空间布局结构主要指中心城区的形态，涵盖用地功能布局、道路网结构及人口分布等。城市空间布局结构可分为集中型、带型、放射型、星座型、组团型及散点型等。

以往我国大城市的空间结构多为同心圆圈层式发展。随着城市规模的加大和城市环境问题的尖锐化，变单中心为多中心结构成为必然的趋势。规划设置环线的城市多为特大和超大城市，其布局形态多呈现多中心、组团式；对于中小城市，城市的活力多集中在城市中心区的商务和商业聚集区，一般不会通过建设环线把城市的活力分散到城市的外围区域。可见并不是满足多中心组团式的城市都需要设置环线，应根据具体城市的客流条件情况等因素进行详细分析。是否规划城市轨道交通环线，需要考虑城市规划中远景规划的布局形态，以及各副中心组团的规划布局。

4. 城市交通结构

城市现有道路网与轨道交通的建设密切相关，它们之间既存在对交通源的竞争，又存在实现共同运输的衔接和换乘。既有的城市道路网结构很大程度上体现了城市的主客流方向，为轨道交通线网规划提供参考依据。现有道路网特别是道路环线的位置与轨道交通环线之间存在竞争和协同关系。现有的城市交通枢纽是大型的客流集散地，枢纽的布局和客流特征是环线路由确定的关键因素。轨道交通环线需尽可能将不同交通方式、不同交通设施、不同公交线路纳入一个完整的交通体系中，并使之在各自的优势范围内合理并存、相互促进、共同发展，实现各种交通方式的协同协作。

5. 城市轨道交通线网规模

国内规划环线的城市轨道交通规线网规划平均规模为314 km。线网规模越大，其放射线串联中心区与外围区域的方向越多，轨道线网沿线的地区开发程度越高。当放射线线网规模足够大时，放射线能够给予环线很好的客流支撑，同时放射线出行方向的多样化将使得环线能够提供更多的换乘路径从而进行客流的换入换出。环线能够从环线沿线区域和放射线处得到更多的客流支撑。因此，城市轨道交通线网规模越大，设置环线的可能性就越大。

2.1.1.2 环线必要性论证

1. 轨道交通线网中设置环线的优点

通过设置环线，可以增加换乘节点数，提高线网灵活性。换乘节点数是指轨道交通线网中各条线路相交的交点总数。换乘节点的数量反映的是轨道交通线网提供换乘服务的灵活程度。换乘节点数越多，乘客换乘越方便，轨道交通的整体吸引性越好，轨道交通系统在综合交通体系中的竞争力越强，轨道交通的运营效益越好。为实现换乘次数的最小化，理想线网模式是线线相交，但在实际线网规划中，考虑到线网密度，想要形成"线线相交"的格局是很困难的。而环线基本与所有线路相交，增加线网的换乘点数量，提高线网换乘的灵活程度，使得线网总体可达性增加。

通过设置环线，可以缓解中心区交通压力，利于城市副中心的形成。根据轨道交通线网中环线设置的位置不同，将环线分为内环和外环两种情况。内环是环绕中心商务区（CBD）周围的环线。除了具有一般轨道交通线路的作用外，还可以对市中心的换乘客流起到截流的作用，并将其引到CBD附近的环线上，大大减少了CBD地面客流，从而达到缓解CBD的交通拥挤状况的目的，如莫斯科和北京的轨道交通环线，由于这种环线设置于网络覆盖范围内，所以提高了网络的密度，更加刺激了CBD的高密度开发。外环是环绕市中心区周围的环线，一般布置在城市中心区的外围，穿过城市的建成区。在环线与放射径向线交叉处轨道交通的可达性好，客流强度大，又因为交点处离CBD比较远，受CBD影响较小，迫切需要建设能够满足居民基本需求的相关功能设施，因而很容易形成新的城市副中心。

2. 轨道交通线网中设置环线的不足

轨道交通线网中设置环线的不足为：增加施工难度，提高建设成本。轨道交通环线最大的特征是换乘站比例较高，在为城市提供周向客流通道的同时，最大程度地满足了各条放射线之间的客流联络。同时，由于环线建设时间相对靠后，若前期线路没有预留换乘条件或者新建线路方案变化时，可能需要对既有车站进行改造或改变原定的换乘方式或废弃之前的工程预留，这些都增加了工程量及建设成本。再有，环线常布设于城市中心区、中心区边缘，以吸引足够的客流，但其通过的区域往往用地条件和建设条件会受限，车辆段、停车场等辅助设施的设置较为困难，与放射线两端处于城市外围，有良好的条件不同，中心区土地成本高，若前期土地预留有问题，通常会向外扩散环线以达到所需的条件，使得建设成本增加。

3. 必要性论证

通过对环线设置的影响因素和优缺点进行分析，可知环线设置有利有弊，且需要有明确的目的，如提高在既有城市结构下的旅客服务水平，引导新城市形态形成等。当线网和城市发展不具备条件时，设置环线不仅增加成本还可能难以吸引客流。

判断是否能够在既有城市结构下提高旅客服务水平：① 如本线客流尚未达到一定规模，环线建成后客流需求较少，但运营方为了保持一定的运输服务水平，只得开行一定数量的服务列车，列车载客率低，运营成本增加，入不敷出。② 环线设置是否为周向出行的乘客节省了旅行时间。轨道交通系统受列车行驶方向固定的限制，旅客通过环线在不同放射线路间转换需要通过两次换乘来实现。如果城市规模和放射线构成并没有达到既定条件，乘客选择环线时的换乘时间占旅行时间的比例过大，旅客仍然会选择放射线出行。环线吸引客流量少，运营成本高，将给轨道交通运营方造成负担。

判断是否有利于形成新的城市形态（如多组团城市结构或一主多副多中心城市结构）。如城市中心区人口密度大，生活成本高且生活环境差等特征，通过设置环线可在环线和放射线相交处形成人口密集点，同时此处生活成本较为低廉，因此会在此处形成较为频繁的社会经济活动，进而容易形成副中心。如城市中心尚有较好的生活环境和生活条件，则人口难以向外迁移，即便建设环线也较难形成新的城市结构。

综上所述，判断是否有必要建设环线，需要综合考虑客流需求和城市规划等影响因素进行分析确定。

2.1.1.3　7号线必要性分析

成都的空间结构形态决定了放射状线网或"环+放射状"线网形态。自2004版城市总体规划至在2015年批复的《成都市城市总体规划（2011—2020年）》，成都市的城市建设和规划始终维持着一心多廊道的空间结构，即中心圈层式蔓延和沿传统对外交通走廊轴向扩展。成都市历版用地布局规划如图2-1所示。城市空间布局以五楔六廊放射状拓展为基础，将部分功能和人口岗位向新城引导。以六大交通走廊作为轴向拓展的基础，形成了放射状的线网。此外，根据产业功能区特性，片区间、新城组团间的客流需求也会增大，为更好地促进要素的流动，加强各个区片之间的联系，规划设置环线是适宜的。

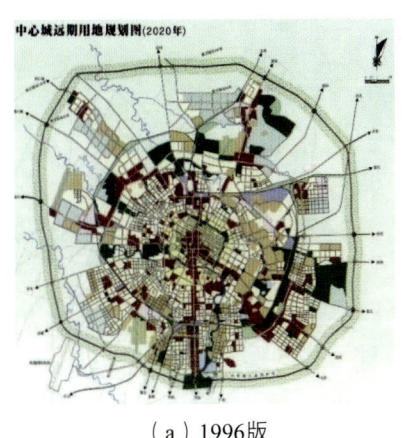
（a）1996版

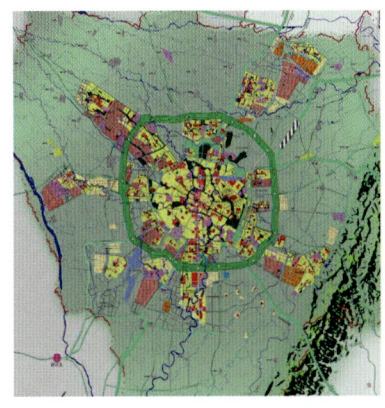
（b）2004版

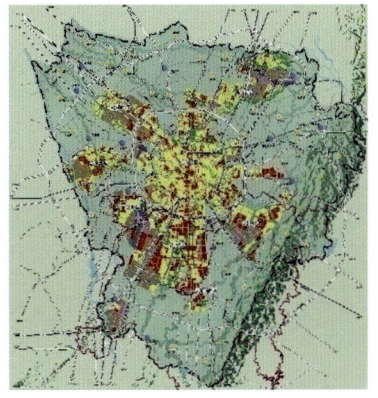
（c）2011版

图2-1　成都市历版用地布局规划

成都市2.5环附近已经形成了居住用地最密集的环线交通客运走廊。需要设置环线串联火车北站、火车东站、火车南站这三座城市综合交通枢纽，并实现各放射线之间的客流联络，给乘客提供更多的出行径路选择，缩短乘客的出行时空距离，同时通过良好的交通内外衔接，使过境客流可直接通过环线进行换乘以达到目的地。通过环线的换乘和客流集散功能，进一步优化了中心区功能布局，缓解了中心区的交通拥堵压力，保护了城市的生态环境，并反过来改善了城市的投资环境，增强了城市的吸引力，确保了成都市作为西南地区重要中心城市的功能发挥。因此，建设成都地铁7号线十分有必要。

2.1.2 环线功能定位分析

2.1.2.1 环线功能分类

1. 换乘功能

城市轨道交通环线通常需与网络中的多条放射线相交，其换乘站所占比例通常远远高于普通线路。例如，7号线31个车站中有22个换乘站，换乘站比例高达71%；北京地铁2号线的18个车站中有10个换乘站，换乘站比例高达56%；北京地铁10号线的45个车站中有16个换乘站，比例也达到36%。在市中心多线密集交叉区之外，环线与射线的交点为乘客们提供了另一条各射线间便捷换乘的渠道，避免外围客流进入市中心进行各射线之间的换乘，既可节省外围组团间乘客的出行时间，也可减轻环线内部各射线分段的客流压力。便于分析，将最普遍的"环+放"结构城市轨道交通线网简化抽象为多条相交线段（代表射线）与一个标准圆（代表环线）组成的几何图形，如图2-2所示。

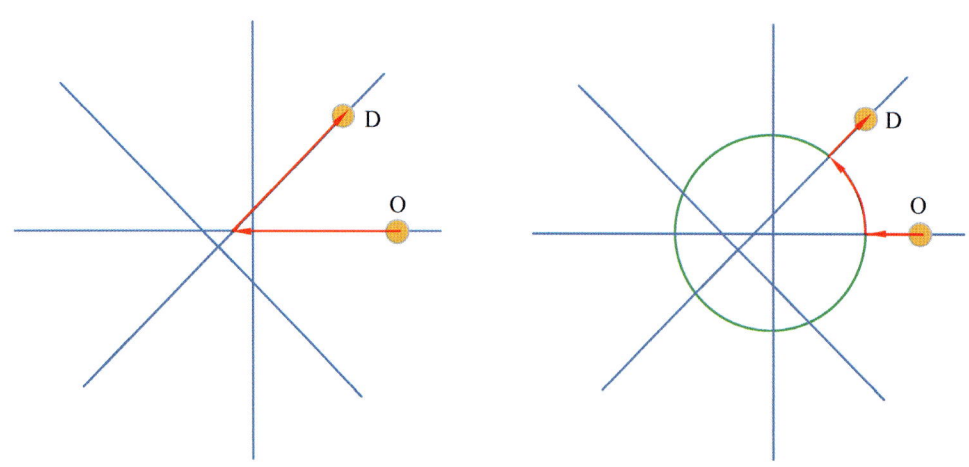

图2-2 "放射"结构与"环+放"结构

2. 调整城市空间结构

国内外多个城市发展的经验已经反复证明了轨道交通与城市空间的互动发展关系。大城市和超大城市单核心布局方式使得外围组团向心客流于市中心城市轨道交通线路密集处换乘，使得向心客流出行距离过长且市中心区交通压力过大。在这种情况下，多中心和分散组团式发展成为必然要求。城市轨道交通的可靠性和快速性得以吸引客流延轨道交通线路居住，环线与放射线的交叉处成为客流集散地，有力地促进城市中心区外围一定范围内多个强可达性区域的形成，促进城市形态结构向多中心模式发展。典型的成功案例有：莫斯科的城市空间结构与"环+放"的轨道网络非常契合；日本东京山手线的建设诱导城市沿环线形成了上野、浅草、新宿、池袋、涩谷等多个城市副中心，并带动了山手线沿线商业的快速发展，在山手线沿线及山手线环内集中了大量的就业岗位。

2.1.2.2　环线功能定位

轨道交通环线对城市经济、社会的发展作用是多方面的。环线可以强化城市的中心区，助力城市做大做强中心区；扩大城市中心区，带动城市中心区外围区域的均衡发展；串联起城市的副中心或重要的客流集散点，促进城市副中心的发展，推动城市的多中心多层次方向的发展；满足环线沿线客流的出行需求，带动沿线经济的发展；通过分流截流将向心客流进行疏解，分散中心区换乘压力，提高旅客出行服务水平；提升轨道线网整体可达性，缩短旅客绕行距离，减少中心区拥堵情况；衔接城市与城市间的交通，构建城市小时经济圈，打造都市圈层；改变沿线土地利用性质，促进沿线土地的开发利用，通过轨道交通的骨干作用，带动沿线经济的发展。

环线的功能定位不同，其串联区域、辐射范围、衔接放射线不同，其布设位置就会不同，结果自然是使环线的长度有所区别，例如北京地铁2号线与10号线环线。当定位为强化城市的中心区，中心区大小决定了环线布设的基本位置，而规划线路为大环时，就达不到原有的目的，会导致资源的浪费，违背环线建设的初衷。同样的，若环线定位为减少中心区换乘压力，减少城市中心区拥堵，就需要从定量的客流预测和定性的功能适应性两方面对环线不同的设置方案进行可行性研究。例如在前期规划时，郑州地铁5号线曾考虑沿现状B1线路（BRT）布置，但为了扩大城市发展框架和布局，最后进行了改变。从目前国内城市规划环线建设的思路来看，环线的规划建设都是基于城市总体发展、线网规划、城市综合交通规划，提出环线的功能定位。对城市轨道交通环线赋予的功能定位从一定程度上决定了城市轨道交通环线的经济长度范围、线型和设置位置。

2.1.2.3　7号线功能定位

城市快速扩张，导致各条放射线与环向线路的大规模换乘。由于城市规模和空间尺度的扩大，线网中规划建设大量的长大放射线，都有着大规模的进出城客流和换乘需求，设置环线对放射线进行衔接串联，提供周向换乘路径，避免不必要的换乘客流进入城市核心区内，减少不同放射线之间客流流动的出行距离。

成都老城区（原中心城区）二环和绕城高速之间，是过去20年开发建设最为集中的区域，也是人口增长最显著的区域，形成了一定规模的环向客流。

因此，成都市城市轨道交通环线的主要功能体现在两个方面：一是联络众多放射线，提供客流换乘周转服务；二是服务于线路沿线环向客流。

2.1.3 环线线型选择方法

2.1.3.1 环线分类及使用范围

目前世界上轨道交通线网中设置有环线的城市有很多，轨道交通网络形态各异，综合起来分析，线网中环线的常见形态可以分为以下几种：独立环线、共线环线、勺型环线、组合环线，它们如图2-3所示。各种类型环线的特征如表2-1所示。

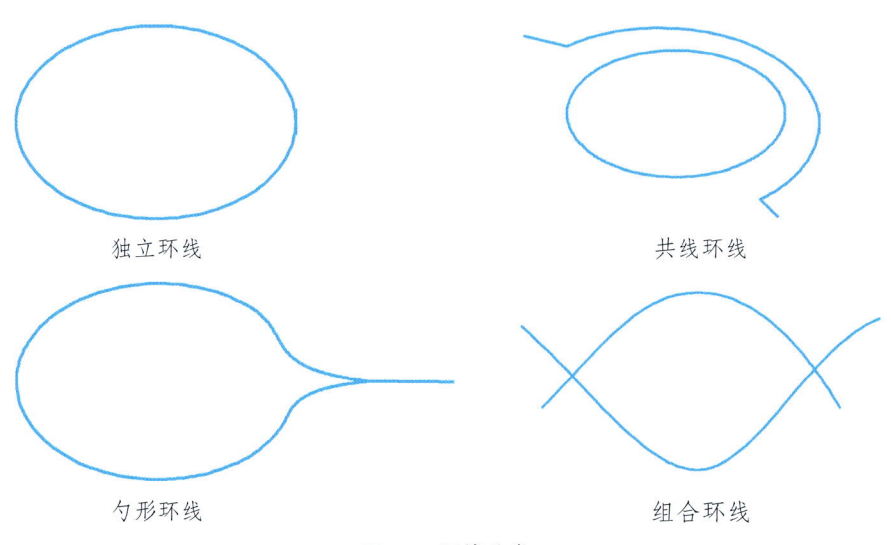

图2-3 环线分类

表2-1 各类型环线特点及适用范围

环线形态	特点	适用范围	应用情况
独立环线	运输组织简单、各区段通行能力均等、识别性强，但对客流的要求也最为严格	适合周向客流比例较大且各区段客流较均匀的线路	独立环线是应用最为广泛的一种形式，大约占已运营环线总数的一半以上
勺形环线	能够有效地减少端头到环线之间的换乘量，在端头到环线客流量较大时是一种很好的选择	适合从端头到环线的某些车站存在大量的客流，而沿整个环线运行的客流不大时的勺形线路	勺形环线指的是除环形线路之外还有进出环线的放射线路
共线环线	同时具备独立环线和勺形环线的特征，因此在运营组织上十分灵活，可以视客流大小及分布情况采取多种运营组织	环线适用于共线区段内客流量较小、且能力足够的线路	共线环线的应用比例仅次于独立环线，占1/3
组合环线	不同线路分别组织运营，在交会点处实现换乘，形成分段的环线运营	两条线路客流相差比较大，且线路间换乘量较小	组合环线运营是指由2条或多条线路组合起来，形成一个完整的环线运营路径

独立环线适合强中心、各方向发展较为均衡的城市，用于截流分流、满足周向客流出行需求，如北京、上海、重庆、成都、广州等大城市。有研究表明，环线换乘客流量一般达到线路总

客运量的40%以上，如北京地铁2号线换入量占客运量比例为51%，北京地铁 10 号线的该比例为46%。我国深圳、南京、苏州等城市在轨道交通线网规划中，都曾提出多个独立环线方案。但进行客流测试后，对比全网客流量、出行时耗、换乘次数、客流断面均衡性等方面，均不如非独立环线方案，因此最终没有采用独立环线方案。

组合环线除发挥截流分流、满足周向客流出行需求的功能外，端部放射线路还能接入环外围大客流点，不用换乘即可接入环内，适用于发展不均衡、环线周向出行不多或整体向心客流少、对截流分流功能需求不高的城市，如石家庄、福州、天津等。天津市地铁环线形式经多次研究，考虑客流需求及特征，最终定为组合环线。

2.1.3.2 成都地铁7号线线型确定

成都市对于城市快速轨道交通线网的研究起步较早，早在20世纪80年代末期就确立了"十"字骨架轨道交通线网基本形态，之后经过多次优化，至2012年形成"环+放射"线网。其中，对网络建设及动态优化具有重要影响意义的是分别于2001年、2005年和2012年完成的三版线网规划。

2001版线网规划有5条线路、总长122 km，规模较小，主要集中在3环以内。2005版线网规划7条线、全长274 km，将轨道交通服务范围扩展至二圈层，其中在绕城高速公路内设置了一条开口向北的U型线。为适应城市人口增长和空间扩张要求，2012版线网规划将轨道交通服务范围扩展至3圈层，并大幅提升网络规模至900 km，提出"环+放射"线网布局。

在成都市轨道交通环线形成的过程中，2005版线网规划和2012版线网规划是两个核心阶段。是否设置环线方案，于2005版线网规划阶段提出并展开专题研究，最终于2012版线网规划阶段明确形成封闭环线。

在2005版线网规划阶段，是否设置环线已成为线网结构中的一个关键问题。规划阶段对此开展了专题研究，提出了环线比选方案，通过定性、定量手段综合比选论证，因当期规划城市远期发展规模和轨道线网规模都相对较小，预测结果显示封闭环线并未显现出明显的客流优势。因此，规划最终选择在网络中设置3/4环线，编号为7号线，既避开了环线的弊端，又起到了环线的作用，沟通了二、三环间高密度居住用地之间的横向联系，加深了中心区线网密度。在功能上起到加强城市中心区扩张发展的作用，是城市中心区边缘位置的辅助填充线。

2012版线网规划结合城市规模、空间结构与用地布局的变化，对线网进行了修编，除扩展服务范围、增加规模外，重点对线网结构进行了审视，尤其对是否形成封闭环线、如何设置环线进行了深入论证。一方面随着放射线数量增加、向外延伸扩展，线路在城市中心区内换乘压力骤增；另一方面，中心城区规划人口由2005版的480万人增加至2012版的620万人（基础设施按800万人校核），新增人口主要分布于二环至绕城间，特别是伴随中心城区东部二环至绕城间（即传统的东郊）再开发、北部及东北部的北改，在二环和绕城之间形成了一定规模的环向客流。经比选论证，规划将位于二环和三环之间的7号线由U型线调整为封闭环线，并在三环和绕城高速之间构建了快线环线——9号线。成都市历版城市轨道交通线网规划如图2-4所示。

（a）2001版　　　　　　　（b）2005版　　　　　　　（c）2012版

图2-4　成都市历版城市轨道交通线网规划

2.1.4　环线规模论证方法

2.1.4.1　环线规模分析

世界上已经投入运营的典型结构性环线的数据统计结果显示，其平均长度为28.0 km，其中，中心区环线平均长度为23.7 km；另外有3条环线长度在35.0 km左右（上海4号线、东京的山手线以及柏林的共线环线）；最长的是韩国首尔的环线（2号线），全长达到了48.8 km，运营一周耗时84 min。根据世界各国地铁运营经验，为使调度合理，通常单条地铁线路的长度为30.0 km左右。而环线由于换乘车站数量较多，相应地在站点累计停靠时间较一般线路要长。因此，对于中心区环线，其长度应以20.0 ~ 25.0 km左右为宜；而对于多中心环线，35.0 ~ 40.0 km的长度较为合适。超过40.0 km的轨道交通环线，其运营一周的时间通常都在1 h以上。

影响城市轨道交通环线合理规模的主要因素有：城市规划、既有交通结构、客流需求量和客流集散点位置。环线长度过短，其串联的区域有限，与网络中其他放射性线路交叉换乘的概率会下降，环线的功能将大打折扣；环线长度过长，客流均衡性、运营时间及服务水平都会受到影响，车辆投入等方面的运营成本也会大大增加，最终也会削弱环线的吸引力。环线长度可以利用无约束规划模型来进行分析。

目前尚没有广泛认可的确定城市轨道交通环线规模的方法。但大体思路是：轨道交通线路的最优规模应能带来最大的净效益。环线的收益主要是轨道交通客票收入和乘客相对时间价值的节约，其投入主要分为轨道交通建设和运营两部分。城市轨道交通环线的收益最大化可表达为公式（2-2）：

$$\max Z = f(Q, \phi, C, M) \tag{2-2}$$

式中　Q——轨道交通预测客流量，人次；

　　　ϕ——轨道交通系统运营维护费用，元；

　　　C——轨道交通工程建设费用，元；

　　　M——轨道交通线路配属车辆购置费用，元。

$$Q = \alpha L \tag{2-3}$$

式中 α ——轨道交通预测客流强度，人次；

L ——轨道交通线路长度，km。

$$M = f(\mu, \theta, T) \tag{2-4}$$

式中 θ ——环线周转时间，s；

T ——环线发车间隔，s；

μ ——车辆购置费，元。

2.1.4.2 7号线规模确定

7号线开通前，成都地铁1号线一、二期、2号线及其东西延线、3号线一期工程、4号线一期工程及东西延线、10号线一期均已开通运营，线网初具规模。根据《成都市城市快速轨道交通线网规划》报告及《成都市城市快速轨道交通建设规划（2012—2017）》报告，线网的主体骨干线路由1、2、3、4号线构成，穿越中心区的骨干放射线的两两交叉所围成的区域正是CBD和中心商业区，这使得市中心区的轨道线网覆盖面积占比达到了很高的水平。成都市近期线网规划规模383.3 km，规划线网形态为"放射形+环"状态，符合环线设置的线网规模条件之一。通过定性分析及定量分析综合确定成都地铁7号线线路全长38.61 km，全部为地下线；共设置31座车站，全部为地下车站。

2.1.5 环线位置确定方法

2.1.5.1 环线设置位置分析

环线位置要综合考虑环线功能定位、环线长度、客流均衡性及工程可实施性等多种因素，并重点考虑环线的功能定位。环线按布设位置不同，通常可分为外环和内环。

1. 内环线

内环线的功能主要是助力城市CBD做大做强和带动城市内部均衡发展。单中心摊大饼式的特大城市或超大城市一方面面临着城市规模超大带来的种种弊病，如交通拥堵；另一方面还需要着力打造世界级城市中心，亟待继续做大做强城市CBD。这种城市的CBD具有很强的产业集聚效应，产业势能由中心区向外围区域逐层递减，呈金字塔型。轨道交通环线的布设，辅以贯穿城市CBD的轨道交通网络，能够将一个"点"的发展优势扩展到一个"面"，达到强化轨道交通沿线产业轴带的目的，从而做大做强城市CBD。

2. 外环线

外环线的功能主要是对趋心客流的分流作用和带动城市外围均衡发展的作用。类似于城市道路外环线，轨道交通外环线也具有截流与分流功能，但又有所区别。轨道交通环线一般会与众多线路相交，为趋心外围客流提供了更多的换乘机会。根据目的地的差异，乘客可以选择不换乘、换乘环线（顺时针）、换乘环线（逆时针）三种方式，有效分流了部分进入中心城区的趋心客流，分担了中心城区的交通压力。同时，环线为旅客提供了线间转换的通道，特别是减少了放射状线网间折角客流的时间耗费。但是，对于棋盘型路网的城市来讲，随着轨道交通线网密度的增加，路网垂直换乘节点的数量也随之增加，环线的交通转换功能的优势被弱化。

外环线主要串联外围城市副中心及外围组团，因此其布设应优先考虑城市总体规划的空间布局形态，并对两者之间的适应性进行分析。对于城市外围多中心、多组团的城市来讲，城市轨道交通环线的建设能够实现副中心以及组团之间的直接连通，无需通过城市主中心，一方面疏解了中心区的过境交通，另一方面促进了副中心以及组团间空白地带的发展，有利于实现区域均衡发展的目标。除了以上两个功能，外环线还存在两个风险：一方面，如果城市外围连接城市中心区的通勤线路规模与数量不足，对趋心客流的分流作用并不显著；另一方面，随着城市的发展，串联城市外围中心及组团的环线存在将城市引导成"更大一张饼"的风险。

2.1.5.2 环线位置确定方法

为了便于分析，本小节将最普遍的"环+放"城市轨道交通线网简化抽象为两条相交线段（代表放射线1、2号线）与一个标准圆（代表环线3号线）组成的几何图形，如图2-5所示。圆心O即为两条线段的交点，两条线段间的夹角为θ（$0°<\theta<180°$），圆的半径为R。由于图形所具有对称性，以1、2号线的夹角为θ范围内的扇形进行研究即可。对于要采用轨道交通出行，出行链中的轨道交通部分的OD点所处组团（以A_i、B_i和C_i表示）

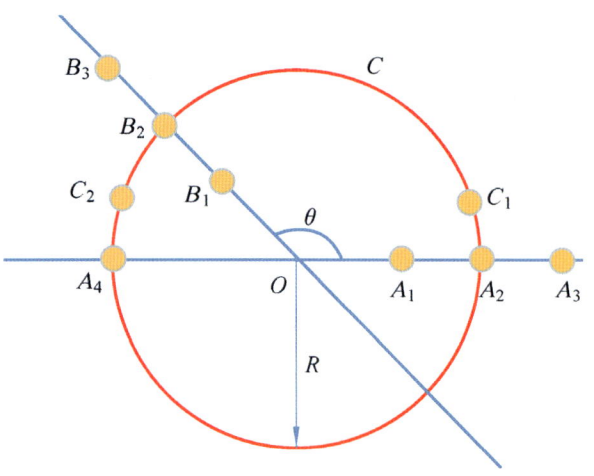

图2-5 乘客路径选择示意图

的位置分别有在环内、在环上和在环外3类，OA_1与OB_1均应大于等于2 km，同时设定轨道交通系统的平均旅速为35 km/h，旅客平均一次换乘时间约为5 min。

需要交通转换的OD所属组团分别位于不同放射线上，以其相对于环线的位置不同进行分类，可分为以下3种：OD点均在环内，如$A_1 \rightarrow B_1$；OD一点在环内，另一点在环外，如$A_1 \rightarrow B_3$；OD点均在环外，如$A_3 \rightarrow B_3$。每对OD可采用两条路径，一条需要使用环线，另一条只采用放射线，如表2-2所示。分别计算不同条件下两条路径所耗费的时间，从而反映这3种OD对环线的选择情况。

表2-2 乘客出行路径选择情况

OD	独立使用环线路径	独立使用放射线路径
$A_1 \rightarrow B_1$	$A_1A_2+A_2CB_2+B_2B_1$	A_1O+OB_2
$A_1 \rightarrow B_3$	$A_1A_2+A_2CB_2+B_2B_3$	A_1O+OB_3
$A_3 \rightarrow B_3$	$A_3A_2+A_2CB_2+B_2B_3$	A_3O+OB_3

首先设定 $\theta =90°$，分别计算 R 为3 km、4 km、5 km、6 km时两条路径的时间。由计算结果可知，R 在6 km以内时，3种 OD 采用放射线路径所需要的时间均少于采用环线的时间，但随着环线半径的增大，两路径之间的时间差值逐渐减少，R 为6 km时，时差较为接近。因此，对于中小型"十字加环"线网，由于使用环线需两次换乘，旅客选择放射线时间更省，此时环线的交通转换功能不能充分发挥，受线网规模的影响很大，因此当环线规模较小，即 R 小于6 km时，"十字+环"的线网形态既增加了换乘站数量，又不易分散中心点的换乘负荷，设置环线的意义不大。

基于上述情况，设定 R 为6 km，分别计算 θ 为30°、45°、60°、120°、135°、150°时两条路径的时间。从计算结果分析，当 θ 为锐角时，某些情况下采用放射线路径更省时间，但多数情况下，采用环线路径与采用放射线路径相比，在时间上较有优势，此时旅客在两条相交放射线间转换时更愿意选择环线。但当 θ 为钝角时，无论出行 OD 相对环线的分布情况如何，采用环线路径所需要的时间均大于采用放射线路径的时间，并且夹角越大，采用放射线路径越能节省时间。因此，当两条放射线间的夹角为锐角时，乘客在两线间转换时更愿意选择环线。由于线网越复杂，线路间的夹角越小，因此对于复杂的大型、超大型线网，设置外围环线可以减少锐角相交的两线环外各点间的折角走行，可体现出环线的交通转换功能。从另一个角度来看，锐角相交的两条放射线间有在密集发生吸引点的地带设置连接线的必要，可以减少锐角相交的两线环外各点间的折角走行，若线网的放射线间连续具备这种条件，则两线间的连接线就有形成环线的可能。

通过对多条线间的夹角关系进行考虑，并结合环线的具体功能和各期客流预测结果，可以对环线位置方案进行必选，以最终确定环线的位置。

2.1.5.3　7号线位置确定

1. 环线大致位置筛选

在2005版线网规划中，对于成都市地铁环线已有深入研究论证，无论是方案比选过程中的环线方案，还是最终建议的U形线，位置都在二环和三环之间的高密度居住地带内。从尺度来看，成都市二环路半径4~4.5 km、全长28.3 km，三环路半径7~10 km、全长50.9 km，地铁环线位于二环和三环之间，半径在6 km左右，环线长35 km上下，与东京山手线（34.5 km）、上海4号线（33.6 km）的长度相当。

二环和三环之间的环状通道是相对理想的环线位置，且2005版线网规划中的7号线"3/4"环通道依然稳定，可作为构建环线的基础。

2. 环线串联的主要功能点

2005版线网规划中的U形线，环向区段线位基本稳定，已串联了大型居住片区（茶店子、光华、双楠、神仙树等）、传统商圈（一品天下、红牌楼等）、大型旅游点和高教区（金沙博物馆、川师等）、大型对外交通枢纽（火车南站）。

2012版线网规划在封闭环线过程中，进一步考虑了：①衔接成都东站、成都站、成都西站形成一环串联三大铁路客运枢纽的布局，提升对铁路枢纽的衔接水平；②支持北改，途经八里庄、二仙桥、崔家店等老旧工业区，促进退二进三再开发；③串联西南交通大学、成都理工大学等高校。

3. 环线实施条件筛选

从实施条件来看，轨道环线要处理好与道路交通的协同，中心区道路网规划图如图2-6所示。轨道环线应尽可能直接服务客流集散点以便吸引客流，避免沿二环、三环等快速路敷设。

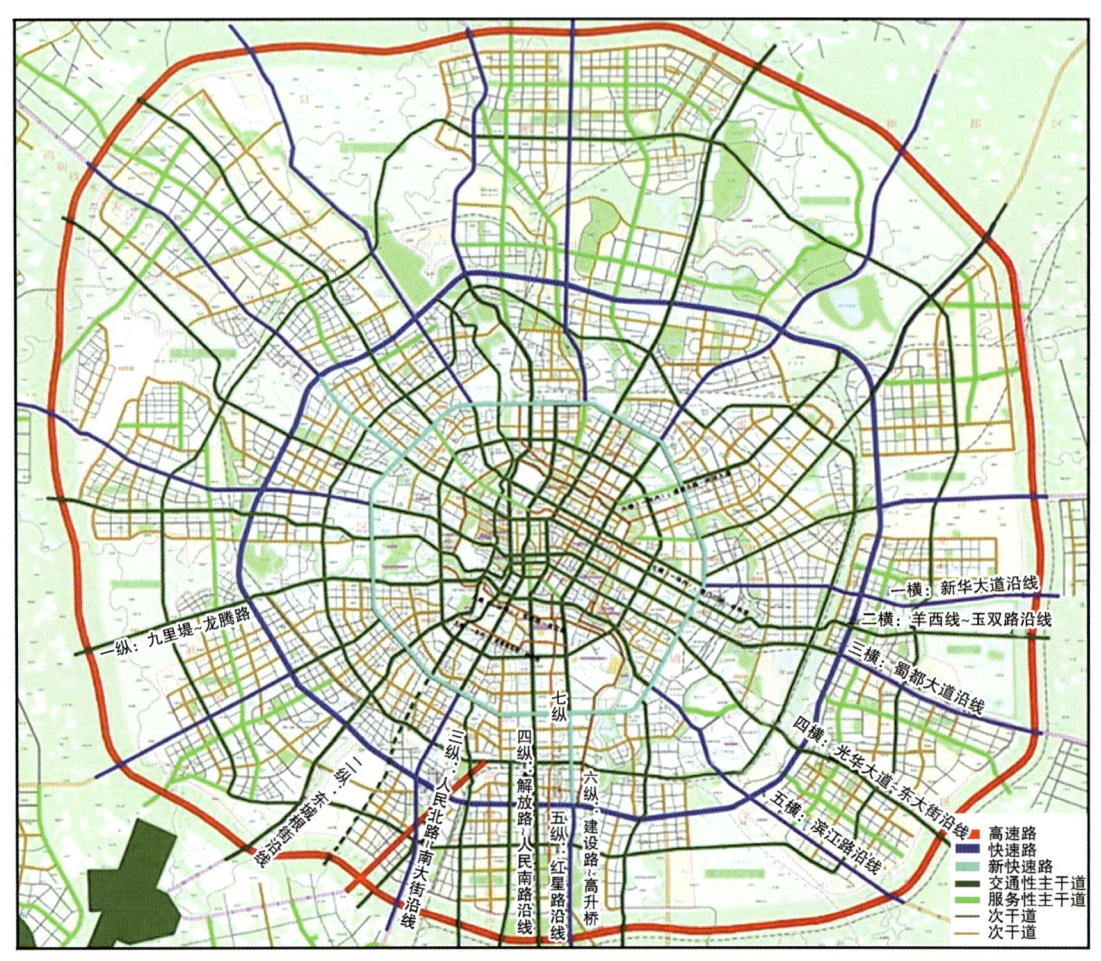

图2-6 中心城区道路网规划图

综合上述几方面因素，规划环线主要沿二环与三环之间中环路敷设，局部沿二环路敷设。线路始于火车北站，依次沿驷马桥路、八里庄路、二仙桥西路、二仙桥东路、成华大道、崔家店南路、建材路、机场路东延线、广和街、黄忠大道、紫瑞大道、科园大道、武阳大道、青羊大道、同和路、一品天下大街、金房北路、二环路北段，接入起点火车北站。

2.1.6 环线的实施时机选择

2.1.6.1 环线实施时机分析

1. 较早建设环线

较早建设环线，能够尽快地确立城市线网结构，形成"环线+放射线"的构架，增加城市外围区域之间的联系，促进环线沿线的发展，可以对后建放射线的建设进行引导，具备引导开发的功能。但较早建设环线，会降低单一市中心的吸引力，减少线网对单中心的支持。同时，在线网还不发达的初期，放射线较少，环线不能缓解向心交通压力，且本身客流在放射线较少的情况下也得不到有力的支持。这种模式以莫斯科地铁为代表：其环线在线网建成的初期（1954年）就形成，通过采用放射线分段建设、逐段延伸的方式，结合沿线的开发，形成了城市和城市轨道交通系统的良性循环发展。

2. 较迟建设环线

初期为放射状线网，对市中心的支持较强，可以增强市中心的吸引力，并可有效地缓解向心交通压力。而进行环线建设时，线网客流已较大，能够对环线起到很好的客流支撑作用，环线开通时的客流效果较好。但较迟建设环线，城市轨道交通对城市功能结构变化的引导作用较弱，环线通过区域的发展受到制约，如预留条件不好，环线的建设难度可能增大。这种模式以东京地铁大江户线为代表。大江户线于1986年开工建设，建设时间长达14年，由于与已有地铁线路交叉，大部分车站位于地下3~4层，甚至地下7层（新宿站），建设成本高昂。大江户线作为东京的第二条环线，对城市结构功能变化的引导作用不如早先开通的山手环线，但它作为客流追逐型线路，其开通之后客流效果良好，很好地发挥了其应有的功能。

目前，对轨道交通建设时序的研究较少，仅有部分定性的研究结果。比较有代表性的两个模型分别为效益定线模型和节点定线模型。效益定性指标是指建立效益全周期费用模型，在建设过程中充分发挥资源的共享，计算每条线路的建设成本和在项目周期内产生的效益，并根据结果对所有规划线路进行时间排序，从而决定各条线路的建设时序。但是这种模型忽视了客流和一些定性指标对线网时序的影响，与实际出入较大。节点定线型是指按照轨道交通网络中各节点的重要度来确定线路的建设时序。即通过各节点对应的小区的吸引度，对节点进行聚类分析，然后通过计算得出各线路的重要度，并对各线路的重要度进行分析，从而确定线路的建设时序。

2.1.6.2 成都地铁7号线实施时机确定

包含7号线的成都市第二期轨道交通建设规划（2013—2020年）于2012年编制上报，2013年2月获得国家批复。从以下几个方面看，7号线的上报和建设时机是及时和合理的。

1. 适应城市发展要求

在7号线上报建设的时候，成都还是典型的单中心城市布局，人口和职能分布相对在二环单中心聚集。道路网呈典型的环放结构，和单中心结构一起，又共同强化了城市用地圈层蔓延的拓展模式，也将大部分的交通需求引向了城市核心区。由于围绕中心区的用地扩张极其均匀，造成了以旧城为中心，向四面八方几乎完全一致的出行方向系数，交通流高度集中，径向客流量大，如图2-7所示。

按照城市总体规划的要求，中心城结构功能布局规划要实现由单核聚集到轴向拓展，由圈层拓展到扇叶状延伸。功能布局调整意图的实现，需要增加交通基础设施供给。

作为大运量的快速公交系统轨道交通，当时对成都地铁提出两个最迫切的要求：一是要加快向心的径向轨道线路建设，缓解现状的交通压力，持续解决目前已经存在的交通供需矛盾，另外要结合城市布局轴向拓展的需要,重点强化米字轴线上的轨道线建设,即在原骨干线路的基础上进一步拓展中心城轨道交通规模,优化城市空间结构;二是要加快建设联系各扇叶组团间的切向的轨道线路,降低单中心带来的交通压力,增强中心城居民出行的方式选择能力。

7号线作为环线,是与上述第二点要求密切吻合的,建设时机是符合城市发展要求的。

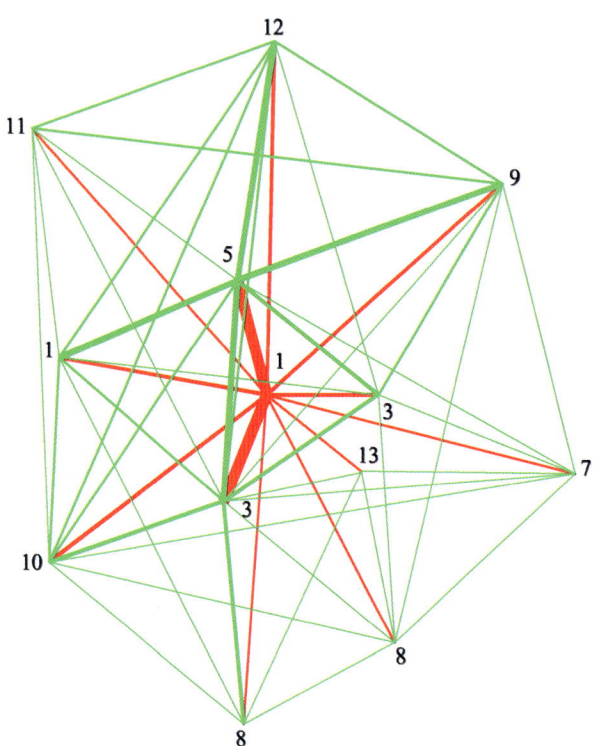

图2-7　中心城区机动车出行期望示意图（2012年）

2. 提高客流转换效率和网络可达性

7号线上报建设的2013年,成都两条穿城放射线1号线一期和2号线一期已开通运营,客流效果良好。3、4号线正在建设中,预计2015年左右开通。

除了这四条放射线外,与7号线同期修建的还有5、6、10号线一期共三条放射线。可以看出,7号线建设完成后,成都将形成"一环七放射"的"环+放射"网络,如图2-8所示。7号线的建设时机正处于成都放射线大量成网的阶段,开通初期就有足够多的放射线与环线交叉换乘,将形成12座换乘车站,占到环线车站总数的40%左右。

因此,此时修建环线的时机是成熟的,也是迫切的。环线强大的客流转换能力在开通初期就将立刻得到发挥,从而有效地疏解核心区以外各放射线间的客流,起到缓解放射线在中心城区客流集聚并提高可达性的作用,是发挥成都市轨道线网整体功能作用的重要组成部分。

3. 区域内的大客流需求

在环线所在区域的城市中环路附近、居住用地非常密集地带的环形交通走廊上,周边用地以居住和商业为主,开发密度较高且基本已发展得较为成熟,7号线与沿线土地关系示意图如图2-9所示。

图2-8　7号线建成后运营网络示意图

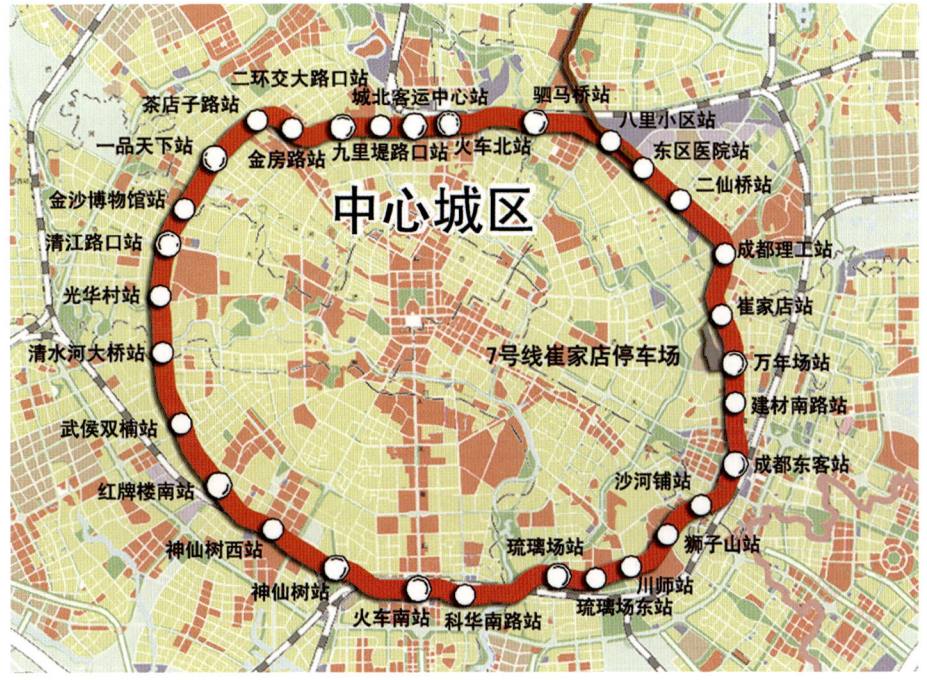

图2-9　7号线与沿线土地关系示意图

通过统计，7号线沿线覆盖的人口和岗位数量在建设时就分别达到了126万和72.3万，客流需求较大。根据建设规划客流预测，7号线在开通初期全日客流就将达到64.8万人次，高峰小时客流断面将达到2.02万人。从目前开通的客流情况来看，环线的客流已超预期，具体如表2-3所示。

表2-3　7号线建设规划预测客流和实际运营客流对比表

7号线	客运量/（万人次/日）	高峰小时断面客流/万人次	负荷强度/（万人次/km）
建设规划预测初期客流	64.8	2.02	1.68
2019年10月运营客流	90	2.81	2.33
增幅	+38.9%	+39.1%	+38.5%

7号线位于成都人口和岗位密集很高的环形廊道上，沿线客流需求较大。该环线属于典型的SOD线路，预测客流完全具备近期实施的必要，而实际开通的客流情况也印证了环线的建设时机是十分及时的。

4. 内外交通一体化的需要

7号线作为环线，不仅为城市内部通勤交通服务，还承担了重要的对外交通疏解功能。该环线沿线除串联了火车北站、火车东站、火车南站三座核心级的综合交通枢纽外，还通过10号线一期衔接双流机场后，在7号线上设一期终点站，将机场客流接力到7号线上进行周转。

由于三座铁路车站以及双流机场都属于客流稳定且需求巨大的交通枢纽，迫切需要建设线网中最重要的枢纽衔接线，来加快内外交通转换，打造内外一体的综合交通体系。

5. 与重要市政设施同步建设的需要

在城市不断扩展的进程中，城市交通压力日趋显著，市政基础设施的建设也在不断地加强和调整，城市内部的改造工程层出不穷。处于城市核心区2.5环附近的7号线，不仅面临着途经的几个重要的铁路交通枢纽——成都东客站的新建和改扩建工程，还面临着更多的市政基础设施的改扩建工程，如城北客运中心市政改造工程、成绵乐铁路建设对神仙树片区的影响以及东2.5环市政道路的改造与疏通等等，受这些工程建设的影响，地铁7号线必须紧跟这些工程建设的进度一并进行工程方案的研究，确定其建设的可能性，其建设的紧迫性显而易见。

2.1.7　环线系统标准确定

环线系统标准的确定包括了车辆选型、列车编组方案、交路方案等。在规划阶段需要根据各种方案及线路条件综合确定。

2.1.7.1　车辆选型

根据《城市快速轨道交通工程项目建设标准》的规定，轨道交通车辆选型遵循以下基本原则：
（1）满足线路远期高峰小时的运量要求和运能储备。

（2）技术先进成熟，性能优越，车辆外形美观，适应线路的自然环境和条件，确定合理的动、拖车比，满足车辆动力性能要求。

应满足在长大陡坡线路上安全运行，并符合发生下列故障时的运行要求：

① 在定员工况下，当列车丧失1/4或1/3动力时，列车仍能维持运行至线路终点。

② 在定员工况下，当列车丧失1/2时，列车仍在正线最大陡道上启动，并行驶至就近车站，列车清空后返回车辆段。

③ 在定员工况下，当列车丧失全部动力时，应能由另一列相同空载列车在正线最大陡道上牵引或推送至临近车站，列车清空后返回车辆段。

（3）满足城市轨道交通系统对车辆制式和主要技术参数的要求，具体如表2-4所示。

表2-4 各级线路相关技术特征表

线路运能分类	Ⅰ	Ⅱ	Ⅲ	Ⅳ
	高运量	大运量	中运量	
	（钢轮钢轨）		（钢轮钢轨/单轨）	
线路型式	全封闭型			部分平交道口
列车最大长度/m	185	140	100	60
单向运能/（万人次/h）	4.5~7	2.5~5	1.5~3	1~2
适用车型	A	B	B、C、Lb及单轨	C或D
最高速度/（km/h）	80~100			60~80
平均站间距离/km	1.2~2			0.8~1.5
旅行速度/（km/h）	35~40			20~30
适用城市城区人口规模/万人	≥300		≥150	

（4）在引进必要的国外先进技术的同时，满足国家发改委关于"城市轨道交通车辆国产化率70%"的要求，利于国产化、备品、补给、维护、保养和检修。

可以根据环线的各期预测高峰小时最大断面客流量分别考虑常见车型的选择。A型车、B型车主要技术参数如表2-5所示。

表2-5 A型车、B型车技术规格标准

项目名称		A型车	B型车
车轴数		4	4
车辆轴重/t		≤16	≤14
车长/m	无司机室	23.6（24.4）	19.0（19.55）
	有司机室	22.0（22.8）	19.0（19.55）

续 表

项目名称		A型车	B型车
车宽 / m		3	2.8
车高 / m		3.8	3.8
车厢地板高度 / m		1.13	1.1
车门数 /（个 / 每侧）		5	4
车门高 / m		≥1.8	≥1.8
车门宽 / m		1.3～1.4	1.3～1.4
定员	有司机室/座位	310（超员432）/ 56	230（超员327）/ 36
	无司机室/座位	310（超员432）/ 46	250（超员352）/ 46
最高速度 /（km / h）		80～100	80～100
启动平均加速 /（m / s^2）		0.85	0.85
常用制动减速度 /（m / s^2）		1	1
紧急制动减速度 /（m / s^2）		1.2	1.2

2.1.7.2 列车编组方案

1. 列车编组种类

（1）大编组方案：大编组方案指在运营时间内列车编组辆数固定且相对较多的情形，如采用6/8辆。

（2）小编组方案：小编组方案指在运营时间内列车编组辆数固定且相对较少的情形，如采用3/4辆。

（3）大小编组方案：大小编组方案则是在运营时间内列车编组辆数不固定。大小编组有两种情形，一种是在客流非高峰时段编组辆数相对较少，在客流高峰时段编组辆数较多如采用3/6辆编组、4/6辆编组或4/8辆编组的情形；另外一种是在全日运营时间内采用大小编组，如采用3/6辆或4/6辆编组的情形。在采用大小编组时，与4/6辆编组相比，3/6辆编组方案具有乘客服务水平较高、可根据客流量灵活编组以及车辆维修周期一致等优点。

2. 编组方案比选

影响列车编组方案选用的主要因素是客流、通过能力和车辆选型。此外，在进行列车编组方案比选时，通常还考虑乘客服务水平、车辆运用经济性和运营组织复杂性等影响因素。

2.1.7.3 交路设计

在列车运行计划中，列车交路规定了列车的运行区段、折返车站和按不同列车交路运行的列车对数。在线路各区段客流量不均衡程度较大的情况下，采用合理的列车交路，能在不降低服务水平的前提下提高车辆运用效率，避免运能虚糜，使行车组织做到经济合理。环形线路的列车交路有内外环（上下行）全交路均衡发车、内外环（上下行）均衡发车间隔+C形交路、内外环（上下行）不均衡发车间隔。

（1）内外环（上下行）全交路均衡发车，如图2-10所示。

优点：服务水平高，运营组织简单，各区段通行能力均等，识别性强，但对客流的要求也最为严格，适用于环线各段客流比较均匀的情况。双方向列车分别在内、外环线路上循环运行，无列车折返作业，内、外环行车组织不发生互相影响，行车组织相对简单。在本线发、到的乘客无须换乘。

缺点：列车运能的利用取决于各区段断面客流的不均衡程度，当环线客流分布不均匀时，该模式满载率低、配属列车较多，投资较大。

（2）内外环（上下行）均衡发车+C形交路，如图2-11所示。

优点：适用于环线各段客流分布不均匀的情况，对客流适应性较强，节省配车数和车辆走行km。

缺点：局部有一个小交路运行，小交路需要进行折返作业，内、外环行车组织存在一定的干扰，运营组织较复杂，部分坐错车的乘客需在折返站换车，服务水平相对较低。

（3）内外环（上下行）不均衡发车间隔，如图2-12所示。

优点：服务水平较高，适用于环线各段客流分布不均匀的情况，对客流适应性较强。双方向列车分别在内、外环线路上循环运行，无列车折返作业，内、外环行车组织不发生互相影响，行车组织相对简单。在本线发、到的乘客无须换乘。适用于上下行客流规模差别较大的情况，配车相对较少。

缺点：内外环通行能力不均等，环线上下行开行对数不同，运营组织相对于内外环（上下行）全交路均衡发车略复杂。

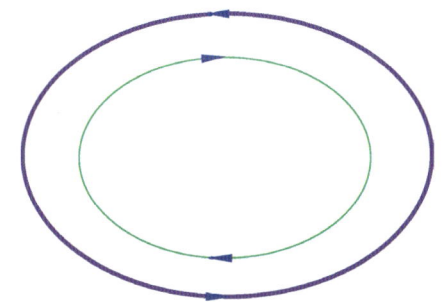

图2-10　内外环（上下行）全交路均衡发车

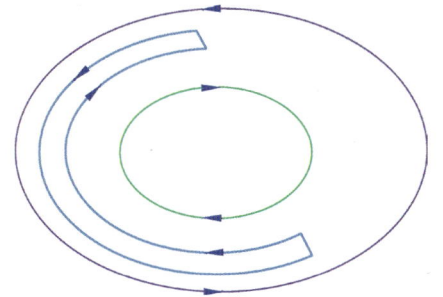

图2-11　内外环（上下行）均衡发车+C形交路

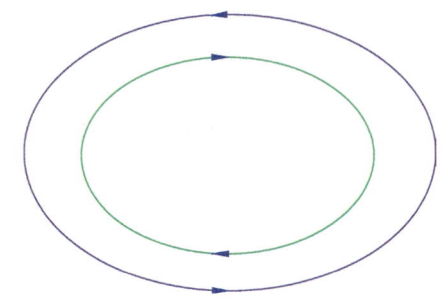

图2-12　内外环（上下行）不均衡发车间隔

2.1.7.4 成都地铁 7 号线系统标准

1. 列车编组

针对7号线的特殊需求以及工程实施条件，在可研究阶段专家组专门进行了专题研究，结合环线的特点，推荐成都地铁7号线的车辆选型与列车编组方案如下：初、近、远期均采用A型地铁车6辆编组，动拖比4M2T。

2. 列车运行交路

关于列车运行交路设置方案的确定主要从以下几方面进行：7号线全线共有18座换乘站，占全线车站总量的比例达到了58.1%，不宜设置小交路；运营交路既要满足客流分布特点，又要满足列车运营管理的要求。虽然为了保证运营管理效率，一般不设置小交路，但内环和外环的行车量可以不一致，部分区段客流量较大未来可考虑设置特殊交路。7号线各设计年度推荐列车运行交路如图2-13所示。

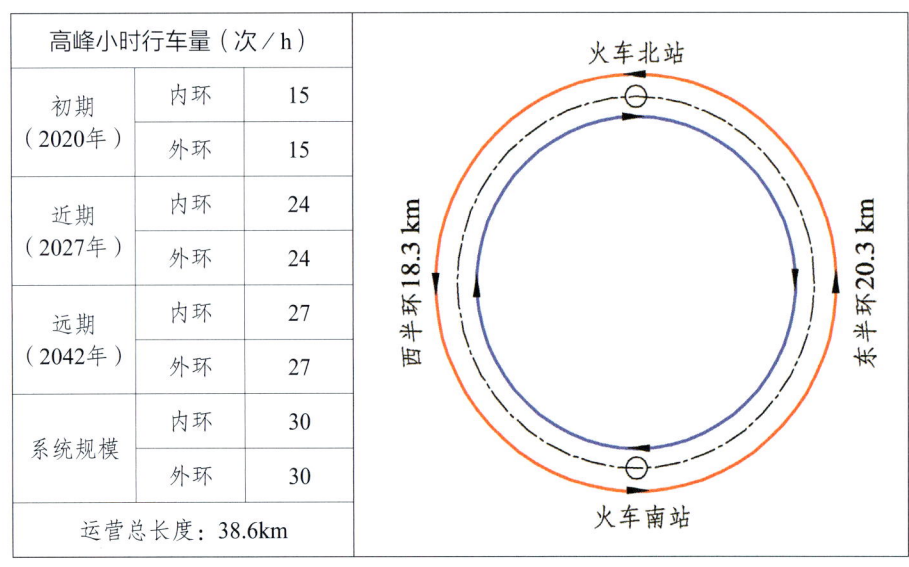

图2-13　7号线各设计年度高峰小时列车运行交路图

2.1.8 环线规划重难点

2.1.8.1 车辆基地的规划选址及修建方式

1. 选址要求

车辆基地的布点和停车规模应相对均匀，以减少列车收发车的空走距离。但是受用地条件的限制，此要求往往难以达到。环线至少有1个车辆基地的出入线采用"八"字接轨，这既可以减少环线运营对车辆轮对踏面造成的偏磨影响以及减少镟轮工作量，也可以保证双向收发车的要求，以减少收发车折向对正线运营的干扰。环线一般位于城市的中心区或中心区边缘。随着国内城市化的进展加大，城市的范围逐渐扩大，车辆段逐渐融入主城区。若单纯建设车辆段，其土地价值利用率低，因此车辆基地的选址应从集约土地的角度出发，地块内综合物业开发，以提高土地的利用价值，与地块周边的规划应完美融合。

2. 7号线车辆基地选址

7号线地处城市中心二、三环高密度建成区，车辆段选址非常困难，原设想全线集中设一座车辆段基地，占地面积控制在40公顷以内。先后对崔家店选址、祝国寺选址、川师选址、北湖选址、交通学校场选址、武侯宗地选址等多处选址方案进行了研究协调，因为用地面积不满足建设要求、与用地及周边规划有冲突等诸多因素而被一一否定。在经历了长达一年的协调工作之后，能够提供给7号线使用、且能够满足7号线使用功能（靠近7号线正线）的选址仅有崔家店片区一处，面积仅有12公顷。经与规划部门的多次协调沟通，调整选址思路，在线网内既有或规划控制的车辆基地又进行选址，考虑将7号线车辆段基地与其他线网车辆基地共址合建。

经过对既有和规划车辆基地的梳理，最终规划阶段确定在崔家店设地下停车场，满足高峰小时收发车的停放需要，尽可能减小占地面积，并进行上盖物业开发，与场址周边规划相协调。在北郊与3号线共址建设车辆段。

2.1.8.2 换乘站规划

1. 环线换乘站规划方法

城市轨道交通环线多与既有路网形成"环+放"和"环+网格"的布局形态。环线车站多为2线换乘站，甚至3线或者4线换乘站，如成都太平园站、上海世纪大道站、深圳车公庙站、南京南站、成都博览城站以及天津文化中心站等。目前，国内已运营的换乘车站存在的主要问题：

（1）换乘距离长，换乘时间长且舒适度差；
（2）换乘客流大，换乘通道能力不足；
（3）换乘流线复杂，导向标识多，换乘大厅混乱；
（4）电扶梯、楼梯、换乘通道等换乘设施能力不足；
（5）由车辆编组及行车组织匹配问题引发的站台拥挤。

因此应从规划、设计源头上对目前换乘车站存在的问题予以重视，提前谋划，不断优化方案。

由于不同城市在空间结构、城市形态、地形地貌以及人口分布等方面千差万别，城市轨道交通线网规模、结构形态等都各不相同，从而形成的多线换乘车站的形式也层出不穷。在换乘车站中，各条线路的站台型式（岛式、侧式、混合式）、线路夹角（T形、L形、十字形）、上下空间（同层、叠线高架、地下）及换乘空间（站台、节点、站厅、通道、站外、混合）等不尽相同。某些车站存在多种情况的组合，换乘方案也包罗万象。而线网规划和前期研究阶段确立的线路空间关系将直接决定换乘功能及建筑设计方案，因此应重点研究。2条线路之间的空间关系最为简单，即平行或交叉；3条线路之间的空间关系则较为复杂，包括3线平行、2平行1交叉、3线交叉等平面关系，以及空间上的叠线、高架、下穿等形式；4条及以上线路则为以上方式的组合，其形态更为复杂。多线换乘车站空间关系典型形态如表2-6所示。

表2-6 多线换乘车站的空间关系

换乘站类型	换乘形态
2线换乘	═ ╳
3线换乘	☰ ╪ ※
4线换乘	☰ ╪ ╫ ※

综上所述，多线换乘车站应从源头，即从规划和设计阶段重点把控。首先从网络层面优化换乘关系，理顺线路间的空间关系，尽量做到同期规划、同步设计。针对换乘车站，利用环线、放射线以及棋盘线形成多线换乘枢纽是较理想的方案，该方案可以极大地改善线网的通达性，减少乘客换乘次数。除了火车站、机场、CBD核心区等重要换乘节点，建议为换乘枢纽"瘦身"，原则上换乘线路不应多于3条，应从网络层面分散解决，调整为多个换乘车站组合，避免换乘客流过于集中。同时，在多线换乘车站设计中，应设法将其中换乘客流大的两线在站台解决，即优先采用同站台平行布置方案，第三线采用平行或交叉布置，以改善换乘关系、减少车站埋深、控制车站规模、降低施工难度及风险以及节省工程投资。

2. 7号线换乘站规划

7号线位于成都市二、三环之间居住用地最密集地带，始止于火车北站，是一条环形线路，全线共设车站31座，其中换乘站22座。本线换乘站点多，除了与市区内多条地铁线两次交汇外，还与多条市域线接驳换乘，并串联多个大型客运综合交通枢纽，其中火车北站、成都东客站、火车南站为大型的铁路交通枢纽站，太平园站为与双流机场连接的10号线换乘站，且这四个车站在规划中均为三线换乘站。

在规划阶段如何处理好各线的换乘关系，对整个线网的运营效率影响较大。综合分析研究后，规划阶段提出以下规划设计原则用以指导后续设计施工：

（1）与既有线的换乘车站。

在7号线上报建设时，1、2号线已经开通运营，3、4号线正在建设。对于已经预留了与7号线换乘节点的车站，规划设计要充分利用并做好换乘衔接。对于没有预留换乘节点且已经施工的车站，规划建议设计积极对接建设方案，充分优化设计工作，采用尽量与既有车站换乘便捷的方案。

（2）与同期建设线路的换乘车站。

对于与7号线同期实施的车站，规划建议换乘车站同步一体实施，减少施工对于道路资源的占用时间，并通过同步建设做到便捷的换乘和车站间的资源共享。

（3）与远期线路的换乘车站。

对于与远期实施线路的换乘车站，需要统筹考虑该线路的建设时序和重要程度。对于近期建设必要性强且换乘关系在网络中较为重要的换乘车站，规划建议尽量预留换乘节点，以功能优先方便乘客换乘。对于实施时机无法把握且经过评估确认换乘车站重要性较低的车站，建议尽量在不采用预留工程的基础上优化换乘车站方案。

2.1.8.3 综合枢纽车站规划

1. 枢纽车站规划方法

随着网络规模的不断扩大，环线与多条射线相交，承接了大量的换乘客流，且综合枢纽车站本为大型客流集散点。以换乘距离最短，换乘最为便捷为目标设计枢纽车站时，在平峰期，客流量少，客流换乘时间少。然而，在高峰时期，可能会有多列车同时到达本站。高峰客流阶段会出现客流井喷现象，带来客流的严重拥堵。自各线车站的换乘客流同时到达站台，乘客集中度会远大于一般车站的进站客流，导致人流拥堵，不利于正常运营。因此，对于客流过大的节点换乘站和枢纽，宜适当拉开一定距离，用时间换空间，加大换乘距离。且对于大客流车站，还宜创造一个较大的缓冲空间，避免人为地将大客流堆积在一起。而对于客流相对较小的换乘枢纽，可集中换乘，以减少换乘距离，方便乘客。

2. 7号线枢纽车站规划方案

7号线沿线衔接了成都站、成都东站和成都南站三大火车枢纽车站，与对外交通枢纽的换乘便捷与否，关系到内外交通转换的效率，也是成都轨道集团对外形象的展示。因此，在规划阶段对此就十分重视，分类分情况进行了深入研究，快速进入工可设计阶段，并积极与铁路部门沟通，对于能预留的车站主体结构，与铁路站房进行了结合设置，从而保障了轨道与火车站的衔接效果。

1）火车北站

火车北站作为成都最早的客运火车站，承担了大量的客运服务，因此在运营期间难以与火车北站主体进行衔接施工。针对此情况，在规划阶段进行深入研究尽最大可能地优化了换乘关系，将7号线和1号线换乘车站一并设置于站前广场，采用短"十"字形的站台对站台的直接换乘节点形式，并在1号线施工时就预留该节点，保证了火车站的客流能够便捷地换乘和选择乘车方向，如图2-14所示。

图2-14 火车北站与轨道交通规划效果图

2）成都东客站

成都东客站于2009年开始施工，在其施工期间，规划单位就积极与铁路部门展开对接，最终实现了将7号线主体工程预埋在铁路站房之下，从而实现了无缝衔接，大大优化了换乘关系。

通过优化，7号线车站位于铁路西侧股道与西站房下方，2号线车站位于铁路站房中轴线下方，14号线车站位于铁路站房西侧广场下，采用"岛-岛"节点换乘和站厅换乘的方式。车站效果图如图2-15所示。

图2-15　火车东站与轨道交通规划效果图

3）火车南站

火车南站规划作为区域性的交通枢纽，该交通枢纽内包括铁路客站、一级长途客运站和一级公交客运站各1个，其中铁路客运除维持成昆普客作业外，新增成—绵—峨中间站。

图2-16　火车南站与轨道交通规划效果图

通过规划研究，1、7号线将采用岛-岛"T"字换乘的方式衔接火车南站。铁路出站旅客经过广场地下空间公共区域可直接进入地铁车站非付费区，在地铁站厅购票后可直接进入地铁站乘车；地铁出站客流可通过广场地下公共区域乘坐扶梯直达铁路进站大厅候车室候车；客流组织合理有序，流线顺畅，地铁与铁路换乘距离短。

值得一提的是，在研究该7号线方案时，1号线已开通运营，1号线在实施时已为7号线按10米岛的标准预留了换乘节点条件，但考虑到1号线火车南站实际客流规模大于预测客流，10米岛式站台规模偏小。因此规划阶段就提出了通过采取一定的结构措施将换乘节点尽量拓宽，优化换乘空间的建议，并在后续设计施工中得到了落实。车站效果图如图2-16所示。

2.1.9 多交通方式环线协同分析

城市轨道交通环线是线网规划中成环且列车可循环运行的线路。巴士快速公交（Bus Rapid Transit，BRT）系统是一种介于普通巴士（Regular Bus，RB）与轻轨交通（Light Rail Transit，LRT）之间的交通方式，具有普通巴士的灵活性和轻轨铁路的功能性（包括大运量、快速度、拥有准点性服务等优势），是一种高等级、高服务水平的巴士交通，具有一定的政策优先支持和一定的时空优先权（包括公交专用道和公交信号优先）。BRT环线是指其线路客运闭合成环的BRT线路。道路环线是指由公路及其车辆共同组成的环行运输系统，主要特点是交通路线呈环形。

2.1.9.1 道路环线与地铁环线对比分析

轨道交通环线与道路交通环线功能差异分析如下：
（1）轨道交通环线速度与流量无关，道路交通环线速度与流量有关。
（2）轨道交通环线的效率与换乘密切相关，道路交通无需换乘。
（3）道路交通环线道路环线可分流过境交通，屏蔽穿越中心区交通流，从而缓解中心区交通压力。环线绕行会增加车辆行驶距离，但外围的相对高速度可抵消空间损失，从而获得时间上的节省。轨道交通是轨迹固定的系统，线路间的转换要通过换乘来实现，换乘的时间损耗明显。因此，轨道交通环线"借道"作用受到巨大限制（时间并不节省），对外围交通流不具备屏蔽作用。环线服务的客流决定于环线沿线人口和就业岗位的分布，即环线沿线站点本身串联的客流集散点的规模。可加强中心区边缘各客流集散点（卫星城镇分中心）之间的联系，促进边缘区组团的发展。一般来说，对来自其他线路的流量的期待需要谨慎，这种期待可能至少需要经过若干年或网络化后才能实现。

2.1.9.2 BRT与城市轨道交通环线对比分析

1. BRT和轨道交通技术特性比较

BRT和轨道交通技术特性比较如表2-7所示。

表2-7 BRT和轨道交通技术特性比较

指标	BRT	轨道交通
路面特征	专用车道或混合流车道	专用车道
站距/m	350~1 000	500~2 300
车厢座位容量/人	40~120	140~310
正常行驶速度/（km/h）	25~40	40~70
单向客运能力/（万人/h）	1.5~2.5	3~6
安全性能	高	极高

2. BRT和轨道交通经济特性比较

经济特征对客流的影响主要表现在平均每千米的造价、运营成本、建设周期、对乘客吸引力、占用道路资源、对社会车辆的影响和对沿线经济及城市发展格局的影响。然而，经济特性对客流影响的最主要表现则是票制票价。BRT主要提供的是长距、高水平的服务，因此票价通常采用阶梯式的票制，即按里程收费。城市轨道通常按照区间阶梯收费，在一定的区间范围内票价是一致的，如成都地铁1号线，基础票价2元，每多行经6个站加2元。一般城市轨道交通票价高于BRT票价。

总的来说，BRT和轨道交通的关系可以通过以下几个方面进行说明。

（1）延伸。

BRT可以作为轨道交通线路两端的延伸段，既减少了整个系统的运营成本，又可以为轨道交通输送足够的客流。

（2）补充。

在通道客流较大的情况下，BRT可以作为轨道交通的补充，其形式主要有两种，一种是BRT线路和轨道交通线路重合的情况，另外一种是BRT线路和轨道交通线路相切的情况，即部分重合。

（3）联络。

在城市轨道交通不成网的情况下，可以以BRT作为轨道交通走廊的联络线，强化轨道交通的连通性。

（4）过渡。

BRT凭借其建设的短周期性的特点可以在短期内作为轨道交通的客流过渡。

3. 7号线与BRT协同分析

为应对机动车快速增长带来的日趋严重的交通拥堵，成都市于2012年，即在编制第二期轨道交通建设规划的同期，启动了中心城区缓堵保畅"两快两射两环"工程——建设二环路快速路和二环路大容量快速公交（BRT），建设红星路及成温路两条放射性快速通道，贯通中环路和一环路重要节点立交化改造的交通建设工程。

其中二环路快速路和二环路大容量快速公交（BRT）建设工程于2012年4月26日正式启动，BRT系统于2013年5月31日起开始免费试运行，于2013年6月11日起正式运行。

二环路快速公交（BRT）全长28.3 km，由K1（内环线）和K2（外环线）两条快速公交线路组成。共设置站点28对，其中22对为标准站台，采用岛式站台布局，由地面层、站厅层和站台层三层组成，类似地铁高架岛式车站型式，平均站间距1 046 m，基本接近成都地铁普线的站间距。二环路BRT采用封闭式运行，单向两车连发模式下设计最大运输能力可达每日50万人次。BRT系统采用城区既有公交票价体系，既可使用天府通公交卡支付也可单独购买单程票（两元每张）。

7号线与二环路BRT在西南交大站至火车北站段约3.6 km线位重合，其余区段位于二环路BRT外侧，其中约18 km区段（全线47%）距离BRT在1.5 km距离以内，17 km区段（全线44%）距离BRT在1.5～3.2 km范围内，如图2-17所示。BRT建设工期1年，先于7号线于2013年开通运营，对缓解成都老城区交通拥堵发挥了重要作用，但由于方向与7号线基本一致，约半个环线与7号线存在直接竞争关系，对7号线客流具有分流作用。二环路BRT开通当年（2013年）日均客流量21万人次，2015、2016、2017年日均客流量维持在26万～27万人次。2017年12月5日7号线开通，2018年二环路BRT日均客流降至23万人次左右。7号线开通后客流量日渐攀升，2018年、2019年（前11个月）的日均客流分别达到55万人次、74万人次，达到二环路BRT系统的3倍之多。可以看出，当大规模城市轨道交通成网运营之后，地铁环线的客流效益得到充分发挥，其客流规模已超出BRT系统的最大运输能力。随着老城片区城市轨道交通网络的不断完善，BRT的功能将相对弱化，成为大容量公共交通网络的辅助系统。

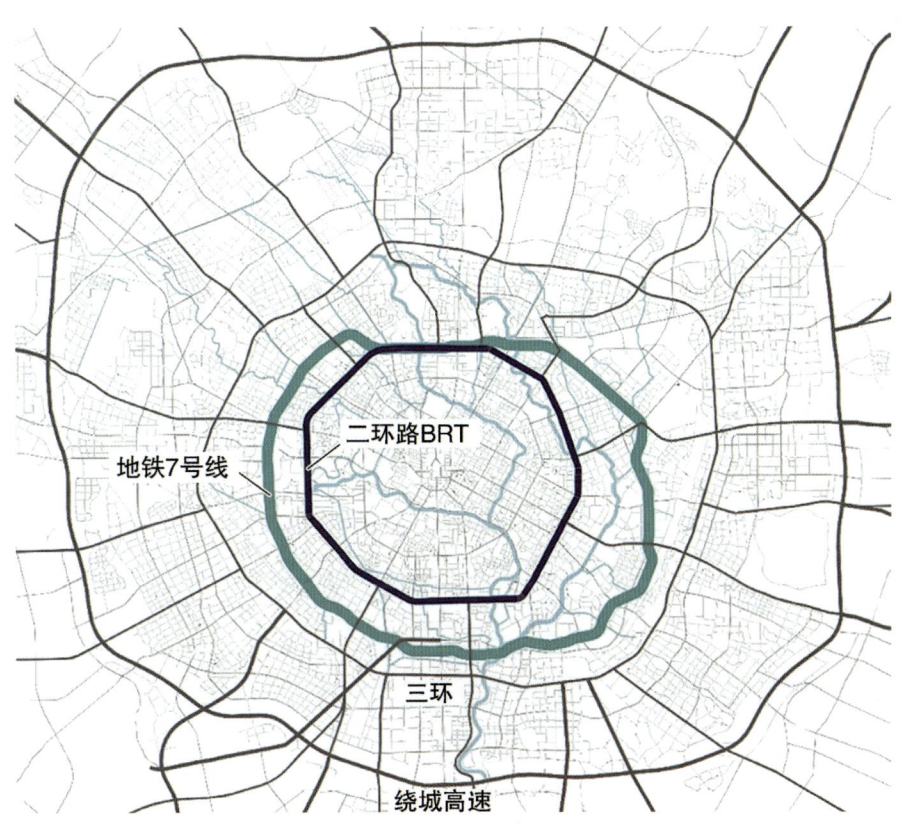

图2-17　成都二环路BRT与7号线位置示意图

2.1.9.3 成都地铁7号线与铁路环线协同分析

成都是西南最大的铁路客货运枢纽，是我国西南地区与华东、华北、华南地区沟通的纽带。成都枢纽在西南地区客货运输中起骨干作用。截至2010年年底，成都铁路枢纽总里程达到569 km，有宝成、成昆、成渝、达成四条对外干线铁路，并已建成第一条市域快速铁路——成灌铁路，成都铁路枢纽"客内货外"的分线运输体系已基本形成。

成都枢纽内由宝成线、成昆线、达成线、成渝线、遂成线、枢纽西环线、枢纽东环线、枢纽北环线共同形成了南北两个环形线路，如图2-18所示。其中，南环线位于中心城区内，铁路环线长54 km，西北部约25%区段位于三环外侧，其余75%路段位于二环与三环之间，该环线即为后来通常情况下所说的枢纽环线。

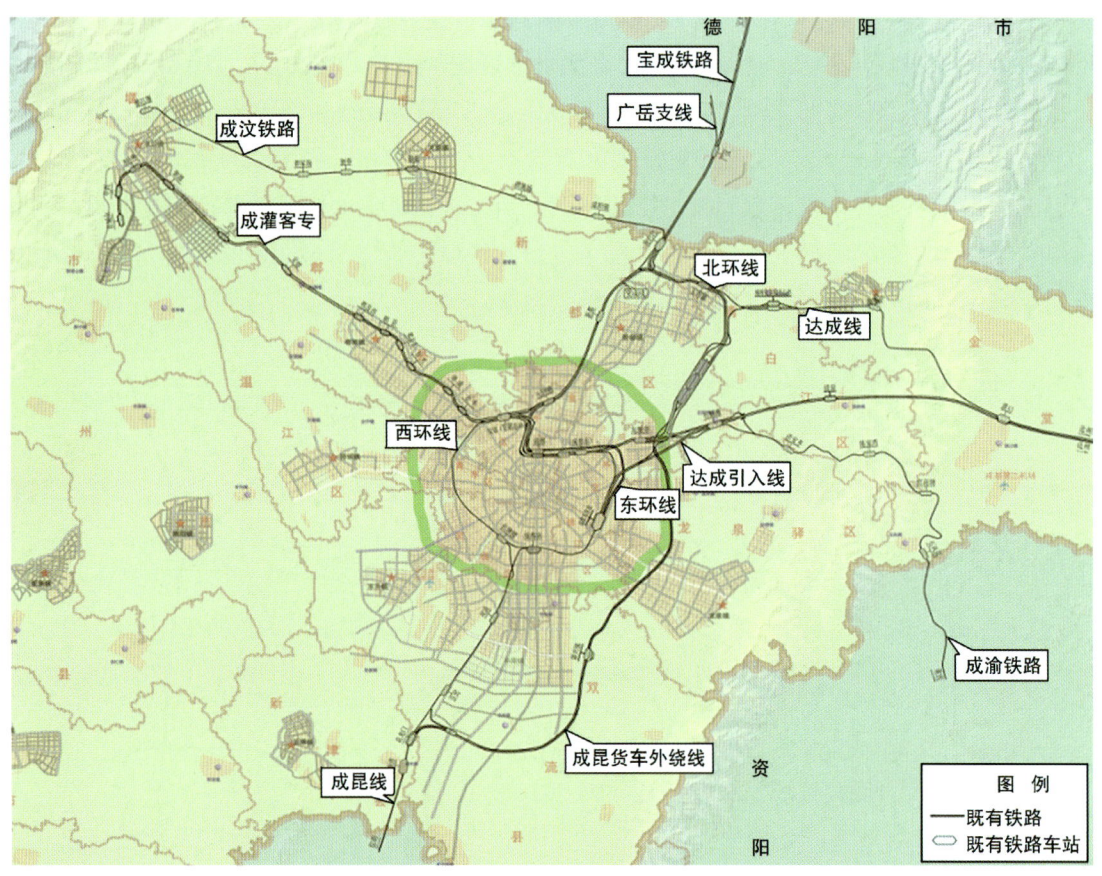

图2-18 2010年成都铁路枢纽

成都是全国少有的在中心城区内形成完整铁路环线的城市，在轨道交通线网规划过程中，参照东京山手线利用既有铁路环线发展城市轨道交通的想法广泛存在，这一方案是否合理可行是必须首先得到答案的问题。为此，在2005版线网和2012版线网规划编制阶段均开展了国铁系统开行城市轨道交通列车可行性专题研究，论证了将既有线完全改建为城轨、利用剩余能力开行城轨列车、利用既有铁路通道新建城轨线路等三种潜在发展模式。通过研究，铁路枢纽环线近远期均需承担铁路运输任务，且通道内还将要建设铁路复线以及城际、高铁接入线，因而无法完全改建为城轨线路，也无法利用该通道新建城轨线路。

2005版线网预测7号线（U型线）全日客运量76.45万人次，高峰小时单向最大客流断面为2.45万人次/小时。2012版线网规划预测7号线（闭环）2020年全日客运量66.32万人次，高峰小时单向最大客流断面为2.01万人次/小时；远景年全日客运量104.8万人次，高峰小时单向最大客流断面为3.42万人次/小时，达到大运量级别。按线网规划阶段提出的7号线采用B型车6辆编组方案，2020年高峰小时行车量应达到16对及以上。利用铁路枢纽环线剩余能力可以开行城轨列车，但需要大规模改造，且混合运行在高峰小时难以达到城轨的最小2 min间隔，运输能力和服务水平难以满足要求。因此，从运输能力的角度来看，铁路枢纽环线改造后无法达到环向大规模客流运输需要，无法替代城市轨道交通环线功能。

此外，从我国铁路管理体制来看，实施铁路公交化改造需要突破体制机制障碍，若近期实施，将面临很大困难。鉴于此，通过铁路枢纽环线公交化改造服务大规模、高强度的城市通勤客流，对轨道交通网络建设乃至城市发展都带来了一定程度的风险。

综上分析判断，虽然成都市铁路枢纽环线位于中心城区内相对较好的区位，有参照日本东京山手线的建设运营经验的潜在可能，但由于铁路公交化改造面临管理体制和通过能力的双重制约，无法满足大运量、高密度城市轨道交通客流运输要求，因此，2012版线网规划明确在线网中设置独立的城市轨道交通环线。铁路西环线虽然达不到城市轨道交通运量等级和服务水平，但可以作为市域铁路系统的基线，服务于中心区与市域外围重点地区间的联系。

成都市于2016年再次启动铁路公交化改造工程，2018年中国铁路总公司（现为国家铁路集团有限公司）与四川省人民政府联合批复《成都市域铁路公交化运营改造工程项目建议书》，同意对成都市既有铁路进行公交化改造。根据铁路公交化运营改造规划方案，拟对成都铁路枢纽环线通过增建或改造车站、增加相关联络线等措施实施公交化运营改造，开行公交化列车。

根据已批复的《成都市域铁路公交化运营改造工程预可行性研究报告》，枢纽环线将新增8座车站，并对既有的6座车站进行改造，改造后，成都枢纽环线全长55.13 km，共分布车站14个，平均站间距3.9 km。预测枢纽环线最大断面客运量在2025年为4.57万人次/日，2035年为7.21万人次/日。环线最小行车间隔5 min，平图通过能力为165对/日，高峰小时最大行车量为12对/小时。公交化运营改造后，拟开行环向列车和各放射线至环线上成都站（北站）、成都东站、火车南站、成都西站四大枢纽的市域列车，能够作为成都中心城区轨道网络的补充，并服务于市域外围地区与中心城区间的快速联系。

2.2 环线选线基础

2.2.1 选线特点

1. 控制因素多

环线通常位于建成区，沿线涉及大量高层建筑、市政工程、历史风貌保护区、医院、学校、交通、管线等控制因素。进行选线设计时需做大量前期调研和协调工作，才能确保线路功能性、工程可行性及与城市环境协调性的有机统一。

2. 换乘要求高

环线通常与线网中其他放射线路形成多处换乘，对完善和锚固轨道交通网络、发挥线网整体功效具有重要作用。因此，换乘枢纽布局方案首先要保证换乘的便利性，为实现整体线网功能目标服务，同时也要兼顾工程的可实施性和经济性。

3. 对故障冗余要求较高

作为环线，其具有线路长、相关线路多、换乘客流量大等特点，一旦发生故障，社会影响较大。因此，需要从配线设置、平纵断面线形等设计要素入手，提高线路冗余能力，减小故障对运营的影响，从源头出发，为运营安全创造条件。

4. 与规划地块项目和市政工程协调工作量大

随着城市的迅猛发展，沿线有大量规划或在建开发地块及市政工程项目。选线设计需协调与各项目的关系，提出满足各方功能需求的综合最优方案，实现社会效益最大化。

5. 工程实施对城市交通的影响较大

环线一般处于城市建成区，途经大型客流集散点，项目的建设可能会给地面交通带来巨大压力。因此，如何确保施工期间城市交通的畅通，也是选线设计的难点。

2.2.2 选线原则

1. 符合城市和区域发展总体规划原则

轨道交通服务对象是城市居民，线路应沿着主客流方向布置。城市和区域发展总体规划对未来新城、商业区、居住区、娱乐区及商务办公区等都进行了详细的发展规划控制，因此，符合城市和区域发展总体规划是轨道交通线路选线最基本的原则。

2. 利用重大节点锚固原则

利用大型客流集散点（商业办公区、集中住宅区、娱乐区等）、交通枢纽（公交枢纽、火车站、长途汽车站等）与相邻轨道交通线换乘，达到网络锚固、换乘便捷的目的。这样不仅充分体现出轨道交通"以人为本"的换乘设计理念，充分发挥出轨道交通网络功能与方便、快捷的服务特色，而且为线路走向的深化提供了依据和基础。

3. 结合地质、地形现状原则

选线中还应充分考虑地质、地形现状，尽可能沿着城市主干道并在道路规划红线范围内布置，减少动拆迁和施工难度；尽可能设置在地质较好的地层，减少工程难度。要充分考虑市政管线、河道等控制性因素的影响，高架线要满足桥下道路净空要求，保证工程的可实施性。

2.2.3 环线选线影响因素

1. 线路功能定位

城市轨道交通建设主要是为了提高人们的生活质量，提高居民的出行服务水平，同时起到带动城市发展、推动城市总体规划的作用。所以在线路选线前，首先需要结合城市规划及需求，明确线路的功能定位，从而确定线路选线设计的重点。

2. 客流

城市轨道交通不同的线路走向和设站对区域内客流的吸引程度不同，所以在进行线路选线时，要切实调查居民的出行需求和城市主要客流廊道，考量乘客的社会效益和交通系统的内部效益，使其尽可能贴近客流积聚位置。

3. 城市道路情况

城市道路包括快速路、主干道、次干道及支路等，其中主干道较为宽阔且道路条件较好，同时主干道周边客流强度较高，居民出行需求较大。在选线时尽可能结合城市既有或规划主干道进行布置，既可以减少拆迁成本，同时也会在一定程度上吸引客流，让换乘变得更加便捷，给乘客提供更好的服务品质。

4. 地质水文情况

我国各个城市的水文地质情况各不相同，城市轨道交通无论是采取何种敷设方式，对地质水文条件均有一定要求。选线设计时应尽量避开地质薄弱地段，降低施工风险。

5. 城市经济水平

城市轨道交通项目投资巨大，城市在开展轨道交通施工时，每千米造价可高达数亿元。所以在进行线路选线时，要充分考虑城市的经济水平，合理选择制式和敷设方式，结合城市规划和现状，合理选线，尽可能地降低造价，减少拆迁工程。

2.2.4 配线设计

城市轨道交通线路应根据全线客流特征确定交路方案，然后再对全线配线进行合理设置。由于环线列车交路区别于普通射线列车交路，环线车辆段出入线布置通常区别于普通放射线。环线线路出入线在有条件时应优先设置为八字线双线双向立交形式。环线中车辆段多为贯通布置，出入线布置可考虑采用两站接轨方案。每条出入线均插入两正线之间，并各设两条渡线，靠近车站与正线连接，以减少列车进出站占用正线的空走行时间，避免对区间通过能力造成影响。

优点：当上下行正线（包括出入线）左、右偏角的曲线总长度差别大时（主要是小半径曲线长度），因出入线与正线构成三角线，可以组织列车转向换边运行，有利于车轮偏磨均衡；两个方向收、发车司机无需调转驾驶室，程序简单。

缺点：出入线总长度较一站站接轨长，造价高；两处设信号设备，加大了投资，管理不方便。

无停车场的环线线路应以车辆段为起讫点，在接近1/2全长线路的对应站点上设置双线停车线，以弥补少设一座停车场的缺陷。

2.2.5　7号线选线实例

环线的位置一般选择在核心区的边缘，既能发挥良好的换乘截流作用，又可保证有一定的可实施性。从换乘截流角度看，越远离城市核心区，截流效果就会越明显，环内放射线服务水平相对就能更加得到提高，换乘站设置难度也较低，能更多地解决核心区的交通需求；但从与其他放射线路的关系来看，环线越往中心区，与放射线覆盖重叠越多，线网车站覆盖水平将更为降低，环线的特殊功能作用将越难以发挥。

7号线地处城市中心二、三环高密度建成区，沿线的开发强度非常大，集中了大量的客流。周边道路系统压力较大，二环和三环还将成为成都道路网络中的快速路以发挥快速通过作用，不宜与之长距离共线。需要服务的三大铁路枢纽位置又不可移动，并已决定7号线必须通过，因此7号线可选择的路由较少，工程难度较大。

2.2.5.1　环线线路路由

根据线网规划，7号线是基本沿成都市中环路敷设的环形线路，如图2-19所示。随着城市发展需要，于2012年年底才将除北段茶店子至金府路片区外的道路基本贯通，正式命名为"中环路"。中环路大部分道路红线宽40 m，两侧多为大型居住片区和商业区。7号线沿中环路敷设的区段具有比较好的工程实施条件和客流效应。

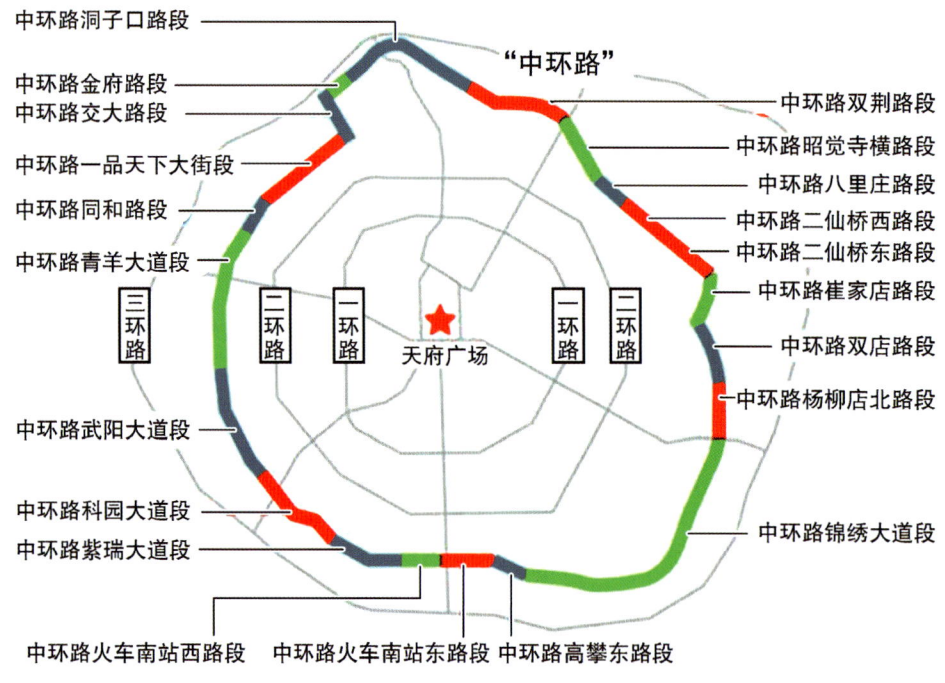

图2-19　成都中环路示意图

由于中环路北段并未完全贯通成环，而是通过交大路这样一条放射状道路连接茶店子—金府路，地铁线路难以完全顺其敷设，在建筑密集的城市中心北部片区如何合理选线成环，保证工程可实施性是7号线选线的重难点。此外，为了换乘便捷和客流吸引，在局部地段尤其是中环路紧邻东环铁路的区段，线路是继续简单地沿中环路敷设，还是适当穿行于道路两侧，尽量深入客流密集区并有效衔接铁路成都东站等大型客流集散点，也是7号线线路设计的研究重点。

1. 北段线路"缝合"中环缺口

7号线北段线路沿中环路一品天下大街段敷设至茶店子路口后，一方面需衔接铁路成都站，实现与铁路和既有1号线的换乘，线路需过渡至二环路敷设；另一方面需延伸至驷马桥路，实现与3号线驷马桥站的换乘，并继续延伸至中环路八里庄路段，使全线线路成环。设计阶段对中环路茶店子路口—二环路段—驷马桥路段线路敷设路径进行重点研究。

1）西北段线路路径优化调整，顺利过渡至二环路

7号线茶店子段线路需从中环路过渡至二环路敷设，设计阶段经过深入研究，对规划路径进行了优化调整，降低了工程实施难度和风险，使7号线线路顺利过渡至二环路交大路口。图2-20为7号线建设规划阶段在该片区穿越线路的方案示意图。

图2-20　7号线茶店子至二环路段建设规划方案示意图

在7号线建设规划及可研阶段，此段线路均选择的是金房路方案，但随着设计的不断深入，线路沿金房路敷设存在茶店子站站位设置不够理想、金房路站设置条件较差等问题，而区间还需穿越33层高高层住宅楼一处、6层以上建筑5处及长新加气站储油区，工程实施难度和风险均较大。为此，在设计阶段做了深入的方案比选，详见图2-21。

初步设计阶段，此段线路路径由金房路调整至花照壁东街，一方面优化了茶店子站站位，使其更靠近金牛CBD地块，有利于促进地块的开发建设；车站相邻站间距更均衡，更有利于客流吸引；道路宽度由20 m增加至25 m，优化了花照壁站站位设置条件；花照壁站北端线路穿越成都大学金牛校区地面停车场和运动场，避开了教学楼和图书馆，虽然还是沿途穿越6层以上建筑7处，但工程实施难度相对原方案已经大大降低。如图2-22所示。

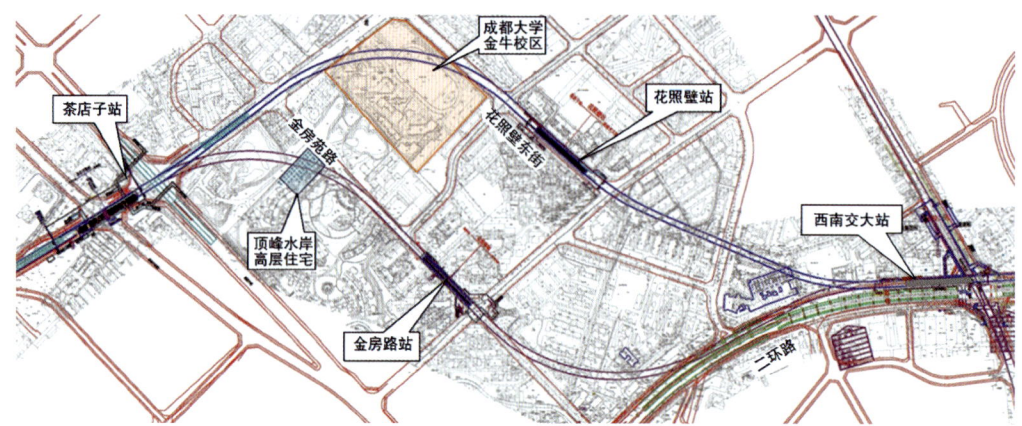

图2-21　7号线茶店子至二环路段线路方案研究示意图

图2-22　7号线茶店子至二环路段初步设计方案示意图

2）北段线路与二环高架快速路和谐共存

7号线沿成都市二环路敷设，长度约2.06 km，共设置西南交大、九里堤及北站西二路（原城北客运中心站）三座车站，7号线建设阶段正是成都二环路进行"两快两射"道路改造工程时期，因此在设计阶段就7号线车站、区间与二环路高架桥之间的关系问题，与二环路改造相关单位进行了多次协调和沟通，最终确定了7号线与二环路架快速路之间的关系。

从总体上看，7号线在二环路段线、站位均沿道路北侧布置，以避让高架快速路的桩基础，其中车站、区间与高架快速路的桩基础关系主要为：

① 西南交大站与九里堤站主体结构均与高架桥桩基础完全脱离，并保持一定的结构安全距离，后期地铁车站施工不影响已建成的高架桥结构。该段7号线区间与车站与市政二环高架桥的关系如图2-23所示。

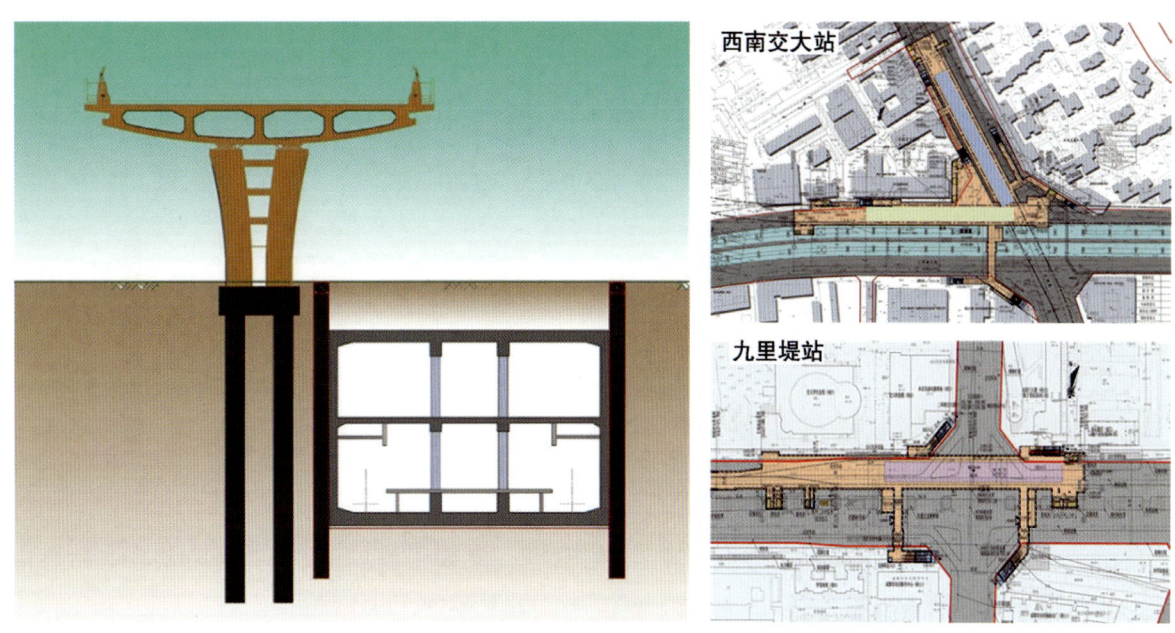

图2-23　车站与高架桥结构分离横断面及车站总平面图

② 北站西二路站（原城北客运中心站）因受周边工程条件限制，车站结构与高架桥桩基础无法完全脱离，设计阶段经过细致深入的研究，采用了高架桥桩基础兼作地铁车站围护桩，车站部分围护桩与高架桥桩基础先期同步施工的创新思路，有效节省了空间，保证了工程的顺利实施，北站西二路站（原城北客运中心站）与市政二环高架桥的关系如图2-24所示。

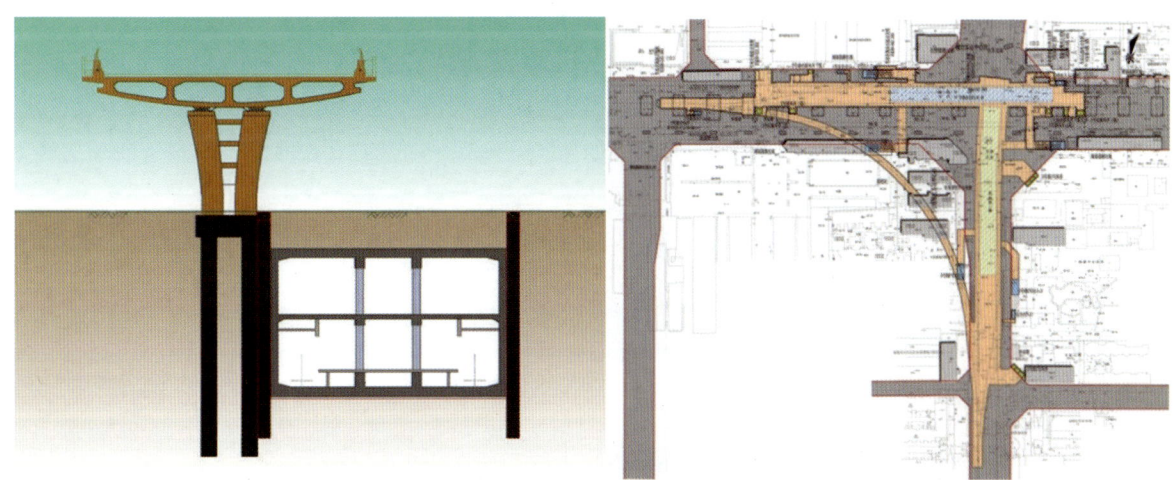

图2-24　北站西二路站（原城北客运中心站）与高架桥结构合建示意及车站总平面图

③ 高架桥桩基础与区间冲突的地方，均采用"承台梁"的结构形式，协调二环高架桥设计桩基础布置于区间两侧，并保持结构净距不小于1 m，如图2-25和图2-26所示为北站西二路站（原城北客运中心站）西侧区间与高架桥结构分离横断面示意图和车站西侧区间与二环高架桩基础平面关系图。

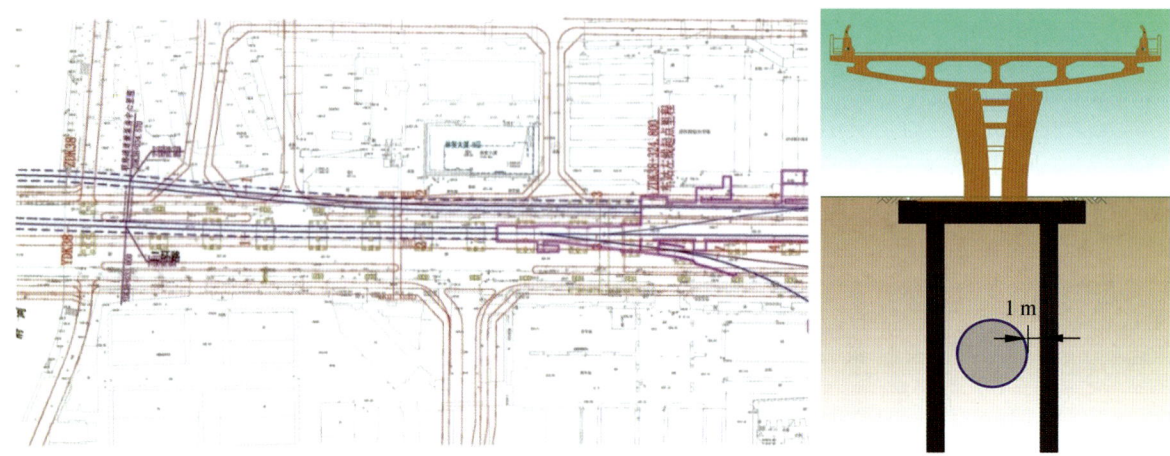

图2-25　北区间与二环高架桩基础平面关系图　　图2-26　区间与高架桥横断面示意图

7号线二环路段线、站位通过合理布置、结构优化,实现了与二环路高架桥桩基础的和谐共存,保证了工程的顺利实施。

④ 东北段线路合理穿越地块延伸至驷马桥路,顺利衔接中环。

火车北站东侧区间线路由站前路过渡至驷马桥路敷设,穿越北站东二路东西两侧地块,并下穿5层以上建筑物6处。地块现状为成都铁路局生活区、荷花池汽车站、成都铁路局员工宿舍及工务大修段,其被规划为二类居住用地、农贸市场、绿地及铁路用地。线路选取的路径实现了对地块影响最小,工程实施条件最好,如图2-27所示。

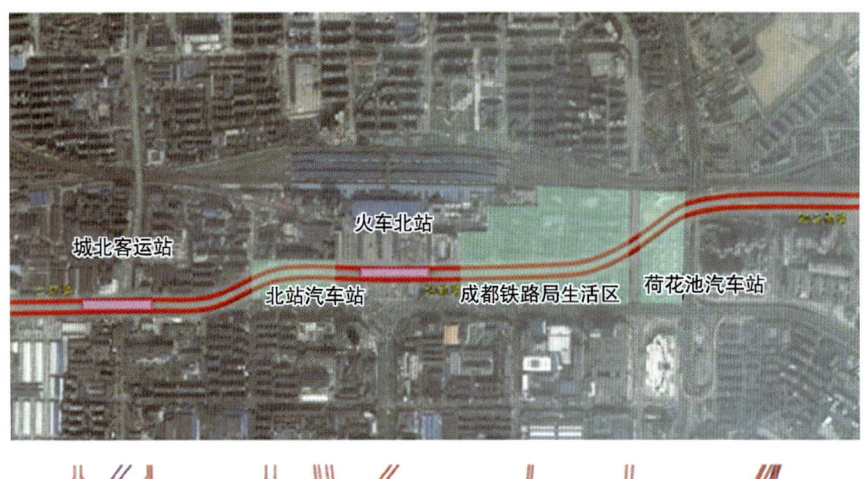

图2-27　火车北站东侧线路路径示意图

2. 东南段线路灵活穿行覆盖大客流区域

中环路锦绣大道段连接了成都东客站和火车南站，道路走向基本与成都东环铁路、成绵乐客专等铁路平行，铁路既有地面线路，也有高架线路，由此形成的阻隔效应对中环路外侧的客流影响较大，7号线若继续沿中环路敷设，将形成明显的单边客流效应，不利于轨道交通客流吸引，也将带来中环路内侧密集的客流走行距离远等不便。为此，结合7号线此段沿线有铁路东客站、四川师范大学、琉璃场等众多居住片区及火车南站等客流集散点的特点，在设计阶段经深入分析研究，线路敷设路径偏离了工程实施条件最好的中环路锦绣大道段，结

图2-28　7号线穿越四川师大路径示意图

合川师车辆段的选址和接轨条件，通过协调沿线地块（包括川师大校区、东苑小区等）的穿越条件，使线路灵活穿行于中环路两侧，在确保工程实施条件的前提下，尽量覆盖沿线大客流区域，保证沿线客流的出行便捷。图2-28和图2-29所示为7号线为更好吸引居住密集的客流，穿行于四川师大、东苑小区的线路。

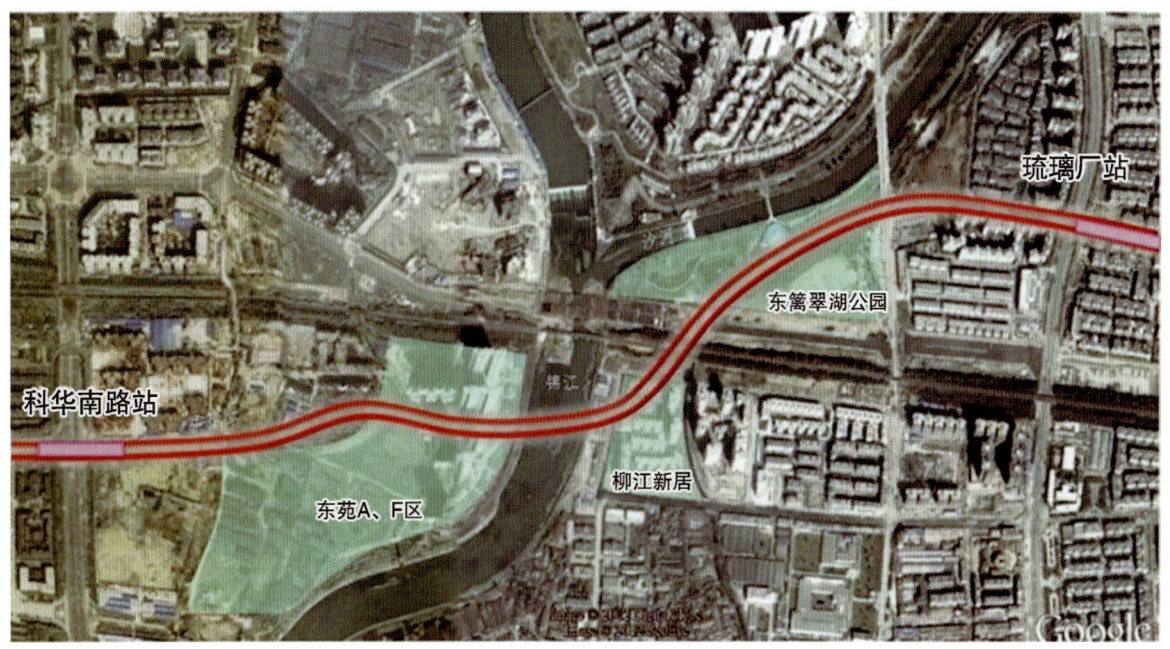

图2-29　7号线穿越东苑小区路径示意图

7号线成都东客站至火车南站段线路共设置4座车站，其中大观站（原沙河铺站）斜跨锦绣大道设置，克服了220 kV电力隧道的影响，为东客站片区客流提供出行服务；狮子山站位于川师大北门的菱窠路路口，四川师大站位于川师大北门的成龙路，预留与13号线的换乘条件，这两座车站是师大师生及周边华润幸福里等居住小区客流出行的首要选择；琉璃场站位于锦华路琉璃场片区，在道路狭窄的工程条件下，预留了与6号线的换乘条件，车站深入居住片区并兼顾了川师车辆段的接轨需求；三瓦窑站（原科华南路站）完善和解决了科华路交通疏解问题，车站设于科华南路和金桂路路口，覆盖周边东苑、和平小区等大型居住小区。图2-30所示为7号线东南环所设4车站［大观站、狮子山站、四川师大站、三瓦窑站（原科华南路站）］的总平面示意图。

7号线此段线路的良好选线，虽然造成了一定的工程实施难度，但最大程度地照顾了沿线客流的需求，使车站功能达到了最好，是7号线开通运营近两年时间来，客流持续增长的有力保障。

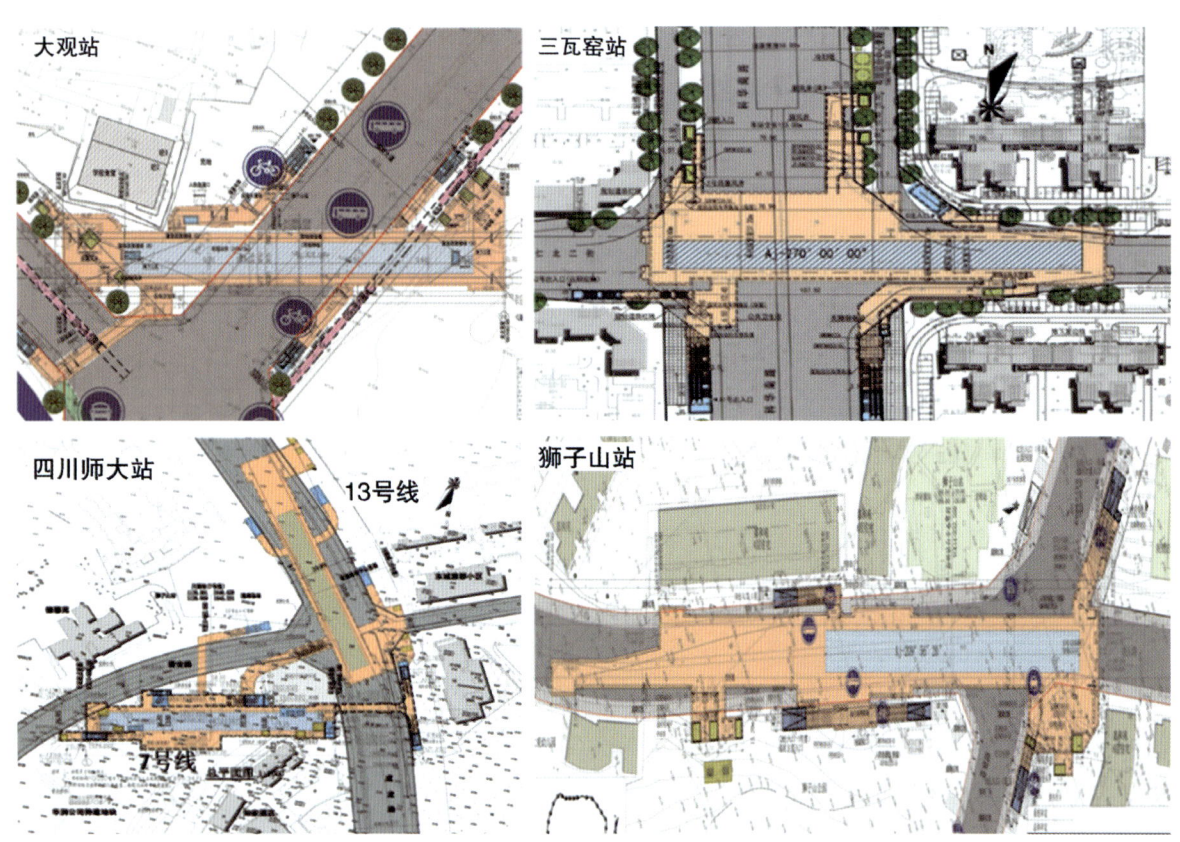

图2-30　7号线东南环各车站总平面示意图

3. 环线重要锚固节点

7号线是成都市轨道交通线网中的第一条环线，在2012年版的线网规划中与所有放射线均有换乘，换乘站比例接近71%。要想稳定环线线路走向和车站建筑方案，一方面必须梳理清楚前期换乘线路（1、2、3、4号线）实施时的工程预留情况，适应前期预留的工程条件；另一方面要确定与后期线路的交叉换乘关系，预留后期线路实施时合理的工程条件，这是7号线在可研阶段和设计阶段稳定线站位方案时最重要的前提工作。为此，7号线开始工程设计之初，对所有换乘线路的三站两区间方案进行了专题研究，并随着设计阶段的深入，不断修正研究成果。从7号线开始，成都轨道集团要求后续所有轨道交通项目可研和初步设计阶段均必须完成此项工作，以收紧稳定线站位方案，锚固换乘节点的重要作用。此外，根据线网功能需要和资源共享原则，7号线在中环路沿线条件困难地段还需要设置与5、10号线的联络线。7号线换乘节点与其他线路的换乘关系梳理如表2-8所示。

表2-8　7号线换乘节点梳理表

序号	车站名称	换乘线路	备注
1	火车北站	7、1、18号线换乘站	1号线已经开通
2	驷马桥站	7、3号线换乘站	3号线已开始土建施工
3	府青路站（原八里小区站）	7、16号线换乘站	考虑预留换乘条件
4	二仙桥站	7、17号线换乘站	预留通道换乘条件
5	理工大学站	7、8号线换乘站	已完成三站两区间方案研究报告
6	双店路站（原崔家店站）	7、25号线换乘站	预留通道换乘条件
7	槐树店站（原万年场站）	7、4号线换乘站	4号线已进行相关研究
8	成都东客站	7、2、20号线换乘站	2号线已运营，20号线预留通道换乘条件
9	大观站（原沙河铺站）	7、20号线换乘站	预留通道换乘条件
10	四川师大站	7、13号线换乘站	预留通道换乘条件
11	琉璃场站	7、6号线换乘站	6号线已完成三站两区间方案研究报告
12	三瓦窑站（原科华南路站）	7、16号线换乘站	预留通道换乘条件
13	火车南站	7、1、18号线换乘站	1号线已经开通
14	神仙树站	7、5号线换乘站	已完成三站两区间方案研究报告
15	高朋大道站（原神仙树西站）	7、8号线换乘站	已完成三站两区间方案研究报告
16	太平园站（原红牌楼站）	7、3、10号线换乘站	3号线已开始土建施工，10号线在3号线初步设计时已考虑
17	龙爪堰站（原清水河大桥站）	7、17号线换乘站	预留通道换乘条件
18	东坡路站（原光华村站）	7、13号线换乘站	预留通道换乘条件
19	文化宫站（原清江路口站）	7、4号线换乘站	4号线已完成施工图
20	一品天下站	7、2号线换乘站	2号线已施工
21	西南交大站（原二环路交大路口）	7、6号线换乘站	已完成三站两区间方案研究报告
22	北站西二路站（原城北客运中心站）	7、5号线换乘站	已完成三站两区间方案研究报告

注：上表是按照《成都市快速轨道交通线网规划（2016版）》梳理的换乘线路换乘站情况。括号里面备注的车站名称为开通运营前一系列文件对应的车站名称。

由于7号线为环线线路，全线换乘节点较多，与其他各线的交叉衔接关系相对复杂且各不相同，设计阶段对7号线与其他线路的换乘关系按以下原则进行处理：

（1）对已运营及同期实施的线路，按已预留条件设计。此类线路包括1、2、3、4号线；

（2）对建设规划中近期实施，建设时序晚于7号线的规划线路，对换乘站的三站两区间工程方案进行重点研究，并形成方案研究专题报告，以稳定换乘站两端的线、站位方案。此类线路包括5、6、8号线，与8号线交叉段区间关系示意图如图2-31所示。

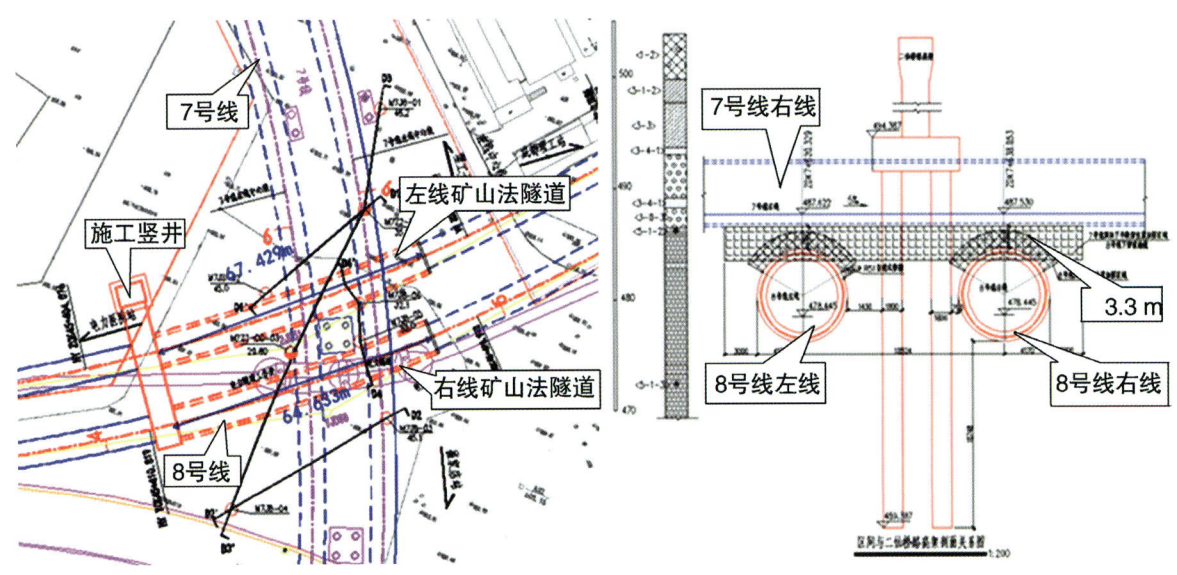

图2-31　7号线与8号线交叉段区间关系示意图

（3）对远期规划线路，由于其规划情况尚不稳定，线、站位方案弹性较大，因此考虑在换乘节点预留通道，后期利用通道实现与7号线的换乘。此类线路包括13、16、17、18、20、25号线。

2.2.5.2　环线配线设计

7号线是成都市中心城区内的环线，由于受中心城区用地条件限制，7号线的场段用地是设计阶段协调难度最大、研究方案最多，也是决策层面最高的问题，最终根据沿线用地条件设置了一处地下车辆段和一处地下双层停车场，其中川师车辆段位于7号线环线东南侧，崔家店停车场位于环线正东侧。

从整个7号线的线路走向来看，场段位置较为偏心，为充分考虑后期运营的灵活性，尽量缩小故障车对正常运营的影响，结合环线收发车需求，在设计阶段对全线配线的设计思路提出了两个基本原则：一是加强车辆的出入段能力，完善接轨方案，应尽量满足双向收发车功能；二是加强环线西半环线路故障车停车能力，在有条件的地段尽量设置停车线。

根据以上两个基本原则，结合本线功能需求和运营组织设计需要，在7号线不同工程环境地段适应性地选用配线形式和线路设计。

1. 停车场接轨站采用"2+2"八字线接轨

崔家店停车场为地下双层停车场，停车列检能力达76列位，承担着7号线几乎全部的停车和收发车功能，设计阶段结合环线收发车特点和功能需求，完善崔家店停车场的接轨方案，提高车辆出入段和双向收发车能力，结合工程实施条件，选择了"2+2"八字线接轨方式，停车场上下两层分别双线接轨于崔家店站（从停车场负一层接出）和槐树店站（从停车场负二层接出），如图2-32所示。

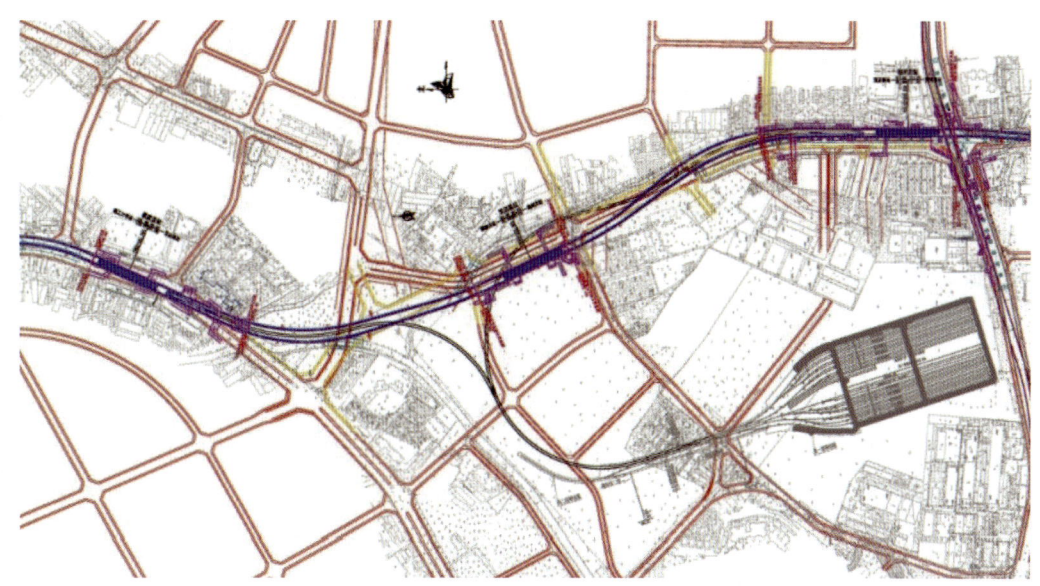

图2-32 崔家店停车场接轨方案平面图

川师车辆段为定修段，由于用地条件受限，其主要承担车辆的定修、临修和双周三月检作业，停车列位仅有4个，结合工程实施条件采用了单线接轨的方式，如图2-33所示。

图2-33 川师车辆段接轨方案平面图

2. 工程条件较好的地段，采用明挖法实施双停车线

设计阶段有意识地加强了西半环线路停车线的数量，加之西半环线路基本沿中环路敷设，工程实施条件较好，在有条件的车站均采用明挖法实施双停车场线，加强西半环故障列车的停车能力，此类车站包括高朋大道站（原神仙树西站）和武侯大道站（原武侯双楠站），分别如图2-34和图2-35所示。

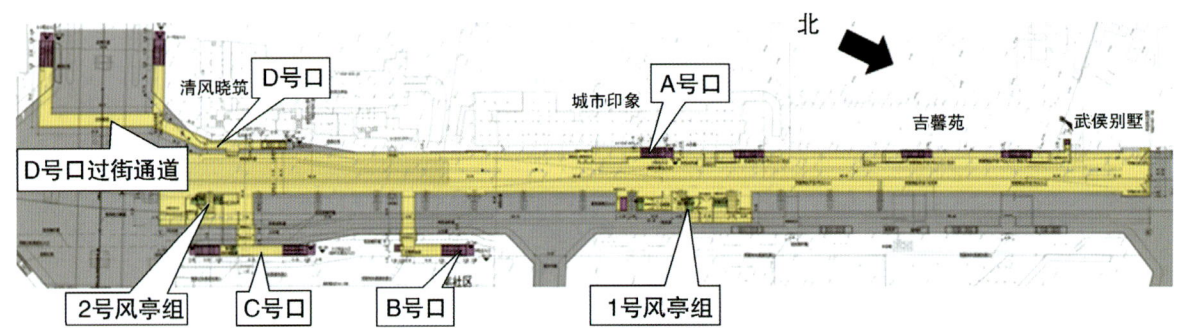

图2-34　武侯大道站（原武侯双楠站）车站总平面图

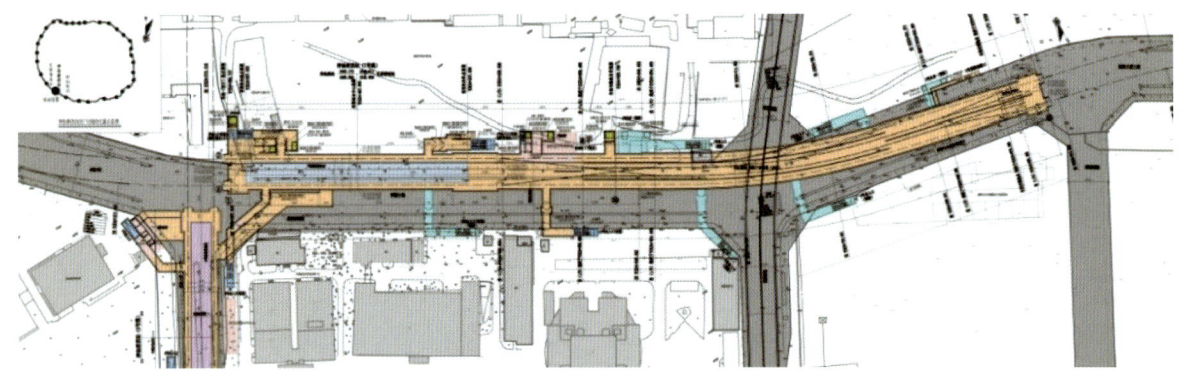

图2-35　高朋大道站（原神仙树西站）车站总平面图

3. 在文保范围内，采用暗挖法实施停车线

西半环金沙博物馆站从线路条件来看也具备设置停车线的条件，但由于地处金沙遗址保护范围，文保要求在地下6 m的文物保护范围内不能明挖施工，设计阶段首先将金沙博物馆站由建设规划站位南移约500 m，使车站及区间退出金沙遗址的一级保护区，车站明挖范围退出其一级建筑控制地带，如图2-36所示。

此外，适当加大区间埋深，停车线及左线采用暗挖法施工，右线采用盾构法施工，隧道覆土约9.3 m，隧道顶距离文物埋深范围约3.3 m，在满足文保要求的同时尽量满足运营功能的需求，如图2-37所示。

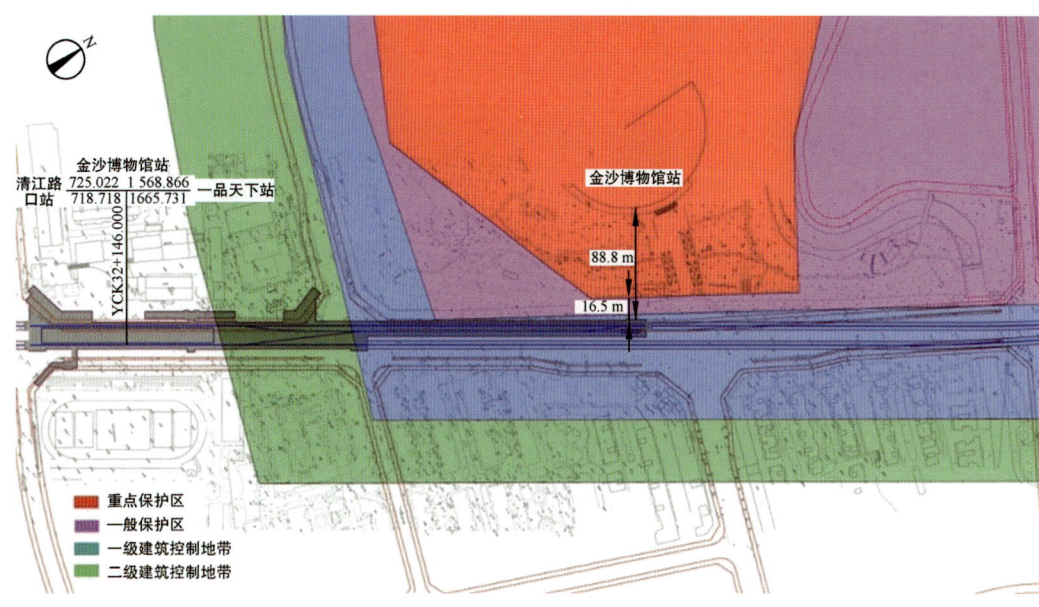

图2-36　金沙博物馆站与金沙遗址平面关系图

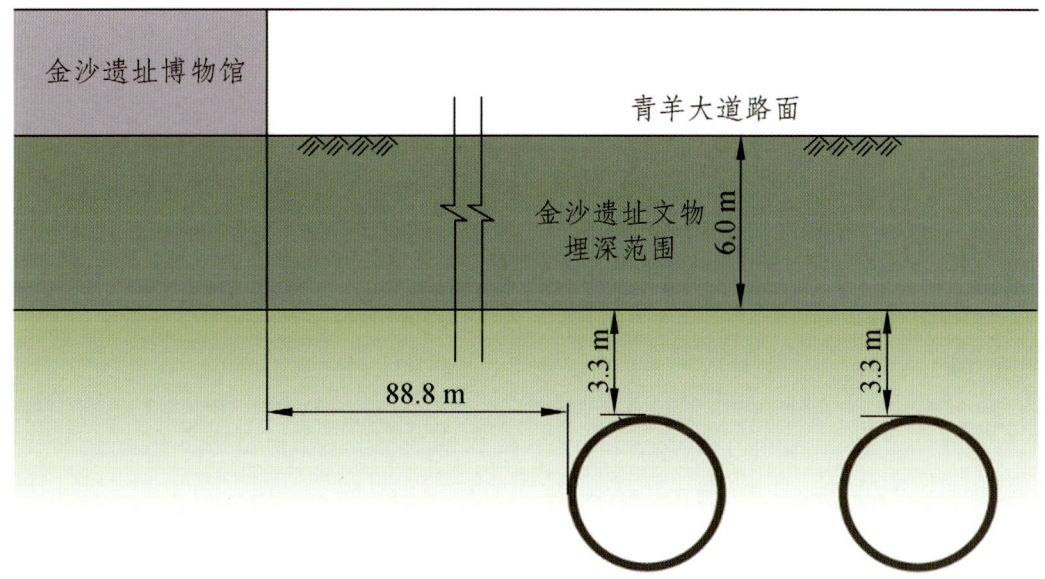

图2-37　金沙博物馆站与金沙遗址纵断面关系图

4. 交通繁忙地段，采用暗挖一线两列位停车线

九里堤站车站主体为避让二环高架桥桩基础，车站设于道路北侧，紧邻西南交大南门，设置双停车线较为困难，根据运营组织需要并结合工程实施条件，在车站西端设置了一线两列位停车线。为保证二环路道路交通通畅，停车线与右线采用暗挖法施工，左线采用盾构法施工，九里堤站及西侧一线两列位停车线平面图如图2-38所示。

7号线设有辅助配线的车站共有11座，配线类型及配线形式详见表2-9。

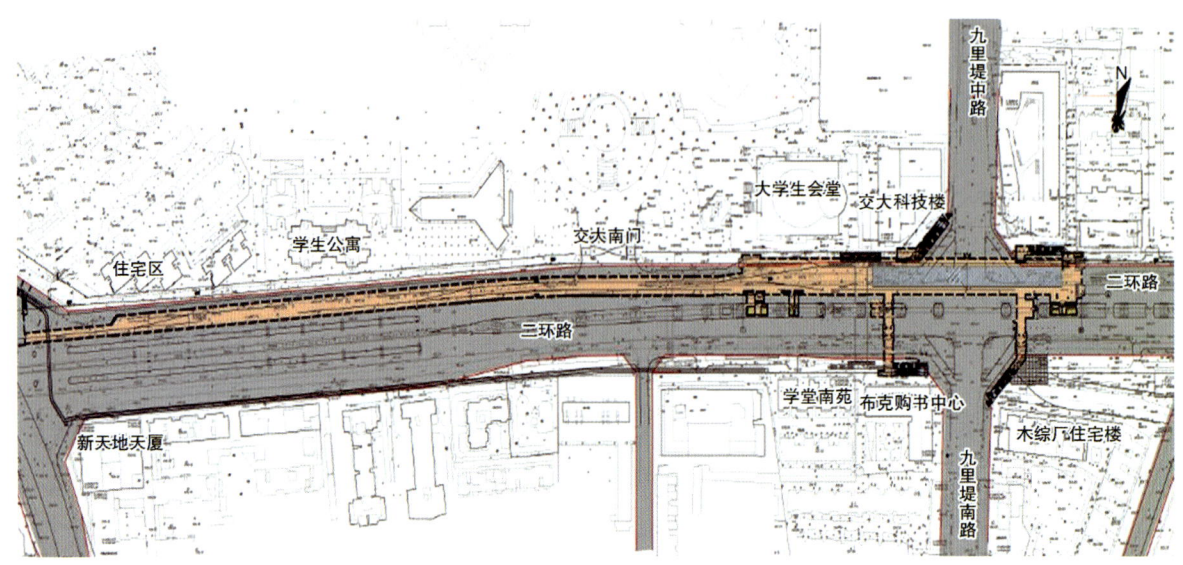

图2-38　九里堤站及西侧一线两列位停车线平面图

表2-9　7号线车站配线一览表

序号	站　名	车站性质	配线类型	配线示意	备　注
1	驷马桥站	换乘站	停车线		地下站岛式站台
2	崔家店站（原成华大道站）	中间站停车场接轨站	出入线		地下站岛式站台
3	槐树店站（原万年场站）	换乘站停车场接轨站	出入线		地下站岛式站台
4	狮子山站	中间站	渡线		地下站岛式站台
5	琉璃场	换乘站	出入线		地下站岛式站台
6	高朋大道站（原神仙树西站）	换乘站	停车线		地下站岛式站台
7	太平园站	换乘站	联络线		地下站岛式站台
8	武侯大道站（原武侯双楠站）	换乘站	停车线		地下站岛式站台

续表

序号	站名	车站性质	配线类型	配线示意	备注
9	金沙博物馆站	中间站	停车线		地下站 岛式站台
10	九里堤站	换乘站	停车线		地下站 岛式站台
11	北站西二路站（原城北客运中心站）	换乘站	渡线 联络线		地下站 岛式站台

7号线全线的配线设计以功能需求为导向，结合工程实际情况，针对各车站不同的周边环境和控制点，因地制宜地进行设计研究，从总体上看全线配线设置均衡，功能完善，具有较强的创新性和实用性，是环线地铁配线设计的代表之作，其取得的主要成果包括：

（1）首次在成都地铁实现车辆基地"2+2"八字接轨，满足环线地铁的双向收发车功能，是目前地铁工程中功能性最强的接轨方式。

（2）设置联络线与5号线、10号线实现正线连接，作为环线线路起到了良好的连接、转换功能，是成都地铁A型车资源共享的重要保障。

（3）在7号线远离车辆基地的西半环设置了多处停车线，是故障情况下快速恢复正常运营的有力保证，显著提高了运营的灵活性。

（4）因地制宜采用创新思维，首次在成都地铁设置了一线两列位停车线，运营效果显著，后续8号线等多条线路均在有条件的地方设置了一线两列位停车线。

2.3 环线客流分析

环线与放射形地铁线路在客流特征方面是有所不同的，环线地铁大致有六个方面的特征：

（1）环线建成后，自身和全网的客流量将随之迅速增长；
（2）换乘站客流增长迅速、换乘量大、环线途经客流较多；
（3）环线高峰小时系数较放射形线路低；
（4）环线早高峰时段较放射线路晚，晚高峰时段较放射线路早；
（5）环线断面客流波动性特征各不相同；
（6）环线平均运距短。

以上环线客流特征，是线路涉及规划团队在设计时要重点关注的问题，尤其是在影响设计阶段的技术标准被确定的时候，更是要关注具体的客流预测指标。

下面我们从7号线具体的客流预测指标，来看看在设计阶段作为环线工程的7号线在客流预测指标中有什么特征。

2.3.1 环线客流预测特点

轨道交通环线的设置一般适合于城市空间大、空间结构呈多中心形态的情况。同时,环线的设置一般配合放射线,形成"环放式"轨道交通线网。正因为环线与众多的放射线相交,环线上的换乘站的比例较高,实现了各交通走廊之间的交通转换功能。因此,轨道交通环线的预测客流受到其他放射线客流的影响。除此之外,轨道交通环线服务于环线两侧大型客流集散点,即为环线沿线的OD点服务。因此,轨道交通环线沿线的客流预测是轨道交通环线客流预测的重要内容。

轨道环线客流特性、客流分布是轨道环线的重要研究内容,也是决策是否引入轨道环线的重要支撑论据。轨道交通上乘客客流的路径选择模型则是决定轨道环线客流预测分布的关键,其不能简单地从道路交通的机动车路径选择技术移植过来。城市轨道交通环线路径选择方法不同于射线路径选择。

环线出行者的路径选择特征,能够体现出环线客流的大致流向。通过环线客流的大致流向,确定环线的关键换乘站,从而确定环线设置的大致走向。城市轨道交通环线的功能之一是服务于本线客流,即为环线本身的沿线OD提供服务;此外,环线与众多线路交叉,通过换乘站实现各交通走廊之间的换乘,在一定程度上减少了城市中心区域的客流负荷,同时减少折角客流的出行时间。"环形+放射线"的轨道交通线网结构可供轨道交通乘客选择的路径很多。"环形+放射线"的轨道交通线网结构可抽象为如图2-39所示的线网结构。

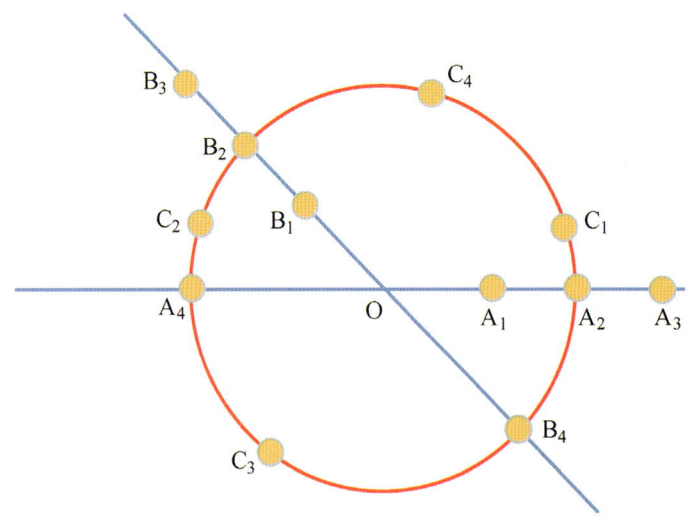

图2-39 乘客路径选择示意图

从图2-39可以看出,环线出行者路径选择问题可按照起讫点(OD)分为3类,即:环内,环上,环内。

对于OD点均不在环线上的出行来说,以广义成本最低为目标得出路径。

对于OD点为环内至环上和环上至环外的出行而言，所经过的路径可分割为2条：如图2-39中$B_1—C_3$可选路径有两条，一条为"$B_1—B_2$"+"$B_1—C_3$"，另一条为"$B_1—B_4$"+"$B_4—C_3$"。此类问题可转化为环上至环上的路径选取问题以及多条路径的比选问题。当其中环上的点是放射线与环线的换乘站时，则必须通过选择换乘站实现路径的交换。如图2-39中$A_2—B_3$的路径就必须选择"$A_2—O$"+"$O—B_3$"的方案。

对于起讫点均在环上的轨道交通出行来说，换乘次数应小于2，换乘次数大于1的路径如：从$C_3—C_4$的路径应排除"$C_3—B_4$"+"$B_4—B_2$"+"$B_4—C_4$"。当起讫点都是换乘站时，通常情况下会选择以环线的顺时针或者逆时针为路径，或者通过放射线经过一次换乘；当起讫点中只有其中一个是换乘站时，则需要通过方案的比选确定。

2.3.2 客流预测方法

城市交通客流预测的基本原则是在一定的城市发展规模下，确定城市交通需求与交通设施的供求关系。现今通常的客流预测方法是建立城市交通预测模型，模型中的相关参数将反映城市发展对交通需求的影响。交通模型是建立在对城市现状交通调查、城市社会经济发展与交通需求之间关系分析的基础上，完成对模型参数的标定及模型的调校。根据城市未来年的发展预测以及其他相关规划数据，利用交通模型，能够定量预测或分析在不同交通战略模式下各种方案在未来的城市交通模式中的作用。本次客流预测模型由传统的四阶段交通规划模型系统组成，包括：出行生成模型、出行分布模型、出行方式预测和交通分配模型四个子模式系统。

2.3.2.1 出行生成模型

出行生成预测，其目的是建立小区生成的交通量与分区土地利用、社会经济特征等变量之间的定量关系，推算规划期各小区生成的交通量。出行生成预测包括发生量预测和吸引量预测。出行生成预测的方法主要有以下四类。

（1）时间序列分析法：按照各交通小区的历史统计资料分析其未来情况。

（2）回归分析法：建立交通影响因素和交通发生量与吸引量之间的相互关系模型，常用模型包括线性回归、非线性回归、多元回归和逐步回归等。

（3）类别分析法：对交通的影响因素进行分类，然后进行分析。

（4）弹性系数法：通过确定交通的增长率与国民经济发展的增长率之间的比例关系，结合国民经济的未来增长情况分析，预测交通的增长率。

以回归分析法为例，通过对居民出行调查数据、交通小区土地利用性质分类和多因素相关分析，选择各交通小区人口数和就业岗位数作为全方式出行生成变量，根据土地利用性质分别建立出行产生和吸引分类回归模型。公式如式（2-5）所示。

$$G_i = C_0 + a_1 \times P_i + a_2 \times E_i \tag{2-5}$$

$$A_i = C_0' + a_1' \times P_i + a_2' \times E_i \tag{2-6}$$

式中　G_i——i交通小区的出行产生量；

A_i——i 交通小区的出行吸引量；

C_0，C_0'——常数；

C_0，C_0'——常数；

P_i——i 交通小区人口数；

E_i——i 交通小区就业岗位数。

由于根据上述模型预测远景时，小区的交通产生总量和吸引总量可能不等，为使城市的交通产生总量与吸引总量相平衡，同时在宏观总量上把握日出行总量，可以通过发生量、吸引量或者总量进行平衡控制。

2.3.2.2 出行分布模型

出行分布预测是把某一小区生成的交通出行分到其到达小区的过程。预测的结果就是分布交通量，也就是小区之间的交通流。现状的小区之间的交通分布已从调查的OD表中表现出来。出行分布预测的目的是根据现状OD分布量、各区的经济特征、土地利用的发展变化来推算未来各区之间的交通出行量。常见的预测方法可分为两大类：

（1）增长系数法：包括常增长系数法、平均增长系数法、底特律法、福莱特法等。

（2）综合法：包括重力模型法和机会模型法，重力模型常用的有乌尔西斯重力模型、美国公路局重力模型和双约束重力模型，机会模型法则有介入机会模型等。

以重力分布模型为例，模型如式（2-7）所示。

$$T_{ij} = \frac{G_i \cdot A_j}{(t_{ij})^\gamma} \tag{2-7}$$

式中　T_{ij}——i 交通小区到 j 交通小区的交通分布量；

G_i——i 交通小区的出行产生量；

A_j——j 交通小区的出行吸引量；

t_{ij}——i 交通小区到 j 交通小区的交通阻抗；

γ——调整参数。

2.3.2.3 出行方式模型

交通方式划分（Traffic Mode Split）预测，把总的交通量分配给各种交通方式。影响出行者对交通方式选择的因素很多，如各种交通方式的舒适性、安全性、便捷性以及选择者的社会经济特征等。预测方法很多，如转移曲线法、概率模型法、回归分析法等。

1. 转移曲线模型

转移曲线诺谟图是较简单、直观的预测方法，根据大量调查统计资料，绘制出各种运输方式的分担率与其影响因素间的关系曲线，预测时直接查出各种运输方式分担率。

2. 概率模型

概率模型假定对各种运输方式的选择是以各种运输方式所需的时间、费用等阻抗参数构成的各种交通阻抗大小为基础，以一定的概率关系构造的，模型形式通常采用根据概率分布假定建立的预测模型。

3. 回归模型

回归模型是通过建立各种运输方式分担率与相关因素的回归方程，作为预测模型。这种预测模型与转移曲线模型一样，需要在大量的调查统计资料后才能建立，模型适用范围有限。

对于不同的出行方式，因其被选择的因素不同，故采用不同的模型、方法进行预测。

1）步行出行模型

步行属于自由类出行方式，影响步行选择的重要因素为距离，因此通过建立步行与距离的关系曲线即可进行预测，具体模型如式（2-8）所示。

$$P_W = e^{-\beta l_{ij}} \tag{2-8}$$

式中　P_W——步行的分担比例；

　　　β——参数；

　　　l_{ij}——i 交通小区到 j 交通小区的出行距离。

2）自用车出行模型

自用车主要由私人小汽车、单位小汽车（包括企业所有和机关、事业单位所有）构成。由于单位车也为具体私人所使用，故也可以分摊到家庭中去。同时由于在单位可用车的人，也大多数购买私家车，故私家车的保有量水平可用有车的家庭占城市家庭总数的比例来表示。自用车发展水平的确定主要从购买政策与使用调控手段两方面考虑。具体模型如式（2-9）~（2-11）所示。

$$N = \frac{A}{n} \cdot C_{pa} \tag{2-9}$$

$$Q_{(pa,\varepsilon a)} = \alpha \cdot N \cdot C_a \tag{2-10}$$

$$Q_{(pa)} = A \cdot C_{pa} \cdot C_p \tag{2-11}$$

式中　A——城市实际居住人口数；

　　　n——家庭人口数；

　　　C_{pa}——有车家庭比例；

　　　C_a——车辆平均出行次数；

　　　C_p——人均出行次数；

　　　α——车辆平均承载率；

　　　$Q_{(pa)}$——有车用户用车出行量；

　　　$Q_{(pa)}$——有车用户出行量。

可得式（2-12）和（2-13）。

$$P_{(pa)} = \frac{Q_{(pa)}}{Q} \tag{2-12}$$

$$P_{(pa,\varepsilon a)} = \frac{Q_{(pa,\varepsilon a)}}{Q} \tag{2-13}$$

式中　$P_{(pa)}$——有车用户出行量占总出行量的比例；

　　　$P_{(pa,\varepsilon a)}$——有车用户用车出行量占总出行量的比例；

　　　Q——总出行量。

自用车划分主要考虑自用乘用车的拥有率以及出行距离，其划分模型如式（2-14）所示。

当 $d_{ij} \leq 1\text{km}$ 时，

$$P_{ij(pa,\varepsilon a)} = 0$$

当 $d_{ij} \geq 10\text{km}$ 时，

$$P_{ij(pa,\varepsilon a)} = P_{ij(pa)}$$

当 $1 < d_{ij} < 10\text{km}$ 时，

$$P_{ij(pa,\varepsilon a)} = P_{ij(pa)} \cdot \lg d_{ij}^{a} \tag{2-14}$$

式中　$P_{ij(pa)}$——该距离段有车用户出行量占总出行量之比；

　　　$P_{ij(pa,\varepsilon a)}$——该距离段有车用户用车出行量占总出行量之比；

　　　a——参数；

　　　d_{ij}——出行距离单位。

3. 自用车和公共交通竞争模型

自用车和公共交通属于竞争类出行方式，人们对它们的选择通常对比其便利程度而确定。在此采用比较两者的效用值的方式来进行划分，如式（2-15）所示。

$$P_{\text{public}} = \frac{\varepsilon^{-u_{\text{puplic}}}}{\varepsilon^{-u_{\text{public}}} + \varepsilon^{-u_a}} \times (1 - P_W) \tag{2-15}$$

式中　P_{public}——公共交通的分担率；

　　　u_{puplic}——公共交通综合效用值；

　　　u_a——自用车综合效用值；

　　　P_W——步行的分担比例。

2.3.2.4　交通分配模型

对轨道交通客流预测而言，交通分配模型指的就是公交客流分配模型。公交分配模型主要包括出行路径的建立和出行客流量分配两个过程。模型首先要计算出所有可能的路径，再确定出所有合理的路径（这些所谓的"合理的路径"被称为多路径）。然后按比例将出行客流量分配到不同的交通方式中，最后根据线路在各方式中进行再分配。分配模型如式（2-16）所示。

$$L_k = \frac{\exp[-\theta \cdot R_k / R_T]}{\sum_{i=1}^{m} \exp[-\theta \cdot R_i / R_T]} \tag{2-16}$$

式中　　L_k——路径的Logit值；

　　　　R_k——路径的出行路权；

　　　　R_T——备选路径的平均出行路权；

　　　　R_i——备选路径的出行路权；

　　　　m ——有效出行路线条数。

2.3.2.5 成都地铁7号线客流预测结果分析

7号线在整个设计过程中，做过两次客流预测报告。第一次是在工可阶段，完成《成都市地铁7号线工程客流预测》（2012年5月）；第二次是在初步设计阶段，完成《成都市地铁7号线工程客流预测补充报告》（2013年1月）。两次客流预测均是在2020版城市总规和第二期建设规划基础上完成的，故预测基础没有发生大的调整，预测结果也没有发生大的变化。初步设计阶段客流预测的总体指标如表2-10所示。

表2-10　7号线各设计年度客流预测指标汇总表

设计年度 指　标	初期（2020年） 数据	近期（2027年） 数据	近期（2027年） 增长幅度	远期（2042年） 数据	远期（2042年） 增长幅度
全日					
运营长度 / km	38.6	38.6	—	38.6	—
客运量 /（万人次/日）	87.00	114.41	31.51%	149.33	30.53%
客流密度 /（万人次/km）	2.25	2.96	31.51%	3.87	30.53%
最高断面客流 /（万人次/h）	9.18	11.08	20.76%	14.08	27.02%
平均运距 /（km/人次）	6.12	5.85	−4.43%	5.41	−7.50%
早高峰					
客运量 /（万人次/h）	14.64	19.10	30.48%	24.32	27.30%
最高断面客流 /（万人次/h）	2.55	3.50	37.09%	3.99	14.10%
晚高峰					
客运量 /（万人次/h）	14.28	18.33	28.38%	23.17	26.41%
最高断面客流 /（万人次/h）	2.49	3.21	28.95%	3.82	19.03%

初步设计阶段各设计年度全日、早、晚高峰客流预测的断面分布如图2-40~图2-42所示。

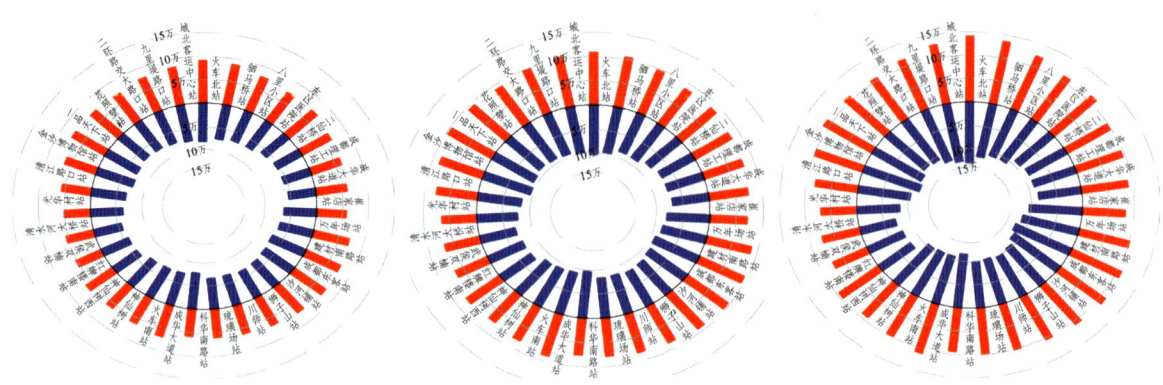

图2-40 初、近、远期全日客流断面分布图（1）

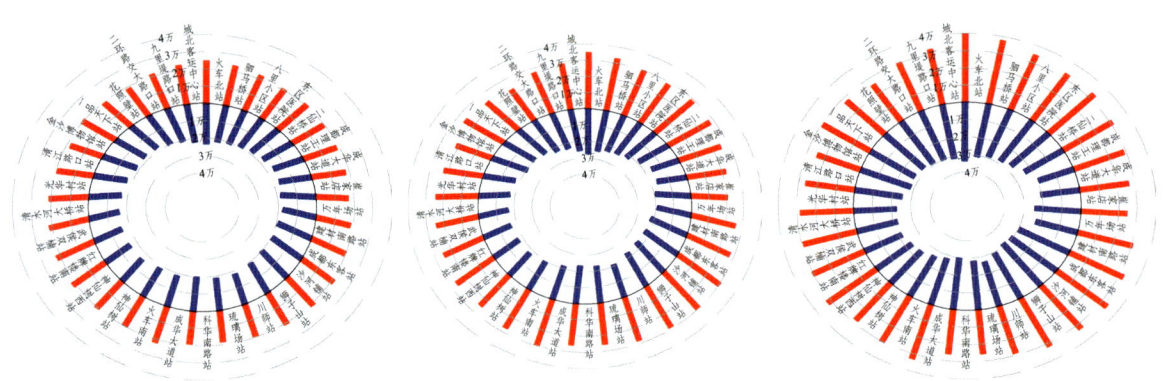

图2-41 初、近、远期早高峰时段客流断面分布图（2）

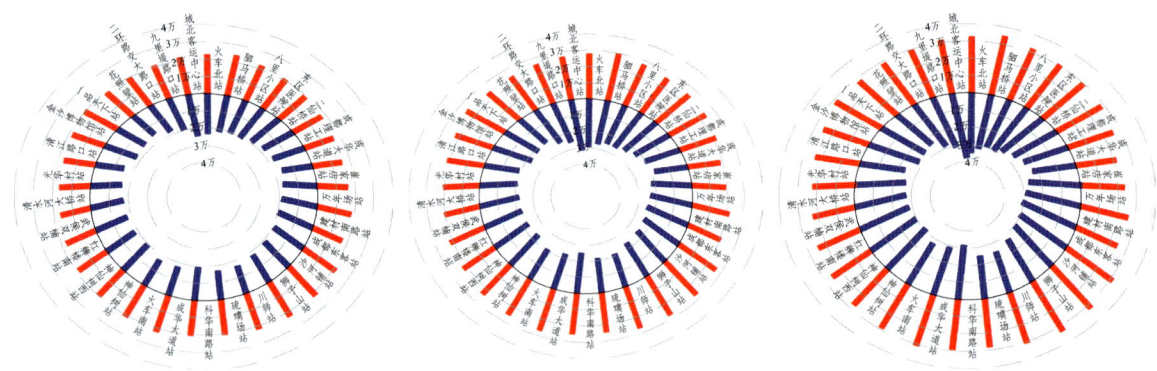

图2-42 初、近、远期晚高峰时段客流断面分布图（3）

第 3 章

7 号线工程设计

3.1 环线工程设计特点

环线地铁，因其在轨道交通线网中所起的作用主要是串联线网中规划的各层次（普线、快线）放射型线路，在其重要的节点站形成横向切割，从而达到转移射线上乘客出行方向的作用。因此，环线工程在线路走向和选线中往往会遇到以下几方面的困难。

（1）线路多穿行于城市建设密度大的区域，线路通道的可选性少，工程难度相对较大。

（2）与重要的铁路、航空、水运枢纽或换乘站连接，与相交的放射型轨道交通线路均有连接，故环线工程的换乘站多于普通射线，部分已运营环线换乘站数量站全线车站数量情况如表3-1所示。因此，车站总图布置设计难度较大。

表3-1　部分已运营环线换乘站数量站全线车站数量情况

城市	线路名称	线网形态	串联放射线/条	车站/座	换乘站/座	换乘站比例
北京	2号线	环+放射	6	18	10	56%
	10号线	环+放射	10	45	16	36%
成都	7号线	环+放射	14	31	22	71%
郑州	5号线	环+放射	11	32	18	56%
东京	山手线	环+放射	16	29	26	90%
首尔	2号线	环+放射	12	48	22	46%
莫斯科	5号线	环+放射	9	12	12	100%
马德里	6号线	环+放射	14	28	16	57%

（3）线路敷设方式以地下线居多，与市政道路关系复杂，甚至不可避免地出现与市政工程合建共生的局面，从而加大了工程的整体性难度。

环线的布设位置决定了环线常选用地下线的敷设方式，因为城市中心区土地资源紧张、中心区征地拆迁成本高、地面交通空间已比较拥挤，采用地下敷设方式能有效地避免噪声污染，并降低成本。目前，北京地铁2号线和10号线、成都地铁7号线、郑州地铁5号线等环线均全部为地下敷设。当然，有些地铁工程之所以会选择地下敷设，也有其他原因，例如，莫斯科地铁5号线之所以选择地下敷设就是因为其建设年代的特殊性，与第二次世界大战时受空袭的阴影、冷战期间对核战的焦虑有关，其线路及站点基本都设置在地面30 m以下；北京地铁2号线也有此背景，中华人民共和国成立初期还是以"备战备荒"作为大型工程的建设指导思想的，地铁作为"平战结合"工程，需要兼顾人防任务。

（4）设站多，站间距较小。环线由于多设于市中心区或市中心区边缘，没有明显的向心客流，沿线土地开发强度大，客流量分布比较均衡，尤其是处于中心城区的环线，沿线土地开发密度高、交叉换乘的放射线多为以通勤客流为主的地铁普线,因此,这种环线在市中心区的客流集散点较多、设站较多、站间距较小,站间距离分布较为均衡。对比北京地铁2号线和10号线、成都地铁7号线、郑州地铁5号线、东京山手线以及首尔2号线,其线路平均站间距基本维持在1.2 km左右,如表3-2所示。

表3-2　部分已运营环线站间距统计

城市	线路名称	最大站间距／km	最大站间距／km	最大站间距／km
北京	2号线	2.23	0.79	1.27
	10号线	2.39	0.75	1.27
成都	7号线	2.21	0.72	1.29
郑州	5号线	1.92	0.65	1.30
东京	山手线	2.20	0.60	1.19
首尔	2号线	2.00	0.60	1.14

（5）车辆基地选址困难,导致原闭合型环线的规划难以实现,被迫改为"C"型环线,或是为维持闭合型环线的规划,迫使车辆段在中心城区选址建设,从而出现施工难度大、环境要求高的车辆基地综合体工程。

3.2　环线配线设计

3.2.1　运营组织设计

为突出环线与直线型线路在运营组织上的区别,根据环线自身特点,这里主要从行车交路模式、导向模式、突发性大客流运营组织、非正常情况下的运营组织四个方面进行分析。

3.2.1.1　行车交路模式

方案一：内外环全交路发车间隔均衡,服务水平相同

该方案适用于环线各区段断面客流比较均匀的情况,服务水平高、运营组织简单、各区段通行能力均等如图3-1所示。双方向列车分别在内、外环线路上循环运行,无列车折返作业,故行车组织相对简单。但当环线各区段断面客流的不均

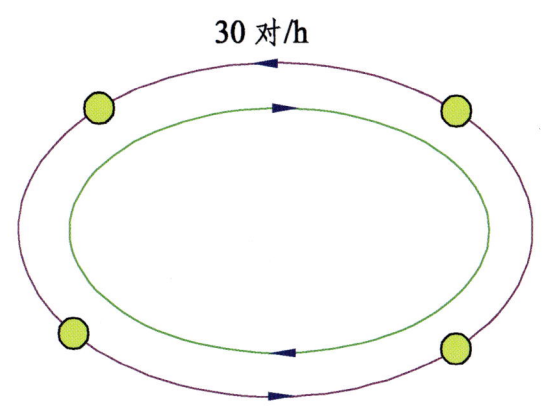

图3-1　环线行车交路模式（方案一）

衡程度较高时，该模式满载率低、配属列车较多，投资较大。

方案二：内外环发车间隔均衡，增设 1 个小交路

该方案适用于环线各段客流分布不均的情况，其对客流适应性较强，可节省配车数和车辆走行千米如图3-2所示。但因存在 1 个小交路运行，需要进行折返作业，故运营组织较复杂，部分坐错车的乘客需换乘。

方案三：内外环发车间隔不均衡，全交路服务水平不相同

该方案适用于内外环客流分布不均匀，客流规模差异较大的情况，根据内外环客流特征在内外环上分布采用不同的行车间隔，该方案无列车折返作业，行车组织相对简单，乘客也无须换乘，对客流适应性较强如图3-3所示。

3.2.1.2 导向模式

1. 上下行定义

为了便于乘客组织及乘客乘坐，需要对环线的方向及上下行进行定义。按地铁设计规范的标准，确定《地铁设计规范》（GB 50157—2013）的规定，环形线路以列车在外侧轨道线的运行方向作为上行方向，内侧轨道线的运行方向为下行方向。也即外环逆时针运行方向为上行方向，内环顺时针运行方向为下行方向（见图3-4）。

2. 起终点车站的选择

环线是一条闭合的线路，没有起点和终点。但是，列车正常运营时所有入段（场）列车均在段（场）接入的车站清客入段（场）。因此，为了从运营组织上对全程循环运行列车和入段（场）列车进行区分，建议环线设定车辆段或停车场的接入车站作为入段（场）列车和线路的起终点站。

3. 列车导向设置

由于环线通常没有明确的起终点车站，因此

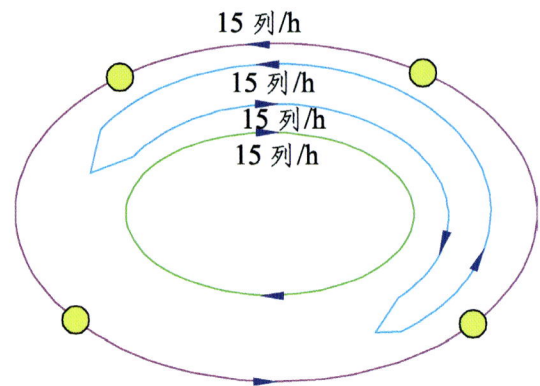

图3-2　环线行车交路模式（方案二）

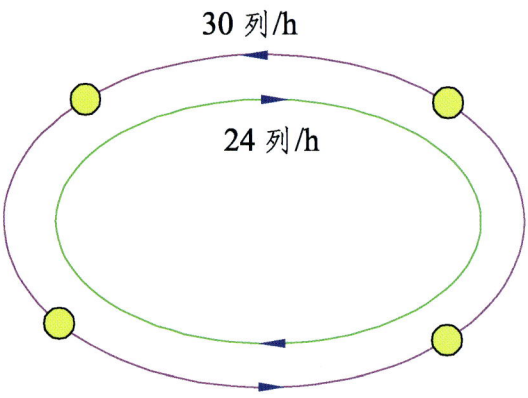

图3-3　环线行车交路模式（方案三）

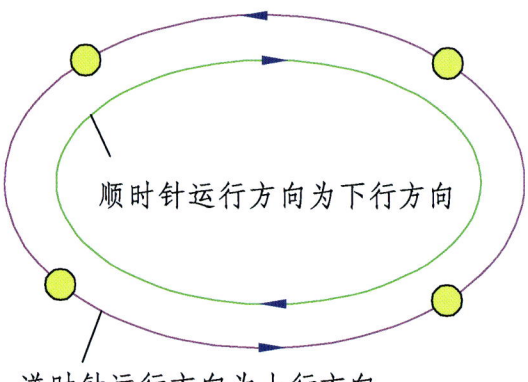

图3-4　环线上、下行方向示意图

列车行驶方向的标识采用"当前站+后 2 个车站"的方向进行标识。同样，列车车厢内的导向系统，应以方便乘客了解环线情况及选择便捷出行路线为原则进行设置，建议导向系统的电子及平面导向指示设施采用"环形线路"进行标示。

3.2.1.3　突发性大客流运营组织模式

已运营环线的城市实际客流调查统计结果表明，受商业活动、国际交流、重要体育赛、节假日等因素的影响，环线出现突发性大客流的频率越来越高，客运量较平日有显著的增加。科学合理的行车组织和调整对缓解和消除突发大客流起到了至关重要的作用，可在环线上采用以下运营组织方法。

方案一：环线内外环均采用加开备用列车的方式来满足乘客需求。

方案二：高峰小时仅在环线外环或内环采用加开备用列车的方式来满足乘客需求，适用于环线内外环高峰小时客流差异较大的情况。

方案三：结合环线客流分布特征、大型客流集散点位置以及配线设置和分布等情况，开通临时列车交路。

3.2.1.4　非正常情况下的运营组织模式

1. 列车故障（走行部分正常）

列车在一条环线发生故障，不受影响的另一条环线可正常地运行。故障列车由后续列车推送回段，或者在就近前方站停车线停放，线路即可恢复正常运营。

2. 局部区间阻塞

在内外环同时出现局部阻塞的情况下，可在阻塞区段的两端选择合适的列车折返点组织临时交路运营。而在仅外环或者内环局部阻塞的情况下，阻塞环可抽出部分列车回段（场），降级分段运行，即在阻塞区段两端选择合适列车折返点组织临时小交路运营。未阻塞环线在平峰期正常运行，同时接入另一环折返的临时小交路列车；在高峰时期组织降级运行，抽出部分列车回段，以保证另一环折返的临时小交路列车的接入。在这种情况下，环线相比其他形式的轨道交通线路更具可靠性，即环线单方向局部阻塞时，另一个方向还能够维持较高的运营水平。

3.2.2　配线设计

3.2.2.1　配线设计与运营组织需求关系

配线是为保证轨道交通系统正常运行，实现列车合理调度而设置的线路，能够提高列车组织的机动性，满足行车组织调整多样化的需要，其作用主要体现在以下方面。

1. 适应正常行车交路，加快车辆周转，提高运行效益

随着线路位置、长度、时段等因素的不同，不同线路的客流断面会呈现出不同的客流分布特点。当列车全程运行时，难免会产生部分区段运能浪费。利用配线可以实现多样化的运营组织方式，在满足乘客需要的前提下，组织列车在不同区段运行，例如采取大小交路、短交路等形式。

从而减少车辆的空驶里程数，加快车辆周转，减少运用车辆数，降低运营成本，提高运行效益。

2. 备用列车停放，适应夜间停车，或迎峰加车运行

备用列车停放有两种方式：一是为次日早发车的列车夜间停放，由于线路起讫点车站离车辆段或停车场较远，为减少早晨车辆远距离空驶消耗，宜在终点站或中间折返站增加配线，为次日早发车服务。这种配线主要在停运后的夜间时段使用，可与折返线兼用。二是备用加开列车的停放。有的车站位于大型客流集散点，有经常性突发客流，需要备用加车；或按计划为迎接高峰客流时段加车，也可设置备用列车停车线。此类配线多在非高峰时段使用，但使用概率较低。

3. 组织全线多站点发车，提高服务水平

首班车发车通常由两端车站始发，中间各站的第一次列车到达时间会随线路长度而延迟，线路越长、延迟时间越多，造成中间站服务水平较低，有效服务时间较短。增加配线，可灵活组织多车站同时发车，提高服务水平。

4. 提高故障状态下的行车调整灵活性

全线运营过程中，难免会遇到各类故障。一种是车辆本身的故障，另一种是地面设备故障，如信号、轨道（道岔）和各类电气设备等。还会遇到局部故障，如地下线局部受淹、高架线遇恶劣天气（暴风雨雷）影响等，使局部地段停运，列车不能正常运行。在这些情况下，列车须绕行故障点或局部折返运行，维持非故障区段的正常运行。合理设置各类配线，能够增加列车运行调度的灵活性，最大限度地减小对正常运行的影响。

4. 故障车辆下线，恢复正常运行秩序

列车由于故障不能正常运行时，由于受城市轨道交通线路的特性限制，必须尽快退出正线。尤其是在高峰运行时段，为避免故障列车对正线运行产生影响，故障列车应就近退出正线，待非高峰时段再将列车送回车辆段进行检查和修理。为此，沿线相距一定距离设置能够供故障列车待避的配线是非常有必要的。

3.2.2.2 配线功能层次

全线配线应根据功能需求确定，满足日常运营需要、运营调整需要以及线网互相联系的需要。根据配线的功能，可以将配线分为以下三个类别：

第一类，取决于本线在线网规划中的地位以及与其他线路的关系。这些线路的设置不取决于行车组织要求，而是根据路网规划的整体要求确定。例如：相邻线路的联络线设置，取决于线网规划对联络线的功能定位；车辆出入线的接轨站点取决于车辆基地的位置；支线引入的接轨站点，在线网规划时便确定。

第二类，为满足正常情况下的乘客出行需求，取决于列车运行组织要求。例如折返线的设置主要根据线路客流变化特点和线路运能分布情况，确定列车的正常运行交路，选定折返站设置位置，并选定适宜的站型。

第三类，为满足运营时间内故障情况下的运营调整需要。如通过停车线和渡线的设置，可满足故障列车临时待避、改变列车运行方向的需要，还可以满足夜间停运后其他维修工程车辆的运行和折返要求。

3.2.2.3 配线设计的基本原则

（1）符合客流的集散规律。例如折返线的设置，除起讫车站外，还宜在相邻区段客流密度突变明显的中间站设置折返线。

（2）为列车运行调整和组织优化提供基础。合理设置配线形式，适当加大配线设置密度，可使列车运行方案编制更加灵活、机动，当发生运营故障时，也为系统恢复正常提供了条件。

（3）要考虑轨道交通线路的行车控制方式，辅助配线的设置位置与方向，应有利于行车组织和行车调度指挥。

（4）方便施工。辅助配线应尽量避开地形复杂和施工困难车站或区间，以减少施工难度。

（5）远近结合，做好规划。辅助配线的分布应立足于城市轨道交通线网统筹考虑。根据线网的建设和客流量的增长，可逐步建设，以达到系统最优的目标。但地下车站的辅助配线应一次建成。

3.2.3 7号线配线设计

3.2.3.1 行车交路设计特点

从7号线客流预测结果来看，由于环线位于线网核心部位，所以整个环线客流起伏不明显，但高峰时段内外环客流还是有一定差异。尽管设计时考虑的是规模控制，常规交路按照内外对称设计，但在实际运营中，不排除有内外环不对称运行、西半环小交路运行以及局部内（或外）环加强运行等运输组织需求。

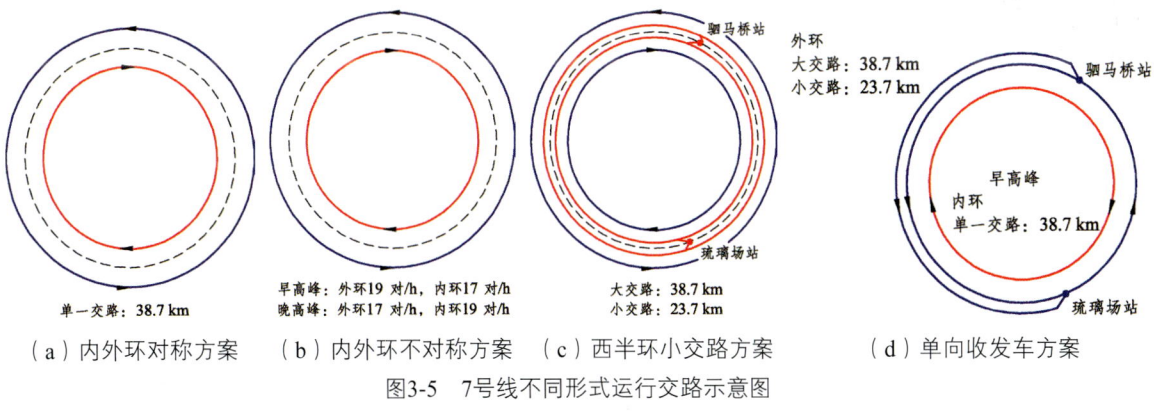

图3-5　7号线不同形式运行交路示意图

从图3-5中交路设置的多样性可以看出，为适应环线地铁客流变化的多样性和不确定性，四种交路的预先设计配置，可以使运营阶段，针对不同的客流出行特征需求，灵活组织各种交路运行，既方便乘客又节省运营资源和运营成本，这是环线设计时必须考虑的交路设计思想。

多种备用交路的设计虽然在射线工程设计中也很常见，但与射线不同的是，射线工程在实际运营操作中，通常选用大小交路组织成对的列车运行交路，这样的运营组织相对简单且节省运营成本；而环线工程更愿意选用内外环不成对的列车运行交路，这样也可达到适应客流出行特点且节省运营成本的效果，且运营组织相对简单。

3.2.3.2 配线设计

7号线全线敷设于成都中心城区二环至中环路道路下方，线路走向是环型，并且在局部地段脱离中环路，其中，琉璃场站至火车南站至神仙树站段、西南交大站至花照壁站至茶店子站段均是在二环和中环路之间穿行，线路穿越了大量的民用建筑，整个7号线能够设置配线的车站和位置相当受限。

在这个设计过程中，为确保环线运营的灵活性及高效性，行车专业对环线进行配线设计时主要有以下几点考虑。

（1）崔家店停车场是全线唯一一个主要停车场，满足全线系统能力下所需要的全部运用列车停放能力。故崔家店停车场必须确保安全、高效。为此，崔家店停车场设计了"八"字形接轨方式，分别在停车场上下两层分别与槐树店站（负一层）、崔家店站（负二层）接轨。同时，为了解决环线列车轮轨偏磨问题，在上下两层停车库之间还设计了迁出线，满足列车换头作业，预防列车轮轨偏磨。目前运营公司规定每周3列进行换边作业；川师车辆段因其主要功能是7号线列车的定、临修，列车进出频率相对较少，受地形和市政道路标高影响，川师车辆段仅设计了一条出入段线与琉璃场站接轨。

（2）川师车辆段、崔家店停车场均位于环线的东南侧、东侧，需加强环线西北侧、西侧和西南侧的停车线布置。为此，7号线在驷马桥站、九里堤站、金沙博物馆站、武侯双楠站、高朋大道站分别设置了停车线。除了金沙博物站因金沙遗址保护需要，改用暗挖法施工，停车线被迫只能设置为单线单列位外，其余停车线均是双列位。九里堤站的停车线受到二环高架桥桥墩以及西南交大九里校区南校门影响，设置为单线双列位。

（3）为方便夜间维修以及故障运行模式下的换边，还在狮子山站、北站西二路站设置了单渡线。

（4）根据线网资源共享构架，7号线大架修作业需到5号线车辆基地与5、6、8号线共享；10号线先于7号线开通，需从7号线接收新车和开通前期返回7号线川师车辆段检修作业。因此，在北站西二路站设计了7/5号线联络线，在太平园站设计了7/10号线联络线。

在有了以上配线的功能考虑后，行车专业积极与土建工程专业进行沟通，确保上述需要设置配线的工程能够实施。7号线全线车站配线示意图如图3-6所示。

总体来说，环线在配线设计方面与射线的不同之处主要在于：一是车辆基地可能会正好处于城市建成区内，工程条件和用地条件都不如射线场段选址条件好；二是为确保环线运营的灵活性，在配线选点或设置条件不好的情况下，应克服较大的工程困难，不惜代价地设置应有的配线。

上述配线设计的结论，在7号线投入运营后得到成都地铁运营有限公司的一致好评，甚至称赞为"成都地铁有史以来最为好用的地铁配线设计"。从设计角度总结环线配线设计的重点，就是要迎难而上，坚决做到为运营留有灵活组织的条件。因为环线对每个城市的轨道交通线网都是至关重要的线路，环线一旦出现运营问题，影响的不是局部而是成片，要尽量做到运营的多样性和灵活性，确保运营组织的可靠性和安全性。

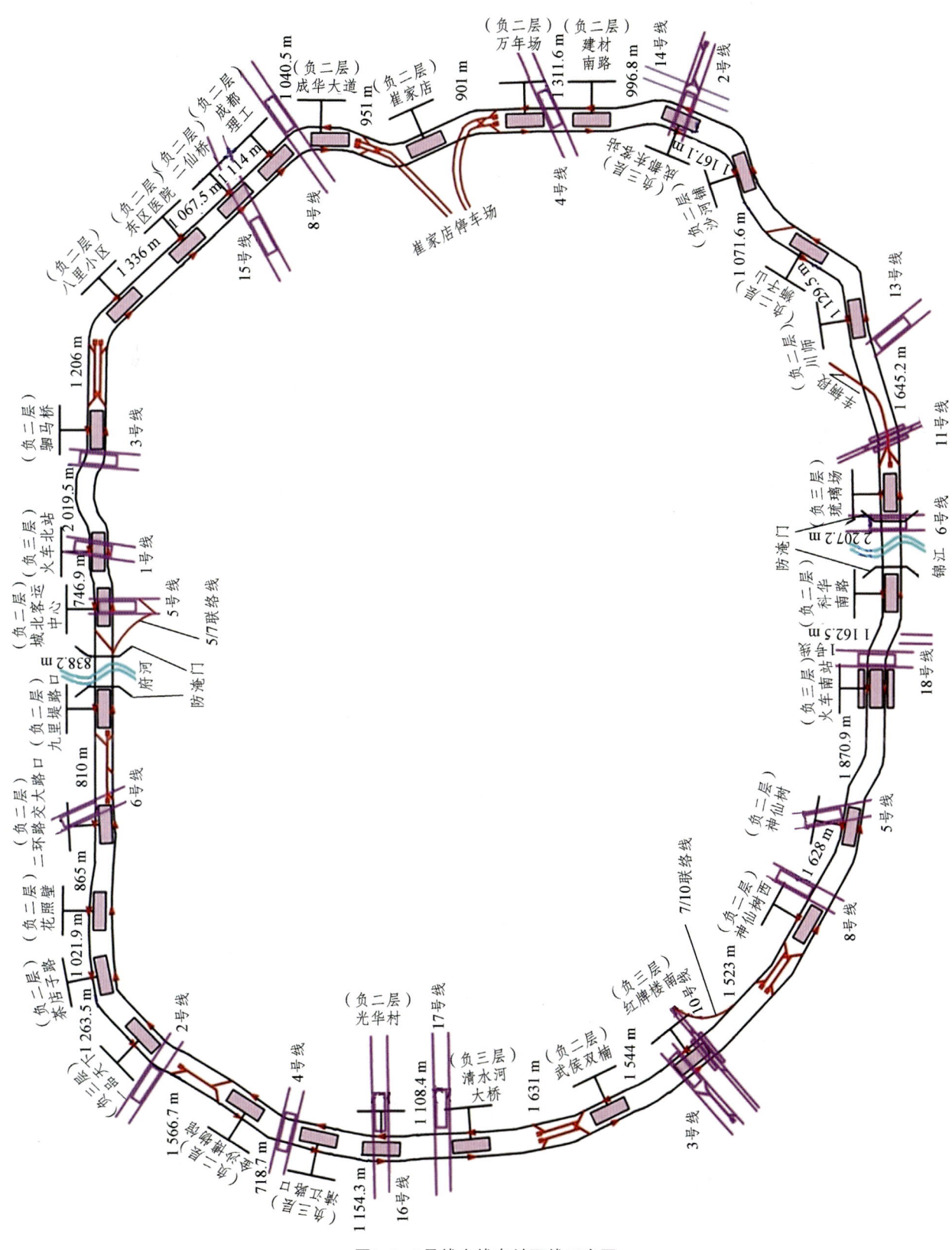

图3-6 7号线全线车站配线示意图

3.3 地下车辆基地设计

3.3.1 环线车辆基地设计基本特点

环线车辆基地的布置与常规线路相比,在列车收发车和运营组织上有所不同。为保证环线运营的便捷性与灵活性,提高运营效率,节约运营成本,环线对车辆基地的布置具有较高的要求。参考北京、上海、广州等城市的环线车辆基地布局、出入线设置方案,可得环线车辆基地在设计上的基本特点如下。

(1)车辆基地的布点和停车规模应相对均匀,以减少列车收发车的空走距离。但是受用地条件的限制,此要求往往难以达到。

(2)环线至少有1个车辆基地的出入线采用"八"字形接轨。如北京地铁10号线宋家庄停车场八字出入线分别与宋家庄站和成寿寺站接轨。上海地铁4号线蒲汇塘停车场八字出入线分别与宜山路站和上海体育馆站接轨。广州地铁11号线赤沙车辆段采用"2+1"八字出入线分别与石榴岗站和赤沙站接轨(见图3-7)。这样既可以减少环线运营对车辆轮对踏面造成的偏磨影响以及减少镟轮工作量,又可以保证双向收发车的要求,以减少收发车折向对正线运营的干扰。

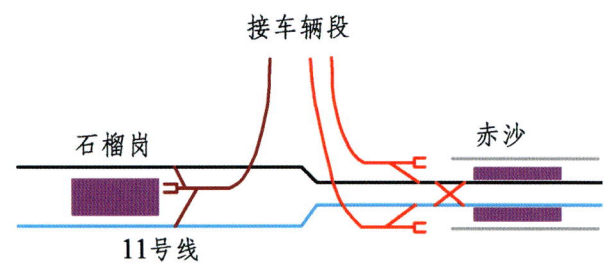

图3-7 赤沙车辆段出入线示意图

(3)环线一般位于城市的中心区或中心区边缘。随着国内城市化的不断推进,城市的范围逐渐扩大,车辆段逐渐融入主城区。若单纯建设车辆段,其土地价值利用率低,因此车辆基地的选址应从集约土地的角度出发,地块内综合物业开发,以提高土地的利用价值,与地块周边的规划应完美融合。

3.3.2 地下车辆基地发展趋势

城市轨道交通车辆基地的建设通常会占用大量的城市用地。由于检修制度的不同,总体上看,我国城市轨道交通车辆基地占地指标较国外还要大一些。大体量的地面车辆基地除占用较大用地外,还会分割城市交通和公共景观,制约城市规划。随着轨道交通的运营里程的不断增加,需求量也不断增大，土地资源日趋紧张，使轨道交通沿线土地价值节节攀升，供地少和需求大的矛盾日益加剧。轨道交通车辆基地因其占地大，选址难，节约用地成为其建设的重点和难点。据不完全统计，受用地限制和周边环境制约的影响，北京、成都已建成地下车辆段，武汉、深圳也在着手进行地下和半地下车辆段的规划设计。

此外，近年来一些土地资源使用趋于紧张的城市正在改变车辆基地的单一功能建造模式，相应地增加了住宅、公共配套、商业办公等功能，以提高土地利用率，取得较大经济效益。为了集约利用土地资源，北京、上海、武汉等城市均开展了地下空间开发的相关研究。

受城市轨道交通环线走向的影响，环线车辆基地的建设与用地及周边环境之间的矛盾将变得更加突出，考虑将环线车辆基地建设在地下，并科学合理地进行地下空间开发，将成为解决这一矛盾的有效途径之一。

3.3.3 地下车辆基地优势和设计难点

（1）地下车辆基地能为整个上盖建筑开发或城市主题公园提供相对完整的建设场地，使区域内交通规划更为顺畅，同时，可减少对城市景观的分割，提升城市公共品质。

（2）地下车辆基地由于有土体侧向约束，刚度可以得到很大提高，可为上盖建筑的结构抗震安全性能提供更多的保障，同时为结构提供更为灵活的抗震、隔震体系选择，有利于增加建筑高度，加大开发量，从而高效利用土地资源。

（3）地下车辆基地的消防是重难点，目前尚无成熟经验可借鉴，也无完善的规范标准，通道出地面等的构筑物以及开敞的消防通道上空对上盖建筑用地的完整性影响较大，需不断探索和实践。

（4）建设地下车辆基地将会增加一定的工程造价、建设风险和管理难度，需要慎重决策。

（5）上盖建筑和车辆基地在规划、设计环节需统筹考虑，对建设管理提出更高的要求。

（6）设计阶段应为运营期间电气设备防潮、防汛期车辆基地应急管理和火灾等问题的处置做好充足考虑，同时也要采取措施消除地下密闭空间作业环境对员工身心健康的不利影响。

3.3.4 7号线地下车辆基地设计

3.3.4.1 地下车辆基地设计特点

地铁环线工程，因线路多敷设于城市建成区域内，车辆基地选址是个非常大的难题。7号线自2011年3月开始着手可研工作以来，遇到的最大难题就是车辆基地选址。

据2005年版线网规划资料，随着"全域成都"系列规划编制工作的开展和落实，成都市提出由7条轨道线路组成放射形线网，当时的7号线呈"U"形布置，之所以没有闭合成环，就是因为需要到城市区边缘寻找车辆基地。2005版线网规划图如图3-8所示。

随着城市规模不断发展和扩大，在2011年成都市"灾后重建""天府新区规划要求"等背景下，新的城市轨道交通线网规划采取"环+射线"的线网形态，此时，在成都市轨道交通线网中，出现了7、9号线两条闭合环线。2011版线网规划图如图3-9所示。

图3-8 成都市2005年版城市轨道交通线网规划图

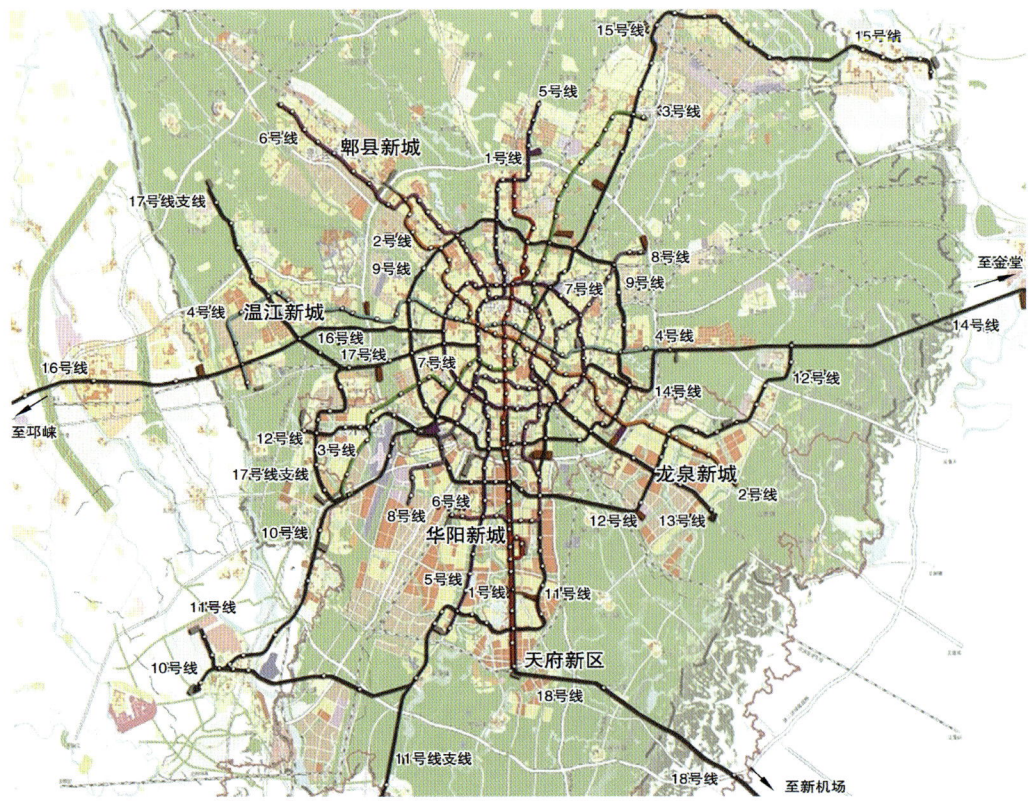

图3-9 成都市2011年版城市轨道交通线网规划图

7号线正是在2011版线网规划基础上报的成都市第二期建设规划中的一条环线，也是成都市轨道交通线网建设中的第一条环线。但在7号线开始工程可行性研究之初，遇到的最大问题就是车辆基地选址的落实。在历经近一年的各类方案比选后，在市政府和相关部门的统一思想下，结合成都市东部老工业区的转型升级，将位于成都市东中环路核心区的原成都市卷烟厂厂区及部分仓储用地划归7号线停车场选址用地，另外，狮子山规划公园处，允许7号线车辆段使用，条件是均要设计为地下停车场和地下车辆段，完成上盖的商业开发和公园复建。

7号线设置了川师车辆段和崔家店停车场各一座。川师车辆段承担7号线全部车辆的定/临修任务；部分车辆的双周检/三月检任务；备用车列车停放任务。崔家店停车场的停车规模为72列位，满足全线系统能力所需要的运用列车的停放需要。

川师车辆段位于7号线琉璃场站与川师站之间，从琉璃场站接轨，车辆段地块位于成都市锦江区金像寺村，成龙路西侧、机场路东延线北侧，川师附属中学后面，段址全部位于规划公园绿地范围内，占地7.46公顷，总建筑面积10.36万平方米。车辆段采用地下一层（局部地下二层）结构形式，用地面积约7.46公顷，总建筑面积10.36万平米。功能配置和布置满足7号线定修及以下修程需要。车辆段综合楼、物资总库设于地下负二层，机电车间、蓄电池间以及其他生产设施均设于地下负一层。车辆段负二层设有定修2列位，临修1列位，静调1列位，双周/三月检3列位，停车列检4列位，并设有3条调机工程车存放线，正线北侧由南向北依次布置有镟轮库、停车列检库、双周/三月检库及静调库、定临修库。在定临修库西北侧布置有调机工程库和材料装卸线，在咽喉区布置有牵混所和环控机房，在车辆段最东侧设有辅助检修车间，辅助检修车间夹层设有列检、周月检、定临修等辅助办公用房。试车线位于镟轮库南侧，紧邻7号线正线，有效长度约990 m。在完成7号线功能需求之后，川师车辆段上盖复建狮子山公园。

图3-10　川师车辆段地面聊鸟瞰效果图

图3-11 川师车辆段地下空间剖视图

崔家店停车场位于成都市崔家店片区，为全地下二层地铁车辆停车场，占地9.7公顷，总建筑面积约18.3万平方米，每层建筑面积约9.2万平方米。停车场是7号线车辆的运用检修综合基地，主要由停车线、列检线、洗车线等组成。崔家店停车场设停车列检72列位，其中列检53列位，停车19列位。双周检/三月检4列位，上下两层各设洗车库一座。地下停车场上盖除修建地铁生产办公房屋及控制中心外，需结合场址周边规划进行上盖物业的大型住宅区开发；停车场出入场线为"2+2"八字接轨方式，地下一层双线接轨崔家店站，地下二层双线接轨槐树店站，满足环线左右、内外环均衡发车的需求，其停车规模之大和功能之强均堪称国内首创。

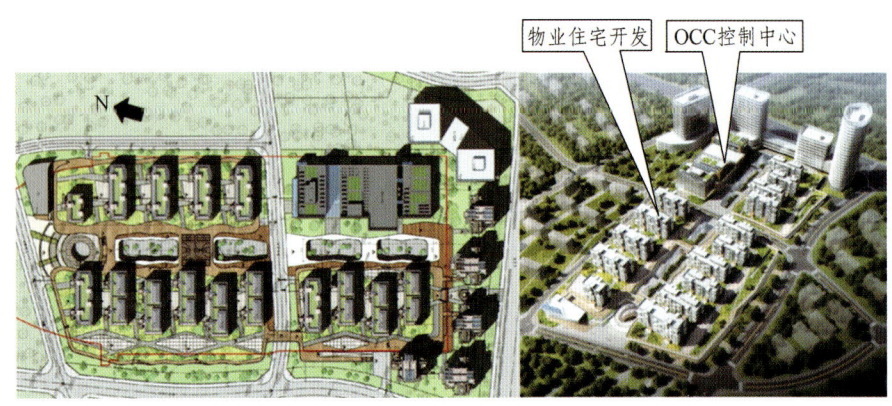

图3-12 崔家店停车场地面聊鸟瞰效果图

图3-13 崔家店停车场地下空间剖视图

3.3.4.2 地下车辆基地工艺专业技术特点及创新

1. 工程重难点

（1）如何在保证停车场功能和停车能力的前提下兼顾好创造一个更为理想的物业开发环境，是地下双层停车场设计的技术重难点之一。

（2）如何减少场内调车，也是地下双层停车场设计的重难点之一。

（3）如何改善地下双层停车场作业人员的工作环境，也是本停车场设计的重难点之一。

（3）如何让上下层平面进行结合，节约工程投资，也是本次停车场设计的重难点之一。

2. 主要设计创新体现

（1）停车场出入场线设计。

停车场的出入场线设计，主要考虑7号线是环线，主要运用列车均停放在崔家店停车场，对列车出入能力要求高，结合崔家店停车场是地下双层的特点，分别于崔家店站（原成华大道站）和槐树店站（原万年场站）采用两个方向、非一个平面的"八字线"接轨方式，停车场负一层接入崔家店站，停车场负二层接入槐树店站，该配线方案具备双向收发车能力，且每个方向又具备双出入段线；为更好地解决场内不同层的列车调换功能，还在停车场负一层、负二层之间设计了牵出线，满足场内列车调车作业，保证功能完备，提高了运营效率。

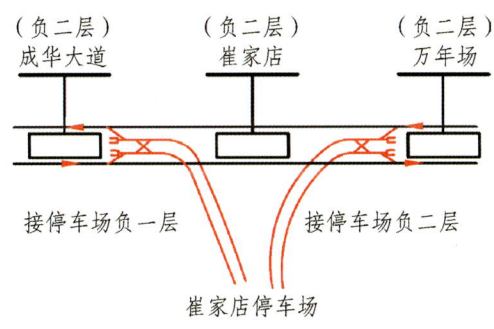

图3-14 停车场接轨站配线示意图

（2）结合现场条件，勇于探索突破标准。

崔家店停车场在设计时，执行的标准为《地铁设计规范》（GB 50517—2013），要求列检线车体之间最小尺寸为2.0 m，车体与柱边最小尺寸为1.8 m。由于崔家店停车场用地紧张，如果按此标准设计，停车场宽度将超过用地边界，无法满足工程实施条件。

因此，在设计过程中针对既保证使用功能又满足工程实施条件的前提下，能否缩小列检线车体之间的停放距离这一问题做了大量调研，最终参考了上海轨道交通地方设计标准，将列检线车体之间最小尺寸缩小至1.6 m，车体于柱边最小尺寸缩小至1.3 m。停车场的总用地宽度相比当时执行的设计规范减小12.2 m，在有限的用地范围内解决了72列车辆的停放问题。

（3）集约与巧妙的总平面布置。

结合7号线停车场的场址位置、用地形状及站段关系，综合考虑节约土地资源等因素，停车场的总体布局采用尽端式场型布置。为节约土地资源的利用，停车场采用地下双层布置，上下两层采用相同的线路布置型式、尽量重叠，分别接轨于崔家店站和槐树店站。上下两层之间设联络线，可实现上下层列车的互通，且通过联络线可实现列车的调头运行，能有效减少列车车轮偏磨损耗。

（4）洗车机库的设计。

根据地下双层停车场用地条件，无法采取常规洗车机控制室、洗车机泵间、洗车机地下水池设于洗车机主库外的做法，为满足地下两层均设置洗车机的要求，和洗车机厂家共同研究，洗车线上下层在相同位置重叠，上下对应设置两台洗车机，采用尽端式布置，对洗车机设备进行了特殊设计，将洗车机控制室等与洗车机主库合设，使洗车工艺流程顺畅。

（5）地下车辆基地运转综合楼的设计。

如何改善地下停车场工作人员的工作环境，体现"以人为本"的理念，是7号线工程需要解决的问题。在设计过程中利用运用库中间宽20 m的消防作业面（兼作露天地下广场），将运转综合楼按4层高度沿运用库的长边布置于该临空面，巧妙了解决了地下停车场作业人员的采光、通风等问题。另外利用停车场的盖上空间，将厨房、乘务员公寓等设置于盖上，解决了员工吃饭和住宿的问题。极大改善了地下停车场工作环境差的难题。

崔家店停车场中间下层式综合运转楼如图3-15所示。

（6）负一层和负二层检查坑设计。

崔家店停车场上下两层共设36股道的停车列检线，停车列检能力为72列位。设双周三月检线2股道，双周三月检能力为4列位。根据《地铁设计规范》，停车列检线的50%需设置检查坑，全部双周三月检线需设检查坑。因此，只在一层（负一层或负二层）设全检查坑即能满足设计规范要求，但地下双层停车场不允许列车回库后再频繁进行调车作业，故7号线在设计时采用了负一层设17股道，每股道停放6辆编组列车2列，均为带柱式检查坑的列检列位；负二层设19股道，每股道停放6辆编组列车2列，入库端为带柱式检查坑的列检列位，库尾端为不带检查坑的停车列位；上下两层共设36股道的停车列检线，停车列检能力为72列位，其中列检53列位，停车19列位；双周/三月检库设于负一层，设有2条双周/三月检线，1线2列位，共4个列位。这样既节约了工程投资，又满足了运营使用需求。崔家店停车场剖视效果图如图3-16所示。

图3-15　崔家店停车场中间下层式综合运转楼

图3-16　崔家店停车场剖视效果图

（7）道路设计。

地下双层停车场中，道路的设置既要满足消防车经过区域的通行要求，又要满足停车场生产办公所需工程车的通行需求，道路关系复杂。本次设计的场内道路呈环状布置，主要生产办公房屋周围设有环形道路，出入口均与负一层及负二层环形道路连通，能满足生产、生活要求。

① 地面道路。

a. 停车场进入地下停车库的出入口设两处，分别位于停车场东北侧与西北侧。出入口均与停车场负一层和负二层道路相连通。

b. 地面综合楼周边设环形道路，与停车场西南侧规划道路相连。

c. 下沉式广场的道路兼作消防通道，与停车场西北侧规划道路相连。

② 地下负一层道路。

与停车场东北侧和西北侧的两处地面出入口相连，运用库四周均设有通道，运用库东西两部分之间（下沉式广场上空）通过连廊相连，可满足叉车一类搬运车辆的通行。

③ 地下负二层道路。

与停车场东北侧和西北侧的两处地面出入口相连，运用库四周道路为环形通道，库中间设有平过道，可满足叉车一类搬运车辆的通行。运用库东西两部分之间为宽20 m的下沉式广场，下沉式广场兼作消防场地，下沉式广场通过消防通道与地面规划道路相连。

（8）停车场占地紧凑合理。

如何在有限的用地范围内布置功能完善的停车场，是崔家店停车场总图设计要解决的重要问题。

一是优化厂房布局及组合方案，将双周三月检库和洗车机库组合，变为车辆段运用库，使停车场的股道更加集中，为落地开发物业留出更完整和方正的开发地块。

二是优化停车场内房屋配置，将常规分散布置的牵引降压混合变电所、洗车机库、污水处理站、综合楼等整合在一起，采用了房屋"大集中"的方式，利用环形消防通道的空间设置牵引降压混合变电所，将洗车机库和运用库整合在一起，将污水处理站设置于库尾，将综合楼设置于盖上。形成简洁、整体的风格，同时也提高了土地利用率。

崔家店停车场地面层征地仅为1.921公顷，地下征地面积仅为9.572公顷，每辆车占地指标仅为210平方米/辆，仅为《城市轨道交通项目建设标准》规定非上盖停车场600平方米/辆用地指标的1/3，可谓是国内最低。

3.3.4.3 建筑及消防工程技术特点及创新

1. 国内地铁首次采用地下结构上下重叠式地铁车辆基地布置，创立了地铁车辆基地的新模式，开创了地下双层地铁停车场的先河

目前国内一些设置环线地铁的城市北京、上海、广州等，在环线车辆基地的设置上仍沿用普通地铁设计模式，采用一段一场布置型式，但由于环线地铁一般位于城市核心区域，寸土寸金，很难提供大量土地用于地铁车辆段建设。7号线段场设置充分考虑环线地铁特点，集中在崔家店设置全地下双层停车场，相当于上下两个停车场重叠设置，两层停车场分别向两个方向发车，并在盖上进行综合物业开发。此举既满足了全线所有列车的停车需要，又充分利用了有限的城市土地资源，为今后城市环线地铁车辆基地的设置提供了典范。

2. 地铁车辆基地综合物业开发的创新

崔家店停车场占地仅9.7公顷，停车能力为72列位，为目前亚洲最大的地下双层停车场，并在盖上进行综合物业开发，规划建设约21万平方米的大型住宅小区。在城市核心区充分利用有限的土地资源，实现了地铁建设和城市综合开发的双赢。

崔家店地下停车场（国内第一个地下双层停车场）的成功建设，为成都地铁的车辆基地建设用地模式提供了一个成功范例。成都市政府已明确要求从第四期建设规划开始

图3-17　崔家店停车场夜景图

的所有车辆基地原则上均以7号线崔家店停车场模式建设为标准。可见，崔家店地下停车场的成功建设，为今后在城市核心区规划设计地铁车辆基地的建设提供了参考。

崔家店停车场夜景图如图3-17所示。

3. 地铁车辆基地上盖还绿的创新

川师车辆段东南侧为四川师范大学附属第一实验中学和狮子山。该片区域原规划为公园绿地，在施工期间又发现项目地块的北部有明代墓葬群，是四川明代蜀王陵的墓葬区之一，为配合地铁施工，30座墓葬已拆卸搬迁。项目实施完成后，恢复上盖市政公园的建设。川师车辆段的人文环境、市政公园等相关内容如图3-18～图3-20所示。

图3-18　川师车辆段人文环境

图3-19 川师车辆段地面市政公园还建平面

图3-20 川师车辆段地面市政公园还建效果图

4. 全地下双层停车场消防模式的创新

国内地下车辆段消防道路普遍采用地下环形道路，根据消防部门要求，地下环形消防道路必须露空，地下二层消防依靠设置普通环形道路的方式是无法满足消防要求的，由于消防问题难以解决，之前国内地下停车场仅修到地下一层，使车辆基地功能的发挥及综合物业的开发受到很大限制。

崔家店停车场在国内首次大胆采用车辆基地一分为二的布置方式，中间设计一座宽20 m的下沉式广场作为消防疏散场地，很好地解决了地下二层车辆段消防作业场地的设置问题，并从地面设置一条消防通道直达下沉广场，同时也是发生火灾情况下人员疏散的场地，被视为安全区域。该设计思路获得了消防部门的认可，为今后地下双层停车场的消防问题的解决提供了有利的参考。崔家店停车场疏散剖面示意图如图3-21所示，崔家店停车场总平面布置图3-22和3-23所示。

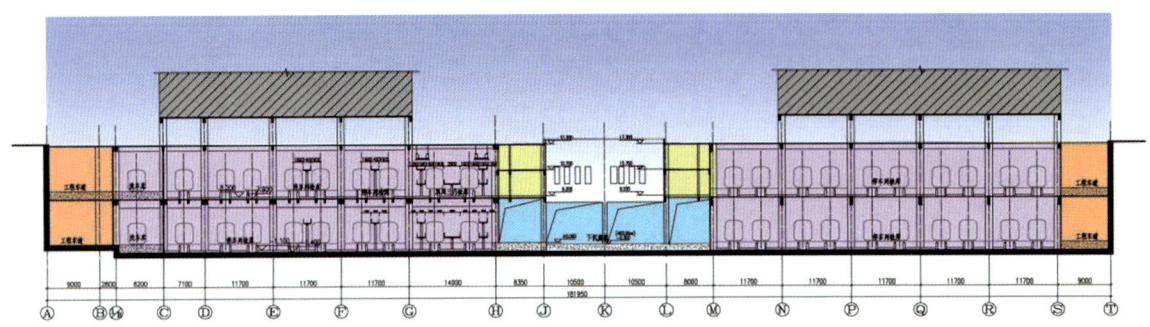

图3-21　崔家店停车场疏散剖面示意图

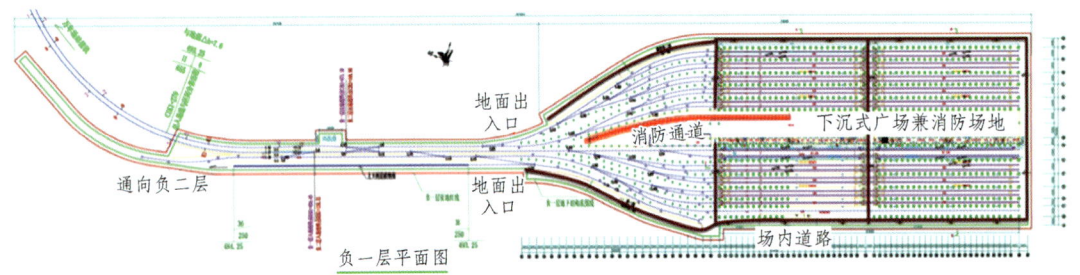

图3-22　崔家店停车场总平面布置图（负一层）

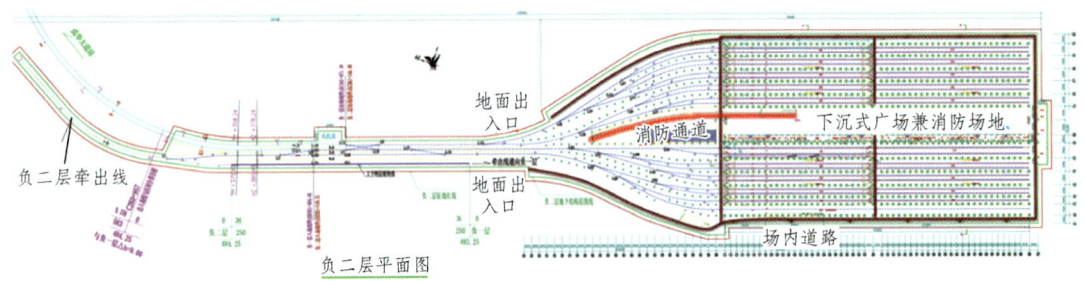

图3-23　崔家店停车场总平面布置图（负二层）

5. 设计感悟

（1）设计过程回顾。

崔家店停车场作为7号线的重要控制性工点之一，创造了全国第一和全国之最。

首先，崔家店停车场是目前全中国第一个地下双层停车场。

其次，崔家店停车场是目前全中国最大的地下停车场。

因"第一"的全国地位，使得其设计难度之大，无其他相关案例可以参考和学习，对设计者来说也是一次难得的学习机会。功能复杂、涉及专业多、规模巨大，这些都是设计需要克服的问题。尤其是消防方面，如此巨大的规模，远超了现行的设计规范。借助于消防评估的手段，经过消防专项的设计和专家论证，通过加强各种消防措施，崔家店停车场的消防设计得以顺利进行，其中的消防安全评估报告所要求的消防安全措施是保证停车场安全的重要支撑。

停车场的专业多，各系统专业、设备专业的房间要求、管沟走向以及孔洞等详细要求都要在建筑图上落实并协调，这就对建筑设计人员提出了更高的要求。要求设计时更仔细，考虑问题时更全面且更细致，将十几个专业的内容统领于建筑设计中，并彼此适应，这一点是对专业能力的极大挑战。尤其是进行各专业综合管沟的设计时，建筑专业光是协调各专业的管沟设计就多达数十次，专业间"你让一尺，我让一寸"，分寸必抠，最终保证了施工阶段各个管沟及线缆的顺利敷设。

（2）经验教训和不足。

当然，作为全国首例地铁地下双层停车场，设计的过程也存在一些不足。

设备专业的设计受限于设备的招标、采购流程，往往设计阶段滞后于土建设计，土建设计按照设备专业提供的一些预留孔洞资料先期进行设计施工，但是到了设备专业完成招标进行设计阶段，孔洞会有一定调整，造成了一定的返工，给施工带来了一定的困难。给今后类似工程的建议是，设备招标工作要尽量前置，保证设备专业与土建同步设计，避免造成浪费。

作为地下工程，库内的排水是个重点问题。像库内的电缆沟的排水问题，在设计时就未考虑得很到位。在正常情况下库内电缆沟是不会有水存在的（结构已做了全外包防水，且在室内设计了排水沟围绕结构外壁一圈以排结构渗水），但未能考虑到在平时打扫卫生时冲水的可能，会造成电缆沟积水，这个问题也是在运营的问题库中被设计人员提出来以后，再进行的整改，整改措施为重新找出水口、开挖排水槽或重埋排水管。

类似的问题，也是设计人员应该注意的，多听运营的现场反馈意见，在下一个设计中尽量不重复前一个项目出现过的设计问题，为运营创造更好的工作条件。

3.3.4.4 结构专业技术特点及创新

1. 结构楼板取消设缝及大开洞顶板嵌固作用的创新

在地铁停车场、车辆段的结构设计中，特别是地下结构部分，按照规范一般是需要多道设缝，缝宽100 mm以上。一方面，停车场设缝不仅会造成施工困难，且存在地下水渗漏的隐患。另一方面，以地铁停车场基础（底板）作为上盖物业和停车场共同的嵌固端，导致上盖物业开发高度必须从停车场基础（底板）起计算，从而影响上盖物业开发度，往往使其只能进行简单开发。崔家店停车场有效地解决了这个技术难题，具体方案是：顶板、中板为整体式钢筋混凝土结构，其内间隔布设顺轨向无粘结预应力筋、垂轨向无粘结预应力筋，以顶板作为上层建筑的嵌固端。该技术成功申报了专利。

为满足停车场消防性能化设计要求，中庭开多个大洞。中板和顶板的有效楼板宽度达40%，顶板作为上盖20个住宅和商业塔楼的嵌固端，降低了上盖塔楼的技术难度，取得了良好的经济效益。项目结构组承担的科研课题《成都地铁7号线崔家店停车场大开洞顶板嵌固作用分析研究》

中，首次提出了双层楼板单向有效楼板宽度40%时，地下室顶板仍能作为上部结构嵌固端。同时首次提出了用平面挠度比（楼盖中部最大位移与两端位移平均值的比）作为刚性楼盖的判别标准，以此作为地下室大开洞顶板嵌固的判断标准之一。课题研究弥补了国内对双层地下地铁停车场双层楼板大开洞作为上部塔楼嵌固端研究的空白，将进一步提高我国城市轨道交通的建设水平，推动大型地铁停车场、车辆段建设的技术进步。经科研评审专家组一致认定，课题研究成果总体达到国内先进水平，具有较高的实用和推广价值。

结构不设缝长度达495 m，超过规范要求约10倍，为抵抗温度应力和收缩徐变，中板和顶板采用双向无粘结预应力筋，并成功申请实用新型专利"城市轨道交通地下停车场构造"。崔家店停车场在建设过程中，成功申请了实用新型专利——"一种侧墙混凝土自动养护装置"，获得了四川省省级工法证书——"超大型地铁停车场深基坑施工工法""混凝土自动喷淋养护工法"。

2. 岷江水系三级阶地膨胀土区域基坑开挖

川师车辆段基坑开挖深度最深处达32 m，地质情况较复杂，而且上层覆盖约10 m厚的膨胀黏土层，局部还夹杂着透镜状的高岭土，针对这种地质情况，设计采用"放坡+土钉与钻孔桩+预应力锚索"相结合的方式，以及在局部离学校围墙很近地段采用"双排桩+预应力锚索"的支护方式。施工中，加强现场监测，随时关注边坡动态，信息化施工。在基坑开挖初期，就遇到了放坡段地面沉降速率及侧向变形过大的问题，经过现场勘查，究其原因为施工方地面超载过大，超过设计文件规定的荷载限制，导致现场地面沉降形成贯通的裂缝。设计方提出进行削坡处理结合地面注浆的处理方案，问题最终得到妥善解决。其次，在进行南侧靠近四川师大附属实验中学体育馆部位的基坑开挖时，当开挖至地面下10 m，川师附中体育馆地面开始沉降开裂，墙体也形成了贯通的裂缝。究其原因，主要是因川师附属中学距离基坑约20 m，其基础为浅基础，尽管基坑支护设计时考虑了加强措施，但体育馆修建年代太久远，对变形比较敏感，稍有变形就出现了裂缝。针对这些问题，设计提出首先在体育馆周边地面及基底进行注浆加固，阻止裂缝进一步发展；其次再对围护结构进行进一步加强，采取增加一道预应力囊式锚索等措施。随后对处理结果进行跟踪监测，处理效果良好，体育馆未发生进一步变形开裂现象。

3.3.4.5 机电专业技术特点及创新

1. 弱电系统在地下车辆基地的设计体会

崔家店停车场现使用名称为中环停车场，为亚洲最大的双层全地下地铁停车场，川师车辆段为国内首座全地下地铁车辆段，其设计思路、工艺布局、线路设置、通风消防等内容与传统地铁车场不同，工程实施的难度大，对弱电系统的架构、设备的布置、管线的设计等方面都提出了新的要求，在国内没有类似工程的案例可参考。在没有可借鉴的工程建设及设计经验的前提下，设计人员大胆创新设计理念，采用了弱电系统综合设计技术，将通信、信号、综合监控系统的外围设备及管线布置进行统一设计，有效解决了全地下段场的无线场强覆盖不均、视频监控视线受阻、信号机及转辙机安装受限、机电设备监控对象繁杂、火灾探测难度大等工程问题，提高了双层停车场的运转能力，开创了复杂工程条件下的弱电系统设计的先河，为国内类似工程项目的建设带去了宝贵的经验。

中环停车场设置的一、二层联络线导致车辆段咽喉区较长且该联络线的坡度大，对一、二层运用库出车能力和安全作业产生了较大的影响。信号专业设计通过对停车场内的运营能力进行仿真计算，配合线路专业合理设置联络线的平坡和大下坡，合理布置场内信号设备，并针对双层停车场的运营安全进行特殊针对性设计，避免列车在长大下坡道上停车，在适应双层布置的土建工程条件下，确保停车场的运营安全和运营效率。

在预留管线方面，弱电系统采用"支架+管道+桥架"相结合的方式，有效地解决了各类的预埋难题。由于中环控制中心是成都第二座区域控制中心，同时设置了成都线网指挥中心，而7号线作为首条进入中环区域控制中心及线网指挥指挥中心的线路，在管线设计之初就考虑预留了成都地铁5、6、8号线进入中环控制中心以及线网指挥中心的路径条件。

中环地下停车场总建筑面积18.3万平方米，专用无线通信系统的覆盖范围相比于传统停车场扩大数倍。通信系统设计结合停车场的建筑形式，通过大量理论分析、场强分布计算以及现场踏勘测试，对整个地下停车场进行室内覆盖，无线覆盖效果良好，因此获得运营公司高度评价。

中环停车场的面积是常规停车场的数倍，设置了83个防烟分区，配置了消防炮、水幕等消防联动系统，对综合监控系统（含FAS、BAS、ACS）的设计提出了更高的要求。综合监控专业针对中环停车场的特点，进行了大量方案比选，采用吸气式烟雾探测器以满足现场早期火灾探测需求；将车站通风空调系统控制模式引入停车场的系统设计，优化了停车场通风空调系统的控制方案，获得了运营公司的高度评价。

2. 智能照明控制及节能创新

7号线崔家店停车场和川师车辆段均为全地下建筑，且区域广、不同库区照度要求不同，照明功能相对复杂且无天然采光，只能依靠人工照明措施，能耗相对较高，因此选择合理的照明控制方案显得尤为重要。

设计过程中，结合使用要求，设计创新采用智能照明控制系统，分厂房（库区）集中控制。根据项目运营情况看，该系统能满足现代化检修厂房照明的要求，能根据不同时间、不同工艺作业对照度的要求，自动开关灯具，从而实现节能的目的。同时，也有助于提高地铁车辆基地的现代化管理水平，减少运营维护的工作量，充分降低运营维护成本，达到了国内领先水平。停车库库内智能照明如图3-24所示。

图3-24 停车库库内智能照明

3. 环控通风专业

在满足运营要求的前提下应力求简洁，优先考虑自然通风，自然通风达不到要求的设置机械通风，系统设计采取相应的节能措施。满足工艺设备所需要的温度、湿度、空气含尘浓度条件，同时为车辆段的工作人员提供较舒适的工作环境；火灾时通风系统应能迅速排除烟气，保障工作人员安全疏散。系统采用运行安全、技术先进、可靠性高、节省空间、便于安装和维护、高效节能且自动控制程度高的设备。国产化率达100%。工艺设备用房空调系统与舒适性空调系统分开设置。

由于纯地下车库的车辆检查维修作业环境相对较差，所以在除湿、保温环节更需要加强注意。

4. 给排水专业

由于下沉式广场的缘故，地下段场的给排水专业须特别注意排水设计，特别是考虑短期暴雨的影响。本次设计按100年暴雨强度设计，并按200年暴雨强度进行复核，确保防涝的安全合理且有足够的储备量。

由于地下车库为全筏板结构基础，筏板结构内的排水沟设计需考虑纵坡的优化设计，并做好与轨道排水、地下管线敷设路径等的衔接工作。

3.3.4.6 综合效益体现

崔家店停车场是目前国内首座全地下双层停车场，也是目前国内环线地铁中唯一采用同段址上下重叠设置的车辆基地，其在中部采用下沉式广场作为消防疏散的方式是目前国内唯一，也是首次尝试，为地下双层停车场的消防提供了很好的解决方案。

川师车辆段是目前国内首座全地下地铁车辆段，在有效利用土地的基础上并复建公园绿地，为后续类似工程提供了极高的参考价值。

本项目建成后在国内引起了巨大反响，已成为成都轨道集团一张闪亮的名片。2016年四川日报等媒体对本项目建设进行了详细的报道，称崔家店停车场为"亚洲最大的全地下地铁停车场"。本项目建成运营后，国内合肥、宁波、南宁等地铁公司、消防部门及埃及专家团队相继到访参观，对其充分利用有限的城市土地资源，建设功能齐备的车辆基地及城市综合开发给予了高度评价。对此，本项目在社会、经济、环境、运营安全等方面的效益体现在：

（1）段场设于地下，地面物业开发，提升了地块品质，带动了周边地块物业商业价值的提升，对社会环境及周边地产提供的增值效应非常明显。停车场上盖物业开发由7栋九层建筑，8栋六层建筑，1栋二层会所，一层机动车停车库及部分临街商铺组成，总建筑面积约11.5万平方米。另有附近白地开发高层物业约9.5万平方米，构成总建筑面积约21万平方米的大型住宅区。其在主城区范围内的经济效益极其客观。川师车辆段上盖还绿120亩。

（2）对于每一个大型城市，提供地铁车辆基地建设用地的需求和地方供地的矛盾和冲突都非常明显。7号线崔家店地下停车场的成功建设，为成都地铁的车辆基地建设提供了一个双赢范例。

（3）7号线崔家店停车场采用的全地下双层停车场下沉式道路消防模式已引起国内各地地铁公司及消防部门的高度重视，并将作为今后国内地下双层停车场消防道路设置的标准，此模式的采用为地下双层停车场的消防设计提供了标准，对车辆基地建设更大范围地利用城市地下空间，提供车辆基地综合物业开发价值起到了极大的促进作用。

3.4 环线换乘站和枢纽站设计

3.4.1 换乘站设计相关问题研究

3.4.1.1 车站换乘形式

环线上换乘车站占全线车站总数的比重大，这是环线车站的基本特征之一。在轨道网络化运营时期，轨道换乘站的换乘效率是影响轨道旅客出行效率的重要因素。提高轨道换乘效率可增强城市轨道交通的吸引力，而城市轨道换乘车站换乘形式是决定轨道车站换乘效率的关键因素。开展车站换乘形式研究，是环线规划和工程设计阶段的一项重要内容，也是改善旅客换乘体验、提高轨道网络换乘效率的重要基础。

以旅客换乘路径为基础，可以将城市轨道车站换乘形式概括为站台换乘、站厅换乘、通道换乘三类，这三类是针对常规的两线换乘而言。对于三线或三线以上换乘站，通常使用上述三类换乘形式的不同组合，如图3-25所示。

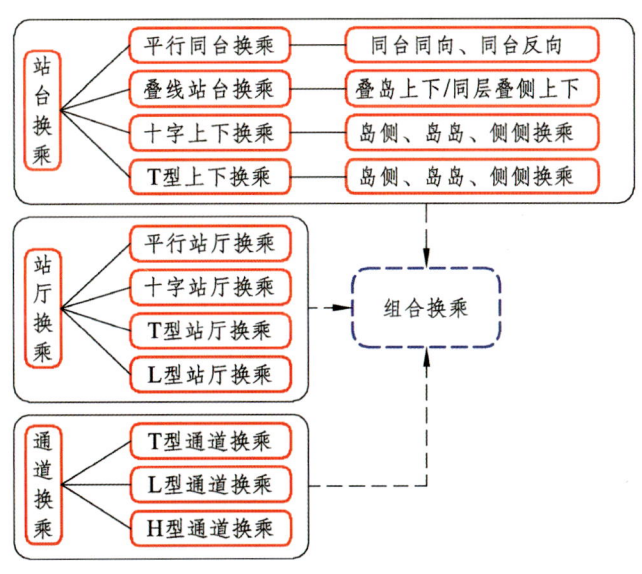

图3-25　城市轨道交通车站换乘形式分类

3.4.1.2 换乘线路实施时序对换乘形式的影响

旅客、轨道建设运营单位等不同主体站的角度不同，会对车站换乘形式有不同的偏好。通常，城市轨道车站换乘形式的选择受换乘线路布局走向、换乘客流需求特征、车站布局空间条件和换乘线路实施时序等综合因素的影响，换乘形式应在以人为本的主导思想下综合考虑各类因素科学确定。

城市轨道交通规划和建设是一个循序渐进的过程。环线通常会在城市轨道交通线网形成一定规模之后建设,可有效减少乘客换乘次数。而环线建成后,也还会陆续建设其他与之有换乘关系的线路。因此,环线与其他换乘线路在建设时期会存在若干不同的情形,这也将成为影响环线车站换乘形式选择,以及影响土建、机电工程实施等方面的较为突出的因素。

根据换乘线路间实施时序的不同,可将其分为两类情况。

1. 轨道线网规划新增线路与已建线路换乘

由于轨道线网规划是根据城市发展动态修编的,因此后期编制的轨道线网规划通常会提出新增轨道线路。当新增轨道线路功能上有必要与已建线路换乘时,就存在实施时序不同制约换乘形式选择的可能性。通常,由于先建线路在实施时线网规划中并无与其他线路的换乘要求,先建线路不会预留未来与其他线路换乘的条件;而后期换乘线路实施时,出于对先建线路运营安全的考虑,很难在已建甚至运营车站正下方、正侧方等区域施工建设车站,新建车站通常只能与已建车站采用通道换乘的形式。目前国内一些换乘站换乘体验较差,很多是由于上述原因造成的。

2. 轨道线网规划换乘线路实施时序不同

即使轨道线网规划明确两条线路换乘,但由于两条线路的实施紧迫性不同,换乘线路的建设时序也存在较大差异。而受制于建设资金有限、后建线路不确定性等因素,很难在先建线路实施时将换乘线路的车站一并建设。特别是在后建线路建设时序不明确、线路布局方案存在较大不确定性时,单纯追求换乘便捷而实施较大规模的预留工程,可能存在一定的投资浪费风险。

3.4.1.3 基于建设时序差异的车站换乘形式建议

针对轨道线网有换乘要求而建设时序不同步的情况,提出车站换乘形式选择及预留建议。

(1)两线同期建设。建议两线换乘的车站同步规划、同步设计、同步施工,尽量采用旅客最便捷的换乘形式。能做成同台换乘或十字站台换乘的,避免采用通道换乘形式。

(2)两线建设时序相差5年以内。建议两线换乘的车站同步规划、同步设计,并将换乘线路密切相关的土建工程一并实施,为后建线路与先建线路车站采用便捷换乘形式预留实施条件。

(3)两线建设时序相差5年以上且后建线路在换乘站附近的布局相对稳定。建议两线换乘的车站同步规划、同步设计,先建车站尽量按照旅客最便捷的换乘形式预留换乘节点土建条件。

(4)两线建设时序相差5年以上且后建线路在换乘站附近的布局存在较大不确定性。建议综合评估预留工程投资费用和预留工程废弃风险程度,在此基础上选择合理的换乘形式;但建议先建线路至少预留与后建线路车站换乘的基本条件。

3.4.1.4 车站换乘研究方面的建议

1. 规划阶段加强换乘车站研究

轨道线网规划和具体线路详细规划是决定换乘站换乘形式的基础。在线网规划和具体线路详细规划阶段强化换乘方案研究,要深化线网规划换乘车站布局,结合换乘客流需求特征和换乘线路建设时序,开展换乘形式多方案比选,并尽早稳定换乘方案,尽量按照换乘功能最优的形式进行推荐,为工程设计提供规划指导。同时需做好换乘站用地控制,避免后续出现因车站布局空间条件受限而不能按照理想方案进行实施的情况。

2. 设计阶段加强规划功能协调

在城市轨道交通规划设计建设过程中，工程设计主导换乘站方案的现象依然存在。一些换乘站本来可以采用相对便捷的换乘形式，但出于对容易实施、减少干扰、降低投资等因素的考虑，建设单位可能选择更容易实施但不够便捷的换乘形式。因此，在工程设计阶段，应加强规划协调，突出方便旅客换乘的功能导向，综合考虑工程实施条件后确定换乘形式。

3. 加强换乘车站代建工程实施政策保障

同台换乘、十字站台换乘等相对便捷的换乘车站，先建线路实施通常需要将换乘线路的车站一并实施或者代建部分工程，而换乘线路可能并未纳入建设规划（立项）。未列入轨道建设规划的代建工程就面临规划选址申报困难、投资缺乏立项依据等政策问题，最终被迫采用通道换乘等可分步实施的形式。建议发改、规划资源、财政等相关政府部门开展城市轨道交通换乘车站代建工程审批实施方案研究，并以政策法规的形式予以发布，为换乘车站代建工程的实施提供政策保障。

3.4.2 枢纽站设计相关问题研究

3.4.2.1 城市轨道交通站点分类分级

根据住建部发布的《城市轨道沿线地区规划设计导则》，从轨道沿线和站点周边用地性质、功能定位、服务范围等因素，对轨道交通站点进行了如下分类分级。

1. 线网分级

根据城市总体规划确定的中心城区规划城市人口规模，将城市轨道线网等级分为Ⅰ级和Ⅱ级。Ⅰ级为规划中心城区城市人口超过500万人的城市轨道线网，Ⅱ级为规划中心城区城市人口为150万~500万人的城市轨道线网。

2. 站点类型

枢纽站（A类）：指依托高铁站等大型对外交通设施设置的轨道站点，既是城市内外交通转换的重要节点，也是城镇群范围内以公共交通支撑和引导城市发展的重要节点，鼓励结合区域级及市级商业商务服务中心进行规划。

中心站（B类）：指承担城市级中心或副中心功能的轨道站点，原则上为多条轨道交通线路的交汇站。

组团站（C类）：指承担组团级公共服务中心功能的轨道站点，为多条轨道交通线路交汇站或轨道交通与城市公交枢纽的重要换乘节点。

特殊控制站（D类）：指位于历史街区、风景名胜区、生态敏感区等特殊区域，应采取特殊控制要求的站点。

端头站（E类）：指轨道交通线路的起终点站，应根据实际需要结合车辆段、公交枢纽等功能设置，并可作为城市郊区型社区的公共服务中心和公共交通换乘中心。

一般站（F类）：指上述站点以外的轨道站点。

考虑线网等级后的站点类型如表3-3所示。城市轨道站点的用地功能应与其交通服务范围及服务水平相匹配；城市公共交通服务水平高的轨道枢纽站和重要站点，应作为城市各级核心商业商务服务中心。

表3-3 轨道交通站点类型

线网等级	站点类型					
	A类	B类	C类	D类	E类	F类
Ⅰ级	ⅠA 枢纽站	ⅠB 中心站	ⅠC 组团站	ⅠD 特殊控制站	ⅠE 端头站	ⅠF 一般站
Ⅱ级	ⅡA 枢纽站	ⅡB 中心站	ⅡC 组团站	ⅡD 特殊控制站	ⅡE 端头站	ⅡF 一般站

地铁环线一般选址为城市中心区或中心区边缘，是客流最为密集的交通走廊。环线车站设置方面，通常会考虑将大型客运站、高铁站等重要交通枢纽串联起来，同时也使枢纽与轨道交通放射线形成换乘关系，为枢纽高效地分配出行。因此，枢纽站的合理设计也是环线车站设计的重点研究内容。

3.4.2.2 枢纽站规划和设计的基本要求

根据《城市轨道沿线地区规划设计导则》中的相关规定，枢纽站定位为城市综合交通枢纽和城市门户，以保障城市内外交通安全、高效换乘为基本要求，并充分发挥其城市综合服务功能，其基本规划设计要求如下。

1. 功能

在满足综合交通功能的基础上，鼓励进行综合开发，包括商业、办公、会议、酒店、娱乐等功能。位于城市中心区的枢纽站应考虑城市综合体的建设方式。

2. 交通设施

合理配套长途汽车站与公交站场、小汽车配建停车场、出租汽车停车场、自行车停车场等设施，确保城市轨道与对外交通枢纽的一体化衔接。交通集散应充分利用立体空间，提供分散的疏散通道，避免出现大尺度广场。枢纽站路外换乘设施配置准则可参考表3-4的内容。

表3-4 路外换乘设施配置准则

站点类型		换乘设施类型		
		公交 换乘场站	出租汽车 停车场	小汽车 停车场
枢纽站	ⅠA/ⅡA	★	★	☆
中心站	ⅠB	☆	×	×
	ⅡB	☆	×	×

续 表

站点类型		换乘设施类型		
		公交换乘场站	出租汽车停车场	小汽车停车场
组团站	ⅠC	☆	/	/
	ⅡC	★	☆	/
特殊控制站	ⅠD/ⅡD	☆	☆	×
端头站	ⅠE/ⅡE（中心）	☆	/	×
	ⅠE/ⅡE（外围）	☆	☆	☆
一般站	ⅠF/ⅡF	☆	/	/

注：1. ★表示一般应配置，☆表示可选择配置，/表示一般无需配置，×表示一般不应配置，各站点应根据实际需要逐个确认，必要时作个性化调整。
　　2. 本表格中小汽车停车场，以P+R功能为主的，原则上只宜在外围端头站设置。

3. 建设强度

应遵循集约用地和便捷换乘的原则，协调不同开发和建设主体，合理确定枢纽站周边地区的建设强度，并应根据轨道及周边交通设施的承载力进行校核。枢纽站站点路外换乘设施控制指标及场地规模经验值可参考表3-5的内容。

表3-5　枢纽站路外换乘设施控制指标及场地规模经验值

站点类型	不同城市等级站点类型	换乘设施布置关键控制指标一般参考值	换乘设施场地规模一般参考值
枢纽站	ⅠA	公交换乘场站一般不少于15个发车通道。出租汽车上下客区原则上应分离，下客位需根据实际情况确定，上客位一般不少于10个，排队蓄车位一般不超过200个。小汽车配建停车场，车位一般不多于500个	公交换乘场站规模一般为1.5万~2万平方米。出租汽车上客及排队蓄车场地规模一般不超过6 000平方米。小汽车配建停车场规模一般不多于2.5万平方米，并结合交通需求管理政策确定
	ⅡA	公交换乘场站一般不少于10个发车通道。出租汽车上下客区原则上应分离，下客位需根据实际情况确定，上客位一般不少于6个，排队蓄车位一般宜为100个。小汽车配建停车场，车位一般不多于350个	公交换乘场站规模一般在1万~1.5万平方米。出租汽车上客及排队蓄车场地规模一般宜为4 000平方米。小汽车配建停车场规模一般不多于1.5万平方米，并结合交通需求管理政策确定

4. 其他要素

建筑密度、绿地率等规划控制指标，应主要根据枢纽所处区位及该区域城市发展的实际需求确定，并应通过概念性城市设计方案进行调整。山地城市应充分结合地形特征灵活确定各功能单元的关系，灵活掌握建筑密度、容积率和绿地率的测算方式。

3.4.3 成都地铁 7 号线土建工程技术创新

3.4.3.1 环线车站设计重难点与创新

3.4.3.1.1 环线车站特点分析

7号线是线网中的环线，串联了跨主城区的所有地铁线路以及从主城区往外的放射性地铁线路，跨主城区的地铁线路均与7号线形成两个换乘点，从主城区往外的放射性地铁线路与7号线形成1个换乘点，这样，就形成了7号线环线的特点：换乘站点多。

全线车站共31座，其中换乘站共22座（蓝色标注站），标准站仅有9座（黄色标注站）如图3-26所示。

图3-26 7号线车站位置平面示意图

3.4.3.1.2 环线标准站技术标准

7号线采用地铁A型车6辆编组，标准站为地下两层12 m双柱岛式车站。站厅层公共区设置11跨，长度约100 m。付费区设3组楼扶梯，中部设一部电梯，有效站台长度140 m，岛式站台宽12 m，侧式站台不小于2.75 m。7号线标准站平面图如图3-27~图3-29所示。

初步设计阶段时，公共区3组楼扶梯均为1扶1楼，初步设计评审时，专家提出增加上行扶梯，最终公共区楼扶梯布置方案调整为：中间组楼扶梯调整为1上1下扶梯，呈剪刀型布置。

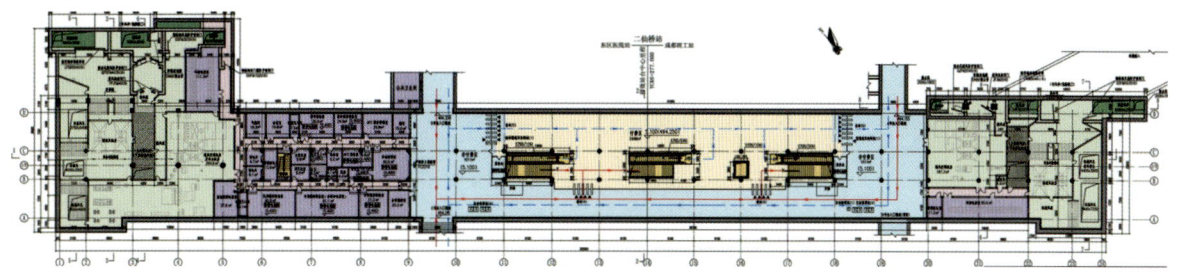

图3-27　7号线标准站站厅层平面图

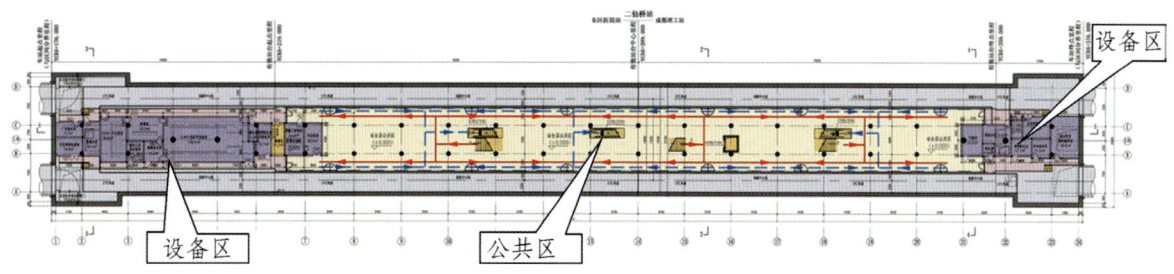

图3-28　7号线标准站站台层平面图

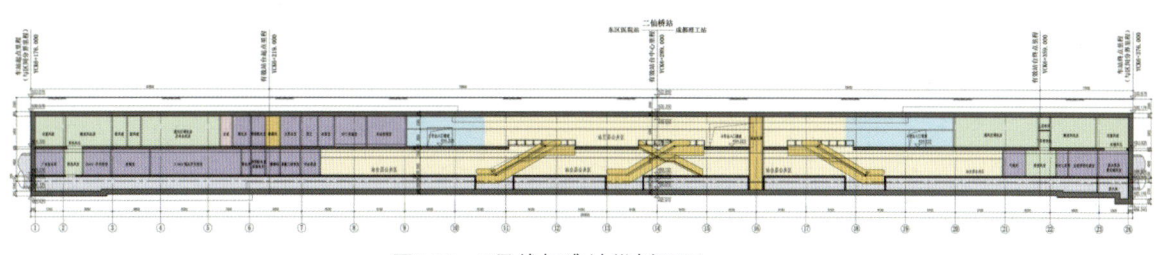

图3-29　7号线标准站纵剖面图

3.4.3.1.3　环线换乘站解决方案

7号线环线22座换乘站分别为：火车北站、驷马桥站、府青路站、二仙桥站、理工大学站、双店路站、槐树店站、成都东客站、大观站、四川师大站、琉璃场站、三瓦窑站、火车南站、神仙树站、高朋大道站、太平园站、龙爪堰站、东坡路站、文化宫站、一品天下站、西南交大站、北站西二路站。对换乘站的解决方案如下。

1. 分类

根据换乘站建设时序不同，对换乘站进行分类，并根据各种类型制定不同的解决方案。

从建设和开通运营时序上分为以下两种情况。

1）7号线开通在后的换乘站（共8座换乘站）

由于线网中1、2、3、4号线均先于7号线建设，因此，在进行7号线设计时，已开通了8座换乘站，分别有：火车北站（1/7/18）、火车南站（1/7/18）、一品天下站（2/7）、成都东客站（2/7/20）、驷马桥站（3/7）、太平园站（3/7/10）、文化宫站（4/7）、槐树店站（4/7）。

以上8座换乘站又分为以下两种情况。

（1）建设时序相差较大。

与1、2号线换乘的4座换乘站建设时序相差较大，原1、2号线在设计和建设时，为7号线预留的节点工程考虑不多，且是按当时的线网技术标准，按地铁B型车的标准预留的节点工程，本次7号线接入时，改造所涉及的专业和工作量相对较多。

对这类换乘站的解决方案为：对既有车站已施工换乘节点及内部各系统进行改造，以满足7号线功能需求，设计7号线时，各专业、各系统对这类车站的换乘站改造和预留工程情况进行了梳理并形成报告以指导施工。

（2）与7号线同期建设但先于7号线投入运营

与3、4号线换乘的4座换乘站，其设计和实施与7号线均在同一时期，只是在开通时序上较7号线早。

针对这类换乘站的解决方案为：

① 换乘线路站位稳定，采用换乘最便捷的节点换乘方式。

② 同步设计、同步施工，各专业、各系统两线统筹考虑，尽量做到资源共享。

2）7号线先开通的换乘站（共14座换乘站）

（1）与7号线设计和实施均在同一时期，只是在开通时序上7号线较早开通，后续线路紧接着陆续开通（共4座换乘站）。

分别有：北站西二路站（7/5）、神仙树站（7/5）、西南交大站（7/6）、琉璃场站（7/6）。

针对这类换乘站的解决方案为：

① 换乘线路站位稳定，采用换乘最便捷的节点换乘方式。

② 换乘站设计时按预留线路的技术标准考虑各系统之间的土建、设备系统预留、资源共享、为后续线路留够条件，尽量减少后续线路设计时对已预留节点的改造。

③ 对与本线换乘的线路做3站2区间研究，以锚固换乘线路站点位置，再对换乘方式进行综合研究比选后明确换乘方式，预留换乘节点。

（2）建设时序相差较大，与本线换乘线为远期规划线路（共10座换乘站）。

分别为：高朋大道站（7/8）、理工大学站（7/8）、府青路站（7/16）、二仙桥站（7/17）、四川师大站（7/13）、龙爪堰站（7/17）、东坡路站（7/13）、双店路站（7/25）、大观站（7/20）、三瓦窑站（7/16）。

针对这类换乘站的解决方案为：

① 由于远期线路不稳定，这类换乘站多采用通道换乘形式；

② 对换乘站点远期规划线站点位置按通道换乘的原则进行3站2区间研究，根据研究比选后的站位条件，按照最短换乘距离原则，预留好换乘通道的接口位置。

2. 优化

全线22座换乘车站中，10座为通道换乘站，12座为节点换乘站。对于12座节点换乘站，均通过客流模拟分析后对换乘站的换乘方式、楼扶梯及各公共区人流的通过能力进行验算后优化换乘站的内部布置及客流流线组织，对大型换乘站通过采用单向组织换乘客流的方式来减少客流拥堵情况。

3. 消防方案性能化评估

对于共厅面积超过5 000 ㎡的6座换乘站（火车北站、驷马桥站、槐树店站、琉璃场站、火车南站、太平园站）进行了消防方案性能化评估，根据评估及专家审查意见对这类换乘站补充了消防设施以满足要求。

4. 换乘站使用效果总结

1）换乘站使用效果

全线22座换乘车站中共有12座为节点换乘站，高峰小时运营均采用单向换乘，火车南站换乘流线组织为：下层站台换乘到上层站台先到站厅层，再通过站厅层楼扶梯到达上层站台，上层站台换乘下层站台时通过换乘楼梯实现。其余换乘站换乘流线组织为：下层站台到上层站台通过换乘楼梯换乘，上层站台换乘下层站台先到站厅层，再通过站厅层楼扶梯到达下层站台。各站换乘形式及使用效果如表3-6所示。

表3-6 成都7号线节点换乘站换乘方式及使用效果情况统计表

序号	站名	换乘形式及使用效果		
		换乘线	换乘方式	使用效果
1	火车北站	1/7	岛-岛"十"字换乘	两线共用站厅层，换乘路线明确、简捷，站台形式的组合方式灵活多样，客流吸引能力强，车站楼扶梯和换乘楼扶梯受限，换乘客流集中在车站中部。站台、站厅换乘走行距离短
2	驷马桥站	3/7	岛-岛"L"型换乘	两线共用站厅层，换乘客流集中在两个车站一端，站台、站厅换乘走行距离较"T"型换乘长
3	槐树店站	4/7	岛-岛"T"型换乘	两线共用站厅层，换乘客流集中在一个车站一端，站台、站厅换乘走行距离较"十"字换乘长
4	成都东客站	2/7	岛-岛"十"字换乘	两线共用站厅层，换乘路线明确、简捷，站台形式的组合方式灵活多样，客流吸引能力强，车站楼扶梯和换乘楼扶梯受限，换乘客流集中在车站中部。站台、站厅换乘走行距离短
5	琉璃场站	6/7	岛-岛"T"型换乘	两线共用站厅层，换乘客流集中在一个车站一端，站台、站厅换乘走行距离较"十"字换乘长
6	火车南站	1/7	岛-一岛两侧"T"型换乘	两线共用站厅层，换乘客流集中在一个车站一端，站台、站厅换乘走行距离较"十"字换乘长
7	神仙树站	5/7	岛-岛"L"型换乘	两线共用站厅层，换乘客流集中在两个车站一端，站台、站厅换乘走行距离较"T"型换乘长
8	太平园站	3/7/10	岛-岛-岛"π"字换乘	三线共用站厅层，换乘客流集中在车站两端，两个平行换乘车站站厅、站台换乘走行距离较长
9	文化宫站	4/7	岛-岛"T"型换乘	两线共用站厅层，换乘客流集中在一个车站一端，站台、站厅换乘走行距离较"十"字换乘长
10	一品天下站	2/7	岛-岛"L"型换乘	两线共用站厅层，换乘客流集中在两个车站一端，站台、站厅换乘走行距离较"T"型换乘长
11	西南交大站	6/7	岛-岛"L"型换乘	两线共用站厅层，换乘客流集中在两个车站一端，站台、站厅换乘走行距离较"T"型换乘长。
12	北站西二路站	5/7	岛-岛"T"型换乘	两线共用站厅层，换乘客流集中在一个车站一端，站台、站厅换乘走行距离较"十"字换乘长

全线22座换乘车站中，10座为通道换乘站，两线无法实现站台至站台换乘，车站采用站厅层相连，通过通道将两线付费区连通进行换乘的方式。该换乘方式较节点换乘相比，换乘便捷性较差。

2）经验与启示

（1）线网规划与换乘车站设计互相影响。

线网规划应与换乘车站作为一个整体来考虑，在初期进行线路规划时即考虑换乘方式的选择，根据换乘方式再反过来影响线网的交织形式等。另外，相对稳定的线网规划也决定了良好的车站换乘功能。

（2）换乘站周边应有公交运能及其他辅助公共交通相配套。

公交运能必须与轨道交通相适应，以满足轨道交通客流量的疏散，减少因客流量较大而带来的换乘时间延长，换乘距离增加等问题。同时也为轨道交通故障情况下的客流疏散提供其他公交渠道。

（3）大客流换乘及多线换乘枢纽站宜多选择平行换乘。

平行换乘距离短、换乘量大，在国外的枢纽车站中采用较多，但这种换乘方式对地形要求高，设计和施工的难度大，初期建设的投资金额偏高限制了线网规划的调整，且对线路的局部走向有一定要求，需要在线路规划时统筹考虑。

车站的十字相交换乘设计比较紧凑，较容易实现，对线路的要求也不高，且为线网规划的调整增加了灵活性。

但是一般认为，相交换乘的通过能力有限，特别是对于有3条以上线路的复杂换乘枢纽，会因此受到一定的限制，因此在大客流换乘站、多线换乘站宜选择平行换乘，或在对线路走向、投资等综合比较后选择类似火车南站的一岛与一岛两侧相交的换乘方式，也可较好地实现换乘功能。

5. 换乘站设计过程中需重点关注的内容及注意事项

根据上述对换乘站的分析，总结出换乘站设计中需重点关注的内容及注意事项。

（1）换乘车站应考虑较宽的侧站台，有效侧站台宽度在按客流计算考虑的同时应加大一定的空间作为乘客纵向流动空间（特别是节点换乘的车站），客流量较大的标准车站也应适当考虑纵向的流动空间，避免客流在楼扶梯口部大量堆积。

（2）车站有效站台范围内尽量少设或不设设备及管理用房，楼扶梯三角机房尽量缩小外包隔墙范围，将站台空间更多地留作公共区供乘客使用。

（3）节点换乘车站换乘客流均依赖于换乘节点楼梯的规模及通过能力，换乘节点反而成了客流拥堵点，建议尽量考虑换乘点的分散，客流高峰期有效利用站厅大面积空间组织换乘客流绕行。为提高服务水平，建议换乘节点考虑增设扶梯，但需考虑留有足够的缓冲空间。

（4）大型换乘车站，特别是网络级重要换乘车站，应在设计初期与运营讨论应急处置方案，设置较宽敞的站厅空间，为后期运营组织提供绕行空间。

（5）站台楼扶梯应分散均匀布置，使每组楼扶梯能够辐射的范围更加均匀，减少纵向流动客流对候车客流的冲击，建议结合早晚高峰不同客流运动轨迹，将扶梯运行方向与导向联动，灵活运营组织。

（6）为保证车站公共区空间使用效率及视线的通透性，尽量缩减站台层柱子外包装饰尺寸，尽量让公共空间空透。

（7）为减少后期改造工程量，设计换乘站时应充分考虑接口预留以及资源共享，通过换乘客流模拟分析提出的结论及建议意见，对公共区楼、扶梯布置、换乘流线组织、公共区拥堵空间进行优化设计，并在过程中加强与运营的沟通协调。

3.4.3.1.4 枢纽车站设计方案

7号线位于成都二环中心城区二环路和中环路上，沿线居住用地密集，串联了铁路成都北站、成都东站、成都南站以及市区去往双流国际机场的轨道交通换乘站——太平园站等若干对外重要交通枢纽，并与城市快速轨道交通及市域轨道交通放射线形成换乘关系。与此同时，由于各枢纽站址周边环境发展的成熟度不同，会造成枢纽间千差万别的工程实施条件：建成区、规划区、待规划区，不同周边环境，可挖掘的潜力是完全不一样的，改造既有建筑、预留接口条件、连带片区规划也是常用的技术手段。另外，与枢纽车站所衔接的交通方式不同，其在功能定位方面也有差异：与公交站场或者汽车客运接驳的，功能定位会更多地考虑"双中心"的概念，与大铁车站或者其他轨道交通接驳，优先考虑换乘的便捷顺畅；当多重功能叠加的时候，其间的功能取舍尤其需要审慎考虑，多方协调、讨论。

7号线涉及的枢纽车站中，火车北站属于大铁车站的建成区内，结合既有已运营的1号线新建车站；成都东客站属于在已实施建筑内进行局部改造，与已运营的2号线在大铁车站换乘；火车南站则不止涉及大铁车站，还有与已运营的1号线、2020年投入运营的18号车站之间的3线换乘，以及需满足TOD综合开发的需求；太平园站则是3条同步实施，但分别在2016、2017年相继投入运营的地铁线路之间的换乘，还有预留远期城轨车站客流接入的条件。

各个枢纽站之间的工程条件、功能定位造成设计输入条件的不同，使得其间采用的实施方案、措施都有很强的针对性，最终需要达到的目标也是不同的。下面将以火车北站、成都东客站、火车南站、太平园站为例，分析枢纽车站的设计重难点及解决方案。

1. 火车北站

火车北站是集铁路、地铁、长途汽车、公交等多种交通方式于一体的综合交通枢纽，成渝铁路、宝成铁路、成昆铁路、达成铁路、成灌铁路在成都站交汇，是成都客运枢纽的北门户。2017年10月19日，中国铁路总公司、四川省人民政府批复《成都铁路枢纽规划（2016—2030年）》，同意对成都枢纽总图进行修编，成都铁路枢纽客运系统规划形成成都站（火车北站）、成都东站、十陵站以及成都南站、成都西站、天府站"三主三辅"客运站布局，可见火车北站在枢纽总规中的重要地位。

火车北站于1952年建立，经过多次改扩建以适应日益增长的客流，以北站枢纽站为核心的片区敷设改扩建工程的呼声也越来越高，将该片区改造成为"一核聚集筑枢纽，两轴支撑促发展，三心引领塑特色，多片联动共繁荣"的经济带的规划也得到了相关部门的大力支持。2010年成都地铁1号线建成通车，为成都火车站客运提供了极大的便利，市民出行有了更丰富、更便捷的选择。7号线的建设不仅覆盖面更广，也为推动北站片区改造和带动以交通枢纽为核心的经济带发展提供了更有利的契机。1、7号线火车北站车站可与国铁、公交、长途形成一站式无缝立体换乘，由此可见城市轨道交通在大型交通枢纽中的作用也越来越重要。

1）车站概况

火车北站是与地铁1号线、18号线换乘的三线换乘站，7号线位于铁路火车北站南侧站前路上，车站所处站前路宽14.5 m，双向4车道，为出租车、私家车进出北站广场的主要道路；南侧二环路道路红线宽32 m，双向8车道，现有新建二环高架桥。车站周边片区属北改（旧城改造）范围，以广场、铁路及商业用地为主，有部分住宅、医疗用地；车站广场北侧、东侧为火车北站站房及售票大厅，西南侧人民商场北站分场，东南侧万通商场，远期车站站位所在地块规划为火车北站站前地下物业开发空间。火车北站周边环境示意图如图3-30所示。

7号线车站设于站前路下方，呈东西向布置，为地下3层岛式站台车站，站台宽度为13.8 m；地铁1号线车站位于铁路车站站前广场内，呈南北向布置，为地下2层岛式站台车站，站台宽度为12 m，于2010年9月开通运营。18号线为远期规划线路，线路呈南北向布置，预计车站主体在火车北站北广场，将来与铁路火车北站改造同期设计施工（本书不做详细描述）。剖视图详见图3-31。

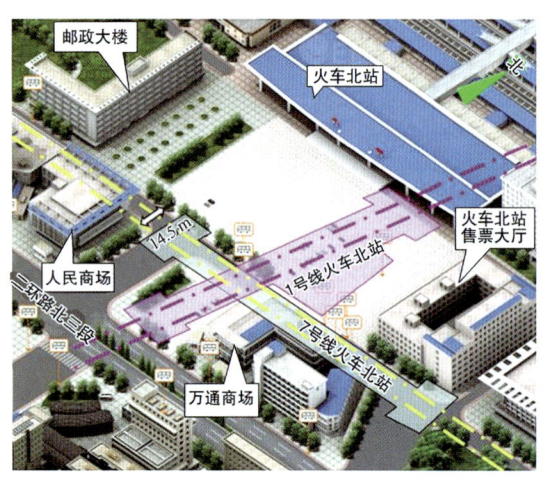

图3-30　火车北站周边环境示意图

图3-31　火车北站剖视图

2）设计重难点及解决方案

（1）如何解决地铁开通与国铁改造不同期情况下的换乘。

本站所处地理位置特殊，地铁1、7号线车站设于火车北站站前广场内，18号线车站设于规划的铁路火车北站北广场内（7号线开通时，18号线车站方案仍在研究中，本书不对18号线方案做深入描述）。火车北站历史悠久，周边大量都是建成区，但建筑品质不高，整个枢纽的接驳功能还停留在20世纪的水平。本站在设计之初，计划于2019年开始的北站改造工程还未正式启动。

经过多方探讨研究，设计人员做了近远期两版规划：近期规划中，在既有边界条件下设置出入口风亭，同时车站内部布置兼顾远期改造功能，如预留风道可倒边，通道可扩大等设计条件，如图3-32所示；远期规划中，根据北改片区规划，利用预留条件，合理调整附属落地位置，如图3-33所示。

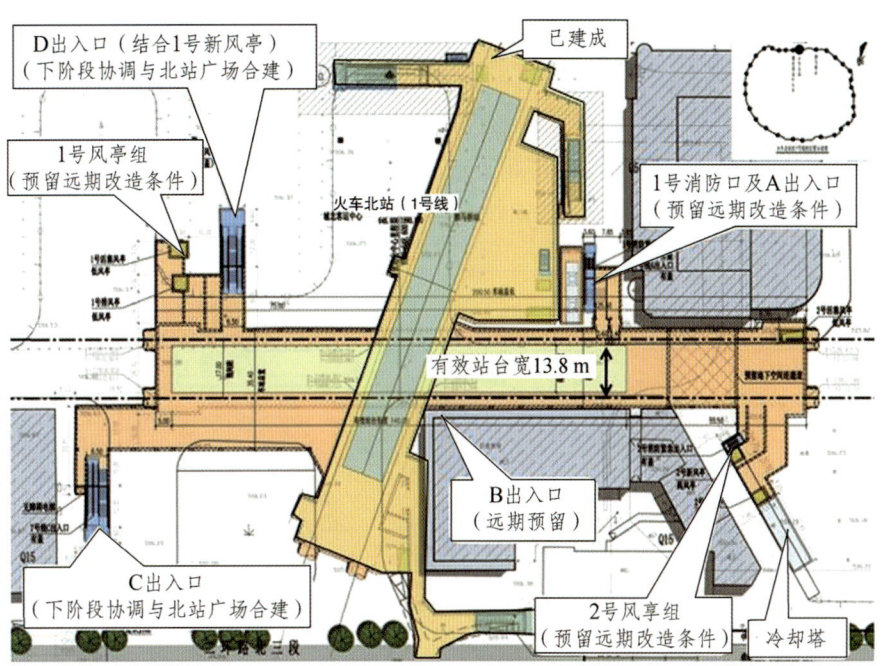

图3-32 近期实施总平图

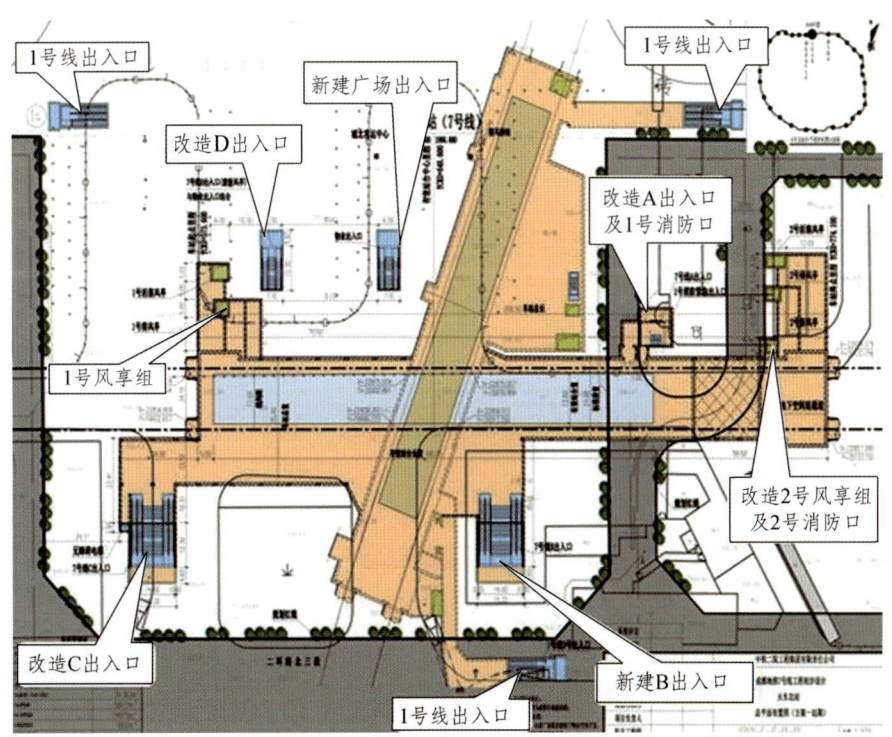

图3-33 远期改造总平图

最终的设计方案中充分利用地下一层空间与大铁落客平台连接，实现各时间段国铁与地铁之间的换乘功能，在所有与国铁公共空间的接触面均设置暗梁暗柱，以便在站前广场项目启动时灵活对接。

（2）公共区已预留换乘节点的情况下如何满足大客流疏散。

结合国铁与地铁换乘特点，突发进站客流较大的情况，基于1号线实施时已预留远期换乘节点的条件，增加站台候车空间，在7号线换乘节点两侧均匀布置两组全扶梯通道，缓解进出站客流压力，同时在车站两端设置公共区步行楼梯，即实现了车站本身运输功能，又很好地解决了公共区疏散问题。公共区楼扶梯布置平面如图3-34所示，公共区楼扶梯布置立面如图3-35所示。

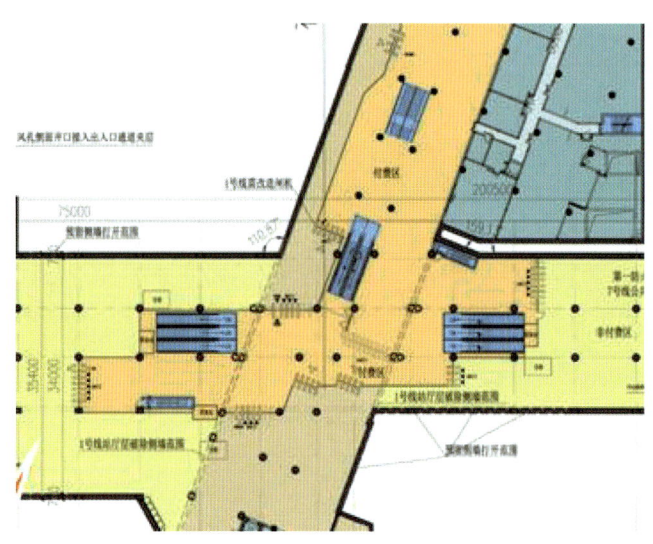

图3-34　公共区楼扶梯布置平面

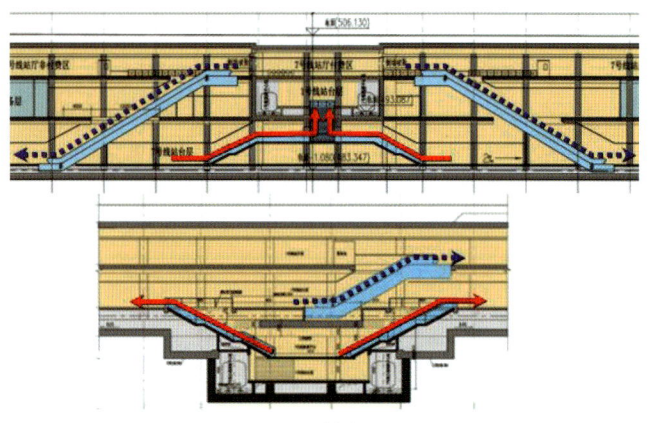

图3-35　公共区楼扶梯布置立面

（3）对预留换乘节点的改造。

7号线火车北站需在原预留宽度的基础上加宽1 m，即已运营的车站的车站结构中的地下三层侧墙需外扩500 mm，需对已运营的地铁1号线车站节点施工预留围护桩进行凿除。

为保证节点在拓宽处理时，桩后围岩土压力的稳定，需对桩后土体进行加强处理。同时对围护桩进行分步凿除，对节点侧墙进行分期浇筑，通过化整为零、分步分块开挖及竖向支撑体系的倒换来确保结构竖向力的可靠传递，保证了基坑正上方既有线的运营安全，全过程控制既有结构竖向变形未超过2 mm。相关布置图、剖面图和现场的施工图如图3-36～3-40所示。

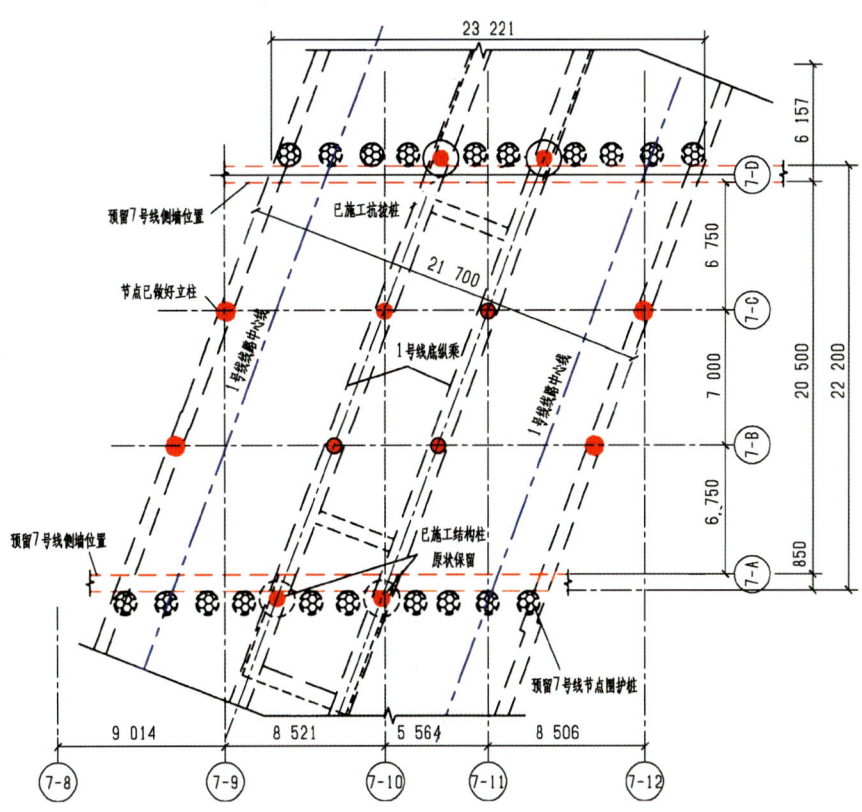

图3-36 换乘节点预留条件布置图

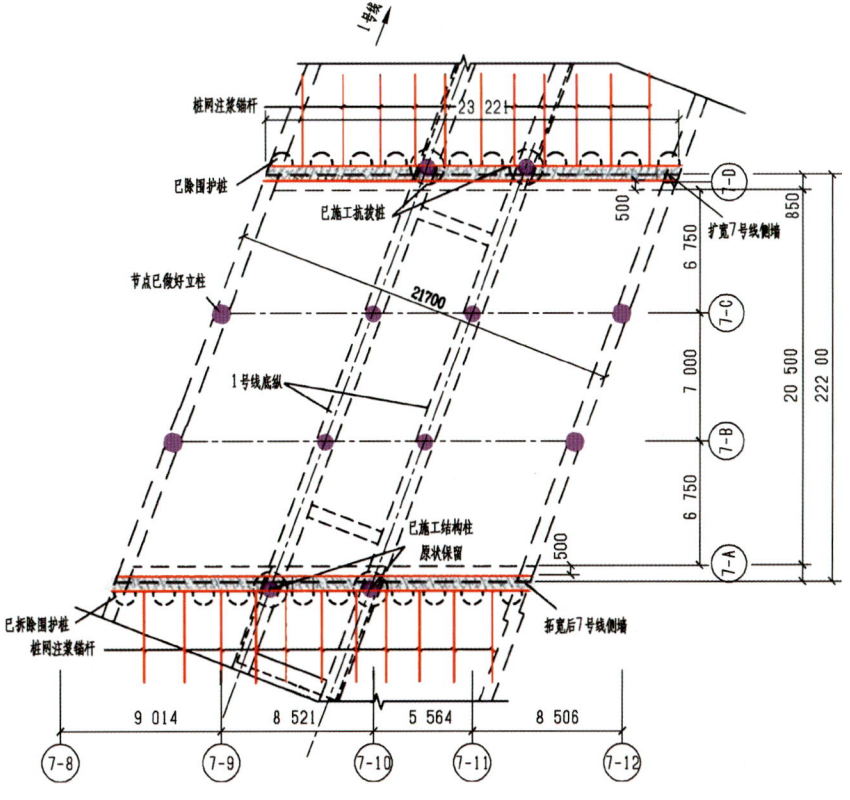

图3-37 换乘节点改造完成后布置图

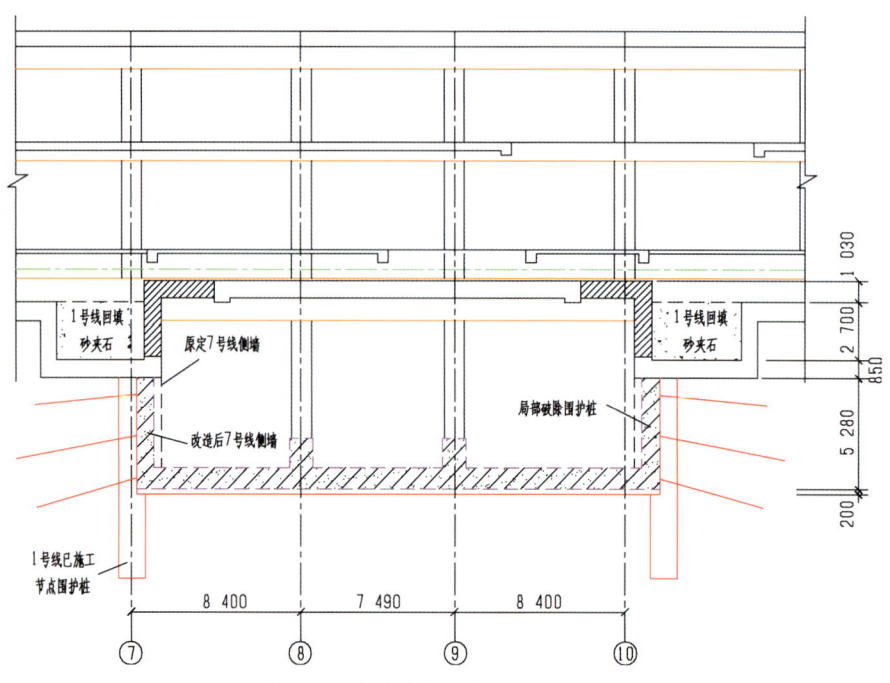

图3-38 换乘节点改造完成后剖面图

图3-39 换乘节点施工
临7号线侧墙导洞开挖与支护图

图3-40 换乘节点施工
7号线节点侧墙完成浇筑

（4）火车北站站台层暗挖扩挖。

7号线火车北站在设计和实施过程中，遇到局部车站主体结构和围护结构位于万通商场、九州宾馆既有建筑物扩大基础下方的情况，按照常规的明挖或盖挖工法，需对建筑进行拆迁。万通商场征拆难度大，费用高，拆迁工作无法及时推进。

在多方协商无果的情况下，设计最终决定将站厅层空间局部退让，先采用明挖法施工地下三层主体结构，待结构全部完成后，再采用暗挖法施工（扩挖）临万通侧地下三层轨行区结构。车站明挖主体结构在进行局部扩挖前，应设置临时立柱承担上部荷载，相关示意图如图3-41～3-44所示。

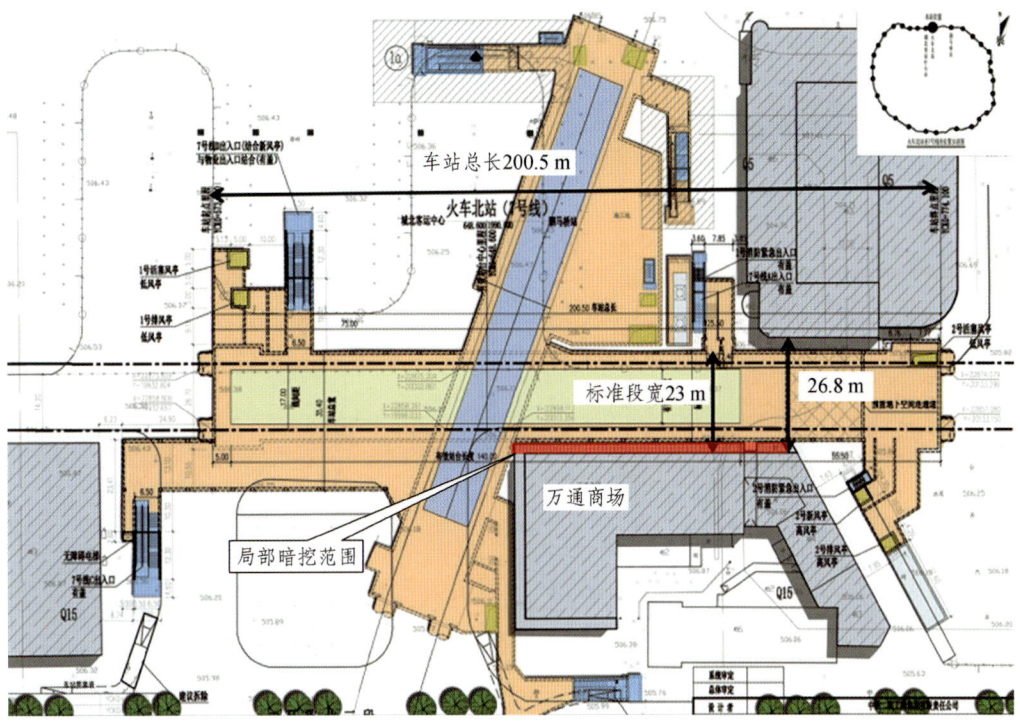

图3-41 火车北站局部扩挖平面示意图

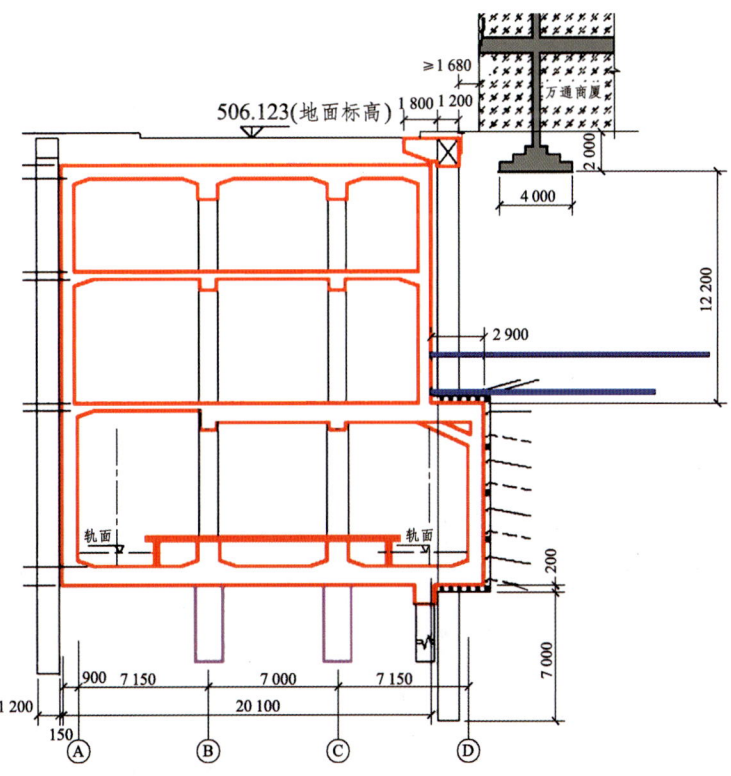

图3-42 火车北站扩挖段车站与建筑物基础关系

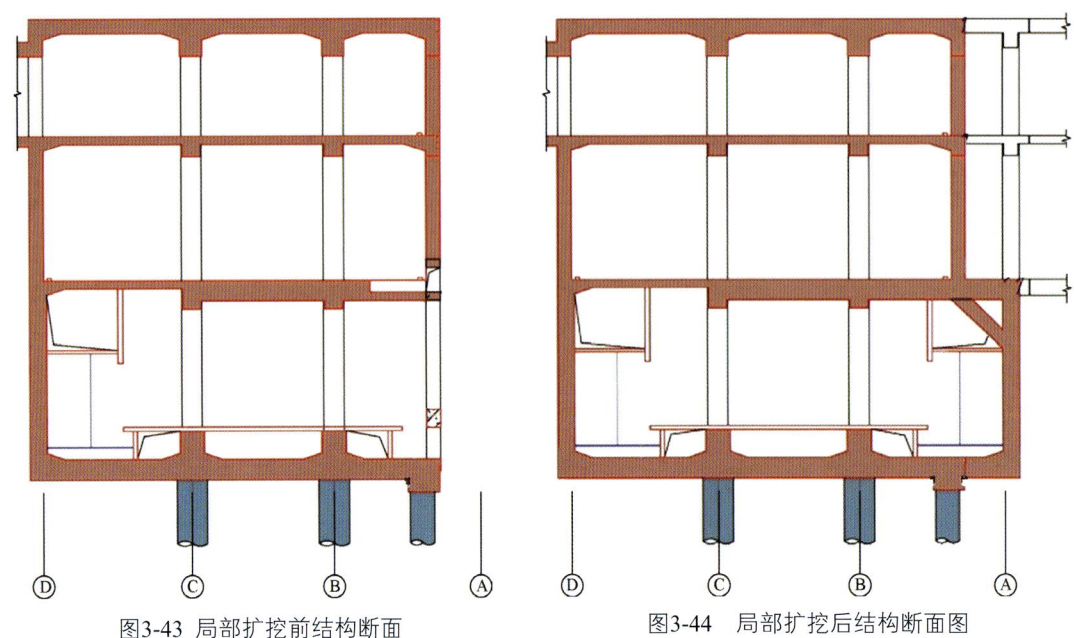

图3-43 局部扩挖前结构断面　　　　　图3-44 局部扩挖后结构断面图

扩挖段覆土厚约14 m，扩挖范围全部位于<3-8-3>密实卵石层，扩挖段沿深度方向从上往下分为五个台阶。扩挖主要施工步骤如下：

步骤1：在基坑开挖期间，实施横向扩挖段的地层加固措施、横向扩挖段的顶部超前支护措施以及既有建筑基础的注浆加固措施。

步骤2：地下主体结构完成后，实施横向扩挖段的地层扩挖施工，横向扩挖段地层开挖分若干台阶进行，沿深度方向由上至下开挖各台阶，先实施最上层的①号台阶的地层扩挖，以及横向扩挖段主体结构顶板的浇筑施工。

步骤3：横向扩挖段主体结构顶板达到设计强度后，再实施横向扩挖段其余台阶的地层扩挖，以及横向扩挖段主体结构侧墙和底板的浇筑施工。

局部扩挖支护体系分析示意3-45所示。

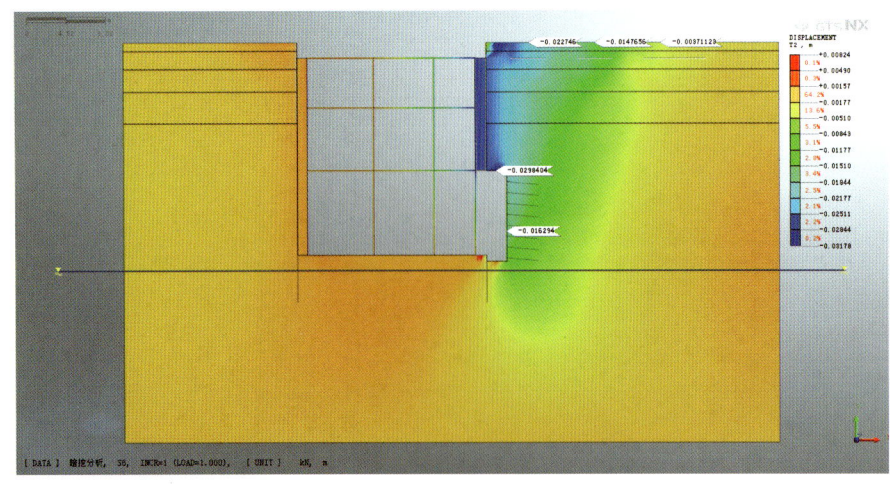

图3-45 局部扩挖支护体系分析示意

扩挖段围护桩切割与凿除如图3-46所示。

扩挖段导洞开挖如图3-47所示。

开挖揭露的地层与地勘报告一致,为密实卵石层。施工现场降水效果较好,开挖面无地下水。扩挖段锚杆钻孔如图3-48所示,扩挖段掌子面锚杆完成后的场景如图3-49所示。

图3-46 扩挖段围护桩切割与凿除

图3-47 扩挖段导洞开挖

图3-48 扩挖段锚杆钻孔

图3-49 扩挖段掌子面锚杆完成后

扩挖段导洞格栅钢架安装场景如图3-50所示。

扩挖段掌子面型钢支护施工图如图3-51和3-52所示。

扩挖段结构钢筋安装如图3-53所示，扩挖段结构完成浇筑如图3-54所示。

图3-50　扩挖段导洞格栅钢架安装

图3-51　扩挖段掌子面型钢支护施工图（一）　　图3-52　扩挖段掌子面型钢支护施工图（二）

图3-53　扩挖段结构钢筋安装　　图3-54　扩挖段结构完成浇筑

7号线火车北站采用站台层暗挖扩挖工法实现车站功能，是成都地铁建设中首次在正常使用状态下的多层建筑体扩大基础下方实现地铁车站的尝试，从明挖车站主体结构进行横向扩挖，扩挖宽度3 m、长度82 m、扩挖结构与房屋基础均位于成都特殊的砂卵石地层中，两者净距离只有12.2 m，由于采用了特殊工序与配套措施，扩挖施工期间未出现一次监测预警。本次成功施工大大缓解了拆迁造成的工期延误，减少了可能因车站建设造成的拆迁赔偿费用约8 000万，带来了巨大的经济效益与社会效益，也为后续再遇类似工程时带去了一条可行的实施工法，其意义非同一般。根据本工程特殊工序与配套措施，目前已申请了"既有建筑下方明挖或盖挖地下主体结构的横向扩挖构造及其施工方法"发明专利和"既有建筑下方明挖或盖挖地下主体结构的横向扩挖构造"新型实用专利，以上工法和构造专利的出现成功解决了城轨交通修建需求和修建范围内建构筑物拆迁两者间的矛盾。

2. 成都东客站

1）车站概况

本站与成都高铁东客站、地铁2号线换乘，7号线部分线路已作为前期2号线工程同步工程实施，2、7号线共用的站厅付费区均位于国铁站房内。成都东客站总平面图如图3-55所示。

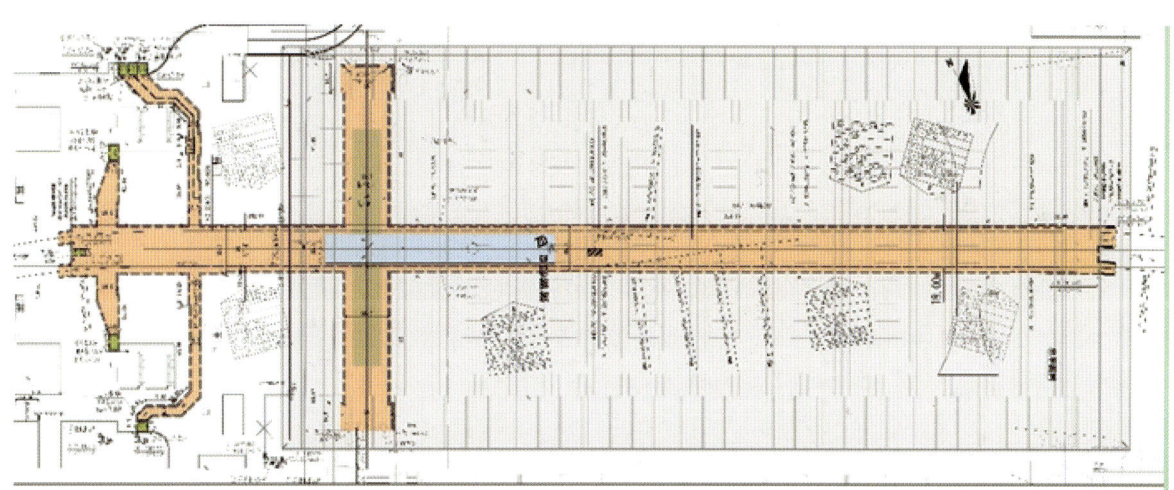

图3-55 成都东客站总平面图

地铁与铁路在地下一层大厅同层换乘。车站付费区位于铁路地下出站厅与进站厅之间。铁路北侧出站厅客流在地铁北站厅内完成售检票后进入付费区；地铁出站客流从南侧检票出站并于铁路南侧进站厅换乘；车站周边客流通过西侧站厅进出站。成都东客站地下一层站厅平面示意图如图3-56所示。成都东客站换乘关系剖面图如图3-57所示。

车站主出入口通道与贯通铁路东、西广场的地下一层东西端出站坡道共用，有效吸引了东、西广场及周边的客流，地铁付费区附近还设有两部楼扶梯直接出地面及直达铁路高架候车厅，可实现地铁、铁路、公交、长途车客流"零换乘"的无缝对接原则。

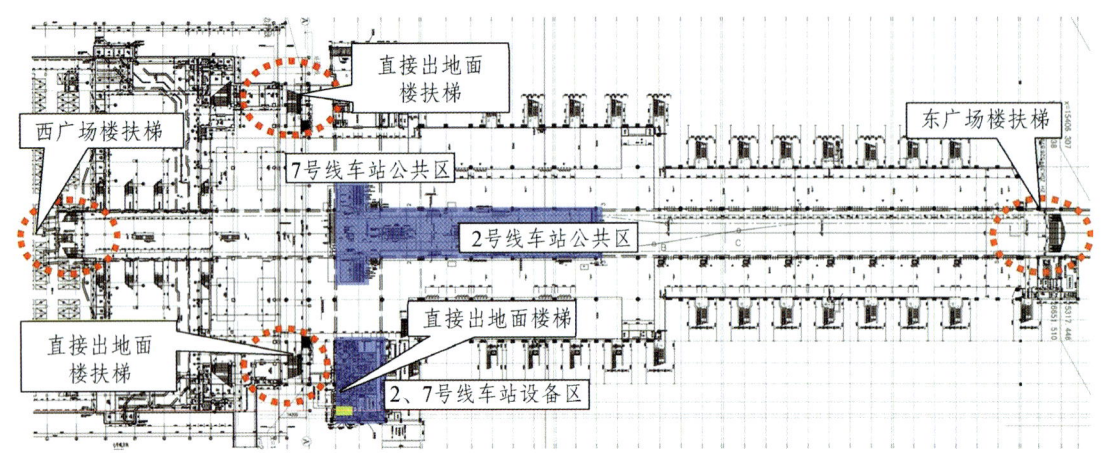

图3-56　成都东客站地下一层站厅平面示意图

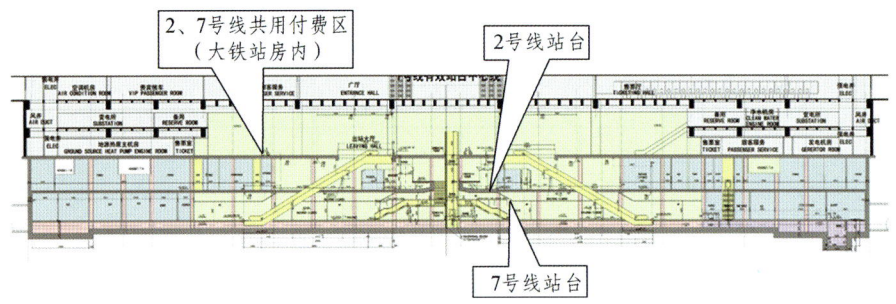

图3-57　成都东客站换乘关系剖面图

2）设计重难点及解决方案

由于前期预留的7号线条件为6B编组条件，实施阶段又把6B编组改为了6A，因此站台长度需要由120 m调整为140 m。最终方案通过调整在小里程端有效站台内的设备用房，扩展出增长的侧站台乘降区域。站台扩展示意图如图3-58所示。

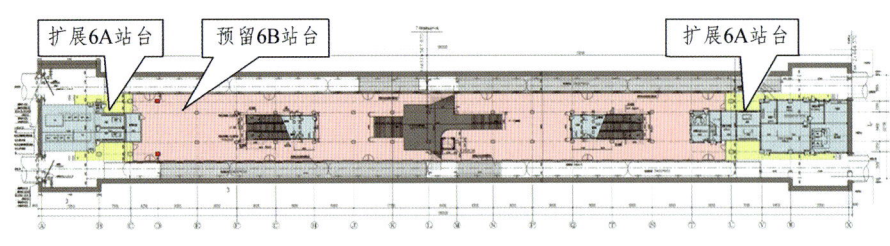

图3-58　站台扩展示意图

7号线建成前，2号线已开始使用大铁站房内的站厅付费区，根据客流模拟，已建成部分无法满足7号线带来的客流增长。因此，配合运营需求，本次设计也针对站厅付费区本身进行了改造。设计初期客流组织图如图3-59所示。

最终客流组织图如图3-60所示。

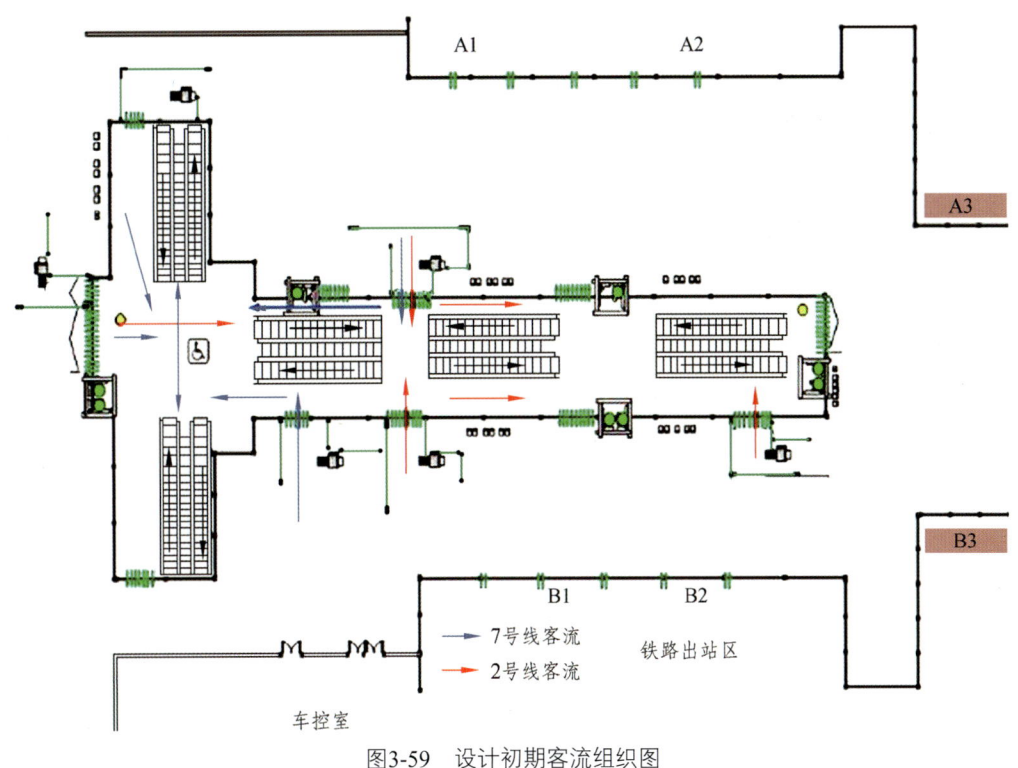

图3-59　设计初期客流组织图

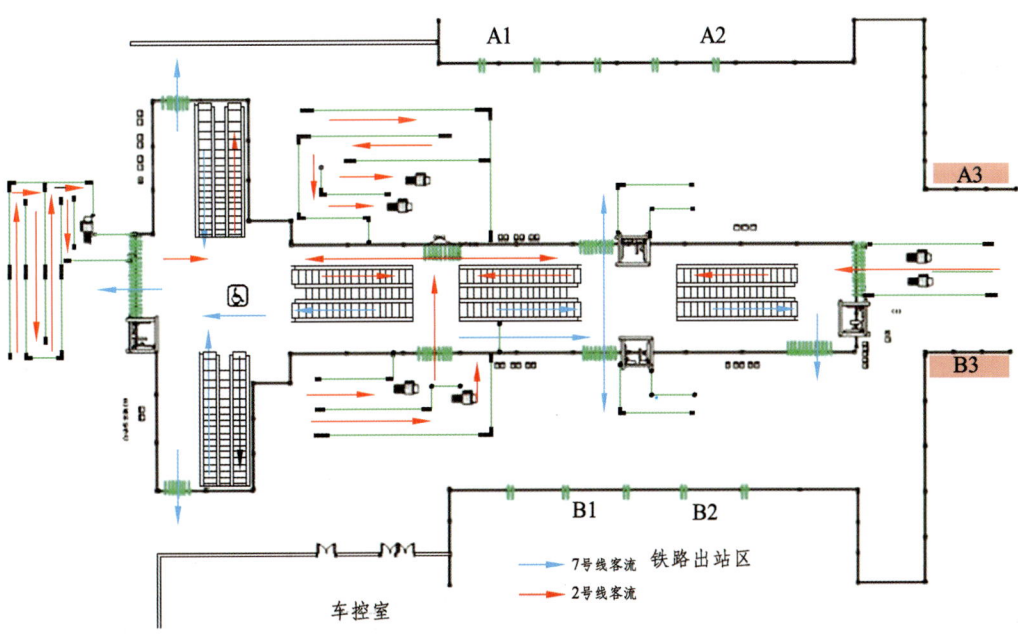

图3-60　最终客流组织图

针对成都东客站这一类前期预留条件不足，同时拓展空间也严重受限的枢纽车站，除了应将重点放在发现前期预留不足、解决问题，还要在有限空间内实现尽可能多的功能。

3）本站结构设计

（1）膨胀土下的深基坑及结构设计。

图3-61　2号线车站基坑开挖支护

图3-62　7号线基坑开挖支护

成都东客站2、7号线车站所处地层为膨胀性粘土和膨胀性泥岩，膨胀率为40%～67%。蒙脱石含量M=7.5%～25.5%，属于弱膨胀岩土。膨胀岩、土具有遇水软化、膨胀、崩解、强度急剧降低、失水开裂、收缩的特点。2号线车站基坑开挖支护场景如图3-61所示，7号线基坑开挖支护场景如图3-62所示。

成都东客站2号线基坑深约22 m，7号线车站基坑深约29.8 m，车站位于膨胀岩土层中，复杂的地质条件给基坑的设计与施工带来了难以预测的风险。同时根据膨胀岩土的特点，采取了一些针对膨胀岩、土的特殊措施，以阻止膨胀力的发展，成功解决了基坑在膨胀岩、土条件下设计与施工的技术性难题，另外对主体结构回填采取改性土进行回填，解决了主体结构的膨胀岩、土影响。

（2）地铁结构与国铁结构合建设计。

2号线车站结构与国铁的关系图如图3-63所示。

7号线车站结构与国铁的关系图如图3-64所示。

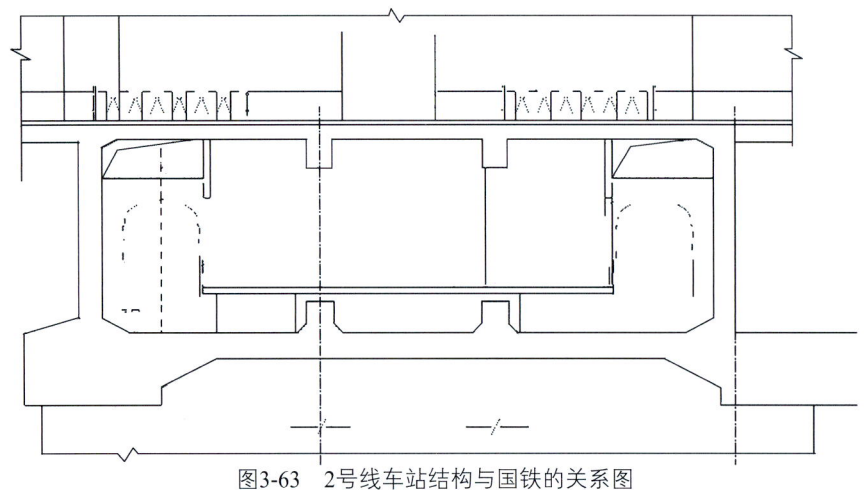

图3-63　2号线车站结构与国铁的关系图

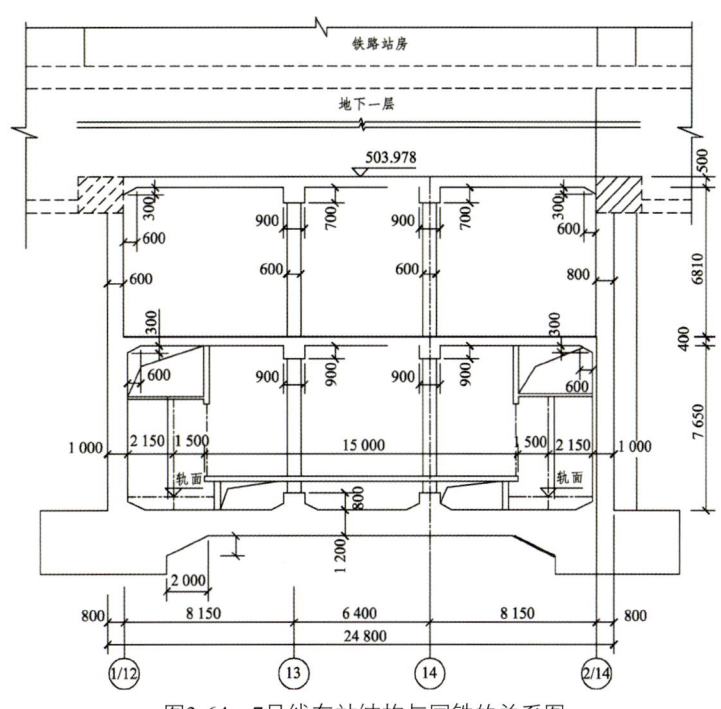

图3-64 7号线车站结构与国铁的关系图

地铁车站主体结构侧墙与国铁的柱子、承台合建，地铁由于抗浮的需要在底板下设置了抗拔桩，在国铁上部巨大荷载的作用下，极有可能对地铁结构造成破坏，因此对地铁结构认真的计算分析及采用合理的结构措施显得尤为重要。根据地铁结构与国铁柱子、承台合建情况，结构采用平面和空间受力分析，根据分析结构受力情况，确定合理的结构措施，解决了结构受力复杂的问题，使结构布置合理、安全可靠。

（3）确保既有成昆铁路的运营安全是设计的关键。

既有成昆铁路与车站的关系如图3-65所示。

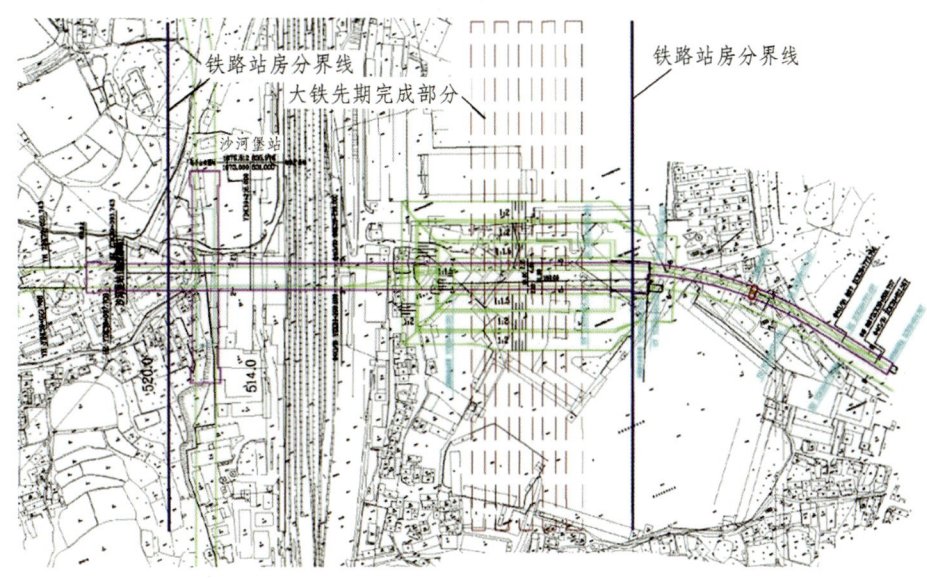

图3-65 既有成昆铁路与车站的关系

车站横穿既有成昆铁路，车站实施期间需要确保成昆铁路的安全运营，施工和设计难度都非常大。为确保施工期间即有铁路的运营不受影响，设计时经过对多方案进行比较，得出最佳的实施方案：采用先两边后中间的实施方案，即先实施既有成昆铁路两侧地铁部分的工程，待先期施工的地铁车站及大铁的地下结构施工完成后，铺设大铁城际站台范围正线，将既有铁路线路迁改至城际正线，废除既有铁路，然后再进行中部地铁施工。这样既保证了既有铁路的正常运营，又保证了地铁车站的正常施工。

3. 火车南站

1）车站概况

火车南站是地铁1号线、7号线、18号线的换乘站。1、7号线位于天府大道西侧，1号线沿南北方向敷设，7号线沿东西方向敷设，现已开通运营；18号线位于天府大道东侧，铁路成都南站站房南侧，沿南北方向敷设，预计2020年年底开通运营。车站周边建筑物主要有天府大道高架桥，北侧的成都南站站房，西侧的公交综合换乘枢纽、苏宁广场，东侧的凯德天府、大鼎世纪广场等。火车南站站址周边环境示意图如图3-66所示。

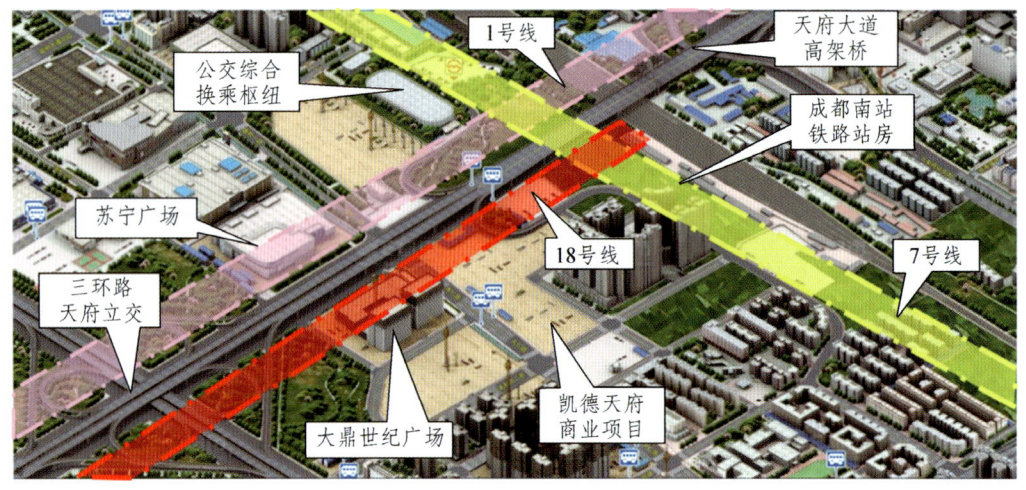

图3-66　火车南站站址周边环境示意图

根据车站周边的区域整体建设规划，周边片区将建设包括铁路、公交、地铁在内的公共交通换乘的重要节点，地铁车站、大铁车站及公交换乘枢纽三个建筑综合体通过地下通道连接，实现不同客流之间的换乘体系，与其所在区域综合交通枢纽的规划定位相匹配。公交枢纽综合体地下通道已与地铁1号线车站B/1号通道、7号线车站B/2号通道、F号通道相连，实现公交客流与地铁客流双向"无缝对接"换乘；成都南站地下出站地道与1号线D号通道、18号线北站厅、F号通道直接相接，并共用F号出入口，方便大铁乘客与地铁乘客之间的换乘。火车南站站址周边交通设施规划如图3-67所示。

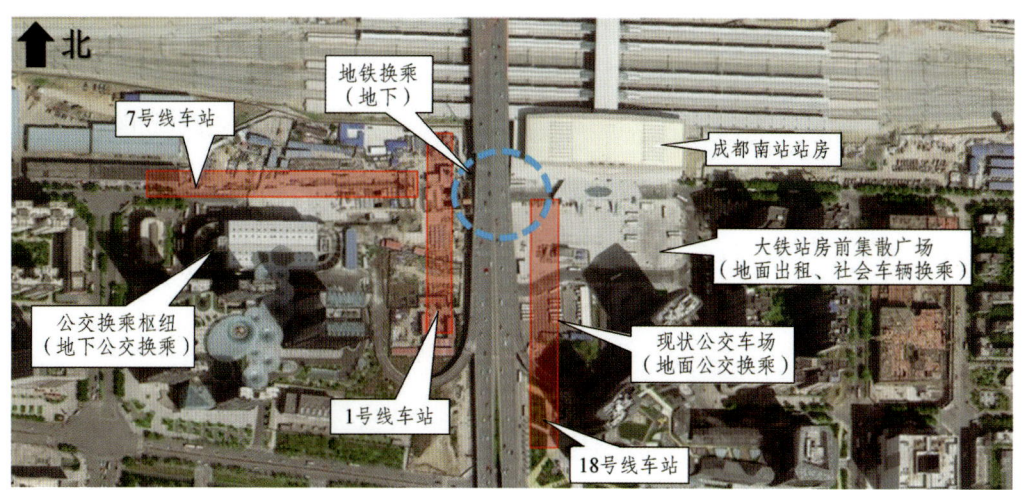

图3-67　火车南站站址周边交通设施规划

2）设计重难点及解决方案

（1）在1号线预留的实施条件下实现7号线车站功能最大化。

① 结合站位的限制条件，比选7号线设于1号线东侧、西侧和十字换乘的3个站位，确定7号线车站位于1号线车站西侧，"T"字型节点换乘的站位是最合理的。7号线车站与公交换乘枢纽距离较近，1、7号线车站均可设通道与换乘枢纽直接相连，地铁与公交客流换乘方便快捷；车站主体不横穿桥桩基础，由车站东端盾构区间横穿高架桥桩基，施工期间采取有效的保护措施，可确保桥梁的安全；与铁路站房通道换乘，走行距离稍远，但有利于分散铁路与地铁换乘客流，避免铁路出站客流拥挤在车站换乘区域。火车南站7号线站位比选方案如图3-68所示。

结合站位周边现状及规划条件，火车南站周边片区将建设成为包括铁路客运站、公交枢纽、公交停车场、地铁车站在内的公共交通换乘的重要节点，地铁车站的规模除了应满足地铁自身客流使用要求、达到地铁交通内部1号线与7号线换乘功能最大化之外，同时也应兼顾考虑周边其他交通设施的换乘客流，并与其所在区域综合交通枢纽的规划定位相匹配；但受1号线预留换乘节点条件（车辆6B编组）限制，7号线岛式站台宽度仅9.8 m，远不能满足其使用要求，因此7号线

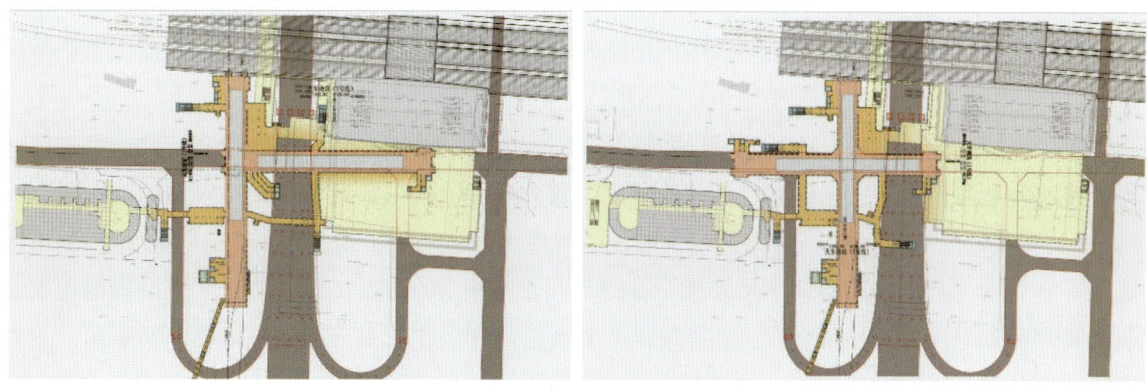

图3-68　火车南站7号线站位比选方案

车站拟采用一岛两侧的站台形式，中间设9.8 m宽岛式站台，两侧设6.05 m宽侧式站台，适当合理地扩大车站规模，保证地铁车站规模与所在区域综合交通枢纽的规划定位相匹配，最大限度地满足乘客使用的合理性、方便性和快捷性。火车南站7号线一岛两侧站台方案如图3-69所示。

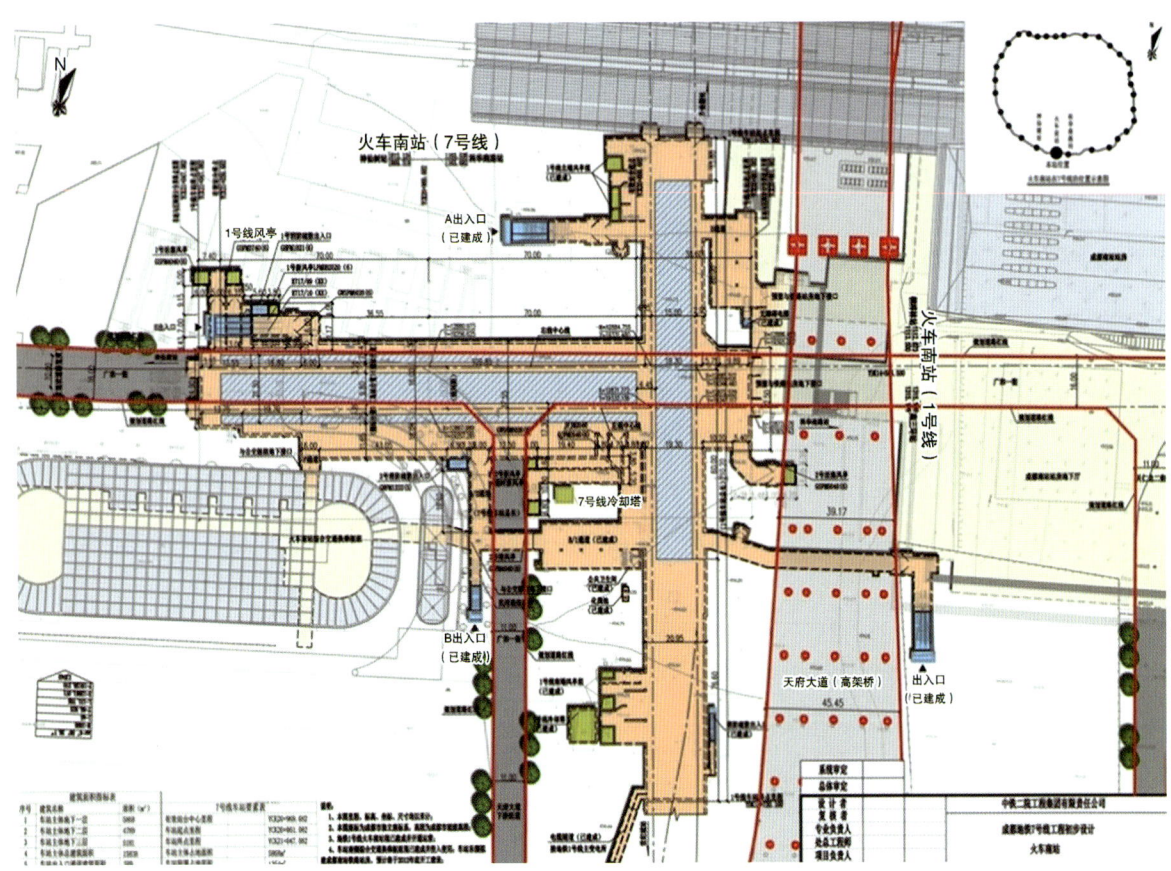

图3-69　火车南站7号线一岛两侧站台方案

② 对既有换乘节点结构改造方案。

原地铁1号线在建设时为7号线火车南站预留的结构中柱未预留与7号线底纵梁的连接条件，预留结构柱外壁按照钻孔抗拔桩浇筑成圆形断面。属预留结构中连接措施不足、断面浇筑不准确较突出的情况。结构针对性地采用了以下措施：

a. 开挖换乘节点土体时，在1号线轨行区下设置临时型钢支撑、分布开挖土方，对于原结构柱外的多余素混凝土，采用钻孔注入膨胀剂的静力剥除方式，最大程度减少对结构的影响。

b. 在既有结构柱外包一圈钢筋增大断面，底纵梁、既有柱、既有抗拔桩节点处做桩帽形成受力转换节点，利用换乘楼梯下及换乘平台的空间作转换节点改造结构。保证了既有线的运营安全，同时达到新做结构的设计要求。7号线火车南站负三层支撑平面布置图如图3-70所示，火车南站换乘节点竖向临时支撑及分块开挖示意图如图3-71所示，换乘节点开挖照片如图3-72和3-73所示。

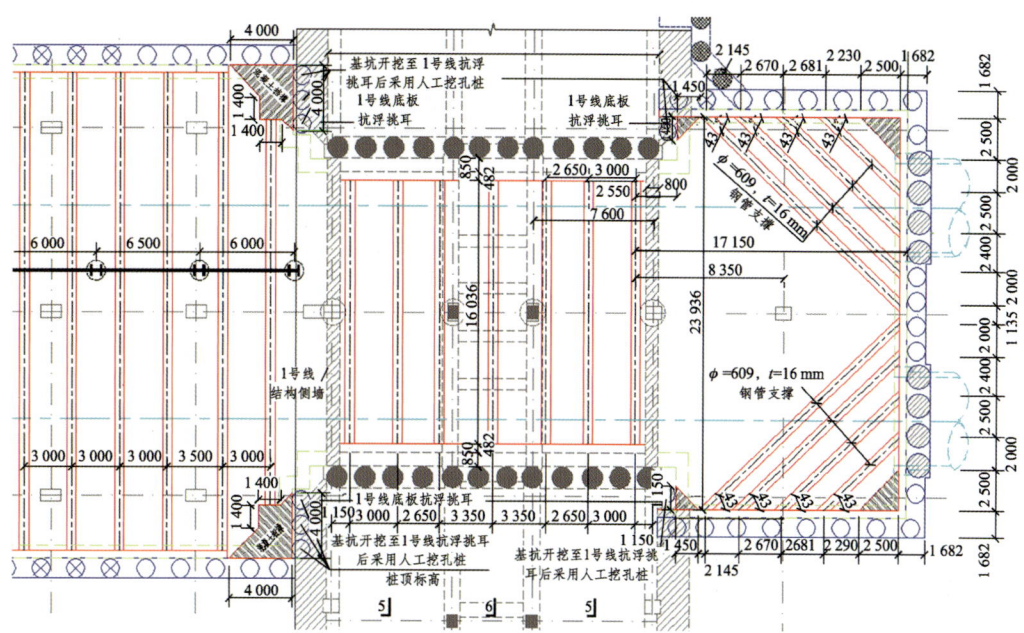

图3-70　7号线火车南站负三层支撑平面布置图

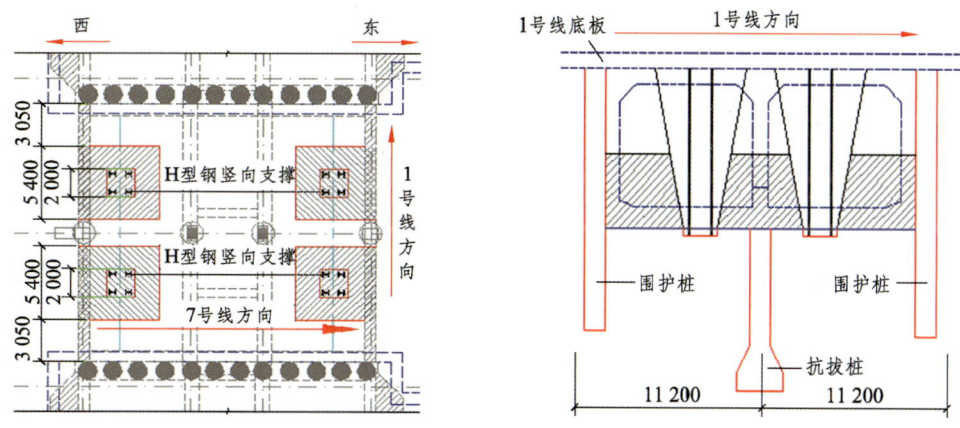

图3-71　火车南站换乘节点竖向临时支撑及分块开挖示意图

图3-72　换乘节点开挖照片（一）

图3-73　换乘节点开挖照片（二）

原地铁1号线预留结构柱情况如图3-74所示。

桩身钻孔场景如图3-75所示，静力膨胀后的界面如图3-76所示。

静力破除预留结构柱多余混凝土、换乘节点改造后的场景如图3-77所示。

改造换乘节点立柱大样图如图3-78所示。

在换乘节点施工中，在国内首次对预留车站结构柱实施"先局部静力爆破（化学膨胀破碎），后整体包裹加强"的设计方案。在不影响上部结构使用的情况下，改造既有结构底板下的预

图3-74 原地铁1号线预留结构柱情况

图3-75 桩身钻孔

图3-76 静力膨胀后的界面

图3-77 静力破除预留结构柱多余混凝土、换乘节点改造后的场景

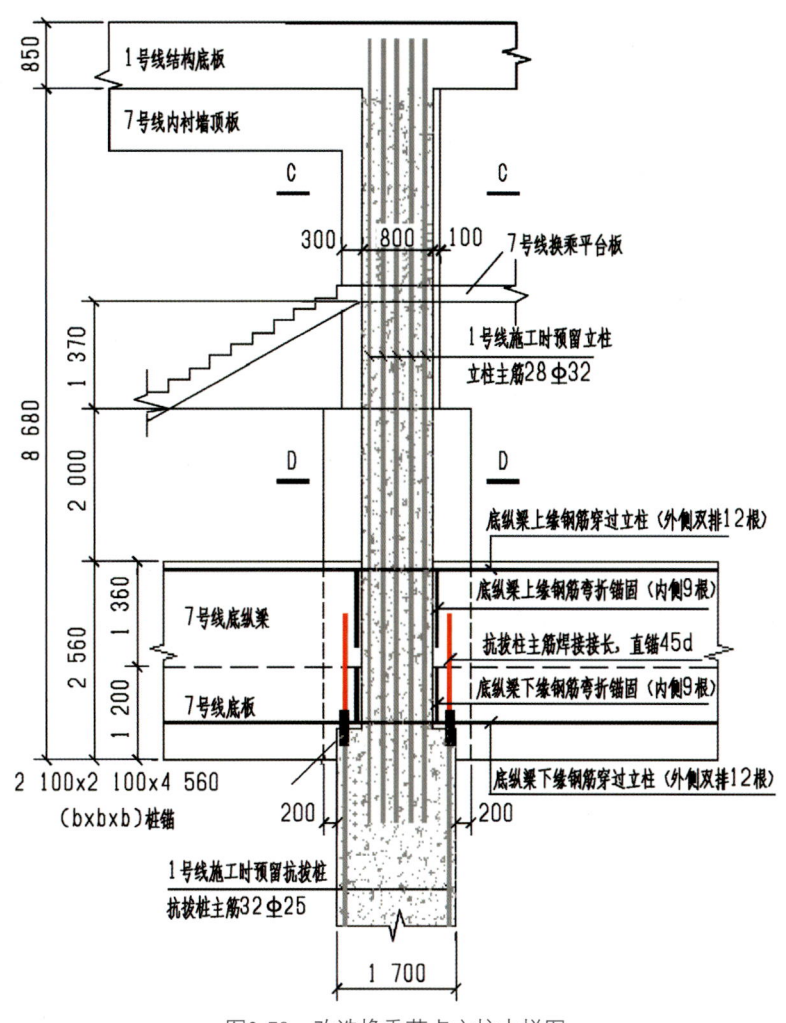

图3-78 改造换乘节点立柱大样图

留换乘节点结构。柱子的外包形式及柱底的加强措施设计思路成功解决了前期工程预留条件（工程规模、车辆制式、轨面埋深）不满足后期工程需求时，预留梁、柱、抗拔桩等构件无法与新建工程实施接驳的困难，为后续工程的实施提供了宝贵经验。

（2）换乘功能提升改造工程。

① 原实施方案的换乘设置情况。

原方案的7号线车站为地下三层—岛两侧站台车站，由于中间岛式站台受1号线车站预留桩基的限制，宽为9.8 m，两侧侧式站台宽为6.05 m，1、7号线车站为"T"字型节点换乘，换乘节点处设楼梯。2013年7月，7号线火车南站完成初步设计评审工作，确定车站设置方案；2013年6月，国家民航局正式批准确定简阳芦葭场址为成都新机场场址，确定18号线为机场快线；南北向18号线车站为地下二层13 m单柱岛式站台车站，与1、7号线车站通道换乘，共设有两个换乘通道。

② 原实施方案改造的必要性分析。

原7号线车站设计方案充分考虑1、7号线之间的换乘客流，后增加对远期18号线的考虑，18号线在7号线车站方案稳定后又被确定为机场快线，建设时序被调整为近期线路，且因成都火车北站封闭改造后引起火车南站功能调整，客流增大，导致整个地铁火车南站客流规模及车站性质发生了较大变化。

基于三线换乘客流特点及对换乘客流量的分析以及对换乘设施（楼扶梯及通道）通过能力的核实，车站实施方案存在需要被改造的必要。

原实施方案1、7号线与18号线换乘方式示意如图3-79所示。

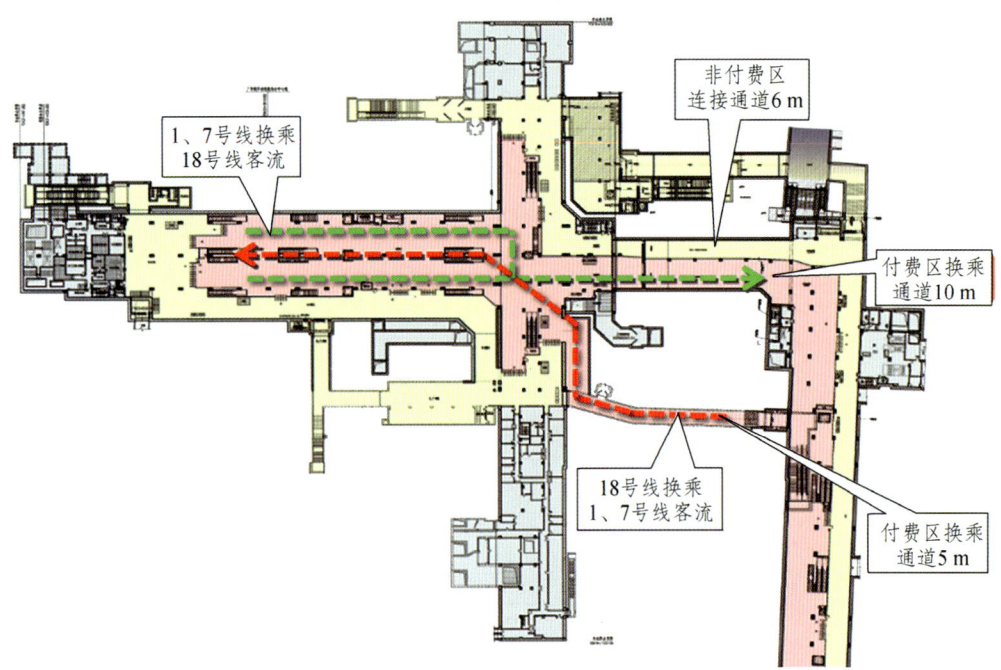

图3-79　原实施方案1、7号线与18号线换乘方式示意图

③换乘功能提升改造工程。

a. 将7号线火车南站北侧站厅层适当加宽，扩大换乘区域面积，相应增设设备用房，增设新风亭、排风亭各一个，增设紧急疏散口一个。

b. 将7号线原南侧站厅与1号线B号出入口通道之间的围合区域改造为站厅公共区，改造原7号线2号风道及风亭、增设风道夹层。

c. 为提高车站服务水平和提高疏散能力，1号线B出入口增设上行扶梯。

d. 为满足18号线换乘至1、7号线的客流需要，原1号线C口通道北侧增设3 m宽通道，增设紧急疏散口一个。

7号线换乘功能提升改造工程如图3-80、图3-81所示。

7号线站厅层南北两侧加宽改造后，1、7号线与18号线换乘客流仍采用站厅层付费区→付费区通道的换乘方式，组织客流采用单向循环方式实现换乘。

1、7号线换乘18号线的客流通过10 m宽换乘通道换乘，客流通过1号线公共区北端扶梯组北侧绕行，18号线换乘1、7号线客流通过加宽改造后的1号线C号通道换乘，客流通过1号线公共区南端扶梯南侧绕行，避免18号线换乘客流与7号线乘车客流、7号线换乘18号线客流在现在1号线站厅区域交叉拥堵；同时增加1、7、18号线站厅非付费区连接通道，实现3线非付费区连通（原方案7号线与18号线站厅非付费区不连通）。

同步优化18号线车站公共区电梯及风亭的布置，改善1、7、18号线之间的换乘条件。

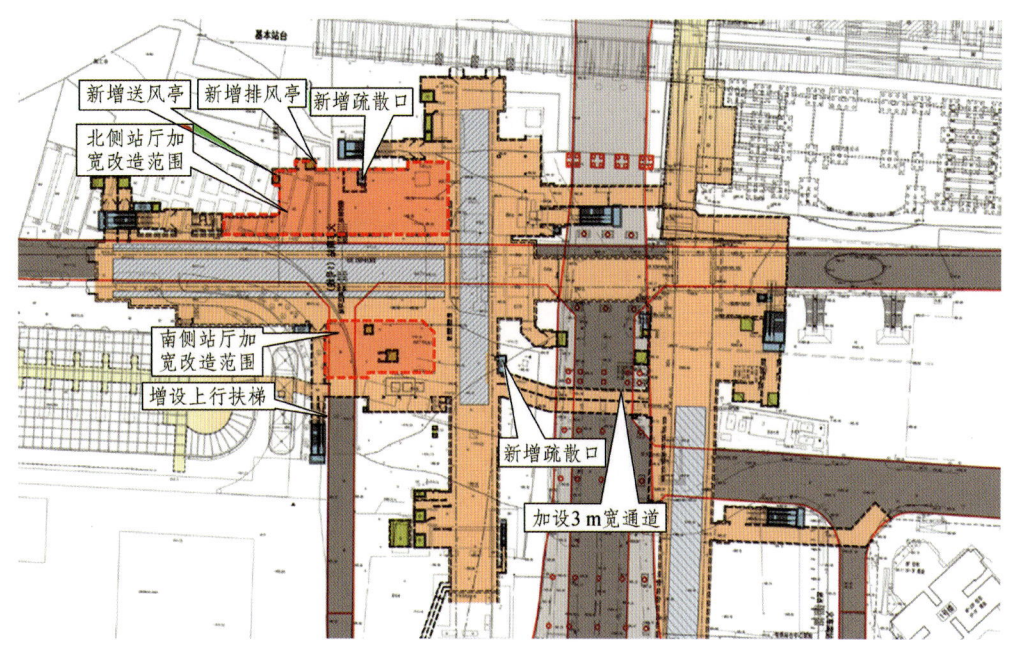

图3-80　7号线换乘功能提升改造工程

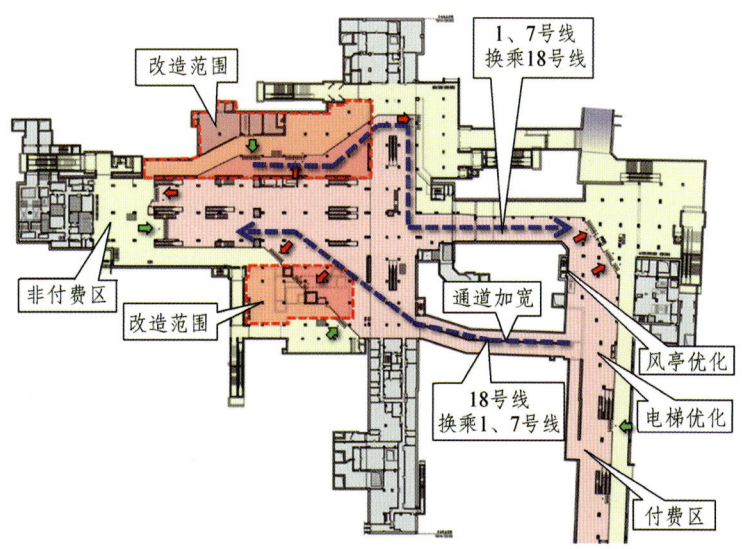

图3-81　7号线换乘功能提升改造工程

④ 换乘功能提升改造的结构方案。

火车南站为地铁三线换乘车站，已运营的地铁1号线与在建的7号线之间通过站台"T字"换乘，1、7号线与在建18号线之间通过通道换乘，地铁车站同时与铁路车站、公交枢纽之间通过通道换乘。

设计7号线时已充分考虑1、7两线之间的换乘客流，且车站主体结构已实施完成。由于18号线建设时序提前且定位为8A编组的机场快线，结合成都市成都火车北站封闭改造引起的火车南站功能调整，导致客流规模及车站性质发生了重大变化。基于三线换乘客流特点及换乘客流量的分析，1、7号线车站需破除已建成站厅层侧墙，与新建负一层站厅层连通，达到提升换乘功能的目的。改造后车站总平图如图3-82所示。

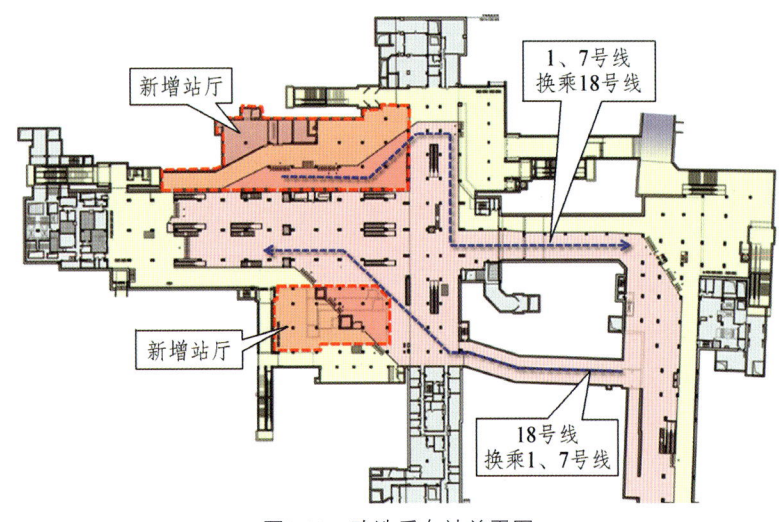

图3-82　改造后车站总平图

a．结构改造方案重、难点。

既有车站顶板与侧墙均承受着垂直于结构面的水、土压力，墙、板节点处为刚性支座，结构侧墙上未预留远期开孔条件。既有结构侧墙与新建负一层结构连通后，原结构的荷载边界条件和约束边界条件发生巨大变化。侧墙大面积凿除后，顶板边跨靠侧墙一侧的支座由固支变成了近似铰支。因此，若新旧结构接口方案设计不当，不仅会造成原结构的破坏，还会导致接口处漏水、新旧结构无法有效连接，给后期运营维护及结构安全带来巨大隐患。

b．结构改造方案。

火车南站新旧结构之间采用"C形梁"方案刚性连接，新旧结构间不设变形缝，既有结构侧墙的钢筋通过"分步分块"破除后锚入新浇筑梁内，新作结构柱横跨新旧结构，与底部接口梁整体浇筑，新旧混凝土结合面通过表面处理增加结构整体性，改造后防水材料连续铺设，减少漏水隐患。结构改造方案典型剖面图如图3-83所示。

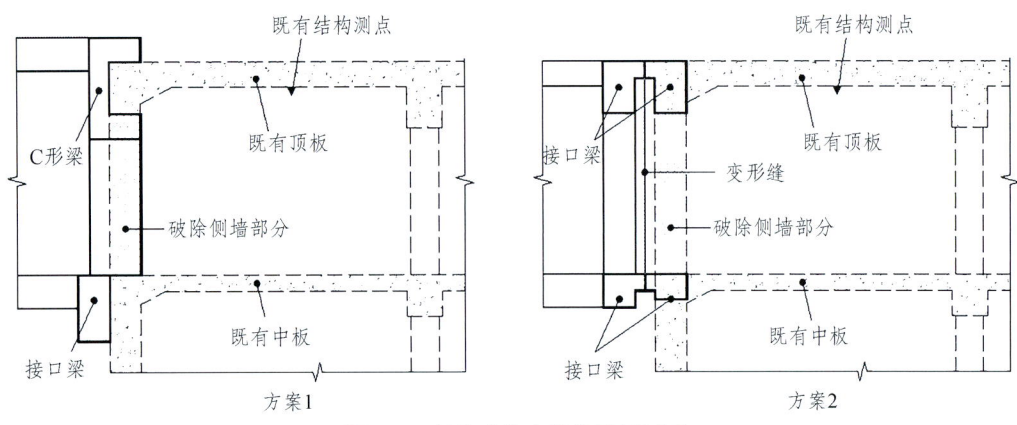

图3-83　结构改造方案典型剖面图

"分步"是指大面积的钢筋混凝土采用线拉绳具切割破除，剩余0.5 m人工风镐破除，将原结构钢筋留出。"分块"是指单次破除4~5 m范围侧墙，待接口梁、柱施工完毕后破除剩余侧墙，最终接口封闭，侧向开孔形成。

"C形梁"需与既有结构共同受力才能最大发挥其作用，界面处理的措施如下：

● 清除垃圾、表面上松动的砂石和软弱的混凝土层，表面凿毛处理（凿毛深度不小于6 mm，100 mm×100 mm范围不小于5处），采用压力水将面层冲洗干净并充分润湿（一般润湿时间不宜小于24 h），残留在混凝土表面的积水应消除。

● 施工缝附近的钢筋回弯时，要注意不要使混凝土松动和损坏。钢筋上的油污，水泥浆及浮锈等杂物也应清除。

● 应避免直接靠近施工缝已终凝的混凝土边缘下料和机械振捣，但应对施工缝内新浇筑的混凝土加强振捣，使其结合密实（为确保砼浇注密实及新老砼结合紧密，浇注砼可采用补偿收缩砼细石砼，并在12 h内开始养护）。

● 施工缝表面应涂刷混凝土界面处理剂或水泥基渗透结晶型防水涂料，并应及时浇筑混凝土。对于水平施工缝，在涂刷界面剂或水泥基渗透结晶型防水涂料后，应在施工缝表面铺30~50 mm厚的1:1水泥砂浆。

● 遇水膨胀止水条（胶）应与接缝表面密贴。

分步分块破除侧墙工序图如图3-84所示，分步分块破除侧墙现场效果图如图3-85所示。

c．既有结构数值分析。

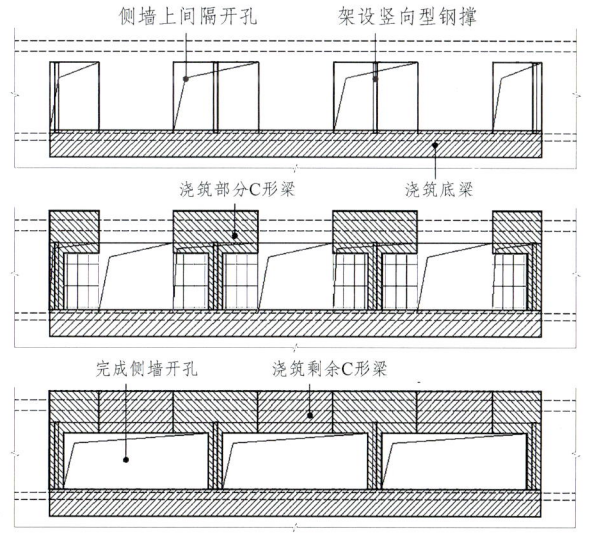

图3-84 分步分块破除侧墙工序图

图3-85 分步分块破除侧墙现场效果图

使用有限元软件ANSYS的Solid65实体单元通过建立三维数值模型来进行分析计算。分别分析了改造前原结构、侧墙分步破除后结构、改造后结构的内力及变形。结构改造方案典型剖面图如图3-86所示。

图3-87所示为原1号线正常使用状态下的竖向变形云图（1号线车站取横向对称结构1/2模

型)。车站覆土厚度1.5 m，地面超载按20 kPa计，侧向水土压力按静止土压力计算。从图中可以看出，顶板最大竖向变形发生在边跨跨中，数值约为2.27 mm。

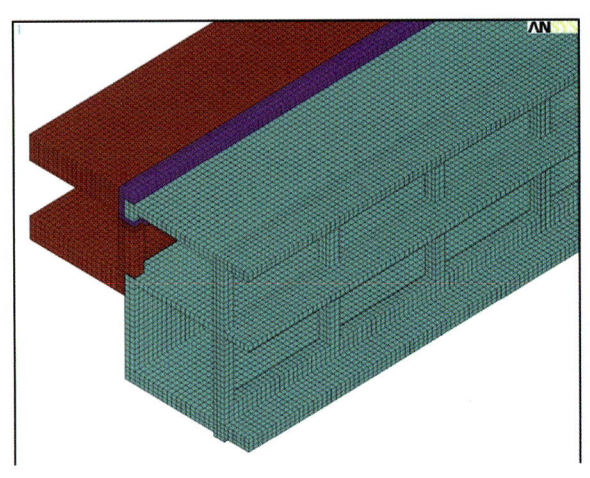

图3-86　结构改造方案典型剖面图

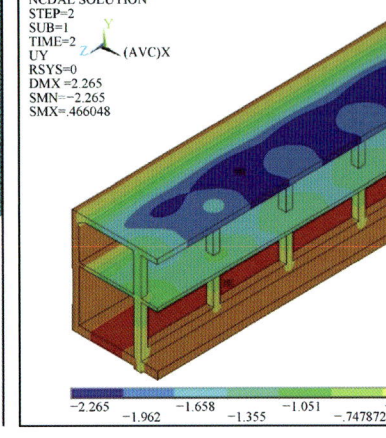

图3-87　原结构变形云图

图3-88所示为在顶板覆土及负一层侧土压力均卸载情况下，既有结构负一层侧墙按图3中间隔破除工序施工时的变形云图。从图中可以看出，顶板最大竖向变形发生在侧向开孔处对应边跨跨中，数值约为0.85 mm，小于正常使用状态下的变形值。

图3-89所示为"C形梁"改造扩建既有车站后的竖向变形云图。车站覆土厚度1.5 m，地面超载按20 kPa计，侧向水土压力按静止土压力计算。从图中可以看出，顶板最大竖向变形发生在边跨跨中，数值约为2.45 mm。

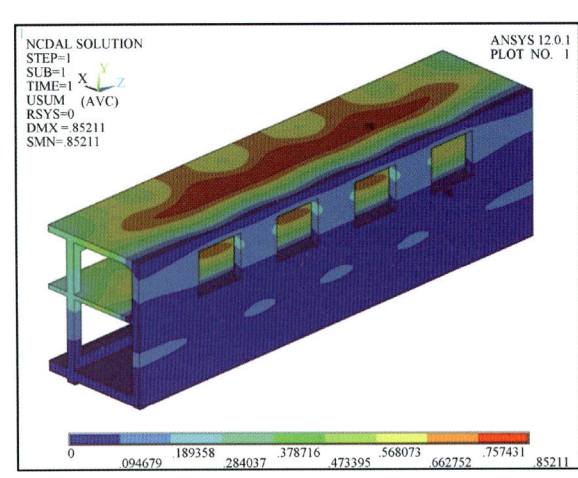

图3-88　原结构间隔开孔后变形云图

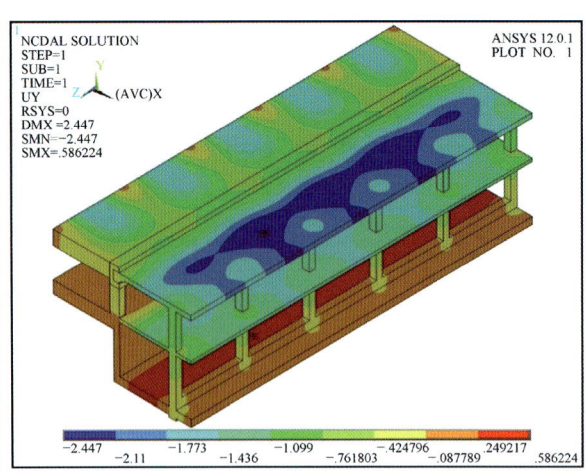

图3-89　"C形梁"结构变形云图

⑤ 结论。

通过上述三维整体有限元计算分析得出以下结论：

● 对于未预留远期开孔条件的侧墙，大面积连续开孔与新建结构接驳时，顶板采用"C形梁"的刚性连接和采用变形缝的分离式连接相比能够更好地控制既有结构的变形。

● 在卸除车站顶板覆土的条件下，对车站负一层侧墙实施间隔破除，既有顶板、侧墙受力及变形均处于正常使用状态，分析的结果为施工方案的选择提供了直接依据。

● 地铁车站扩建改造对既有结构顶板的影响最为重大。在大型换乘枢纽的设计中，设计上应有一定的前瞻性。不确定远期扩建改造或结构接驳的条件下，侧墙中预留暗梁暗柱，考虑后期侧墙打开的工况对顶板进行受力验算，通过前期少量增加透气来避免后期可能面临更高的工程风险、投资造价。

目前，改造工程已经完工并投入运营使用，施工过程中监控量测数据与理论计算结果基本相符，该车站多处扩建改造均采用了"C形梁"的接口型式，将既有结构变形控制在构件正常使用范围之内。该工程的安全实施可为后续类似工程提供了参考经验。

4. 太平园站

1）车站概况

太平园站为成都地铁3、7、10号线的三线同步设计、同步施工的换乘站，也是成都地铁线网中第一个通车运营的三线换乘站。太平园站3号线车站沿佳灵路道路西侧敷设，为地下二层13 m岛式站台车站，采用6B编组，车站总长250.95 m，与7号线呈小"十"字节点换乘。7号线车站顺中环路敷设，为地下三层16 m岛式站台车站，采用6A编组，车站总长241.4 m。10号线车站沿佳灵路道路东侧敷设，为地下二层侧式站台车站，采用6A编组，车站总长232 m，与3、7号线采用"土"字站厅换乘方式。车站西北面为成都永丰汽配市场；东北面为临时停车场地块；车站西南侧主要为四川省动物检疫监督总站和太平村的村民房；南面为跨既有铁路线的机动车跨线桥和人行道、非机动车道下穿通道；东南侧路口有一加油站，其余为村民住宅和小区住宅。车站所处道路狭窄、两侧地下管线较多。

太平园站总平面图如图3-90所示。

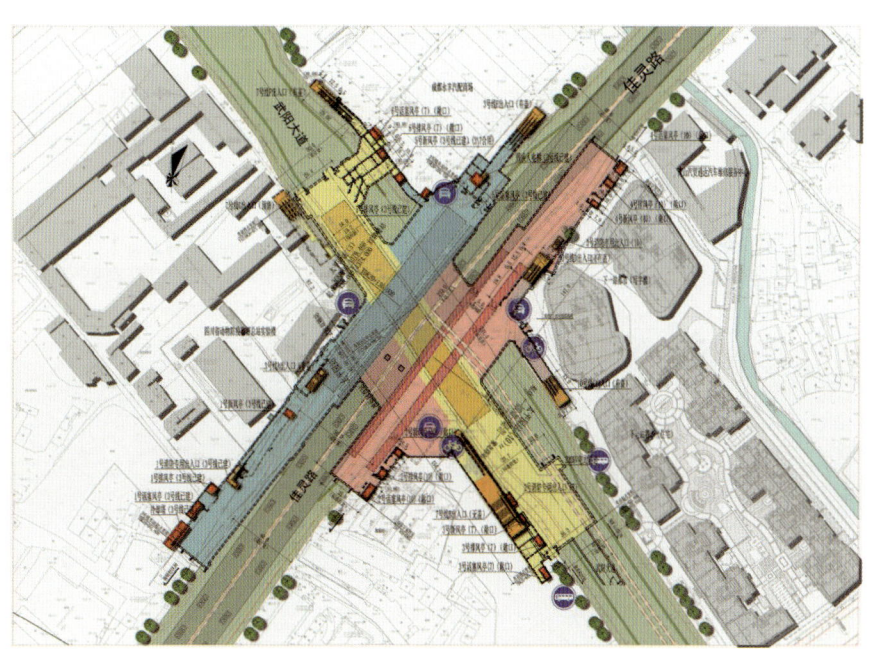

图3-90 太平园站总平面图

太平园站剖面效果图如图3-91所示。

图3-91　太平园站剖面效果图

2）设计重难点及解决方案

（1）如何解决好不同客流，不同制式和如何确定同时建成的三线换乘站的客流组织方案成为本站设计的重难点之一。

① 不同客流混合的车站。

地铁3号线为东北—西南向骨干线，途经成都市传统商业中心——春熙路及CBD区，东北联新-青卫星城，西南联双流卫星城，是线网中的骨干线路，其客流为日常通勤客流。

7号线位于城市中心城区二、三环间居住用地最为密集的地区，同时串联起进入中心城区的20条换乘线路，大部分客流均为换乘客流。

地铁10号线是串联中心城区与双流机场、双流区、新津县的一条复合功能快线，主要担任提升成都双流国际机场的航空客流集疏运能力的机场线和分担成都市南向双流区、新津县通勤交通压力的市域线。因此，10号线与普通放射线在客流出行特征及时段分布上存在一定差异，其客流受机场航班分布影响，同时又具有普通的通勤线路的特征。

太平园站三条线客流区别明显，线路之间的换乘关系及进出站需求差异性大，客流呈现较突出的不均匀性及指向性，对车站换乘设计、公共区布置均带来巨大的挑战。

太平园站各方向换乘客流示意图如图3-92所示。

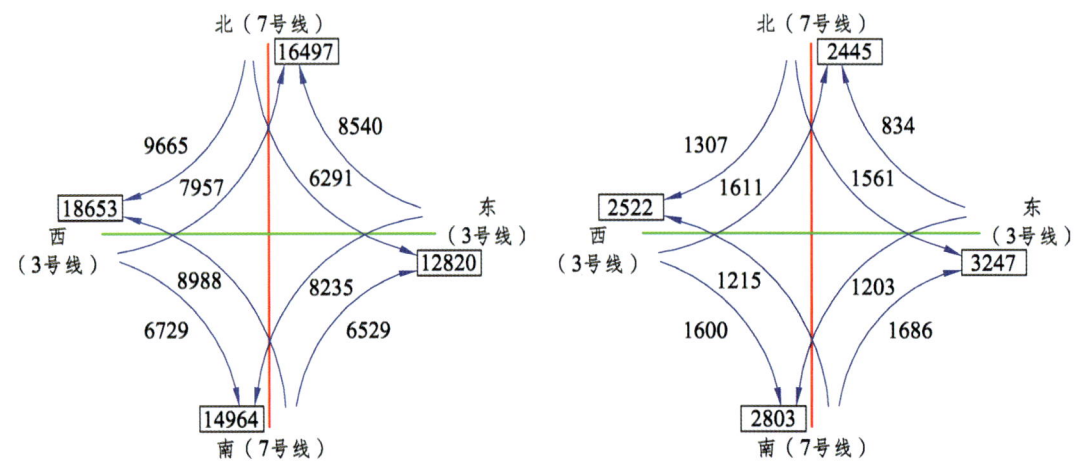

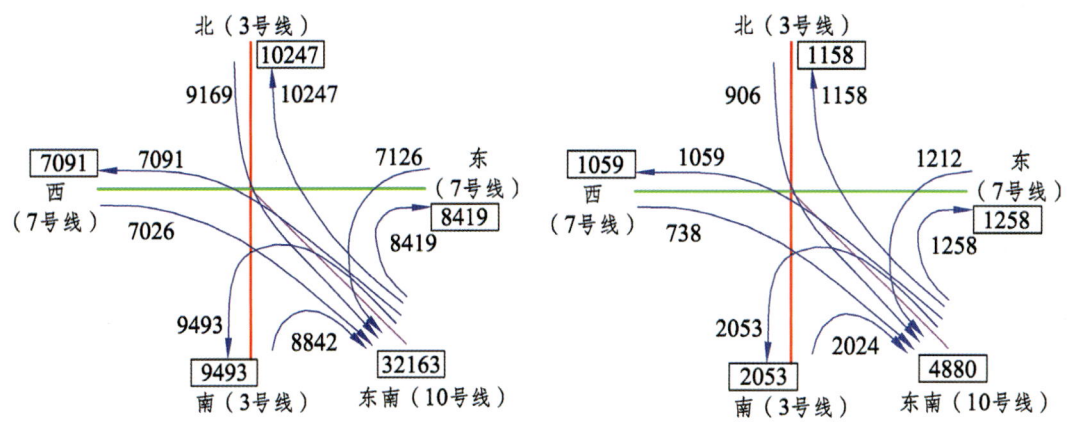

图3-92 太平园站各方向换乘客流示意图

② 不同车型运营的车站。

太平园站3号线采用最高运行速度80 km/h的地铁B型车6辆编组，远期高峰时段开行对数每小时30对；7号线采用最高运行速度80 km/h的地铁A型车6辆编组，远期高峰时段每小时开行27～30对；10号线采用最高运行速度100 km/h的地铁A型车6辆编组，远期高峰时段每小时开行27～30对。从运营组织的角度来看，7、10号线大车型的换乘客流（也是本站主要客流）对3号线站台的冲击将是灾难性的，此刻，3号线太平园设计、建设及开通都略早于7、10号线（3号线为2016年7月随3号线一期工程开通的，较7、10号线的开通早了一年），在不能改变原3号线既有设计规模的前提下，如何在面对巨大客流冲击的同时，保证其30对的开行运营对数，从而使整个车站的客流正常循环，因此合理的换乘方式和顺畅的客流流线将是决定整个车站成败的关键。现场客流导向图如图3-93所示。

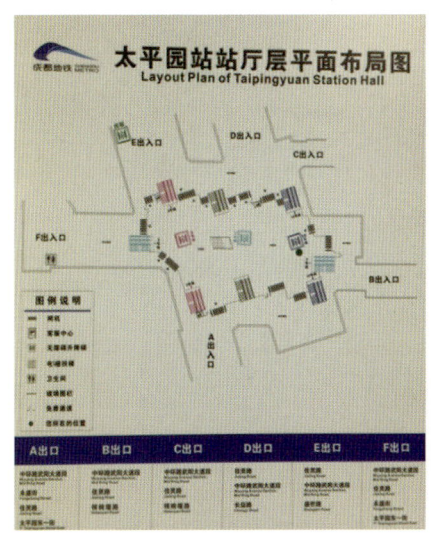

图3-93 现场客流导向图

③ 不同步设计的一次建成车站。

3号线太平园站于2012年初通过初步设计，初步设计仅考虑了与3、7号线的换乘设计，10号线在当时还是远期规划线,未知其客流的规模,因此在设计时仅预留了与10号线车站的接口条件。2012年年底随着线网规划的调整,10号线的建设被迅速提上日程,但此时3号线已完成施工招标,进入施工阶段,7号线则正式进入初步设计阶段。为了节约投资,减少对道路、周边建筑及市民的重复影响,最终决定三线同步施工,从而太平园站进入了"3号线边施工、7号线边设计、10号线边规划"的三边工程,这对车站建筑设计提出了巨大挑战。

太平园站建筑设计需充分分析三线之间存在的时间差异,整体考虑三线建设之间的各方面干扰,协调平衡三线之间的不同设计标准,提前预判各种不稳定条件带来的影响,同时还要面临施工现场随时可能发生的突发事件,并选用最小的代价去调整。建筑设计累计召开各种会议不下400次,平均3天就会开一次协调会,最终以最快的速度完成了3号线的施工方案调整,并通过了7号线及10号线的初步设计评审,为后期本车站的一次建成提供了先决条件。

④ 不同一般的三线换乘。

由于本站为3、7、10号线的换乘站,其各线换乘客流特征明显,特别是在3号线施工规模不变,10号线又定位为机场线的前提下,如何保证换乘的顺畅性是设计难点。常规的三线"工"字型换乘车站一般考虑采用"串糖葫芦"的节点换乘方式,但这种节点换乘方式对串的连接线要求较高,同时不适用于大客流的节点换乘。故本站虽然站型呈"工"字,但如果使用传统节点换乘,车站规模将加大,同时换乘效率不高,造成站台拥堵的风险极高,因此必须采用新的换乘方式。太平园车站平面图如图3-94所示。

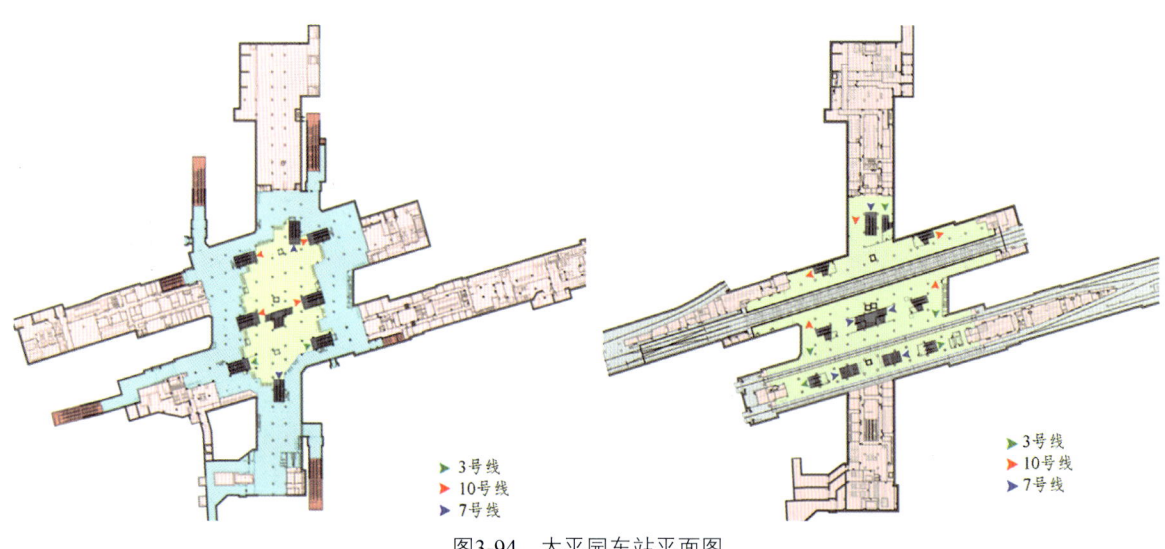

图3-94 太平园车站平面图

考虑本站为3号线一期终点站、二期工程还将向南延伸、10号线为10号线一期起点站,故将10号线设计为侧式车站,同时通过与正在施工的3号线东侧间的连通,形成3号线新的站台,使3号线车站由原来的岛式站台,变成1岛1侧车站,同时可与10号线形成进城方向的大客流同台换乘,在缓解了客流冲击的同时,亦大大方便了乘客的换乘效率,从而提升了到访成都的游客对国家级中心城市的第一印象。太平园车站纵剖效果图如图3-95所示。

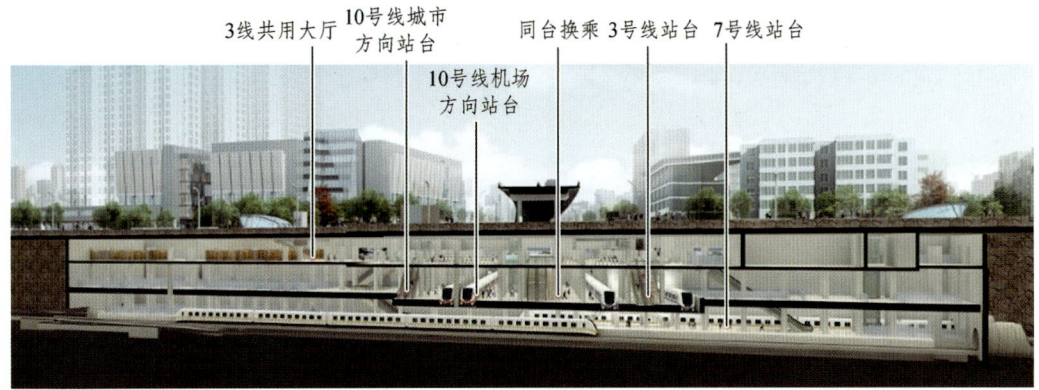

图3-95　太平园车站纵剖效果图

面对7号线的大量换乘客流，由于3、10号线之间的大同台的产生，使得3、10号线与7号线的换乘节点均由原来的1个点变2个点，其换乘能力也提升为传统换乘能力的2倍，从而大大增加了车站的换乘效率，使整个车站成为地铁的超大换乘枢纽。

⑤各线换乘流线解析。

a. 3、7号线之间的换乘客流通过大里程端的换乘楼梯交换。

b. 10→3号线换乘客流通过共用站台进行同站台换乘。

c. 3→10号线换乘客流通过站厅交换。

d. 10→7号线的换乘客流通过中部换乘楼扶梯交换。

e. 7→10号线的换乘客流通过7号线小里程端的换乘扶梯交换。

太平园站换乘客流分析图如图3-96所示。

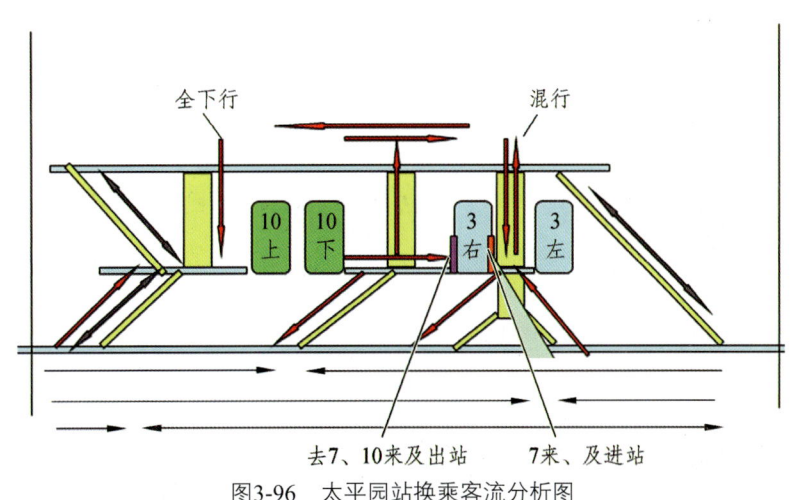

图3-96　太平园站换乘客流分析图

（2）设计中融入客运组织措施。

太平园站的主要客流为换乘客流，加之本站为三线之间的换乘站，换乘流线复杂，相互交织交错，因此设计之初即使周边条件困难重重，设计人员也全力以赴地去协调用地、调整管线、客流模拟，最大程度地保证有足够的使用空间和合理的流线组织。

图3-97 站厅换乘现状照和10-7换乘楼梯现状照

图3-98 3号线站台至站厅楼扶梯现状照　　　　图3-99 7-3换乘楼梯现状照

图3-100 10-3候车乘客现状照　　　　图3-101 7号线候车客流现状照

① 进出站客流

通过对现场早高峰小时和晚高峰小时的客流观察，本站设置为环形的进出站闸机布置方式，灵活多变，空间得到充分利用，相互转换便捷。

② 换乘客流

现状10号线为临时起点站，侧站台均为单向客流，3、10号线与7号线之间的换乘客流明显高于另外两线之间的换乘量，其中3、10号线又为同层站台，因此利用站厅层转换和7号线转台层转换的客流量居多，设计之初，为避免拥堵和阻塞，7号线选用了16 m的岛式站台，并同时增加3、10号线与7号线的转换点数量，保证站厅有足够的使用空间。在后期开通运营的检验中，太平园站得到了有效验证，三条线的各现状照如图3-97～3-101所示。

③ 客流模拟。

客流模拟分析贯穿整个车站设计的全过程，通过不断分析、调整、再分析、再调整，确保客流流线畅通、楼扶梯设置合理、站台宽度合适。对于大型、复杂的车站，客流模拟对设计的辅助作用显得尤其重要。

各个客流模拟图如图3-102～3-104所示。

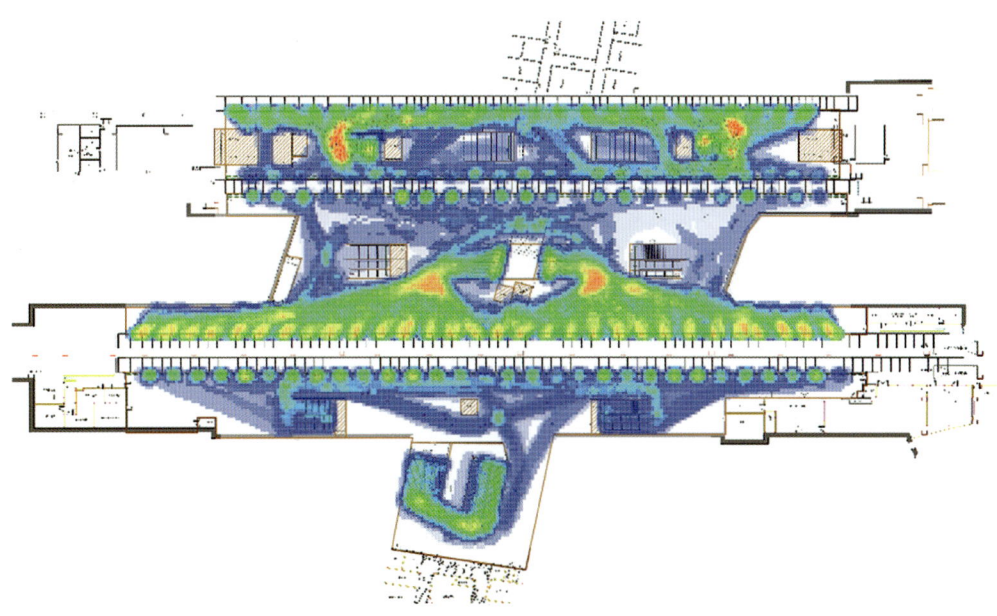

图3-102　3、10号线站台层客流模拟图

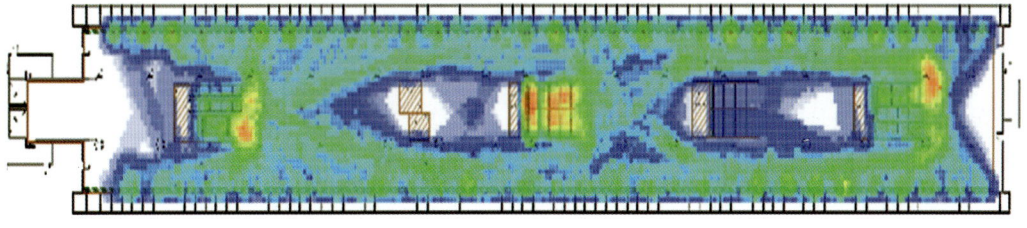

图3-103　7号线站台层客流模拟图

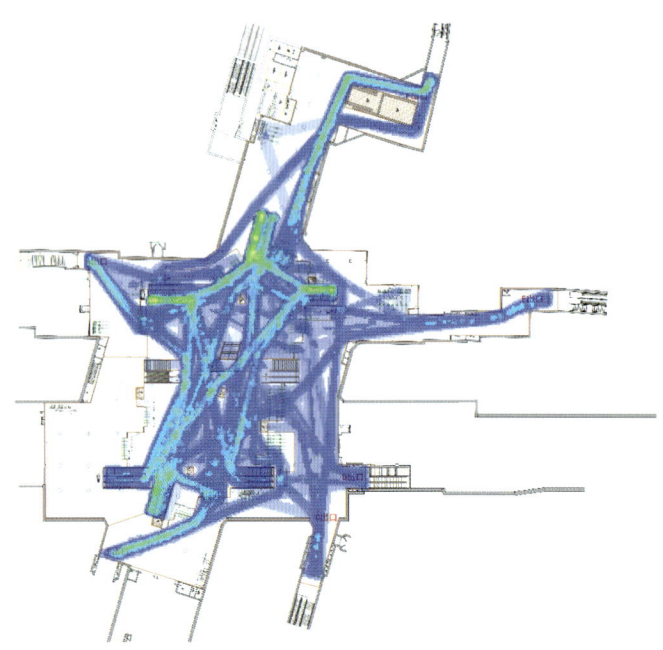

图3-104 站厅层客流模拟图

由以上客流模拟图可得出：车站客流集中点位于3号线站台层进出站楼扶梯处、10号线下客侧站台往7号线的换乘线路，以及7号线站台层进出站楼扶梯处，与之前分析的换乘客流流线基本一致，换乘能力和客流组织均能满足乘客使用需求。

太平园站是成都地铁线网中建成通车的第一座三线换乘站，也是首例成功运营的不同功能线路和多种轨道交通客流模式的换乘站，其换乘方式的选取、客流组织的分析及运营管理的经验，为成都今后的多线换乘站的方案研究及运营组织提供了重要的理论支持和经验支撑。

（3）对车站范围内220 kV电力隧道的结构保护方案。

太平园站位于川藏路与佳灵路路口，施工期间始终要保证川藏路双向6车道的通行能力。车站范围内220 kV电力隧道无法迁改，需原位保护，电力隧道平面T字形交叉、竖向已进入车站主体范围内，结构复杂的空间关系与电力隧道原位保护方案、顶板兼顾盖挖交通导改的施工步骤都异常复杂，最终方案选择平面上用围护桩将电力隧道包含在车站基坑内，电力隧道下方采用盖挖顶板施作。7号线太平园站支撑平面布置图如图3-105所示，7号线太平园站与电力隧道纵断面关系图如图3-106所示，7号线太平园站与电力隧道横断面关系图如图3-107所示。

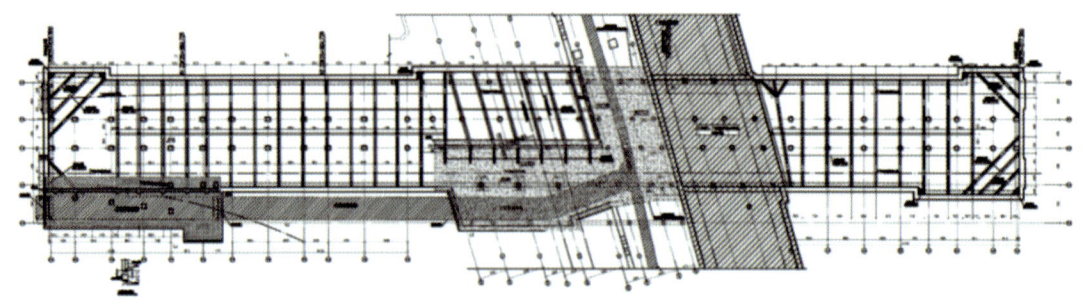

图3-105 7号线太平园站支撑平面布置图

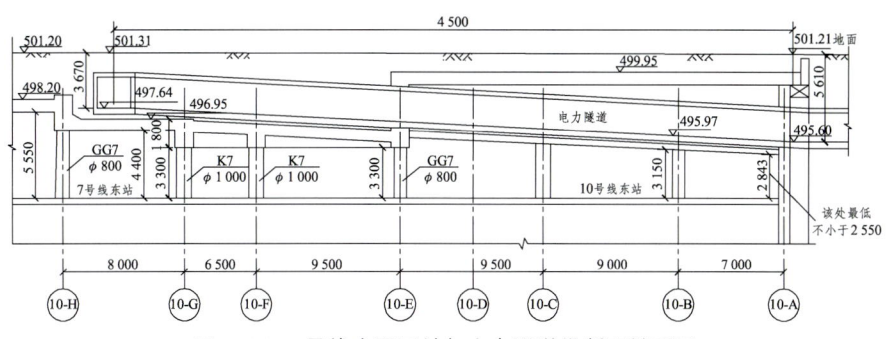

图3-106　7号线太平园站与电力隧道纵断面关系图

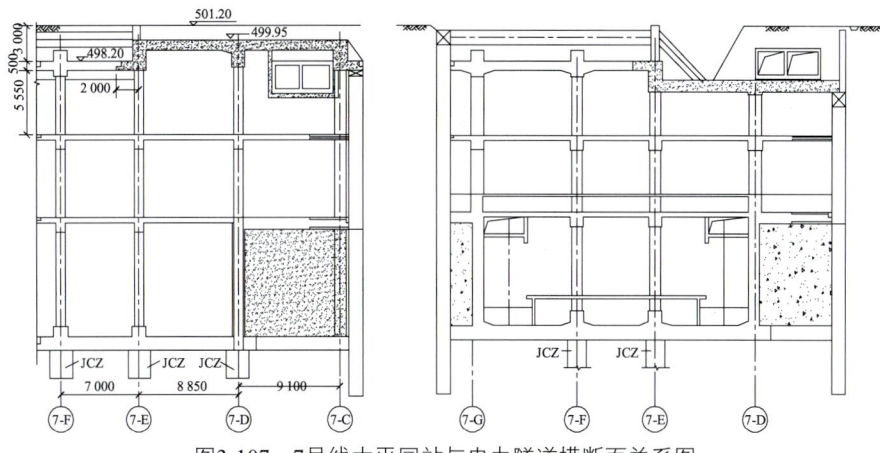

图3-107　7号线太平园站与电力隧道横断面关系图

在保证电力隧道安全和不变形的情况下，施作盖挖顶板，结合电力隧道标高变化，保证最大限度地利用建筑空间，灵活采用电力隧道一部分在顶板上，一部分下吊在顶板里的措施。虽然局部牺牲了车站站厅层的功能，但在减少改迁带来的工期和资金效益方面表现得非常良好。

电力隧道采用以下方式进行分段保护和实施顶板。

电力隧道保护措施示意图如图3-108所示。

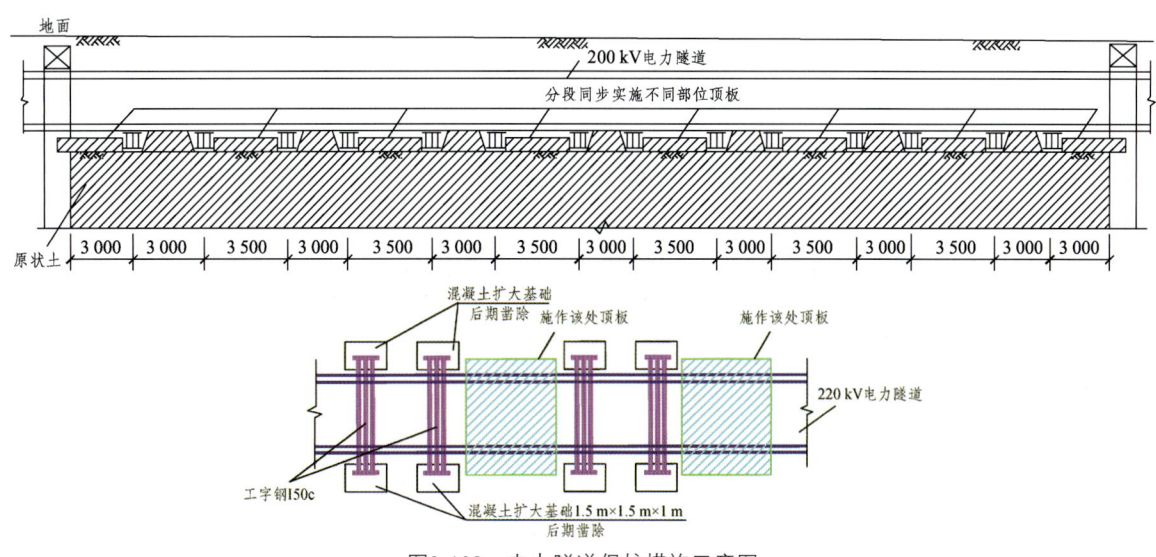

图3-108　电力隧道保护措施示意图

对电力隧道下方土体进行分段、分步骤开挖并及时架设工字钢。针对该方式进行了计算，变形为3 mm。

本站电力隧道的保护措施施工较为方便，对电力隧道沉降的控制效果很好。避免了电力隧道改迁的大量协调工作，节约了管线改移的成本，节省了管线改移的工期。在大型市政管线与车站站位冲突时，其具有很好的推广价值。

（4）突破性的消防设计带来流畅的空间体验。

作为成都线网首个建成运营的三线换乘车站，车站规模宏大，乘客流线组织复杂，给车站的消防设计提出了突破性的挑战。

① 车站站厅公共区面积突破《地铁设计规范》（GB 50117—2013）第28.2.2-2条规定："当地下换乘车站共用一个站厅时，站厅公共区面积不应大于5 000 m²"要求。

② 车站站厅公共区面积较大，局部疏散距离突破《地铁设计规范》（GB 50117—2013）第28.2.7条规定："站厅和站台内任一点，与安全出口疏散的距离不得大于50 m"要求。

为了让原本的流畅空间得以保留，同时为了让乘客顺畅便捷地换乘和满足消防的必要要求，本站进行了多达50次的消防专项研究、十多次地与消防部门的走访沟通，并最终确定采用消防性能化评估论证方式。

设计组以国家既有相关规范为基础，结合车站公共区面积大，有多个不同功能站台的特点，提出了区域划分、分项疏散的设计思路。在重大攻关技术难点方面，大胆假设，小心求证，以车站初始设计方案为模型，根据特殊消防设计，并结合车站实际情况不断优化。

通过对站内可燃物进行有效控制，数据模拟优化并强化车站整体防排烟系统，结合客流模拟数据及客流组织方案不断优化公共区防火分隔方案，经过模型计算反复优化车站疏散策略，最终在保障消防功能与车站使用功能间找到最佳平衡点，顺利通过消防部门的审查及验收，保证了车站的顺利开通运营。

各防火卷帘示意图如图3-109～3-111所示。

STEPS疏散软件模型界面图如图3-112所示。

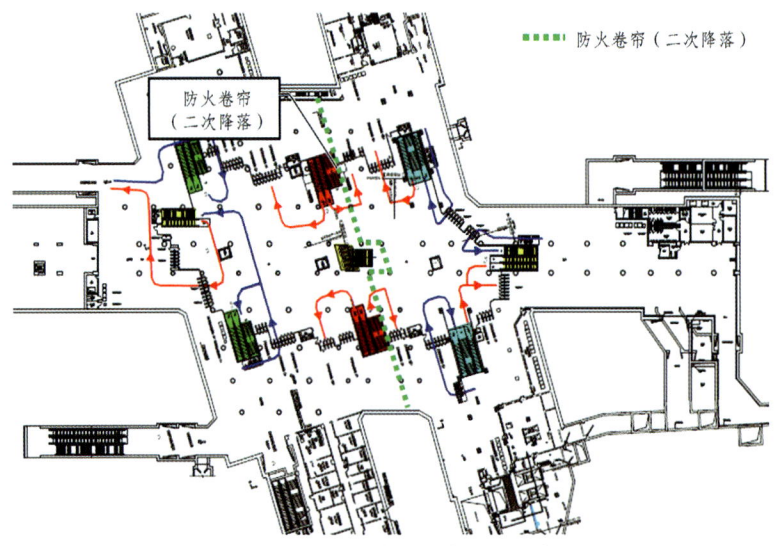

图3-109　站厅层防火卷帘设置示意图

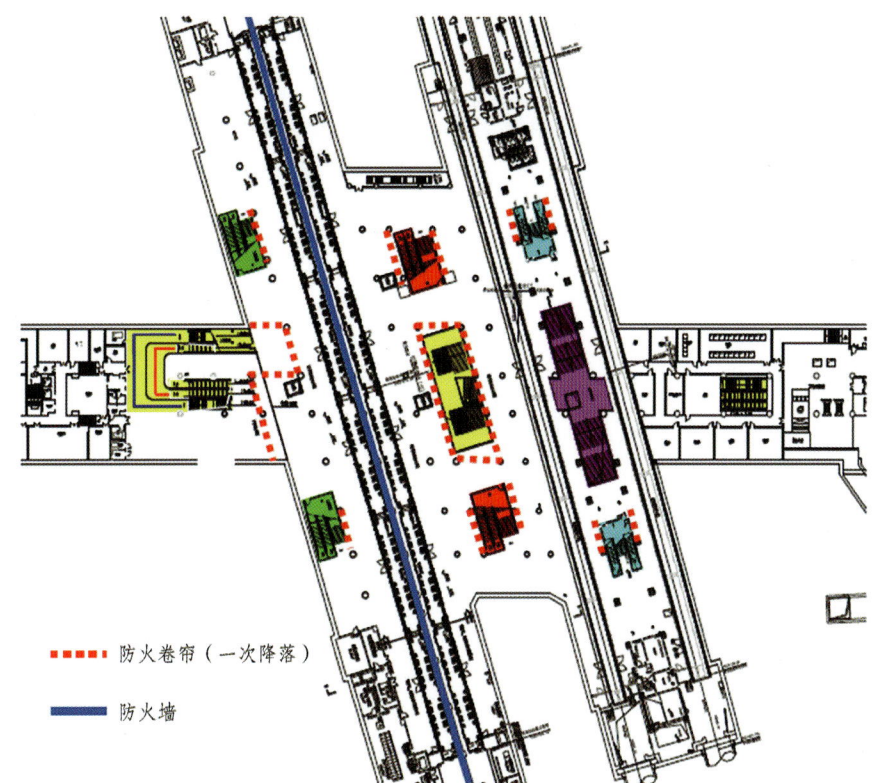

图3-110　3、10号线站台层防火卷帘设置示意图

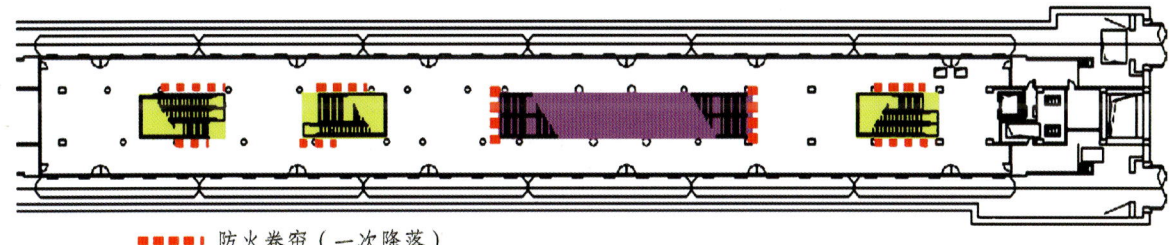

图3-111　7号线站台层防火卷帘设置示意图

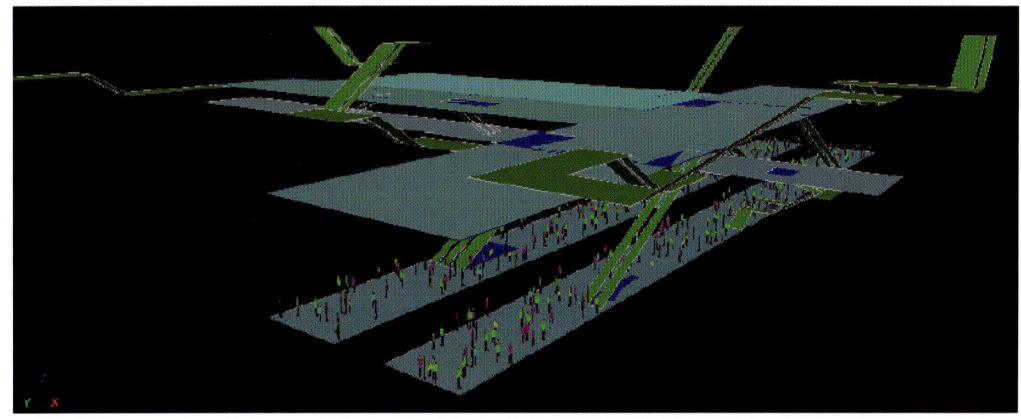

图3-112　STEPS疏散软件模型界面图

（5）国内首次实现67 m大跨规划桥梁与三线换乘车站同步设计，同体工程同步施工。

在位于佳灵路方向的10号线车站范围内，需预留市政桥梁的实施条件。佳灵路道路总宽50 m，为尽量避免对车站产生影响，在佳灵路方向的桥梁跨度被设计为45 m+67 m+45 m，有一处墩柱位于3、10号线车站的换乘厅中。车站与墩柱关系平面图如图3-113所示，车站与墩柱关系剖面图如图3-114所示。

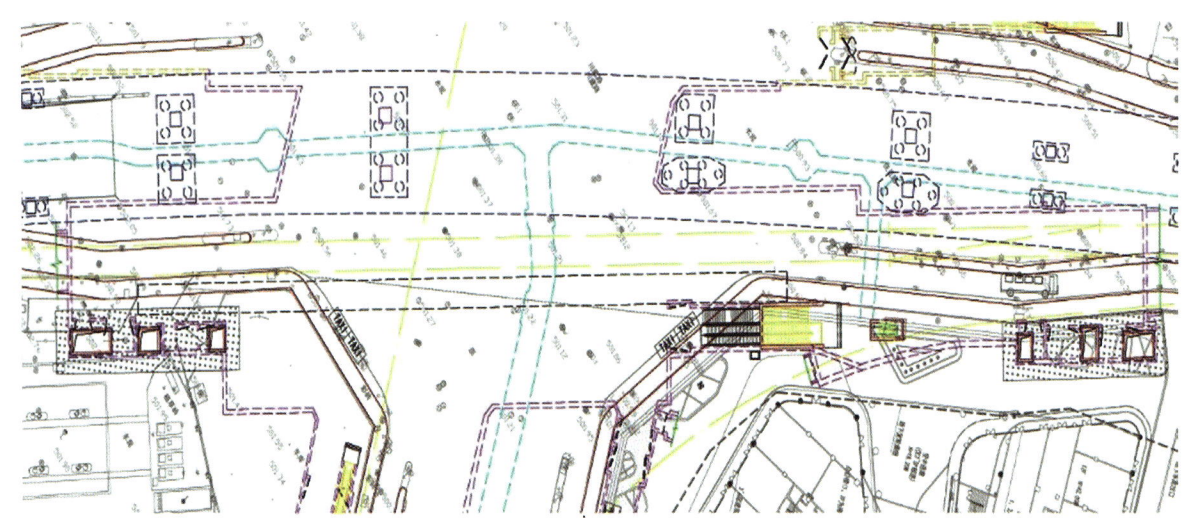

图3-113　车站与墩柱关系平面图

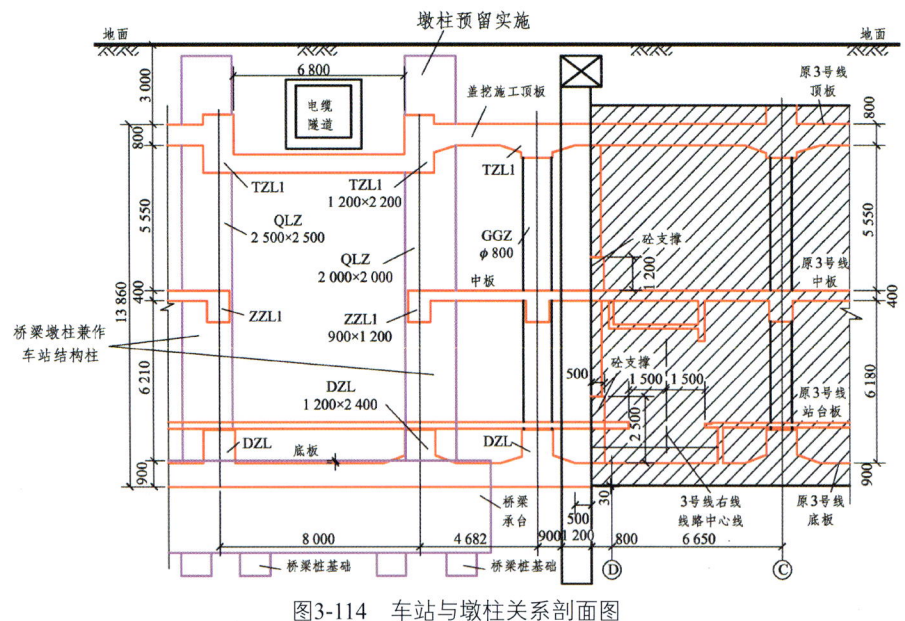

图3-114　车站与墩柱关系剖面图

由于67 m处为大跨主桥墩，墩柱的尺寸为2.5 m×2.5 m，桥墩荷载也较大。该墩柱与车站结构现浇一起共同受力，同时车站结构和桥墩的位置关系比较复杂，桥梁结构与地下结构分别为两套计算体系，为确保受力合理，计算准确，设计通过两套计算理论对上部桥梁结构和地下车站结构合在一起的整体三维模型进行结构计算及分析。

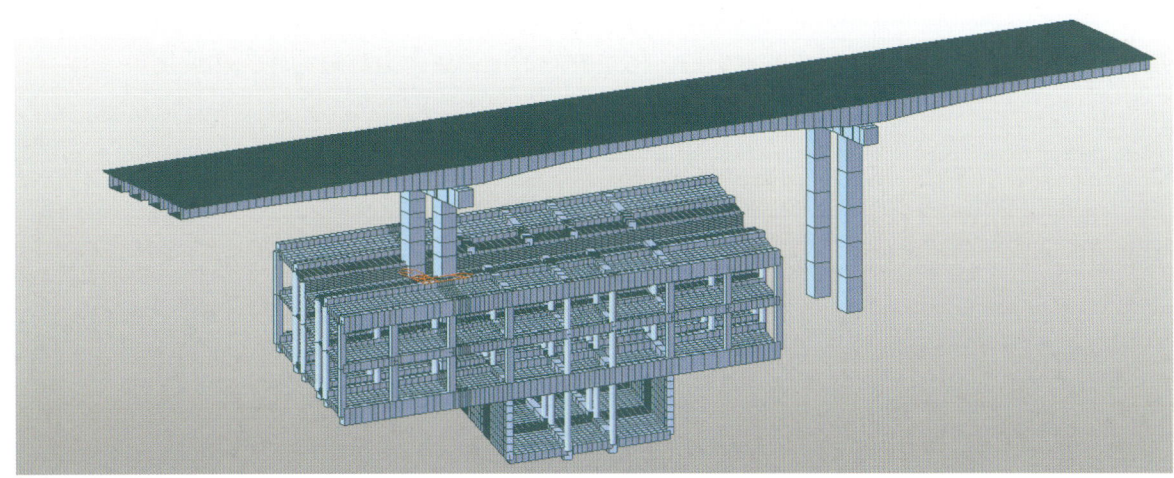

图3-115　桥梁结构与车站结构整体三维模型

经过计算分析得出在标准组合、结构规范组合、桥梁规范组合下的地铁车站结构受力及变形，详见表3-7、表3-8。

表3-7　顶板与梁结合处

	板单元有效应力／MPa	顺桥向位移／mm	横桥向位移／mm	竖向位移／mm
标准组合	35.4	1.31	−0.35	−0.13
结构规范组合	53.9	1.95	−0.50	−0.11
桥梁规范组合	46.1	1.73	−0.47	−0.24

表3-8　底板与梁结合处

	板单元有效应力／MPa	顺桥向位移／mm	横桥向位移／mm	竖向位移／mm
标准组合	28.0	0.07	−0.03	0.06
结构规范组合	41.8	0.11	−0.05	0.10
桥梁规范组合	36.9	0.09	−0.04	0.08

通过对结构规范及桥梁规范的计算结果进行对比，选择内力包罗图进行结构设计及配筋，做到车站及桥梁结构设计合理、安全。

（6）国内首次三线共用35 kV电缆通道的创新设计。

① 电缆通道设置原则。

红牌楼南主变电所负责对地铁3、7、10号线共3条线路供电，需要敷设的电缆较多，主变电所距离太平园站800 m左右，电缆通道的设置方案的不合理将会对城市道路规划及城市环境造成较大影响。经过和规划部门的反复研究和沟通，最终确定电缆通道的设置原则。

a．为提高地铁运营的安全性、可靠性和方便后期的维护检修，减少对地下市政管线布置的影响，地铁电缆通道尽量采用能够起到综合管廊作用的电力隧道，埋深比普通管线略深，并根据现状及规划预留地下管线的需求和地下建、构筑物的情况调整电力隧道的埋深和坡度。

b. 为减少对地下空间的占用，在条件具备的地段尽量利用地铁车站或区间隧道敷设电缆，不再单独修建电力隧道。

c. 电力隧道的平面布置及风亭的布置要充分考虑对地下管线及规划道路的影响，并站在长远的角度预留道路拓宽的条件。

d. 风亭的数量应尽量少，减少对地面景观及规划的影响。

② 电缆通道敷设路径。

根据3条线路的建设工期安排，地铁3号线计划于2016年4月开通，地铁10号线计划于2017年10月开通，7号线计划于2017年12月开通。根据太平园站现场的施工条件及各线工筹安排，先施工3号线部分车站结构，后施工7号线车站部分，最后施工10号线车站及明挖区间部分。

结合电缆通道的布置原则、主变电所到太平园站的周边环境、3条线太平园站及区间的布置和各条线路的建设及开通工期来综合研究确定3条线路的电缆敷设路径如图3-116所示。

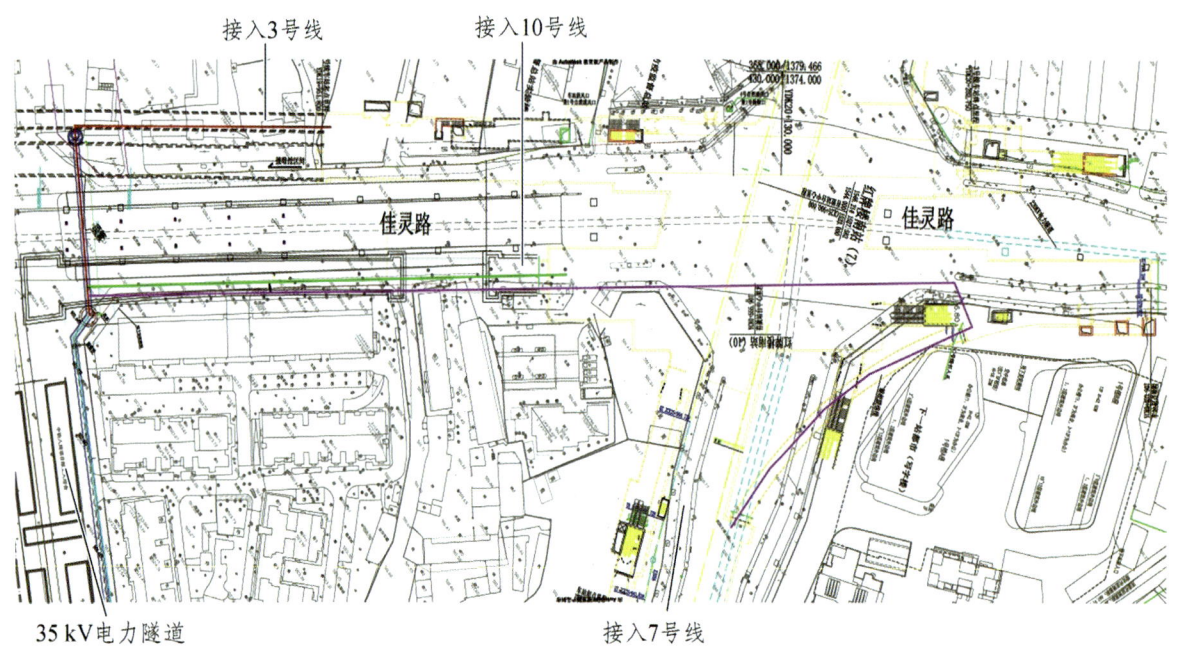

图3-116 主电力隧道走向平面图

a. 3号线是最先开通的线路，且和7、10号线工期相差较多，故电缆通道的布置首先要考虑3号线的接入。根据主变电所和3号线太平园站之间的周边环境，将电力通道设置在沿铁路西环线路基外侧的空地范围，至核桃堰路后沿路侧敷设，至佳灵路后加深埋深通过顶管下穿既有市政通道及地下管线，然后通过垂直竖井接入已修建完成的地铁3号线区间，电缆进入3号线区间后通过区间隧道敷设，直至进入车站的变电所设备房。

b. 10号线比3号线工期稍晚，但上述确定的电力隧道上跨10号线明挖区间，故在10号线的电缆同样在上述电力隧道敷设至10号线明区间上方后，再在既有电力隧道侧边开口接入10号线明挖区间，然后沿10号线明挖区间接入10号线车站，并通过10号线站台板下空间接入10号线变电所设备房。

c．7号线开通最晚，且7、10号线之间的联络线和10号线土建同步完成，故7号线的电缆和10号线的敷设方式完全相同，通过电力隧道、10号线明挖区间及10号线车站站台板下空间敷设至10号线车站的7、10号线联络线洞口，然后再通过联络线接入7号线，最终接入7号线变电所设备房。

③ 电缆通道方案技术创新。

太平园站涉及3条线路的35 kV电缆通道的布置方式，充分遵循了地铁电缆通道的布置原则，最大程度地节约了工程投资和减少对城市规划及道路地下空间的影响，充分考虑了地铁电缆运营期间维护和检修的方便，同时电力隧道的方案有以下难点及创新。

a．35 kV供电电缆通过地铁正线区间接入。

为了减少对地下空间的占用，电力隧道路径选择最短且对规划影响最小的路径，同时到达地铁3号线已完工的左、右线正线区间隧道后，在两线隧道之间新增竖井并设置横通道分别接入左、右线区间隧道。该电缆通道的接入方式为成都地铁首次采用，前提是结合正线隧道内的管线综合布置充分考虑35 kV电缆在正线隧道内的敷设方案，以免影响正线隧道的限界。由于正线隧道已经实施，为了确保既有隧道的安全，在隧道上方一定范围内采取了注浆加固措施和在隧道内部采取了一定的临时支撑加固措施。隧道上后作的竖井如图3-117所示。

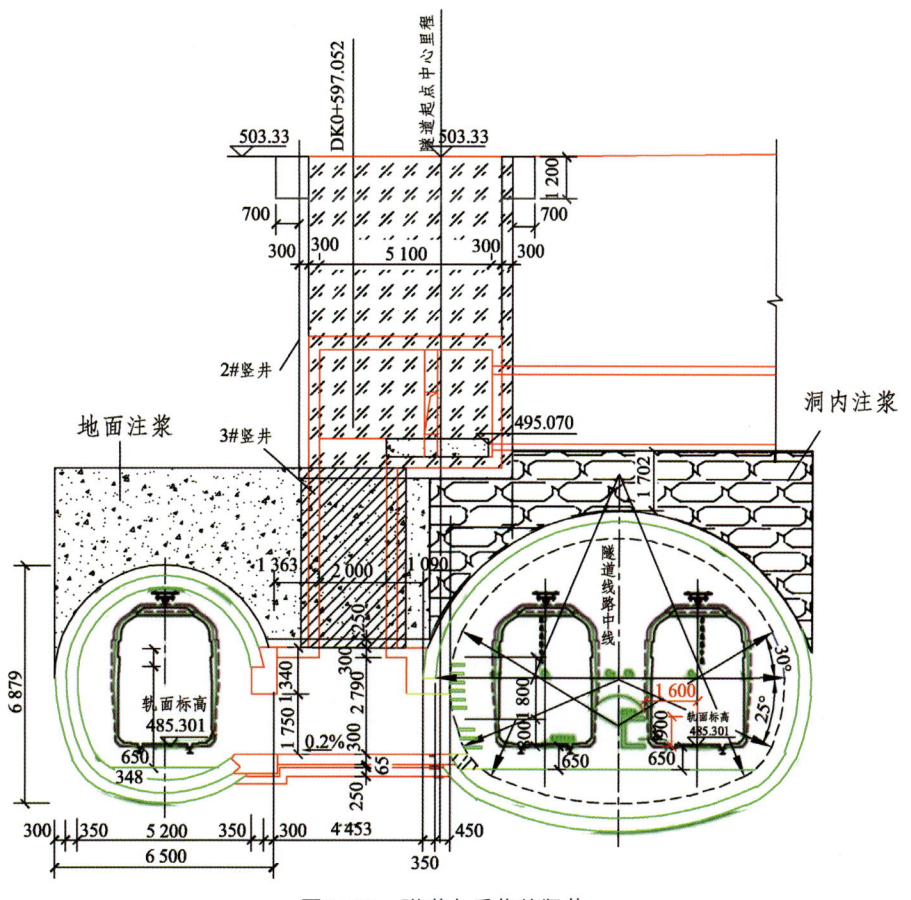

图3-117 隧道上后作的竖井

b．顶管法施工佳灵路段电力隧道。

电力隧道通过佳灵路段，由于道路范围有老川藏立交、市政下穿道、200 kV电力隧道，以及各种直径和埋深的雨、污水管以及3号线既有区间隧道，实施条件困难，经综合比选后采用顶管法施工该段隧道，且将顶管接收井和左、右线之间的竖井结合布置。顶管段的纵剖面如图3-118所示。

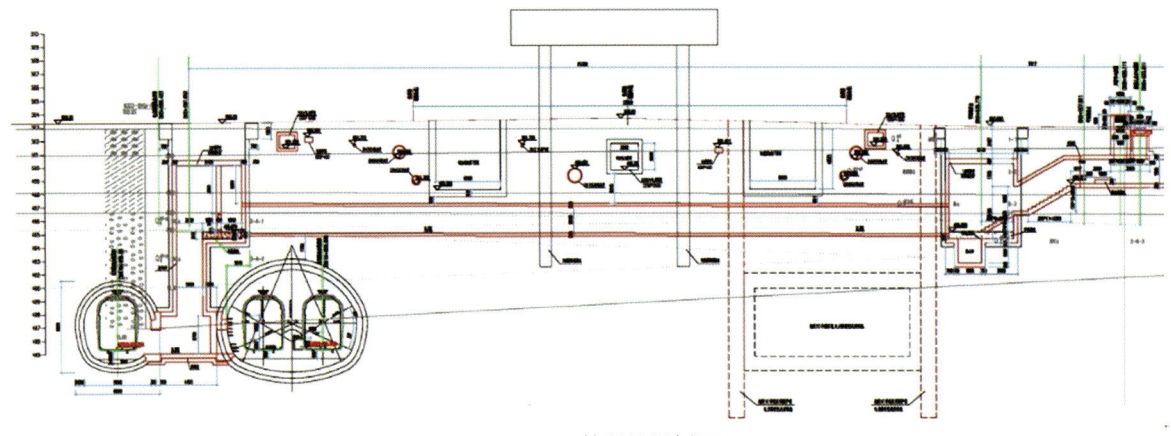

图3-118　顶管段的纵剖面

c．在风亭顶部采用小型卧式安装的轴流风机的隧道通风模式及风井的布置大大减小了对市政道路及规划的影响，节省了工程投资。

以往的地铁电力隧道采用自然通风或类似地铁模式的机械通风，但采用自然通风模式时风亭需要按每60 m左右的间距设置一个，对市政道路及规划的影响非常大，采用地铁模式的机械通风时，需要设置单独的风机房，工程规模大且设置条件困难。该电力隧道的设置充分考虑了上述问题，借鉴了市政电力隧道的机械通风模式，也就是在风亭顶部采用小型卧式安装的轴流风机，这样风亭的间距就可以达到200 m，且其中1/2的风亭设置有风机排风，剩余1/2作为进风亭自然进风即可。该电力隧道共设置了4个风亭，2台风机，大大减小了对市政道路及规划的影响，节省了工程投资。风机采用实测隧道温度进行控制，隧道温度大于40℃时开启风机通风，低于35℃时关闭风机，大大改善了夏季隧道内供电电缆的运行环境；为方便现场检修，风机附近设置就地控制箱，可就地检查设备状态和方便进入隧道内部巡视前开启风机以改善隧道内空气环境。风亭剖面图如图3-119所示。

太平园站35 kV电力隧道工程采用了明挖、顶管、暗挖三种工法相结合的方式，小净距穿越既有市政隧道、地铁隧道和高架桥并接入地铁3号线正线隧道。距既有市政隧道最小净距0.5 m，距既有地铁正线隧道最小净距1.7 m，距既有市政高架桥墩净距3.5 m，同时还下穿了10 kV、220 kV电力隧道、直径1 m给水管、直径0.9 m雨水管、直径0.6 m污水管等市政管线。复杂的周边环境下的复合工法电力隧道设计，解决了地铁电力隧道环境复杂、选线困难的难题。三线共用同一电力隧道，为国家节省投资的同时优化了地下空间，为国内复杂环境条件下电力隧道穿越既有建构筑物设计提供借鉴和参考。

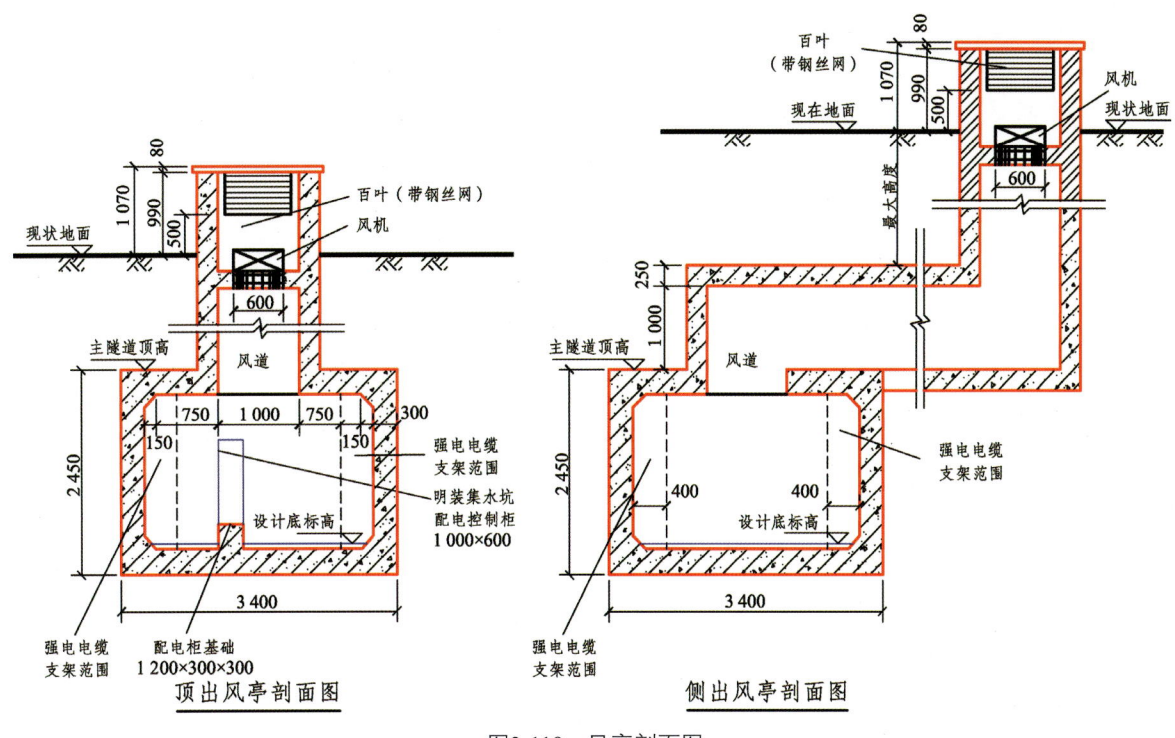

图3-119 风亭剖面图

3.4.3.1.5 与市政工程结合的车站设计方案

7号线位于成都市中心建成区,线路主要沿二环路和中环路下方敷设,基本位于城市主干道上。如何正确处理道路交通系统与轨道交通系统之间的联系与矛盾,促使两者共同发挥更大的社会效益,更好服务市民。成都市政府高度重视轨道交通与其他市政工程的衔接与共建,行政主管部门、社区团体及各建设参建方开展了大量严谨务实的工作,克服诸多困难,最终形成了地铁、市政基础设施同步规划、同步设计、同步实施的良好效果。

1. 二环路、中环路与7号线的关系

成都市二环路及二环路上的高架快速路串联了金牛区、青羊区、武侯区、成都高新区、锦江区、成华区,全长28.3 km;中环路位于二环路与三环路之间,原称2.5环,为城市主干道;7号线线路全长38.61 km,全为地下线,设地下车站31座,其中换乘站22座。

7号线与二环路及中环路关系如图3-120所示。

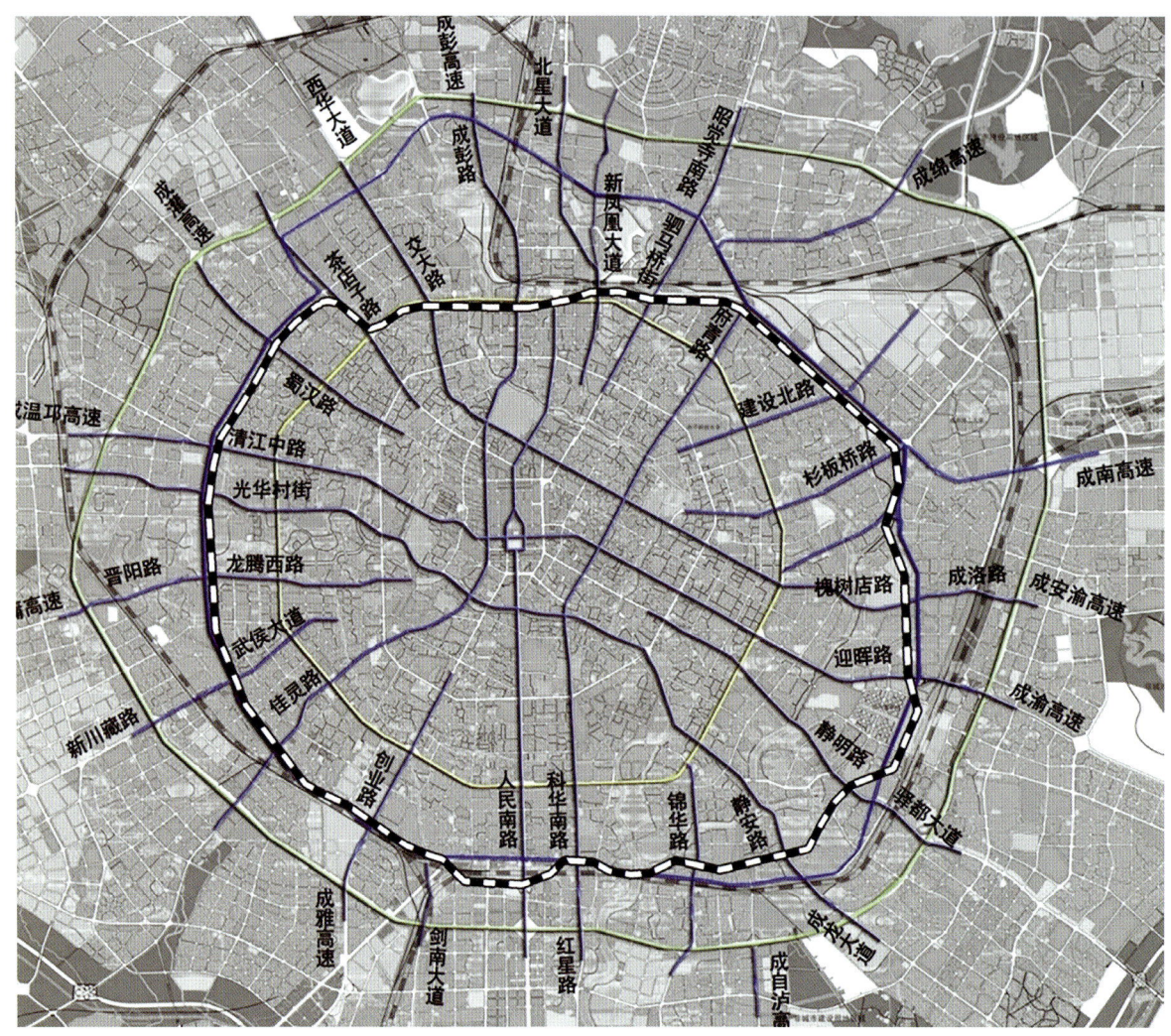

图3-120　7号线工程线路示意图

2. 二环路与7号线结合

7号线在二环路设置了三个车站（西南交大站、九里堤站、北站西二路站），车站结构与高架桥采用了分离的方案，区间或车站配线段，桥墩采用地下设梁方案横跨地铁结构，支撑在地铁结构轮廓范围以外。

7号线在二环路范围的区间隧道与市政桥梁工程的设计、施工边界条件如下：

① 节点处的市政桥梁桩基先于地铁隧道施工。

② 市政桥梁桩基与地铁隧道净距不小于1 m，同时桥梁桩基设计时不考虑隧道洞身范围内的地层摩阻力，地铁隧道与市政高架桥结构形式之一如图3-122所示。

③ 若市政桥梁工程不满足以上边界条件，则节点处的市政桥梁桩基与隧道净距不小于4 m，对节点桥梁设计及施工过程对7号线隧道的影响进行专项研究。

车站相邻的部分桥桩与地铁围护桩需考虑共用，桥桩先施工时，相邻的地铁围护桩也应同时施工，避免桥施工完成后无地铁围护桩施工空间。远期预留通道在桥下部分也先期施工主体结构，避免后期施工对桥的影响。地铁隧道与市政高架桥结构形式之二如图3-123所示。

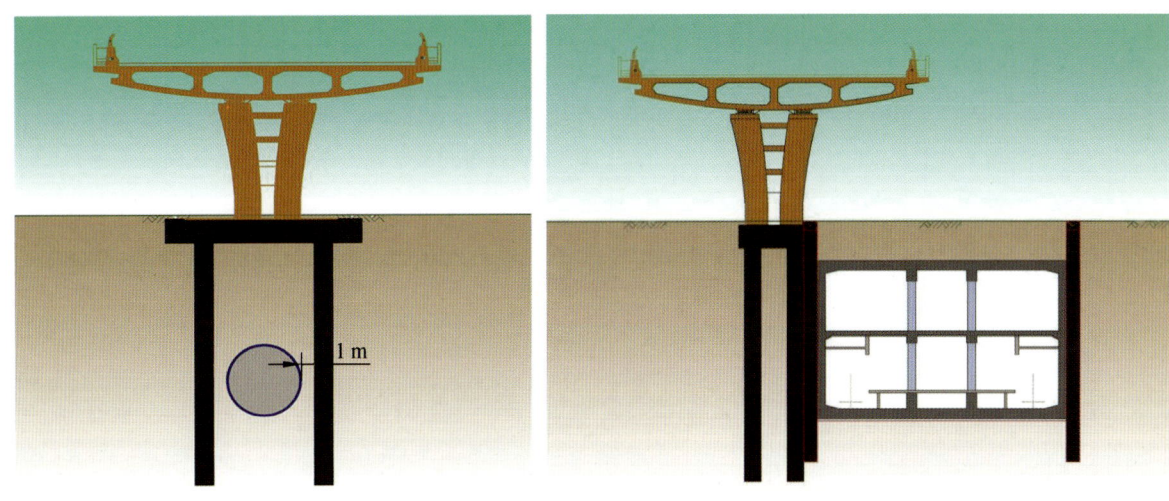

图3-121 地铁隧道与市政高架桥结构形式之一　　图3-122 地铁隧道与市政高架桥结构形式之二

3. 中环路与7号线结合

1）节点工程概况

通过研究，7号线11个节点有市政建设需求，地铁车站、区间与市政设施根据两者空间关系、建设时序、后期建设的风险及代价进行研究，确定了三种结合方式：同步建设、先期实施后期工程的预留措施与条件、留出远期市政设施廊道。具体研究成果如表3-9所示。

其中同步实施的包含二仙桥、成都理工、万年场、武侯双楠、清水河大桥、一品天下、红牌楼南、茶店子、清江东路9个站点市政配套工程，其中，红牌楼南站点仅实施桥梁下部结构，其他8个站点共有9座跨线桥及3座下穿隧道，跨线桥总长7 083 m，双向4～6车道，下穿隧道总长约3 000 m，双向6车道。

表3-9　7号线车站与市政桥及下穿隧道关系表

序号	车站名称	高架桥	下穿隧道	相互关系与建设时序	备注
1	茶店子站（茶店子节点）		节点同步实施	车站主体与下穿隧道"十字"相交，车站上方隧道重叠范围先期与地铁合建	隧道在地铁完成后施工接出
2	一品天下站（羊西线节点）	桥站合一		桥墩在车站顶板上方叠建，先站后桥	同期实施
3	文化宫站（成温路节点）		合建同步实施	隧道在车站上方平行设置，与车站共板同步实施	车站与下穿隧道同步实施
4	东坡路站（光华村街节点）	规划桥站侧分建		车站设路侧，后期有实施高架桥的条件	留出高架后期实施廊道
5	龙爪堰站（草金路节点）	站侧分建		7号线车站与高架桥平行分离，部分桥桩与车站围护桩共用。车站附属结构尽量加大与桥桩的间距，施工工序为先站后桥	预留高架后期实施条件

续 表

序号	车站名称	高架桥	下穿隧道	相互关系与建设时序	备注
6	武侯大道站（武侯大道节点）	站侧分建		车站沿中环道路西侧设置，高架桥后期站侧实施对车站影响较小	预留高架后期实施条件
7	太平园站（老川藏路节点）	规划桥墩与车站合建		站内设规划市政桥墩，与车站合建	预留规划桥后期实施条件
8	神仙树站（神仙树节点）	规划桥站侧分建		7号线车站与高架桥斜交，站位不跨肖家河及紫瑞大道设于神仙树公园下方，为紫瑞大道上方规划高架桥桥墩留出空间	留出远期市政设施廊道
9	槐树店站（成洛路节点）	站侧分建		车站主体与高架桥分离，桥桩兼车站围护结构桩，先站后桥，同期实施	同期实施
10	二仙桥站（建设北路节点）	桥站合一		车站与上跨立交叠建，同期实施	同期实施
11	理工大学站	桥站合一		车站与上跨立交叠建，同期实施	同期实施

7号线与市政高架桥本次同时施工的车站有以下6个：二仙桥站、理工大学站、槐树店站、武侯大道站、龙爪堰站、一品天下站。其中槐树店站、武侯大道站、龙爪堰站桥桩兼作车站围护结构桩；二仙桥站、理工大学站、一品天下站桥墩设在主体结构顶板上；与市政下穿合建的车站有茶店子站，市政下穿在顶板上横跨；太平园站高架桥沿10号线方向横跨7号线车站（预留桥墩与车站共建），与10号线区间合建。

2）节点工程设计

（1）二仙桥站。

二仙桥路、建设北路设置双向跨线桥，预留进、出城左转匝道；二仙桥跨线桥桥梁全长501.236 m，为双向4车道，桥梁宽17 m，与地铁车站叠建；桥墩设在主体结构顶板上，先施工下部车站、再施工上部市政桥，轨排井与盾构孔等位置避免与桥梁通车使用冲突。市政配套立交工程总平面图如图3-123所示，二仙桥路跨线桥标准断面图如图3-124所示。

图3-123 市政配套立交工程总平面图

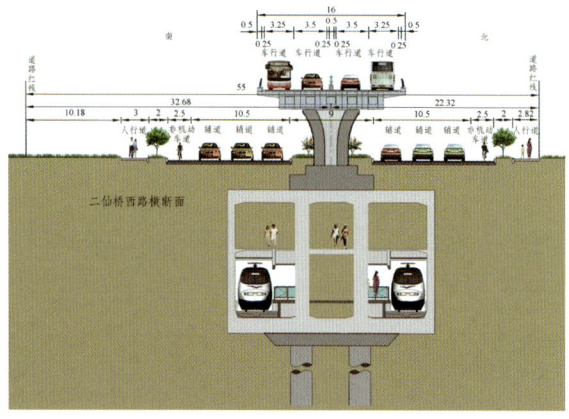

图3-124 二仙桥路跨线桥标准断面图

（2）理工大学站。

崔家店路—二仙桥东路（中环路）设跨线桥；成南高速—杉板桥路（射线）设下穿隧道；桥梁与地铁车站平面分离。本站点为地铁7、8号线换乘站；跨线桥为双向4车道，长约1 200 m，下穿隧道为双向6车道，长约1 080 m。

工程总平面图及立交断面如图3-125和3-126所示。

图3-125　市政配套立交工程总平面图

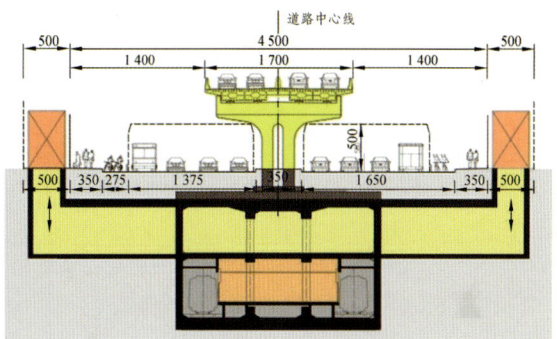

图3-126　与市政高架桥结构形式

（3）槐树店站。

成洛路与双店路均设跨线桥；成洛路跨线桥为下层桥，桥长697.224 m，双向6车道，桥梁宽23.5 m，双店路跨线桥为上层桥，桥长985 m，双向4车道，桥梁宽17 m，桥梁除双店路跨线桥有1个主墩伸入7号线车站范围内，其余桥墩均与地铁4、7号线车站分离。高架桥桩作为车站围护结构桩时，车站围护桩施工期间宜同时实施共用的高架桥桩，避免出现后期施工桥桩需破除车站围护桩的情况，对车站防水层及抗浮等产生不利影响。工程总平面图及立交断面图如图3-127～3-129所示。

图3-127　市政配套立交工程总平面图

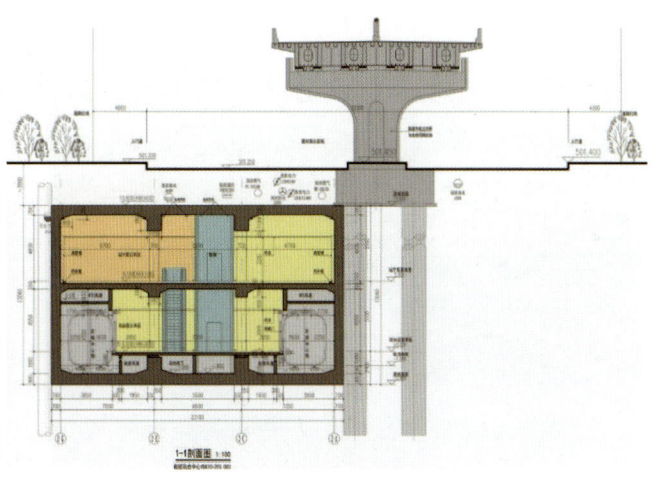

图3-128　与市政高架桥结构形式

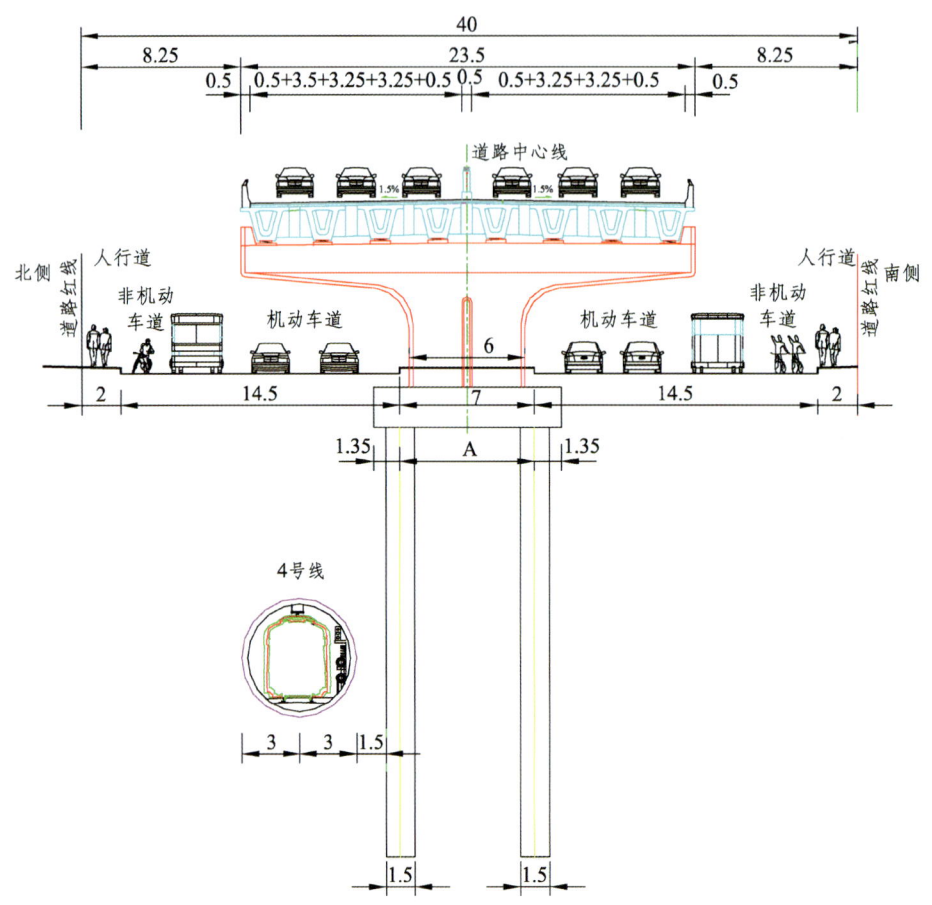

图3-129 成洛路跨线桥标准断面图

（4）武侯大道站。

武阳大道跨线桥为上层桥，长938 m，双向4车道；武侯大道跨线桥为下层桥，长530 m，双向6车道。

工程总平面图及立交断面如图3-130～3-133所示。

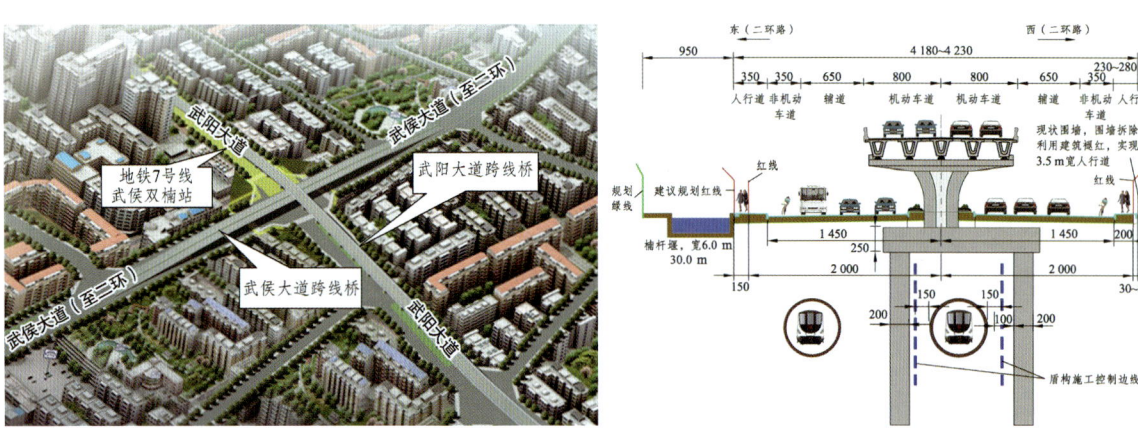

图3-130 市政配套立交工程总平面　　图3-131 武阳大道跨线桥标准断面图

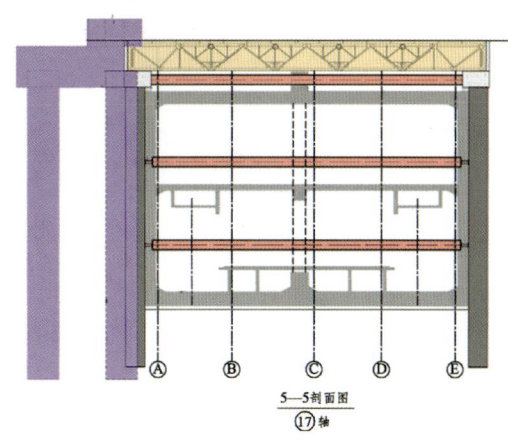

图3-132　武侯大道跨线桥标准断面图

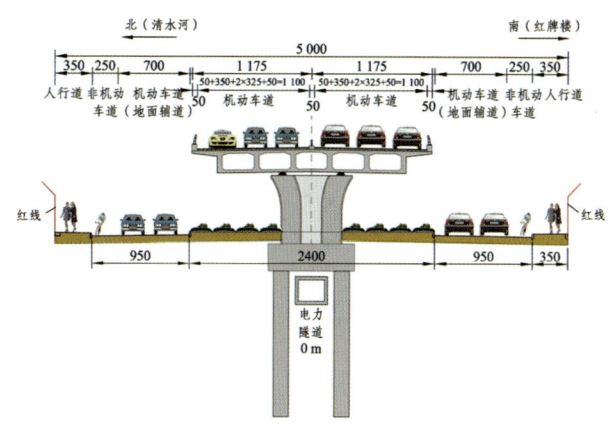

图3-133　与市政高架桥结构形式

（5）龙爪堰站。

武阳大道、龙腾西路设置双向跨线桥及两个左转匝道。武阳大道方向跨线桥长约780 m，龙腾西路方向跨线桥长约700 m，主线桥面宽17 m，均为双向4车道，匝道宽7.5 m。

清工程总平面图及立交断面图如图3-134～3-137所示。

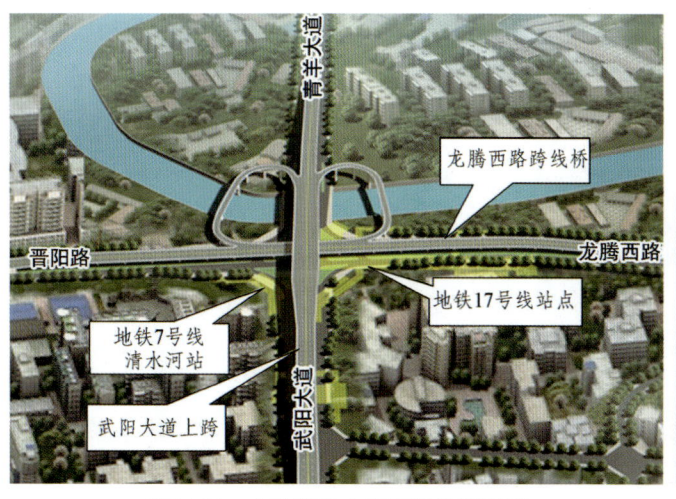

图3-134　市政配套立交工程总平面图

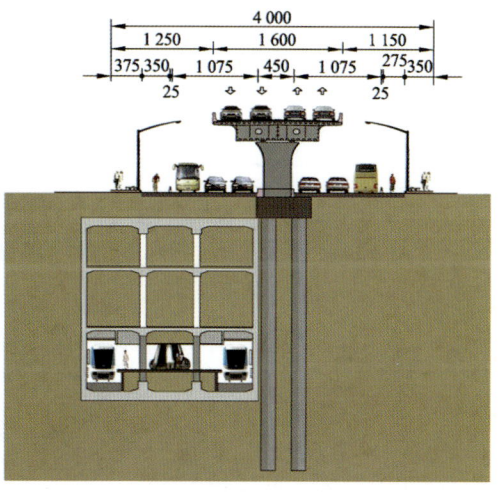

图3-135　龙腾西路跨线桥主桥标准断面图

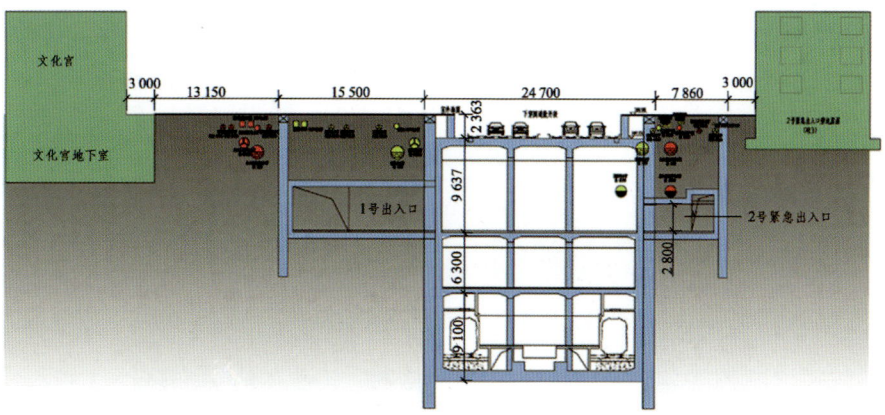

图3-136　龙爪堰站与市政下穿结构形式

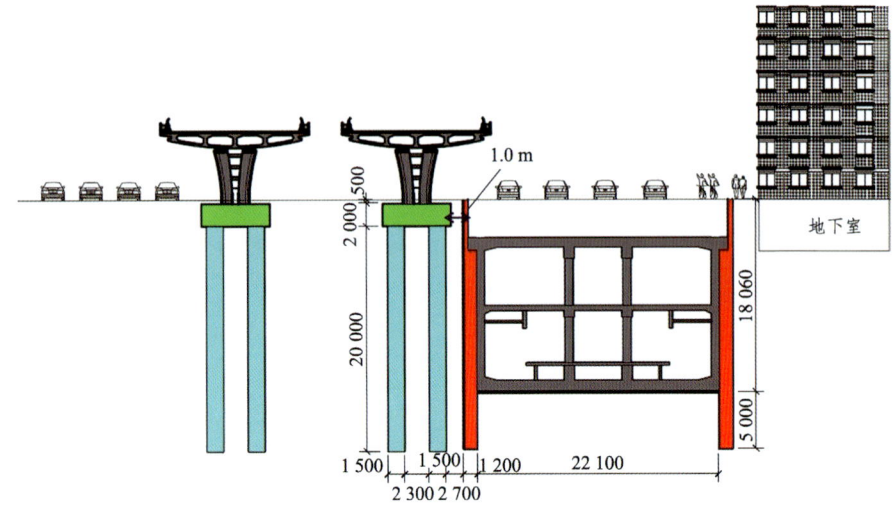

图3-137 龙爪堰站与市政高架桥结构形式

（6）一品天下站。

一品天下大街设置跨线桥；与地铁车站叠建。跨线桥长约751.411 m，为双向4车道，桥宽16 m。桥墩设在主体结构顶板上，先施工下部车站、再施工上部市政桥，轨排井与盾构孔等位置的设立要避免与桥梁通车使用冲突。

工程总平面图及立交断面图如图3-138~3-140所示。

图3-138 市政配套立交工程总平面图

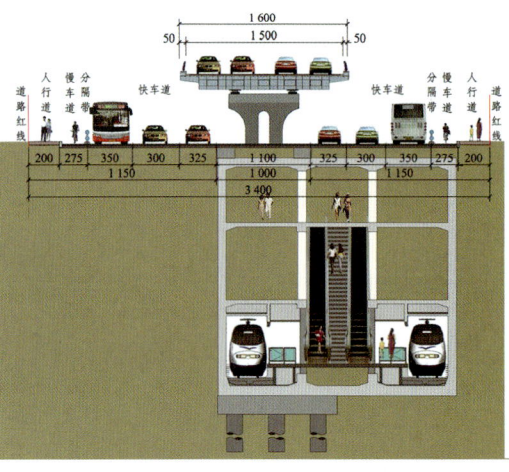

图3-139 一品天下大街跨线桥标准断面图

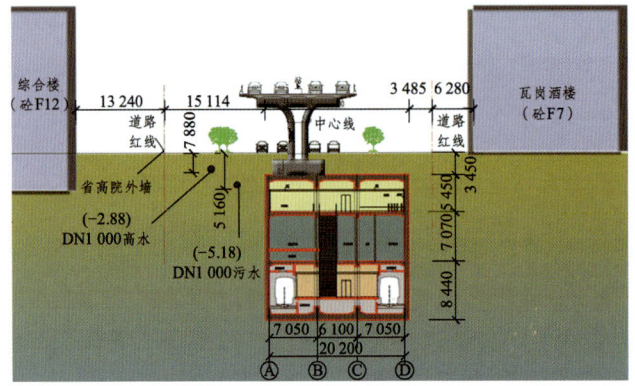

图3-140 一品天下站与市政高架桥结构形式

（7）茶店子站。

本项目起于二环路现状营门口立交，止于三环路规划金牛立交，沿老成灌路布置。下穿隧道全长1 155 m，宽27.1 m，双向六车道布置，按照城市快速路标准设计，设计速度为60 km/h。穿越中环节点时与7号线茶店子站相交，采用与车站叠建的方式通过。车站与下穿隧道合建，车站与下穿隧道同步设计、实施。

工程总平面图及立交断面图如图3-141～3-143所示。

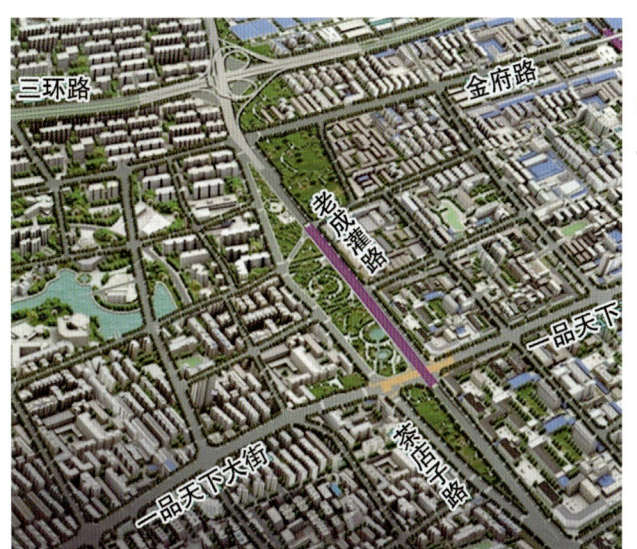

图3-141　茶店子下穿隧道鸟瞰图

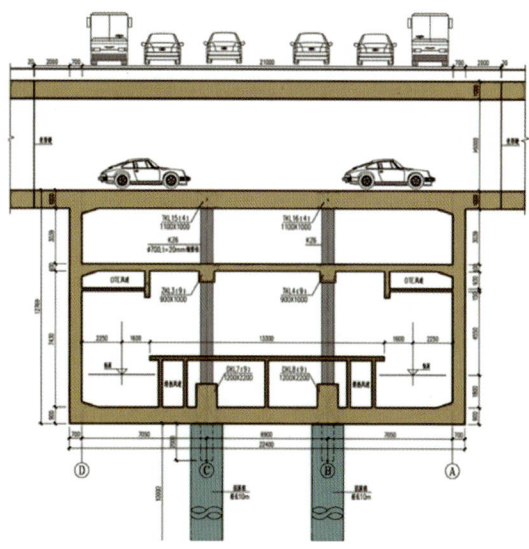

图3-142　茶店子站与市政下穿结构形式

图3-143　茶店子下穿隧道与地铁叠建图

（8）太平园站。

跨线桥起于中环路内侧佳灵路（40 m宽红线），沿佳灵路方向跨越中环路、现状铁路、三环路，在三环外落地。其中三环路处为全互通立交。桥梁设计为双向六车道，全长1 960 m，其中桥梁段长度为1 660 m，其余为挡墙段和道路顺接段。桥梁与地铁3、7、10号线车站及区间均有冲突之处，经与地铁相关部门协调，桥梁与地铁车站及区间主要采取桥梁避让的方式处理，部分区间无法避让的采取叠建方式。

工程总平面图及立交断面图如图3-144～3-147所示。

图3-144　市政配套立交工程鸟瞰图

图3-145　主跨中墩与地铁车站叠建图

图3-146　桥梁段与地铁区间叠建图

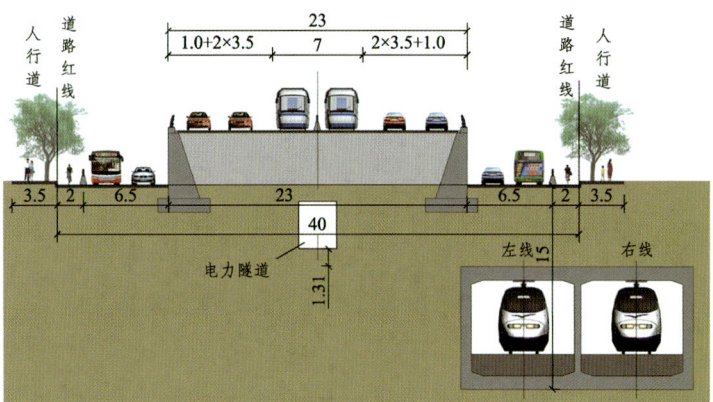

图3-147　挡墙段与地铁区间关系图

在设计中，7号线尝试了各种高架桥与市政道路桥、隧结构相结合的设计、建设、投资分劈和管理模式，除了结构部分共同分配空间、受力等资源外，还在中低压供电、雨污水抽排、环空通风等机电设施上实现共享资源，节省占地空间和建设成本，尤其是在建设干扰方面，做到最大程度减轻对市民生活、出行的干扰，使远期市政工程的实施条件、工程风险方案最优，值得在今后的工程建设中借鉴。

3.4.3.1.6　车站设计创新点归纳

在7号线设计过程中，因车站全部位于城市建成区域内，数量多、且换乘站占比大，车站所处的工程环境和使用要求繁多，在设计过程中，针对不同的状况采用了许多设计方面创新的手段。具体可以归纳为以下几方面的内容。

1. 首次采用暗挖法扩挖实现车站功能

火车北站临近万通商场，东端南侧围护桩侵入万通商场内，结构紧贴万通商场外墙。由于万通商场短时间内无法实现拆迁，采用站厅局部压缩、轨行区横向扩挖的方案实现功能。

火车北站站台扩挖剖面图如图3-148所示。

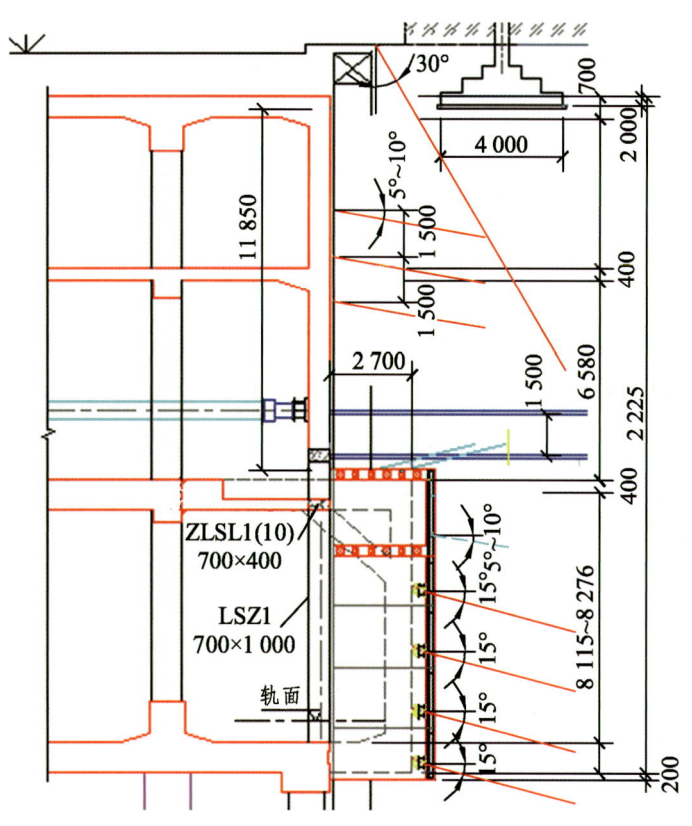

图3-148 火车北站站台扩挖剖面图

明挖段土方开挖期间，对万通商场下方地层进行注浆加固，并在负三层暗挖段上方布置 Φ 108双排管棚，间距为1.5 m。主体结构在万通商场暗挖范围内，将靠近暗挖两跨结构负二层中板加厚至1 m，以便在暗挖时形成悬挑结构，支撑上方土压力。车站侧墙对应的地下三层设置临时柱，立柱间距为9.1 m，与结构柱间距一致，采用C35混凝土，结构断面为0.7 m×1.0 m，在柱上设置纵梁，纵梁尺寸为0.4 m×0.7 m，形成整体，临时立柱及梁承担上方侧墙及暗挖段施工期间的土压力。

监测数据显示，局部扩挖段在暗挖施工期间，建筑物最大沉降值为－3.6 mm，地表沉降最大值为－4.3 mm，安全可控。

2. 与其他市政工程同步规划、同步设计、同步建成，统筹实施的探索

成都轨道交通建设过程中，高度重视轨道交通与其他市政工程的衔接与共建，在满足功能需求的前提下，尽量做到同步规划、同步设计、同步（或分期）实施，采用在项目立项和资金来源各自分列的管理创新模式，为市政工程的建设节约了大量的资金和重复建设的环节，减少对市民的干扰，因此受到了市民的广泛赞誉。以7号线建设为例：在规划的7号线线站位上，还规划有大量市政高架桥梁或下穿工程。在方案研究阶段，由市规划局、市建委统一协调，不同的建设业主、设计单位、施工单位集中讨论，从设计上优化方案布局，结构上合理占用空间，施工方案上分工协作，最终，在7号线二仙桥站、理工大学站、槐树店站、武侯大道站、龙爪堰站、一品天下站等六座车站上方，建设了六座市政高架桥。其中：槐树店站、武侯大道站、龙爪堰站上方的高架桥桩兼作地铁车站围护结构桩;二仙桥站、理工大学站、一品天下站的高架桥墩设在地铁车站主体结构顶板上。在7号线茶店子车站上方还与市政合建了一座下穿隧道。在地铁建设完工后,崭新的市政工程也呈现在市民眼前。

市政工程实景图如图3-149所示。

图3-149　市政工程实景图

3. 车站公共区装修以"太阳神鸟"为主题,展示文化底蕴

7号线是成都首条地铁环线,地处成都中心城区中环,途经古蜀文化的发掘地——金沙遗址。于是让"太阳神鸟"来演绎7号线为成都城市带来的文化蕴含是再贴切不过的了。古蜀先民崇日崇鸟,以"太阳神鸟"为图腾,象征春夏秋冬、四季轮回,与7号线的环形产生共鸣;7号线也以春夏秋冬四季不同的代表颜色作为车站装修的主题色,衍生不同表现形式的色彩应用于装修中,让古蜀人的生产、生活与现代文明成都的灵动和绚丽色彩相得益彰。公共区装修主题如图3-150所示。

图3-150　公共区装修主题

4. 三种不同客流特征、不同车辆型式、线网首座三线换乘车站

太平园站为地铁3、7、10三线换乘站,3号线车站为地下二层岛式车站,采用80 km/h的6B编组列车;7号线车站为地下三层岛式车站,采用80 km/h的6A编组列车;10号线车站为地下二层

侧式车站，采用100 km/h的6A编组列车。三线之间突破制约、打破常规，实现3、10号线进城方向同台、立体节点和站厅换乘的多种换乘方式的全方位融合，保证了机场与市区客流之间的无障碍交换，并多次作为换乘站的典范开展交流学习。

5. 首次尝试盖挖工法对220 kV大尺寸矩形电力隧道进行原位保护，最终实现电力隧道与车站空间的完美结合

在太平园车站范围内存在三条既有220 kV电力隧道，呈T形分布。该电力隧道沿佳灵路方向，为2.2 m×2.0 m矩形混凝土框，埋深约3.8～4.0 m，横跨3、10号线车站换乘厅；沿武阳大道方向为两条2.2 m×2.0 m矩形混凝土框，埋深约5～6 m，纵向侵入7号线车站的局部地下一层。

太平园站在盖挖顶板施工期间对电力隧道利用型钢梁进行临时保护，该保护方法在国内也实属罕见。在电力隧道两侧设置混凝土扩大基础作为临时支撑。车站顶板采用分段同步施工，分两次浇筑顶板。板与板之间电力隧道下设置工字钢作为临时支撑，工字钢置于混凝土基础上，工字钢支撑间原土保留。原土与工字钢同时起临时支撑作用。通过反复论证推敲地设计方案，以及在施工现场的不断跟踪配合下，电力隧道保护方案最终得以完美呈现，车站也通过装修包装，让乘客丝毫没察觉到空间落差感，实现了最初方案设想的空间结合。

3.4.3.1.7 车站实际效果反馈

通过以上描述，7号线在各车站针对不同的设计重难点，采取有效的解决方案，全方位围绕满足环线地铁乘客换乘量大、乘距短且连接成都市火车北站、火车东站、火车南站三个对外铁路枢纽以及太平园站10号线对外换乘枢纽及线网内多线换乘的要求，最大程度地保障了车站换乘的便捷性。

火车北站在运营铁路站前广场下方，在交通疏解、商场拆迁面临巨大困难的情况下，首次尝试采用暗挖法扩挖实现车站功能，并取得成功，确保重要枢纽站换乘功能最优；火车南站在城市密集区、大型互通立交下方，施工条件极度恶劣的情况下，在7号线建设时，实施对运营地铁1号线接入站厅的改扩建，既要保证1号线的正常运营安全，也要保证地面及周边交通不受影响，最终实现满足车站换乘功能的改扩建工程；在太平园与地铁3、10号线统筹策划，在克服换乘客流大、三线地铁技术标准不统一、换乘客流组织困难、车站周边交通负担大且遇到城市大型电缆隧道的改移、保护等诸多困难的条件下，建成成都线网首个三线换乘车站。其次，7号线设计建设时还同时为市政道路规划预留的高架桥或下穿隧道共处理节点工程11处，其中与7号线同时施工高架或下穿隧道工程有8座车站，分别是：二仙桥站、理工大学站、槐树店站、武侯大道站、龙爪堰站、一品天下站、茶店子站、太平园站。其中，槐树店站、武侯大道站、龙爪堰站桥桩兼作车站围护结构桩；二仙桥站、理工大学站、一品天下站桥墩设在主体结构顶板上；与市政下穿合建的车站有茶店子站，市政下穿在顶板上横跨；太平园站高架桥沿10号线方向横跨7号线车站（预留桥墩与车站共建），与10号线区间合建；其余未同期实施建设的市政规划立交工程，均做了节点工程预留，在建设7号线的同时，带动了整个中环道路的疏通打造工程，开通7号线的同时，为成都市民带来了一个崭新的中环城市骨干道。另外，7号线其他与地铁线路的换乘，也在克服各种外部复杂条件的基础上，做出不同设计处理方案，追求最佳的换乘便捷条件。

7号线于2017年12月6日正式开通，客流增长迅猛，截至2019年6月，在全线网开通1、2、

3、4、7、10号线一期共计6条地铁线路，总长226 km，156座车站（其中有14座换乘站）的情况下，7号线总客流量仅次于1、2号线排名第三，日均客流量基本稳定在80万人次左右，在2019年9月30日，全网总客流创490.24万人次新高的同时，7号线总客流量也创下了新高，首次突破100万大关，达到100.99万人次。换乘站表现更是突出，火车南站、太平园站工作日日均换乘量分别为14.77万人次、15.79万人次（据2019年3月统计资料），为全部换乘站换乘量排名的第2、3位（如图3-151所示）；文化宫站、一品天下站也表现不俗，工作日日均换乘量分别达到9.40、9.20万人次；火车北站、火车东站日均换乘量达到6.89、6.70万人次。市民对换乘便捷性的反映也非常好，尤其是太平园站，三线换乘，客流流线组织顺畅清晰，不少外地游客对从机场出入成都选择乘坐轨道交通时的满意度非常高，口碑良好。

2019年3月现状换乘站换乘量统计表（人）

换乘站	工作日	双休日	节假日
骡马市	123,759	91,940	87,018
天府广场	159,406	122,214	114,851
中医大省医院	101,418	97,731	104,413
省体育馆	147,302	115,135	111,020
春熙路	104,834	96,320	103,405
市二医院	100,185	99,962	112,015
火车北站	69,819	51,464	47,016
驷马桥	69,541	73,499	85,202
槐树店	54,032	53,810	58,698
成都东客站	67,009	62,339	59,058
火车南站	147,705	103,704	93,157
太平园	157,909	152,186	160,870
文化宫	94,059	86,017	90,026
一品天下	92,013	88,493	94,772
四河	828	955	799
合计	1,489,819	1,295,769	1,322,321

图3-151 2019年3月换乘客流统计表

3.4.3.2 区间结构设计重难点

1. 区间工程概况

7号线区间隧道全为地下线，主要沿成都市中环下方敷设，是居住用地最密集地带，穿越了大量房屋、铁路、市政下穿隧道、桥梁、河渠。区间隧道全长32.784 km（含车辆基地出入段线），其中矿山法隧道1 295.210 m，明挖法隧道1 397.438 m，其余均为盾构隧道。

2. 区间工程地质及水文地质概况

1）地形地貌

成都市位于岷江冲洪积扇的东南边缘，地铁7号环线位于川西平原岷江水系锦江及其支流Ⅰ、Ⅱ、Ⅲ级阶地等三个地貌单元。其中神仙树站（不含）—火车北站站（不含）、琉璃场（含）—科华南路站（含）段为Ⅰ级阶地；科华南路站（不含）—神仙树站（含）、火车北站站（含）—成华大道站（含）段为Ⅱ级阶地；成华大道站（不含）—琉璃场（不含）为Ⅲ级阶地。测区均为侵蚀-堆积地貌，地形开阔、平坦，起伏较小。地面高程490.0~520.9 m，其中Ⅰ级阶地地面高程为490~503.7 m，二级阶地地面高程492.6~509 m，三级阶地地面高程506~520.9m，地势总体呈北高南低。

2）岩土分层及其特征

7号线工程途经岷江水系Ⅰ、Ⅱ、Ⅲ级阶地。经勘察，在本线路钻探揭露深度范围内，场地土主要由第四系全新统人工填土层，第四系全新统冲洪积层，第四系上更新统冲洪积层，第四系中下更新冰水沉积层及白垩系上统灌口组基岩组成。

3）地质构造

成都平原处于新华夏系第三沉降带之川西褶带的西南缘，位于龙门山隆褶带山前江油—灌县区域性断裂和龙泉山褶皱带之间，为一断陷盆地，成都市区位于断陷盆地东缘。该断陷盆地内，西部的大邑—彭县—什邡和东部的蒲江—新津—成都—广汉两条隐伏断裂将断陷盆地分为西部边缘构造带、中央凹陷和东部边缘构造带三部分。

历史地震资料显示，市区一带至今尚无强震记录，仅受周边50~100 km以外的远震影响，其影响烈度不过6度左右。1933年迭溪7.5级极震，1958年北川6.2级强震，1967年双流籍田5.5级中强震，1976年松（潘）平（武）7.2级极震，1971年新都3.4级弱震以及2008年汶川8.0级极震，均未对市区造成破坏性影响。两千多年来，成都城址从未变迁，地壳稳定性良好。

总之，7号线工程位于成都平原区，为一稳定地块，区内断裂构造和地震活动较微弱，历史上从未发生过强烈地震。场地内及其附近无影响工程稳定性的不良地质作用，场地处于非地质构造断裂带，为稳定场地，适宜建筑。

4）不良地质及特殊岩土

本线路范围存在的不良地质为砂土液化，特殊岩土为人工填筑土、膨胀土、膨胀岩、风化岩。

5）水文地质

（1）地表水。

在7号线工程沿线范围内，分别有沙河、锦江、肖家河、清水河、摸底河、府河等地表河流及一些人工排水沟渠通过。沙河横向穿过火车北站站—驷马桥站区间，锦江横向穿过琉璃场站—科华南路站区间，肖家河横向穿过神仙树站，清水河横向穿过清水河大桥站—光华村站区间，摸底河横向穿过金沙博物馆站——品天下站区间，府河横向穿过九里堤路口站—城北客运中心站区间。地表河流均属川西平原岷江水系，具备丰富的地表径流，是本地区地下水与地表水之间相互转换的主要途径和渠道。

（2）地下水。

根据成都区域水文地质资料、场地土层及地下水的赋存条件，地下水主要三种类型：一是赋存于填土里的上层滞水，二是赋存于卵石层的孔隙潜水，三是基岩裂隙水。

白垩系上统灌口组泥岩为含石膏、钙芒硝地层，其地下水具有硫酸盐侵蚀性。依据7号线初步勘察阶段岩土工程勘察报告中专家评审的意见，由于泥岩中基岩裂隙水水量贫乏、流动性差，若工程考虑封闭的措施，可不考虑其腐蚀性。

6）工程地质条件评价

成都市位于岷江冲洪积扇的东南边缘，地铁7号环线位于川西平原岷江水系锦江及其支流Ⅰ、Ⅱ、Ⅲ级阶地等3个地貌单元。地势总体呈北高南低。

（1）位于Ⅰ、Ⅱ级阶地的地下区间（火车北站—成华大道及琉璃场—城北客运中心站）。

隧道洞身主要穿越第四系全新统冲积层和上更新统冰水沉积、冲积层粘性土、高强度卵石土夹透镜体砂层以及白垩系灌口组泥岩，深埋段洞身基本位于卵石土地层中。粘性土多为硬塑状，具弱膨胀性；卵石土分选性、均一性差、抗压强度高、自稳性较差、渗透系数大、透水性强、含水量丰富；泥岩为膨胀岩，风化层厚度变化较大、质较硬、遇水易软化。因此，洞身穿越地层较复杂，地层软硬程度差异明显，沿线地下水位埋深约3～5 m，地下水对混凝土及钢筋混凝土结构中的钢筋具微腐蚀性，对钢结构具弱腐蚀性。总体上工程地质条件较差，7号线区间所处阶地分布图如图3-152所示。

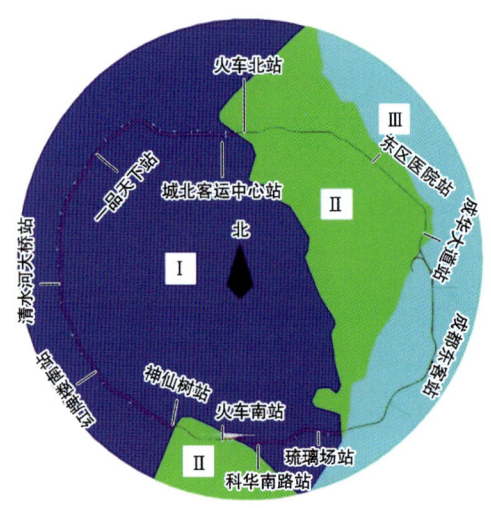

图3-152　7号线区间所处阶地分布图

（2）位于Ⅲ级阶地的地下区间（成华大道—琉璃场）。

隧道洞身主要穿越上更新统冰水沉积、冲积层粘性土、高强度卵石土夹透镜体砂层以及白垩系灌口组泥岩，深埋段洞身基本位于中等风化泥岩地层中。粘性土多为硬塑状，具弱膨胀性；卵石土分选性、均一性差，抗压强度高，自稳性较差，渗透系数大，透水性强，含水量丰富；泥岩为膨胀岩，风化层厚度变化较大，岩质较软，遇水易软化。因此，洞身穿越地层较复杂，地层软硬程度差异明显，沿线地下水位埋深约3.5～5 m，地下水对混凝土及钢筋混凝土结构中的钢筋具微腐蚀性，对钢结构具弱腐蚀性。总体上工程地质条件较差。

3. 区间设计特点及经验总结

1）青龙场立交桥危桥桩基托换

（1）工程概况。

八里小区站—东区医院站区间穿越青龙场立交桥，青龙场立交桥为大型互通式立交桥，是成都市"北门"片区成绵高速、川陕路及铁路编组站的重要交通节点。该桥始建于1995年，1997年末投入使用。于2006年开始对主桥进行了维修、加固，于2008年加固全部完成；桥梁目前为带裂缝工作。

7号线区间需盾构穿越该桥，穿越的区域与E环岛桩基产生冲突，盾构通过前需要对桩基进行托换，共托换8个墩柱新建15根桩。经过线路优化及比选，盾构隧道平面上避开该立交桥主桥桩基，环岛部分墩柱编号E13、E13-1、E15、E21、E23、E25、E26、J5已侵入盾构隧道范围。其中E13、E13-1、E15侵入约6 m，其他桩基侵入约2.3 m。青龙场立交桥下有一铁路股道，该铁路为进出八里庄粮油批发市场的专用线，该铁路运营及权属为不同的部门（单位），关系较为复杂。桥梁与隧道的主要关系及桥梁目前现状如图3-153所示。

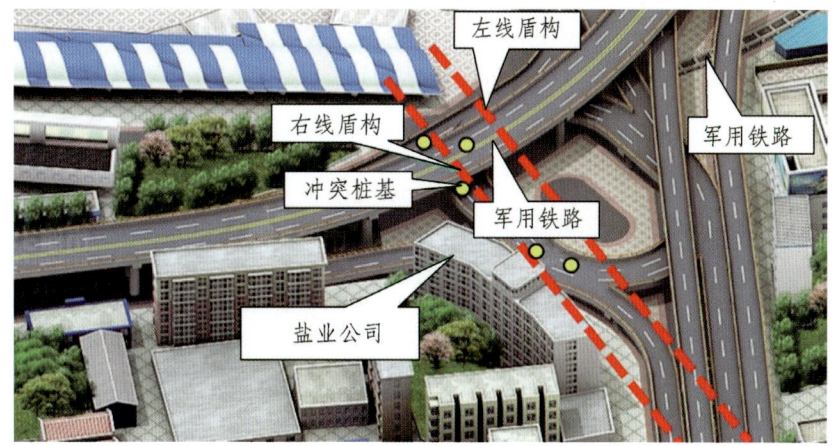

图3-153　青龙场立交桥与区间隧道的关系及周边环境情况总图

（2）处理措施。

① 界面处理（凿毛+界面剂）。

② 钢筋植入（铆钉抗剪）。

③ 插入型钢（扁担挑梁作用）。

④ 后张法预应力压紧（增加界面压力和摩阻力）。通过凿除既有桩护壁，在桩芯混凝土上埋设不规则坑道，托换梁纵向按照后张法施加预应力，沿托换梁纵向穿过桩基预埋劲性H型钢。施工现场的相关图和相关平面图如图3-154~3-158所示。

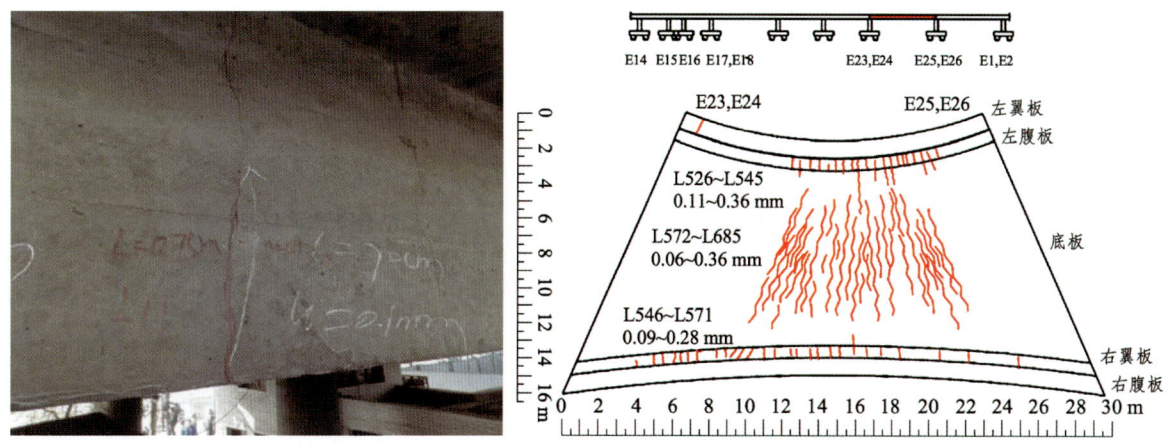

图3-154　青龙场立交桥桥梁裂缝照片及裂缝统计手绘图

图3-155 现场揭示的桥梁基础现状及承台施工质量图片

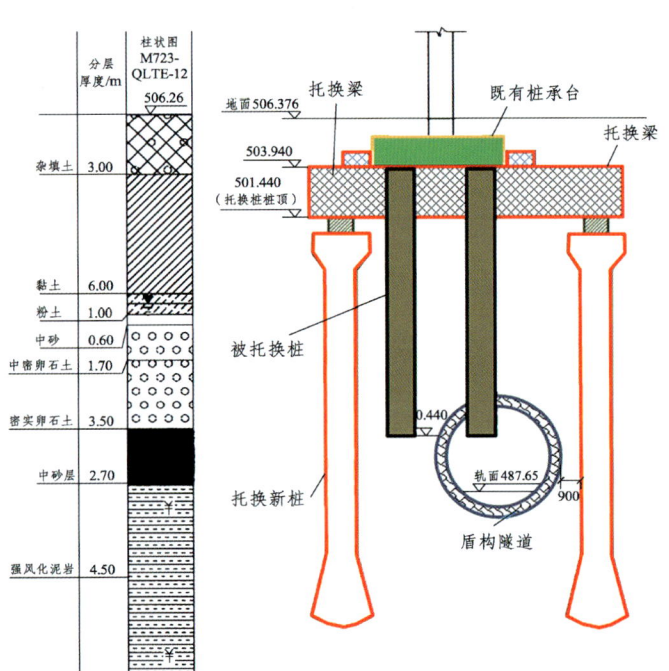

图3-156 施工图设计的拖换结构体系示意图

图3-157 托换施工过程中的实景图片

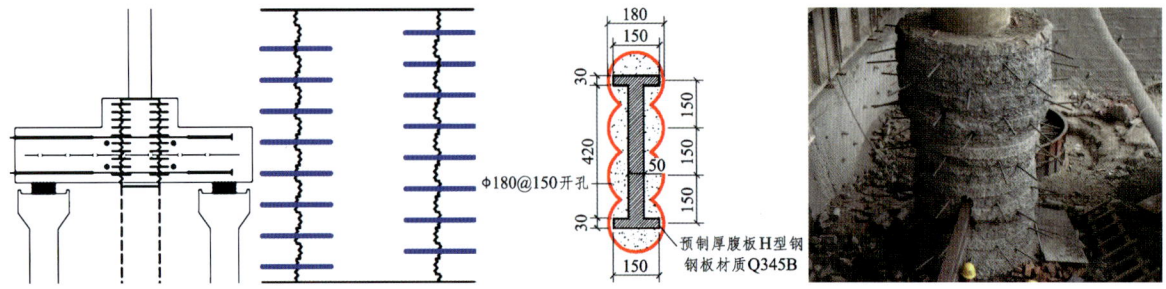

图3-158 桩基托换的关键节点处的处理方案及显示实际措施效果图

（3）处理效果。

青龙场立交桥桩基托换工程实施风险大，工程复杂，且各个实施流程、环节衔接紧密，环环相扣，在整个桩基的托换过程中各单位积极配合，现场问题现场计算，现场分析解决，在第一时间将出现的风险控制在未发生阶段，整个施工过程中未发生一次报警，未出现一次险情，桥梁上方正常通行车辆，后续工程竣工后桥梁移交给地方使用了近两年，证明托换工程是成功的，设计方案的正确选择在这个过程中起到了关键的作用。青龙场立交桥危桥桩基托换为成都地铁桩基托换施工带来了宝贵经验。

2）盾构隧道小净距侧穿仅完成初支的大断面矿山法隧道

（1）工程概况。

崔家店停车场出入场线矿山法区间与正线盾构区间水平接近（小于3 m）施工，长度约70 m。盾构左右线管片结构外边缘与出入场线矿山法隧道主体结构水平净距约为1.28~3 m。由于工期影响单栋双线出入场线矿山法隧道完成初支后，盾构将近接通过。隧道主要所处地层为黏土夹卵石、强风化泥灰岩。空间关系如图3-159、图3-160所示。

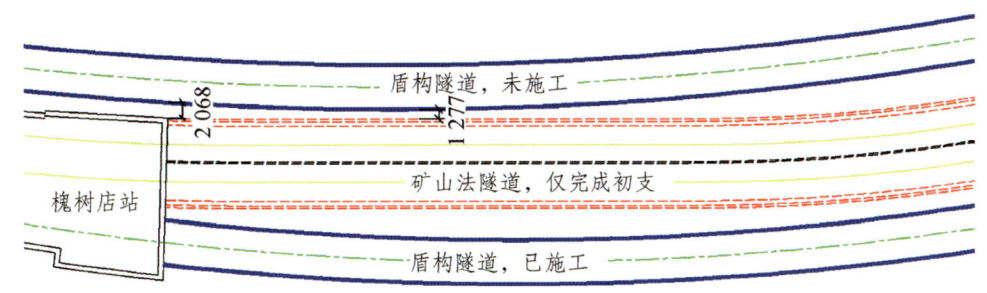

图3-159　近接隧道平面关系图

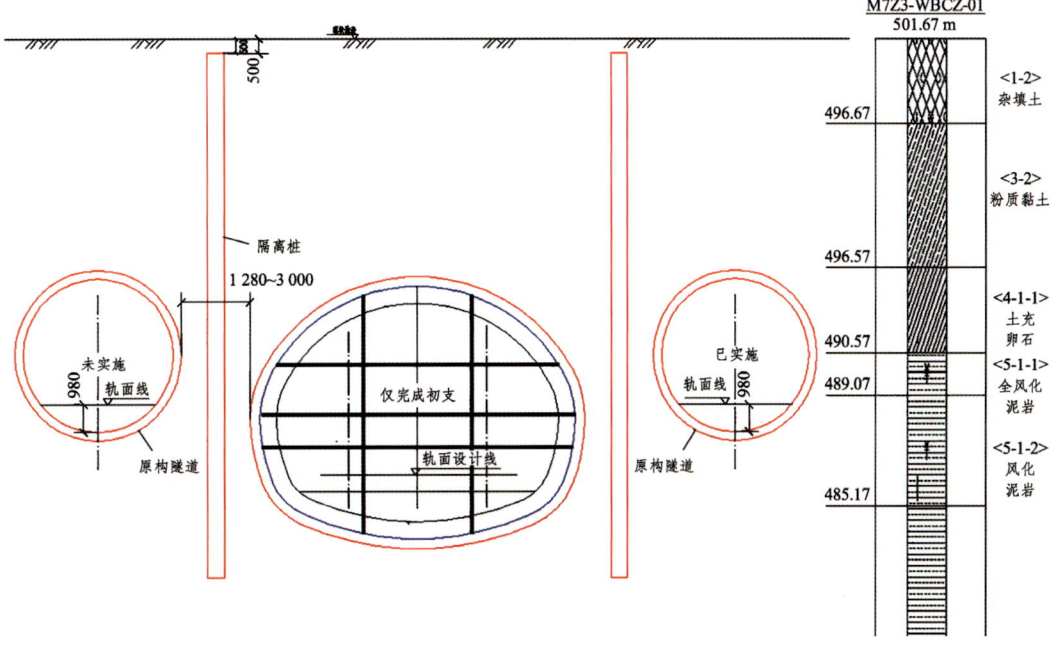

图3-160　近接隧道剖面关系图

（2）采取措施。

① 在出入场线矿山法区间施作前，首先施作隔离桩，隔离桩为C30素砼，桩径0.6 m，桩中心间距1.2 m。

② 在矿山法隧道内架设满堂支架。

③ 盾构控制掘进参数和注浆压力。

④ 在初支与支撑间埋设应力计以监测荷载变化。

（3）处理效果。

在盾构掘进过程中，监测参数均未出现异常。崔家店停车场出入场线位于正线隧道为后续工程的实施带去了宝贵经验。

3）车站端头下穿直径2.2 m污水管

（1）工程概况。

7号线科华南路站—火车南站区间左、右线盾构隧道在科华南路站端头约5.2 m处小净距（约1 m）正下穿直径2.2 m污水管、埋深8.6 m的高内压深埋污水管管道及检查井。该管线是车站施工时迁改至此位置。其承载着成都市中心城区70%的污水排放量，直接连接污水处理厂。污水管位于<3-8-2>中密卵石层中，盾构穿越地层为<3-8-3>密实卵石层，土体自稳性较好。污水管为钢筋混凝土管，采用顶管法施工，管壁厚22 cm，每节管长2 m，管节之间采用钢承插柔性接头，接头长10 cm。在右线隧道上方设有顶管工作顶坑，现已回填，在原

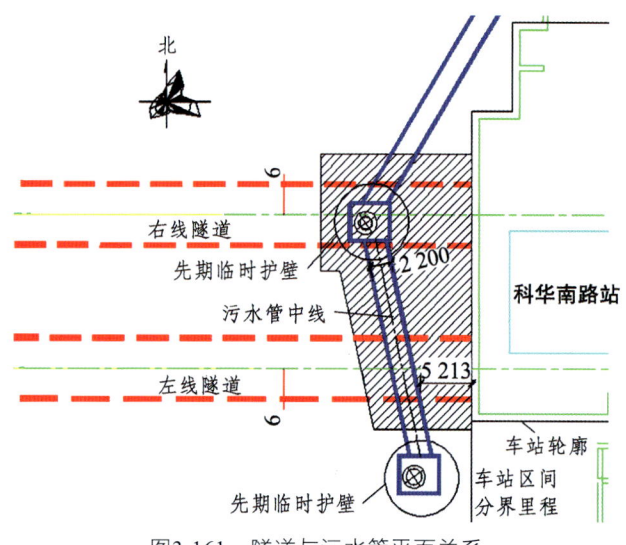

图3-161　隧道与污水管平面关系

位置设置一口矩形直线钢筋混凝土检查井。检查井平面尺寸为3.64 m×4.04 m，检查井底板厚50 cm，下设10 cm垫层。盾构区间与污水管道的平面、剖面关系如图3-161、图3-162所示。

（2）处理措施。

① 盾构通过前对盾构机进行检查、维修，不停机通过。

② 盾构通过前，选择合适的地点预埋注浆管进行地面预注浆加固，加固后土体无侧限抗压强度不小于1 MPa，盾构通过后及时跟踪注浆。预注浆材料采用P.O42.5级普通硅酸盐水泥，浆液配比、扩散半径及注浆孔布置、注浆压力、注浆量等注浆参数，应结合现场条件和周边环境进行试验确定。应注意注浆压力控制，以免对管道造成不良影响。

③ 严格控制盾构掘进参数。盾构通过后及时同步注浆，并注意控制同步注浆的量与压力，同步注浆浆液中加入适量速凝剂以及时填充超挖地层。

④ 对污水管采取托换措施。

⑤ 结合端头加固中的Φ108大管棚措施，对管棚间距和长度进行调整，左线管棚长20 m，右

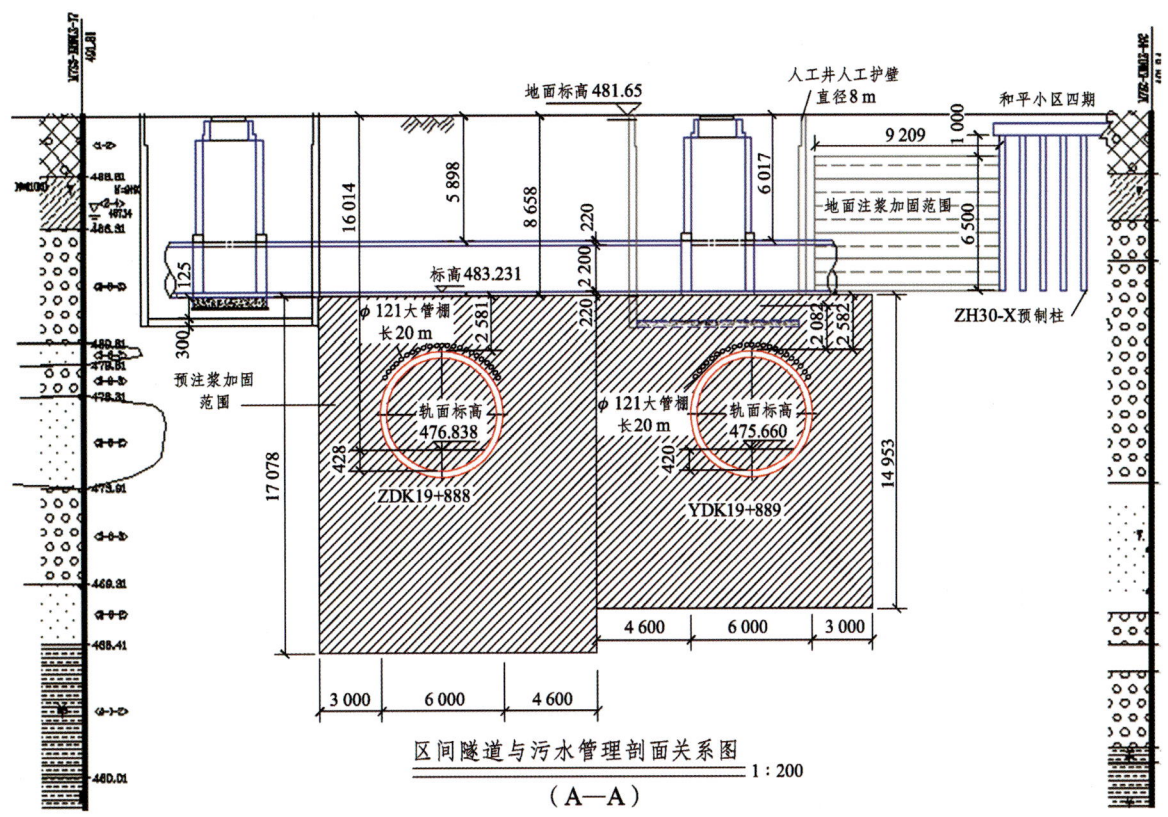

图3-162 隧道与污水管剖面关系

线管棚长25 m，环向间距均调整为0.3 m。

⑥采用10 mm厚钢板对顶管采用包裹措施。

（3）处理效果。

经上述措施处理后，成功穿越，但在穿越过程中，盾构机土压降低时有明显沉降，总沉降量约1 cm。污水管照片如图3-163所示。

图3-163 污水管照片

4）盾构直接掘进桩基础

（1）工程概况。

7号线迎晖路站—成都东客站区间隧道为两条单线盾构法隧道，隧道外径6 m，内径5.4 m。区间隧道下穿成都东客站西广场出租车进站隧道U型槽部分，两隧道小角度平面相交。进站隧道设有抗拔桩，共有7根对地铁盾构隧道的施工影响较大，其中5根侵入盾构隧道，2根与盾构隧道刀盘可能发生冲突。抗拔桩桩径1 m，混凝土强度等级C45，每根桩钢筋主筋为20根直径28 mm的钢筋。盾构区间与隧道的平面、剖面关系如图3-164、图3-165所示。

两隧道之间夹土体主要为<3-1-2>黏土（硬塑）、<4-1-1>黏土夹卵石、<5-1-1>全风化泥岩、<5-1-2>强风化泥岩，隧道洞身主要穿越<5-1-2>强风化泥岩和<5-1-3>中风化泥岩。

区间隧道与进站隧道平面关系和各区间隧道与进站隧道剖面关系如图3-164和3-165所示。

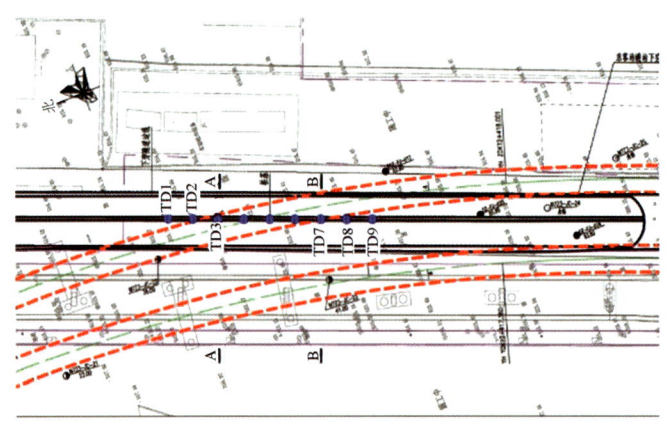

图3-164　区间隧道与进站隧道平面关系

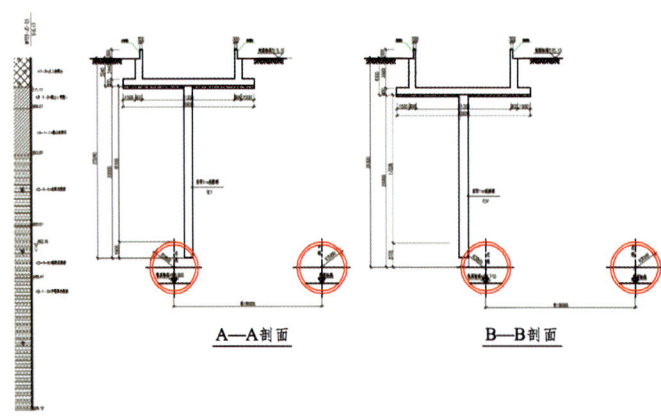

图3-165　区间隧道与进站隧道剖面关系

（2）处理措施。

与市政隧道设计单位充分沟通验算，若盾构直接切除部分桩基后，仍能满足隧道结构抗浮要求。与各建设方充分讨论协调后，建议采用盾构机盾构直接切桩穿越方案。

（3）处理效果。

根据现场施工单位回馈情况，盾构机在穿越过程中各项指标均比较正常。没有采取特殊的掘进参数和处理方式。在盾构机碴土中发现有直径28 mm的钢筋。

5）区间隧道下穿川师聚贤楼

（1）工程概况。

7号线狮子山—四川师大站盾构区间设计左线距离始发端85 m处左线正穿川师聚贤楼。聚贤楼修建于2002年，地上7层，地下1层，为四川师大7号女生公寓，1层为商铺、2层为旅馆和四川师范科技园（办公室），3～7层为学生宿舍，每层约50个房间（每房间6～8人），地下1层为车库，聚贤楼常住人口为1 700人、人员密集。川师聚贤楼实景照片如图3-166所示。

图3-166　川师聚贤楼照片

聚贤楼为框架结构，独立基础，基础间设置0.35 m×0.75 m钢筋混凝土连梁，底板厚0.3 m。独立基础下方采用CFG桩进行地基处理，CFG桩桩径为Φ400，桩间距1.2～2.0 m，桩长5.3～6.3 m，桩体砼强度为C10，CFG桩端嵌入强风化泥岩持力层不小于0.5 m。基础与CFG桩头间褥垫层厚度为200 mm，材料采用级配砂石最大粒径不大于30 mm。根据对资料的核实，穿越独立基础个数由11个减少至7个，切桩数由91根减小至6根，且最大切除长度减少至0.381 m。区间隧道与川师聚贤楼剖面关系见图3-167所示。

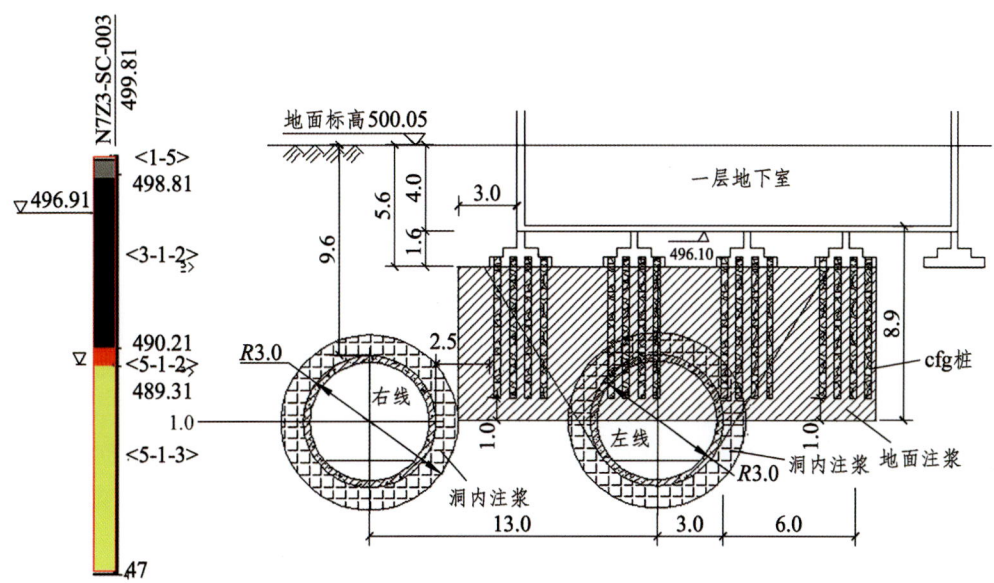

图3-167　区间隧道与川师聚贤楼剖面关系图

（2）处理措施。

①盾构通过基础前，在盾构隧道平面轮廓线外扩1 m范围埋设地面注浆管，注浆管管底进入到隧道上方0.5 m处。盾构通过前小压力预注浆（不超过上覆地层压力），盾构通过时，配合同步注浆系统对超挖地层进行填充注浆。预注浆材料采用P.O42.5级普通硅酸盐水泥，填充注浆采用水泥砂浆并加入适量速凝剂。

②盾构通过前，针对隧道影响范围内独立基础褥垫层预埋注浆管（重点为隧道轮廓线外扩3 m范围内独立基础），盾构通过后，根据监测结果对褥垫层进行注浆处理，注浆浆液采用水泥砂浆，浆液初始配比可采用1:1。

③严格控制盾构掘进参数。盾构通过后及时同步注浆，并注意控制同步注浆的量与压力，同步注浆浆液采用水泥砂浆，并加固适量速凝剂，及时填充超挖地层。

④在里程ZDK14+992～ZDK15+054段，管片上增设注浆孔，及时对隧道周边范围内的地层进行注浆加固，注浆加固应捅破同步注浆层。

⑤盾构管片在该下穿段Z（Y）DK14+995～Z（Y）DK15+074采用加强D型管片。

（3）处理效果。

根据现场配合施工反馈情况，盾构穿越过程中各项监测数据均满足要求。

6）二级阶地联络通道位置选择

（1）工程概况。

科华南路站—火车南站位于二级阶地区，区间盾构隧道顶覆土约10.04～23.54 m，主要穿越<5-1-2><5-1-3>强、中风化泥岩和<3-8-3>密实砂卵石层。区间联络通道拱顶位于<3-8-3>密实砂卵石层，拱腰以下位于泥岩中。联络通道采用降水施工，不做地层预加固处理。因泥岩相对于砂卵石为隔水层，常规降水措施，很难将砂卵石与泥岩分界面的水排干。因此，在分界面处一般为带水作业，施工风险较大。本区间联络通道施工前，先在管片开洞部分打探水孔，探水孔中有小股清澈水流，约食指大小，无压力。施工过程中，在带水情况下逐榀开挖，打设超前小导管，及时支护，完成初期支护施工。

联络通道与地层关系图如图3-168所示。

（2）建议。

在后期线路设计过程中，联络通道尽量不要设置在砂卵石与泥岩分界面处。如果确实很难避开，应尽量把分界面设置在联络通道下半断面，不要设置在拱顶。

7）大下坡段盾构施工问题

（1）工程概况。

7号线线路最大纵坡按28‰控制，盾构区间多处存在大下坡掘进情况。根据现场配合施工回馈情况，盾构机在掘进大下坡时存在以下两方面的问题：一是，电瓶车容易在轨道上打滑，存在一定的安全风险。二是，盾构机掘进一段距离后，盾尾止浆板会有不同程度的破损。在大下坡地段，同步注浆浆液容易前串到土仓内。一方面造成浪费，另外一方面造成管片壁厚空洞。

（2）建议。

①线路纵坡设计时，应基于上述问题充分比较利弊后确定线路纵坡。

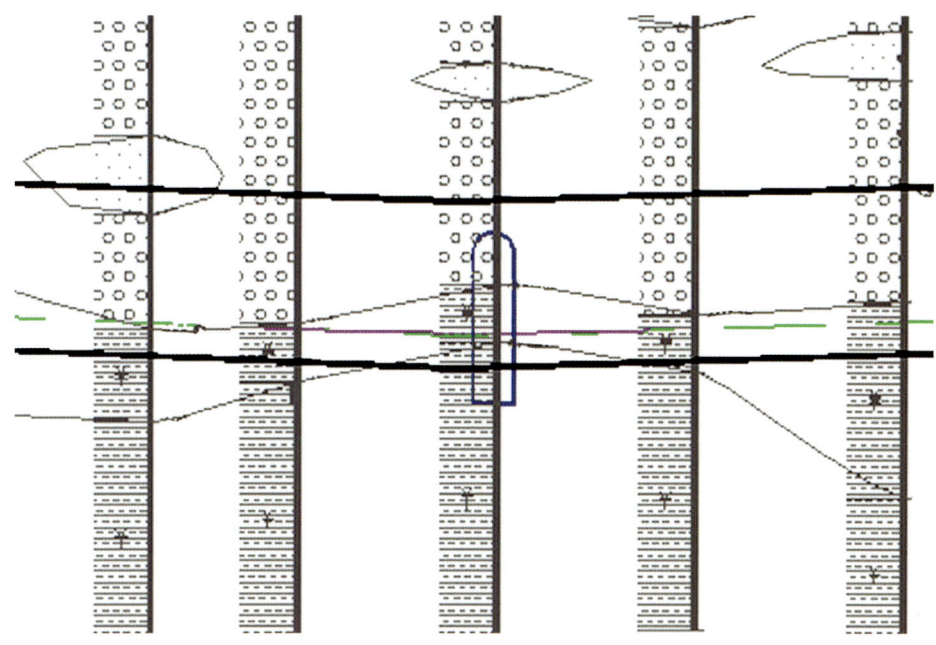

图3-168 联络通道与地层关系图

② 应采用大功率电瓶车,并注意施工过程中的安全管理和安全意识。

③ 管片脱出盾尾后,应间隔几环设置封闭环,封闭环可注入水玻璃等速凝材料。

8)盾构长时间停机处理

(1)工程概况。

八里小区站—东区医院站区间盾构停机41天,复推过程中千斤顶推力过大,达到2 600 t,为停机前的两倍,同时发现盾构机垂直姿态不易控制,最大偏移量达到100 mm以上。

经分析,主要有两方面的原因。一方面,此段盾构隧道范围内,地质情况复杂,上部为卵石土、中部为砂层,下部为强风化泥岩和中风化泥岩,属于上软下硬地层,盾构机易抬头。另一方面,由于长时间停机造成同步浆液凝固,土体固结包裹盾体,盾构"背土"明显,致使恢复推进时推力明显增大,推力不均,下大上小,盾构机易抬头。

(2)建议。

① 盾构机停机位置应注意上软下硬情况,充分分析地质条件。

② 盾构机停机时,不能注入含有水泥的浆液。建议改用膨润土、聚氨酯等其他类型的同步注浆材料。

9)采用"地铁暗挖区间隧道预留通道保护结构"措施,为后期市政工程预留较好的实施条件

本工程崔家店站—双店路站、成都东客站—沙河铺站区间位于地块及中环路上。根据工期安排,地铁隧道通过前会在隧道区间上部改建河道和新修建筑,但本段区间隧道埋深较浅。为保障安全并最大限度地减小通道保护结构与后期项目间的距离,保证通道保护结构以外空间最大化实现共赢,本工程设计了一套"地铁暗挖区间隧道通道预留保护结构",既保证了安全,又实现了空间共赢,为后期类似工程设计提供了典范和思路。暗挖隧道预留通道保护结构示意图如图3-169所示。

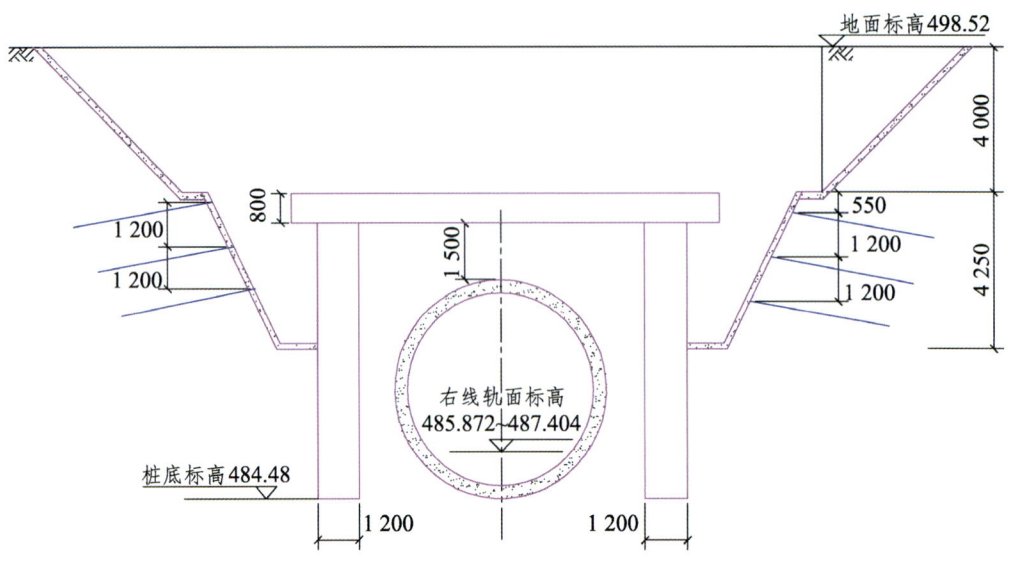

图3-169　暗挖隧道预留通道保护结构示意图

10）长距离连续穿越火车南站枢纽

本工程火车南站—神仙树站区间盾构隧道在约300 m内连续下穿10条运营的铁路股道路基、桥梁等，其中包括成绵乐城客运专线（设计速度250 km/h），平面关系如图3-170所示，剖面关系如图3-171所示。根据铁路部门要求，下穿成绵乐客运专线要求零沉降。本次的穿越成绵乐客运专线时主要采取了如下技术措施：

（1）盾构通过前对盾构机进行检查、维修，不停机通过。

（2）盾构通过前，应针对未设置CFG桩区域进行地面预注浆加固，盾构通过时由地面注浆管进行补浆，盾构通过后根据监控量测的结果决定是否进行跟踪注浆。

（3）在左、右线管片上增设注浆孔，根据地质及掘进情况，盾构通过后对隧道周边3 m范围内的地层进行注浆加固。

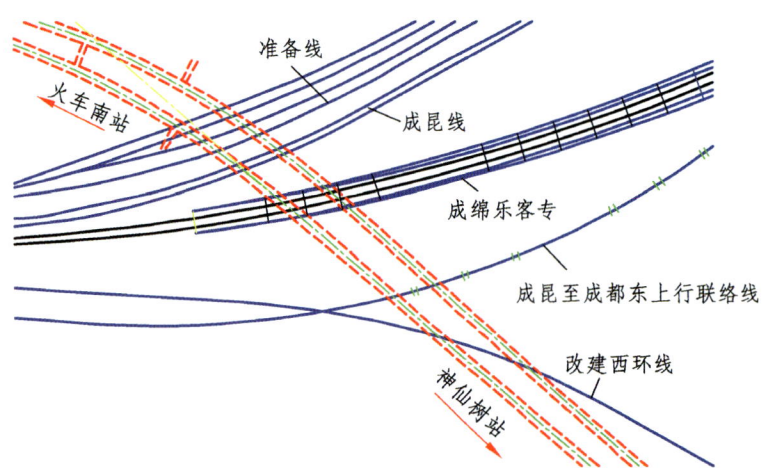

图3-170　火—神区间盾构隧道与火车南站枢纽平面关系

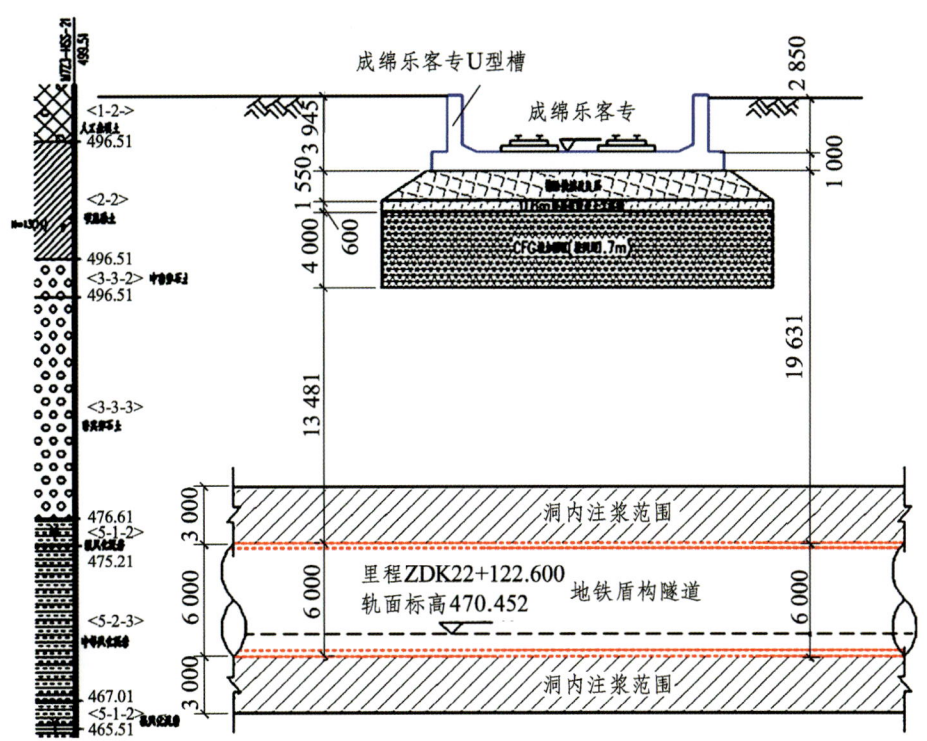

图3-171　火—神区间盾构隧道与成绵乐城际铁路剖面平面关系

（4）严格控制盾构掘进参数，盾构通过后及时同步注浆，并注意控制同步注浆的量与压力。

（5）盾构隧道施工过程中，进行系统、全面的监控测量，成绵乐附近应布设地中位移监测点，实行信息化施工，沉降控制值应满足相关业主部门要求，若发现异常，应立即通知相关单位并采取相应的应急预案。

本次连续下穿，不但积累了工程经验，也为国内外连续下穿运营铁路工程提供了范例和参考。

3.4.4　成都地铁7号线机电工程技术创新

3.4.4.1　机电设备设计技术

3.4.4.1.1　多线换乘站机电系统设计技术

1. 换乘站设计、施工界面划分

换乘车站不同线路之间不仅有土建设计、施工分界交叉，同时也有机电设备设计、施工分界交叉。为了避免设计、施工遗漏及重复，设计应对换乘站点进行详细梳理，最终形成责、权、利基本恰当的分界原则，最终各方应在该界面划分原则下完成各自的设计、施工和调试工作。

下面以4、7号线换乘站——槐树店站设计为例，说明设计、施工分界原则，供后续地铁设计参考。

1）总体实施原则

（1）4号线二期工程开通节点时间早于7号线工程，4号线二期工程开通前，7号线工程设计范围内服务于4号线二期工程的房间、设备设施、系统等应同时具备开通条件。

（2）各线专用系统设备各自分开设计、施工，换乘共用系统设备7号线设计、施工。

2）换乘节点三角区域划分

（1）土建由7号线设计、施工，需满足4号线二期工程进度。

（2）负一层公安值班室、设备室内（设备工艺、通风空调、防排烟、动力照明、接地、气体灭火）、照明配电室、电缆井由4号线二期设计、施工；环控大、小系统根据其所服务线别分别由4、7号线设计、施工，各自配电；环控机房小系统由7号线设计、施工，7号线配电；负二层环控小系统根据其所服务线别分别由4、7号线设计、施工，各自配电；环控机房小系统由7号线设计、施工，7号线配电；负三层冷冻机房内所有系统及设备由7号线设计、施工，7号线配电。

靠近4号线的防烟楼梯间由4号线设计、施工，靠近7号线的防烟楼梯间由7号线设计、施工。

除负一层公安值班室、设备室内的正常照明、应急照明、疏散指示、动力及插座用电由4号线设计、施工外，负一层至负三层环控机房及其他设备用房的正常照明、应急照明、疏散指示、动力及插座用电由7号线设计、施工。负一层至负三层电缆桥架由7号线设计（须4号线核对是否满足使用要求）、施工。

三层机房给排水由7号线设计、施工。

（3）4号线二期开通前，7号线需要完成共用系统（供电、冷源系统、FAS、防排烟、综合监控、给排水）的安装、调试。

3）共用房间

两线共用车控室、站长室、站务室、会议室、男女更衣室、AFC票务管理室、AFC设备室、AFC驻站工班、员工卫生间等应在4号线二期开通时7号线配套完成，并且7号线完成员工管理时必要的行走通道。

4）其他

（1）负一层站厅交叉区域机电安装与装修工程按照《成都地铁7号线及4号线二期万年场站（现改名"槐树店站"）工程界面划分协调会纪要》（2014第5期）文件的精神，保持与土建划分界面基本保持一致，大系统空调及防排烟，装修工程、动力照明系统以防火卷帘门处分界。

（2）负二层7号线全部站台区域装修工程由7号线完成设计、施工。

表3-10列出7号线换乘车站常规机电设备界面划分及投资分劈情况。

表3-10 7号线换乘站车站常规机电设备界面划分及投资分劈情况统计表

序号	站名	换乘形式及实施情况		7号线施工图设计拟采用措施			
		换乘线别	换乘方式	给排水系统	消防系统	低压照明系统	环控系统
1	火车北站	1、7号线	岛-岛"十"字换乘	1号线未考虑7号线用水，7号线单独考虑	7号线共享1号线消火栓给水系统，换乘消火栓为一个系统	部分站厅公共区照明资源共享	各线独立设置冷源系统
2	驷马桥站	3、7号线	岛-岛"L"型换乘	3号线考虑7号线用水要求，预留7号线给水接口	7号线共享3号线消火栓给水系统，换乘消火栓为一个系统	部分站厅公共区照明资源共享，3号线预留7号线冷源设备，7号线动照需分摊32万	3号线修改初步设计收口概算为：3号线预留冷源设备容量，冷源设备一次安装到位。7号线不分摊设备费用。7号线修改初步设计收口概算为：3号线预留冷源设备容量，7号线需分摊约160.5万。3号线施工图设计及安装阶段为：根据联系单"中铁二院（JD3）·D3-1S联〔2013〕第008号"要求，冷源设备同步建设，3号线阶段一次实施到位。目前已完成安装
3	府青路站	7、15号线	通道换乘	7号线考虑15号线用水要求，预留15号线给水接口	换乘消火栓给水为一个系统，7号线预留15号线消火栓给水管网接口	无	各线独立设置冷源系统
4	理工大学站	7、8号线	通道换乘	7号线考虑8号线用水要求，预留8号线给水接口	换乘消火栓给水为一个系统，7号线预留8号线消火栓给水管网接口	无	各线独立设置冷源系统
5	槐树店站	4、7号线	岛-岛"L"型换乘	7号线考虑4号线用水要求，预留4号线给水接口	换乘消火栓给水为一个系统，7号线预留4号线消火栓给水管网接口	4号线冷源配电动照需分摊12.8万	7号线预留4号线冷源系统，4号线需分摊146万

续表

序号	站名	换乘形式及实施情况		7号线施工图设计拟采用措施			
		换乘线别	换乘方式	给排水系统	消防系统	低压照明系统	环控系统
6	成都东客站	2、7号线	岛-岛"十"字换乘	2号线预留7号线用水接口	7号线共享2号线消火栓给水系统,换乘消火栓为一个系统	部分站厅公共区照明资源共享,冷源配电容量预留	2号线预留了冷源容量
7	四川师大站	7、13号线	通道换乘	各线独立给水接口	各线设置独立的消火栓系统	无	各线独立设置冷源系统
8	琉璃场站	6、7、11号线	岛-岛-侧呈"H"型换乘	7号线考虑6号线用水要求,预留6号线给水接口	换乘消火栓给水为一个系统,7号线预留6号线消火栓给水管网接口	部分站厅公共区照明资源共享,冷源配电容量预留,6号线动照分摊12.8万	7号线预留6号线冷源设备位置,6号线需分摊120万
9	火车南站	1、7号线	岛-岛两侧"T"型换乘	1号线未考虑7号线用水,7号线单独考虑	7号线共享1号线消火栓给水系统,换乘消火栓为一个系统	无	各线独立设置冷源系统
10	神仙树站	5、7号线	岛-岛"T"字换乘	7号线考虑5号线用水要求,预留5号线给水接口	换乘消火栓给水为一个系统,7号线预留5号线消火栓给水管网接口	部分站厅公共区照明资源共享,7号线预留5号线冷源设备,5号线动照需分摊88万	7号线预留5号线冷源设备位置,5号线需分摊227.6万
11	高朋大道站	7、8号线	岛-岛"L"字换乘	7号线考虑8号线用水要求,预留8号线给水接口	换乘消火栓给水为一个系统,7号线预留8号线消火栓给水管网接口	动照费用无交叉	各线独立设置冷源系统,冷源系统费用无交叉

续 表

序号	站名	换乘形式及实施情况		7号线施工图设计拟采用措施			
		换乘线别	换乘方式	给排水系统	消防系统	低压照明系统	环控系统
12	太平园站	3、7、10号线	岛-岛-岛呈"π"字换乘	3号线考虑7、10号线用水要求，预留7号线给水接口，7号线预留10号线给水接口	7、10号线共享3号线消火栓给水系统，3号线预留7号线消火栓给水管网接口，7号线预留10号线消火栓给水管网接口，换乘消火栓为一个系统。3、7、10站厅层公共区共用自喷系统。10号线分摊30万	部分站厅公共区照明资源共享，7号线动照需分摊102万	3号线预留7号线冷源设备，7号线分摊140万
13	龙爪堰站	7、17号线	通道换乘	7号线考虑17号线用水要求，预留17号线给水接口	换乘消火栓给水为一个系统，7号线预留17号线消火栓给水管网接口	动照费用无交叉	各线独立设置冷源系统，冷源系统费用无交叉
14	东坡路站	7、16号线	通道换乘	各线独立给水接口	各线设置独立的消火栓系统	无	各线独立设置冷源系统
15	文化宫站	4、7号线	岛-岛"T"字换乘	4号线未考虑7号线用水，7号线单独考虑	7号线与4号线为各自独立的消防给水系统	动照费用无交叉	各线独立设置冷源系统，冷源系统费用无交叉
16	一品天下站	2、7号线	岛-岛"L"字换乘	2号线未考虑7号线用水，7号线单独考虑	7号线与2号线为各自独立的消防给水系统	动照费用无交叉	各线独立设置冷源系统，冷源系统费用无交叉

续　表

序号	站名	换乘形式及实施情况		7号线施工图设计拟采用措施			
		换乘线别	换乘方式	给排水系统	消防系统	低压照明系统	环控系统
17	西南交大站	6、7号线	岛-岛"L"字换乘	7号线考虑6号线用水要求，预留6号线给水接口	换乘消火栓给水为一个系统，7号线预留6号线消火栓给水管网接口	部分站厅公共区照明资源共享，7号线预留6号线冷源设备，6号线动照需分摊约31万	7号线修改初步设计收口概算文件为：7号线承担全套冷源设备费用，6号线不分担。 7号线修改初步设计收口后换乘站分劈为：7号线预留6号线冷源设备位置，6号线需分摊约186.7万。 目前施工图阶段：根据联系单"铁四院CDDT6-ZT-C联字（2016）第12号"要求，冷源设备费用及安装费用均计入7号线，6号线不再分劈此部分费用。 中隧院方对联系单的意见：可行，但因7号线初设阶段仅计入了一半的冷源费用，需处理好另一半的费用问题
18	北站西二路站	5、7号线	岛-岛"T"字换乘	7号线考虑5号线用水要求，预留5号线给水接口	各线设置独立的消火栓系统	无	7号线预留5号线空调冷源，5号线需分摊约200万

注：1. 上表所列为7号线18座换乘车站的常规机电设备划分及投资分劈情况；根据线路规划调整，最终7号线换乘站数量达22座，表中未列的4座换乘站为远景换乘站，均为通道换乘，暂未考虑车站常规机电设备界面划分及投资分劈。
　　2. 车站常规机电设备的资源共享主要是冷源部分，其余机电设备均按照土建实施界面分界及计列投资。

2. 换乘站冷源系统资源共享设计

在7号线之前建设完成的换乘站，原设计中冷源系统先期有预留的，7号线设计时可不再考虑重复设置，只需在该换乘站与先期预留的冷源进行接驳。

目前成都东客站冷源已在2号线考虑，太平园及驷马桥站已在3号线设计中考虑，7号线此类站点只需要接驳冷源。由于先期预留的容量只是估算，通风空调系统专业按照7号线本站实际需求，对先期预留冷量进行了核实，同时对后续线冷源用量提资进行验算，及时在设计联络过程中完善冷源系统技术参数，如对西南交大站（与6号线换乘）、北站西二路站（与5号线换乘）冷源容量作了相应调整，满足了后续线的供冷需求。

在7号线后期实施的非通道换乘的换乘车站（若工期建设在5年以内）空调冷源设计，可结合土建的布置形式及车站地面周边情况考虑采用换乘车站设置一个冷水机房对换乘车站进行供冷的模式，车站设计时宜综合考虑整个换乘车站的空调负荷，并应设置冷量的分线计量装置。冷源系统控制柜执行先期线路原则上安装于冷水机房，冷源的配电系统也由先期线路完成。

7号线8个站点冷源系统共享后，土建及机电工程投资节约了960万元左右。该方案最大限度地减少了换乘车站的土建规模，有较好的经济及社会效益。7号线换乘站冷源系统资源共享情况如表3-11所示。

表3-11 7号线换乘站冷源系统资源共享情况一览表

项目	换乘线路	换乘车站	换乘方式	在建冷源设置情况	7号线冷源设置方案
与已运营线路换乘车站	1号线	火车北站	岛-岛"十"字换乘	1号线单独设置	7号线单独设置
		火车南站	岛-岛"十"字换乘	1号线单独设置	7号线单独设置
	2号线	成都东客站	岛-岛"十"字换乘	已考虑为本线预留	由2号线接入、7号线不再设置冷源
		一品天下站	岛-岛"L"字换乘	2号线单独设置	7号线单独设置
	3号线	驷马桥站	岛-岛"L"字换乘	已考虑为本线预留	由3号线接入、7号线不再设置冷源
		太平园站	岛-岛"T"字换乘	已考虑为本线预留	
	4号线一期	文化宫站	岛-岛"T"字换乘	集中冷站，未考虑7号线预留	7号线单独设置
	4号线二期	槐树店站	岛-岛"L"字换乘	—	7号线考虑4号线冷源共享
与后续线换乘	5号线	北站西二路站	岛-岛"T"字换乘	—	7号线考虑5号线冷源共享
		神仙树站	岛-岛"T"字换乘	—	
	6号线	西南交大站	岛-岛"T"字换乘	—	7号线考虑6号线冷源共享
		琉璃场站	岛-岛"十"字换乘	—	
	8号线	理工大学站	通道换乘	—	7、8号线单独设置
	9号线	高朋大道站	通道换乘	—	7、8号线单独设置

制冷机房系统自动控制采用可编程控制器（PLC系统），实现集散式系统结构，系统由中央控制单元、现场控制器、现场传感器执行器三级组成。实行集中管理，分散控制的策略。

本线在成都地铁中灵活运用此创新技术，有效地减少地下空间冷源系统机房布置面积，提高冷源系统利用率，便捷了运用维护，从而极大减少了车站空调用电负荷，节约运营成本，真正践行绿色环保的设计理念。

3. 多线换乘站防排烟设计

多线换乘站防排烟设计是机电系统设计的重点难点，针对此类车站，防烟分区的划分显得尤为重要。太平园站为3、7、10号线换乘站，3号线和10号线先于7号线开通运营。本换乘站工点设计均为中铁二院，但10号线的总体设计单位却不是中铁二院，经过多轮磋商，最终设计出合理的防排烟系统，满足了设计功能。太平园换乘站（3、7、10号线换乘）平面布置示意图如图3-172所示。

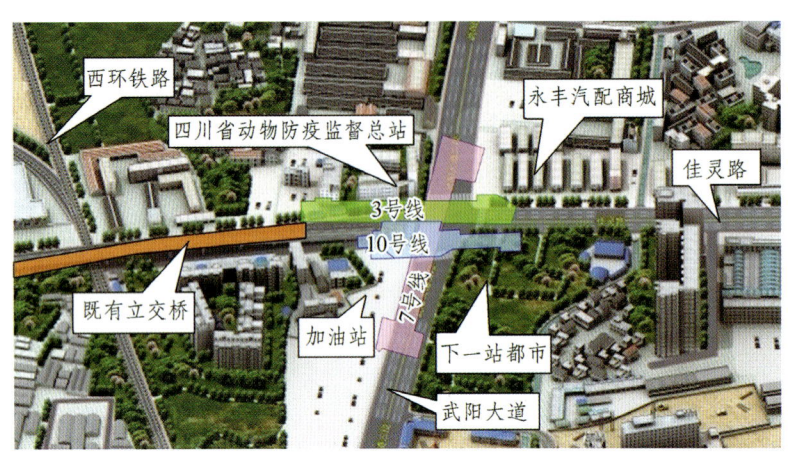

图3-172　太平园换乘站（3、7、10号线换乘）平面布置示意图

太平园站位于佳灵路与武阳大道交叉口处，其中7号线车站沿武阳大道布置，呈东西走向，站台层位于负三层；3、10号线车站沿佳灵路布置，呈南北走向，站台层位于负二层；换乘车站的共用站厅位于负一层。

车站共设置7个通道出入口（其中1个为预留出入口），3个紧急疏散出入口；7组19个风亭；所有出入口、风亭均位于佳灵路和武阳大道道路两侧。冷却塔布置在佳灵路西北侧绿地内，由3号线实施。

防排烟设计时按各条线同一时间内发生一次火灾考虑。

地下车站站厅、站台应设置机械排烟，排烟量按每分钟每平方米建筑面积1 m³计算，站厅、站台公共区每个防烟分区的建筑面积不应超过2 000 m²，当排烟设备负担两个或两个以上防烟分区时，其设备能力按同时排除其中两个最大防烟分区的烟量配置，排烟设备应考虑10%的漏风量；站台火灾排烟时应保证站厅至站台的扶梯口有向下的风速不小于1.5 m/s的新风。

地下站同一个防火分区内设备及管理用房单个房间面积超过50 m²且经常有人停留，应设置机械排烟。设备管理用房的排烟量按各排烟系统担负排烟区域中最大防烟分区120 m³每小时每平方米计算，排烟设备应考虑10%的漏风量。

最远点到地下车站公共区的直线距离超过20 m的内走道，其排烟量应为走道面积加上不排烟房间面积计算得到；连续长度大于60 m的地下通道和出入口通道设机械排烟；走道及地下通道排烟口距离最不利排烟点不超过30 m。

根据消防性能化评估报告要求，对太平园站全站设置公共区火灾补风机SF-A1（40 000 m³/h）、SF-B1（27 500 m³/h），补风机分别设置在10号线两端环控机房，站厅补风口位置设置于站厅层防火卷帘两侧靠地面处。

换乘车站的防排烟联动模式：首创了在成都7号线增加一个"Dn"模式即非本线火灾模式。此原则的确立，解决了困扰地铁业界多年的消防排烟难题，为成都后续换乘站防排烟模式的确立树立了安全运营模式的典范。

7号线与既有线、在建线及规划线换乘站较多，接口较复杂。按照地铁规范设计原则"一个车站只考虑一处火灾"及无论多少条线换乘的车站,也无论公共区划分为多少个防烟分区,车站均按照整体考虑一处火灾模式,对于与在建线及已运营线路,设计中对已运营线路相关模式进行梳理,7号线增加一个"Dn"模式即非本线火灾模式以实现不同线路火灾工况下的模式转换。

成都7号线换乘车站增加了一个"Dn"虚拟模式,换乘车站发生非7号线火灾时,由其他线向7号线发送一个信号,7号线启动"Dn"模式;同理,换乘站发生7号线火灾时,也向其他线发送信号,启动其他线系统的关停模式。7号线全线换乘站均已在车站模式中增加了相应的"Dn"(非本线火灾)模式,同时在既有1、2、3、4、10号线与7号线换乘的既有线环控系统中增设了这一模式,并对后续接入线提出相关模式要求。

3.4.4.1.2 机电与市政接驳设计技术

1. 结合路面规划,因地制宜,见缝插针布置冷却塔

针对线路主要敷设在成都市中环道路下方,周围建筑、人口密集的特点,根据各站点路面实际情况,认真做好每个车站冷却塔选址及正确选择冷却塔布置形式,同时结合紧迫的工期要求,总体组与工点设计单位对冷却塔设置位置及方式逐一进行了现场踏勘并于现场与业主代表进行了确认,在施工图设计阶段挨个落实,避免了因后期冷却塔位置需要调整而对工程建设产生影响,有效地节约了城区宝贵的土地资源,对周边环境影响降到最小,同时根据环评报告要求,严格控制冷却塔设备噪声,全线各站点噪声指标均在环评规定范围之内。

(1)全线31座车站共设置32组冷却塔,除北站西二路站设置2组冷却塔外,其余车站均按照1站1组对应设置。

(2)全线31座车站共设置7组下沉式冷却塔,分别为太平园站、驷马桥站、神仙树站、高朋大道站、文化宫站、武侯大道站、北站西二路站;其余车站均为地面式冷却塔。

冷却塔实景照片如图3-173~3-175所示。

图3-173 下沉式冷却塔实景照片

图3-174 二环高架桥下的地面冷却塔实景照片

图3-175 四川师大站地面冷却塔实景照片

(3)全线车站中有2座车站冷源系统由前期线路(3号线)实施完毕,并为本线预留冷量及冷冻水末端接口,分别为太平园站(3、7号线共用)、驷马桥站(3、7号线共用)。

(4)全线车站中有1座车站冷源系统由本线全部实施完毕,为后建线预留冷量及冷冻水末端接口，即北站西二路站（5、7号线冷却塔合建共2组）。

全线车站冷却塔设置位置合理，冷却塔形式选择因地制宜，现场工程实施时，冷却塔布置方案无重大变化，功能满足设计要求，建设工期满足业主要求。全线车站冷却塔平面布局紧凑、体量较小，与车站出入口、风亭及周边建筑视觉效果较为协调统一，值得后续线路借鉴。

2. 给排水市政接驳技术

车站采用了城市自来水作为消防用水，部分站点因水压不足而采用了消防加压泵的形式。7号线工程线路为环线线路，线路位于成都中环路道路下方，沿线市政给水、排水管线完善。

利用换乘站特点，减少给排水市政接驳点数量。

针对本线换乘站多的特点，结合车站具体情况，利用原有车站管网及排水设施，尽量减少市政接驳点数量，在节约了投资的同时缩短了施工工期。

7号线有8个换乘站与既有线换乘，其中3个车站各线管网独立，5个车站管网共用，其中火车北站一路供水从1号线主管接入、太平园站一路供水从3号线主管接入、火车南站一路供水从1号线主管接入、成都东客站两路供水从2号线主管接入、驷马桥站两路供水从3号线主管接入。采用这种方案后，车站原有给水接驳点由原来必须接入两路水源，变成只需接入一路即可满足设计要求。

部分市政供水不满足要求的换乘车站，不仅减少了接驳点数量，同时节约了土建投资。以火车北站为例，根据供水资料，该站7号线附近满足接驳要求的仅有二环路车站侧DN300管，按规范要求需设置消防水池及消火栓加压泵组加压供水，但由于1号线能提供一路满足要求的消防水源，故7号线取消部分消防水池及消火栓加压泵组设置，节约了土建投资，值得后续换乘车站参考借鉴。

3.4.4.1.3 机电与土建及其他系统接口注意事项

为了使地铁工程各子系统能紧密结合、有效联系，达到整个地铁系统安全、可靠、经济、合理有效发挥各个部分的功能，在设计过程中，完整、正确、合理的接口界定和划分是指导、检查和验证各子系统设计的完整性、安全性、可靠性、合理性和经济性的重要文件，并将成为规范各方行为保持系统的协调运作，充分发挥地铁工程功能、降低造价、提高效益的重要保证。

1. 土建预留预埋核查

在机电施工单位进场施工前，总体组组织各设计单位对影响机电安装的土建施工图及现场进行逐站梳理，纵观预留预埋遗漏，造成因素有设计遗漏、施工遗漏、施工误差等。核查预留预埋土建条件，查缺补漏，敦促工点设计及时发联系单补强，做到亡羊补牢，把对工程不利因素控制到最小，降低施工安装风险，保障地铁运营安全。设计中对全线各站的设备预留预埋条件进行了全面核查，以府青路站为例，机电设备预留预埋条件核查表如表3-12所示。

表3-12 府青路站（原八里小区站）设备预留预埋条件核查表

专业名称	预留预埋类型			
通风空调	轨顶轨底风道（核实风道风口的位置、数量及轨顶风道端部是否预留接风管的孔洞等）	各层结构板预留孔洞（各系统风孔、水管穿孔等）	大型设备上方预留吊钩（TVF、冷水机组、吊装孔上方位置并核查承重是否满足要求）	过风道、通道人防门穿管（冷却水管、冷冻水管、冷冻水补水管、多联机冷媒管等）
有无遗漏（填写有或无）	无遗漏（轨顶风道中间隔墙与所提模板不一致，已与建筑专业沟通修改）	无遗漏（小里程端大系统穿中板风孔大小不足，已与建筑专业沟通修改）	无遗漏（冷水机组无预埋吊钩载荷，已与建筑专业沟通补充）	无遗漏（多联机冷媒管预留套管不足，已与建筑专业沟通修改）
给排水及消防	出车站的给水、排水、消防管道预留套管	站厅层、设备层、站台层地漏、给排水、消防的预留套管	卫生间、污水废水雨水泵房预留孔洞及基础资料。与轨道专业相关的预留管道资料	过区间、车站人防门穿管
有无遗漏（填写有或无）	无	无	无，污废水泵未招标，污废水泵基础暂按通用要求提供	无
动力与照明	电缆井道	—	—	过区间、车站人防门穿管
有无遗漏（填写有或无）	无	—	—	图纸无遗漏，现场还未施工
屏蔽门	预留梁及预留槽	—	—	—
有无遗漏（填写有或无）	无	—	—	图纸无遗漏，现场还未施工
电扶梯	电扶梯预留孔洞	—	预留设备吊钩	
有无遗漏（填写有或无）	无	—	无	图纸无遗漏，现场还未施工

7号线崔家店、成都东客站车站电扶梯孔洞预埋件核查表如表3-13所示（根据电扶梯施工图阶段通用图核查）。

表3-13 崔家店站、成都东客站电扶梯孔洞预埋件核查表

序号	车站名称	车站编号	自动扶梯编号	孔洞尺寸	预埋钢板	吊钩	备注
1	崔家店	708	E708/2（N）	在扶梯详图中站台层开孔有误，与平面图不一致，应为1 800	在扶梯详图中站台层预埋钢板长度有误，应为1 800	—	—
2			E708/3（N）			—	—

续表

序号	车站名称	车站编号	自动扶梯编号	孔洞尺寸	预埋钢板	吊钩	备注
1	成都东客站	711	E711/1（N）	—	—	—	—
2			E711/2（N）	—	增加扶梯预埋钢板	核实装修是否影响扶梯吊钩使用	现阶段增加的扶梯，请相应增加中间支撑
3			E711/3（N）	—	—	—	—
4			E711/4（N）	—	—	吊钩预留尺寸与7号线扶梯标准不一致，请核实是否有改造可能	—
5			E711/5（N）	—	—		

注：机电专业仅根据建筑图进行核查，各工点建筑专业自行与结构专业核查扶梯孔洞尺寸、预埋件、吊钩、中间支撑是否一致。

2. 气体灭火系统相关问题的核查

（1）由于部分工点土建设计的经验不足，造成部分气瓶间面积不足，给后期运营维护带来不便，部分气瓶间有无关的管道穿越，造成一定的返工，崔家店停车场、川师车辆段部分气灭保护房间净空过高，超过标准，川师车辆段由于赶工期，在各相关专业招标之前已经出施工蓝图，川师车辆段辅助检修车间跟随所、试车线信号控制室、信号设备室的空间高度层高13.6 m，严重超过气灭规范中喷头的保护高度不宜超过6.5 m的要求，同时，因层高偏高，跟随所、试车线信号控制室、信号设备室的容积相应太大，预留的气瓶间尺寸满足不了相应的气体灭火的设计要求，根据气体灭火设计联络会会议精神，相关专业配合气体灭火专业规范要求，土建设计调整相应的层高，经现场勘察后采取了增加结构板的补救措施，以满足气灭自喷设计要求。

（2）部分换乘站点由于对既有线路设备房调研不足，导致部分房间气灭系统重复设置或漏设，部分工点缺乏经验，造成气灭用电、接地等接口遗漏（如2、7号线换乘站成都东客站、4、7号线换乘站槐树店站）。

3. 正线与段场的相关设计接口

由于崔家店停车场、川师车辆段均位于地下，与一般的场段最明显的差别在于出入段线处于地下，且都设置了通风设备，需要和车站发生联动，共同完成阻塞及火灾工况的各种模式，出入段线机电设计范围与土建设计范围不完全一致，造成接口设计复杂，容易漏设一些重要设备设施。总体组汇同工点设计最终完善了崔家店停车场、川师车辆段隧道风机与射流风机控制接口设计方案，确保灾害工况下的防灾能力。

4. 自动扶梯与土建及其他系统接口注意事项

1）与土建接口

与建筑、结构专业的接口协调是能保证自动扶梯能否正确安装的第一步。自动扶梯预留孔洞属于车站中的大孔，一旦孔洞预留错误整改非常困难。因此，该接口的实施控制过程具体做法为：

（1）本系统通过总体组向车站设计单位的建筑、结构专业提供如下资料：

① 自动扶梯主要参数图和典型布置图（包括扶梯各部详细尺寸、扶梯中间支承的布置、吊钩的布置、吊钩荷载、防水排水要求、开孔宽度要求、支撑点荷载、支撑预埋件要求等）。

② 扶梯运输通道要求（包括最小通道宽度、通道最小转角、通道最小净高等）

③ 设备招标后，供货商重新提供自动扶梯主要参数图和典型布置图。

④ 会签各设计阶段建筑、结构涉及扶梯的布置图、大样图、节点大样图等。

（2）车站设计单位建筑、结构专业工作内容：

① 按典型布置图进行每台自动扶梯平、纵、横剖面图设计。

② 完成自动扶梯预埋件、扶梯吊钩、中间支承的布置大样图。

③ 结构设计方面应确保扶梯各受力点承载力大小满足要求。

④ 车站扶梯数量、提升高度有变化时，车站建筑应以工作联系单的形式通知本系统。

2）与装修专业的接口

自动扶梯与装修的接口主要体现在车站装修和扶梯安装后的外装饰板、补色板的收口阶段。

5. 屏蔽门与土建及其他系统接口注意事项

1）与土建专业的接口

屏蔽门专业提供屏蔽门顶梁及站台板预埋件位置及安装要求，土建专业负责屏蔽门预埋件安装。

屏蔽门专业提供屏蔽门上侧板与装修专业吊顶之间距离要求及绝缘要求，土建装修专业负责实施。

2）与车辆的接口

接口内容包括：

车辆专业向屏蔽门专业提供列车的编组形式、列车的长度、列车的车门布置尺寸。

车辆专业向屏蔽门专业提供列车的车门宽度、高度。

3）与信号系统的接口

信号系统与屏蔽门系统间的接口界面在屏蔽门系统控制室PSC接线端子排上。

信号系统与屏蔽门系统之间的接口形式采用继电器触点方式，继电器触点信号按双回路方式敷设线缆。

4）与限界的接口

屏蔽门系统应满足车辆限界的要求，任何情况下屏蔽门不能侵入车辆限界。限界专业应向屏蔽门专业提供有关限界图及关键控制点距离线路中心线的距离。

6. 气体灭火与土建及其他系统接口注意事项

1）与土建的接口

防护区应是一个封闭性良好的防火空间，门应向外开启并能自行关闭，有直接通向室外或疏散走道的出口。

2）系统相关接口

与低压配电系统的接口：低压配电系统提供AC 220 V/50 Hz的电源（一级负荷），接口位置在气瓶间和车站控制室的双电源切换箱馈线开关出线侧，双电源切换箱为每个防护区提供1对接线端子，若防护区需增加中继箱，则双电源切换箱须为每个中继箱提供1对接线端子。

7. 动力照明与土建及其他系统接口的注意事项

动力照明供电系统应包括降压变电所与动力照明配电系统。动力照明供电系统的设计，上接电力系统下联事无巨细的受电用户，每一个环节的变化都会使设计工作进行相应改动甚至是颠覆性的返工，同时又处于设计流程的后续收尾的位置，因此设计工作的被动局面长期困扰着专业技术水平和影响员工积极性，有时存在陷入恶性循环的危险境地。电力供应是实现现代化的基础，一切现代化的设施、装备、技术的运作都是以可靠的电力供应作为条件的。

1）与供电系统的接口

电源设计分界点在车站变电所动力变压器低压0.4 kV侧接线端子，变压器由供电系统设计单位设计（含变压器的中性点接地、预埋件接地），变压器出线端至0.4 kV开关柜的硬母排、低压开关柜由车站动力与照明专业设计。

2）与建筑专业的接口

动力与照明对建筑专业提出设备用房、电缆沟（井）及管线敷设路径等要求，由建筑专业统筹考虑并实施。车站公共区灯具的选型及布置由动力与照明对其提出要求，建筑专业具体负责完成，配电及控制由动力与照明完成。

8. 通风空调系统与土建及其他系统接口注意事项

1）大型设备运输路径

（1）环控的大型设备（包括冷水机组、TVF风机、U/O风机等）应设吊装孔进行运输，吊装孔的尺寸应能满足最大设备的需要，其上方设吊钩（环）等承力设施。大型设备由地铁轨道运至站台到吊装孔，到站厅冷水机房、TVF机房或U/O风机房。其运输路线应满足生产厂家对运输高度的要求。

（2）其余小设备考虑从楼梯口及出入口通道等进行运输。

（3）设备运输通道要求短捷、通顺，避免迂回，不仅要考虑开通前的设备运输安装，更要考虑运营后设备的更换，尽量减少对其他设备运行的影响。

（4）设备运输路径上的土建结构应能满足设备运输、就位、运行过程中的动、静荷载的要求。

2）系统主要接口

（1）与供电的接口。

① 负荷分类。

● 一类负荷设备。

通风空调系统一类负荷设备为与火灾和事故通风有关的设备。

● 二类负荷设备。

通风空调系统的二类负荷为除一类负荷外的其他风机、柜式空调器，与风机、空调机组非联动的电动风阀、与火灾和事故通风无关的电动风阀等。

● 三类负荷设备。

通风空调系统的三类负荷为除一、二类负荷外的其他通风空调设备，包括：冷水机组、冷冻水泵、冷却水泵、冷却塔、水处理设备、电动蝶阀、电动二通阀等。

② 设备启动方式：配置了变频控制器的设备采用变频启动。其他设备应根据供电专业要求进行软启动或直接启动的方式。

③ 接口界面在通风空调设备的接线端子。

（2）与监控系统接口。

通风空调系统设备控制级数如下：

① 中央级监控（控制中心）。

● 对隧道通风系统的隧道风机（包括区间隧道风机和车站轨道排风机）、推力风机、电动风阀进行监控。

● 对设置在隧道内的温度监测点进行监视。

● 对各站通风空调大系统的组合式空调机组、回/排风机、排烟风机、电动风阀进行监视，在执行隧道通风系统火灾模式时可实现以上设备以及小系统通风空调设备及其联动风阀的同时关闭。

② 车站级监控（车站控制室）。

● 对本站所管辖范围内的隧道通风系统的隧道风机（包括区间隧道风机和车站轨道排风机）、推力风机进行监视。

● 对设置在车站内的温、湿度监测点进行监视。

● 对本站通风空调大、小系统的空调器、回/排风机、排烟风机、电动风阀以及水系统冷水机组、冷水泵、水管上电动碟阀、电动二通阀、水处理设备等进行监控。

● 对本车站通风空调大、小系统上的防火阀进行监视（由FAS实行）；对本站通风空调小系统上的防烟防火阀进行监控（监视由FAS实行，控制由气体灭火系统执行）。

● 对水系统的压差传感器、流量开关等进行监视。

● 对车站变频多联系统的室外室内机组、设备房通风机进行监控。

③ 就地级控制（环控电控室）。

对本站通风空调大、小系统的空调器、回/排风机、排烟风机、电动风阀、冷水机组、冷水泵、水管上电动蝶阀、电动二通阀、水处理设备等进行监控。

（3）与给排水系统的接口。

① 由空调水系统提供补水量与接管点，与给排水系统的分界在接管点前的第一个阀门处（阀门由给排水系统提供）。

② 由空调水系统提供各末端设备凝结水、污水排放点，各设备的污水排放点，通风空调机房的清洗池的给水和排水点。分界点由空调水系统与给排水系统根据各排放点在车站的实际位置点协调落实。

③ 冷却塔用地范围由给排水专业做有组织的排水设计。

9. 既有线改造接口处理

本节以7号线接入既有地铁2号线成都东客站，机电系统的改造工程接口处理情况。

1）改造背景

成都东客站位于沙河堡片区的铁路成都东客站股道西侧。2号线地铁车站呈东西走向，7号线地铁车站呈南北走向，7号线在铁路西站房下。地铁成都东客站是地铁2号线和7号线的岛-岛"十"字换乘站，2号线站台是15 m宽岛式站台，B型车；7号线站台为14.8 m宽岛式站台，长度为186 m，A型车。2号线为地下二层，7号线为地下三层。地铁成都东客站剖视图如图3-176所示，地铁成都东客站车站总平面图如图3-177所示。

图3-176　地铁成都东客站剖视图

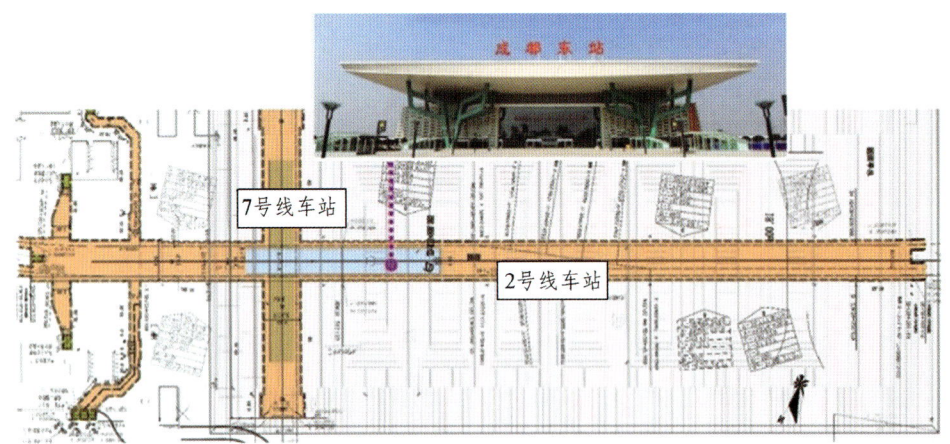

图3-177　地铁成都东客站车站总平面图

原地铁2号线设计施工对7号线的预留节点工程是按照B型车设计预留的，部分主体结构同步实施完成。但是由于7号线开始工程设计时，车辆选型由B型调整为了A型，相应地引起原车站设计进行了部分调整。2号线已经交付运营，剩余7号线车站站台层和7号线设备区未装修（站厅层公共部分已经装修完成）。7号线就是在此情况下开展土建和机电系统的接入改造的。

2）车站由B型车调整A型车时机电系统的一系列变化

（1）通风空调。

① 改造区域。

本站通风空调专业涉及改造的区域为7号线设备层右端。

设备层右端设置有2号线设备用房及2号线实施时预留7号线使用的2、7号线共用环控机房、共用冷水机房及7号线隧道风机房。

② 改造原因。

2号线实施时在本端设有为2号线服务的空调机组、冷水机组、水泵、风机、风管、水管等设备及管线。现7号线实施时需在本端机房设置隧道风机、组合式空调机组、柜式风机盘管机组、风机、风管、水管等设备及管线。2号线实施时土建虽为7号线预留了相应孔洞及设备安装位置，但在2号线设备及管线现布置的条件下，7号线空调设备运输进场及安装条件不足，且在2号线已实施管线布置的条件下，7号线管线布置空间不足。因此，需结合7号线设备及管线布置，对2号线部分设备及管线布置进行改造调整。

③ 改造原则。

● 因空调系统服务房间较为重要，本次改造应对机房内空调系统设备及管线尽量维持原状不动，局部管线若进行微调，可利用夜间收车后的时段进行调整。对2号线采用空调系统房间基本无影响。

● 水系统设备及管线维持原状，保持不变。

● 仅对通风设备及管线进行改造，以满足7号线设备及管线的运输、安装及布置。

④ 改造影响。

● 本端机房设备不涉及2号线隧道通风系统及公共区空调系统，因此对2号线隧道通风、公共区空调系统无影响。

● 因空调系统设备及管线尽量维持原状不变，因此对2号线采用空调系统房间基本无影响。

● 水系统设备及管线维持原状，因此对水系统无影响。

● 对通风设备及管线进行改造时，通风房间无法采用通风措施，环控机房及内走道无法采用机械排烟。在改造期间，应加强对该端机房及内走道等重要区域的值守及巡查，并应配备手提式干粉灭火器，以杜绝火灾事故的发生。

（2）给排水及消防。

7号线车站废水泵和污水泵在2号线车站施工中已经安装到位，废水泵房内的站台板需在7号线实施安装，同时将既有水泵的安装位置做适当调整。

（3）动力照明。

7号线大里程端设备层，与2号线合用部分的电缆桥架走向，需要在施工阶段根据既有2号线的走线进行实际调整。综合管线的配置要在施工图设计阶段跟相关专业紧密配合以达到合理。

7号线大里程端设备层隧道风配电室原有设计面积预留不足，最终与相关专业协调，对环控电控柜进行了优化布置，满足了安全距离及功能需求。

（4）屏蔽门。

由于7号线轨顶排风道在2号线本站土建实施时已经浇筑施工完成四分之三，其轨顶风道孔洞和侧梁都是依据B型车来设计的。后续增加的7.234 m长度的风道也同先期实施的轨顶风道一样加长。7号线全线屏蔽门顶箱安装方式是侧部悬挂在轨顶风道侧边梁上，在成都东客站既有施工条件下，屏蔽门顶箱不能侧部悬挂在轨顶排风道侧边梁，需要屏蔽门厂家做相关的技术更改和安装工艺调整，将安装方式调整为梁下部锚栓悬挂，并且由于梁下部安装高度（3.3 m）比标准高度（3 m）高出0.3 m，需要做非标的固定件来封装。7号线标准屏蔽门剖面图和东客站屏蔽门剖面图的对比如图3-178所示。

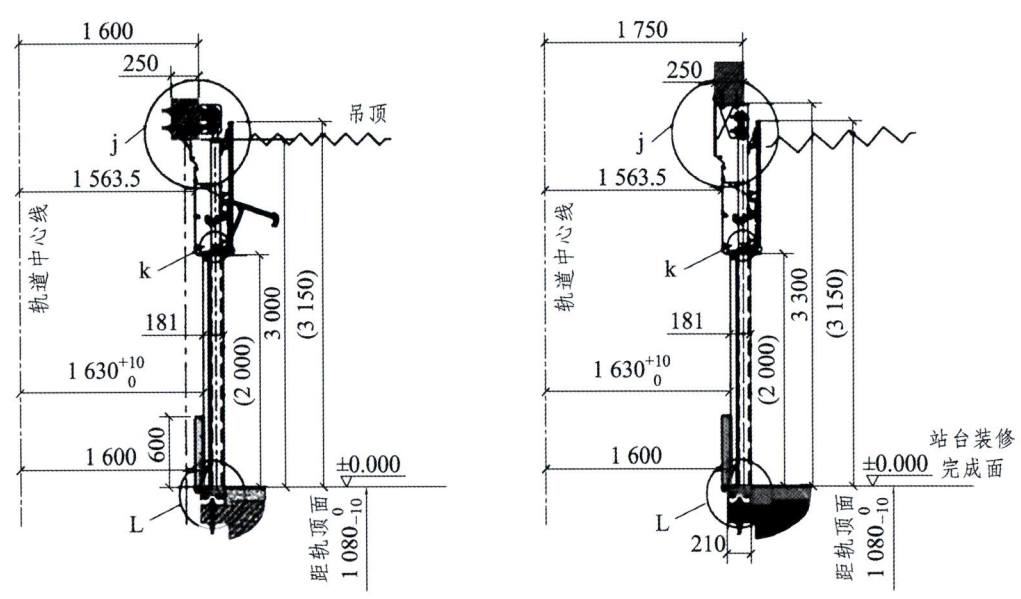

图3-178　标准屏蔽门与成都东客站屏蔽门安装剖面对比图

（5）自动扶梯、电梯。

成都东客站有一组楼扶梯由楼梯改为扶梯，扶梯设备及安装费用已经在7号线初步设计修编时计入概算。扶梯的安装需采取以下土建整改措施：首先是增加扶梯相应中间支撑及支撑点预埋钢板，其次是原扶梯吊钩预留尺寸与7号线扶梯标准不一致，需改造以满足7号线要求。

3.4.4.1.4　防淹及人防机电系统配置

7号线在下穿锦江两端的三瓦窑站和琉璃场站、穿府河的九里堤站和北站西二路站设置了4处8道防淹门系统。

1. 基本要求

（1）为防止突发事故造成隧道破裂后江水涌进地下车站、区间隧道及事故范围扩大，应根据《地铁设计规范》（GB 50157—2013）中的要求"对下穿河流和湖泊等水域的地下隧道工程，当水下隧道出现损坏水体可能危及两端其他区段安全时，应在隧道下穿水域的两端设置防淹门或采取其他防水淹措施"执行。

（2）防淹门的控制系统应优先选择放置在车站侧，当隧道漏水，受淹隧道侧设置的水位探测等装置立刻启动防淹门控制系统，确保车站不被水淹。同时电气设备和控制柜放置在车站侧，可保证防淹门控制系统在水涌入隧道的同时，不影响防淹门控制系统的功能，运营人员可以顺利完成关门程序。

（3）防淹门控制系统由两套控制装置组成，过河段隧道两端各设一套。

（4）每扇防淹门由区间水泵房两套水位传感器负责提供区间水位，经防淹门控制室与信号系统联锁。车控室与防淹门控制室根据区间水位的变化情况，发出是否关闭防淹门的指令。

2. 防淹门组成和功能

防淹门主要由闸门、启闭设备、传动装置、锁定装置、电气设备、控制设备组成。

1）防淹门动作原理

每道闸门设一套启闭设备和一套电动锁定装置。电动锁定装置由防淹门控制系统控制。水位传感器设在区间。一级报警水位线为轨底下20 mm，信号系统轨道电路在一级报警水位线上面，尚未被水淹没。二级报警水位线（即危险水位报警线）为轨顶面上400 mm，车辆电气设备在二级报警水位线以上尚未被淹。从一级报警水位起，控制系统计算水位增长速度值，如果水位速度增长值超过设定值，则立即向车控室发出隧道危险报警信号，同时向信号系统发出请求关门信号，以保证站台安全。

平时闸门由锁定装置锁定于检修平台上，接收允许关门信号后，闸门在启闭机的作用下关闭。

2）控制系统

防淹门的关门控制应为经过人工确认后的手动控制，可实现车站级和就地级两级控制。

车站级控制从车站控制室IBP盘上通过硬线回路直接控制防淹门关闭。

3）防淹门报警及联动控制系统

防淹门由车站控制室和就地两级控制。车站控制室的设备能向综合监控系统送出设备状态信号并完成与信号系统的联动功能，就地控制通过人工操作防淹门室内的就地控制器来完成。就地控制具有优先权。

3. 防淹门的技术要求

1）环境条件要求

（1）车站控制室设备：

环境温度：0~40℃；相对湿度：≤80%。

（2）其他设备：

环境温度：0~48℃；相对湿度：≤98%。

地震烈度：≤7度。

2）控制系统技术要求

控制响应时间<1 s，信息响应时间<1 s。

监控系统的硬件、软件的设计应充分考虑系统的可靠性、可维护性、通用性和先进性，并具备故障诊断、在线修改、离线编辑等功能。同时系统设计应遵循模块化设计原则。

3）机械技术要求

启闭机、传动装置、锁定装置的设计应安全可靠，在停电、控制系统和机械装置出现故障时，应有应急措施使锁定装置解锁，使启闭机能够关闭闸门，以确保全线所有地铁站不会被水淹没。

4. 与相关专业的接口

（1）与低压配电专业接口。

电源接口位置在电源切换箱的出线开关下桩头，电源切换箱由车站配电专业提供，位置在防淹门设备室。防淹门用电等级为一级。防淹门接地端子排接入车站综合接地网，接地端子排由低压配电专业提供。

（2）与综合监控系统的接口。

接口位置在防淹门室防淹门控制箱内控制器的通信口上，通信电缆由防淹门系统提供。

（3）与信号系统的接口。

接口位置在车站防淹门控制室控制柜端子排上，信号电缆由信号系统提供。

（4）与区间给排水专业的接口。

接口位置在防淹门控制室控制柜端子排上，由区间水泵房提供两个独立水位信号至防淹门控制室，信号电缆由防淹门系统提供。

5. 设备布置及土建设计要求

防淹门布置在车站端部车站侧，控制装置布置在站台的上一层，闸门平时打开，并由锁定装置锁定。

建筑需按要求预留防淹门机房及控制室，预留孔洞并预埋预埋件。道床、结构专业按要求预留门槛、门槽孔洞和预埋件。

6. 人防通风设计

（1）根据《轨道交通工程人民防空设计规范》，地铁战时人防通风设计按丁级防化选取通风设计标准。

（2）丁级防化的车站战时人防按两种通风方式进行设计，即清洁式通风和隔绝式通风。

（3）车站掩蔽人数：重点设防站、一般设防站均按1 000人考虑。

（4）丁级防化车站清洁式通风新风量为$5\sim7\ m^3/$人·h。隔绝式防护时间为3 h。

（5）战时密闭区内温、湿度：自然状态；战时密闭区内噪声控制：不作要求。

（6）丁级防化的车站站台和站厅及区间构成的防护区的排风，按全工程超压排风设计。

7. 人防给排水设计

（1）重点设防站、一般设防站按照设计要求快速组装贮水箱。一般设防站也可用成品商业瓶装水作为战时人员饮用水。

（2）所有进出地铁防护单元（含车站及区间隧道段）围护结构的内侧及穿过防护单元隔墙两侧的上水管、消防水管、压力排水管，均应设置工作压力不小于1.0 MPa的人防防爆波阀，闸阀应设在便于操作处，并应有明显的标志。

8. 人防电气设计

地下车站内的所有用电设备平时和战时均使用城市电网电源，通过主变电所的低压侧接引两路35 kV电源，由车站降压变电所供电。战时设防站以人防防护单元为单位，各自就近引接人防区域电源作为人防战时用电，路径尽量从人防连通口及人防口部引接。各车站低压室、照明配电箱及平时进排风机配电箱预留人防回路作为人防平时电源，负荷等级为二级；预留将来引入人防区域电源或其他电源进线的可能性。

3.4.4.1.5 特殊站点机电消防性能化设计

1. 什么情况下需要进行消防性能化设计

根据《城市轨道交通技术规范》（GB 50490—2009）要求：多线换乘车站共用一个站厅公共区，且面积超过单线标准车站站厅公共区面积2.5倍时，应通过消防性能化设计分析，采取必要的消防措施。

7号线共站厅节点换乘站中超过该规范规定面积的车站共6座，分别为：火车北站（共厅面积5 869 m^2）、驷马桥站（共厅面积5 073 m^2）、槐树店站（共厅面积5 086 m^2）、琉璃场站（共厅面积9 818 m^2）、火车南站（1号线约4 021 m^2，7号线约7 686 m^2，18号线约8 805 m^2）、太平园站（共厅面积9 200 m^2）。另外两个亚洲最大的地下场段也需要做消防性能化评估。

2013年7月19日，四川省公安消防总队在成都主持召开了7号线川师车辆段项目消防设计专家论证预评审会。专家给出如下意见：

（1）地下2层所有楼梯应直通地面，其楼梯均应是防烟楼梯。

（2）办公用房应由3层改为1层。

（3）运用库防火分区面积最大不应超过6 000 m^2，疏散方案基本可行。环形走道安全疏散方案待进行消防性能化设计后确定。

（4）建议地下1层消防车道加排烟天井。

（5）定临修库火灾危险性应为丁类。

（6）楼板耐火极限不低于2.0 h，顶板耐火极限不低于3.0 h。

（7）挡烟垂壁应和水幕相结合。

（8）定临修库、运用库应在两个防火分区内划分防烟分区，确定机械排烟量。

（9）下沉式广场的消防车道附近应设置室外消防设施。

在初步设计到施工图设计过程中，均将各方意见予以落实。

2015年1月22日，省住房城乡建设厅会同省公安消防总队组织召开了7号线川师车辆段与综合基地项目消防设计方案专项论证会。专家给出如下意见：

（1）在相邻防火分区防火墙上设辅助出口应向疏散方向开启。

（2）防烟分区面积不应超过2 000 m^2。排烟口控制面积不超过500 m^2，且均匀布置。

（3）环形车道内设机械排烟设施、加密喷头和消火栓后，可不划分防火分区。环形车道内设置独立的照明线路，并完善疏散指示标志和应急照明。

（4）下沉广场开口面积不少于下沉广场地面面积的50%。

（5）消防给水按现行防火设计规范执行，消火栓布置应保证两股充实水柱保护要求。

（6）道岔区的路轨消防车接驳口应通过专题研究确定。

（7）运营期间，各区域储藏物品的火灾危险性类别应满足设计要求；物资总库储藏物品火灾危险性应为丁、戊类。

（8）评估报告应针对消防超限问题、加强措施逐条列表。

2014年2月，四川法斯特消防安全性能评估有限公司对六座车站、两座地下场段进行了消防安全性能化评估，形成了专题报告，并通过专家评审，评估意见及专家意见均在设计文件中逐一落实。为下一步消防验收的顺利通过奠定了坚实的基础。

2. 有关站厅公共区设置自动喷淋系统

7号线工程初步设计时，适逢地铁行业几大设计规范（标准）新老版本交替之时，虽然土建已基本形成，但由于消防验收强调执行新规范，让设计陷入很大的被动，通过与地铁公司反复沟通，换乘站点超5 000 m^2增设了自动喷淋系统。火车北站、槐树店站、太平园站、火车南站设置自动喷水灭火系统；琉璃场站、北站西二路站、西南交大站预留自动喷淋管网。

自动喷水灭火系统的水量按现行《自动喷水灭火系统设计规范》确定。自动喷水灭火系统按1 h计算。

自动喷水灭火系统设有消防泵房和消防水池。

与近期规划线路换乘，站厅面积超过5 000 m^2时，原则上先建线路车站需设置喷淋管网系统并在线路分界点预留接驳条件，IBP盘预留喷淋泵硬启动安装条件，并同步考虑排水条件，避免后期改造影响正常运营；后续线路工点设计根据在建线路提资要求同步设计喷淋泵房、喷淋泵、配线、互联通信等配套设备设施，确保符合现行消防规范及暂行规定要求，也为后续线路顺利通过消防验收提供了可靠的预留保证措施。

7号线消防性能化评估报告及消防专项评审专家审查意见对成都后续线的消防设计具有重要的参考意义，可以避免设计返工。

3.4.4.1.6 机电节能减排措施效果分析

7号线从工可设计阶段就由机电系统专业牵头，各相关专业配合，完成节能评估报告编制工作，并通过国家发改委组织的专项评审，总体组各专业督促将节能思想、措施贯彻到本专业的初步设计、施工图设计之中。从试运营后节能效果看，本线节能减排效果明显，对于后续地铁建设有极高的参考价值。下面将从各系统节能措施的角度给出详细的论述。

1. 节能设计技术措施

1）线路

（1）地下线路纵断面设计尽量采用高站位、低区间的形式，并尽量采用节能坡。当列车出站行驶在下坡段顺应列车加速度阶段，中部段列车可做惰行以节能，当列车进站前行驶在上坡段顺应列车减速制动阶段，充分利用位能转换能量，以降低每吨千米的牵引用电量。

（2）根据车辆的技术条件，合理的平面曲线半径：一般来说，线路平面曲线半径越小，则轮轨磨耗越大；平面曲线半径越大，有利于减少列车运行阻力，从而节省牵引能耗。

（3）地下线轨道综合减振措施。

2）行车

（1）优化全日行车计划。

全日行车计划是营业时间内各小时开行的列车对数计划，它规定了轨道交通线路的日常运输任务，首先应当满足乘客在不同时段、不同区段的出行需求，且需保证适当的服务水平，其次还要考虑运营成本的经济性，即在列车服务水平与运营成本之间寻求最佳平衡点。

在实际运营中需要根据各时段客流规模确定行车计划，在保证一定行车间隔服务水平的情况下，尽量减少列车开行对数，从根本上节约牵引能耗，提高运营效益。

（2）合理编制列车运行图。

在列车运行图编制中应注意与换乘线路的列车运行图相协调，避免换乘乘客在站台长时间停留，尽量减少通风空调的系统能耗。

（3）非高峰时段组织列车节能牵引。

非高峰时段组织列车以节能牵引的方式运行，7号线推荐采用的是6辆固定编组列车，在非高峰时段为了保持一定的满载率，行车开行密度不能太密，但为了增加客流吸引，又必须保持一定的服务水平，要求行车开行密度又不能太疏。因此，在力求效益与能耗平衡的前提下，在非高峰时段以节能方式牵引列车，损失一定的旅行速度，以达到运营能耗的节省是必要的，也是目前多数运营公司惯用的节能手段。

通过上述措施，在力求效益与能耗平衡的前提下，在非高峰时段以节能方式牵引列车，损失一定的旅行速度，达到运营能耗的节省。

3）供电系统

（1）有效利用既有主变电所资源共享供电。

本工程利用2、3号线既有主变电所供电，有效利用城市电力资源和土地资源，并减少了由于单独新设主变电所带来的运营能耗及输电线路的电能损耗，从而达到节能的目的。

（2）合理分配资源共享主变电所主变压器承担的用电负荷。

3号线每座参与7号线资源共享的主变电所均设置两台110/35 kV主变压器，正常运行时，两台变压器分列运行，共同承担其供电范围内的用电负荷。7号线开闭所设置及环网分区划分时合理分配了各资源共享主变电所内的两台主变压器所承担的用电负荷，尽可能使两台主变压器承担的负荷均匀，以降低主变压器损耗及供电网络的电能损耗。

（3）合理设置牵引、降压变电所位置。

根据线路平纵断面、车辆选型、列车编组和运营组织方案，在满足初、近、远期供电需求的前提下，合理设置牵引变电所位置和数量，尽可能使牵引变电所出力均匀，减少电能损耗。尽可能将车站牵引变电所设置在站台层、将车场牵引变电所设置在咽喉区，以减少35 kV电缆和DC 1 500 V电缆的迂回，缩短电缆长度，并通过合理选择电缆截面和材质，降低输电线路的电能损耗。

尽可能将降压变电所（含跟随式降压变电所）设置在车站、车场的负荷中心，以减少低压电缆的迂回、缩短电缆长度，尽可能将车站变电所35 kV开关柜室设置在站台层，以减少35 kV电缆的迂回，并合理选择电线、电缆截面和材质，降低配电线路的电能损耗。

（4）合理确定车站（车场）配电变压器的容量。

合理确定配电变压器容量，提高变压器容量利用率，降低电能损耗。

（5）合理设置牵引网供电方式。

正常运行时，正线牵引网采用双边供电方式，非正常运行时，正线牵引网尽可能采用大双边供电方式，上、下行钢轨之间尽可能设置均流线，以减少牵引网电能损耗。

（6）无功功率补偿及谐波治理。

根据实际情况，可考虑在降压变电所低压侧装设自动无功功率补偿及谐波治理装置，在主变电所设置动态无功补偿及谐波综合治理装置，使整个供电系统的功率因数和谐波含量处于优质供电区间，以减少传输功率损耗、变压器有载损耗和供配电线路的电能损耗。

（7）选用高效低耗的电气设备。

① 变压器。

主变压器选用节能型电力变压器，牵引变压器和配电变压器选用损耗低的干式变压器，以减少维护工作量和变压器的电能损耗。

② 接触网。

全线采用DC 1 500 V架空接触网，地下区段采用刚性架空接触网，以降低牵引网阻抗，减少牵引网的电能损耗。

③ 其他设备。

在保证供电系统可靠性的前提下，优先采用低损耗、高效能电气设备。

通过上述措施，主变电所位置的确定原则能实现主变电所的资源共享、有利于合理利用城市的电力资源和土地资源，而且可以减少主变电所的运营能耗及输电线路的电能损耗，达到节能的目的，中压供电网络及牵引供电电压均较高，节能效果明显；相关设备的选取，符合相关设备节能的要求。

4）弱电系统

（1）通信。

通信系统从以下几个方面进行了系统的节能设计：

● 子系统间共享整合方案。

● 通信系统与相关系统间共享整合方案。

● 系统设备选型及配置。

上述节能方案可以减少系统设备配置、减少用电及空调，减少设备房屋面积，控制建筑规模，减少运维人员数量及成本，以达到节能环保的目的。

通过共享整合方案比选分析及系统设备选型配置分析，上述节能技术措施完全具备实施条件。

（2）信号。

信号系统从以下几个方面入手进行了系统的节能设计：

● 列车运行控制。

● 合理的运营组织。

● 系统设备选型。

● 降低缆线传输损耗。

● 降低噪声。

- 减少电磁污染。
- 控制设备工作温度和发热量。
- 线网资源共享。

上述节能方案可以减少列车运行用电的耗能，减少对电磁环境的污染，减少工作设备的发热量，减少人员机构的设置，这些措施将尽可能地节省电能的消耗和达到减员增效的目的。

（3）综合监控。

综合监控系统从以下几个方面进行了系统的节能设计：

- 减小机电系统的配置规模。
- 优化系统工艺。

上述节能方案可以减少系统设备配置规模、减少用电量，可达到节能环保的目的。

（4）自动售检票系统从以下几个方面进行了系统的节能设计：

- 选择经济、耐用、环保材料制作车票。
- 选用功耗低、发热量小、待机耗电量小的设备。
- 系统设计应考虑关闭模式、休眠模式等节能模式。
- 考虑和其他弱电系统合用设备房。
- 考虑与其他弱电系统合设UPS。

上述措施可以减少系统设备配置规模、减少用电量，以达到节能的目的。

5）车辆

7号线车辆节能措施主要包括：减轻车辆自重、改进电力牵引系统、采用电力再生制动技术以及车载空调系统节能等。

① 减轻车辆重量。

普通耐候钢车体的自重约9~10 t，占到了整个车辆质量的1/3左右，因此，减轻车体的质量将有效地减轻车辆质量。

与耐候钢车体自重相比，不锈钢车体自重可减轻30%左右，铝合金车体自重可减轻50%左右。

② 改进电力牵引系统。

国内外地铁车辆牵引传动分直流牵引传动和交流牵引传动两种方式，现在的发展主流是交流牵引传动方式，直流牵引传动方式已逐渐退出城市轨道交通领域。

同时，采用交流传动的三相鼠笼式异步电动机与直流传动的直流电机相比，相同功率的异步电动机质量轻、功率因数高及单位体积发热量小。

③ 采用再生制动控制技术。

由于城市轨道交通的站间距短，列车起动、制动频繁，如果利用好列车制动时的动能对节能有重大意义。列车常用制动为电制动（再生/电阻制动）与空气制动相结合，优先使用电制动，空气制动补充不足的制动力。

轨道交通作为一种大运量、高密度的交通工具，它在城市公共交通中扮演着越来越重要的角色，其列车运行具有站间运行距离短、运行速度较高、起动及制动频繁等特点。目前轨道交通普遍采用的VVVF动车组列车，其制动一般为电制动（再生制动、电阻制动）和空气制动两级制动。

传统的列车电阻制动做法是将制动电阻装设在车辆底部，当再生电阻不再起作用时采用空气制动。传统的列车电阻制动产生的大量热量散发在地铁隧道内，在大运量、高密度的运行条件下，使地铁隧道的温升加剧，加大通风系统的负担。

因此，上述列车制动方式存在的弊端主要体现在以下几点：

a．部分再生制动能量不能被相邻车辆吸收，通过车辆上制动电阻发热消耗或空气制动消耗，带来隧道和站台内的温升问题，浪费了大量电能的同时增加环控设备用电量和维护成本。对于位于地下线路的地铁车站，隧道温升问题将更加明显。

b．增加车辆重量。影响车辆轴重，降低车辆安全性能及载客数量，列车运营时消耗更多的电能；降低车辆启动加速性能。

c．车载制动电阻以及相应的斩波控制，提高了车辆采购成本。

d．制动电阻设置于车上容易受到灰尘、油污的侵染，且运行时的振动冲击使其容易受损，运营维修费用高。

随着国内变流技术的成熟，为了有效利用城市轨道交通车辆制动再生能量，降低通风空调系统负担，节省电能，响应国家节能减排号召，7号线工程机电招标设计开展的同时对本工程列车再生电能吸收方案进行专题研究，并最终选用了中压能馈与低压混合逆变能馈的混合搭配吸收方案。

中压能馈装置在7号线工程的设计应用，开通运行过程中体现出了以下几个优势特点：

a．列车控制特性。

中压能馈装置在列车制动或减速过程中VVVF回路引起牵引网网压抬升时开始工作，对列车ATO控制系统不产生影响。

列车VVVF回路电压抬升控制与逆变回馈装置控制电压须密切配合，设置合理的最高工作电压以保证逆变回馈装置的正常工作。

b．系统网压影响分析。

在供电系统中，谐波产生的根本原因是非线性负载所致。当电流流经负载时，与所加的电压不呈线性关系，就形成非正弦电流，即电路中有谐波产生。由于半导体晶闸管的开关操作和二极管、半导体晶闸管的非线性特性，供电系统逆变设备（如低压混合逆变中的斩波柜）会呈现比较大的背离正弦曲线波形。

谐波对供电系统的危害是造成系统网压的波动，解决方法是在逆变系统中设置一定容量的电抗器。

无论哪种再生逆变方案，均在逆变系统中设置了小电抗器，逆变回馈至中压方案中，在隔离变压器中，加大漏抗容量，用来消除谐波。

成都地铁的供电系统均为110/35 kV集中供电，主变电所35 kV母线均设置了兼具谐波治理功能的动态无功补偿装置。

c．经济效益。

结合国内外技术发展现状和7号线工程具体情况，拟实施"8套低压混合逆变回馈装置+7套中压能馈装置"方案，对7号线列车再生能量吸收后进行经济效益追踪分析。

a．直接经济效益。

本工程2017年开通后第3年为初期，第10年为近期，第25年为远期。至初期运行时，可节省电费总额约1 569万元/年；至近期运行时，可节省电费总额约6 301万元/年。

截止2018年年底实际数据统计（开通第一年），日均节约电费约2.5万元，年节省电费约912.5万元。

由此可见，7号线工程投入"8套低压混合逆变回馈装置+7套中压能馈装置"后的投资将在工程运行6年后收回成本，比预期的10年收回成本提前了。

b．间接经济效益。

● 逆变回馈装置的使用，不但避免了将再生电能通过电阻白白地损耗，而且可使机车减轻近2 t制动电阻的质量，减少小量牵引能耗的同时节约了机车车载电阻投资（每列车车载电阻约20万，初期节约车载电阻投资约720万）。

● 取消车载制动电阻，采用逆变回馈装置时隧道内保留隧道顶所需车载空调及排烟通风量需求，隧道轨底通风基本可忽略，各车站风机容量均可适当减小，根据7号线目前的环控风量计算，风机投资减少11万/站，动照环控柜投资减少10万/站，即7号线全线15个车站共可减少330万元的车站风机设备投资。

● 附加效益。

除上文所述经济效益以外，逆变回馈吸收装置的使用还会带来一系列的附加效益：

车载电阻取消后，列车原有运营维护成本随之减少。

各车站风机容量减少后，通风及动照设备的损耗费用、维护费用及电能费用也随之减少，即运营成本减少。

如未设置逆变回馈装置，则地铁列车启动、制动频繁，网上用电设备长期工作在电压不稳定的恶劣环境下，设备磨耗增大，严重的甚至会损坏用电设备，这些显然会使地铁的运营成本增大。逆变回馈装置的使用除能合理利用再生能量外，对降低地铁的运营成本也是有意义的。

④ 车载空调系统节能。

地铁车辆空调系统耗电功率比较大，按6辆编组列车每辆车设2台空调机计，用电占车辆辅助电源系统容量的60%以上，因此，空调系统的节能对整车节能影响较大。7号线车载空调系统采用温度自动控制，温度设定值可调，可根据四季环境温度的变化，改变设定温度，使车内温度既保持在人体舒适的范围内，又节约电能消耗。

7号线选用轻量化车体、使用VVVF牵引系统、采用再生制动控制技术和节能型空调，可有效地节约电能消耗。

6）车辆段、停车场

7号线车辆段、停车场在设计时已经考虑能源消费的影响，主要从以下几个方面入手进行了节约能源设计：

（1）采用较为合理的车辆基地布局方案，车辆运用功能集中布置于崔家店停车场，检修功能设置于川师车辆段，可有效减少机车牵引能耗。

（2）合理配置设备、选用节能高效产品。如车辆外皮洗刷采用循环用水。

（3）优化维修工艺流程，减少零部件运输距离，管线铺设长度最短、作业时间最短，生产房屋进行合并设置等。

（4）车辆段、停车场内管线采用综合布线，将各种管线短直布置。

（5）采用风冷式空压机，降低能耗，压缩空气输送采用辐射状布置并采用经济流速。

（6）不设置锻工、铸造等高能耗车间以减少电力消耗。

（7）该项目站场土石方调配尽量移挖作填，与区间隧道互调余缺，减少取弃土，在满足环保要求的前提条件下，取弃土场就近选择，减小了长距离调配的能耗。

综上所述，7号线选用轻量化车体、洗车用水循环使用、优化维修设备工艺布局、优化管线铺设方式等节能措施是合理的。符合《城市轨道交通工程项目建设标准》第八十一条"机电设备应优先选用高效、低耗、节能型的产品；电缆布设应接近最短路径"的规范要求。

7）机电系统

（1）通风空调系统。

① 地下站隧道通风采用单活塞通风系统，部分隧道风机变频兼作车站隧道排热风机。

② 地下站公共区采用一次回风空调系统，空调机、回/排风机采用变频控制。

③ 车站小系统。

地下车站小系统根据车站设备管理用房的功能、使用时间、室内环境条件以及消防保护要求的不同，分系统设置：设备用房根据温、湿度要求不同分为36℃降温系统和27℃空调系统，各系统根据室外温、湿度的变化采用空调运行或通风运行模式。

④ 冷冻水系统运行模式。

地下站各站标准设置为两台双机头螺杆式冷水机组，并配以冷水泵、冷却水泵各2台，冷却塔2台组成闭式循环系统。

因螺杆式冷水机组本身可通过滑阀卸载，实现在10%~100%负荷范围内的无级调节，且在部分负荷下仍有较高的COP值，故在这种配置方案下，夜间开启多联机为小系统提供冷量，主机侧COP值仍较高。为进一步减小水力输送系统的能耗，拟采用一次泵变频水系统。部分负荷下，盘管侧的实际需水量相应降低，此时根据末端回路压差控制水泵频率，通过降低冷水流量从而减少冷水系统水力输送能耗。

⑤ 换乘站冷源系统资源共享设计。

在7号线之前建设完成的换乘站，原设计中冷源系统先期有预留的，7号线设计时可不再考虑增设，只需在该换乘站与先期预留的冷源进行接驳。在7号线后期实施的非通道换乘的换乘车站（工期建设在5年以内）空调冷源设计，结合了土建的布置形式及车站地面周边情况考虑采用车站设置一个冷水机房对换乘车站进行供冷的模式，车站设计时宜综合考虑换乘车站的空调负荷，并应设置冷量的分线计量装置。

经过通风空调专业调研及计算后，慎重地取消了轨底风道，轨底风道取消后，有效地减少了轨道排风机的运行时间及风量，起到很好的节能作用。

（2）给、排水及消防系统。

① 给水系统尽量利用城市供水管网压力，能保证直供的生活、生产用水则采用管网直接供给，不能直接供给的采用变频泵供水。

② 生产用水、设备冷却用水尽可能做到循环使用，以达到节约利用水资源，减少对环境污染的目的。

③ 采用节水型卫生设备。设备、管材及管道接口选用行之有效的新技术、新工艺、新材料和新设备，以提高供水的安全可靠性，减少漏损，降低能耗。

上述措施符合相关能效标准。

（3）低压配电照明。

① 节能设备选型。

公共区照明、区间隧道灯具选用节能型LED光源灯具，车辆段大空间的照明场所采用金属卤化物灯等照明光源。照明要实现高效节能，首先应采用节能光源，这是推广高效节能照明的前提。7号线可使用新一代绿色光源LED。

办公室及管理用房照明以三基色荧光灯、节能型筒灯为主；大型库房室内照明采用金属卤化物灯；有装修要求的场所按装修要求确定灯具及光源。

② 电能计量是能量平衡的重要手段，本设计根据不同负荷类型，分单位、分车间乃至个别大容量设备设置了计量仪表，强化电能计控。能源计量器具的配备率、完好率、检定率要达到《用能单位能源计量器具配备和管理通则》（GB 17167—2006）和《用水单位水计量器具配备和管理通则》（GB 24789—2009）的相关规定。

7号线是成都第一条全面在车站变电所设置电能管理系统的线路，对各设备用电参数进行统计、并上传综合监控系统；对节能管理起到了很好的推动作用。

8）自动扶梯、电梯、屏蔽门

（1）自动扶梯、电梯。

轨道交通车站选用变频自动扶梯，并根据各站不同的客流量，考虑相应的自动扶梯配置原则，减少自动扶梯数量，节省电能。自动扶梯、电梯带变频调速装置，采用该项措施可节能30%～40%。

（2）屏蔽门。

① 设置站台屏蔽门后，减少了车站冷空气进入隧道以及列车制动时的热量进入站台候车区域，可降低环控系统设备规模，减少用电负荷。

② 屏蔽门与土建接口处进行了专门的密封设计，尽可能减少车站冷空气的损耗，以节约能源。

③ 尽可能减小屏蔽门与站台边缘的距离，以减小列车停站时车体与屏蔽门的间隙，减少屏蔽门开启时车站空调冷空气的散失。目前设计的直线站台屏蔽门玻璃面和站台边缘的间距约为75 mm。

④ 屏蔽门的玻璃选用导热系数相对较小的材料，以降低屏蔽门体的传导冷负荷。

2. 节能管理措施

1）行车组织管理措施

（1）在实际运营中需要根据各时段客流规模确定行车计划，在保证一定行车间隔服务水平的情况下，尽量减少列车开行对数，从根本上节约牵引能耗，提高运营效益。

（2）非高峰时段组织列车节能牵引。

非高峰时段组织列车以节能牵引的方式运行。

（3）环线特有的行车组织节能措施。

针对环线及相应的客流特征，主要采取以下特殊的行车组织方案，可提高满载率，从而达到节能的效果。

① 内外环采用不同的行车密度。

由于在早晚高峰及平峰时段，内、外环的客流量不一致，在行车组织上就可以利用环线无折返、内外环列车运行完全独立的特点，使得内环与外环的行车密度可以充分与相应的客流量结合。

② 在客流密集的局部区段缩小行车间隔。

由于全线客流分布不均匀，可充分利用分布在各处的停车线进行临时折返，在客流密集处，缩小行车间隔。

例如，火车北站两侧是客流高断面分布的区域，可以利用九里堤路口站和驷马桥站的停车站组织临时折返来缩小此区段的行车密度。

（4）在大的客流集散点停放备用车来应对突发客流。

2）供电系统管理措施

（1）为运营管理提供的节能管理手段。

全线设置电力监控系统，在控制中心，对全线供电系统的主要电气设备实现遥控、遥信、遥测和遥调功能。

通过设置各种操作和管理界面，便于调度人员对整个供电系统从节能的角度进行运营维护管理。如设置各种程控卡片，方便对全线的牵引供电系统设备进行投入和退出管理，可明显减少设备的空载损耗。

（2）根据负荷性质在各计量点设置考核电度表计，供成本考核用。通过具体的考核计量，可实际看到节能的成效，很大程度上提高节能意识。

3）车辆管理节能措施

（1）加强运用车辆的日常保养和及时处理一般性临时故障等。

（2）依据轨道交通车辆的检修周期，定期完成对轨道交通车辆的计划性修理，使车辆处于最佳服务状态。

4）车辆段、停车场节能管理措施

（1）加强车辆段、停车场的人员管理，避免人为浪费能源。

（2）保持段内各种设备机具以及调车机车、工程车等处于最佳服务状态。

5）机电设备节能管理措施

（1）通风空调系统。

① 通风空调系统运行管理人员应该掌握系统的实际能耗状况，定期调查能耗分布和分析节能潜力，提出节能运行的建议。应根据系统的冷负荷和能源供应条件，制定合理的全年运行方案。

② 通风空调系统管理人员宜每年进行一次通风空调系统能耗系数的测算，测量结果应作为对系统节能状况进行检测和比较的依据。

③ 地下站隧道通风采用单活塞通风系统，正常运行时通过活塞效应对隧道通风，早、晚列车开始运行前和停止运行后半小时对隧道进行机械通风。轨道排风机由BAS控制并变频运行，在运行实践中不断总结经验，优化运行模式。

④ 车站通风空调系统由BAS系统控制，系统运行模式根据室外环境温、湿度参数确定相应的小新风空调、全新风空调、全新风通风等模式，并在运行过程中不断积累经验，寻求最佳的运行模式。

⑤ 冷冻水系统运行模式。

冷冻水一次泵闭式系统变频运行，由BAS系统根据冷负荷变化控制冷水系统运行策略。并在运行过程中不断积累经验，完善运行模式。

⑥ 加强制冷管道系统的日常维护，及时修复破损管道绝热层，及时维修管件阀门，减少冷冻水流失，及时排污，保持制冷系统运行在最佳状态。

⑦ 定期检查空气过滤器的前后压差，应按照现行国家标准《设备及管道绝热效果的测试与评价》（GB/T 8174—2008）的要求，对设备及管道的保温情况做定期检查。

⑧ 对用能用水均配置计量及控制仪表。

（2）给、排水及消防系统。

在各站接管点设总水表。

（3）低压配电照明。

① 根据客流的多少，合理投切照明回路，以减少电能损耗。

② 电能计量是能量平衡的重要手段，本设计根据不同负荷类型分单位、分车间乃至对个别大容量设备设置了计量仪表，强化电能计控。

③ 车站广告照明。

采用节能型LED光源，并在列车停运后，关闭车站的广告照明灯箱，以达到节能的目的。

④ 区间隧道照明灯的节能。

区间隧道内的照明光源采用LED。

3. 结 论

通过对7号线各相关专业系统的节能方案进行对比分析，对所采取的节能措施进行分析，7号线节能效果归纳如下：

（1）成都市市政管网能满足7号线运营所需给水、排水及消防用水需求。

（2）根据成都市轨道交通线网规划及建设时序，提前有针对性地进行电网规划和建设，成都市电网能够满足7号线的供电需求。

（3）7号线选用轻量化车体、优化维修设备工艺布局、优化管线铺设方式等的节能措施是合理的。

（4）7号线供电系统方案中采用集中供电方式、中压供电网络采用两级供电方式、中压供电网络的电压等级采用35 kV、主变电所主变压器初期容量按近期容量安装、牵引变电所牵引整流机组采用等效24脉波整流技术以及安装逆变回馈型再生制动能量吸收装置等，是目前城市轨道交通比较先进的技术，其系统是节能的。

（5）通信系统节能主要体现在本系统及相关系统的共享整合方案、系统设备选型及配置等方面，达到减少系统设备配置、减少用电及空调数目，减少设备房屋面积，控制建筑规模，减少运维人员及成本，选用节能环保技术产品等达到节能的目的。

（6）信号系统在满足运行调整和旅行速度的要求下，既考虑节能，又保持一定的旅行速度。

ATS运行图编辑工作站能根据全线的接触网供电划分范围，运行间隔要求，车站停站时间，车辆牵引、制动等特性，合理选用节能运行的区间运行时分，编制满足运营要求的全线节能运行的列车运行图。

（7）环境与设备监控系统（BAS）是对照明系统、通风空调、给排水水泵、电梯、自动扶梯等机电设备进行的自动化监控系统。BAS系统根据运营需要和客流实际情况分析，有针对性和实效性地对上述机电设备进行开、关等调节控制，以达到节能管理、自动调节、减少耗能的目的。

（8）7号线采用旋转式电机地铁A型车。在满足该项目牵引能力的基础上，做到节约能源和降低投资。4M2T的车辆配置可满足正常运行需求，有利于提高列车旅行速度，同时满足故障运行要求。并设置了能量回馈装置，为进一步节能创造了条件。

（9）照明系统采用高效节能的照明设备，并对照明实施智能控制，从而有效节约能源。

（10）电、扶梯变频控制能有效节约能源。

（11）通风空调系统实施有效的变频控制系统，对系统节能的效果明显。

综上所述，7号线系统是节能的，能源利用率合理。

下面通过成都地铁2、4、7号线在2018年7月份（典型空调季节）各站点的能耗统计资料，对7号线站点能耗表现做进一步的对比分析，由于2、4号线均为6B车型，7号线为6A车型，故牵引部分的用电量没有做详细的对比分析。图3-179、图3-180、图3-181分别为成都地铁2、4、7号线2018年7月份各站点能耗统计图。

从图3-180～图3-182三条线的站点能耗统计资料来看：2018年7月份，2号线含场段共计33个站点，249 218 kW·h/站点。2号线还有3个高架站；4号线含场段共计31个站点，210 788 kW·h/站点；7号线31个车站，两个地下场段，一处OCC共计34个站点，平均统计用电量为245 099 kW·h/站点。7号线为6A车辆编组，车站规模较2号线大，土建面积基本为2号线的1.5倍，是4号线的2倍，同时有两个地下场段。通过对比显示，7号线机电设备是非常节能的，当然也存在部分站点能耗指标偏高，建议在运营过程中加强监测，优化能耗产品运行模式，不断降低能耗。

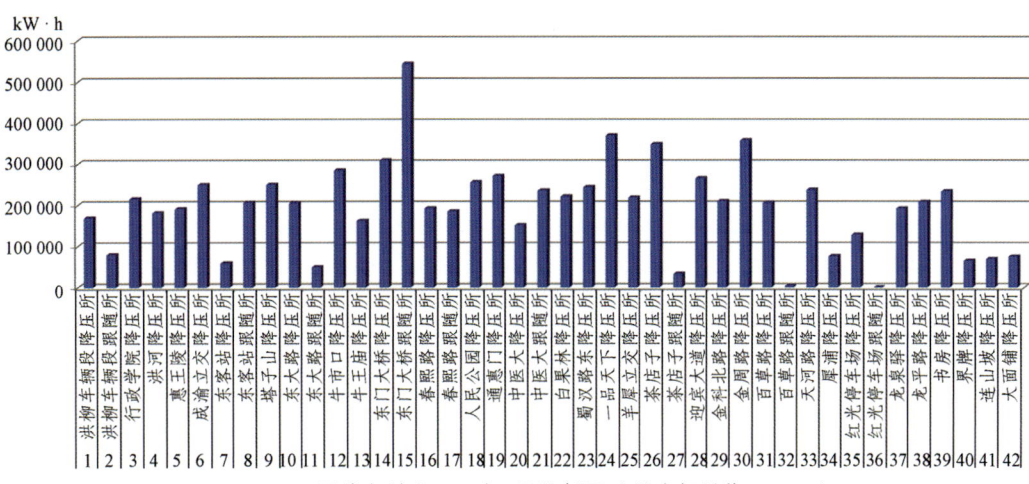

图3-179　2号线各站点2018年7月能耗图（纵坐标单位kW·h）

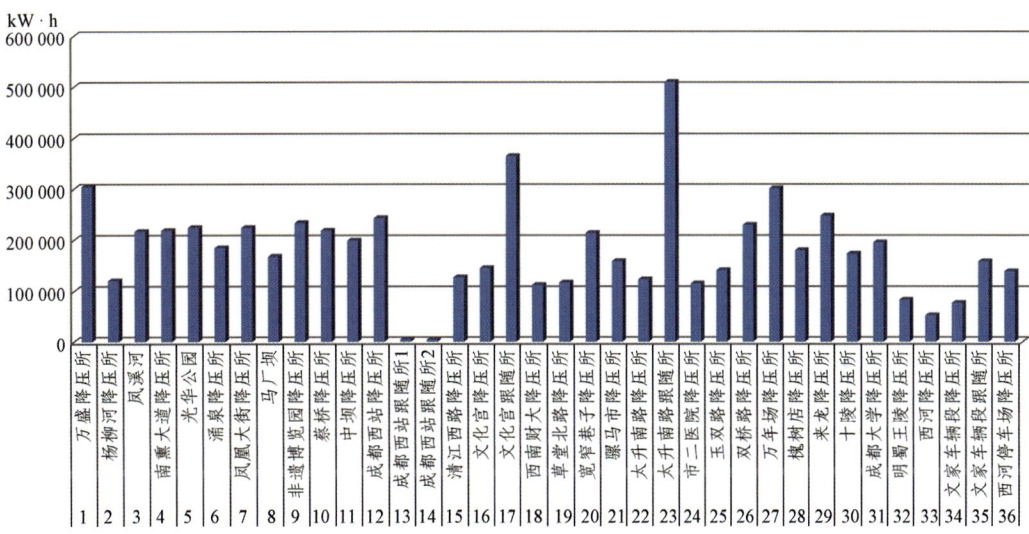

图3-180　4号线各站点2018年7月能耗图（纵坐标单位kW·h）

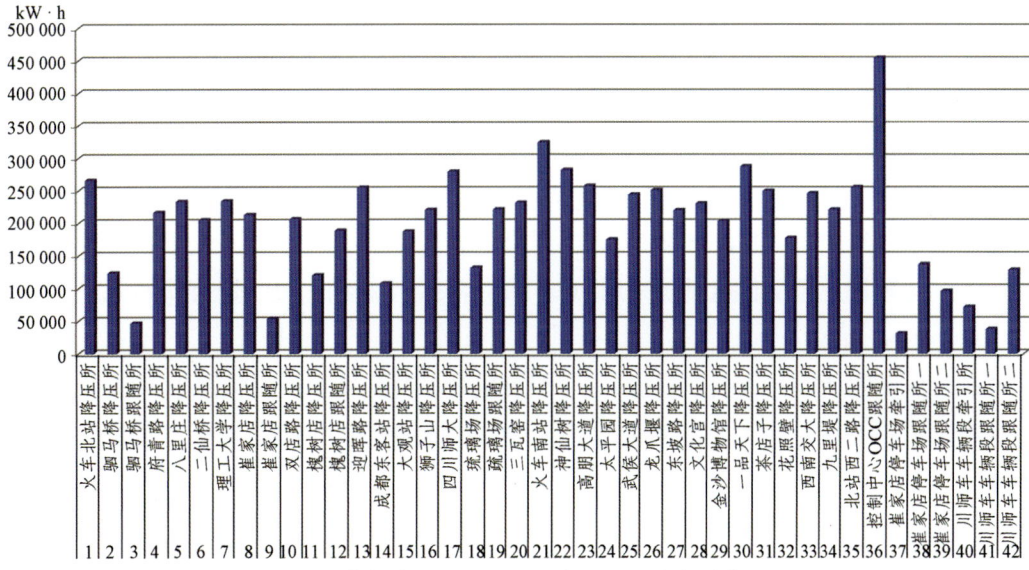

图3-181　7号线各站点2018年7月能耗图（纵坐标单位kW·h）

3.4.4.2 牵引供电系统设计技术

3.4.4.2.1 供电系统在线网建设中的概况

2017年12月开通的7号线，是成都市自2010年地铁1号线开通以来，第6条开通的运营线路。至此，全市城轨线路运营里程达226 km，其中216 km的供电系统均由中铁二院承担设计，其所承担的供电系统设计中，外部110 kV电源引入主所，通过主变压器降压成35 kV，经由环网电缆供牵引所和降压所使用。现运行主所13座、开闭所3座、牵引所90座、降压所103座，共196座。正线线路柔性接触网172 km、刚性接触网458 km，共630 km。

7号线为成都轨道交通第一条环线，供电系统在线网中发挥的作用远远高于其他线路。

7号线工程线路全长38.6 km，设置车站31座，全地下车辆段1座，全地下停车场1座，车站最大站间距2.194 km，最小站间距0.729 km，平均站间距1.245 km，列车制动频繁，产生的制动能量较多，采用中压能馈逆变与低压混合逆变的吸收方式进行消化。

供电系统采用110/35 kV两级电压集中供电方式，牵引供电系统和动力照明配电系统共用35 kV供电环网，供电网络采用大分区方式；本工程不新建主所，利用先期建设线路设置的具备资源共享条件的主变电所（2号线的沙河堡主变电所、3号线的北郊及红牌楼南主变电所）提供35 kV电源，在本工程设置开闭所向沿线的变电所供电；牵引供电系统采用DC 1 500 V架空接触网供电、走行轨回流方式；本工程共设置15座牵引降压混合变电所（其中正线13座，车辆段1座，停车场1座）。

3.4.4.2.2 主要设计方案

地铁供电系统是地铁运行的动力源泉，其不仅负责地铁车辆的牵引供电，而且负责地铁的动力配电、照明、通信、信号、FAS、BAS、AFC等系统的供电。

成都地铁供电系统自2010年开展设计回访以来，坚持每个开通项目有效回访并落实到日常设计工作中，坚持进行运营问题跟踪，与相关供电运营单位保持良好的合作共建关系，并在成都地铁供电系统联合课题小组中，坚持每年进行难题研究攻关工作。

7号线供电系统设计方案根据成都的城市特点，在吸取其他城市既有轨道交通工程的设计、施工和运营管理经验基础上，以"技术成熟、安全可靠、节能高效、维修简便"为原则，将成都地铁的供电系统设计成了系统接线简单、运行方式灵活、管理维护方便的优质工程。

1. 供电方式

供电系统采用集中式、110/35 kV两级电压供电方式，牵引供电系统和动力照明配电系统共用AC 35 kV供电环网，牵引供电系统采用DC 1 500 V架空接触网供电、走行轨回流方式。

2. 供电系统构成

供电系统由开闭所、35 kV供电网络、牵引变电所、降压变电所、接触网系统、动力照明配电系统、电力监控系统、杂散电流腐蚀防护及接地系统和供电车间等组成。供电系统构成如图3-182所示。

供电系统的主要功能如下：

（1）接受、分配电能：主变电所将从城市电网引入的110 kV电压降压为35 kV，经35 kV供

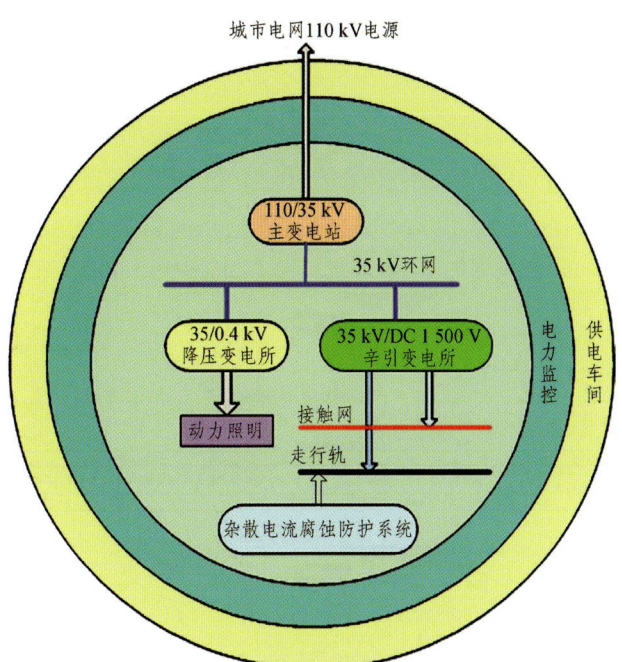

图3-182 供电系统构成示意图

电网络将电能分配到地铁沿线的牵引变电所和降压变电所。

（2）牵引整流及接触网直流电能传输：牵引变电所将35 kV电压降压整流为DC 1 500 V，并通过沿线架设的接触网向地铁列车供电。

（3）降压及动力照明配电：降压变电所将35 kV电压降压为0.4 kV，向车站、区间、车辆段的各种动力照明设备供电。

（4）遥控、遥信、遥测、遥调：在地铁控制中心，通过电力监控系统对全线供电系统的主要电气设备实现遥控、遥信、遥测和遥调功能。

（5）杂散电流腐蚀防护及监测：减少因直流牵引供电引起的杂散电流数量并防止其对外扩散，尽量避免杂散电流对地铁本身及其附近结构钢筋、金属管线产生电化学腐蚀，并对杂散电流进行实时监测。

（6）防雷及接地：对沿线容易受到雷电、过电压侵入而损坏，从而影响系统运行的供电系统电气设备，提出设置过电压保护装置的要求。全线设置统一的、高低压兼容、强弱电合一的综合接地系统，为设备及人身安全提供防护。

（7）供电车间：负责全线供电系统设备的运营管理和维护。

3. 本工程主要设计方案

1）供电系统大分区

中压供电网络的接线方案是否合理，将直接影响到供电系统的可靠性、工程投资、运营管理方便性、运营维护工作量及运营成本的高低等。

7号线供电系统采用国内首条35 kV供电系统环线大分区方案，节约电缆一次性投资及其运营能耗。

7号线供电系统采用35 kV环网,且线路为成都市中环的环线线路,因此采用环线大分区能突出环线优势并更加有效地提高供电可靠性。7号线交流供电系统图如图3-183所示。

线段线路供电系统采用大分区时,当供电分区中某个变电所存在整体退出运行时,两端头主所电源支援供电时将发生中断,即$A—B—C$发生B退出时,A无法支援C,供电可靠性存在一定的风险;环线线路采用大分区时,A可以及时支援C,实现供电可靠性。

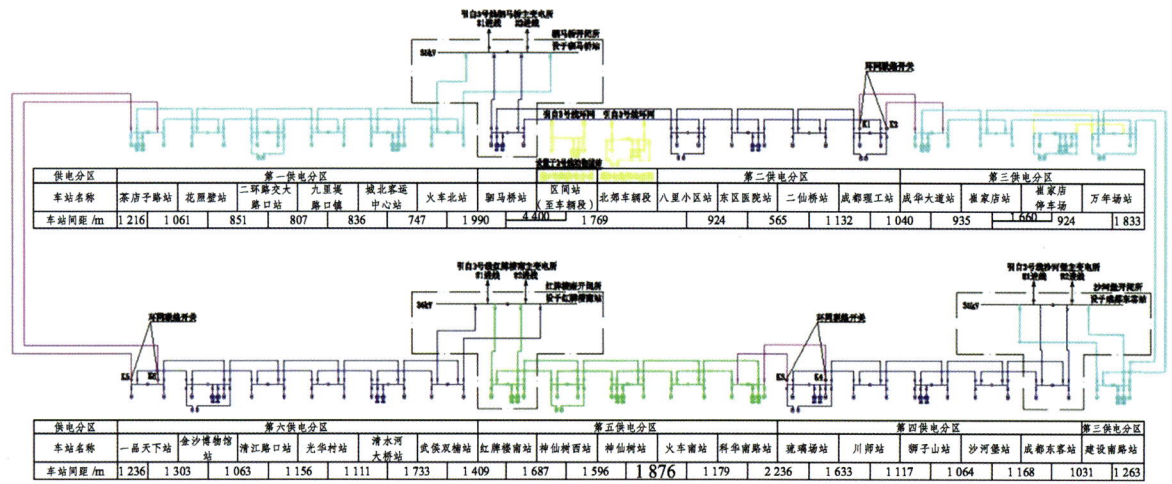

图3-183　7号线交流供电系统图

7号线35 kV开闭所35 kV电源均引自2、3号线主变电所的35 kV母线,加之供电局对2、3号线主变电所允许的过电流保护的时限较短(目前为2.1 s),对于35 kV侧采用两级母线的3号线主变电所,所能分配给7号线开闭所的35 kV进线过电流保护时限更为紧张,仅为1.3 s,按照35 kV过电流保护时限级差配合关系,7号线的每个供电分区最多只能设置3个变电所,如此一来,将产生大量的环网电缆投资。

因此,结合环线线路及外部电源过电流时限特征,7号线供电系统采用35 kV环线大分区供电方案。

除开闭所至主变电所之间的电缆外,环线小分区方案需使用150 mm²电缆152.9 km、240 mm²电缆309.8 km,环线大分区方案仅需使用240 mm²电缆317.0 km;采用环线大分区的供电方案少用电缆约145 km,节约电缆投资约2 800万元,避免不必要的电缆轻载损耗,节约金额约200万元/年,同时极大地减少施工难度及维护工作量。

2)变电所数字通信电流保护

7号线设置了35 kV开闭所并通过35 kV供电环网向各个供电分区供电,为了实现后备保护的选择性,供电分区的各级断路器一般需设置过电流保护,各级过电流保护之间在数值和时限上均有配合,考虑到断路器的固有分闸时间、保护出口继电器的动作时间及安全系数等因素,成都地铁35 kV环网电缆保护系统各级过电流保护的时限级差一般取250 ms。

由于7号线的35 kV开闭所35 kV电源均引自2、3号线主变电所的35 kV母线,加之供电局对2、3号线主变电所允许的过电流保护的时限较短(目前为2.1 s),对于35 kV侧采用两级母线的

3号线主变电所，所能分配给7号线开闭所的35 kV进线过电流保护时限更为紧张，仅为1.3 s，因此，为保证7号线35 kV环网电缆保护系统的可靠性，按照35 kV过电流保护时限级差配合关系，7号线的每个供电分区最多只能设置3个变电所，为此将增加大量的环网电缆投资、加大工程施工难度及运营维护工作量。

另外，35 kV环网电缆在主保护（光纤差动保护）退出时，过电流保护为保证系统选择性，距离电源点越近，短路电流越大时，其保护动作时限反而越长，无法保证系统速动性的要求。

因此，为保证7号线工程供电系统的可靠性，传统的"光纤差动主保护+过电流后备保护"的保护配置方案已经无法满足本工程的实际需求，且已无法跟上城市轨道交通继电保护技术的发展脚步。

为有效解决7号线工程35 kV环网电缆保护系统的过电流保护时限级差配合困难与供电分区的合理设置问题，本工程设置光纤差动作为35 kV供电环网电缆故障的主保护，数字通信电流保护作为35 kV供电环网电缆故障的第一后备保护，过电流保护作为35 kV供电环网相间故障的第二后备保护，零序电流保护作为35 kV供电环网电缆接地故障的第二后备保护。7号线采用以光纤差动保护为主保护，数字通信电流保护与过电流保护为后备保护的系统保护配置方案。

与光纤差动保护相比而言，数字通信电流保护（即电流选跳保护）具有以下优点：

（1）数字通信电流保护可以实现和光纤差动保护一样的功能。

光纤差动保护是差动保护装置将线路一端的电流量，通过光纤传递到线路另一端的差动保护装置，差动保护装置将接收到的电流量与自身检测到的电流量进行差计算，将计算结果与整定值进行比较，如果大于整定值则差动保护将瞬时动作，跳开线路两端断路器，切除环网电缆故障。光纤差动保护的动作时间约为30 ms。

数字通信电流保护是电流保护装置利用光纤直接通信功能，将线路一端是否检测到过流量的数字信号，通过光纤传递到线路另一端的电流保护装置，电流保护装置将接收到的信号参与逻辑判断，实现瞬时跳闸，跳开线路两端断路器，切除环网电缆故障。数字通信电流保护的动作时间约为30 ms。

（2）数字通信电流保护可以解决开关柜内部故障传统保护选择性与速动性相矛盾的难题。

传统的光纤差动保护有其不足之处。光纤差动保护的原理决定了其保护范围的局限性，保护范围仅是两侧电流互感器之间的线路，不能作相邻元件的后备保护。根据对近几年国内城市轨道交通运行中发生的各种故障统计发现，交流中压供电系统开关柜内部故障时有发生，如：因母线电压互感器/传感器元件故障造成单相接地短路等，会对设备造成很大危害，应快速清除。但因光纤差动保护的保护范围只限于环网电缆线路两端的差动保护电流互感器之间的故障检测，对于母线故障、断路器失灵故障等开关柜的内部故障，光纤差动保护无能为力，只能由过电流保护和零序电流保护担当清除开关柜内部故障的保护任务。因此，对开关柜内部故障，依然存在过电流保护和零序电流保护的选择性与速动性之间的矛盾。

数字通信电流保护作为电流保护的功能之一，其原理简单，其利用保护装置之间的直接通信和逻辑判断功能，实现故障供电区段的快速切除。保护整定值无须配合，整个供电分区所有进出线开关的电流后备保护可以设置成同一个时限，既能清除开关柜内部故障，又减轻了过电流保护和零序电流保护的级差问题,同时又有效地解决由于两个主变电所不同运行方式下过电流保护定值切换的调度时间问题,甚至增加供电区段的开关数量也不影响本方法的实施,方便以后的线路改造。这样既保证了速动性的要求,也保证了系统选择性的要求。

(3)数字通信电流保护具有更完善的后备保护功能。

当通信回路出现故障时,具有完善的后备保护功能。如果出现某区间通信故障的情况,在发出告警信号同时,能立即闭锁保护功能,同时启动过电流保护功能,如果恰巧本区间发生短路故障,后备保护经一定延时(可设定)出口跳闸。一旦通道恢复正常,立即解除对保护的闭锁,退出过电流保护功能。

数字通信电流保护利用保护装置之间的直接通信和逻辑判断功能,将各级保护的动作情况依级上传。数字通信电流保护的失灵保护也可是动态的,当线路上任一点出现故障,都最少有两级保护同时启动,若断路器正常分断,则其上级保护在故障切除后自动返回,若断路器拒动,则其上级保护的失灵保护动作,切除故障。

数字通信电流保护充分利用了综合保护测控一体化电流保护装置的PLC编程功能和保护装置之间的直接通信功能,实现站间快速保护功能,与光纤差动过电流保护相比,除电流选跳方案因采用冗余网络结构,只需增加两个光纤光芯通信通道和在线路两端的微机电流保护装置装设带光纤模块外,无需增加其他任何设备,相比双光纤差动保护的配置方案,数字通信电流保护方案更为经济。

综上所述,数字通信电流保护作为光纤差动的后备保护,在没有降低系统可靠性的前提下,既满足了所间联跳的快速性,又减少了所间保护时限配合级差,使得各级变电所进出线的过电流时限配合变得更加容易,同时还彻底解决了光纤差动保护存在的不足,并在经济性上,具有更为节约35 kV环网电缆工程投资的特性。

3)再生制动能量吸收装置

轨道交通作为一种大运量、高密度的交通工具,它在城市公共交通中扮演着越来越重要的角色,其列车运行具有站间运行距离短、运行速度较高、起动及制动频繁等特点。目前轨道交通普遍采用的VVVF动车组列车,其制动一般为电制动(再生制动、电阻制动)和空气制动两级制动。

传统的列车电阻制动做法是将制动电阻装设在车辆底部,当再生电阻不再起作用时采用空气制动。传统的列车电阻制动产生的大量热量散发在地铁隧道内,在大运量、高密度的运行条件下,使地铁隧道的温升加剧,加大了通风系统的负担。

传统的列车电阻制动电气原理图如图3-184所示。

因此,上述列车制动方式存在的弊端主要体现在以下四点:

(1)部分再生制动能量不能被相邻车辆吸收,通过车辆上制动电阻发热消耗或空气制动消耗,带来隧道和站台内的温升问题,浪费了大量电能的同时增加环控设备用电量和维护成本。对于位于地下线路的地铁车站,隧道温升问题将更加明显。

(2)增加车辆质量。影响车辆轴重,降低车辆安全性能及载客数量;列车运营时消耗更多的电能;降低车辆启动加速性能。

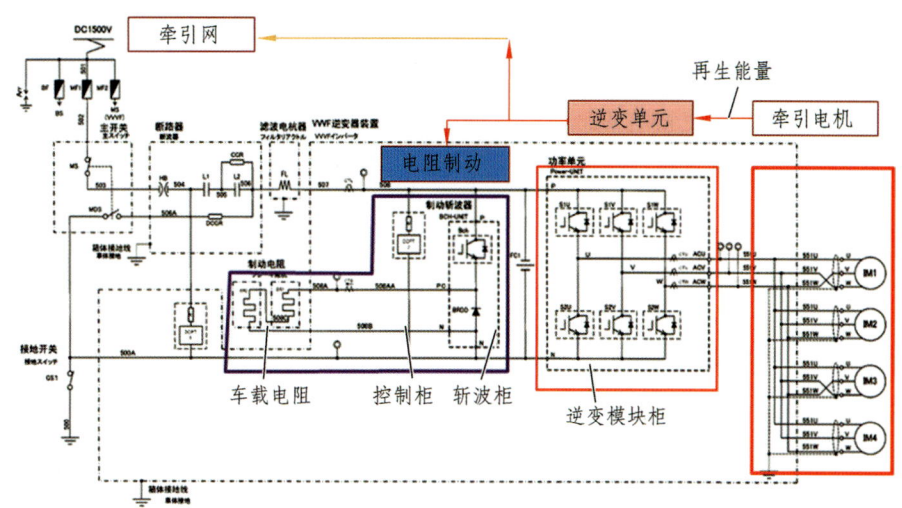

图3-184 列车电阻制动电气原理图

（3）车载制动电阻以及相应的斩波控制，提高了车辆采购成本。

（4）制动电阻设置于车上容易受到灰尘、油污的侵染，且运行时的振动冲击容易使其受损，运营维修费用高。

如果考虑在线路沿线设置合理的再生电能吸收装置，不但可以有效减少隧道温升等问题，还能通过能源的再次利用产生良好的综合经济效益。鉴于此，各地区的轨道交通建设也开始日益关注车辆再生能量的吸收及利用问题。

随着国内变流技术的成熟，为了有效利用城市轨道交通车辆制动再生能量，降低通风空调系统负担，节省电能，响应国家节能减排号召，7号线工程机电招标设计开展的同时对本工程列车再生电能吸收方案进行专题研究，并最终选用了中压能馈与低压混合逆变能馈的混合搭配吸收方案。

混合搭配方案具有以下九个特点：

（1）供电系统应满足供电安全、可靠、经济、合理的要求，并且接线简单、运行方式灵活、工程实施和管理维护方便。

（2）逆变装置的投入只在列车再生制动且其再生制动能量没有被其他用电设备消耗的条件下进行工作，车辆启动、加速、惰行、夜间停运等工况下设备不得投入。当列车再生电制动完毕，设备应能可靠退出，处于待机状态。

（3）逆变装置运行时对交流母线电压的谐波影响应满足国家标准《电能质量 公用电网谐波》（GB/T 14549—1993）要求。

（4）逆变装置启动投入时的电压判定依据应分别取自交、直流侧。

（5）逆变装置所配套的继电保护装置配置应满足可靠性、选择性、灵敏性和速动性的要求，供电系统各级保护应密切配合。

（6）中压能馈装置中的35 kV开关柜应与35 kV整流机组设置在同段母线上。

（7）正线相邻两座牵引变电所的逆变装置应互为备用。

（8）全线各类变电所均按无人值班方式设计，考虑初期有人值守的条件，不设独立值班室。

（9）供电系统的电气设备应选用质量可靠、技术先进、经济、环保、节能的成套设备和定型产品，并考虑小型化、无油化、自动化、免维护或少维护。在地下使用的电气设备及材料，应选用防潮、低烟、无卤、阻燃或耐火的定型产品。在保证供电系统可靠性的前提下，采用国产设备。

中压能馈装置在7号线工程的设计应用及开通运行后体现出了以下七个优势特点：

（1）列车控制特性。

中压能馈装置在列车制动或减速过程中通过VVVF回路抬升牵引网网压到一定程度后开始工作，VVVF回路的工作原理对列车ATO控制系统不产生影响。

列车VVVF回路电压抬升控制与逆变回馈装置控制电压须密切配合，设置合理的最高工作电压以保证逆变回馈装置的正常工作。

（2）系统网压影响分析。

在供电系统中，谐波产生的根本原因是非线性负载所致。当电流流经负载时，与所加的电压不呈线性关系，就形成非正弦电流，即电路中有谐波产生。由于半导体晶闸管的开关操作和二极管、半导体晶闸管的非线性特性，供电系统逆变设备（如低压混合逆变中的斩波柜）会呈现比较大的背离正弦曲线波形。

谐波对供电系统的危害是造成系统网压的波动，解决方法是在逆变系统中设置一定容量的电抗器。

无论哪种再生逆变方案，均在逆变系统中设置了小电抗器，逆变回馈至中压方案中在隔离变压器加大漏抗容量的设置，用来消除谐波。

成都地铁的供电系统均为110 kV/35 kV集中供电，主变电所35 kV母线均设置了兼具谐波治理功能的动态无功补偿装置。

因此，关于逆变的谐波问题已从逆变系统源头就地处理。即交流系统网压不受电阻装置的影响。

（3）环境温度及噪音。

由于中压能馈装置设置在牵引变电所内，其产生的环境温度及噪音与变电所内整流器柜相同，隔离变压器与变电所内整流变压器相同，户内变电所的环境温度及噪音对外界不产生影响。通过运行监测，该噪音仅在60 dB左右，满足规范要求。

（4）装置故障。

逆变回馈装置的工作原理及成熟度与列车VVVF大功率变流器网侧回路单元柜一致，当单套逆变回馈装置运行过程中退出时，此时再生制动电能可传至相邻牵引所直流母线进行吸收，即两两相邻牵引变电所之间的逆变回馈装置构成备用关系，该备用关系在7号线环线工程中有更为明显的优势。

（5）闸瓦制动。

根据成都地铁1号线一期工程电客车闸瓦磨耗的运营统计结果显示，单列电客车每天闸瓦磨耗约340次，磨耗速度为1.33毫米/万千米；成都地铁2号线工程电客车闸瓦磨耗的运营统计结果显示，单列电客车每天闸瓦磨耗约460次，磨耗速度为1.75毫米/万千米；成都既有线工程拖车磨耗大于动车，其闸瓦灰主要成分为酚醛树脂、橡胶、硅灰石、蛭石。

结合电客车千米数统计数据，按单车全天千米数600 km计算，单列电客车每天闸瓦磨耗约0.105 mm；7号线工程在全线电阻耗能装置大面积退出运行的最恶劣情况下，单列电客车全天千米数按1 200 km计算，新增闸瓦制动约1 000次，每天闸瓦磨耗约0.63 mm，其当日粉尘对隧道环境的影响可忽略不计。实际开通运行至今，正线未产生闸瓦制动。

（6）运营维护。

逆变回馈装置设置在地下牵引变电所，其运营维护可与户内变电所其他供电设备同步进行，运营维护时在同一设备房内，工作便利。由于中压能馈装置为直流供电设备，需进行绝缘安装，当装置发生框架泄漏时，可单独设置一套框架泄漏保护以避免扩大故障范围。

（7）设备寿命。

逆变回馈装置的设备寿命一般为30年，目前仅能用变电所整流器柜及大铁动车VVVF大功率变流器网侧回路单元柜的寿命周期进行验证，其成熟度应该值得信任。逆变回馈装置所产生的小量谐波处理方法可参照列车VVVF变流器网侧二次滤波单元柜进行就地技术处理，以避免对系统电压产生影响。

设备寿命周期耗尽时，需逐个牵引所进行设备更换，以避免增加过多电客车闸瓦磨耗。

3.4.4.2.3 供电各子系统运行情况及风险控制设计措施

1. 外电运行情况及风险控制设计措施

1）运行情况

7号线不新建主所，利用先期建设线路设置的具备资源共享条件的主变电所（2号线的沙河堡主变电所、3号线的北郊及红牌楼南主变电所）提供35 kV电源，在本工程设置开闭所向沿线的变电所供电。运行至今，开闭所及其外电各设备未发生故障。

2）风险因素及控制措施

成都地铁开通至今，曾发生过既有线接地电缆被盗事件，电缆护层电压过高造成对正常接地单元外护层放电致使电缆护层烧损，严重情况下可引发电缆中间头爆炸燃烧等严重后果；光纤电缆故障将造成线路差动保护拒动。

7号线设计时，为避免类似情况发生，采取了两项措施：一是外电电缆市政通道重点区段加装防盗井盖；二是开闭所外电电缆中间头加装防火防爆槽盒。

2. 变电所运行情况及风险控制设计措施

1）运行情况

7号线共设置15座牵引降压混合变电所（其中正线13座，车辆段1座，停车场1座），18座独立降压变电，8座跟随式降压变电所。变电所设备运行至今未发生故障。

2）风险因素及控制措施

（1）35 kV环网电缆破损。

35 kV环网电缆破损，造成绝缘击穿，如2号线某牵混所102开关柜差动保护跳闸，造成环网供电分区一二级负荷切换，三级负荷失电，降低供电系统运行可靠性，降低客服质量。故障原因为施工单位在防火门施工时造成35 kV B相电缆应力损伤，导致接地短路。

设计措施：对破损电缆进行加强绝缘处理或施工过程中要求更换电缆。

（2）直流开关柜设备框架绝缘薄弱。

地铁1、2号线直流系统（直流开关柜、整流器柜、负极柜、上网隔离开关柜）框架绝缘薄弱，形成接地网支路。例如上网电缆击穿引起电流框架动作，整流机组退出运行，本所直流开关全部跳闸，接触网大双边供电，系统可靠性降低。

设计措施：新增一套电流型框架保护，降低电流型框架跳闸后的影响；框架绝缘利用新型材料进行安装。

3. 杂散电流运行情况及风险控制设计措施

1）运行情况

7号线采用走行轨回流。杂散电流防护系统运行至今状态良好。

2）风险因素及控制措施

（1）场段库内挂、拆地线打火，接地线烧损。

既有1号线红星路停车场曾发生车辆库前停车时，因车体跨接钢轨绝缘导致车辆防脱钢丝绳冒烟；部分场段库内挂、拆地线打火，接地线烧损；既有10号线金花线上检修库发生正线过车时接触网挂接地线时打火，因电客车处于线上检修库附近运行时，正线杂散电流流入线上检修库引起。

设计措施：检修平台、登车梯护栏通过喷绝缘漆或绝缘安装的方式；对库内手动隔离开关接地刀进行绝缘安装，接地刀通过电缆与钢轨连通，不再与架空地线连通。

（2）轨电位装置频繁动作。

轨电位限制装置合闸降低轨道异常电位，属正常动作，但频繁动作增加了系统杂散电流。

设计措施：采用胀钉加强回流电阻电气效果，采用再生制动装置的控制策略稳定接触网网压。

4. 接触网运行情况及风险控制设计措施

1）运行情况

7号线采用DC 1 500 V架空接触网。接触网系统运行至今状态良好。

2）风险因素及控制措施

刚柔过渡异常磨耗：既有4号线电客车通过明蜀王陵—西河4组刚柔过渡装置时出现严重拉弧现象，汇流排及接触线上有烧伤熔珠痕迹。分析事件原因为刚柔过渡柔性段坡度不满足要求，刚柔过渡刚性段接触线磨耗相较一般区段的刚性接触线的磨耗速率更快，缩短接触线及汇流排的使用寿命，存在拉弧短路接地及断线中断行车等安全隐患。

设计措施：7号线工程设计时对刚柔过渡处采取接触网大面积顺坡处理，减少柔性接触线下压量，消除接触线硬点。

3.4.4.2.4 供电系统新技术及本工程运营使用调研总结

1. 再生制动能馈装置应用

1）运行情况

7号线再生制动系统包含中压能馈7套、低压混合逆变6套、电阻吸收装置1套。中压能馈安装总容量20 700 kW，低压逆变安装容量8 400 kW，斩波电阻容量10 800 kW，全线能馈电量月均回馈20余万度。月节约电量表如图3-185所示。

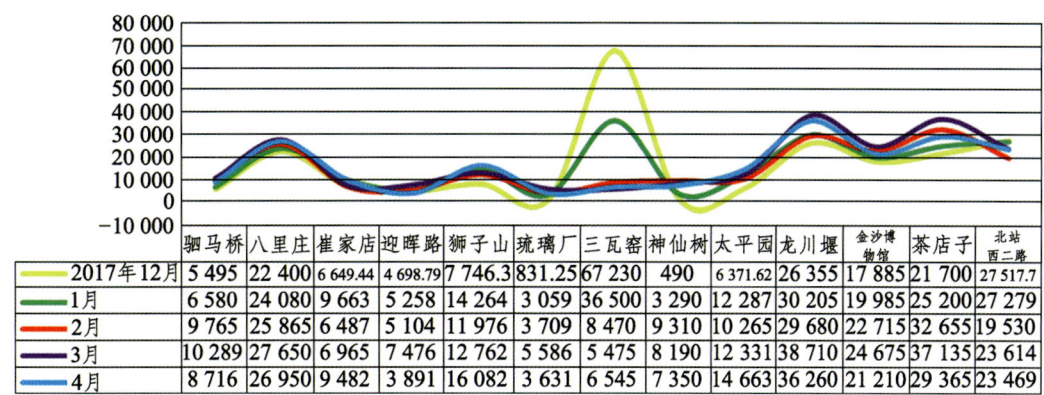

图3-185　月节约电量表

开通之初，受外部电源异常变化的影响，个别站点如三瓦窑站因对拖环流出现的电量回馈虚高现象，已通过参数调整及时得以解决，全线能馈运行良好。能馈装置的应用有效地提升了牵引供电质量，从各月接触网电压统计来看，接触网最高电压1 776 V，实现了对直流网压的有效钳制，能馈装置与车辆运行匹配效果达到了预期效果。全线接触网网压钳制效果如图3-186所示。

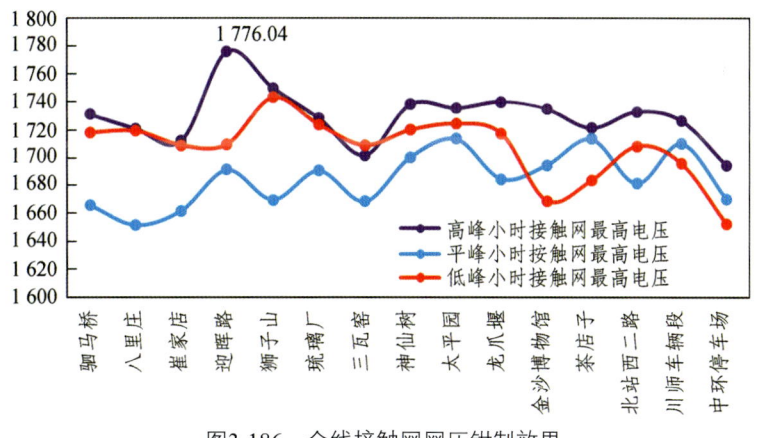

图3-186　全线接触网网压钳制效果

2）应用总结

成都地铁既有运营线路中，7、10号线采用了再生制动能馈装置，其中：

7号线全线取消了车载电阻，设置中压能馈装置7套（千驷驭）、低压混合再生能馈装置6套（新风光）、川师车辆段试车线1套纯电阻吸收装置（新风光）方案实现列车制动能量的吸收。

10号线全线列车取消了车载电阻，设置5套中压能馈装置（江苏明伟）实现列车制动能量的吸收。

7、10号线采用再生制动能馈装置后的应用效果如表3-14所示。

表3-14 成都地铁7、10号线再生制动能馈装置应用效果表

项目	7号线中压能馈装置（北京千驷驭7套）	7号线低压混合逆变装置（山东新风光6+1套）	10号线中压能馈装置（江苏明伟5套）
安装总容量/kW	20 700	8 400（逆变）+10 800（斩波）	15 000
预期节能（日）/（千瓦时/所）	3 000	1 000	2 500
实际节能（日）/（千瓦时/所）	542	422	2 333
年实际节约电费/万元	98.5	65.7	302.4
新增设备投资/万元	1 400	1 100	972
新增配套材料及安装投资/万元	670	900	233
车载电阻投资节约/万元	720（每车20万元，计算回收年限时节约投资按中、低压各占50%估算）		100（每车20万元）
通风配套投资节约/万元	140（每站20万元）	120（每站20万元）	100（每站20万元）
节能回收	网压控制作用增强，节能作用削弱，投资回收周期长		行车密度小，再生能馈作用发挥较好，节能效果明显
附加收益	1．稳定牵引网压，提高列车受流质量，接触网网上设备及车站设备老化速度减缓；2．取消车载制动电阻，减少车重；3．减少制动电阻发热，降低环控系统耗电；4．减少机械制动、降低闸瓦磨耗		
优点	安装容量不受限，节能效果明显，稳定接触网电压	电阻对低压逆变装置构成备用关系	节能效果明显
缺点	对中压交流系统输入少量谐波，但在可控范围内	节能效果一般，电阻箱故障抢修难度大	1．对中压交流系统输入少量谐波，但在可控范围内；2．逆变装置启动后散热风扇噪音较大
缺点	对中压交流系统输入少量谐波，但在可控范围内	节能效果一般，电阻箱故障抢修难度大	1．对中压交流系统输入少量谐波，但在可控范围内；2．逆变装置启动后散热风扇噪音较大

通过7、10号线再生制动能馈装置的实际运营使用比较可发现：

（1）中压能馈装置相比低压混合逆变装置节能效果更显著。

（2）再生制动能馈装置侧重稳定接触网网压，提高列车受流质量时，弓网磨耗效果显著。7号线的受电弓磨耗仅为10号线的15%。

（3）行车间隔越小，再生制动能馈装置节能效果越好。行车密度加大后，邻车相互吸收效果明显。

（4）中、低压能馈装置均会对中、低压交流系统输入一定量的谐波，截至目前，7、10号线均在可控范围。

既有线碳滑板磨耗统计表如图3-15所示。

表3-15 既有线碳滑板磨耗统计表

线路	平均使用寿命／月	每万千米磨耗率／mm	可磨耗厚度／mm	碳滑板材质
1号线	4.18	2.87	12	浸金属
2号线	6.67	1.8	12	浸金属
3号线	1.44	8.35	12	浸金属
4号线	9	1.33	12	浸金属
7号线	46	0.41	19	浸金属
10号线	6.7	2.84	19	浸金属

3）提升建议

（1）由于外部电源变化同步引起整流机组输出电压差异及能馈装置自适应开启电压变化，建议运营期间对各路外部电源在夜间及高峰运营时段的电压差异进行统计对比分析。结合电压波动范围合理设定能馈装置开启电压增量，有效抑制站间对拖环流现象。

（2）在夜间停运期间，利用供电复示系统观察全线能馈运行情况，及时发现设备运行异常。通过对开启电压的精确调整，进一步掌握能馈运行的特性，实现对能馈装置回馈能力的最大化利用。

2. 数字通信电流保护应用

1）运行情况

7号线35 kV中压环网供电系统采用了大分区供电方式，全线划分6个供电分区，设置3座开闭所供电，为了实现开闭所间供电支援，在崔家店站、三瓦窑站、茶店子站设置环网联络开关。单个供电分区设置5至6个变电所，支援供电方式下达12个变电所。供电分区站名示意图如图3-187所示。

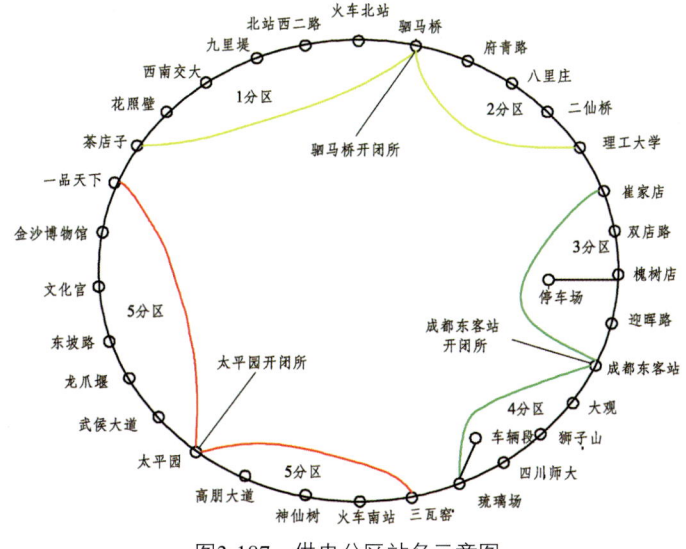

图3-187 供电分区站名示意图

数字通信电流保护方案，适应多级串行供电系统，具有绝对选择性，解决了传统方案保护定值时间级差匹配的难题。供电方式调整时自动适应"正常供电"和"支援供电"两种运行方式，保护定值不再需要进行调整。借助数字通信电流保护方案，7号线可实现多种灵活供电方式，单个开闭所退出运行应急一键程控时间可有效控制在2 min以内，极大地缩短了供电中断对地铁运营的影响。

2）提升建议

结合数字通信电流保护的特点，建议在单个主所（开闭所）失电应急程控卡片执行流程设置方面，充分考虑程控卡片各个执行环节的安全可靠性，避免环网合环运行。由于采用环网大分区供电停电范围影响较大，在维保应急值守点设置方面，应充分考虑环网联络开关站点进行布点，进一步确保环网支援供电执行的可靠性。

3. 刚性接触网可断开接头装置应用

1）运行情况

7号线琉璃场防淹门处设置了2台机械式汇流排可断开接头装置。除琉璃场出站加速处断开装置接触线磨耗较大外，暂未发现其他异常情况。

2）提升建议

（1）结合目前设备存在磨耗较大及个别元器件有质量的问题，建议可断开接头装置设备本身加强优化改进。

（2）出站加速区段安装可断开接头装置客观存在接触线磨耗大的问题，在未有效解决前，建议采用小锚段汇流排设计形式。

3.4.4.3 弱电系统设计技术

3.4.4.3.1 借环线有利条件，完善线网资源共享

7号线是成都地铁首条环线，线路在中心城区呈闭合环形，占据着统筹线网的有利条件。在开展7号线设计的同时，弱电系统（含通信、信号、综合监控、自动售检票系统、门禁及安防）站在线网高度开展7号线设计，对线网内弱电系统的技术标准、资源共享、信息互通等问题进行通盘考虑，既整合了既有线系统的资源，又确保了弱电系统资源共享的实施，从而进一步完善了后续线路的建设及方案选择方向，降低了线网的建设投资成本，减少了运营维护成本。

1. 在7号线首次应用不同线路信号系统共用试车线的控制方案

本着资源共享的目的，7号线工程在成都地铁首次利用川师车辆段试车线实现7号线、10号线两条线路信号系统的试车试验。围绕该资源共享方案，信号专业解决了两条线路不同系统与同一套车辆段联锁控制接口、不同系统试车试验的接口安全、不同系统试车时的电源切换、室外两套信号设备的电磁兼容等技术问题，实现了不同供货商系统产品在同一试车线上安全试车的功能需求，为后续线路信号系统共用试车线的设计提供了有益的方案尝试和技术借鉴。

2. 搭建成都轨道交通骨干传输网，实现全网信息的无缝连接

成都地铁骨干传输网工程搭建了控制中心之间、各线路与控制中心之间、各线路与线网指挥中心之间、线网指挥中心与应急指挥中心之间的信息平台，通信系统设计需要统计既有及在建的

各条线路、各个系统、各个区域控制中心间的带宽需求,同时预估后续线路的带宽需求,统一规划、统一管理。骨干传输网的建设提升了成都市轨道交通信息化建设的水平,是成都轨道交通线网运营模式的基础保证,具有重要的建设意义。成都轨道交通骨干传输网如图3-188所示。

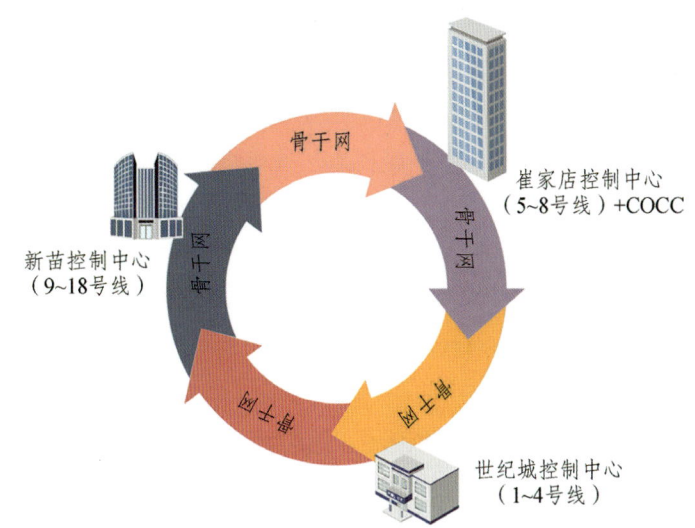

图3-188 成都轨道交通骨干传输网

3. 统筹构建成都轨道交通公务电话平台,实现线网级互联互通

7号线工程配置的中心软交换(崔家店控制中心)设备作为成都市轨道交通线网公务电话系统的中心交换设备,与10号线配置的中心软交换(新苗控制中心)设备互为冗余备用,两套中心软交换设备通过骨干传输网互联,实现双中心冗余热备功能,7号线中心软交换设备容量可以实现成都市轨道交通14条线公务电话业务的汇接接入及交换处理,实现了成都市公务电话系统线网级别的互联互通,是线网运营调度指挥的有力支撑,同时为后期线路的建设提供了便利条件。

4. 以7号线工程为基础,构建线网第二个区域控制中心

线网规划的7号线中环控制中心的功能定位是成都轨道交通线网的第二个区域性控制中心,负责5~8号线控制中心以及"成都轨道交通最强大脑"成都轨道交通线网指挥中心的双中心功能。作为进入中环控制中心的第一条线路,在"分线布置、合理整合"原则的指导下,7号线弱电系统完成了控制中心工艺统筹安排,同时与线网指挥中心同期建设、同期开通,以最大化地实现资源共享。成都轨道交通区域控制中心如图3-189所示。

图3-189 成都轨道交通区域控制中心

作为首条进入中环控制中心的线路，7号线弱电系统统一规划了后续5、6、8号线接入控制中心的光缆设计，避免了后续接入线路进入控制中心的二次施工。7号线综合监控系统统一规划并完成了控制中心大厅管线径路工艺设计，减少了后续线路进入对运营调度指挥的影响。

5. 编制环线相关弱电系统专题研究报告，指导后续环线工程建设

弱电系统设计通过大量的调研和考察，针对7号线环线特点提出并编制完成了《成都地铁7号线环线工程对线网票务影响相关问题研究报告》《成都轨道交通7号线换乘站改造和预留工程情况说明》《成都地铁标准站、换乘站、车辆段火灾联动流程标准》。

针对环线对线网票务清分规则的影响和关系、环线对线网AFC管理模式的影响和关系、换乘站AFC系统的设计原则等问题进行研究，形成《成都地铁7号线环线工程对线网票务影响相关问题研究报告》的专题研究报告，并通过上海、北京等多地专家的评审。研究报告首次明确提出了环线的清分原则、AFC设计原则，并对线网运营的票务管理模式提出了建议方案，为类似工程提供了指导性的意见以及参考的范本。

由于7号线全线设计换乘站较多，从建设和开通时序进行区分，可以将换乘站分为与既有线和后续线的换乘站。弱电系统在《成都轨道交通7号线换乘站改造和预留工程情况说明》专题报告中，对既有线换乘站的接入改造、对后续线换乘站的预留工程、对不同形式的换乘站资源共享情况做详细的分析总结，为运营公司提供使用指导，为建设公司提供换乘车站项目建设管理指导，同时为后续工程项目建设管理提供了详细的参考资料。

针对7号线换乘站多的特点，综合监控专业编制完成了《成都地铁标准站、换乘站、车辆段火灾系统联动流程标准》，统一了车站、段、场火灾系统联动流程，不但为运营提供了统一标准、制度，便于运营管理，同时也为成都后续线路建设提供了火灾系统联动流程标准。

3.4.4.3.2 环线弱电系统资源共享及互联互通的设计体会

1. 环线弱电系统设计思路

7号线31座车站中，换乘站有22座，换乘站占比超过71%，基本上与成都所有开通线路均存在换乘关系。从换乘车站的形式来看，有"T"形换乘、"L"形换乘、"十字"形换乘、平行换乘、同台换乘等多种形式；从换乘车站的建设时序来看，有与既有线、在建线及后续规划线路等不同建设时序线路的换乘关系。为实现换乘站不同线路间的信息共享与互通，便于运营指挥人员的调度指挥，弱电系统设计需结合线路建设时序、实施进度、换乘方式、技术发展及设备招标程序的限制等多方面因素，合理划分系统在换乘站的设计范围、系统功能、技术方案、设备采购与供货、实施方式等，确保换乘站系统设计方案的最优，以实现资源共享及互联互通。

2. 开展资源共享专项设计，提升服务水平与节省成本双重并举

针对换乘车站不同的建筑型式，AFC系统按照有利客流疏导、节省前端设备的原则布置车站售、检票机；同时针对共用站厅付费区联通的车站，采用一套车站计算机系统控制不同换乘线路的终端设备，最大程度地实现资源共享。

针对换乘车站，综合监控系统采用站级互通系统架构，实现了车站集成与互联系统信息的互通、共享，为阻塞、火灾、水灾等灾害应急情况下通风空调、电扶梯、站台门、PIS、广播、CCTV等机电、弱电系统的统一联动及信息互通提供了平台，为应急抢险提供了重要的技术支

撑，同时也提高了7号线的自动化水平。

针对与既有线换乘的车站，视频监控系统解决了高标清混合的问题以及编码方式兼容的问题，实现了视频图像的资源共享，减少了前端监控设备的设置，节省了工程投资及运维成本，同时为可视化、立体化的运营调度指挥提供了技术手段。

PIS及广播系统，借助于综合监控互通平台，由主控终端向多条换乘线路发布应急信息，实现了换乘站应急信息的统一发布。通过资源共享，减少了前端PIS屏及扬声器设备的数量，提升了乘客引导系统的服务水平。

专用无线，解决了中心级互联互通的问题，换乘车站站务员手持一套专用无线终端，实现多线调度指挥，运营调度更加便捷。

3. 弱电系统针对三大综合交通枢纽的统一规划设计

7号线作为城市核心区域的环线，链接成都市三大综合交通枢纽，即火车北站、成都东客站及火车南站，其中火车北站、火车南站为三线换乘站。弱电各系统从设计之初就结合枢纽的土建条件、大铁的换乘方式多方面内容进行统一规划。在设计过程中，针对枢纽车站换乘客流量大、突发客流较多、大件行李多、换乘区域面积大等特点，围绕视频监控系统、广播系统、乘客信息系统、安检系统以及自动售检票系统等弱电系统，综合提出了枢纽换乘站的系统建设及改造方案。

4. 加强弱电系统设计总结，指导后续线路项目建设及管理

由于7号线全线设计换乘站较多，从建设和开通时序进行区分，可以将换乘站分为与既有线和后续线的换乘站。通过对既有线换乘站的接入改造、对后续线换乘站的工程预留、对不同形式的换乘站资源共享情况做详细的分析总结，为运营公司提供使用指导，为建设公司提供换乘车站项目建设管理指导，同时为后续工程项目建设管理提供详细的参考资料。

5. 弱电系统对既有换乘站改造工程的设计体会

7号线全线22座换乘站中，有9座换乘站建设和开通运营时序先于7号线，分别是：火车北站、火车南站、一品天下站、成都东客站、驷马桥站、太平园站、文化宫站、槐树店站。建设时序较早的线路，如成都地铁1、2号线，由于对后续线接入工程预留条件考虑少、建设年限跨度大等因素，导致弱电系统改造难度较大。火车北站、火车南站、成都东客站是成都的三大综合交通枢纽，人流量大、换乘方式复杂、公共区面积大，为弱电系统的改造带来了诸多困难。

1）通信系统改造方案

结合土建专业的扩容改造以及AFC系统改造，通信系统合理调整外场设备，如广播、摄像头、PIS屏等。既有线改造需要与建筑、装修、导向密切配合，同时存在运营请点等诸多问题，而CCTV系统由于点位多、不确定性大，改造难度最大，因此在7号线建设过程中大胆提出了通信现场设备箱的设计方案，不但解决了既有线换乘站线缆敷设困难的现状，同时为后期建设的换乘接入预留了充足的接入能力。

2）综合监控系统改造方案

结合7号线换乘车站土建改造方案及运营分线管理的特点，换乘站FAS、BAS等采用分线设置方案，FAS、BAS与车站建筑、通风空调、动力照明、给排水及消防等相关专业的管辖范围一

致，保证设计、施工、运营管理界面清晰。为保证运用线路综合监控系统的不间断服务，综合监控设计针对不同车站特点分别研究了综合监控系统（含FAS、BAS、ACS）改造期间的临时方案，确保建设期系统的可用性。同时综合监控系统有大量外场设备，改造前需详细规划，改造中尽量减少对既有线运营的影响。

3）自动售检票系统改造方案

AFC专业结合整个换乘车站的车站建筑和客流流向，对既有线车站公共区AFC闸机及售票机进行了统一规划、布置，同时针对火车北站、成都东客站、火车南站等大型综合交通枢纽存在大量来往于铁路和机场携带有大件行李乘客的情况，合理增设宽通道双向闸机。

3.4.4.3.3 环线弱电系统的创新设计成果

1. 通信系统

（1）在国内首次提出并运用了无线业务综合控制处理技术，取消了公安350M模拟集群，实现了公安无线通信系统与成都市应急无线通信网的平台共享。

结合轨道交通公安分局指挥调度对于无线通信指挥调度需求的提升以及城市轨道交通安防、应急指挥压力日趋严峻的现状，在国内首次提出并运用了无线业务综合控制处理技术，取消公安350M模拟集群无线通信系统，实现了公安无线通信系统与成都市应急无线通信网的平台共享。无线业务综合控制处理技术的应用，通过交换控制中心对无线业务的模块化、多线程、并行以及读写锁和流量实时调度深度综合控制处理，使7号线应急网TETRA交换控制中心的接入处理能力大幅提升。应急网的建设改变了既有线每条线路分别配置1套交换控制中心的局面，应急网TETRA交换控制中心设计按400个基站接入设备配置，预留了后续线路的接入能力，节省工程投资，并减少运维人员。

同时，实现了公安无线指挥调度技术制式的提升，由模拟集群平滑跨入数字集群。通过一系列技术手段的应用，确保了公安无线通信业务的独立安全，为公安部门的应急调度指挥提供了安全保障。

另外，为解决既有线只有应急通信网核心用户可进入地铁空间的困扰，本次应急指挥中心的设计提出并运用了辅助控制信道技术，通过增加辅助控制信道智能分配并行处理原主控信道随机接入的无线信号数据，成倍提升了TETRA基站的无线用户处理能力。工程上TETRA基站在限制GPS数据传输流量的前提下单基站允许并注册使用约1 000用户，一旦超过，将会带来严重的拥塞断服风险。7号线应用无线通信系统TETRA基站通过"辅助控制信道技术"的应用，可以放开GPS数据传输的限制以及提升单基站允许注册使用约3 000用户，规避了地铁车站突发应急事件大量无线用户聚集导致单基站拥塞无法提供服务的风险。

应急指挥调度无线通信系统的建设，实现了政府部门在应急与灾害情况下的统一指挥、联合行动、快速反应和协同作战，提高了成都市的整体应急处理能力，为经济的可持续性发展提供了必要的技术保障手段。

（2）在国内首次提出并运用了辅助控制信道技术，解决了应急网用户接入受限的问题。

为解决既有线只有应急通信网核心用户可进入地铁空间的困扰，本工程提出并运用了辅助控制信道技术，通过增加辅助控制信道智能分配并行处理原主控信道随机接入的无线信号数据，成倍提升了TETRA基站的无线用户处理能力。工程上TETRA基站在限制GPS数据传输流量的前提下单基站允许并注册使用约1 000用户，超过将会带来严重的拥塞断服风险。7号线应用无线通信系统TETRA基站通过"辅助控制信道技术"的应用，可以放开GPS数据传输的限制以及提升单基站允许注册使用约3 000用户，规避了地铁车站突发应急事件大量无线用户聚集导致单基站拥塞无法提供服务的风险。

2. 信号系统

1）国内首次提出环线运营列车单方向运行里程统计分析功能

相对于非环线运营线路而言，环线主要有曲线内偏的特点，即线路的曲线多为面向圆心，列车自场段出发进入正线运营（非车头调整）会造成列车轮对向一侧偏磨的情况出现。结合线路及双层停车场的特点，需根据设定的运行里程值调整场段列车的发车层（通过联络线调整），以确保列车轮对的均匀磨耗。中环停车场上下层收发车进路示意图如图3-190所示。

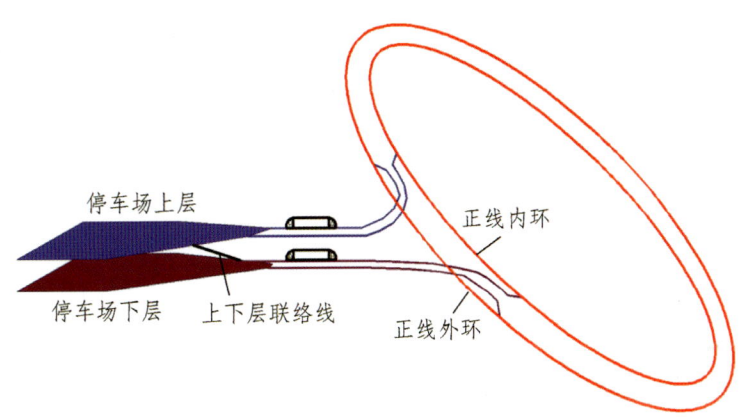

图3-190　中环停车场上下层收发车进路示意图

根据7号线停车场与正线的配线衔接方式，列车车轮的偏磨仅与列车在正线运行的车头方向有关，对此信号ATS系统根据每列车的发车端及占用转换轨的位置进行列车的里程统计分析，并为车场调度及检修调度提供列车使用参考，优化列车运用。

2）成都首次提出并实现信号系统的"增强型点式ATP"功能

目前国内CBTC信号系统大部分配置传统点式ATP设备，增加了系统的复杂程度和设备投资。考虑目前点式ATP设备应用极少的现状，成都7号线首次结合信号系统特点开展了"增强型点式ATP"的方案设计和功能研究。

传统的点式ATP功能是将轨旁LEU的"编码"信息通过有源信标及车载接收天线传送给列车，车载控制器根据接收信息进行移动授权计算，实现车载ATP的防护功能，主要在车地通信故障或区域控制（ZC）故障时应用。增强型点式则是在车地无线良好状态下，联锁系统通过车地无线网络与车载控制器直接进行信息互通，联锁系统将轨旁设备状态变化信息发送给车载设备，车载设备进行移动授权计算，实现车载ATP的防护功能。此功能的实现将对传统点式ATP的功能进行优化，在满足运营需求的前提下进一步降低造价。

3. 自动售检票系统

1)首次提出了基于环线多径路清分模型

7号线为环形闭合线,与成都中心城区骨干线路1~4号线构成了"环+放射"的路网形态,增加了路网的联通性,乘客可选径路多。结合成都市轨道交通线网规划,以及"一票换乘"的无障碍换乘方式,成都轨道交通AFC清分采用基于乘客出行径路的多路径清分方法。通过调整路网结构、换乘模式、区间距离、运营时间、旅行时间、换乘便利性、拥挤程度、线路列车间隔、起始站舒适度等影响清分因素,在7号线设计时AFC系统创新性地提出了基于环线的多路径清分模型,按多参数加权运算确定合理路径,并采用符合正态分布的路径概率选择模型,修正了既有清分模型参数的合理性、正确性,提升了获取乘客换乘路径选择信息的准确性,为票价的制定、换乘站改造、换乘客流统计以及明确客流走向提供了数据支撑。

2)成都地铁首次采用纸币循环找零技术,提升自动售票机性能

纸币循环找零模块用于自动售票机纸币识别与找零,可将接收的有效纸币用于乘客找零,7号线AFC系统通过调研分析,确定其可靠性满足地铁使用要求,与传统的纸币识别与找零分开的自动售票机相比,节省机器内部空间,内部结构更合理,同时缓解运营对找零纸币储备的压力,整体提升了自动售票机的系统性能。

4. 综合监控系统

(1)在国内首次提出换乘站专用联动模式。

针对7号线22座换乘站,由于换乘站线路建设时序、管理界面等不同,常规环控模式未考虑线路间通风空调设备的协调关系。在设计7号线时,综合监控系统研究了换乘车站线路间通风空调设备模式控制关系,在国内首次提出了换乘站专用联动模式,解决了现有换乘车站不同线路间通风空调设备控制协调性不足的问题,优化了地铁换乘车站火灾工况下环控系统的协调性。火灾工况下,常规线路BAS只能执行一个模式号(由FAS发出),难以实现多通风空调系统间联动的功能,通过设置换乘站专用联动模式,当邻线发生火灾时,FAS主机向BAS发送换乘站专用联动模式,有效地实现多通风空调系统间设备的联动。

(2)成都地铁综合监控系统首次集成电能管理系统,实现了对车站用电的统计、归纳功能。

成都地铁1号线至4号线变电所配置电表等电度计量设备,但未设置能源管理系统。7号线综合监控系统与车站电能管理设备进行接口,通过在控制中心设置电能管理工作站,配置电能管理系统,为管理者提供直观的车站运营用电情况(各项电能报表数据、故障记录、历史曲线及配电系统电能监控统计等)。为设备的运维提供了数据支持,同时为后续线路的建设提供了大量数据作为参考依据。

(3)坚持"以人为本"的设计理念,优化车控室工作空间。

结合运营实际使用需求,对车控室、综合监控设备室设备布置进行了合理优化,解决了常规线路车控室内工作站繁多、打印设备常期闲置不用的问题,优化了车站控制室可用空间及操作台的工作空间。

3.5 车辆段上盖综合开发设计

3.5.1 上盖综合开发必要性

建设城市轨道交通车辆段或大型停车场过程中所占用的大量土地资源，与当前城市发展用地紧张的趋势逐渐激化，会激发集约用地与车辆段建设的矛盾。车辆段的建设，对城市总体工程产生了破坏，隔断了城市交通组织。同时，城市轨道交通建设的投资相对较大，施工时间长，后期运营成本的回收是一个长期的过程。

因此，对轨道交通车辆段进行上盖综合开发是十分有必要的。上盖综合开发能够集约利用土地，提升土地利用效率，改善整体城市空间环境，优化轨道交通出行体验。同时，可以在市政设施用地上深度利用城市土地，拓展土地收益效果，通过用地开发成本分摊或经营性土地收益反哺等方式缓解政府轨道交通建设资金压力。

3.5.2 上盖综合开发类型

根据现有轨道交通车辆段上盖综合开发项目的实践情况，可将其分为经营性综合开发与非经营性综合开发两大类。

3.5.2.1 经营性综合开发

1. 住宅开发

经济型住宅：在车辆段上盖综合开发早期充分考虑盖下柱网布置及车辆段运营中振动、噪声等对上盖物业开发的影响，在进行结构转换层、隔振等技术处理后，将住区主要定位为中小户型及政府经济适用房。例如将深圳地铁2号线蛇口西车辆段上盖综合开发项目定位为单身公寓及经济适用房。

高端住宅：随着结构形式的优化，减振等技术措施的提升，上盖综合开发高品质住宅成为可能。例如：北京地铁6号线慈寿寺车辆段上盖的琨御府在城市的土地稀缺地段成功实现高品质住区开发与运营（具体见图3-191）。

图3-191　北京地铁6号线慈寿寺车辆段上盖的琨御府

2. 住宅与公建综合开发

充分利用由轨道交通的便捷与换乘客流诞生的多层面商机，上盖综合开发过程中综合配置住宅、办公、商业、酒店等公共建筑。例如，上海地铁17号线徐泾车辆段分别在盖上不同标高层开发商业、交通以及住宅、创意办公等"城上城"区域，并在盖上综合布局中充分利用各地块的特点设置配套设施，营造良好的盖上城市空间。深圳地铁1号线前海车辆段上盖项目分别在盖上不同区域建设保障性住房区及商业住宅区，在盖下建设商业办公区，实现盖上盖下同时开发，充分发挥土地综合经济效益。

3. 交通枢纽站城一体化综合开发

车辆段上盖开发与交通枢纽（地铁站）临近设置，将开发物业与枢纽有机结合，遵循公共交通引导开发（transit-oriented development，TOD）原则谋求发展，充分利用与地铁站点邻近的车辆段上盖区域进行集约开发，建设成以交通枢纽为核心的站城一体化综合开发项目。例如北京地铁8号线平西府车辆段上盖综合开发与地铁站紧密结合，建设成包括住宅、办公、商业在内的站城一体化新区。

3.5.2.2 非经营性综合开发

轨道交通车辆段上盖综合开发不仅要考虑土地效益的充分发挥，更需关注大型区域对城市空间产生的影响。结合项目所在区位特色，综合开发的类型还包括非经营性开发。

1. 公园绿地

车辆段建设区位对城市环境、空间影响敏感的上盖开发项目通过上盖绿化、景观建设完成综合开发。北京地铁10号线万柳车辆段位于颐和园世界遗产保护区的缓冲区内，距昆明湖最近处仅1.2 km，上盖开发采用微地形与屋面绿化结合设计的方式，总面积近10 hm^2（公顷）的绿化充分实现将车辆段与城市空间融合消隐的设计意图（见图3-192）。深圳地铁9号线侨城东车辆段毗邻红树林保护区，通过在上盖平台建设绿化主题公园来实现对自然资源的保护与协调作用。

图3-192　北京地铁10号线万柳车辆段上盖屋顶绿化

2. 城市基础设施

车辆段上盖开发与服务城市的必备基础设施相结合，综合周边区域影响及限制性因素设置城市基础设施盖上综合开发。厦门轨道交通1号线高崎车辆段上盖综合开发项目，运用车辆段上盖为基础，综合开发公交停车场，缓解厦门本岛北部区域公交车辆停放难题，完善了城市公交体系。

3.5.2.3 上盖综合开发设计要点

1. 正确处理投资与回报的关系

综合开发中需要讨论投资回报相关问题。并非所有的车辆段都适合进行上盖综合开发。因此，综合开发规划之前需要对不同的开发方案进行对比分析，从政策、经济社会效益、土地利用等多方面加以分析，优化项目方案。

2. 合理选择项目类型

轨道交通车辆段项目建设所在城市等级、建设区位选址通常影响上盖综合开发类型的确定。在项目选址周边无其他限定性影响因素的前提下，基于地块空间分布规律，距离城市中心区越近的土地，其集约化利用的规模和程度越高，土地综合开发利用越充分。此外，项目选址地块所在区域的整体属性在综合开发类型选择中也具有重要意义。基于当代建设发展重要原则之一的可持续原则，上盖综合开发应充分考虑区域周边的限定性因素，以及在未来建设完成后运营过程中对所在区域产生的影响。

3. 坚持主辅关系

确保车辆段的功能正常实现是上盖综合开发的前提。在具体的综合开发工作过程中，需要配合工程建设实际，确保车辆段建设的工期，并确保整个工程建设的稳定性和安全性满足要求。

4. 协调好交通组织和城市规划

综合开发建设在增加道路交通压力的同时，更会对车辆段内部、车辆段与城市空间交通流线的衔接产生影响。在综合开发过程中，要在通盘考虑物业各功能定位后，统一规划分区、标高等信息，合理规划区内外交通流线。如果涉及大规模的商业开发和居住区开发，需要对周围的交通组织进行协调，避免因项目孤立导致城市空间断裂。

5. 做好协同设计

车辆段中各组成部分的上盖综合开发先决条件各异。综合消防安全、结构特点、建设成本、运营影响等多项考虑因素，停车列检区结构柱网规则，开发成本低，对盖下空间建设使用影响较小，适宜进行上盖综合开发；而检修库柱网尺度大、开发后对盖下使用影响大；咽喉区柱网排列不规则不便盖上项目建设。因此，准确选择上盖综合开发范围能够更有效保证后续建设。在设计阶段将盖上盖下结构特征、空间属性等因素综合考虑有助于实现协同开发。

随着设计及建设水平的不断提高，在设计中整体布局、综合考虑、协同设计的优势逐渐体现出来。在与车辆段衔接紧密的上盖平台部分协同设计过程中应明确后续衔接的预留接口，完成施工图深度设计；在拟进行盖上综合开发的部分则应尽可能达到初步设计深度。盖上盖下开发设计主体不同的项目至少实现将车辆段上盖原有市政设施用地预留为可经营性用地，便于上盖综合开发切分产权界面、管理界面等的开发。车辆段建设过程中将预留工程与轨道交通工程同步设计实施将完善后续方案的界面切分，便于明确权属性质、投资主体，以及相关成本划分。建设初期协同设计为后续综合开发各阶段工作打下良好基础。

3.5.3　7号线停车场上盖控制中心设计

3.5.3.1　控制中心选址

3.5.3.1.1　控制中心设置于停车场上盖处的背景

未来城市可持续发展的重要课题是公共交通与土地利用的整合。地铁TOD的开发模式在这个大背景下孕育而生，在日本、香港的成功案例的引导下，国内也开始重视"轨道交通+商业地产上盖"的模式（即P+R模式，全称为Railway+Property）。

7号线是成都市内第一条环形轨道交通，线路位置处于中心城区中环路，相关配套的地铁停车场、车辆段、控制中心均需要在线路周边选址，且占地面积较大，按照7号线工程建设规模匡算，需要停车及车辆段的选址用地面积在30 hm²左右。

在项目工程设计研究之初，即为了车辆基地选址大费周折，经历了近一年多的选址方案比较（2011年3月—2012年5月），才在成都市政府和相关部门的共同决策下，决定将位于线路东侧的崔家店原成都卷烟厂工业区片区，结合产业转型等综合因素，划归7号线作为地铁停车场选址用地，选址用地不足10 hm²；将位于线路东南侧的狮子山规划公园作为7号线的车辆段选址用地，选址用地不足8 hm²。且用地条件是地铁停车场、车辆段修建于地下，上盖还建商业或城市公园，地铁控制中心自行解决。

当时，全国地铁已经开始出现地下车辆基地修建的工程案例，但为数不多，一共只有三个地下停车场正在修建，分别是：北京焦化厂停车场（地下一层）、北京五路停车场（地下一层+地上一层）、深圳中心公园停车场（地下一层）。而成都7号线要在崔家店选址用地面积不足10 hm²的范围内修建满足全线停车规模的停车场，只能考虑将停车场按照地下两层的方式设计，于是，全国首个地铁地下二层大型停车场孕育而生。

同时，按照当时的线网规划要求，成都市轨道交通线网将分别修建三个区域性线网控制中心，分别是：世纪城控制中心，负责地铁1、2、3、4号线的行车调度指挥；崔家店控制中心（后改名为"中环控制中心"），负责地铁5、6、7、8号线的行车调度指挥；新苗控制中心，负责线网其他线路（9～18号线）的行车调度指挥。图3-193为成都线网区域性控制中心分布示意图。

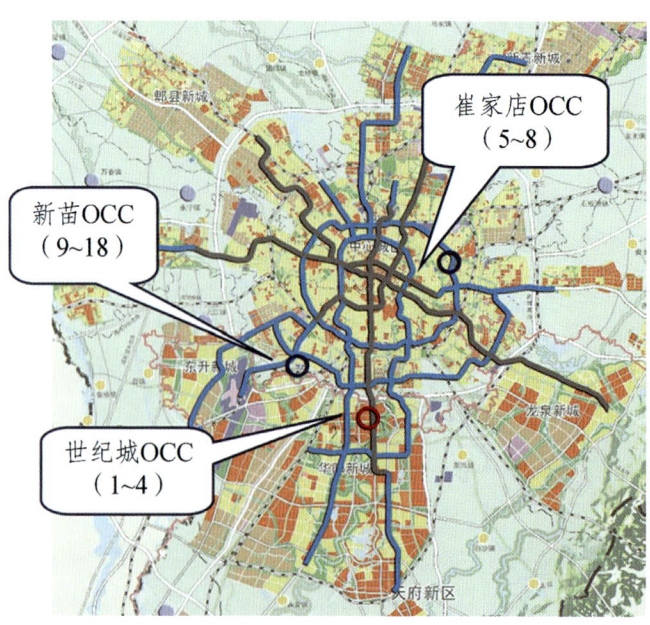

图3-193　成都线网区域性控制中心分布示意图

7号线控制中心归属于线网第二个区域控制中心，并且是第二区域控制中心的第一个修建和开通项目，因此，该控制中心的修建还需要考虑后续5、6、8号线控制中心的接入以及线网指挥中心、应急指挥中心的功能，选址也需要在崔家店停车场选址范围内一并解决。因此，崔家店地下停车场设计是按照上盖处物业开发+控制中心模式开展的，其中，上盖的3/4用于物业开发，1/4用于控制中心，物业和控制中心在上盖的分布示意图如图3-194所示。由此，7号线控制中心成为了首个成都市上盖于停车场的控制中心。

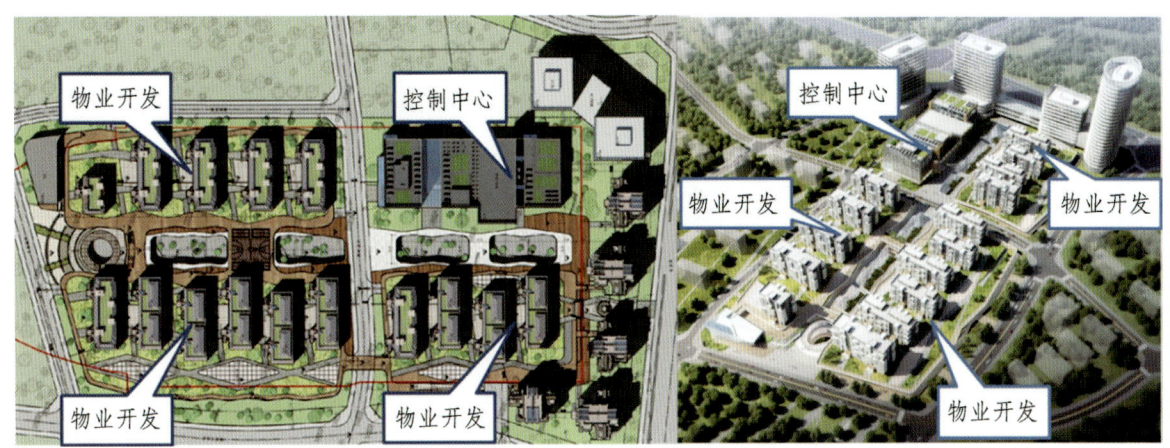

图3-194　崔家店停车场上盖物业与控制中心分布示意图

在7号线开始工可研究时，成都地铁线网的建设和开通情况为：地铁1号线一期工程已于2010年9月27日开通，地铁2号线一期工程已于2012年9月16日建成通车，地铁4号线一期、3号线一期以及1号线南延线均在建设中。这些线路建成通车后，成都市轨道交通线网将初具规模。根据成都地铁的线网规划和建设进展，针对地铁网络化的运行特点和成都地铁运营管理的需求，线网指挥中心工程主要功能为满足信息整合，在此基础实现地铁线网指挥中心网络化运营管理的职能，满足路网的统一指挥和协调。应急指挥中心是处理成都地铁网络突发事件的协调中心，也是成都市应急指挥中心在轨道交通行业的业务单元。每当有重大事件发生时，市政府相关部门及地铁公司领导可在最短的时间内集中到应急指挥中心，通过专用设施，了解、汇总现场有关的语音、视频和数据信息，实施对内对外的应急指挥。

控制中心的所有信息管线是直接从停车场引入，节约路径且保证线路安全；控制中心距地铁槐树店站（4/7号线换乘站）500 m范围内，交通便捷。

2013年5月初步设计的方案为控制中心、线网控制中心及线网应急指挥中心（简称控制中心）部分在上盖范围外。总建筑面积3.01万平方米，共计五层，总高23.1 m。如图3-195所示。

2013年12月初步设计修编的方案在初步设计的基础上优化后改成了主体建筑全放在上盖范围内，最终方案让建筑更独立，结构方案也更加合理。如图3-196、图3-197所示。

图3-195 初步设计时控制中心总平面布置图

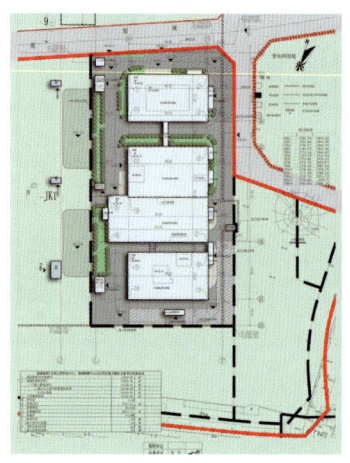

图3-196 控制中心总平面布置图

图3-197 控制中心鸟瞰图

3.5.3.1.2 上盖控制中心技术难点

1. 建筑设计

1）多种功能复合的控制中心

崔家店地下停车场总高18.1 m，在最初设计中上盖预留1.5 m的覆土层，目的为预留管线，由于地上地下结构总高不能超过50 m，因此地上建筑的总高不能超过30.4 m。在总高、轴网的限制下，控制中心的设计仿佛"戴着脚链跳舞"：总面积3.1万平方米而基地面积只有1.3万平方米，除去停车位、消防通道、主入口空间及建筑间的消防间距等要求，能做建筑的基底面积只有5 300 m²左右。由于顺轨方向柱网较大，结构按照100年使用年限设计，因此结构梁较大，达到1.1 m，设备用房层高通过计算后为4.8 m、办公用房层高为4.2 m才能满足舒适的房间净高要求，因此建筑的层数也被限定了。在限定的基底面积和层数中要满足3.1万平方米的建筑用地面积，而且功能分区明确相互联系又不干扰，是控制中心设计最大的难点。

控制中心含有区域控制中心、线网指挥中心、线网应急指挥中心，同时还包含了作为运营公司总部、食堂、司机公寓、会议中心等的功能。最终实施运营公司总部为一栋高层，区域控制中心、线网指挥中心、线网应急指挥中心及相关的设备用房为一栋多层，司机公寓、区域控制中心、线网指挥中心、线网应急指挥中心管理用房及会议中心为一栋高层。三栋建筑由连廊天桥连接。控制中心与地下停车场关系的剖面图如图3-198所示。

最主要的区域控制中心、线网指挥中心、线网应急指挥中心大厅在第四层，三个厅大小不一，既相对独立又互有联系。区域控制中心大厅包含四条地铁线的控制台，总面积为1 167 m^2，线网指挥中心大厅为11条线服务，总面积为316 m^2，线网应急会商室面积为118 m^2。线网应急会商室两侧布置区域控制大厅和线网指挥中心大厅。在突发事件需要启用应急指挥会商室时可以兼顾两边大屏。在不启用的时候相对独立封闭，两个大厅也因此隔断互不干扰。在应急会商室上层为夹层的参观演示室，便于参观学习。在两个大厅的上层有观察窗，在学习和参观过程中不会影响正常的地铁控制运营。控制中心与线网指挥中心大厅剖面示意图如图3-199所示。

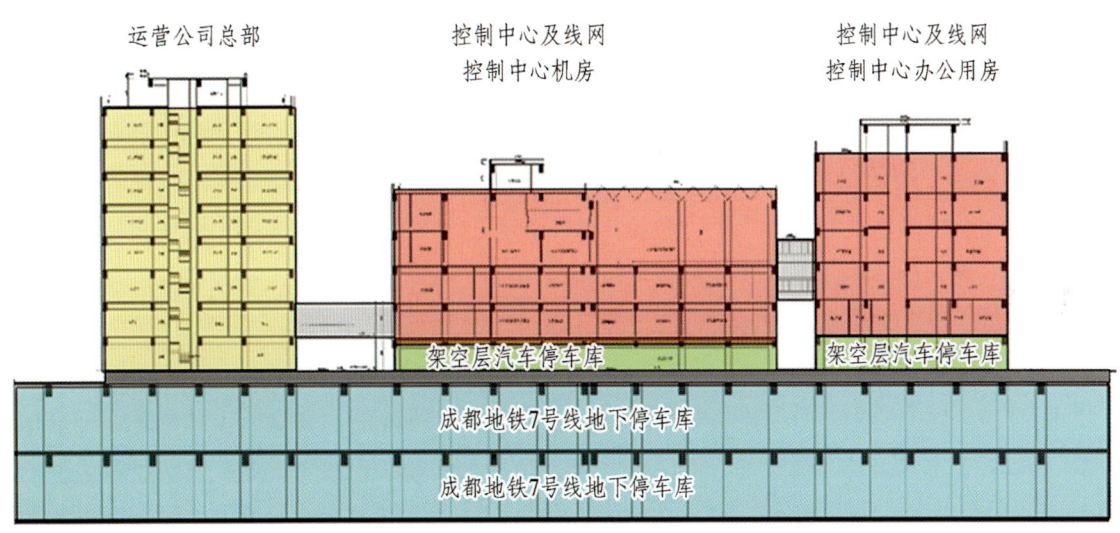

图3-198　控制中心与地下停车场关系剖面图

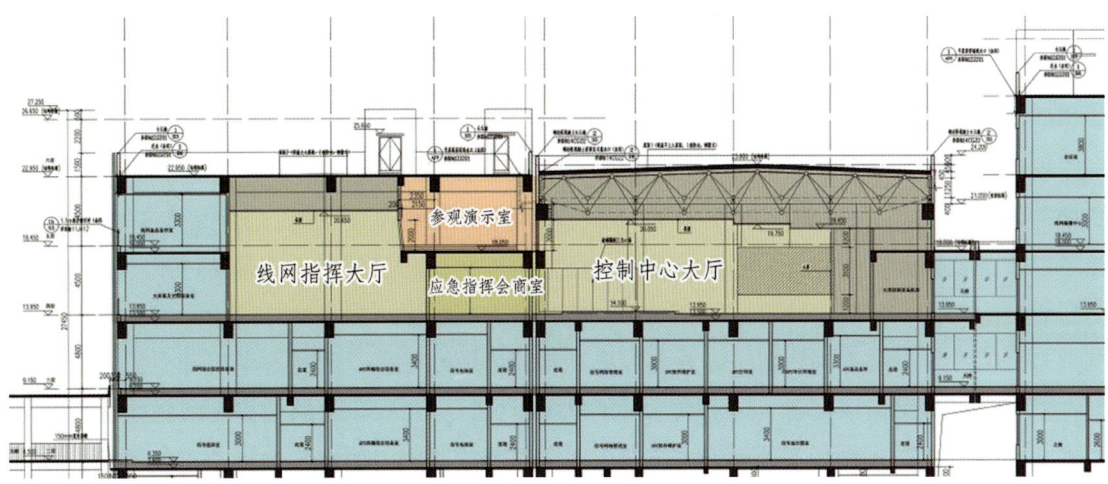

图3-199　控制中心与线网指挥中心大厅剖面示意图

2)上盖建筑会受到地下建筑的轴网限制

崔家店地下停车场的轴网根据线路线界确定,顺轨方向轴网为11.7 m,垂直轨道方向为6.6 m左右。上盖的控制中心不设置转换层,因此本项目的轴网也需要严格按照此轴网进行设计。柱网尺寸偏大将会造成有很多房间尺寸偏大、采光较少或者黑房间等不良后果,对于平面布置来说是不利因素。整个平面功能布置阶段需要和近十个专业协调,在施工图设计前调整了近一年的实施方案,做了八版正式方案后才得到了一个满足各方需求的版本。

设计原则是:由于建筑进深较大设备用房等不必采光通风的房间放在了内部,需要采光通风的房间尽量做小进深以靠近外墙;交通体采用交通核形式布置与建筑中心位置,既方便使用也不用占用采光通风的有利位置。办公区的卫生间尽量可以自然采光通风。

3)控制中心管线繁多,在顶层设计时应管线归类、分离设置,预留足够的管井

最初设计中在外部管线引入控制中心的规划中预留1.5 m的覆土层,最重要的目的是由于是上盖建筑地下停车场顶板较厚,不能随便打孔洞做管线穿越,因此1.5 m的覆土层需要解决电梯基坑、给排水管线进出、消防管线进出、强弱电管线进出等等问题。

建筑层高被限定后余地不大,要保证设备用房3 m净高难度较大:设备层层高为4.8 m,设备净高3 m,设备房间需要450 mm的架空地板,结构主梁高1.1 m,在有限的吊顶空间内需要布置送排风管、消防管线、强弱电管线等。管线在最不利点只有250 mm的空间,其中还包含吊顶本来含的装修做法,因此对于设计来说是非常困难的。在设计中,把弱电管线与其他管线分层布置,弱电管线全部布置在架空地板下,包括走廊全部架空,这样非常多的弱电管线可以自由利用架空地板的空间。吊顶内只需布置土建需要的设备管线。虽然条件受限,在设备管线配合中做了综合管线桥架,利用次梁和梁凹处走主要管线,最终做到走道的吊顶高度控制在2.6 m。房间内的高度在3 m以上。

管线在建筑内的穿越也分门别类设置了很多竖向管井:强电间、弱电间、通信配电间、消防电力间。对于土建,需要的管线是一套系统,因为每层平面较大;对于设备,需要的弱电间、通信配电间、消防电力间配了两套系统,在平面上分为东西两个方向走线。管井在预留孔洞时也把分期建设的每条线的孔洞分门别类,这样的管线规划对于分期实施、检修都能做到相互不干扰不打架,和平相处。

4)在有限的用地内做架空停车场

控制中心占地1.3万平方米,建筑密度达到40%以上,为了保证一定停车位,在最初设计时做了首层的架空停车场。在一般的上盖开发中会做覆土层或者半地下的机动车停车场,崔家店上盖其他的地块为住宅用地,当时方案设计为覆土层半地下机动车停车场。这种设计的优点在于沿街面可以作为商铺,直接对外,停车场被沿街商铺包围,标高与城市道路保持一致。机动车停车场上层为住宅小区,标高比城市道路高一层,能做到人车分流。但是这样的设计对于办公建筑或控制中心是无法借鉴的。办公建筑需要人行标高与城市道路保持一致,并且机动车能方便进出。如果把机动车做到覆土层或者半地下层,为了保持人行标高与城市道路标高一致,将会把崔家店地下停车场标高下压,整个工程造价将增加很多。因此控制中心用地内的机动车停车设置在一层架空层内。

控制中心的最重要的设备层都放置于一层以上，因为设备要求不能进水，设置在首层会有进水的可能性。因此首层架空不仅能满足设备用房不进水的要求，又留出了停车位。一些必要的出入口及辅助用房在一层，其他重要设备用房都设置在二层及以上。

最终架空停车场和部分室外停车位总计145个，并且还预留了大巴车的车位，基本满足业主的需求。

2. 结构设计

1）结构嵌固端选择

本项目设计使用年限为100年，抗震等级为一级，安评报告所提供的水平地震影响系数最大值为0.133，结构受地震力影响较大。项目功能要求多，牵涉的工艺及设备专业多达10个以上，所以各层建筑布局均不一样，从而导致结构平面及竖向布置出现较多不规则情况。从结构方案的合理性和经济性角度看，上部结构的嵌固端宜选择在地下室顶板处。而地下室顶板作为上部结构的嵌固端，需要满足如下两点要求：

（1）地下室顶板应避免开设大洞口；

（2）结构地上一层的侧向刚度，不宜大于相关范围地下一层侧向刚度的0.5倍。

本项目由于消防要求，需要在地下室顶板处开设较大洞口。为了满足上部结构嵌固于停车场顶板，通过建立整体有限元分析模型进行了专项课题研究工作，研究表明，在满足规范最基本要求的前提下，本工程采取以下几点措施即可满足停车场顶板作为上部结构嵌固端的条件：

（1）在地下室布置一定数量的剪力墙，满足上部各塔楼地上一侧的侧向刚度小于相关范围地下一层侧向刚度的0.5倍；

（2）较大洞口连接部位的板适当加厚，并加强配筋。

2）超长结构温度应力控制

本结构不设缝，长度超出规范太多，约500 m长，在施工阶段可通过设置后浇带并采取如下措施控制混凝土收缩应力：采用低水化热的水泥拌制，以减少单位体积的水化热量；控制混凝土入模温度≥10℃且≤20℃，顶板在初凝后、终凝前采取二次压面（减少砼硬化前后裂缝），成型后立即覆盖塑料薄膜、上覆草袋保湿养护不得少于14 d；砼浇筑前应将模板浇水湿透，浇筑完成后，应在顶部设水管慢淋松模养护，带模养护的时间不应小于3 d，拆模后应立即用麻包片贴墙并喷水养护，保湿养护的时间不少于14 d。通过温度监测控制混凝土中心与表面的温差在25℃以内。施工应采取各种有效措施，提高砼的抗裂性能，减少砼内外温差以防止裂缝。在使用阶段，在板内通过配置无粘结预应力钢筋来控制由于内外温差所产生的温度应力。

3）组合结构分析计算

根据控制大厅使用要求，需要设大空间，屋盖结构在综合考虑预应力混凝土结构和钢网架结构的优缺点后，采用钢网架屋盖方案。该结构利用PKPM软件进行设计，采用有限元软件MIDAS/Gen进行校核。应用PKPM分析，指标计算时采用刚性杆模拟网架的刚度贡献；配筋时网架结构按刚性杆和大开洞两种工况来考虑进行包络设计。阻尼比的取值是分析组合结构的一个难点，目前国内的规范对钢管混凝土和钢-砼混合结构取用综合阻尼比进行分析，但是实际工程中，各种材料的应用比例不同，而且一些大跨度类组合结构的动力特性复杂，如果仅采用综合阻尼比进行分析，地震效应常常不能准确模拟。因此本工程组合结构应用MIDAS/Gen进行分析时，通过使用组阻尼比（对不同的材料和边界定义成组，并赋予阻尼比，然后使用基于应变能的阻尼比计算方法真实地模拟地震效应）计算真实的振型阻尼比，进而模拟上部网架结构同下部混凝土框架结构的整体结构响应。控制中心正立面透视图如图3-200所示。

图3-200　控制中心正立面透视图

3.5.3.2　首次构建成都轨道交通线网"最强大脑"

1. 首次建设成都轨道交通线网指挥中心，为线网运营提供技术保证

随着成都地铁建设速度的加快，越来越多的地铁线路开通运营，成都地铁线网规模逐渐成形，为了更好地加强对成都地铁的运营管理，并在突发的紧急状况下形成有效的指挥救援和资源调配，成都地铁线网调度的"最强大脑"——成都地铁线网指挥中心应运而生。

成都地铁线网指挥中心（COCC）工程包括崔家店线网指挥中心系统、世纪城应急指挥中心复示系统两大部分，分别接入崔家店、世纪城、新苗三个控制中心，并具备15条线的接入能力，远期预留接入23条线的扩展能力，同时预留有轨电车的接入条件。

2. 线网指挥中心功能定位

成都地铁线网指挥中心（COCC）按照"分级负责、统一指挥"的原则对各线路控制中心进行监管。作为线网日常行车调度指挥中心、线网机电设备调度中心、线网电力调度与能耗管理中心，COCC行使网络化运营的中央协调角色，调度人员通过工作站、大屏幕的线网监控及联动功能模块监视各线路行车、客流、设备的运行及服务情况，并能配合视频的手段进一步了解现场状态。

在后期，随着成都地铁信息化建设进度的加快，线网指挥中心（COCC）除了自身的线路ISCS系统、通信系统、门禁系统、ATS系统外，还会陆续接入在线监视系统、TOS系统（乘客信

息引导系统），与ACC（清分系统）、PMS（资产管理系统）一同构成成都地铁信息管理一体化平台。

应急指挥中心是处理成都地铁网络突发事件的协调中心，也是成都市应急指挥中心在轨道交通行业的业务单元。在应急及灾难情况下，政府相关部门集中到应急指挥中心统一指挥、联合行动、快速反应和协同作战，通过专用设施展现与现场有关的音视频和数据信息，实施对内对外的应急指挥，提升了成都市的整体应急处理能力。

3. 线网指挥中心的建设意义

首先，提升了成都轨道交通网络化运营管理水平，实现了全网统筹协调、多点联动、高效指挥。

其次，加速了成都轨道交通标准化建设的进程，该项目完成与成都地铁各线路10多个子系统共计47分册的接口规格书签订；完成《线网接入标准》《线网数据标准》《线网业务标准》等6个标准共计18分册的标准化设计，为整个成都轨道交通的标准化设计奠定了坚实的基础。

最后，作为一次性建设完成的线网指挥中心、应急指挥中心工程项目，本项目的建设在满足运营指挥、应急抢险需求的基础上，提升了成都轨道交通信息化建设水平，真正做到网络运营，信息共享。控制中心功能大厅效果图如图3-201所示。

应急会商室

控制中心大厅

线网指挥中心大厅

图3-201　控制中心功能大厅效果图

3.6　车站空间装饰与城市文化的融合

3.6.1　城市文化与地铁融合的内涵

城市文化，或者说地域文化是指特定区域源远流长、独具特色、仍发挥作用的文化传统，是特定区域的生态、民俗、传统、习惯等文明的表现。在一定地域范围内，地域与环境融合，具有独特性。地域文化主要包含了地区的方言文化、饮食文化、民间信仰、民间建筑、自然环境、服饰器物等内容，范围较广。地域文化元素符号，专指设计领域在实施设计过程中，所提取的多种地域文化中显性和隐性的代表物，可以是某一个具有历史价值的建筑，也可以是地域性的某些历史故事，还可以是当地人们所遗留、传承下来的某种精神。凝练历史文化，捕捉其特色，并将其巧妙运用在设计中，这就是设计者所追求的文化性，即地域文化符号的应用。

地铁因其高效、安全、环保等诸多优势，已成为大型城市交通出行的核心工具，加之其空间相对封闭的特殊性，自然成为宣传城市文化、展示美丽城市的理想载体，更是一种传递文化的新方式。地铁自产生之日起就与文化世界不可分割，国内外的地铁系统普遍重视地铁文化塑造，各自以其独特的人文、特殊的地貌等元素，打造着属于自己的地铁文化类型，将城市魅力和地域特色展现给世人。

在地铁系统中，车站公共空间人流密度大，且具有系统性和漫游性的特点，因此，通过对车站公共空间融入地域文化，可以较好地反映城市与人、城市与文化的关系。下面讨论的车站公共空间，专指地铁站内部的建筑空间，包含了地铁站点的基本空间构成：站台（地上及地下）、等候区、检票区等公共建筑区域的室内装饰设计。

3.6.2 城市文化在车站空间表达中的基本原则和思路

3.6.2.1 基本原则

1. 人性化原则

地铁车站空间的设计在满足交通功能的同时，还应考虑使用者生理要求以及精神层面的需求。从使用者的生理与行为要求出发，同时考虑使用要求的多样性，为使用者提供优质的服务，力求提供便捷、安全、无障碍的地铁空间环境。

2. 个性化原则

一方水土养一方人，不同的历史背景、自然地形、气候特征、居民生活习惯等因素使得每个城市，甚至同一城市的不同区域，形成了不同的地域个性与特色，其城市文化底蕴与表现形式也不尽相同。地铁车站作为城市形象的缩影，其空间设计应注重其地域性特征，充分展现城市的地域特色与文化个性，体现居民文化素养与城市综合水平。

3. 继承与创新性原则

地铁车站的空间设计应考虑其历史意义与现实意义，历史的继承与延续不仅可以促进城市地域特色的形成，同时也能够满足居民怀旧的心理需求。可以提取传统地域特色，凝练成形式符号运用到地铁车站空间设计中，将地方特色与新型结构材料技术相结合，充分表现城市文化特色与现代感，提升城市文化的空间形象。

4. 整体性原则

整体设计不仅是城市设计的重要思想之一，同时也是车站空间设计的思想依据。整体设计的思路渗透于地铁空间设计的全过程，力求从整体出发，寻求共性与个性的统一，使地铁空间形态与城市街道相统一，充分体现完整的城市形象。

3.6.2.2 基本思路

1. 传统文化与现代文化相融合

地域文化留有传统文化的特点，并结合具有时代特征的现代文化。现代文化相对于传统文化，两者之间互为对应与参照，且具有一定的冲突性，因此地域性地铁车站空间的设计应将传统文化与现代文化进行充分的融合，着力解决两者的冲突问题，有效推动地域文化的传承发展。

2. 空间设计与地域审美观念相适应

审美观念是通过不断积累审美经验，总结形成美的意识形态。不同的历史背景、社会经验、生产力水平等因素都可能导致不同地域的审美观念存在差异。地铁车站建筑空间设计首先需要对不同地域的审美观念有所认知与了解，采取相应的设计策略，对不同地域的审美观念作出积极的回应，从而满足人们不同的审美要求。

3. 本土技术与新技术相结合

本土建筑技术与当地建材是表达城市文化的基本建筑设计要素，将其改进与新型技术、新型建材相结合，能够重新诠释地域文化的特征，使建筑更加根植于地域文化。地铁车站建筑空间设计应基于城市文化基础之上，运用本土技术与新技术建造手段，同时采用当地建材与新型建材，寻求建筑与地域环境的充分结合，形成地域文化在空间上的延续。

3.6.3 城市文化符号在车站空间中的设计应用

下面分别从界面设计、色彩运用、基础设施小品设计三个方面，具体分析城市文化符号在车站公共空间装饰设计中的应用。

1. 界面设计

界面包含了建筑物内部的各个"面"，分别是顶面、地面、墙面（各个立面）以及柱面。界面的分割和设计，是建筑装饰中设计的主体部分，其主要内容包含"面"的造型、材料以及色彩设计等，是体现空间整体效果的重要因素。国内的地铁站点的界面设计主要通过以下几种方式融入地域性元素。

一是具象造型设计。通过提取当地具有特色的历史文脉实体或自然物的外形轮廓，进行重组、简化，从而形成不同的造型，再应用于造型设计中，体现地域特征。

二是仿生形态设计。仿生设计是提取自然界中存在的事物结构、形状和功能等特征，模仿生物的形态和原理，再通过创新的手段进行设计的方法。其中，形态仿生是地铁站中最常见的设计手法。

2. 色彩设计

色彩的运用是空间表达的重要因素，可以起到提醒注意、方向指引、展示宣传以及展现城市特色等作用，同时也是展现和表达城市情感的重要方式。车站公共空间区域的色彩设计主要有三个方面的内容：分别是主体（大界面）色彩、功能性色彩、辅助（小面积）色彩。

要在色彩设计中融入地域性色彩文化，就要对地域文化有深入的了解。首先，要搜集和整理地域文化的视觉内涵，整理能够代表地域的标志性建筑、自然地貌、地域语言、宗教信仰、文化遗产等，对与之相关的图片进行搜集和整理；然后，深入分析挖掘视觉样本，运用相应技术手段，构建不同地域的色彩库和色彩系统；最后，根据地域文化色彩库，针对不同的地铁线路进行分析和设计，使设计与文化相互呼应。

3. 设施与小件物品设计

在车站公共空间中，设施与小件物品体现了设计的温度，通过局部融入地域特征，能够更好地弘扬地域文化，达到"以小见大"的效果。设施与小件物品主要包括公共区域休息座椅、垃圾桶、站台门等地铁公共空间内的基础设施。这些设施与小件物品相对于整个空间而言，体量较小，但广泛存在于整个公共空间中。将地域特征、历史元素、民俗风俗等文化抽象提取到这些小的设施上，能够很好地与空间呼应，使文化渗透到空间的各个方面。

3.6.4 成都地铁7号线车站装修与城市文化融合实践

3.6.4.1 车站装修特色及重难点

3.6.4.1.1 车站装修特色

7号线文化概念主题为"城市动脉，炫彩蓉城"：7号线作为统领成都地铁全网的城市地下动脉，贯穿主城六大区域；文化元素各有亮点，但共性较少；分割老城新区，开拓城市新格局，穿梭最有活力的新兴城区。故以简练动感的空间设计、七彩流动的色彩装饰、太阳神鸟符号的全线贯通、其他文化符号的提炼运用，以及重要站点文化艺术元素挖掘的艺术作品表现设置，成为成都地铁全网线路中一道独特的风景线。

设计原则上强调线路特色、以段分色、艺术点睛、每站有景。强调功能性，设计以功能服务为要旨；注重线网关系监理，建立清溪晰确的线网关系，增强线路识别性；色彩在公共空间的应用日趋重要，色彩甚至成为线路设计的表达特性；地铁空间是表达城市历史文化、未来愿景的重要公共载体；注重重点车站的文化艺术表达，重点车站重点打造，重要站点每站有景、一站一景。

全线在艺术层级划分上，共分为三个层级，重点艺术站10座、艺术站3座、标准站18座。

3.6.4.1.2 车站公共区装修重难点

车站公共区装修的重难点在于如何把想要体现的文化艺术与车站空间装饰相融合。下面通过标准站、艺术站、重点艺术站分类介绍7号线车站公共区装修的重难点。

1. 标准站

按照东南西北方位的不同划分为春夏秋冬四段，每段一色，标准规格，便于施工，易于维护。色彩上柱面、墙面、个性区天花相呼应，从大的装饰层面统一各站色调，将太阳神鸟与灯具造型相结合，作为共性文化元素应用到标准站共性区天花中，地面铺装采用常规的白麻花岗岩，注重实用性。如图3-202所示。

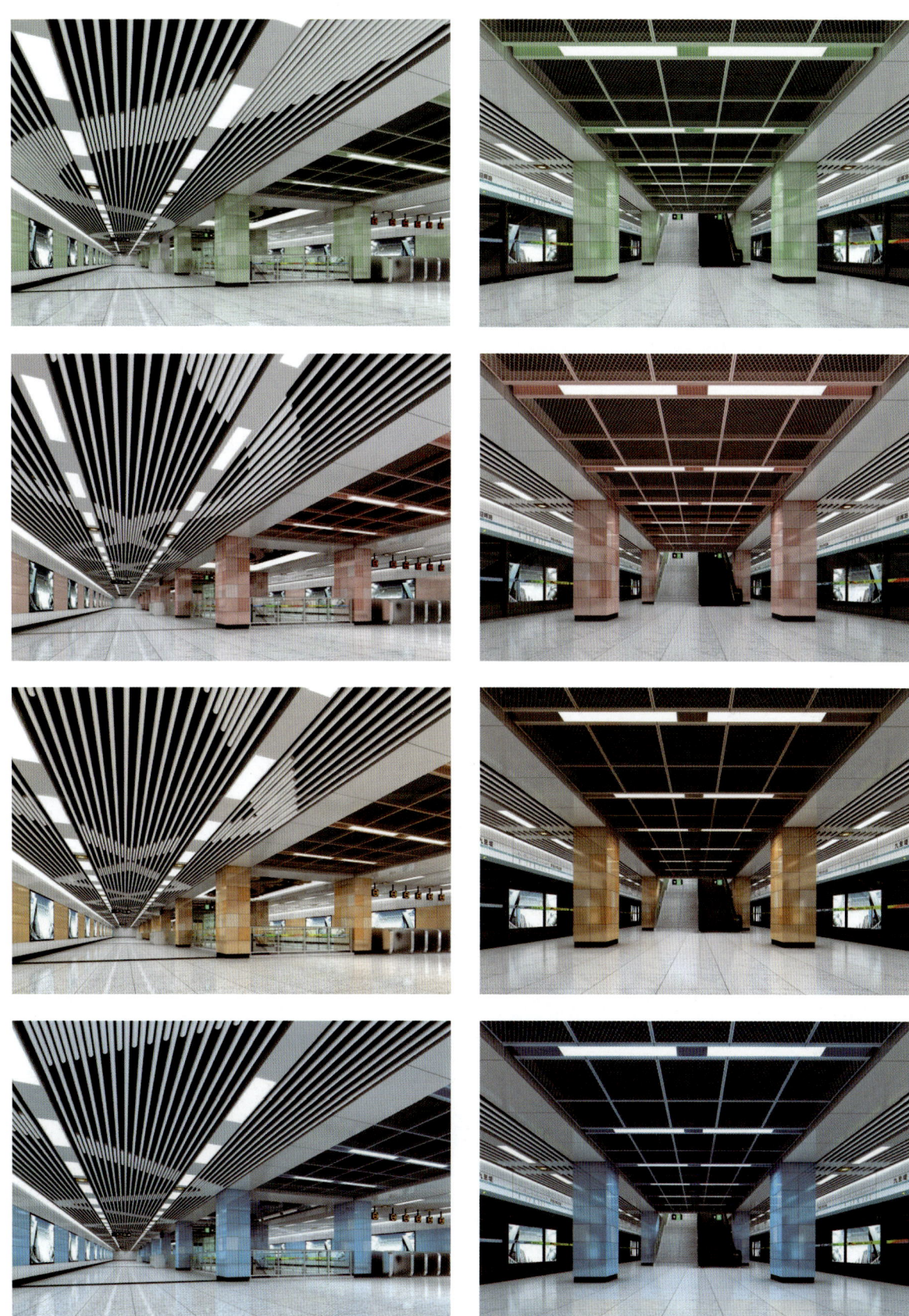

图3-202　7号线标准站装修效果图

2. 艺术站

通过共性区整体统一、个性区适度文化符号运用及个性区文化艺术元素表达三者合一的形式进行装饰设计。

1）二仙桥站

二仙桥站位于二仙桥北改片区，如今成片的低矮红砖瓦房，与铁路运输相关的厂房和仓储物流企业，是城市老旧面貌的影像。随着北改工作的推进，服役了六十多年的铁路也将光荣退休，但铁轨将作为工业遗址被保护，成为成华区的重要文化景点。而在设计上，也优先将铁轨、红砖墙这一显著的地域特征应用到车站空间的装饰设计中，作为对"东郊记忆"的一种传承，如图3-203所示。

2）神仙树站

该站名因地名而起，而神仙树这一地名又源自古老的故事传说，据《华阳县志》与《永丰乡志》记载，神仙树原名寿仙场，早先有棵黄桷树，枝叶繁茂如伞，酷暑时天人们爱在树下乘凉，明朝末年间，石羊场来了一个农民，到这里放水灌田，看到两个白胡子老头在树荫下下棋，便驻足观看。下了三局过后，突然狂风大作，飞沙走石，农人抱头就往家跑，到家一看，草房已变成瓦房，前门成了后门，家中无一人相识，核对家谱才发现自己外出灌田至今已过100年。为感激仙人，他年年到树下拜祭，人们便称该树为"神仙树"。考虑到该站周边文化及站名由来颇具神话色彩，故在设计上更多地从意识形态的角度来表现"神仙树"的底蕴与"仙气"，如图3-204所示。

图3-203　7号线二仙桥站装修效果图

图3-204　7号线神仙树站装修效果图

3）花照壁站

古人称该地为"萧蔷"，在茶店子路的北侧，该处的袁家大院有一座建于清光绪十年（1884年）的砖砌彩绘照壁，已于1948年坍塌，现在只留下花照壁的地名。照壁是中国传统建筑特有的部分，并结合这一站名的由来，在地铁车站空间设计上大胆突破常规思路，将照壁墙作为设计元素用于车站装饰中，将其作为艺术品进行单独打造，提升空间的文化属性。如图3-205所示。

图3-205　7号线花照壁站装修效果图

3. 重点艺术站

文化性、艺术性、历史性和社会性是指导该类车站装饰设计的重要依据，遵循艺术点睛、一站一景，地上城市节点与地下车站空间的彼此呼应，特别重要站点的设计可以跳出全线的总体风格，成为全市全网具有代表性的重要文化车站。

1）金沙博物馆站

金沙博物馆站（金沙文化）是7号线最具文化特色的站点，也是整个成都地铁线设计中文化元素的最大亮点。省社科院研究院、省历史文化学会会长谭继和教授用"成都人居家园的起源"来形容金沙遗址，他说金沙发掘了3 000年前的少城文化，"读金沙就是读成都的历史"。从金沙可以看出，成都的文化动因是开放性的，这种文化的进入表现出一种包容的状态。成都的文化在包容的过程中有个性、有创造力，越包容，其文化成就、经济成就、社会成就、文明成就便越显示出一种特别的状态。

而在金沙遗址出土的珍贵文物中，太阳神鸟金箔是最为重要的出土文物。其外形富有极强的象征意义和给人极大的想象空间，是古蜀人丰富的哲学思想、宗教思想，非凡的艺术创造力与想象力和精湛工艺水平的完美结合，也是古蜀国黄金工艺辉煌成就的代表。

该站设计方案充分结合金沙博物馆独有的文化元素，打造出金碧辉煌的空间氛围，映射出古蜀人在浩瀚的人类文明发展史中做出的卓越贡献。天花利用建筑空间做三联拱的设计造型，天花个性区将太阳神鸟图案与灯具造型相结合，在营造艺术氛围的同时点明主旨；柱面采用金沙文化十节玉琮为造型，并通过对玉石材料的运用，生动形象地再现了古蜀人在玉器方面的造诣；墙面通过微晶石、钛金喷砂不锈钢两种不同材料的搭配运用，进一步烘托出古蜀文明的厚重。如图3-206所示。

图3-206　7号线金沙博物馆站装修效果图

2）火车北站

该站为1、7号线换乘车站，站厅位置延续1号线原有方案的柱面红色连杆造型；墙面增加"红皮车"造型，广告灯箱与火车窗户结合。站台设计以20世纪50年代至20世纪80年代中国旅客列车的最具代表性的形象"绿皮车"为创意来源，在地铁站台打造出火车月台的怀旧空间。如图3-207所示。

图3-207　7号线火车北站装修效果图

3）太平园站

该站为三线换乘车站，也是机场线的门户车站。10号线一期功能明确，是成都轨道集团的城市窗口；3号线一期通达南北，衔接"南丝绸之路"与"古蜀道"；短期内太平园站将有大量前往双流国际机场的旅客在此站换乘，也将有大量的旅客经由此站换乘进入成都主城区，而太平园站将会给来往旅客传达浓浓的成都印象。

考虑到三线汇集，且3号线（盘长文化）、7号线（银杏文化）10号线（水云文化）分别有着不同的线路文化定位，如何在一座车站中体现不同线路的文化，也就成为该站空间装饰需要把控的一个重点。经过多轮方案比较，最终选定在线路走向的区域内体现线路文化，在线路交叉区域以7号线的文化元素为主导。表现手法上，柱面以线描的形式体现盘长、银杏、水云纹；天花个性区以矩阵组合的形式并结合灯具造型，呈现出光彩炫目的线路文化。天花与柱面经过空间维度的叠加变化，形成简与繁、线与面的呼应，在快节奏的城市生活中给乘客以艺术的视觉享受。

成都自古水网密布、江桥众多，树木葱笼、繁花似锦。其中的银杏更是成都市的市树，故本站在空间装饰设计上着重体现银杏的视觉感受，通过将柱子与天花接驳处打造为银杏造型，用灯具结合造型表现金灿灿的银杏林，并在楼扶梯处设置艺术装置及艺术连廊，以三维的形式打造出人在林中行的视觉享受。如图3-208所示。

图3-208 7号线太平园站装修效果图

4）成都东客站

该站是7号线与2号线的换乘站，站厅层在2号线开通时就已投入运营，本次设计只需要对7号线站台层进行装饰，考虑到该站为大铁的配套工程，故在装饰风格上借鉴大铁站房建筑设计，将三星堆青铜面具作为文化元素结合到柱面造型设计中，天花个性区采用铝板丝印的手法将传统的三星堆青铜图案应用到空间设计中。整个站台空间的设计与成都东客站站房相呼应，体现了璀璨的古蜀三星堆文化。如图3-209所示。

图3-209 7号线成都东客站装修效果图

5)驷马桥站

7号线该站与3号线呈T型换乘,站厅空间上7号线、3号线具有连续性,考虑到3号线的这个站已作为文化特色站重点打造,故在设计上做一脉相承的处理。站台层天花重点在个性区进行文化表现,在顶面饰以具有代表性的马车车轮艺术造型,创意源于汉代蜀郡代表作家司马相如"不乘高车驷马,不过汝下"之典故而来;柱面顶部借鉴汉阙造型,刻画出浓郁的汉代建筑风格,柱面图案以驷马高车为创作背景,通过石材雕刻的艺术手法,辅以我国古代祥云元素将汉代高车的形象刻画得淋漓尽致,并依托驷马桥来表达司马相如的心存志高与旷世才华。如图3-210所示。

图3-210　7号线驷马桥站装修效果图

6)理工大学站

车站紧邻理工大学,该校原名成都地质勘探学院,学校拥有一座在西部乃至全国享有较高知名度的以地学类藏品为主的自然博物馆,馆藏标本丰富,里面拥有国家级及世界级的精品和珍品,如"合川马门溪龙""大竹重庆鱼""隆昌铁陨石"等。博物馆获得包括区、市、省、国家所有级别的科普教育和爱国主义教育基地称号。考虑到这一地域文化,在车站空间打造上,主要以成都平原地质构造为设计元素,柱面以微晶石彩雕的工艺将地质岩层生动形象地展现出来,寓教于乐;天花采用方通穿插处理,以抽象的曲线手法表现地质构造的特性。如图3-211所示。

图3-211　7号线理工大学站装修效果图

7）一品天下站

该车站与既有线2号线换乘，空间上具有延展性，故在装修设计上既要考虑与既有线相融合，又要能彰显文化特色，2号线在空间装饰设计中以筷子为设计语言，恰当地表现出该站的地域环境，7号线在天花设计中延续这一元素，并在个性区加入具有浓郁地方特色的火锅造型，强化了文化属性；柱面的设计以特色美食为创作元素，寓教于乐，让五湖四海的乘客在领略独具魅力的川味美食文化的同时，也能了解到这些川菜的发展与由来。如图3-212所示。

图3-212　7号线一品天下站装修效果图

8）狮子山站

狮子山站靠近菱窠故居，故在空间装饰设计上，个性区天花结合建筑结构特点，呈现出典型的川西民居房顶造型；柱头顶部以菱窠故居木质连廊为造型元素，在充分表达地域文化特色的同时，也注重空间通透性的氛围营造。如图3-213所示。

图3-213　7号线狮子山站装修效果图

3.6.4.2　装饰装修技术创新及实践

7号线车站在装修材料上大胆地融入了微晶石与陶瓷薄板两种新材料，这是与既有线最大的区别。

1. 微晶石

微晶石是新型的装饰建筑材料，它是建筑陶瓷领域中的高新技术产品，它以晶莹剔透、雍容华贵、自然生长而又变化各异的仿石纹理、色彩鲜明的层次、鬼斧神工的外观装饰效果，以及不受污染、易于清洗、内在优良的物化性能，另外还具有比石材更强的耐风化性、耐气候性而受到国内外高端建材市场的青睐。

该材料运用范围：7号线车站工程：茶店子站、武侯大道站、府青路站、迎晖路站、高朋大道站、龙爪堰站、九里堤站、理工大学站、大观站、四川师大站公共区通道墙面；茶店子站、武侯大道站附属通道地面；茶店子站、武侯大道站公共区卫生间墙面、地面；全线车站公共区卫生间洗手台台面等位置。

2. 陶瓷薄板

陶瓷薄板（简称薄瓷板）是一种由高岭土黏土和其他无机非金属材料，经成形、经1 200 ℃高温煅烧等生产工艺制成的板状陶瓷制品。可实现天然石材等各种材料的95%仿真度，质感好、色泽丰富，不掉色、不变形；既秉承无机材料的优势性能，又摒弃石材、水泥制板、金属板等传统无机材料厚重、高碳的弊端。

该材料运用范围为：7号线车站工程：八里庄站、二仙桥站、琉璃场站、三瓦窑站、高朋大道站5个站的主体墙面；八里庄站、二仙桥站、琉璃场站、三瓦窑站、花照壁站5个站的附属通道墙面等位置。

3.6.4.3 结语

7号线车站装修材料本着以人为本、科学美观、健康舒适、经济适用的选用原则，体现了现代、简洁、大气、时尚的基本特点，在充分满足建筑交通功能及后期运营需求的基础上，结合车站空间特点，通过热转印、激光雕刻、数码彩喷等工艺赋予常规材料以特有的文化底蕴。

在整体装修风格统一的基础上，每段车站的装饰色彩各有不同，增强了站点的识别性。车站装修顶部采用圆通作为空间基调，墙面采用瓷砖、微晶石、烤瓷铝板等主材作为空间的色彩调配，再配以地面浅灰色调的花岗岩白麻，标准模块尺寸随柱网尺寸分割，充分营造了清新、素雅而又温馨、亲切的空间效果。通过这样的格调能有效地释放空间，避免乘客产生焦虑感。表现形式上采用简洁的造型语言、干练的设计线条勾勒空间，手法连贯顺畅。方案对天花公共区的空间进行了深入的整合，在车站中间柱跨局部抬高，在保证功能合理的前提下有效拉伸了空间尺度，避免地下空间带给人们沉闷的感觉。

车站装修采用防火、防潮、防腐、便于清洁、光反射系数小的环保型材料。站内地面选用组织结构稠密、材质稳定、耐磨、防滑的花岗石材料。顶面选用色泽一致、冲切整齐、弧度圆润、表面光滑的铝型材，墙面采用纹理清晰雅致、光泽柔和晶莹、色彩绚丽璀璨、质地坚硬细腻的瓷砖、微晶石、烤瓷铝板。建筑装饰材料和构件实现标准化、模数化，所有部位的装修材料都设计了操作简便的安装与调节机制。全线装修材料及构造做法统一，构件具有通用性，使材料的备品总量减少，更好地满足维护维修的需要。所有需要检修的部位都设计了简便的开启装置，方便运营部门的日常检修与维护工作。

7号线不仅在装修上注重文化元素的表达，也在导向标识系统中加强了功能性的设置。车站站台、站厅、出入口等公共区域设置有醒目易识别的车站服务和导向标志、公告栏等设施，室外导向分布在车站500 m范围内，便于乘客识别车站位置及引导乘客顺利进入车站；室内地面、墙面及顶面导向根据国际及国内行业通用标准接轨设计，设置在人们最容易看得见的地方，并与背景形成明显的对比识别，达到主动提供信息的功能，又没有会造成人身伤害的潜在危险，既美观又时尚，方便乘客快速有序进出车站。

全线车站均设置有无障碍电梯、无障碍厕位。站内主要设备设施处设有盲道（如客服中心、进出站闸机、无障碍电梯、卫生间等处），站内盲道引至车站出入口与市政盲道顺接。在楼梯栏杆扶手及无障碍电梯按键处设有盲文。以起到辅助行动不便人士进出站及乘车的作用。

第4章

7号线工程建设管理

4.1 建设管理模式

根据《成都市人民政府中国中铁股份有限公司关于成都地铁建设合作协议》及《研究加快推进成都地铁BT项目投资建设的会议纪要》，成都轨道集团与中国中铁签订了《成都地铁7号线投融资建设项目合同》。为此，确定了7号线的建设模式为"投融资+设计施工总承包+回报"模式。由承包人总体履行本项目的投融资、设计施工总承包的职责，并获得合理投融资费用的建设模式。

按照合同，乙方（中国中铁）作为设计施工总承包单位直接组织各设计单位实施勘察、测量及设计（含初步设计、施工图设计）工作，并对参与勘察设计单位的服务水平和质量负总责。在项目实施过程中，为确保设计质量和地铁功能，成都轨道集团负责对7号线的勘察、测量和设计进行全过程监督管理，尤其将工程变更和成本控制，全部纳入地铁公司相关变更管理制度进行管控。

7号线为成都轨道集团首批以"投融资+设计施工总承包+回报"模式建设的地铁线路，其成功建设为后续采取类似模式建设提供了管理经验。

4.2 工程筹划

4.2.1 主要工期节点

7号线是成都市首条城市轨道交通环线，与已（在）建和规划的多条轨道交通线路均有换乘衔接关系，与二环路"双快"改造工程和中环路改造工程有平行、相交、衔接等关系。7号线全长38.61 km，全为地下线，设车站31座，其中换乘站18座，设一座车辆段、一座停车场、一个盾构始发井兼中间风井，其中东客站主体与其他线路已先期完成，新建站点共有33个。大部分站点在城市主干道上，其中中环路上车站18座，2环上车站3座。因全线地理位置的特殊性，给本线路的工程筹划带来极大的困难，主要的工期节点如下：

2011年3月，开展7号线的可研编制工作；

2013年9月16日，取得四川省发改委工可正式批复；

2013年11月7日，取得初步设计批复；

2015年12月，全线车站完成主体结构封顶；

2016年10月15日，全线洞通；

2017年1月10日，全线短轨通；

2017年2月28日，全线长轨通；

2017年2月28日，全线环网电通；

2017年4月10日，全线接触网送电；

2017年4月25日，全线完成热滑；

2017年5月10日，川师车辆段具备接车条件、试车线投用；

2017年6月30日，全线轨行区分批完成移交；

2017年5月25日—2017年8月31日，全线车站分四批移交运营；

2017年8月31日，崔家店停车场整体移交运营；

2017年8月31日，川师车辆段整体移交运营；

2017年3月—2017年8月，完成单系统及接口调试；

2017年6月—2017年10月，完成综合联调；

2017年8月8日，开始完成空载试运行；

2017年12月6日，7号线正式开通试运营。

4.2.2　工程筹划重难点采取措施

（1）调动参建各方积极性，加强内外协调力度，各单位通力合作，定目标，定责任单位、定责任人，坚持问题导向、加强统筹协调。

（2）充分发挥总承包模式的作用和优势，要求总承包单位提升自身管理，加强人员配置、加强专业协调、加强调试督导、加强节点目标的统筹管理和兑现；加强对施工单位、材料及设备供应商的管控；从人员、技术、材料、经验各个环节加强调度，强力推动，确保安全、质量的前提下，保证工期目标的实现。

（3）优化交通疏解，减少对车站结构施工量。开工前详细调查站点交通情况，根据车站站位及车流量情况，制定切实可行的交通疏解方案，在保证交通可靠通行的情况下最大条件利于施工。

（4）优化和调整部分施工方案和措施，减少施工影响。部分站点增加中板强度，提供盾构过站条件。区间施工时增强施工影响范围内建（构）筑物的加固措施，并对盾构开仓换刀处预加固（特殊地段洞内超前加固）。盾构区间同步注浆采用早强材料；穿越建（构）筑物处采用双液注浆；穿越河流处添加高分子聚合物碴土。

（5）合理设置铺轨基地，减少轨道铺设时间。在初步设计的基础上全线增加4处铺轨基地。

（6）加强工序之间的衔接和转换，严格保证土建向轨道、机电的交验时间，全线土建各车站采取分块、分片的方式移交后道工序施工单位，关键节点线路采取加大资源投入，同步交叉施工等措施。

（7）优化换乘站点施工审批程序，对内协调运营公司集中办理换乘站的施工负责人培训、取证及相关审批工作。同时结合运营需求，调整和优化换乘站点设计方案，减少换乘站点施工、调试时间，同时确保功能实现。

4.3 前期统筹与协调

4.3.1 前期工作的特点

城市轨道交通建设管理中的前期工作，具有政策性强、需求紧、情况复杂、持续周期长等特点。

所谓政策性强表现在征地拆迁、管线迁改、绿化迁移、占道打围等工作，均有大量的国家和地方法规、行业规范对其进行约束，同时工作开展过程中有大量的行政审批手续需要办理。依法依规地开展工作在前期工程管理中具有重要的、核心的地位，特别是随着我国法制建设的不断进步，前期工作管理的合法合规性显得愈发重要。

所谓需求紧是由前期工作在整个轨道交通建设全过程中所处的地位决定的。工程开工首先要解决的就是前期工作涉及的用地、绿化迁移、管线迁改等问题。在其后主体结构转为附属结构施工阶段、临近验收道路、设施恢复阶段均存在时间紧迫的情况。

所谓情况复杂是前期工作中特有的，前期工作面对的各项工作都有可能存在比较复杂的情况，如土地可能存在因历史原因产权不明晰的情况，也可能存在共有产权的情况。管线存在产权单位多，各类管线行业规范不同，运行需求有别的情况。绿化、各类设施也可能存在产权单位不同，运营维护方式有别的情况。需要在工作中细致地进行梳理和甄别。

所谓持续周期长指前期工作在整个轨道交通项目建设中所持续的周期，如征地拆迁从用地预审、土地报征、权证办理可能持续整个项目的建设过程。又如管线迁改，从主体结构施工阶段的管线迁改、附属结构施工阶段的管线迁改、管线的恢复等伴随整个轨道交通项目的建设过程。又如绿化等市政设施的迁移，从项目开工前的迁移到项目完工前的恢复，贯穿项目建设的整个过程。

4.3.2 前期工作开展的方式

前期工作在开展过程中，由于上述特点的存在，需要在工作的组织方式上、工作方法上有针对性地开展工作。

4.3.2.1 组织方式

前期工作虽然有政策性强、情况复杂等特点，但大体上可以分为用地、管线和设施三个版块。在工作组织上通过长期的培养，在三个版块上组织专业知识扎实、政策法规熟悉的人员，对于工作的有效开展和依法依规开展有较好的效果。

4.3.2.2 工作方法

1. 高度重视基础文件资料

根据前期工作政策性强、持续周期长的特点，在项目的可研立项阶段，就要高度重视为前期工作及收尾工作提供扎实的支撑，特别是涉及土地的业务和涉及管线的业务。

土地涉及的用地预审、组件报征均需要详实、准确的基础资料，如果在基础文件资料的编制上出现偏差，有可能导致土地报征等工作不能有效推进，直接影响征地、进场和后续权证办理。

而管线方面，管线基础资料的收集非常重要。对于站点初步设计阶段，对重要的重力流管线、城市主干管线等边界条件一定要详细掌握。在车站设计阶段就对管线在整个车站施工过程中的迁改、恢复路由进行充分研究并确保落地。避免在开工后因重要管线的原因推翻或大幅修改设计方案。

2. 高度重视前期工作的依法合规性

前期工作有政策性强和情况复杂的特点，因此在工作中要高度重视工作开展的依法合规性。如土地业务面对比较复杂的土地权属关系时，如何通过合法的方式取得土地的使用权，并减少项目建设的遗留问题，值得不断的总结和提高。在7号线的建设中，出现了大量地铁设施需要占用小区用地、集体用地的情况。当土地权属人的组成较为复杂且无代表性组织时，采取的如公示公告、遴选业主代表等方法在面对不同情况时均有采用，取得了较好的效果。但也确实有因部分权属人反对而不得已调整设计方案、降低设计标准的情况。因此在后续工作中还可以进一步改善。

3. 分阶段采取集中力量打歼灭战的方式开展工作

前期工作在整个项目的建设过程中，主要集中在三个阶段，第一个阶段是主体结构开工前，此时大量的用地、绿化和市政设施迁移、管线迁改工作需要完成；第二个阶段是主体结构转入附属结构施工阶段，此时交通组织的转换、附属结构用地的需求、附属结构管线的迁改任务较重；第三个阶段是工程完工验收前，此时绿化、交通设施、排水等市政设施的恢复、验收和移交工作集中开展。针对前期工作的这一特点，在每条线路的这三个阶段，集中人力资源、工程资源的力量，快速高效地创造项目施工和验收条件是较为有效的方式。

4. 强调前期工作的计划管理

前期工作为整个项目的建设服务，前期工作的计划必须服从整个项目的计划。虽然前期工作存在着情况复杂的特点，但是通过专业的人员、扎实的基础资料、优势的资源还是能够高效地开展。为确保能够满足项目建设的需要，前期工作需要有前瞻性和强而有力的计划管理。在项目开工之初就要拟定前期工作的计划并适当超前，在工作开展过程中要定期对计划进行梳理，分析进度和存在的问题。对于影响项目较为严重的重难点问题，通过适时地调整工作策略来加以推动。

5. 注意工作的延续性

前期工作因为有持续周期长的特点，因此要注意工作的延续性，一般情况下办理人员不做调整，即使调整也要将翔实的工作资料档案做好移交。如管线迁改工作，在项目开工之初即有整体的设计方案，在项目的每个阶段不同的工点有其特殊的安排，只有了解整个过程才能更好的在后续工作中掌握设计和迁改的原则。又如用地管理，对于在进场之初与土地权属人是如何达成协议、涉及的补偿方案、土地的归还条件约定等问题，可能用地不同导致其均有不同，需要在整个项目的建设周期内一以贯之地执行。

4.3.3 前期工作解决问题的手段

4.3.3.1 重视顶层设计

为了更高效地开展前期工作，需要根据每个城市的特点出台适应性强的地方规则。在7号线的建设过程中，轨道集团推动市政府先后出台了2015年的31号文等相关文件，在市级轨道交通协调会上也确定了如土地价款、绿化迁移、占道打围工作流程等相关规则，有效地减少了轨道集团与属地政府、行政部门之间的工作量。

4.3.3.2 注重组织协调

在前期工作中，注意与规划、国土等行政部门的沟通协调，随时掌握最新的行政法规和工作办理要求。注意与管线、绿化等产权单位的沟通协调，掌握产权单位的诉求，在项目建设过程中将建设需求和管线等产权单位平稳运行的需求做好结合。

4.3.3.3 前期工作解决问题的手段

7号线环线沿线串联当时整个中心城区，同时串联了成都站、成都东站、成都南站三个重要的铁路交通枢纽，并与多条城市快速轨道交通和市域轨道交通放射线形成换乘关系，对成都市区轨道交通骨架网的形成具有重大意义。面临中心城区普遍基础设施老旧，人流车流量巨大，临街房屋及商业密集等问题，中环地铁线建设的前期工作变得异常艰巨。为此，面对前期工作问题，措施如何得当、开展如何高效显得尤为重要。针对轨道交通建设的前期工作问题，集中梳理解决的手段主要如下：

1. 以顶层政府主导，确定主体原则

针对成都市辖区县政府、市政府有关部门、有关单位，成都市人民政府出台《关于推动城市轨道交通加速成网建设计划的实施意见》，并出台成都市城市轨道交通建设指挥部《城市轨道交通加速成网建设计划实施方案》。

（1）明确市政府就成都市轨道交通加速成网建设的顶层设计，明确了主要目标及"政府主导、社会参与、轨道优先、加快推进、市区县共担"的原则。

（2）完善了体制机制。建立城市轨道交通建设工作联席会议制度，成立以市政府分管领导担任指挥长的城市轨道交通建设指挥部，在联席会议领导下统筹推进全市城市轨道交通建设，并设立轨道建设指挥部办公室，承担轨道建设指挥部的日常工作。

（3）理顺相关市级主管部门和单位的工作职责。市建委、规划、国土、财政、环保、发改、交管、城管、园林、地铁公司以及相关区县政府，均明确各自职责和建立相应加强城市轨道交通建设推进工作机制，区县政府成立区县级轨道交通建设指挥部办公室。

（4）建立协调推进工作机制。召开联席会，针对城市轨道交通建设过程中涉及中央机关、省级机关、部队、铁路、电力、通信等部门的重大协调事项以及重大决策事项，不定期进行协调解决。

召开轨道交通建设指挥部工作会，贯彻落实联席会议精神，研究解决城市轨道交通建设过程中的有关具体工作，跨区县同步配套市政设施建设等事项。

轨道办定期召开轨道交通建设工作例会，召集轨道建设指挥部成员单位协调解决建设过程中存在的问题，推进城市轨道交通建设工作的有序快速开展。

（5）落实轨道交通项目目标考核机制。将城市轨道交通建设作为市委市政府城建攻坚"一号工程"，纳入市委市政府重大工程项目目标考核。由市委督查室、市政府督查室会同市轨道办制定轨道交通建设专项目标考核管理办法。将工作责任落实到单位，承办事项具体落实到人，奖惩"斗硬"，强化对轨道交通建设推进工作的监督，对成员单位和责任部门实施目标绩效管理。

2. 加强统筹协调，发挥政、企层级的实施主体作用

通过城市轨道交通加速成网建设指挥部工作会议，加强了整体及各成员单位的统筹协调，明确政府主管部门、相关单位各自实施主体责任，重大事项在工作会议逐步进行明确。

（1）明确资金保障。优先保障城市轨道交通项目建设，明确市、区级资金承担比例，尤其主线及站点范围内的征地拆迁、管线迁改等费用均予以明确。

（2）轨道交通建设土地保障。划定满足城市轨道交通项目资金需求的土地，所控土地资源包干成本（包含征地拆迁、管线迁改）与区县结算标准，并明确区县政府征地拆迁工作的主体责任。

（3）结合轨道交通建设项目施工安排，研究制定局部和片区施工期交通组织方案和城市交通缓堵保畅应急处理方案，相关部门进行系统性审查，并结合工期安排进行公告。

（4）轨道交通建设涉及供排水、电力、照明、燃气、通信、人防工程及建构筑物等，各拆迁实施主体和管线产权单位按照既定的进度目标完成拆迁、管线迁改及恢复工作。并明确管线迁改、道路、水利、绿化、广场等市政设施的迁移及恢复的实施主体及费用承担原则。

（5）明确轨道交通建设涉及征拆标准。如7号线涉及征收集体土地（地上地下建构筑物拆迁及管线沟渠迁改）包干价执行统一标准，以及轨道交通设施占地面积比例承担征拆费用及认定方面的内容，都做了相应的明确。

3. 加强合同管理

（1）与权属单位合同管理。轨道交通建设涉及征地拆迁、管线迁改、市政设施及绿化迁移、交通疏解占道打围等，涉及专业多，专业性强，在市级层面明确的实施主体原则上，地铁公司与实施主体单位签订相应的实施委托合同。分门别类地签订实施委托合同，涉及费用、竣工、结算、审计等内容的，均进行相应的合同条款要求。

（2）总承包合同管理。在招标阶段，深入研究实施层面的各种问题，并集中研究相应的对策；本着轨道交通项目征地拆迁、管线迁改、市政设施及绿化迁移、交通疏解及占道打围等前期工作有力推进，在总承包合同中明确双方各自实施界面及职责，发挥双方各自主体主动作用。

4. 加强宣传与联动，主动应对与预判

城市轨道交通本身为城市民生工程，在实施过程中会涉及交通、占道打围、名木古树绿化迁移、管线接驳必然引起的停水停电停气等问题，可见在前期工作开展阶段，就涉及较多的局部或个体民生事宜。不论是市级调研，有关政协议题，或是市民诉求、咨询、来文来访等，加强正面

宣传、公示公告等主动积极作为，加强问题的解决措施得当、诉求的回应方式方法合理，情绪的疏导有地可寻等，积极创建城市轨道交通建设成为每一个成都市民的"生活一脉"。

5. 加强队伍建设

（1）加强组织力量。面临7号线复杂前期工作，公司成立经验丰富、素质过硬，懂土建、专前期的"尖刀连"进行突击破冰。针对中环上超难度的征地拆迁工作，能够攻坚克难；面临错综复杂的地下管网，能够作为一名"外科医生"抽丝剥茧；面临庞大的市政设施及名木古树迁移，能够胜任并不厌其烦；面临大面积人流车流进行交通疏解，能够落地疏解且水平一流。

（2）加强技术保障、强化沟通协调能力。征地拆迁工作，要应知应会线路总体工筹总体目标，熟练掌握相应的国家和地方征地拆迁法律法规。管线迁改工作时，不但要深入研究7号线的建设前期需求，还要掌握各种管线专业知识，并加以统筹综合运用。市政设施及绿化迁移、交通疏解及占道打围，不但掌握各方诉求，还要合理结合城市功能进行综合协调。

不但如此，面临市区级主管部门和管线、绿化、市政设施相关产权单位，存在大量的沟通协调工作，能够合理运用市区级建立的协调机制，结合企业的规章制度，强有力的沟通协调能力来逐一解决前期工作众多的问题。

4.4 工程建设管理重难点

4.4.1 三线换乘地下车站同步统筹实施管理

4.4.1.1 工程概况

太平园站为3、7、10号线换乘车站，3号线和10号线为地下两层结构，7号线为地下三层结构。3号线全部采用明挖法施工，7、10号线采用"明挖+局部采用明挖法"施工。

成都地铁3号线太平园站（原红牌楼南站）为地下2层3跨岛式站台车站（中部与7号线换乘区局部为地下三层），车站全长250.9 m，标准段总宽21.9 m。车站位于佳灵路与武阳大道交汇的十字路口，车站走向为南北向靠佳灵路西侧，该站是3号线一期工程的起点站，与7号线相交并与10号线平行。

7号线太平园站（原红牌楼南站）为地下3层3跨岛式站台车站，车站全长241.4 m，基坑开挖深度约27 m，标准段开挖宽度25.7 m。车站位于佳灵路与武阳大道交汇十字路口，车站走向为东西向靠武阳大道路南侧，是7号线工程的中间站，并与地铁3、10号线相交。

成都地铁10号线太平园站（原红牌楼南站）为地下2层3跨岛式+侧式站台车站，车站全长232 m，基坑开挖深度约17 m，标准段开挖宽度25.8 m。车站位于佳灵路与武阳大道交汇十字路口，车站走向为南北向靠佳灵路东侧，是成都地铁10号线一期工程的起点站，并与7号线相交，与3号线车站基本平行，与7号线车站"十"字换乘。

4.4.1.2 施工重难点及管理措施

1. 施工重难点

1）工期紧、工程量大、作业面广，施工组织困难

太平园站为3、7、10号线换乘车站，车站工程数量大，工序转换多，结构接口面多，交叉作业干扰大。

2）施工危险源多，安全风险高

车站位于富水砂卵石地层，地层自稳性差；同时暗挖隧道下穿老旧房屋及西环铁路，施工危险源多，安全风险高。车站与市政桥配套实施，基坑同时采用混凝土支撑、钢支撑和锚索三种支护方式。在基坑开挖过程中，土方开挖、支撑架设、锚索、腰梁及桩间网喷等多种工序同时穿插作业，施工风险大，对工序的衔接统筹要求高。

3）设计方案随时存在动态调整，施工统筹安排极困难

由于车站处于三线换乘节点，3、7、10号线红南站于2012年6月、2013年9月和2015年9月依次开工。由于车站结构接口多，受边界条件的影响，为此整个车站的总体设计方案随时存在动态调整，给整个施工统筹的安排造成极大困难，其中3号线主体完工后，需单独对其进行加宽3 m处理，对应的车站围护桩及临时侧墙需全部破除，且位于3号线既有轨行区范围内，施工难度大，安全风险高；同时整个车站接口位置的既有围护桩拆除量大，共计拆除混凝土约8 000 m³，施工效率低，难度大，且存在整个基坑受力体系转换的问题，安全风险高。

4）基坑周边场地狭小，施工材料运输困难

由于10号线车站及明挖区间基坑紧邻建构筑物及市政道路，周边场地狭窄。在后期主体结构开始施工后，需同基坑土方开挖同时进行，且钢筋、支架起吊运输量大（车站及明挖区间钢筋共计7 000 t，支架共计6 000 t）及混凝土浇筑体量大（车站及明挖区间共计35 000 m³），转运及起吊的相互干扰影响及施工难度巨大。

5）管线众多、迁改量大、管线保护难度大

该站位于武阳大道与佳灵路交叉十字路口，地面和地下的市政主要干管众多，主要包括220 kV电力隧道、10 kV电力线、给水管、燃气管、污水管、雨水管、通信、路灯线及交通信号灯线等共计九大类管线。由于车站分期实施，因此部分管线需要多次迁改，才能满足施工需要及管线安全，车站范围内各类管线迁改共计9 000余米。

6）车流量大、场地狭窄、交通疏解难度大

佳灵路为成都市区西南方向进出城三条重要通道之一，武阳大道为中环路一部分，因此车流量巨大，且上下班时段非机动车流量及人流量很大。太簇明挖区间骨胶厂拆迁时间持续长，难度大，造成后续主体结构施工时间紧。

2. 管理措施

1）加强与行政主管部门及产权单位的联系，取得其支持，建立联动机制

项目部积极与政府及管线相关产权单位沟通、协调管线迁改。同时，多次组织召开管迁协调会，减少了项目管迁难度，缩短了管迁时间，为后续工作赢取了时间。同时，要求施工单位加强

与产权单位的沟通对接，建立畅通的信息渠道，做好管线应急救援预案，一旦管线出现损伤，能够在最短时间内得到有效处理。

2）召开专家评审会，优化调整设计方案

为便于施工，保证工期及安全，针对现场情况，在设计方案确定过程中，反复与产权单位进行沟通协调，收集各方意见，并多次组织召开优化设计方案专家评审会，不断进行完善，极大地节约了工期，保证了施工安全。具体优化调整情况如下。

（1）栏杆堰临时过渡方案调整。

起太明挖区间范围内的既有栏杆堰横跨基坑，在起红明挖区间施工期间，需要临时拆除基坑范围内的栏杆堰河道。根据原方案，计划采用2个矩形渡槽（1.1 m×1.1 m）进行导流过渡，当起红明挖区间施工完成后，进行还建。

由于起太明挖区间正值雨季，受厄尔尼若现象影响，降雨量大，汛期的安全风险巨大。为了施工期间安全度汛，结合现场的实际情况，在河道位置先施工混凝土底板及侧墙，保证河道的过水断面与原河道一致，且兼顾后期栏杆堰的永久还建。

（2）220 kV电力隧道保护方案调整。

既有220 kV电力隧道沿佳灵路呈南北走向，位于起太明挖区间基坑范围，需进行原位保护，长度约260 m。根据原电力隧道保护方案，电力隧道通过明挖区间第二道混凝土支撑进行支承，同时辅以钢丝绳悬吊在第一道混凝土支撑上。明挖区间的混凝土支撑间距为6 m，为此在混凝土支撑对应位置，采用人工跳序开挖电力隧道下方的土方，并采用工字钢进行临时支承后，施工混凝土支撑及对应的混凝土腰梁。当第一序混凝土支撑施工完成后，并达到一定强度，按相同方式施工相邻的混凝土支撑及混凝土腰梁。

根据现场实际情况，为了便于现场施工，确保电力隧道安全，对电力隧道保护方案进行调整。将基坑第一道混凝土支撑间距调整为3 m，并在支撑下方设置混凝土竖向悬吊梁（400 mm×400 mm）及横向支撑梁原位保护电力隧道，其中横向一端锚固至基坑围护桩体上，且在围护桩与横向支承梁节点位置设置牛腿。

3）精细管理，加强现场施工管控

根据节点工期，结合现场实际情况，每周主持召开工期梳理会，对项目部施工安排进行详细讨论优化。分部位分工序制定详细的施工计划，提高施工作业效率及保证交叉作业工序的有效衔接。为了加强施工进度的过程管控，分别成立了"中铁八局工作组"和"城轨公司管控组"，同时项目部自身加强了施工管理力量。

施工过程中，加强工期的动态管理，要求项目严格实行"早交班、晚碰头"和领导带班制度，如果现场施工进度滞后，应该从人员、机械、材料和外界条件（施工边界条件和天气等因素）等方面进行进度分析，并采取相应的补救措施。

为项目施工出谋划策，积极协调，工程增设出土马道、临时出土场地及钢筋临时堆放场地。根据现场边界条件，利用B通道作为车站南端基坑临时出土马道，提高出土效率。同时，在核桃堰变电站位置临时租赁一块场地作为临时堆土场地（存量约20 000 m³），用于白天土方内转及其他特殊情况下方的土方临时存放，从而增加了出土时间。在中环路与核桃堰交叉口位置，协调临时租赁一块场地作为钢筋临时存放场地，以备施工单位提前组织大批量钢筋进场，保证施工的正常开展。

4）合理倒排工期，精细资源配置

通过节点工期倒排，根据各节点工期制定详细的施工资源配置计划。并在基坑土方开挖过程中，增加开挖及喷护设备。主体结构施工期间，增加吊装设备，钢筋和支架通过"塔吊+龙门吊+吊车"的方式进行吊运，混凝土通过"车泵（夜间）+地泵（白天）"进行浇筑。增加网喷和支撑架设的作业人员，加快施工进度。由于后期主体结构施工期间，对作业人员的需求量大，为此提前组织召开专项动员会，明确作业人员的数量及进场时间，确保按时到位。

5）协调解决基坑周边场地狭小的问题

为了提高材料吊装运输效率，减少相互之间的干扰，加快主体结构施工进度，协调交管和城管等部门对起太明挖区间及7号线以北车站主体基坑西侧（靠佳灵路一侧）施工围挡外扩3 m，确保基坑西侧设置1个施工运输通道，用于转运钢筋及支架。同时，将主体结构混凝土浇筑时间尽量调整到夜间，并临时封闭佳灵路，以用于混凝土浇筑及材料吊运。

6）加强过程巡视、巡检及值班制度

再好的措施，再好的方案，如果没有好好执行，也是一纸空谈。因此，加强过程管理显得尤为重要。在施工过程中，由参建各方共同成立工作小组，制定了值班和巡检制度，严密监控施工过程是否按照方案执行，对于出现的新问题也及时进行了讨论和研究、解决，确保了保护工程的顺利实施，保证节点按期完成。

4.4.1.3 管理成效

通过严抓共管，土建工程各节点工期按期完成，促使施工单位提高了管理水平。同时，施工占用道路较早还之于民，减少了地铁施工对市民的干扰，给轨道集团带来了良好的社会声誉。

4.4.2 超大体量全地下地铁场段管理

4.4.2.1 工程概况

7号线川师车辆段位于成都市锦江区金像寺村，成龙路西侧，在7号线琉璃场站与川师站之间，占地112亩，建筑面积10.36万平方米，基坑东西向长度约480 m，南北宽约180 m，土方开挖约150万 m^3，混凝土约22万 m^3，钢筋约4.5万吨。

成都川师车辆段是成都地铁首个地下车辆段，是体量超大的集大架修、定修、定检等生产、运营和办公等综合功能于一体的全封闭地下综合车辆段，主要承担7号线全部车辆及10号线部分车辆的检修任务和备用车辆的运用停放任务。

4.4.2.2 施工重难点及管理措施

在7号线川师车辆段建设过程中，在集团公司的正确领导和支持下，以标准化管理为引领，以工程质量为核心，积极发挥建设单位引导作用，不断强化施工过程管控，在建设过程中组织参建各方结合深基坑工程的特点和难点，不断突破创新，科学组织施工，确保了川师车辆段所工程建设的有序推进。

1. 以技术为先导，确保深基坑施工安全及进度

川师车辆段为成都地铁在建的最大的深基坑，且处于膨胀土地区，基坑开挖最大深度近37 m。膨胀土的特点是遇水后土体强度和稳定性迅速降低，如果处理不当极易造成边坡的溜坍和垮塌，造成安全质量事故。施工过程中，以监测作为眼睛，以技术措施为先导，以严格的现场管理为抓手，通过全面的措施确保了深基坑的施工安全及进度。

现场多次聘请行业专家对施工安全方案进行评审论证和优化调整，通过结合现场实际在基坑南侧局部增加双排桩且在南侧开挖最深处增加一排囊式锚索，加强了基坑围护体系；基坑北侧C区段原设计为放坡锚喷支护，坡顶开挖线至农科院围墙的距离不足2 m，通过专家查勘现场论证和优化调整，放坡开挖改为桩锚围护体系，加强了基坑围护体系，确保了基坑及建筑物的安全及进度。

另外针对锚索施工时对膨胀土扰动大，造成土体变形明显的情况，经多方咨询和调研，最终总结出采用水钻施工、隔孔跳打、及时注浆、多次张拉的施工工艺，解决了膨胀土地质条件下锚索施工方面的难题。同时及时分析监测数据，做到信息化指导施工。使基坑变形等风险得到控制，有效地保证了基坑和周边建筑物的安全及施工进度。

2. 强化施工过程安全管控，保安全促进度

车辆段C、D、E区为地下两层结构，其中负二层的层高约14 m，侧墙及立柱施工需要分三次浇筑方能完成，且需要使用到悬臂支架体系，负一层的层高也从7 m变到了11 m，钢筋吊运和安装以及支架搭设、模板安装及拆除的风险和难度都非常大。现场第一严把支架、模板进场材料质量关，复试合格后方可使用；第二严格按专家评审修改完善的方案执行支架搭设、拆除，施工管理人员、监理人员全程盯控；第三在支架搭设完成，监理验收合格后进入下道工序；第四在混凝土浇注过程中，加强对模板支架的盯控。通过严格落实工序验收，加强支架搭设安全管理等措施，确保了川师车辆段高大模板施工的安全可控，施工进度也因此得到了保障。

3. 科学施工组织，保节点

在2016年3月底征地拆迁和考古工作完成后，建设地块全部移交，面对超大体量地下车辆段施工任务，建设公司按照7号线的总体工筹要求，全面、细致地梳理工筹、细化方案、谋取措施。川师车辆段科学组织，通过"千人会战"超常规的人力投入，现场24 h不间断施工及多作业面同时展开施工，来确保节点目标的实现。

（1）建设公司针对川师车辆段体量大、工期紧、施工组织难度大的问题，多次组织召开工筹梳理会，梳理存在问题，制定施工措施，推进工筹建设。

（2）做好超常规施工资源投入的保障工作，施工高峰期有劳动力千人以上、支架约1万吨、模板约5万立方米、塔吊10台、数台汽车吊等资源投入，以确保实施的24 h不间断作业。进一步优化施工组织。施工计划要细化到日，适时调整资源投入；监理按周组织召开进度分析会，分析原因并制定措施，保证进度有序推进。

（3）加强参建各方的管理力量，形成值班巡查制度。面对川师车辆段工期紧迫需24 h不间断

施工作业的情况，由地铁公司、监理单位、投融资单位、施工单位形成值班制度，加强对现场各项工作和计划推进的督办力度，及时解决现场存在的各种问题，严密监控施工过程是否按照方案执行。施工单位派工作组进驻现场，加强项目部对施工现场的把控，着重对施工资源投入和施工组织管理进行督导，确保了施工安全、优质、高效推进。

（4）加强对安全、质量重难点工序的管控。建设分公司组织参建单位细化统筹，针对施工工序多、交叉作业多，施工组织难度大，施工过程中参建各方强化管理，落实责任主体，采取分区域管理，定人、定岗等措施，确保了施工安全、质量、进度目标的实现。

4. 管理成效

现场通过"战高温、熬酷暑、抢晴天、争雨天"，挥洒热情和汗水，经过严格的工序把关和安全、质量管控，最终优质高效地提前完成了超大体量地下车辆段土建建设，为7号线整体工筹的实现奠定了坚实的基础。

4.4.3 火车南站扩能改造

4.4.3.1 工程概况

火车南站为成都地铁1、7号线换乘车站，位于成都市成都南站西南方向，7号线火车南站为地下三层一岛两侧站台车站，车站的有效站台长度为140 m，中间岛式站台宽为9.8 m，两侧侧式站台宽为6.05 m，车站外包总长186.0 m；车站总建筑面积为17 787 m²，车站设3个通道、1个出入口（F通道没有设置独立出入口的条件，与南侧综合交通枢纽相接，B/2与1号线B出入口通道相接），2个消防疏散出入口，2组风亭，如图4-1所示。

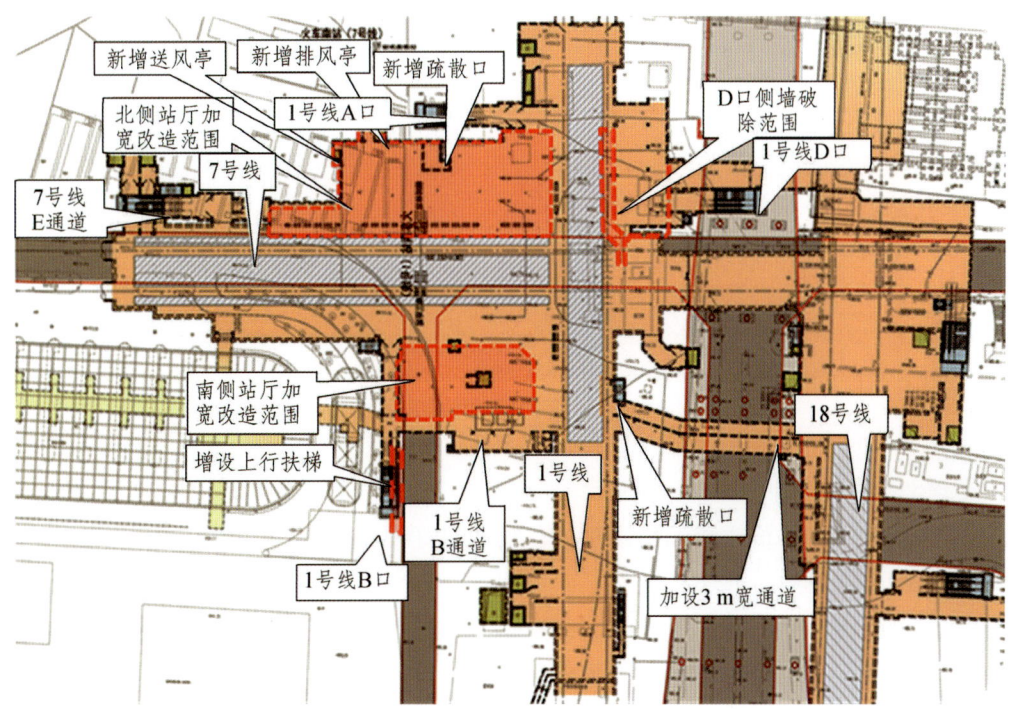

图4-1　火车南站示意图

成都轨道交通火车南站作为1、7、18号线的换乘站，周边片区分布有包括铁路、公交在内的公共交通换乘的重要枢纽节点，7号线开通后，客流量将大幅增加，该站将成为线网运营新的瓶颈点，因此从技改方面缓解客流组织压力，提升车站通行能力势在必行。

本次火车南站的既有线施工，需在既有1号线车站站厅层公共区及B通道进行凿除施工，新增的南北厅改造施工完成后同时与1、7号线站厅层公共区联通。

4.4.3.2 施工重难点及管理措施

1. 施工重难点

（1）改造部位多、改建面积大。涉及7号线南站厅、北站厅、1号线B出入口、D出入口及1号线站厅站台改造，累计改建面积超过5 000 m²。

（2）改造施工难度大、安全风险高。需分序破除已运营的1号线火车南站结构墙915 m²及已封顶的7号线结构墙531 m²，并进行结构体系安全转换。

（3）改造工期紧、任务重。从项目开工到站后工程完工并调试投用，工期仅5个月，同时施工过程中改造工序复杂，须在有限作业时间内完成既有线土建改造、机电装修并完成接口的综合调试工作，工作量大。

（4）涉及改造单位多、人员投入多。该改造工程涉及参建单位10余家，交叉作业点位多，现场高峰时期同时投入施工人员达到500人，现场施工人员管理困难，施工现场如图4-2所示。

图4-2　火车南站现场施工照片

2. 管理措施

（1）选派精兵强将，成立现场推进小组，定期召开现场推进会，及时发现并解决施工中遇到的各类问题。

（2）各参建单位负责人牵头，深入一线，靠前指挥，确保相关工作的落地和落实。

（3）强化安全、质量重难点工序的管控。明确责任主体，采取分区域管理，定人、定岗等措施，确保施工安全、质量目标的实现。

（4）强化进度管控，将施工计划细化到天，适时调整资源投入，针对进度偏差，及时分析原因、制定纠偏措施，确保现场工作的有序推进。

4.4.3.3 管理成效

火车南站改造工程作为成都轨道交通史上首次大规模扩能提升工程，为确保在7号线开通试运营前同步投用，成都轨道集团充分把握7号线开通试运营前的有限时间，科学统筹，精心组织、同心协力、日夜奋战，圆满兑现既定节点的工期目标。

4.4.4 站后工程统筹管理

7号线作为国内首条一次性开通的环线，存在涉及单位多、工期压力紧、协调交叉难等特点。为了实现7号线建设的统一协作、联合指挥，给所有参建单位搭建一个交流协调平台，由建设分公司、运营公司、中铁城投牵头，7号线各参建单位参与共同组建了7号线联合指挥部，联合指挥部坚持"联合指挥、集中办公、有序组织"的原则，根据现场需要及时召开各项专题会议。

4.4.4.1 联合指挥，解决问题

根据7号线建设特点和需要，解决现场施工、调试、移交消缺问题，指挥部坚持召开"周一交班、周三调试、周五消缺"专项会议。大交班会对7号线工作进展进行汇报，协调解决现场重大问题，推进后续工作；调试例会针对上周调试情况进行总结，对下一步的调试安排进行部署，同时暴露调试过程中在协调配合、共性问题、前置条件等方面存在的问题，针对部分问题召开专题会进行分析；消缺会重点解决移交遗留问题以及运营问题库消缺进展，并组织设计单位对问题库中疑难问题进行分析、议定，加快问题整改消缺。

4.4.4.2 集中办公，统一协作

组织各参建单位集中办公，现场出现无法协调的问题会在第一时间反映指挥部，对于一般性协调事项，集中办公室直接协商解决，对于影响较大的事项，由指挥部组织召开专题性会议，明确解决方案。集中办公的形式，给现场问题提供了快速的解决途径。

4.4.4.3 有序组织，提高效率

由城投下属的两个集成单位负责会议筹备、资料收集、汇报材料编制、工作日志发布、指挥部现场布置等指挥部日常管理工作。通过调试进度表、消缺排名表，提升各单位竞争意识。在建设、运营、城投的组织推动下，联合指挥部工作职能得到了高效发挥。

4.4.5 装修工程管理

4.4.5.1 装修设计主题——城市动脉、炫彩蓉城

地铁空间是表达城市历史文化、未来愿景的重要公共载体，7号线作为成都地铁首条环线，贯穿主城六大区域，开拓了城市交通新格局，沿线文化元素各有精彩亮点展现。设计风格以简练动感的空间设计、七彩流动的色彩装饰、太阳神鸟符号的全线贯通、其他文化符号的穿插运用为

主,注重色彩在公共空间的应用与车站的文化艺术表达,重点车站重点打造,艺术站点景致各有不同,成为成都地铁全网线路中一道独特的风景线。

同时公司专门成立了文化艺术领导小组,由多位主要领导亲自参与方向把关,每一阶段组织审查车站装修方案的文化艺术效果,切实把握好了设计的主体方向,并极大地提升了设计方案的整体水准,让最后呈现出的作品经得起大众的审视。

金沙博物馆站(金沙文化)是7号线最具文化亮点和特色的站点,也是整个成都地铁线文化元素的最大亮点。在金沙遗址出土的珍贵文物中,太阳神鸟金箔是最为重要的出土文物,富有极强的象征意义和给人极大的想象空间,是古蜀人丰富的哲学思想、宗教思想,非凡的艺术创造力与想象力和精湛工艺水平的完美结合,也是古蜀国黄金工艺辉煌成就的代表,金沙博物馆站如图4-3所示。

该站方案充分结合金沙博物馆独有的文化元素,打造出金碧辉煌的空间氛围,映射出古蜀人在浩瀚的人类文明发展史中做出的卓越贡献。天花利用建筑空间做三联拱的设计造型,天花个性区将太阳神鸟图案与灯具造型相结合,在营造艺术氛围的同时点明主题;柱面采用金沙文化十节玉琮为造型,并通过仿玉石材料的运用,生动形象地再现了古蜀人在玉器方面的造诣;墙面通过微晶石、钛金喷砂不锈钢两种不同材料的搭配运用,进一步烘托出古蜀文明的厚重与朴华。

另外,驷马桥站将驷马高车的历史典故表现在天花造型上,柱子则是应用了汉厥的建筑风格,文化艺术墙《上林图卷》,更是将司马相如持笔所作《上林赋》中的无尽风流和《上林图卷》中天子出行狩猎的鸿篇巨幅进行了还原呈现,引发人们对传统文化艺术新的关注、向往和探索,驷马桥站如图4-4所示。

图4-3　金沙博物馆站

图4-4　驷马桥站

理工大学站则是以突出地质结构的方式来表现学校的教学方向,通过天花不同色系的铝垂片穿插组合,来表达河流冲击陆地形成平原的感观意向;柱面则以微晶石彩雕工艺将地质岩层生动地展现出来。而艺术品《马门溪龙》,塑造出一幅以马门溪龙为主体的天府之国远古的梦幻场景。画面整体表现壮丽的河山、巨大萤紫的星球、游离漂浮的水母、深邃迷人的星空等等元素,形成了日月轮回的梦幻时空感。壁画采用具有地壳色彩的马赛克生产制作,总数量超过120万粒,色阶层次超过200种,全靠手工操作来进行拼剪和粘贴,把远古时代马门溪龙自在生活的美妙场景得以进行了的呈现,理工大学站如图4-5所示。

图4-5 理工大学站

图4-6 太平园站

太平园站则是以成都市的市树银杏为主题，在空间装饰设计上着重体现银杏的视觉感受，通过柱子与天花接驳处理成银杏造型，灯具造型表现为金灿灿的银杏叶，在楼扶梯处的两面墙体设置了主题艺术品《金色印象》等方式，展示了大自然的瑰丽景色，深秋的银杏金黄色一片，风姿绰约、灿烂夺目。一缕秋色暖阳，点燃银杏万般激情，鹿的灵动、鹤的轻盈、溪的蜿蜒，将银杏的秋色美韵幻化成林，太平园站如图4-6所示。

在7号线站点的艺术设计方案上，项目组努力做到了精细化把控，从画面的构成元素取舍、版面图案的排列比例大小、背景及主体形象的色彩对比、各种材质的搭配斟酌、画面立体表现的效果推敲、灯光照明的渲染表现等等方面，使一个个作品的细节得到不断推敲、深入、增强、再调整、再完善。

在装修实施的工艺性上，包括装修的深化排版对缝要求、盲道砖的走向设置、墙角边接水槽的结构形式、止灰带的边沿样式、卫生间的功能布局以及蹲位数量的最大化排布等等方面，轨道集团都实施了最严格的审核把关，在技术环节上力求把工程的建设质量控制到最佳效果。

同时，在车站末端设备布置上，以保证地铁功能性、识别性为主则，将导向、灯具、监控、风口等末端设备由装修深化设计统筹布置排版，优化接口及收口工艺，形成高品质施工蓝图，为后续施工提供精准依据。

4.4.5.2 装修材料——精挑细选、严控品质

车站整体装修材料采用防火、防潮、防腐、便于清洁、光反射系数小的环保型材料。站内地面选用组织结构稠密、材质稳定、耐磨防滑的花岗石材料。顶面选用色泽一致、冲切整齐、弧度圆润、表面光滑的铝型材。墙面采用纹理清晰雅致、光泽柔和晶莹、色彩绚丽璀璨、质地坚硬细腻的瓷砖、微晶石、烤瓷铝板。建筑装饰材料和构件实现了标准化、模数化，所有部位的装修材料都设计了操作简便的安装与调节方式。全线装修材料及构造做法统一，构件具有通用性，使材料的备品总量减少，更好地满足了维护维修需要。

在装修材料的质量管控上，更是倾注了相当多的精力，对部分关键性材料主要原料产地、生产工厂进行把控，制定材料封样、生产、运输、进场、预铺等一系列管理流程和标准，进行全过程监管，杜绝材料缺陷，结合工期合理配置资源，确保供货与工期匹配，严把装修质量第一关。

尤其是地面石材，由于受地下空间湿度大、墙地面渗水等诸多环境因素的影响，铺贴完成后不可避免地会出现不同程度的泛水斑痕，严重影响地面石材的装饰效果以及整体装修的品质形象，行业内也一直没有彻底解决这个难题。通过对此组织的专项技术研讨，分别就油性、水性防护涂料的特性进行了有针对性的实验，总结出宜采用油性防护剂涂刷石材的六个面，并且工人涂刷的各个工艺细节务必有把控，真正做到用材实、涂刷透，同时还需关注石材晾晒的场地和天气，做到防护前及防护后石材的干燥程度都得到充分的保障，通过不断的实践和反复摸索，终于把石材的防护工艺做到了极致，不论经过多严苛的浸水实验石材也不会出现水斑。虽然石材的防护做到位了，水斑不产生了，但新的问题又出现了，石材防护层在石材表面形成一层膜，水泥砂浆粘结力大大降低，出现空鼓、脱浆现象。通过一系列研究和实验，找了各种能增强粘接性的界面剂来进行底面的涂刷，另外还在界面剂中通过增添不同比例的各种粗细沙来增加底面的毛糙程度，最后做了上百种不同工艺方式制成的试样，请北京具有资质的检测机构来工地现场做测试，找到了不仅不会降低粘接力，还能使粘接力略有提升的界面涂刷工艺方法，现场施工照片如图4-7所示。

图4-7　现场施工照片

4.4.5.3　施工管控——样板引路、标准统一

以样板施工为主导，将设计效果还原现场，验证方案的可实施性和还原度，统一收口原则及质量标准，严控材料的工艺质量，总结样板存在的方案问题及工艺质量问题，并及时优化整改，验收合格后作为全线施工质量标准，以此来推进装修工作的全面展开。

针对各种容易出现质量问题的施工工艺，进行了精细的控制管理，比如轨行区间联络通道门安装的工艺牢靠度一直不够理想，提出改暗装栓接为明装栓接，使门体安装的牢固性便于直观检查判断，同时增加门体与结构的安全连接链，让轨行区的建设安全更加牢固可控。另外在地面石材的铺贴工艺上，总结出了极为细致严格的工艺流程要求，从施工临时照明的亮度要求，铺贴技术大工必须固定人员并用公告牌标示出来，对每天铺贴的工程量进行限制，使其不能超标，石材之间要求密拼的细小缝隙用塞尺来检查控制，平整度通过长直尺加塞尺来检查控制，对于每天完成的作业量，及时进行验收检查，确认合格并进行成品保护后才能开展后面的施工作业。

另外制定各项过程质量管控措施，严格执行隐蔽验收制度，装修基础、龙骨未通过验收不允许进入面层施工，同时分类建立装修质量问题库，落实整改方案、整改时间、整改责任人，以点保面、以面保整体，坚实走好每一道工序，确保了车站装修质量提升的目标得以实现。

4.4.5.4 总结提高——精益求精，质量提升

随着7号线车站装修的陆续高颜值亮相，其以精良的装修质量、精细的局部处理和精美的装饰效果得到了业内人士及广大市民的一致称赞，成为成都地铁建设史上一道亮丽的风景线，承载着市民去领略成都美景、品味浓郁的巴蜀文化。在硕果累累的同时，成都轨道集团并未停止对装修质量提升的探索，回顾7号线装修建设过程，总结各阶段的得失，针对不足之处继续组织新的研究谈论，如导向、监控、PS屏等末端支吊架形式对车站整体空间感产生影响，使车站整体装修效果有所下降，后续线路将在保证地铁功能性的同时对支吊架形式进行优化，确保装修效果的整体性；同时整理过程中比较好的管理思路、创新工艺、管理措施、细部工艺标准等相关经验资料。

在后续的地铁工程建设中，将着重从功能性、整体性、艺术性、文化性四个方面发力，统筹文化及装修方案设计、精心组织施工作业，努力将后续线路的装饰效果及装修质量提上一个新的台阶。

4.4.6 BIM技术助力站后工程质量上新台阶

7号线机电安装及装修工程全线运用了BIM技术，在施工前，各标段组织技术人员对车站全站全过程进行模型搭建，并优化管线及设备排布，确认无误后先出图再进行现场施工。

4.4.6.1 实施流程

方案策划及图纸收集→模型搭建及现场复核→管线优化→审核→出图→技术交底→巡查、落地。

4.4.6.2 方案策划及图纸收集

项目前期根据项目规模、项目BIM实施目标进行方案策划。BIM的工作开展除对项目BIM目前需求进行全面规划之外，从土建到机电、单专业到管综收集各专业图纸，图纸版本从一签、二签、送审到正式版，获得一手的图纸，与设计、项目部配合，搭建BIM模型，审核图纸，对设计中直接或间接存在的施工隐患提前进行解决。

4.4.6.3 模型搭建及现场复核

对收集到的图纸进行处理，依据图纸搭建土建、机电、设备族等BIM三维模型。根据项目特点创建相应项目样板，以满足管线调整及出图规范；利用版本控制模式对所搭建模型进行版本控制，避免模型错漏，保证建模质量及准确度。

BIM土建模型搭建完成后，需要对结构梁、房间净高、净宽、腋角、夹层房间等关键节点进行复核，BIM技术中心利用三维重建技术对已有土建结构进行建模。

4.4.6.4　管综优化

地铁车站设备管线主要包括强电、弱电、综合布线、给排水及消防、通风空调等，这些管线错综复杂，地铁空间狭小，如果在施工中发现各种管线之间、管线与车站结构之间发生碰撞，将给施工现场的各种管线施工、设备安装带来极大的困难。

因此，在施工前，采用BIM技术对地铁车站进行综合排布设计，虚拟各种施工条件下的管线布设、设备吊装的模拟，提前发现施工现场存在的碰撞和冲突，尽早发现施工过程中可能存在的碰撞和冲突，有利于减少设计变更，提高施工现场的工作效率。

1. 碰撞检测

碰撞检查是指在电脑中提前预警工程项目中各不同专业（结构、暖通、消防、给排水、电气桥架等）在空间上的碰撞冲突。工程管线种类多、各专业管线相互交叉，施工过程中很难完成紧密配合，相互协调。利用BIM软件平台的碰撞检测功能，根据各专业管线发生冲突时，有压管让无压管，小管线让大管线，施工容易的避让施工难度大的，再考虑管材厚度、管道坡度、较小间距以及安装操作与检修空间，结合实际综合布置避让原则，完成结构与设备管线图纸之间的碰撞检查，提升各专业人员对图纸问题解决的效率。7号线工程BIM采用Fuzor软件进行碰撞检测。

2. 管线优化

优化思路：公共区、设备区、机房（包含设备）。利用BIM技术旨在通过三维直观排布实物，通过模拟直接发现并提前规避问题。BIM模型搭建完成后，对土建模型进行现场实物复核，确保管线校审是在实际土建情况下进行的。机电管线、设备将依据相关设计规范、施工规范及现场情况进行优化。优化关键部位主要是车站设备区走廊、关键设备房、公共区。优化主要在于支架安装、管线安装、阀门管件安装、设备检修空间、桥架等管线的出线空间等。

设备区走廊管线优化排布整体由顶板至下以风管、桥架、水管的顺序依次分层的排布原则。吊顶以上主要是风管、桥架、水管的支管出管、出线位置考虑，吊顶以下主要是墙上风阀、FAS模块箱、气灭模块箱等箱体阀件优化排布。

地铁车站在运用BIM技术进行管线优化时，一方面根据各专业管线排布原则、设计规范、施工规范进行排布。但由于地下空间狭小、管线错综复杂，这时除了利用管线自身进行排布之外，还可以通过对设备安装位置、设备管线接口等进行优化，一方面既是对管线排布、安装空间进行优化，同时也考虑对设备的检修、操作预留空间，方便后期的运营操作。

4.4.6.5　审　核

方案审核是BIM三维技术校审的关键步骤，这是保证方案能否落地，BIM方案是否符合现场施工，符合设计要求，能否满足功能需求的重要环节。做好审核，确保方案的正确性，让问题能提前在实际中得到解决。

4.4.6.6 出 图

BIM模型经过优化、设计对接、专工日常对接、集中审查及系统单位等审查之后，对方案的完善，问题已基本解决。会审敲定之后，针对完成的方案进行出图。

1. 孔洞预留出图

在确定优化后的管线模型后，将已确定的机电管线与后砌墙体进行比对，确定机电管线穿墙尺寸，生成带预留孔洞的三维模型，并将其转化为可操作的二维图纸，指导现场施工，利用BIM技术生成的孔洞预留图，大大提高了预留孔洞图的准确性，也避免了墙体孔洞的遗漏，提高了机电施工工程的效率。

2. 设备基础出图

进行管综优化时，在满足设计规范、施工规范、验收规范的情况下对设备进行位置方面的优化调整，这就会造成基础位置的更改。同时，设计基础蓝图是在设备未投产的情况下绘制的，在设备后期实际投产中会存在部分与设计不一致的情况，这就需要根据设备优化的最新位置及投产进行重新出具基础图。

3. 管线出图

管线调整完成后，根据最新管线方案，出具二维图纸施工，保证管线现场安装。

4. 综合支吊架出图

根据碰撞报告以及《BIM技术中心管线综合调整实施指南》进行机电深化。深化完成后根据最新BIM综合管线排布模型出具管线剖面，提请综合支吊架厂家，厂家根据BIM管线剖面确定综合支吊架剖面形式并提请设计确定最终综合支吊架方案。BIM综合管线与现场紧密联系，厂家按实际情况计算荷载并确定综合支吊架形式，极大地提高了综合支架方案的实际可操作性。

4.4.6.7 技术交底

交底采用联合技术交底形式，由BIM工作室的BIM工程师与项目专业工程师联合对作业队施工班组人员进行交底，交底内容主要为BIM方案变更调整部位、管线排布定位、管线安装先后顺序等。在传统二维技术交底基础上，图纸采用单双线结合，更清晰管线的排布走向；运用三维模型及VR技术进行三维技术交底。使施工班组人员在未施工之前提前直观体验施工的实际情况，提前准备施工。规避施工中的危险，及时做好自我保护。

同时也采用可视化交底。广义地讲，在工程领域，CAD、二维图、照片、电脑效果图、BIM模型、电脑动画都属于可视化的范畴。CAD是可视化程度比较低的一种工具，而BIM则是可视化程度比较高的工具，可视化是 BIM 技术的一种体现。BIM模型中所包含的项目的几何、物理和功能等的完整信息等都是可视化的信息。

施工方案的三维化，利用BIM技术时具有交互形式丰富、仿真效果好、使用者真实感强并易于掌握等优点，可以实现施工技术人员的可视化培训，增强被培训人员的理解，增强教与学的交互，简化技术问题的复杂性，增强审视，形成标准化作业，严格管控施工的关键环节。

4.4.6.8 巡查、落地

从方案策划到实施，需要各方的共同努力。定期对已经实施的方案进行现场巡查，既确保方案落到实处，又要保证施工质量。在巡查过程中，做好巡查问题记录，要对存在的问题及时做出相应方案调整。

4.4.7 单机单系统调试

7号线调试期间通过精细化管理，积极协调，主动作为，成为了首条一次性开通即完成所有功能投用的环线。实施阶段面临的主要问题有以下几方面：一次线开通站点最多、调试时间最少、换乘站点和换乘方式最多、首次同步接入线网中心、超大体量地下场段同步调试等。建设阶段是如何克服这些问题，实现高水平开通的呢，详见下文。

4.4.7.1 以调试内容为导向

根据7号线的具体特点和开通时间要求，调试组对调试内容进行了重新定义，调试管理不能仅仅只盯调试这个环节，应贯穿整个站后工程。因为调试是地铁建设的最后一道工序，调试工期也是整个建设最后的关门工期。前面受征地拆迁、土建施工、供货、安装所耽误的工期都需要在调试阶段抢回来，否则通车节点无法实现，同时也无法在开通时实现所有功能。既有线路都是到了调试阶段再说调试，由于前面工序遗留问题较多，严重影响了调试阶段工作的进度。7号线调试提前介入，将调试这个节点重新分解成了七个部分：即调试准备、设备安装、单机单系统调试、接口调试、全功能测试、平推测试、系统大联调，很好地实现了"以调试促移交、调试促供货、调试促安装"。其次是对每个阶段的工作如何开展进行详细的明确，每个阶段主要围绕具体工作清单、前置条件、参与单位、牵头单位、具体管理措施、需形成的成果文件这六个方面进行。通过调试准备阶段解决了各专业调试方案、接口信息核对、调试计划、调试培训、仿真测试等调试基础工作；通过设备安装阶段对设备安装进度、安装质量、接线工艺、设备编号、防火封堵等工作的严格把关，调试时大大减少了方案和设备安装等方面的问题，提高了后续的调试效率。

4.4.7.2 以调试细节为基础

由于7号线点多、面广，换乘复杂、调试周期比任何既有线路都短，如果调试不能一次到位，很难实现最后的通车目标，所以调试阶段大家把管理工作细到了每个系统、每个接口、每台设备、每个功能点表、每根线缆、每个编号等，以及运营管理和使用习惯，才确保了最后通车即实现所有功能的目标。

1. 设备及线缆管理

根据前期制定的方案、施工工艺和施工蓝图，要求施工单位制作设备和线缆梳理表，按站、按系统、按接口对每一根线缆，每一个编号进行详细核对，确保在施工阶段出现线缆少放、错放，设备少安、错安等问题，保证了设备和线缆的完整。

2. 接口管理

接口设计阶段：接口方案稳定后，要求接口双方承包商、监理、厂家、设计院签字确认。后期实施阶段如果某一方有调整，设计院必须按时提资给关联接口设计单位，关联接口设计单位收到变更提资后需向承包商下发接口设备及功能书面变更的依据，克服了既有线路调试时接口双方信息不匹配的问题；接口实施阶段：要求设计院根据相互提资完成各自施工图，在施工蓝图完成后组织设计、施工、承包商进行接口设备相关信息核对工作，对于核对出的问题明确责任方完成修改，安装阶段监理现场实物核对，确保接口双方设备的无缝对接。

3. 换乘站管理

7号线是成都地铁线网化的标志线路，设置了18个换乘站，因此各线路间的接口互通、换乘站调试显得尤为重要。换乘站应根据不同的特点、换乘方式制定接口方案、调试方案，还需在工期紧、需夜间调试、先建线路消防规范与后建线路不同等不利条件下完成调试，如何确保在不影响既有线运营的情况下一次性调试完成成了关键，详见下文。

首先需对每个换乘站的换乘方式进行分类：7号线换乘方式大致分为如下3种类型：同站台换乘车站如中医大省医院站，通道换乘车站如骡马市站，同站厅不同站台换乘车站如天府广场站。

其次根据换乘站具体情况确定换乘站消防联动原则：换乘站调试重要的内容是消防联动，相关联动原则需提前与消防大队沟通，并得到认可。通常换乘站各自独立设置火灾报警系统（FAS），两系统间通过硬线接口来实现信息的互联互通，本站发生火灾时FAS系统将确认后的火灾信息通过硬线接口将信息传至换乘站的FAS系统，换乘站FAS系统收到火灾信息后启动相关系统联动：防排烟模式、释放门禁、释放闸机、PA应急广播、PIS应急显示、CCTV自动切换，声光报警与广播轮换触发、开启应急照明、联动相关导向及疏散指示、切断非消防电源、关闭防火卷帘等。

最后是调试时与运营的深度沟通：每个系统究竟调什么、什么时间开始调、每个功能调多久、各方责任单位是哪些、进入既有线区域运营谁负责协调等等。换乘站联动测试可谓是争分夺秒，白天既有线路需要保持正常运营，所有作业只能安排在夜间列车停运后进行，并且为了保证不影响次日的正常运营，一旦测试失败必须采取回退措施，因此有效作业时间往往不到4 h。如何在这有限的时间内高效地完成所有联动测试科目，取决于是否有充分的准备、详细的调试方案、有力的指挥和完整的紧急预案。

4. 与末端用户深度对接

结合既有线、运营使用习惯、成都地铁HMI标准，以及7号线特有的环线特点，组织各方召开专题会议、充分听取运营一线部门站务、车间、调度等的意见，对各系统监控功能及HMI进行不断修订和完善，最后各方达成一致意见后，再作为施工图输入及调试调节，这样有力地克服了既有线系统投运后，根据不同运营部门的不同需求来回修改系统的问题。

4.4.7.3 以建设管理单位为龙头

7号线作为首条环线，线路长、站点多、标段多，有的同一系统由多个承包商负责（比如屏蔽门、电扶梯等）、参与单位多（有建设、运营、成投、调试咨询、监理、设计、承包商、施工单位、厂家等单位），参与人员多（每天调试人员150人以上）等特点。如果没有一个强有力的牵头单位，很难有效管理如此庞大的调试队伍，同时也很难在如此短的时间内就完成几十个站点的调试工作。既有线路调试过程中考虑到综合监控与各专业都有接口，调试一半以上的工作任务都需要由综合监控承包商完成，所以调试前就充分授权综合监控承包商进行牵头管理，业主对调试过程进行监管，但由于综合监控承包与各单位均无合同关系，管理过程中相关指令很难落地，各单位节点未兑现或调试未到达相关要求，综合监控承包商又无权对相关单位进行考核和处罚，导致管理效率极低，7号线改为以建设公司业主为龙头，对调试全过程进行管理，包括调试方案审核、调试计划编制、调试培训、前置条件确认、调试结果确认、调试节点考核、调试问题协调等等，大大提高了调试效率，确保了调试质量和调试节点。

调试时只要有1%的功能没有实现，对运营来说都有可能是100%的失败，所以每一次调试都需要精益求精，需要对每一个系统、每一个设备、每一个功能进行无盲区、全覆盖、全点位的测试。

4.4.8 消缺整改管理

4.4.8.1 主要流程

问题收集整理→审核、分级→形成问题库发布→划分责任单位、明确完成时限→请点整改→现场核实→销项。

4.4.8.2 前期工作

地铁消缺工作是在线路整体功能基本实现后，针对在施工、调试中发现的缺陷及可能影响后续运营使用的问题，组织施工、设计、监理等相关单位，运营参与配合，处理和整改缺陷及问题的一个过程。消缺工作把细部缺陷整改，进一步完善使用功能，能更好地提高线路整体质量，减少后续维保压力，切实提升使用体验，是地铁线路建设过程中必不可少的一个环节。

消缺工作坚持"预防为主、整改为辅"的原则，前期需做好以下工作：

1. **机电进场前**

（1）站后机电的通风空调、给排水及消防、动力照明及装修四个专业，根据国家相关规范及以往线路施工经验，均编制了本专业标准化施工手册，并对全线机电参建单位进行技术交底，确保各线路施工标准的统一。

（2）总结以往线路消缺工作的经验，对消缺问题的形成方式进行分类，总结问题发生的原因及解决措施，普遍性问题统一要求，重难点问题专项强调，设计问题提前与设计院对接，特殊问题宣贯形成条件；各参与单位统一认识，有针对性地进行梳理，以便尽早发现问题。

2. **施工过程中**

（1）坚持全线统一标准，采取定期巡查、不定期抽查、专业间交叉检查等措施，以求尽可能地在前期多发现问题，对发现的问题要落实到责任人，限期整改。

（2）结合以往消缺经验，对可能出现的问题及缺陷，过程中多方重点交叉盯控，根据现场实际情况制定有针对性的解决办法，杜绝问题或缺陷的发生。

4.4.8.3 正式消缺工作

（1）成立消缺工作专项小组，各参建单位全程参与，建立通信录，加强各方的沟通交流，形成有效的工作机制，切实提高消缺效率。

（2）组织消缺工作启动会，明确消缺工作的原则、要求、注意事项、目标及奖惩制度，着重强调高空、区间及涉及既有线整改工作的安全要求。

（3）宣贯消缺工作流程，细化流程各环节具体要求，对各参与单位应如何具体执行了然于胸。

（4）要求各参与单位参考专项小组架构，形成各自的消缺工作小组，明确分工，责任到人，全程参与，负责到底。

（5）目标化管理，将消缺问题库根据问题的级别、涉及的标段、专业及是否自建项目进行分配，结合问题处理的难易程度，如是否需要设计出工联单、是否因为是区间作业而导致有效作业时间较短、是否涉及既有线导致请点困难等，确定合理的完成时限；以此作为目标，要求消缺责任单位合理投入相应资源，确保按期完成。

（6）形成消缺例会制度，定期召开，对消缺工作整体进展及重难点问题进行梳理，对各单位消缺过程中遇到的困难予以协调解决，对各单位消缺进度进行统计，严格按奖惩制度执行；进度提前予以奖励，进度滞后单位如无客观条件影响，严格予以考核。进度提前的单位，总结其消缺经验予以推广；进度滞后的单位，分析造成滞后的原因或存在的问题，有针对性的逐一解决，确保滞后进度迎头赶上。

（7）不定期组织消缺工作现场碰头会，了解消缺工作具体执行中是否在细节上存在困难或不合理的地方，听取具体整改人员的意见加以调整或改进；核实进度滞后单位是否存在客观条件制约的情况，如有，对具体问题的完成时限予以调整。

（8）对消缺工作中发现的，符合国家及行业相关规范，但存在使用不便或特定条件下可能影响乘客体验的问题，如水龙头位置靠后易溅水到台面，造成打扫不便或弄湿乘客衣物、结构柱疏散指示边角在高峰时段存在擦剐乘客衣物的可能等，组织运营、设计、监理及施工单位到问题点位进行查看或组织专题会，明确处理原则及整改方案，切实做到以人为本，从细节处出发提高线路的乘坐体验。

4.4.9 运营协调管理

在7号线建设中，站后诸多专业建设标准远超国家相关规范和标准要求。从技术源头的初步设计到施工阶段的对接协调、既有线施工共同确定方案、既有线施工积极创新管理、三权移交高标准创新管理等全面加强与运营的衔接、协调，确保了轨行区和"三权"都达到高标准移交。

4.4.9.1 运营参与建设技术源头的创新管理

为确保不断提升工程质量和顺利完成轨行区移交以及"三权"移交工作。7号线站后强弱电系统专业工程、装修工程、常规机电安装工程等所有专业始终坚持建设工程为运营、为市民的理念。每个专业在可行性研究、初步设计审查、用户需求书讨论、招标文件讨论、合同技术审查讨论、设计联络、样机验收等各个环节和技术源头环节全程邀请运营参加,把许多有争议和异议的问题进行统一思想和统一标准,确保施工工作的顺利开展。

4.4.9.2 新建线路施工阶段的运营协调管理

7号线新建线路施工从开工伊始,即落实与运营的对接机制,包括主要施工图审查及设计交底、系统施工总体交底方案的形成、施工方案的编制形成、施工过程跟踪、现场工程实体平推、每月定期对接会等会议均邀请运营方相关人员参加,确保工程过程的优良。

4.4.9.3 既有线建设创新协调管理

既有线施工一直以来都是各地铁建设管理单位的难题。在7号线的既有线施工中,结合运营现场的实际情况、运营管理的体制和机制等具体问题,创新地采取了提前主动与运营专业公司、电调、行调(OCC控制中心)等单位沟通初步实施流程,召集运营相关各方人员进行现场调查、施工方案编制、讨论、审查以及和运营一期讨论如何确保运营维护管理和施工两不误的交叉施工具体单日工作。确保既有线建设的顺利推进和运营的正常开展。

4.4.9.4 轨行区移交创新协调管理

7号线通过科学组织、超前谋划,提前对站后机电、系统及装修专业工筹进行详细梳理,制定相应措施,积极跟踪未移交区段的土建施工进度,并根据土建进度不断调整并优化施工方案,专门成立督导组,定期进行现场调查并召开现场协调会。同时,加大人力、机械设备的投入,创新施工工法,大大提高施工效率等,精细管理、精心施工,安全优质地保障了轨通、电通、热滑等目标的按期实现,并将移交前检查发现的问题限期整改完成后方能移交,进而确保车站、场段、控制中心、轨行区等按照管理办法按期圆满移交,为下一步的空载运行打下了坚实的基础,如表4-1、表4-2所示。

表4-1 轨行区移交标准

序号	移交接管检查项目	移交接管检查要求
1	轨行区施工基本完成	1. 轨行区涉及疏散平台、广告灯箱、照明、疏散标志、联络通道门、通信、信号、给排水、综合监控等施工应基本完成
		2. 运营人员入驻的车站车控室、站长室、卫生间完成装修施工
		3. 轨行区各类行车标识完成安装
		4. 过轨线缆防护措施到位
2	轨行区垃圾清理完毕	1. 轨行区垃圾、工器具等清理完毕
		2. 轨顶风道内垃圾清理完毕,隧道内异物清理完毕
		3. 泵坑清掏及排水沟清理完毕

续　表

序号	移交接管检查项目	移交接管检查要求
3	完成隧道冲洗	1．冲洗后的泥浆清理完毕，保证区间水泵正常使用
		2．排水沟无局部积水或排水不畅等现象
4	完成轨行区封闭	1．车站站台及设备区通往轨行区的所有通道、区间风井等任何可通往轨行区的门或通道、孔洞等完成有效封闭
		2．路基段围墙实现封闭，满足安保要求
		3．停车场轨行区与非生产区域隔离围栏实现封闭，高度满足相关要求
		4．站台门形成封闭，端门开闭灵活，站台门端头贴好上下行及方向指示，比如"→上行火车南站方向"
5	联锁站、有岔站站长室、车控室、设备区卫生间满足人员入驻条件	1．联锁站、有岔站站长室、车控室、信号设备房满足照明、无线800M通信
		2．站长室、车控室满足公务电话、行调电话、OA网络投用
		3．设备区卫生间满足上下水使用、装修完毕
		4．至少提供一个房间能够存放物品，如会议室、备品间
6	完成限界整改，满足限界要求	提供限界整改报告
7	所有车站站台临时有线电话投用	上下行头端各安装一部电话
8	轨行区800M无线投用	1．具备基本通信功能
		2．通信UPS投用
9	完成冷、热滑，并满足动车调试及空载要求	1．完成热滑，提供报告
		2．道岔区完成工电联调
10	轨行区供水、排污、供电、照明等设备可投入使用	1．区间泵房水泵处于"自动控制"位，能够正常排水；泵坑内无垃圾，进水口、水箅子无堵塞；轨行区轨道预埋至区间泵房排水管无堵塞
		2．区间废水泵房、洞口雨水泵房、出入段线、道岔咽喉区的废水、雨水泵房设置移动式应急泵快速接口
		3．区间正式照明及疏散指示全部投用
11	区间消防设备设施投用并配置到位（含库区）	1．区间消防水管无漏水
		2．消火栓箱内灭火器、水枪头、卷盘数量配置正确
12	人防门、防淹门安装满足行车安全要求	安装调试完毕，门体可靠固定，不影响行车安全
13	轨行区临时调度所通信功能完善	临调所确认功能完善，满足使用要求
14	区间临时隔断门安装到位，管理制度明确，钥匙已移交运营公司管理	临时隔断门封闭
15	轨行区堵漏处理及拱顶异物处理	1．接触网1 m范围内无渗漏
		2．轨顶风道浮浆清理及拱顶手孔异物清理完毕
16	无影响行车的其他重大问题	无防汛隐患
17	停车场、车辆段	1．灭火器、消防栓配置完毕
		2．管沟清掏完成

表4-2 轨行区移交提交资料清单

序号	资料内容	备注
1	冷滑报告	
2	热滑报告	
3	限界检查及整改报告	
4	线路限速设计说明及限速报告	需完成工电联调,限速报告应完成满足设计要求,不存在额外限制。存在既有线和新线连接的部位仍安装临时门的,应注明通过临时门限速要求
5	轨行区封闭情况自查报告	说明封闭完成情况
6	区间土建、轨道、接触网、人防门、防淹门等工程实体质量验收纪要	若无法在移交接管前出具实体验收纪要,需出具移交单位及监理单位签字确认的"严格按照相关标准、规范、施工工艺及施工图施工,不影响轨行区行车安全,自检合格,具备轨行区移交接管条件"的承诺函或质量评估报告
7	轨道、接触网临时竣工图	需施工单位盖项目部章
8	区间消防控制阀布置图	需施工单位盖项目部章
9	消防水管试压报告	需施工单位盖项目部章
10	站台门钥匙	提前移交运营公司

4.4.9.5 三权移交创新协调管理

1. 工作程序

1）工作启动

7号线三权移交前,根据公司管理办法要求,由建设公司组织工作启动会,明确移交时间和范围,并明确管理责任界面。准备移交相关清单,由移交方向接管方发出三权移交接管工作联系单,附交接清单,各专业交接组开展交接工作。

2）现场设备核对清单

由建设、总包、监理、施工、运营相关人员现场核对施工情况及设备状态,按照确定的交接时间、范围和项目,对移交范围内各项目的质量、功能、状态及相关技术资料等进行清点和核实,填写移交清单并完成对移交清单的确认,相关人员签字确认,完成移交工作。

3）问题整改

三权移交后,运营公司专工和维保单位,对移交清单内各设备进行日常巡检和操作,对巡检和操作过程中发现的问题,记录进入问题库,全线开通试运营前,由建设公司定期组织问题整改消缺会,各参建单位对问题库中提报的问题进行整改,整改完成后报业主代表和运营专工确认,完成问题整改。

2. 管理制度

1）例会制度

定期组织消缺会或工地监理例会,组织各参建单位制定移交计划、方案,对移交进展情况进行汇报、总结、分析，反馈需协调解决的遗留问题，布置安排后续交接工作内容，说明注意事项，并形成会议纪要。

2）文件管理制度

建设和运营移交双方应确保需移交文件、资料的真实、完整、准确、有效，做好移交签收手续并根据有关要求留存或归档；在移交过程中形成的方案计划、决策文件、会议纪要、备忘录等由移交双方妥善管理。

4.5 安全与质量管理

7号线是国内首条一次建成的最长的地铁环线，是西南地区一次性设计并开通换乘站最多的线路，在国内首次设计、建造了地铁双层地下停车场及地下车辆段。在成都首次实现地铁车站与其他市政工程的同步规划、同步设计、同步（或分期）实施，7座地铁站与市政桥梁（下穿）同步建成运营。线路大部分沿成都市2.5环敷设，局部位于成都市二环路。共设置车站31座，其中换乘站18座。

7号线设计修建过程中，与已开通运营的地铁1、2、3、4号线，在建的5、6、8、10号线多次交叉，穿越复杂的水文地质环境，庞杂的铁路干线和大量老旧建构筑物、城市管网、河流等。施工过程克服了：三瓦窑站至火车南站盾构接收段近距离下穿带压大管径污水管、火车北站站台层暗挖扩挖法施工风险、成都市区内在受外界条件限制的情况下首次采用交叉中隔壁工法暗挖、全成都市首次在主干道下采用高承压富水砂卵石层地铁车站全盖挖顺做法施工、崔家店出入线暗挖隧道穿越淤泥质软土地质风险、太平园三线同台换乘施工、全成都最深的膨胀泥岩深基坑工程（川师站）和暗挖工程（车辆段暗挖）等16项特别重大危险源和229项重大危险源施工风险，施工难度堪称成都之最、西南之最、国内之最。

4.5.1 安全管理的重难点

（1）7号线穿越成都市主要城市水系，穿越成都市Ⅰ、Ⅱ、Ⅲ级阶地等复杂水文地质地层，遭遇了成都市独特的富水砂卵石地层、膨胀泥岩地层、复合地层。通过强化技术、调整方案，攻克了地质复杂多变的难点。

受膨胀泥岩影响最为显著的川师站、狮子山站、川师车辆段，受雨水、地下水影响，发生基坑失稳的概率极大。加之基坑与华润地下室、川师大居民区、川师附中等建筑物密切相连，安全风险极高；受富水砂卵石地层影响最大的太平园站，作为3、7、10号线3线同站换乘车站，地层为富水砂卵石，开挖深度约27 m，标准宽度25.7 m，地层自稳性差，采用局部盖挖加明挖法施工，结构极其复杂，基坑采用混凝土支撑、辅以钢支撑和锚索等多种支护方式。施工难度大，安全风险高；受复合地层影响，砂卵石和泥岩交界位置基岩裂隙水涌出较大的川师站、狮子山站、沙河铺站等普遍采用以井点降水为主和基坑内明排水为辅的措施，既要确保周边建筑物不因降水发生沉降，又要保证深基坑开挖无水作业的安全，施工效率大大降低，安全风险大大增加。

（2）7号线作为环线，通过建设者们精心筹划、合理组织，攻克了需多次穿越既有线路、大量建构筑物群和人口密集居住区、流动区交通枢纽的难点。

市域铁路及高铁（客运专线）。建设过程共穿越了4条已开通地铁线路（1号线、2号线、3号线、4号线）；2条市域铁路；3条高铁（客货共线）。累计穿越17次，左右线共穿越671 m。其中，盾构隧道穿越成绵乐客运专线、成昆铁路线，工期异常紧张，地质情况复杂，沉降要求高，协调难度大，项目组织人员不间断、无缝隙作业，确保在既有线路不停运的情况下安全通过，且既有线路沉降控制全部达标。

（3）7号线施工期间共穿越老旧房屋建筑87栋（荷花池片区、八里庄小区、琉璃厂片区等）；穿越河流18条（锦江、府河、沙河、清水河、肖家河、摸底河等）；穿越城市主要干道16条；（北星高架、二环高架、城北高速高架、青龙场高架、成温高架、机场路高架、天府立交桥高架等）。其中，荷花池片区房屋均为20世纪80年代砖基础结构。先后经历汶川大地震和芦山地震，已被有关机构定为危房。盾构掘进过程中无停机位置，盾构穿越前对所有房屋进行了地质补勘、全面调查、全方位加固，在无降水措施的情况下实现了带压换刀。经过充足准备和连续45天不休眠高精度盾构掘进控制，实现了危险源连续穿越，确保了老旧构建筑的安全。

（4）7号线在火车北站、火车东站、火车南站等人口极度密集区域施工，安全风险极大，建设环境十分艰难。火车北站施工过程中，为保证满足春节等重大节日大客流疏散的要求，先后共召开38次会议，研讨优化打围、开挖和施工方案；一品天下站作为成都传统美食街，人流量极大。车站设计与既有线结构施工预留条件不足，保护要求高，现场施工采用了"六步法"控制进行，实现结构变形达到"零变形"标准；火车南站紧临既有线作业，工期紧、安全要求高，极易出现生产烟尘进入既有线引发报警，施工采取了封闭隔离、水钻减尘、喷水降尘等措施。

（5）7号线暗挖工程量大、围岩等级差、作业环境恶劣。建设者们通过科学指导、信息化作业，破解了浅埋暗挖、危桥托换等系列工程难题。

交大路口站—九里堤站区间右线浅埋暗挖，埋深8 m，穿越富水砂卵石层，隧道顶部有化粪池、雨污水管、车流量极大的二环高架桥桥桩，为确保安全，不得已采用交叉中隔壁工法施工；金沙博物馆站暗挖，金沙博物馆是商周时代遗址，全国重点文物保护单位，国家一级博物馆，也是成都的历史名片，该暗挖埋层较浅、周边车流量大、地质松散、透水性大、操作空间小、项目采取加强交通管制、严格执行隧道施工十八字方针、加强信息化作业手段、保障了暗挖沉降控制达标，对博物馆及周边围墙和道路零扰动。

（6）首次实现不停运状态下危桥桩基托换。

7号线施工中，盾构区间需穿越青龙场立交桥，部分桩基位于隧道净空内，盾构通过前进行托换。青龙场立交桥交通繁忙，年久失修，被鉴定为危桥。在原桥梁安全等级较低情况下，因交通组织需要，不得中断交通运输，必须采取不中断桥梁上部车辆通行条件下的桩基整体托换工作，且沉降控制完全达标。

4.5.2 质量安全管理举措

4.5.2.1 一个基础：安全质量管理制度

编制了《成都轨道建设工程安全生产责任制》等52项管理制度。从源头上规范和约束建设管理行为，确保对各类安全隐患或险情的管理和处置上有章可循、有据可依。同时，为了适应7号线大规模建设面临的巨大安全风险，新增了《安全、质量事故（事件）调查处理规则》《建设工程创优奖励管理办法》《建设工程无后果违规、违章作业行为管理细则》《成都地铁建设工程监理主要管理人员考核管理规定》《成都地铁建设工程施工范围内建构筑物现状调查及鉴定实施细则》等6项制度，从人员履约、周边建构筑物调查和现场违规违章查处以及管理人员内部问责和激励等方面入手，进一步强化和完善了管理手段。

尤其是《建设工程内部问责》《安全、质量事故（事件）调查处理规则》和《建设工程创优奖励管理办法》的颁布实施，既明确了奖励的范围、内容，又规定了未尽职履责所要接受的问责处罚。从源头上激励了管理人员不断提升创效，就失职将会面临的严厉追责进行了威慑和警示，从而达到管理水平整体提升的效果。

4.5.2.2 两个预防：风险监控和隐患排查治理点巡检双预控机制

7号线在坚持以"安全风险监控系统"为重要管理手段的基础上，不断规范和强化信息化监管要求。着力研究了盾构施工管理在风险监控系统中的应用，系统通过地表监控量测预警、盾构掘进参数实时分析，进行动态管控，取得很好的效果，如图4-8所示。在7号线建设期间多次迎接国家和省市建设主管部门检查，接受国内多个城市代表团队的观摩与交流。同时，创新引进"隐患排查点巡检系统"。该系统通过每日定量向参建各方下派巡查任务，对施工现场进行安全、质量隐患排查，系统进行实时监控和跟踪，充分调动了各方力量，达到了现场管理科学、直接、高效的目的，如图4-9所示。两个系统的完美结合，为7号线建设的安全平稳局面打下良好基础，也让成都轨道集团地铁建设正式开启了双预控安全管理模式。

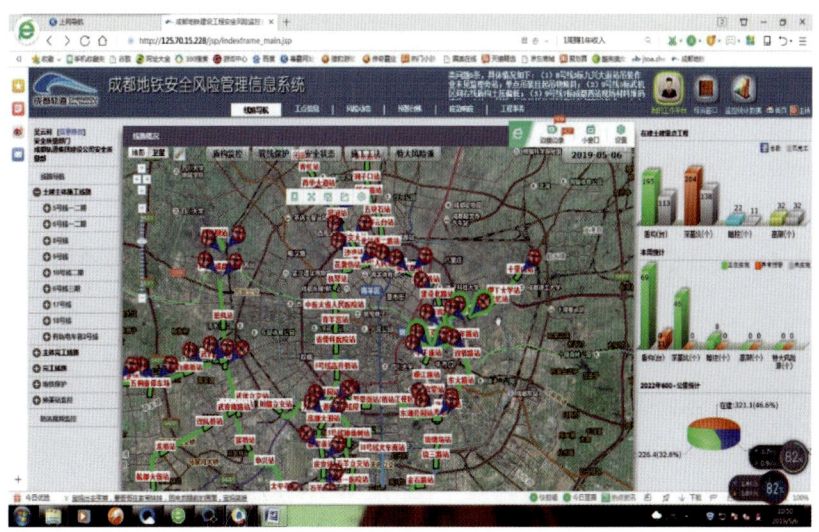

图4-8 风险监控系统

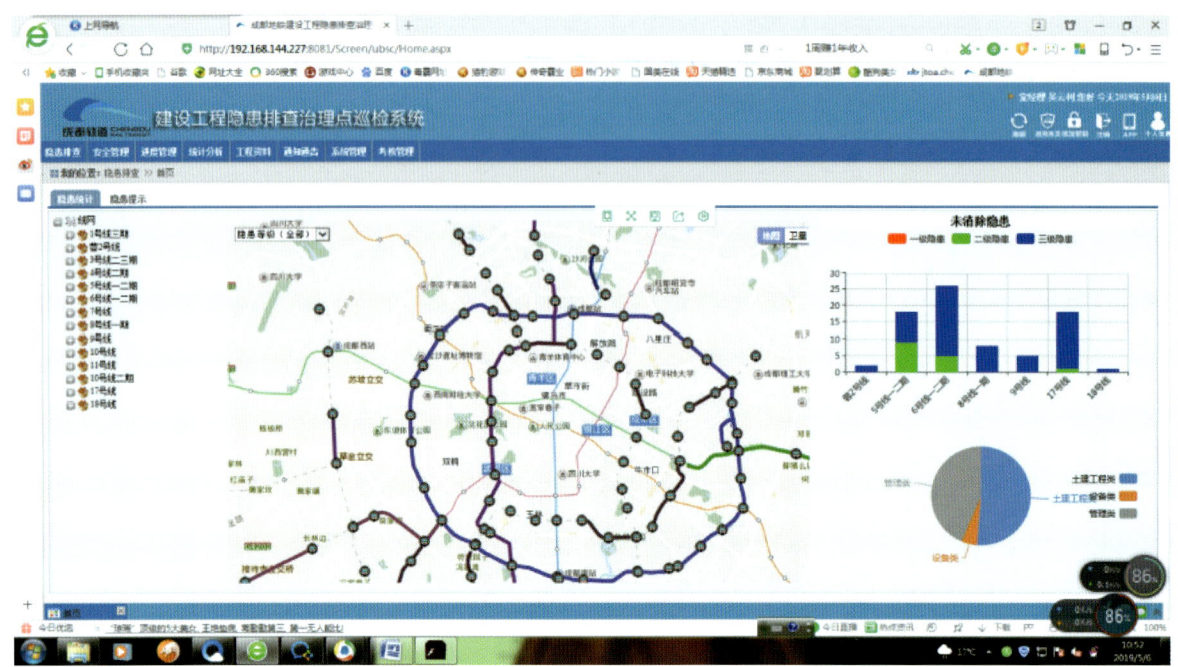

图4-9 隐患排查点巡检系统

4.5.2.3 三个抓手：第三方监测、检测、测量

7号线首次系统研究了第三方测量工作在地铁建设中的重要作用。以第三方单位为基础，纵向延伸至各参建单位，明确了参建各方在施工过程中测量工作的具体任务和要求，首次将测量工作任务要求纳入考核，与监测和质量检测共同为地铁建设的安全、质量保驾护航。第三方的引入，如实反映了建设过程中的安全风险、质量问题和测量弊病，提醒各方高度重视发现的问题，及时采取有效的方法解决，为地铁建设增添了一道安全质量保护屏障。

4.5.2.4 四个强化：强化监理履职、强化"两违查处"、强化主体责任、强化专业培训

1. 强化监理履职

面对国内监理市场实际情况，7号线从招标阶段便开始研究提升监理履约，充分发挥监理作用的措施。在合同里明确约定主要监理人员的资格、业绩以及到岗履约率，同时也加大了对履约人员违约的处罚。让监理单位不敢违约、不能违约。进一步强化了从业监理在地铁建设施工过程中的履约能力。

2. 强化违规违章查处

2016年，国内地铁建设事故频发。成都轨道集团为确保建设安全平稳，在7号线率先实行：把无后果违章违规查处挺在隐患排查治理前面。即使现场发现没有造成后果的违规和违章行为，也要受到处罚。通过定期巡查和不定期督查、夜访等形式对现场违规违章行为严肃处理，促使现场安全质量违规违章行为数量大大下降，事故发生率大大减小，管理水平不断提升。

3. 强化防汛应急管理

根据成都平原雨期长，易内涝的防汛抢险特点，成都轨道集团采取防汛应急强效措施。一是，7号线创新成立三级防汛应急救援队，即：建设单位、城投公司、项目部三级。制定各级单位应急抢险物资标准化配备清单，确保人力及时、物资充沛。二是，建立应急分区响应机制。即将建设单位管理人员以及在建线路的大型应急设备按照东南西北中五个区进行分区管理，形成一方应急，四方支援的局面。三是，由轨道集团牵头，联动建设、运营两大板块，多维度应急互补，最大限度降低大雨、暴雨等自然灾害对地铁建设造成的损失和影响。

4. 强化专业培训

要求各参建单位强化末端管理，提升一线作业人员专业能力和加大业务水平培训力度。严格按照教学式安全培训和体验式安全培训相结合的原则，提升工人安全意识。变"要我安全"为"我要安全"；同时邀请业内专家对参建各方开展高大模板、起重吊装、盾构施工及瓦斯隧道施工安全等专业培训，全面提升各级业务能力，做到懂专业，会管理。

4.5.2.5 五个创新

1. 创新验收管理理念

7号线建设集土建、站后和大量市政配套项目于一体，工序空前搭接，质量验收工作迫在眉睫。全线共62个单位工程验收单元，根据实际情况划分分阶段验收单元120个。其中土建工程108个，站后工程22个。

按照验前检查、正式验收、竣工验收，且每次验收一次性通过的步骤，结合计划工期，至少需组织360次验收，平均每天一次。成都轨道集团根据现场实际情况，结合开通节点目标，采用工程进度管理理念，倒排"验收工期"计划，先组织关键站点验收，合理规划，全面统筹，有序推进验收工作。

2. 创新验收模式

在土建工程验收流程中，创新引入分阶段验收模式。旨在将土建工程合理拆分，让具备条件的先给下道工序提供场地，见缝插针。如车站单位工程可拆分成站厅层分阶段验收、站台层分阶段验收、附属出入口分阶段验收。单位工程拆分验收后，可最大限度配合轨道专业进场、站后专业进场施工要求，实现多专业扁平化施工，为合理优化建设周期创造基础条件。

3. 创新验收前置

在正式验收前，建设单位先组织施工、监理、勘察、设计、运营和第三方单位进行验收前检查。验前检查中存在的问题应全部整改完毕后，方可申请正式验收。验前检查的目的是及早发现问题、及时解决问题，为正式验收创造一次性通过条件，为下一道工序进场争取了时间。

4. 创新接管单位提前介入

为保证工程能够满足线路最终接管使用单位的功能需求，在土建工程验收前，邀请运营公司提前介入。7号线从验前检查开始，便邀请运营公司提前介入。站在运营通车的角度，对土建工程及后续各项工程提出使用要求，建立缺陷问题库，要求各单位专项整改、逐一消缺，以确保线路的顺利开通运营。

5. 创新多重质量把关

在建设过程中，引入第三方测量单位、第三方实体检测单位。做好施工过程复测、复检，起到及时复核、纠偏作用。工程实体完工后，由第三方测量单位进行轨行区断面测量、第三方检测单位进行实体结构检测，客观公正地反映工程实体质量情况。根据市建委工程质量检测规定，在轨道集团实体质量检测的基础上，市质量监督管理部门对工程实体质量进行抽检，形成了自检、全检、抽检层层把控的质量管理体系。

第 5 章

7号线工程实施

5.1 车站施工关键技术创新

5.1.1 富水砂卵石地层车站站台层暗挖法横向扩挖施工技术

5.1.1.1 工程概况

地铁火车北站位于成都市二环路以北、大铁火车北站以南的站前路下。车站与地铁1号运营线呈"十字"交叉换乘，其中地铁运营1号线为地下两层车站，7号线为地下三层双跨车站，沿站前路呈东西向布置，东北侧为火车站售票大厅，东南侧紧靠万通商场，车站西端北侧为火车北站广场，如图5-1所示。车站采用局部暗挖法施工，如图5-2所示。车站东南侧临近万通商场范围围护桩侵入建筑物内，结构紧贴万通商场外墙，需要拆除部分建筑物，由于拆迁协调难度相当大，制约着车站的施工和整条线路的开通运营，经过各方的深入研究论证，变更设计方案，在长80 m建筑物影响范围压缩站厅层和设备层，建筑物下方从明挖侧向外横向扩挖轨行区，成功突破了拆迁影响。

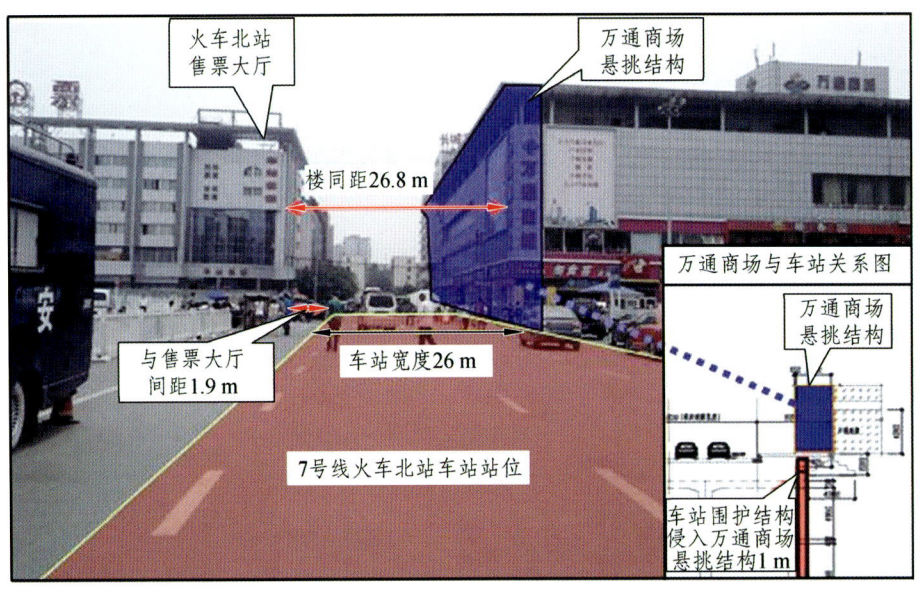

图5-1　火车北站施工平面示意图

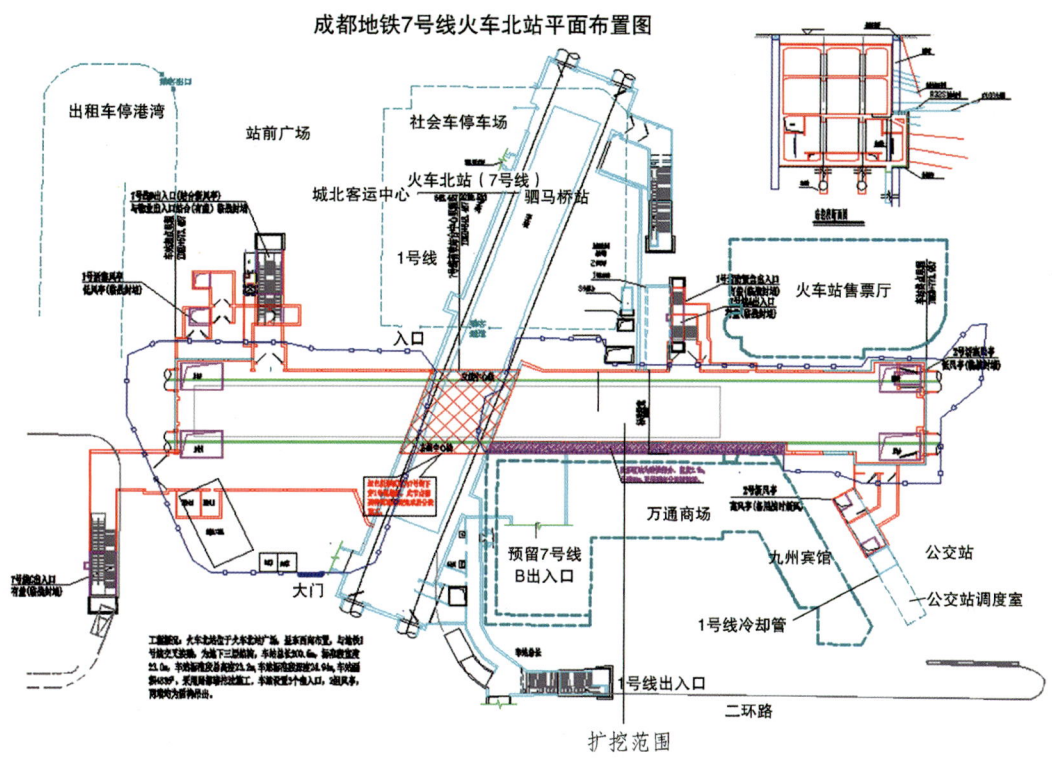

图5-2 火车北站周边环境示意图

5.1.1.2 暗挖扩挖施工

车站负三层轨行区在建筑物下采用横向扩挖，先按照压缩局部结构施工车站明挖主体结构，明挖结构施工时在轨行区明挖和暗挖交界处设置临时立柱和暗纵梁承担上部荷载，并对局部中板进行加厚，明挖段结构全部完成后局部暗挖施工，地下三层局部扩挖土方完成后，分段施工底板、中板和侧墙结构并凿除临时立柱，如图5-3、5-4所示。

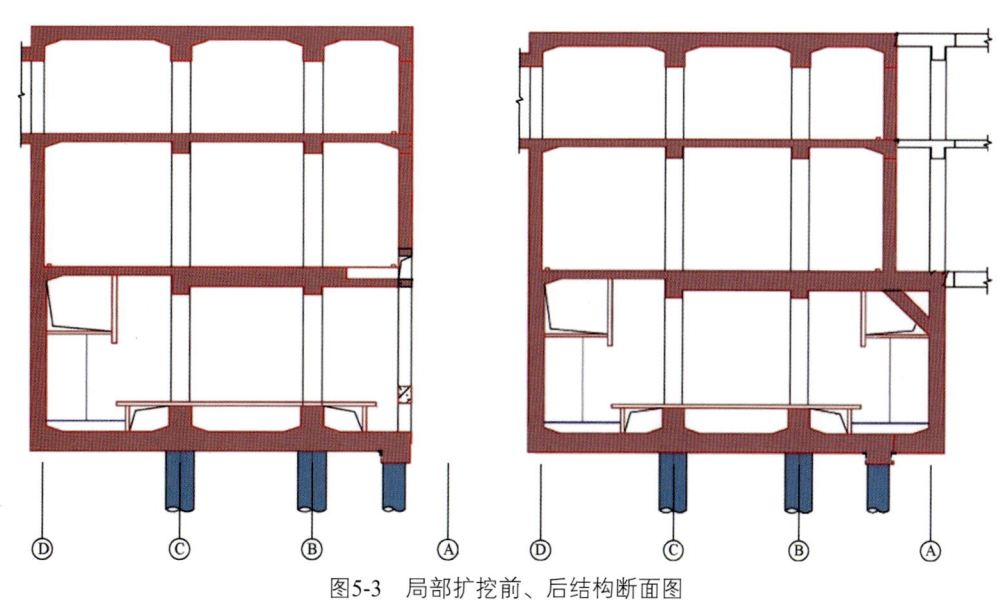

图5-3 局部扩挖前、后结构断面图

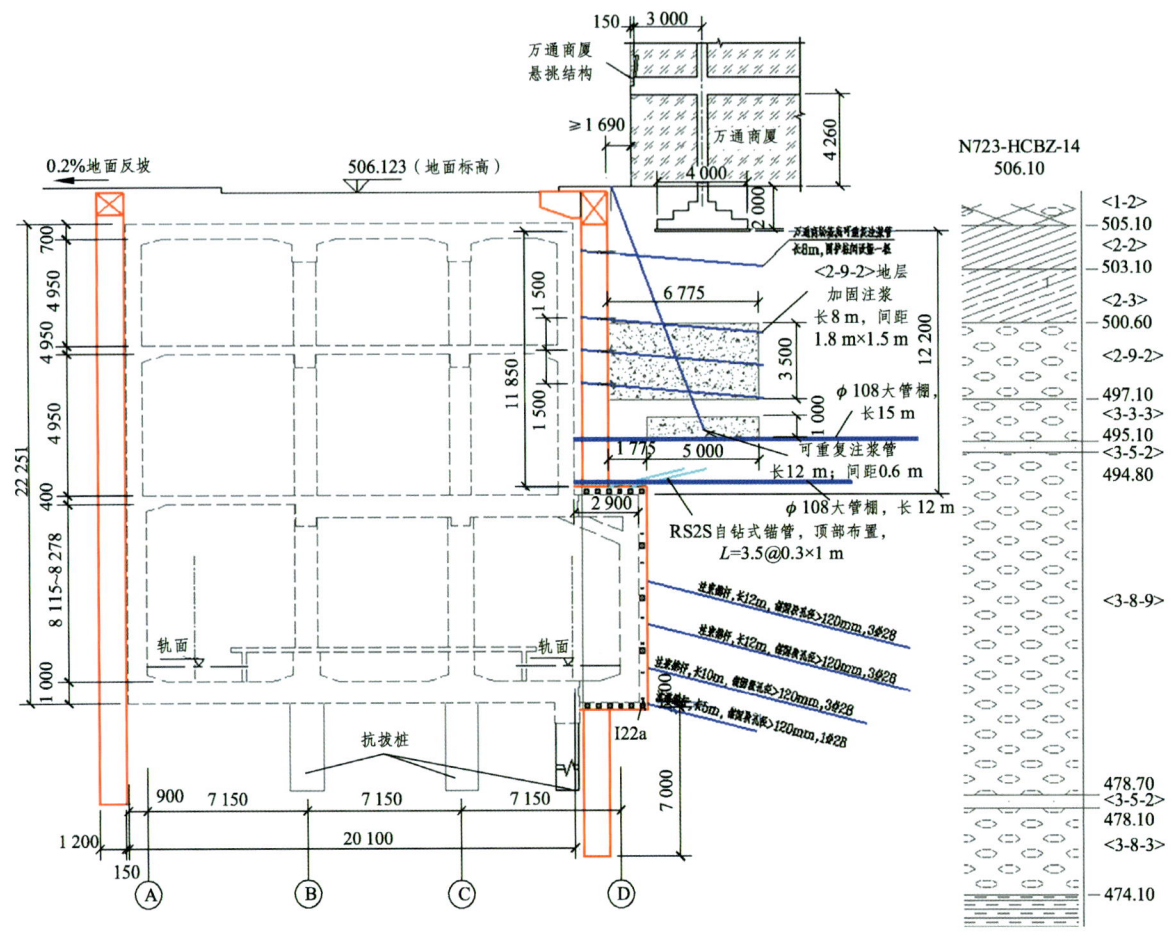

图 5-4　负三层轨行区横向扩挖支护措施

车站局部暗挖扩挖段位于卵石层，局部含有细砂层，地下水丰富，渗透系数大，地质条件复杂。暗挖支护形式和衬砌结构根据工程地质及水文地质条件，与周边邻近建筑物的相互影响关系，按围岩级别、开挖方式、结构形式进行设计和施工。扩挖部分高度达10 m，扩挖断面长约80 m，紧邻车站万通商场建筑物的基础形式为扩大基础，暗挖施工容易造成建筑物沉降和位移，安全风险高，由于前期制约因素多，影响时间较长，造成施工工期紧。针对扩挖部分的特点、结构受力情况、施工的工法及施工的快慢等情况进行综合优化考虑，扩挖段采用沿高度从上往下分为五层，第一层采用横向分序分步开挖，第二至五层整体采用纵向分段、台阶式分层逐步纵向向前开挖的新型施工工法，打破了单一横向或纵向开挖施工的方法，先横向开挖后结构与明挖已有结构连接，形成整体受力和支撑上部土压力，对后续施工创造很好的条件，有利于安全施工和加快后续施工。

暗挖扩挖段第一层为特大断面横向开挖，断面长度为80 m，高度为3.5 m，长度方向采用分序分步施工，单个开挖横断面采用CRD开挖法，即采用分序分步导坑法划成小块沿车站横向开挖。支护结构形式采用复合式衬砌结构的型式，复合式衬砌结构以锁脚锚杆、钢筋网、喷射砼和钢架为初期支护，并辅以R32S自钻式锚管超前注浆，以模筑钢筋砼衬砌为二次衬砌组成，初期支护与二次衬砌间设全封闭防水层。长80 m断面分两序施工，每序采用三步导坑法施工，先对称开挖两侧导洞，每个导洞施工由于作业面小，采用人工破除明挖结构围护桩，并按照50 cm的进尺逐步开挖，两侧导洞开挖初支完成后，开挖中间导洞，中间导洞衬砌完成后，施工顶板结构并预留侧墙纵向连接钢筋，待强度达到设计要求后，拆除中间导洞与两侧导洞的隔壁，浇筑两侧导洞顶板结构与中间导洞顶板连接形成整体，1序完成后再按照同样的方式施工2序，2序完成后与1序连接形成整体，实现第一层结构形成整体并与已形成的明挖结构连接，形成整体的受力体系，如图5-5、图5-6所示。

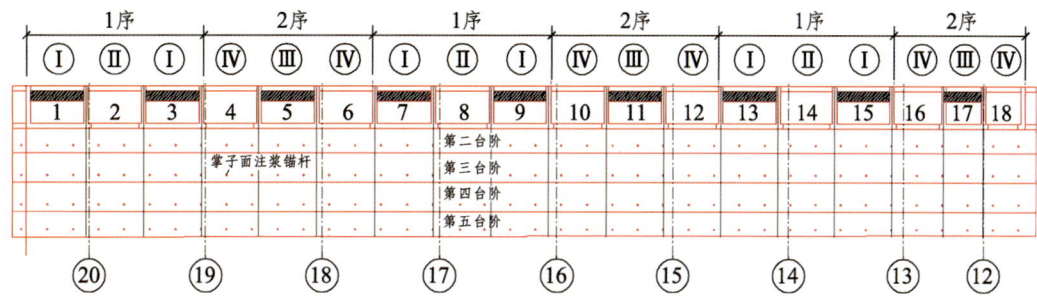

图5-5　局部扩挖分序施工断面图

图5-6　扩挖大断面横向分序分块施工实景（一）

由于第一台阶分序施工，每序又要分段施工，施工工序复杂，又要等强度，施工工期较长，为了满足工期要求，加快施工过程中的施工进度，经过对现场的勘查和研究，召开各方开会讨论，细化了施工方案，将第一台阶分序按照18个导洞，第一次同时施工奇数洞，完成后再同时施工偶数洞，其方法经过计算和监测过程的验证，满足受力的要求，变形可控，大大地节省了时间。

第二至五层在第一层整体顶板及局部侧墙结构形成整体盖板受力，支撑上部荷载，混凝土强度达到设计要求后采取两端及中间三个工作面纵向分层分台阶开挖，支护采用锚杆挡墙的型式，锚杆挡墙以钢筋网、型钢、注浆锚杆、钢腰梁对开挖掌子面形成初期支护体系。与盖挖顺作法类似，分层边开挖边做锚杆挡墙，每层开挖高度为2 m，首先在暗挖段中间和两端横向开挖3 m的导洞，导洞两侧按照1∶0.2放坡开挖，第二层开挖至掌子面后及时形成初支，然后开始纵向开挖土体，开挖采用人工利用风镐和铁锹进行的方式，同时凿除开挖段围护桩，并及时封闭掌子面，每两层纵向之间拉开4.5 m的距离，分段分层开挖到基坑底后及时施工底板及侧墙，最后拆除临时立柱，如图5-7所示。

图5-7　局部扩挖分段施工实景（二）

为了保证局部扩挖时保证地面建筑物的稳定，采用万通商场房屋周边地表深层注浆、明挖基坑期间横向地层分层水平袖阀管注浆及在轨行区暗挖段上方布置Φ108双排管棚，间距为1.5 m两层的施工措施。主体结构在万通商场暗挖范围内，将靠近暗挖两跨结构负二层中板加厚至1 m，以便在暗挖时形成悬挑结构，支撑上方土压力。车站侧墙对应的地下三层设置临时柱，立柱间距为9.1 m，与结构柱间距一致，采用C35混凝土，结构断面为0.7 m×1.0 m，在柱上设置纵梁，纵梁尺寸为0.4 m×0.7 m，形成整体，临时立柱及梁承担上方侧墙及暗挖段施工期间的土压力。

由于车站结构紧靠建筑物，在基坑外无法设置降水井，在施工中采用了明挖时在基坑内设置管井降水，并在明挖段结构施工时预留降水井，开挖揭露的地层与地勘报告一致，为密实卵石层，施工现场降水效果较好，开挖面无地下水。降水井处结构防水设置多重措施，暗挖完成后再分期拆除降水井，采用微膨胀早强混凝土快速浇筑，实现降水井孔洞封堵。

在暗挖施工前在临近建筑物周边布设监测点，施工监测单位委托有资质的单位和人员进行，并委托第三方监测单位进行复核，监测仪器采用DiNi03、DS05，监测点位埋设好后组织各方进行验收，建筑物监测控制值为建筑物变形累计10 mm，单次变形3 mm，建筑物倾斜为2/1 000，施工过程中按照规范要求的频率进行监测，并对周边的管线、地表沉降及开挖面沉降、收敛等进行监测，在施工过程中每天对监测数据进行分析，根据监测数据，在施工过程中房屋监测数据稳定，没有出现较大的变形，施工完成后建筑物累计变形最大为-3.6 mm，累计沉降差2.8 mm，倾斜0.8/1 000，完全满足设计及规范要求。

5.1.1.3　应用成效

监测数据显示，局部扩挖段在暗挖施工期间，建筑物最大沉降值为-3.6 mm，地表沉降最大值为-4.3 mm，安全可控。火车北站局部暗挖扩挖工法的创新运用，节省了大量的拆迁费用，解决了征拆的难度，有较好的运用和推广价值。随着近年来全国各地轨道交通建设的兴起，地铁建设的周边环境变得越来越复杂，地铁明挖车站局部位置与周边建构筑物在平面上无法避开，且拆迁难度大时，可采用此局部扩挖工法，在节省工期、降低征地拆迁费用、减少工程建设引起的社会稳定问题等方面均效果显著。

5.1.2 富水砂卵石地层车站全盖挖顺作施工技术

7号线西南交大站地处二环路北一段与交大路交叉路口处，地面交通十分繁忙，地下管线错综复杂，构建筑物较多，且地处富水砂卵石地层，基于以上难点，研究形成了一套高承压富水砂卵石层地铁车站全盖挖顺作施工技术。现场施工实践证明，全盖挖顺作法在施工过程中实现了最大程度地减少道路占用时间，在繁华地段及交通繁忙的施工环境下具有独特的优势，减少了对社会公共资源的占用，方便广大市民出行，社会效果较好；优化了施工工艺，解决了封闭占道时间长的问题，节约了长时间封闭占道及围挡导改施工，并圆满完成政府提前还路于民的利民政策，该技术安全可靠、经济可行。

5.1.2.1 工程概况

1. 项目简介

西南交大站是7号线工程的中间站，是7号线与规划6号线的换乘站。车站位于二环路北一段与交大路的交叉路口处，偏路北布置，大体呈东-西走向，车站周边构（建）筑物北侧主要有智业加州印象（砼6）、金牛区老年协会办公楼（砼6），国信证券办公楼，南侧有与车站施工同期进行改造的二环路交大立交桥，地面交通繁忙，地下管线错综复杂，构建筑物较多，如图5-8所

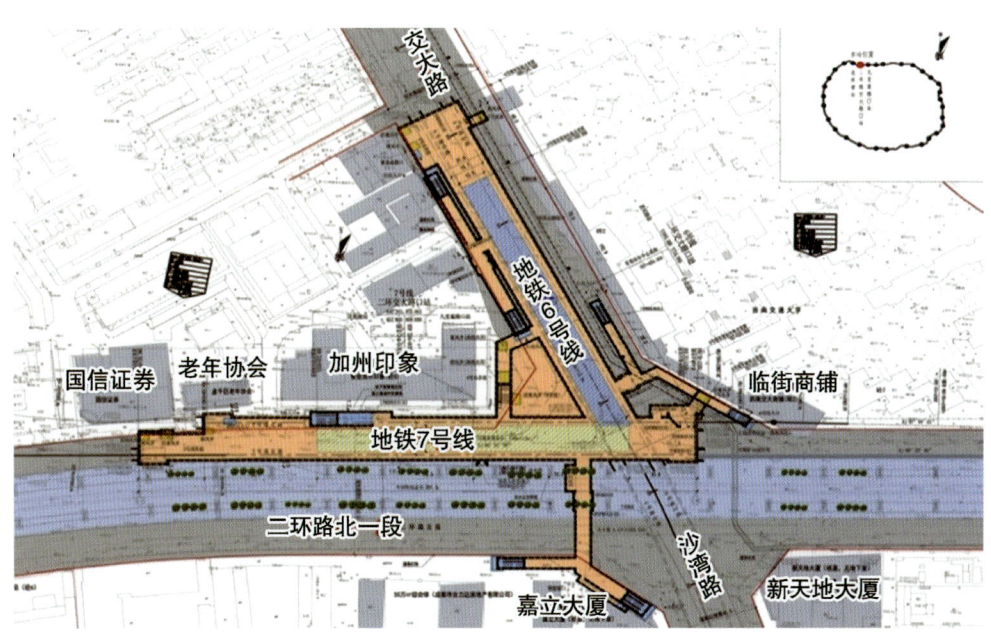

图5-8 西南交大站平面布置图

示。本站为地下两层双柱三跨（局部三层）岛式站台车站，站台宽13 m，采用盖挖法施工。车站总长241.5 m，标准段宽21.1 m，顶板覆土3.0~3.6 m。围护结构采用Φ1 200 mm混凝土灌注桩，桩体间距1 600 mm，采用旋挖成桩，使用C30钢筋混凝土浇筑。支撑体系采用ϕ800临时钢管柱+内支撑形式。

2. 工程地质及水文地质条件

该站地处成都平原区与龙门山和邛崃山区过渡带的成都西部台地区，处于川西平原岷江水系Ⅰ级阶地，为侵蚀-堆积地貌。场地范围内上覆第四系人工填土层；第四系上更新统冰水沉积层粉土、砂土、卵石；下伏基岩为白垩系上统紫红色泥岩（勘探中未揭示出该岩土层）。按分层依据，结合本工程地质断面，划分岩土层。岩土层分层从上至下依次为<1-1>素填土、<2-4>粉土、<2-6-1>中砂、<2-9>卵石、<3-8>卵石。

车站范围内无地表水系流过，地下水主要为松散土层孔隙水。基本都赋存于全新统、上更新统砂、卵石中，砂卵石层含水极其丰富，形成一个整体含水层，为孔隙潜水。地下车站主体结构基本位于该层砂、卵石中，受地下水影响较大。表层素填土及粉土、砂土层，地下水含量甚微，对工程影响较小。成都市充沛的降雨量（多年平均降雨量947 mm，年降雨日达140 d），构成了地下水的主要补给源。同时，雨洪期河水及附近沟渠也为其补给源。

5.1.2.2 铺盖系统施工方案

永久路面铺盖系统主要由围护桩、临时中立柱、桩顶冠梁挡土墙、盖挖结构顶板、路面底层回填及路面面层等组成。盖挖结构顶板上先施工防水，再铺设50 cm厚黄粘土、回填砂卵石至路面底基层，然后铺设水稳层，最后铺设沥青混凝土路面层，全盖挖永久路面铺盖系统如图5-9所示。

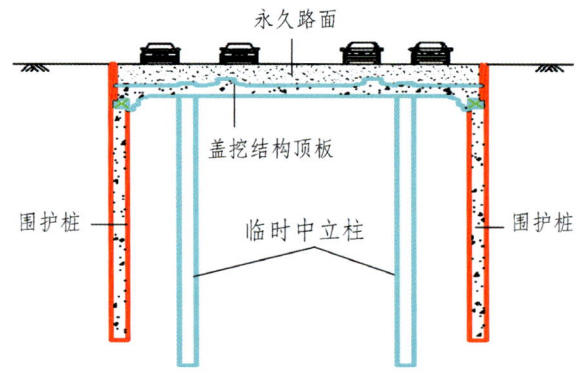

图5-9 全盖挖永久路面铺盖系统示意图

5.1.2.3 车站全盖挖顶板以下土方开挖方案

根据本工程特点、施工场地布置情况、车站盖挖顺作段主体结构施工方法，为便于土方外运和材料设备进出，西南交大站设计预留马道出土和垂直吊出孔。由于边界条件受限，在车站主体北侧预留马道和出土口侧向出土。出入口预留后浇板作为垂直提升吊出孔，如图5-10所示。

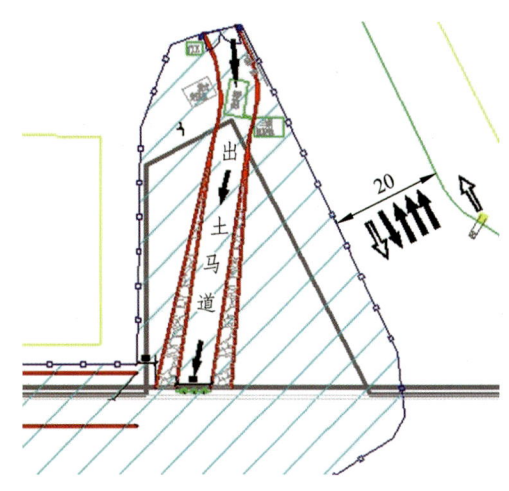

图5-10 马道出土口设置

土方开挖时,从马道口进入主体内进行土方开挖,盖板以下开挖拉槽5 m,如图5-11所示。

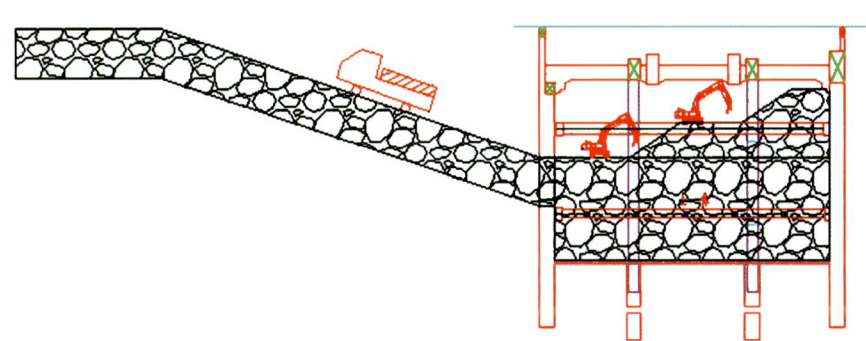

图5-11 出土马道剖面图

将第一层土方开挖至两侧端头,及时网喷支护,并在两端进行分台阶开挖至基底以上30 cm,进行人工清底,支撑紧跟开挖,如图5-12所示。

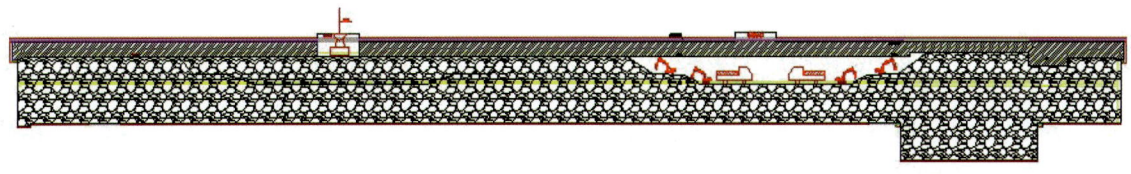

图5-12 盖板以下第一层土方向两端头开挖

从此处开始,将土方挖成台阶,采用挖掘机接力上翻并外运,挖出一段,立即施工主体,如图5-13、图5-14所示。

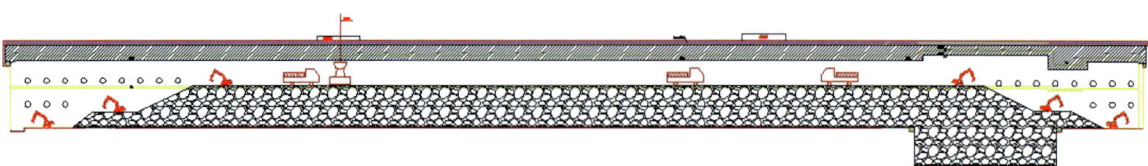

图5-13 盖板以下第二层土方开挖

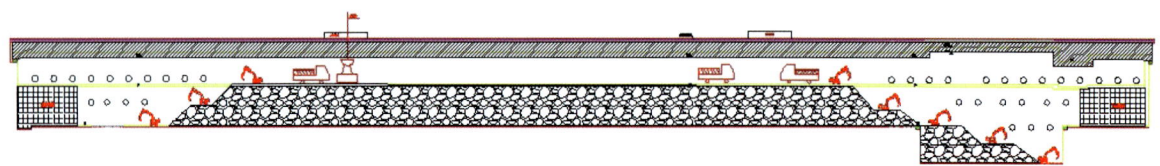

图5-14 盖板以下第三第四层土方及主体结构施工

全盖挖法顶板以下土方开挖及支撑流程见表5-1。

表5-1 土方开挖支撑流程

序号	示意图	说明
1		第一层土体开挖：开挖深度约4.15 m，采用挖掘机直接开挖，开挖长度根据现场实际情况确定，仅在马道出入口端放坡，以便于出渣车进出
2		第二层桩间土体清理：经过2次拉槽后，基坑下部空间足够挖掘机正常运转，安装第二道部分钢支撑；然后采用小型挖掘机清理中间拉槽后剩余周边土体，开挖长度拟按照15 m一节段；周边剩余土体人工清理完成后测量人员检查基坑净空情况，符合设计要求后紧跟桩间网喷支护

续 表

序号	示意图	说明
3	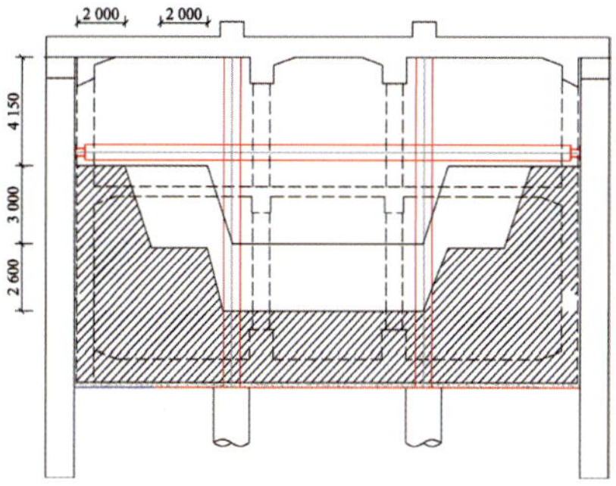	第二层周边部分土体清理及第三层中间拉槽，及时进行桩间喷锚支护
4	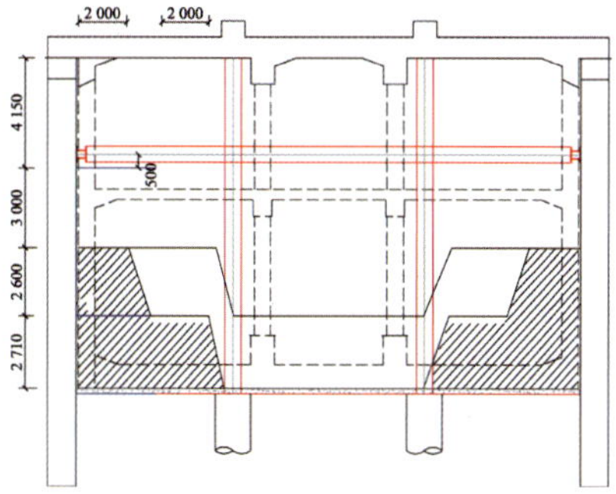	第三层周边部分土体清理及第四层中间拉槽，及时进行桩间喷锚支护
5	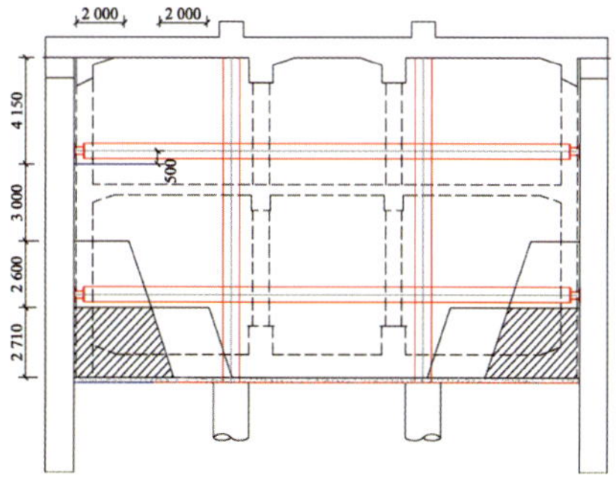	第三道钢支撑安装、第三、四层周边部分土体清理及第四层中间拉槽，人工清底，及时进行桩间喷锚支护
6	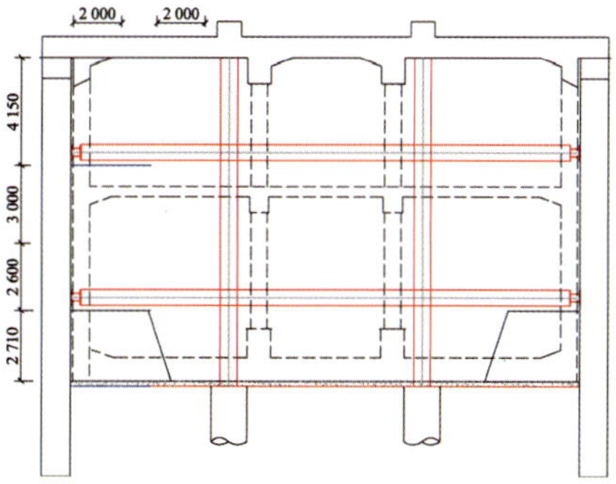	第四层周边部分土体清理，人工清底，及时进行桩间喷锚支护及垫层封底

主体结构施工流程见表5-2。

表5-2　主体结构施工流程

序号	示意图	说明
1		工序一：施工垫层、综合接地、底板及负二层侧墙防水层，施工底板、局部负二层侧墙和永久中柱，待强度达到设计要求后拆除第三道支撑
2		工序二：施工负一层侧墙防水，施工中板、剩余负二层侧墙及永久中柱，待强度达到设计要求后拆除第二道支撑
3		工序三：施工负一层剩余结构
4		工序四：拆除站内临时钢管柱，施工内部结构

5.1.2.4 车站全盖挖顺作施工关键技术

1. 富水砂卵石地层降水井施工

本工程基坑为不规则条形深基坑，施工期间采用坑内深井管井降水，降水井直径为$\Phi 300$，单侧井平距约为15 m，呈梅花形布置，基坑开挖应保证地下水位降至基坑底部下0.5 m。

2. 全盖挖顶板以下钢支撑安装施工

施工顶板时在对应钢支撑的位置预埋吊环用于钢支撑吊装，吊环采用$\Phi 20$的圆钢加工制作。钢支撑安装时利用倒链及人工配合进行安装。

钢支撑安装前，需用压力表进行校验，并将校验的千斤顶进行标识。根据设计结合现场实测数据，在地面进行钢支撑试拼装，试拼装合格的钢支撑编上标号。

计算预应力施加值，土方开挖环节进行中间拉槽开挖时，将支撑牛腿和钢围檩焊接好，钢围檩分段焊接，连接点错开支撑点1.5~3 m。当土方开挖至钢支撑中心标高以下50 cm时，根据设计位置人工挖除牛腿位置的土方，施工M20、YG2型膨胀螺栓将牛腿固定在围护桩上，安装钢围檩，准备架设钢支撑。将已经试拼装合格的钢支撑拆除解体，从垂直吊装孔吊入基坑内，移运至架设位置再按编号顺序进行安装。

3. 临时立柱施工及定位技术

钢管柱安装采用吊车一次性起吊安装，待现场钢筋笼笼顶下至地面以上0.5 m时用穿杠将钢筋笼固定于孔口，吊起钢管柱按设计要求插入钢筋笼3 m，调整钢管柱中心与钢筋笼中心重合，随后用钢筋将钢筋笼与钢管柱焊接固定。吊起钢管柱及钢筋笼，撤去穿杠后钢管柱与钢筋笼再整体下放至钢管柱吊耳处时利用穿杠固定钢管柱，将吊点换至钢管柱吊筋上，吊筋采用$\Phi 25$圆钢，再下放至设计标高后利用吊筋及穿杠固定至孔口，如图5-15所示。

因钢管柱柱顶低于现状地面约3.7 m，孔口定位采用$\Phi 700$钢管插入钢管柱内引出地面以上10 cm进行钢管柱上部定位。临时中立柱上下垂直度需控制在5 cm以内，如图5-16所示。现场施工如图5-17所示。

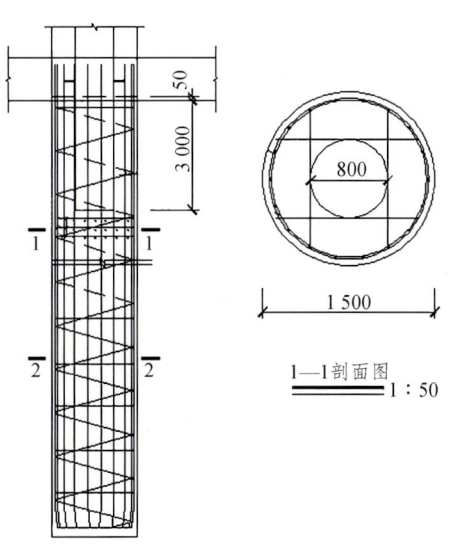

图5-15 钢管柱与钢筋笼焊接示意图

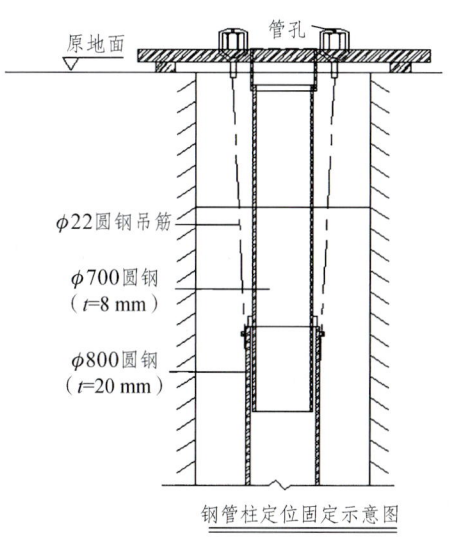

图5-16 钢管柱定位固定示意图

图5-17 施工照片

5.1.2.5 应用成效

盖挖顺作法在西南交大站成功得到运用，该工法利用永久结构顶板以车站围护桩和临时中立柱为支撑形成稳固的永久路面铺盖系统，可确保交通顺畅，施工受干扰小，占路时间短，克服了明挖法施工对路面交通的影响，确保了城市繁华地区和交通繁忙地段的正常通行，也减小了对周边环境光、声、尘污染和沉降变形影响，而且在铺盖系统下施工，减少了恶劣天气的影响，保证了工期和施工安全，同时还节约封闭占道及围挡导改的施工成本。在繁华地段或道路交通繁忙的施工环境下具有独特的优势。

5.1.3 穿越车站结构的超高压电力隧道保护技术

5.1.3.1 工程概况

太平园站位于武阳大道与佳灵路交叉口，靠武阳大道南侧布置，横跨佳灵路呈东西走向，是成都地铁第一座实施三线换乘的车站（3、7、10号线换乘），在结构实施的范围内面临与超高压电力隧道的冲突：电力隧道自核桃堰路变电站沿武阳大道三段路中呈东西向敷设，在武阳大道与佳灵路十字路口呈南北向敷设。佳灵路下220 kV电力隧道，隧道断面尺寸2.2 m×2.0 m，结构厚度0.3 m，车站范围内隧道底埋深约4 m；武阳大道下220 kV电力隧道，结构厚度0.3 m，隧道断面2.2 m×2.0 m，车站范围内隧道低埋深在6.0 m左右，如图5-18所示。

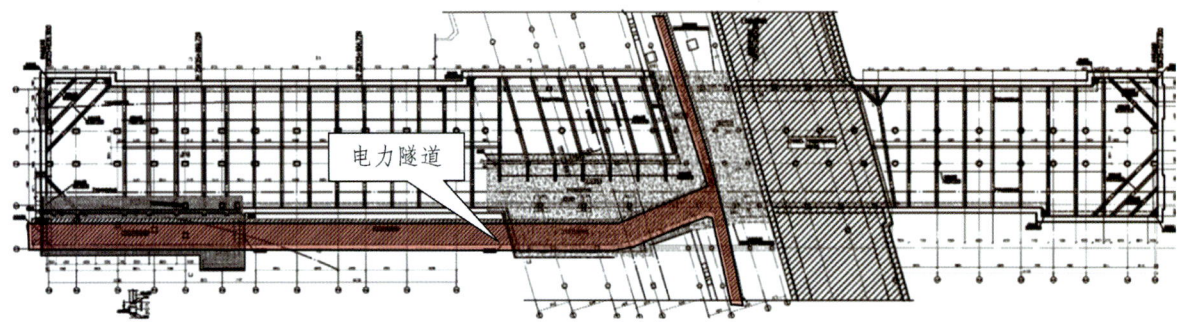

图5-18 7号线太平园站与电力隧道平面关系图

5.1.3.2 施工方案选定

按照常规的地铁施工组织方案，侵入结构范围的管线和构筑物直接迁改至结构外侧，但由于220 kV特高压电力隧道迁改的成本巨大和影响范围牵涉广。经多次研究和方案比选，综合各方的意见最终选择在电力隧道范围内采用盖挖方案。在保证电力隧道安全和变形的情况下，结构板跳序施作盖挖顶板，结合电力隧道标高变化，保证最大程度利用建筑空间和保证建筑功能，电力隧道一部分置于顶板上，一部分吊在顶板下。虽然局部牺牲了车站站厅层的功能，但在减少改迁带来的工期和资金方面的效益非常明显，如图5-19、图5-20所示。

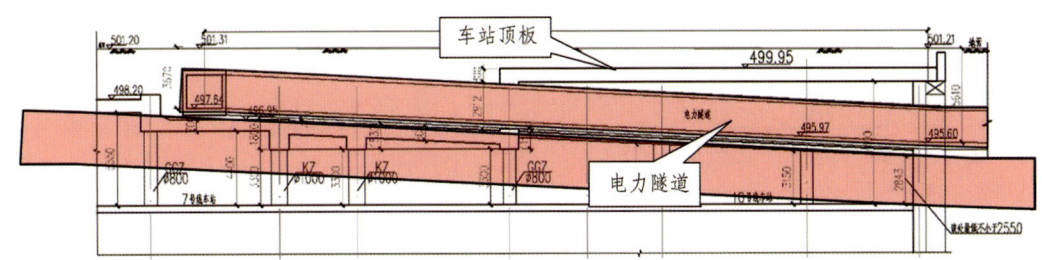

图5-19 7号线太平园站与电力隧道纵断面关系图

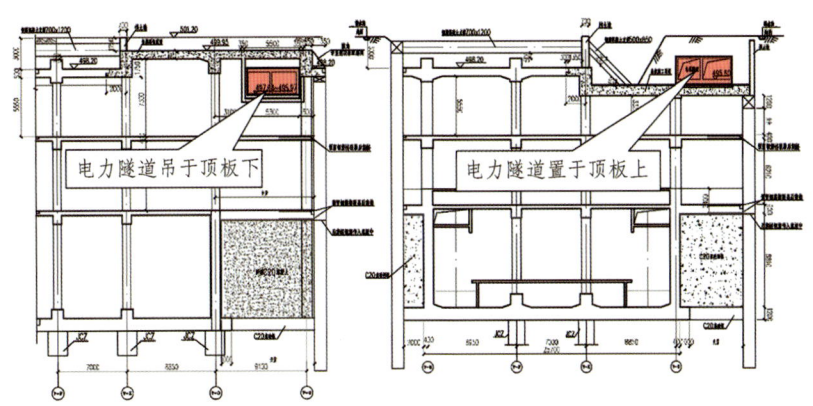

图5-20 7号线太平园站与电力隧道横断面关系图

5.1.3.3 分序法保护施工技术应用

电力隧道下方的板结构（底板和吊板）均分为两序进行施工，第一序施工长度为3.5 m，第二序施工长度为3 m。在电力隧道两侧2 m处设置1.5 m×1.5 m的混凝土扩大基础，电力隧道下方设置150C工字钢作为临时支撑，工字钢置于扩大基础上，支撑点距离电力隧道外侧1 m，每道支撑范围内设置两榀工字钢，工字钢支撑间原土保留，原土与工字钢同时起到临时支撑的作用。针对该方式，设计进行计算，变形为3 mm，如图5-21、图5-22所示。

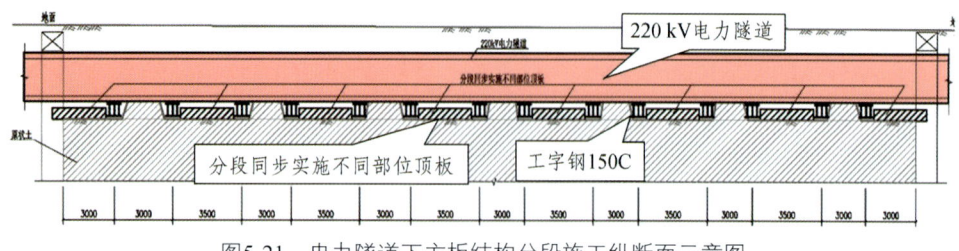

图5-21 电力隧道下方板结构分段施工纵断面示意图

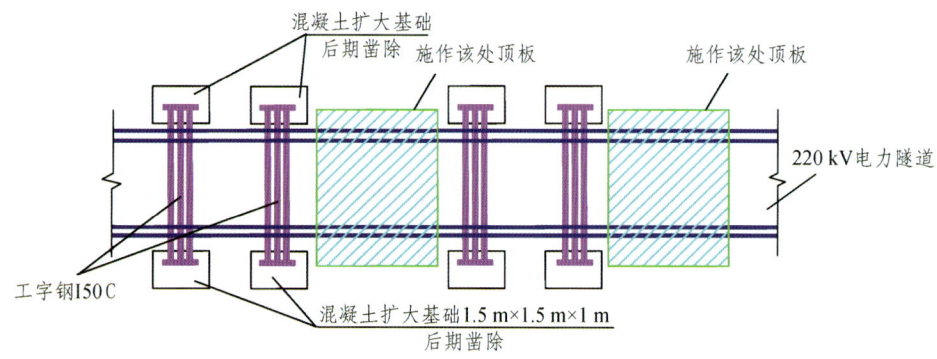

图5-22 电力隧道临时支撑及板结构分段施工示意图

针对电力隧道下吊结构保护施工，电力隧道穿车站按照专项防水设计进行施工，电力隧道两侧及底部先预铺双层防水卷材与电力隧道密贴，然后再施工吊墙，吊墙完成后用轻质泡沫混凝土回填至车站顶板底，预铺防水卷材，涂刷基层处理剂，然后施工车站盖挖顶板，如图5-23所示。车站内吊墙外侧涂刷水泥基渗透结晶防水涂料。电力隧道进入和穿出车站的地方均进行了特殊防水设计施工，如图5-24所示。

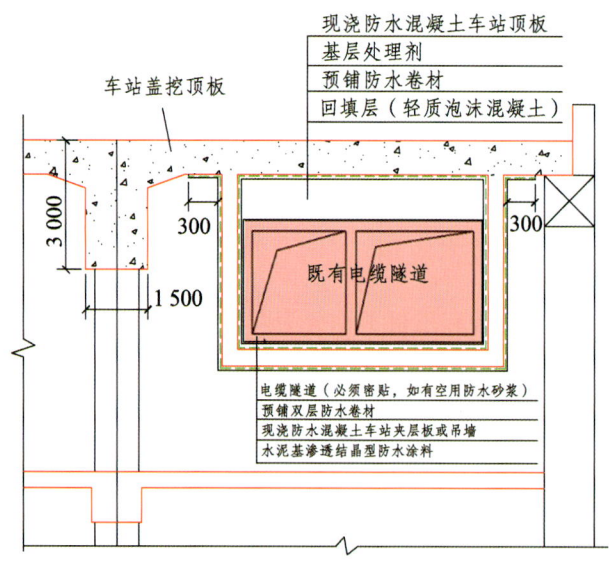

图5-23 电力隧道吊于车站内的防水构造图

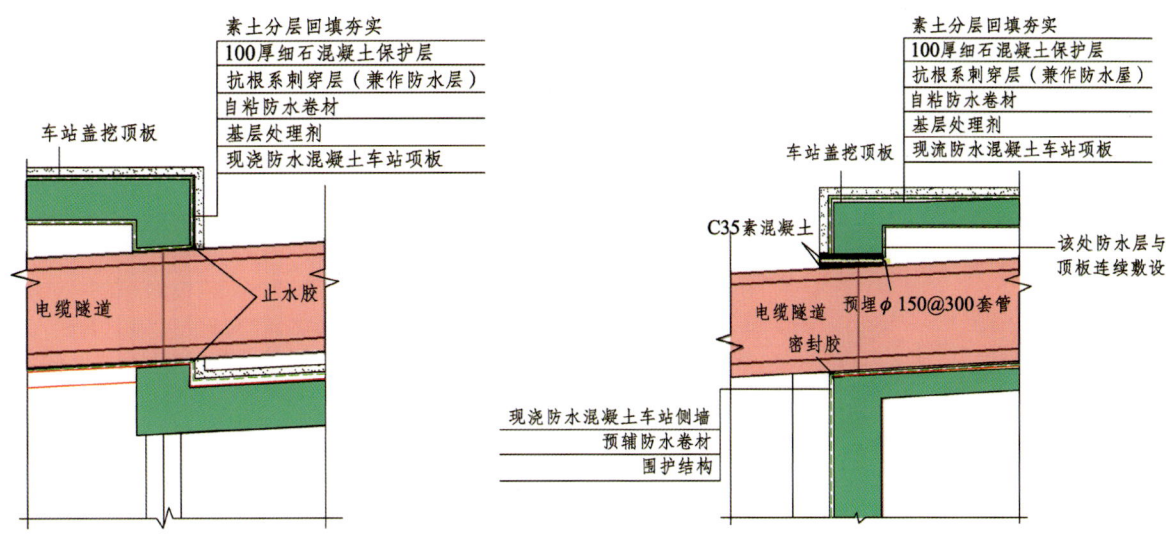

图5-24 电力隧道穿入、穿出车站结构处防水构造图

针对顶板以上的电力隧道保护性施工，施工工序按照下吊结构保护性施工的盖挖顶板施工方式一致，该处的顶板混凝土采用自密式混凝土施工工艺，顶板与隧道间的空隙采用注浆工艺保证密实。

5.1.3.4 应用成效

太平园站电力隧道的保护技术方案施工较为方便，通过该方案，避免了电力隧道改迁的大量协调工作，节约了管线改移的成本和工期。当大型市政管线与车站站位冲突又无法迁移时，使用该技术措施具有很好的借鉴意义。

5.1.4 复杂环境低矮空间下邻近建（构）筑物桩基施工技术

近年来，随着城市建设再开发项目、旧城区改造、地铁隧道、地下围护结构、桥梁改扩建工程等项目的不断增加，不可避免地会遇到桩体结构紧邻高大建筑物或其他构筑物施工的问题，而这类问题常常无法采用常规桩基施工设备进行解决，如高度受限决定了旋挖钻机无法正常使用，同时因为冲击钻机振动太大又无法保证紧邻建构筑物基础的安全。本节探讨360°全回转套管钻孔灌注桩施工工法在7号线市政配套工程类似情况中的应用。

5.1.4.1 工程概况

商贸大道高架桥M、N匝道是商贸大道与二环路高架桥之间右转进出城的连接通道，沿二环路纵向布设，与7号线并行紧邻现有BRT高架桥，是7号线同步实施的配套工程。M、N匝道桩基共30根桩紧邻7号线北站西二路站—火车北站盾构区间及二环高架桥。M、N匝道桩基距二环BRT桥面高度为9~12 m，距既有7号线火北盾构区间1.25~3 m，桩径1.5 m，桩基深度35~41 m，施工现场操作空间极小，桩基与周边建（构）筑物的具体位置关系如图5-25所示。

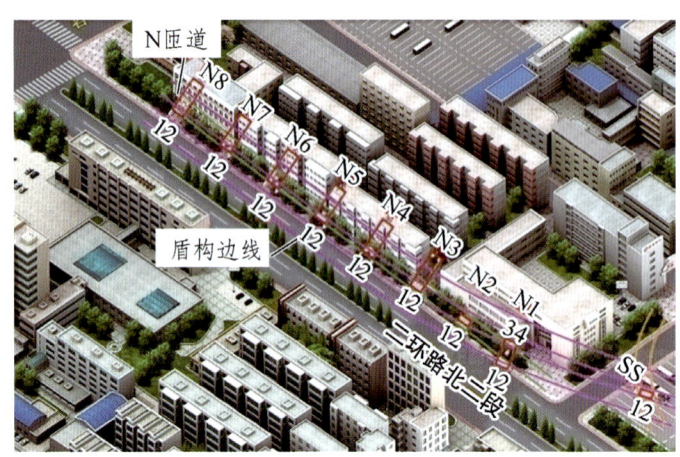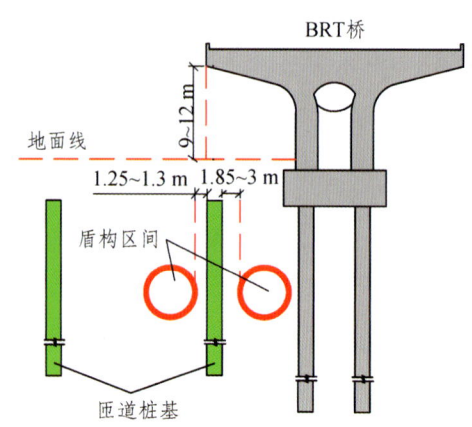

图5-25 商贸大道高架桥N匝道桥桩基平面布置、与高架桥、盾构区间剖面关系

5.1.4.2 工艺原理

该技术主要是利用360°全回转套管机进行钻孔作业，如图5-26所示。360°全回转套管机是集全液压动力和传动，机电液联合控制于一体的新型钻机。整套设备包括全回转驱动装置、钢套管、液压冲抓斗。全回转驱动装置是驱动钢套管进行360°回转，并将钢套管压入和拔除的施工机械，包括上下抱箍夹紧系统和一套竖向顶升系统。该设备在作业时产生下压力和扭矩，驱动钢套管转动，利用管口的高强刀头对土体、岩层及钢筋混凝土等障碍物进行切削，利用套管的护壁作用，然后用液压冲抓斗将钢套管内物体抓出，在套管内进行清障拔桩作业。上抱箍夹紧系统为主要紧锁系统，在液压驱动下将套管卡紧，便于给套管提供驱动扭矩和向下的压入力。标准套管的管径为1.0~3.0 m。下抱箍夹紧系统为辅助紧锁系统，在套管顶拔过程中上、下夹紧装置交替对套管紧锁，以防止套管出现下落的情况。竖向顶升系统主要用于对套管进行顶拔。驱动系统所能提供的最大压入力为机身的自重，当压入力不够的情况下可以额外增加配重块。在套管回转过程中，配备的专用反扭矩锁将机身卡紧防止机身随套管一起回转。在设备的工作能力范围内驱动装置可以任意调节套管的回转扭矩、回转速度、压入力以及夹紧力。回转速度设高、中、低三档，可以根据套管直径、地质条件以及扭矩的变化情况等选择最适宜的回转速度。水平调整油缸采用专用的液压回路，在套管回转时也可以调整其垂直度，设备主要参数详见表5-3。

表5-3 360°全回转套管机设备主要参数

性能参数项目	钻孔直径/mm	钻孔深度/m	回转扭矩/(kN·m)	发动机功率/(kW/RPM)	套管下压力/kN	套管起拔力/kN	主机重量/t
360°全套管钻机	1 500	120	1 500	184/2 000	最大360+自重210	2 444瞬间2 690	32

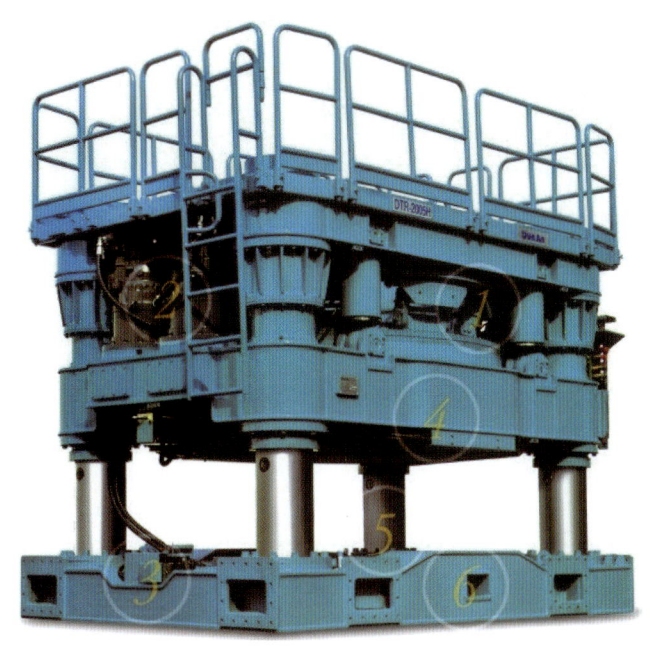

①楔形加紧装置	②马达减速机	③垂直装置
与传统加紧机构相比，无论在什么位置都能加紧套管，并使套管保持较高的垂直精度，而且套管的拉拔力越大，加紧力也就越大	多套马达减速机可以提供足够的扭矩，传递给套管强大的回转力，可适应复杂的地层及切削障碍物	液压垂直装置，保证施工中钻孔的垂直度，随时纠正施工中套管角度
④口径变更装置	⑤辅助夹紧装置	⑥工作行走装置
方便的口径变更使得设备适用于多种口径的变更需求	能更好地保证套管的垂直度，同时在大深度挖掘时弥补配套起重机起吊能力不足的问题	履带式行走装置，液压横向伸缩功能，可使设备在场地上方便自动移动及桩心定位

图5-26　360°全回转套管钻机设备图

5.1.4.3 工艺流程

360°全回转套管钻孔灌注桩施工工艺流程图如图5-27所示，360°全回转套管钻机施工工序图如图5-28所示。

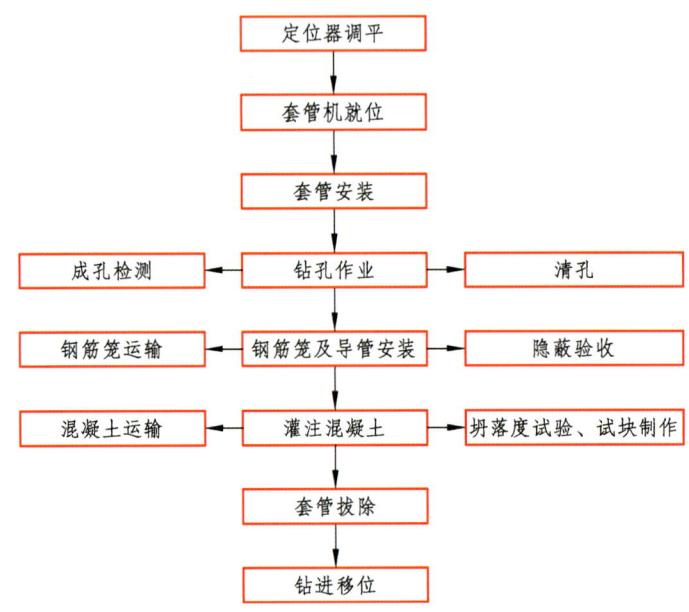

图5-27 360°全回转套管钻孔灌注桩施工工艺流程图

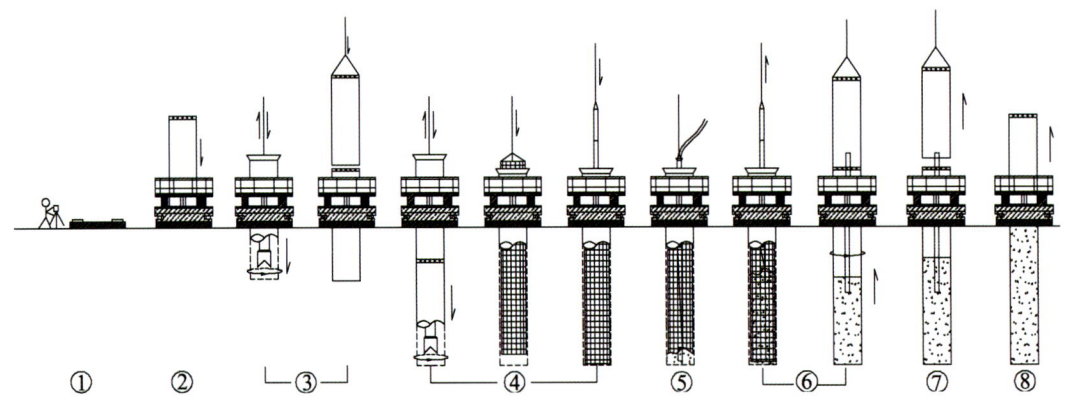

图5-28 360°全回转套管钻机施工工序图
①——定位器调平就位；②——套管机就位；③——套管安装、钻孔作业；
④——钢筋笼及导管安装；⑤——混凝土浇注；⑥⑦⑧——导管拔除

1. 定位器调平就位

控制点和水准点埋设在不受施工影响的地方，开工前必须进行复核，做好放桩记录和地面高程记录，并绘制定位示意图。桩位放样完成后吊放钻机定位器。先调整定位器至水平，再反复调整定位器中心与桩位中心对齐后吊放钻机，如图5-29所示。

 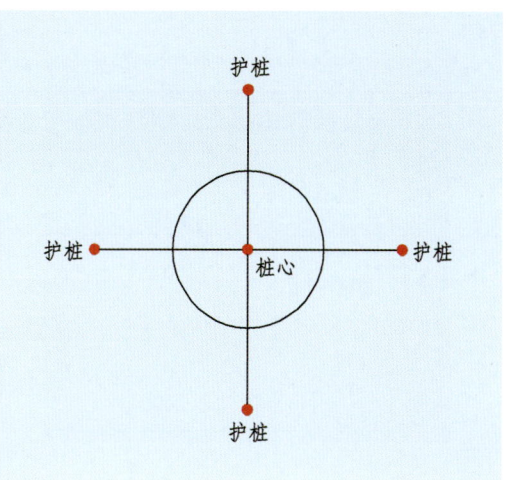

图5-29　放线定位

2. 套管机就位

保证定位器中心对准桩中心并保持水平后吊放钻机。过程中调整钻机的水平度，报现场测量监理验收通过后安放套管。

3. 套管安装、钻孔作业

在成孔套管使用前，应进行套管顺直度的检查和校正。首先检查和校正单节套管的顺直度，然后按桩长配置的全部套管的顺直度、连接坡口，施工时按序拼装套管。套管之间必须连接牢固，防止回转过程中断管。

钻机就位安装第一节套管于中心处后，采用固定锤球及全站仪进行垂直度双向复测，垂直度满足要求方可开始回转。回转时钢套管在自重力、夹持机构回转力及夹持机构压力的复合作用下压至操作平台上 1~1.5 m 位置时连接第二节套管，重复以上过程直至桩底。套管下压的过程中同步用落锤抓斗抓去套管内碴土及障碍物，如图5-30所示。

图5-30　360°全回转套管机配置的钢套管

根据工程的实际情况，施工区域为砂卵石，局部夹杂细砂层透晶体，土体相对比较松散，临近区域为盾构区间及高架桥，且地下水发育丰富，因此在360°全回转套管机在钻孔施工中应防止出现流沙管涌及对周边建（构）筑物土体的扰动现象，尽可能将钢套管钻深超过钢套管内的土体面。根据施工的实际情况，如发生流沙的，可采用水、泥浆或黏土球进行稳压并快速通过。

360°全回转套管机施工中旋转钢套管时用抓斗清除钢套管内的土体，旋转沉入并取土至设计深度，停止沉入，检查孔底沉渣符合要求后下放钢筋笼灌注混凝土。各类岩层下压（拔除）套管液压系统压力范围及钻进时间如表5-4所示。

表5-4 各类岩层钻机下压（拔除）压力及钻进时间表

项目参数	杂填土 2~3 m	用时/h	粉质粘土 3~6 m	用时/h	稍密卵石层 6~12 m	用时/h	中密卵石层 12~20 m	用时/h	密实卵石层 20~35 m	用时/h	泥岩 35~40 m	用时/h	备注
压管压力/kN	100~120	0.2	100~150	0.8	200~250	2	250~280	4	280~300	3	30~310	4	考虑套管自重
拔管压力/kN	50	—	100~250	—	600~800	—	800~1 200	—	1 200~1 500	—	1 500~1 800	—	
压入土层回转扭矩/(kN·m)	200	—	250	—	500	—	700	—	850	—	1000	—	

当桩基需底嵌入基岩，抓斗无法直接掘进时，采用以下方法钻进：

（1）抓斗抓出基岩上部土体，如图5-31所示。

（2）套管旋转切削基岩一定深度，提升套管至岩面，改用冲锤破碎基岩，如图5-32所示。

（3）套管旋转下沉至原切削处，破碎的基岩通过抓斗实施清除，如图5-33所示。

（4）重复循环上述工序，直至达到设计桩底标高。

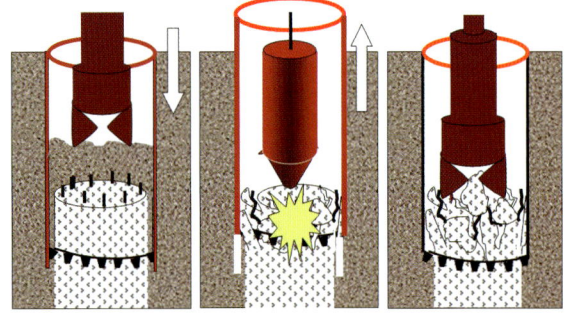

图5-31 桩底基岩取土示意图

图5-32 360°套管机旋转沉入钢套管

图5-33 履带吊配置冲抓斗钢套管内取土

在成孔过程中，采用两台测量设备随时对钢套管的垂直度进行双向监测，每加接一节钢套管便要进行一次垂直度测量，全过程监控，当垂直度发生偏差时要及时调整，确保垂直度小于

0.5%。成孔后采用清渣筒清孔，经量测验收合格后方可进行钢筋笼吊放操作，如图5-34所示。

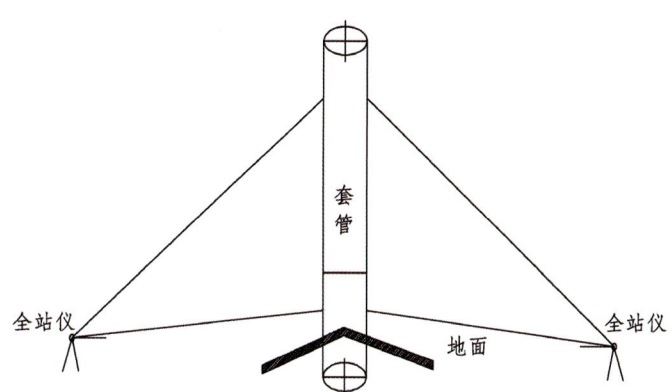

图5-34　成孔垂直度监测示意

4. 钢筋笼及导管安装

根据工程现场实际情况，钢筋笼宜以定尺长度分节制作，若配套履带吊桅杆长度不能满足吊装钢筋笼的高度要求。主筋钢筋采用焊接连接，同一截面内主筋焊接接头保证至少50%错开。在吊装钢筋笼前对钢筋笼进行检查，检查内容包括长度、直径，焊点是否变形等，完成检查后分节缓慢吊装，严防钢筋笼变形。在混凝土浇筑过程中需连续拔除套管，为防止起拔钢套管时造成钢筋笼上浮，在安装钢筋笼时加塞高强度圆形水泥砂浆保护垫块，同时在钢筋笼顶部绑上测绳以便在拔钢套管时可实时监控钢筋笼的位置情况。钢筋笼就位后安装导管。

5. 混凝土浇筑

由于全回转钻机机身较高，需采用混凝土天泵进行灌注。灌注过程应连续进行，不得中断，尽量压缩砼灌注时间，以防桩孔内顶层砼失去流动性，难以提升，进而引发质量事故。灌注前做好施工准备工作，单桩砼灌注时间不宜超过8 h，如图5-35所示。

为防止钢筋笼随混凝土上浮，开始灌注时用2根A50钢管插入钢筋笼主筋并焊至套管上，及时用测绳量测混凝土面高度，灌注到6～8 m后钢筋笼已与桩基下部混凝土形成整体，不会再随之上浮，可取出钢管开始提升套管。

图5-35　混凝土浇筑

6. 套管拔除

套管在回转钻进时逐节下压接长直至设计桩底标高，拔除套管时要依次拔除。因施工中无需进行泥浆配置，不产生泥浆护壁，因此套管极易提升至混凝土浇筑面以上，导致孔壁坍孔，给桩体质量及造价成本控制造成极大影响。

为保证套管拔除不产生塌孔、缩径现象，在套管提升的过程中，需要勤量测混凝土灌注面深度及控制拔管速度，计算出套管底部距混凝土浇筑面的实际距离。根据实践经验，套管底部距混凝土浇筑面的距离不宜超过6 m（距离太大管底混凝土容易初凝从而导致回转提升困难），在砂砾石或土体相对比较松散的地区其距离宜保持在3～4 m能有效防止塌孔导致混凝土浇灌超量。按照以上要求控制距离直至套管拔除接近地面时暂停，待混凝土浇筑完成后再拔除剩余套管，如图5-36所示。

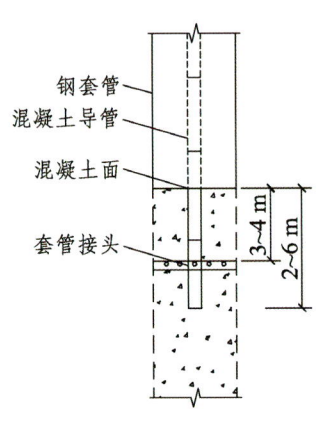

套管提升的过程中，套管底部距混凝土浇筑面宜控制在3～4 m，导管管底宜控制在混凝土面下2～6 m

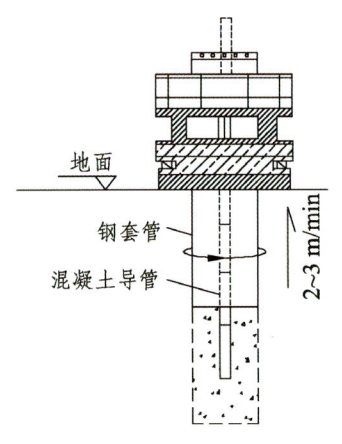

旋转套管，匀速提升，上拔速度控制在2～3 m/min

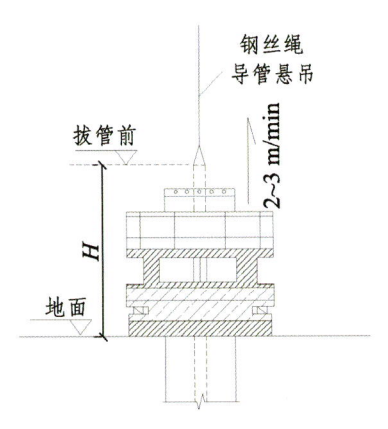

套管提升过程中吊车时刻将混凝土导管悬吊于拔管前一标高（H：拔管前距地面的高度）

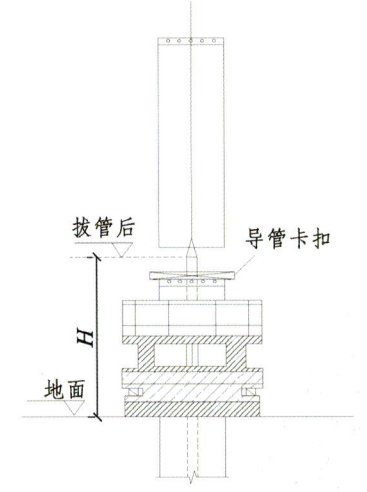

拆套管时将导管下放至导管卡扣上，完成套管拆除（H：拔管前距地面的高度）

图5-36 套管提升示意图

5.1.4.4 应用成效

7号线市政配套工程商贸大道高架桥M、N匝道桩基工程于2016年10月17开工，11月11日顺利完工，区域内构建筑物众多且交通拥堵给施工带来了严峻考验。在施工过程中对火—北盾构区间进行了监控量测，经监测区间左、右线收敛均在4 mm内，左线最大收敛3.3 mm，右线最大收敛2.8 mm。当钻孔穿越区间隧道时变形明显增大，灌注混凝土过程中，变形趋于平缓，灌注完毕达到初凝强度后趋于稳定；大部分收敛值均未突破控限标准的50%即趋于稳定，且前后施工的桩基变形相差不大，满足设计及盾构区间对于安全性的要求，证明了施工方法和参数的安全可行性。

该工法可以广泛适用于复杂地层的地铁等紧邻既有建构筑物且常规设备无法正常操作的钻孔灌注桩施工。施工过程中噪音小，振动小，安全性高；占用空间小，钻进过程中无需降水，不使用泥浆，可干钻或湿钻作业，作业面干净，环保性好；施工钻进时可以很直观地判别地层及岩石特性，给予后续工程对地质情况的具体要求以保障；钻进深度大，成孔垂直度便于掌握，不会产生塌孔现象，成孔质量高；成孔直径标准，充盈系数小。

5.1.5 城市轨道交通工程控制保护区既有线自动化监测技术

随着城市轨道交通的飞速发展，越来越多的项目沿城市轨道交通线路开发，在项目的实施过程中会引起城市轨道交通既有线结构的变形，不同程度的变形则会影响既有线结构的安全，甚至危及运营线网安全，因此对城市轨道交通控制保护区既有线的安全监测具有重要意义。

受运营影响，既有线的安全监测工作只能在天窗时间开展，若采用人工监测，监测频率受监测时段制约，监测精度受运营隧道复杂环境影响，会使其监测效果大打折扣且工作量加大，因此在城市轨道交通工程控制保护区内既有线的安全监测一般采用自动化监测手段。

5.1.5.1 相关依据及要求

1. 法律依据

目前，城市轨道交通工程控制保护区的部门法律依据为《城市轨道交通运营管理办法》（建设部令第140号）和《城市轨道交通运营管理规定》。

（1）《城市轨道交通运营管理办法》（建设部令第140号）于2005年8月发布，明确规定了城市轨道交通控制保护区的范围：

地下车站与隧道周边外侧50 m内；

地面和高架车站以及线路轨道外边线外侧30 m内；

出入口、通风亭、变电站等建筑物、构筑物外边线外侧10 m内。

（2）《城市轨道交通运营管理规定》于2018年5月发布，明确要求城市轨道交通工程项目应当按照规定划定保护区，并对作业影响区域进行动态监测。

2. 技术规范

《城市轨道交通结构安全保护技术规范》（CJJ/T 202—2013）是我国第一部城市轨道交通结构安全保护的行业规范，该行业规范参照国内外相关资料以及既有工程经验，规定外部作业影响等级较高时，应对受其影响的城市轨道交通既有线结构进行监测，并针对城市轨道交通的工程地质条件、线路结构类型、轨道结构形式、列车性能及运行条件，提出了城市轨道交通既有线结构监测项目、监测预警值标准，如表5-5所示。

表5-5 既有线结构主要监测项目

项目	预警值	控制值
隧道水平位移	<10 mm	<20 mm
隧道竖向位移	<10 mm	<20 mm
隧道径向收敛	<10 mm	<20 mm
隧道差异沉降	<2 mm	<4 mm

5.1.5.2 既有线自动化监测系统概述

自动化监测系统主要包含三大系统，分别为数据采集系统、数据传输系统、数据库应用系统，根据监测项目及数据采集系统的不同可建立不同的自动化监测系统。爆破振速自动化监测系统针对振动监测项项目；静力水准自动监测系统可对结构沉降、轨道差异沉降等项目进行监测；巴塞特收敛系统可对隧道特定断面的变形进行自动监测；电水平尺自动化监测系统可对结构沉降、轨道差异沉降等项目进行监测；全站仪自动化监测系统可对结构变形、轨道几何形位等变形监测项目开展全方位监测工作，是目前在城市轨道交通工程控制保护区既有线监测中应用最广泛的。

目前城市轨道交通工程控制保护区内既有线自动化监测较常应用的是静力水准自动监测系统和全站仪自动化监测系统。

1. 静力水准自动监测系统

1）原理与方法

静力水准自动监测系统可开展结构沉降、轨道差异沉降等监测项目，主要由静力水准仪测试原件、数据自动采集发送模块、数据接收及处理模块等组成。

采用静力水准仪进行沉降观测是利用液体静止时在重力作用下保持同一水平的原理，其水准测量方法是依据液体连通器原理，如图5-36所示，用传感器测量每个监测点容器内液面的相对变化，然后，通过计算求出各监测点相对于基准点的相对沉降量。图5-37中两容器分别安置在待测的平面 A 和 B 上，它们之间通过连通管相连，因为容器中装的是同一种溶液，因此，静止状态下的液体自由表面应处在同一表面，则 A、B 间的高差为：

$$h_{AB}=(a_1-b_1)-(a_2-b_2) \quad (5-1)$$

式中 a_1、b_1——读数为零时相对工作面的位置；

a_2、b_2——读数为零时液面到容器顶的距离。

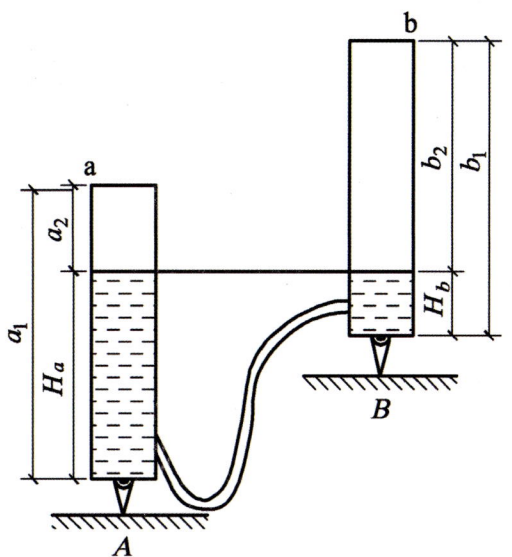

图5-37　液体静力水准仪原理图

静力水准仪可以测量多点相对的沉降，精度高，而且不需要人工进行干预，安装成功后，可24 h自动进行观测，完全适合地铁隧道内的监测环境。特别是在白天地铁运营时，仍可进行观测，这是人工测量无法比拟的。

2）优缺点

优点：由于测试原件采用液体的缘故，量程大，范围广，测量精度高；采用电容感应方式，受外部环境的影响小；水准仪安装简单方便；价格相对便宜，一次性投入成本较少。

缺点：监测项目有一定局限性，只能进行沉降类监测；有固定的量程，监测数据超出量程则无法测量；后期维护成本高，由于采用连通器原理，一旦某处管路被损坏，将导致整个监测系统被破坏；受系统连接管路长度和管壁的阻尼作用，会导致变形量的滞后。因此该系统中的传感器及其连通管和信号线的保护至关重要。

2. 全站仪自动化监测系统

全站仪自动化监测系统可对结构变形、轨道几何形位等变形监测项目开展全方位监测工作，是目前在城市轨道交通工程控制保护区既有线监测中应用最广泛的。

1）系统组成

全站仪自动化监测系统主要包含GeoMoS软件、徕卡TM50监测机器人、无线数据传输，全站仪自动化监测系统流程图如图5-38所示。

（1）GeoMoS（Geography Monitoring System）。

GeoMoS软件是由徕卡测量系统研发的自动化监测软件平台，可以实现计算机远程控制和配置，可以按照既定的程序设置开展监测作业，并实时反映当前监测对象的结构状态。GeoMoS主要分为监测器（Monitor）和分析器（Analyzer），均连接了SQL Server数据库。

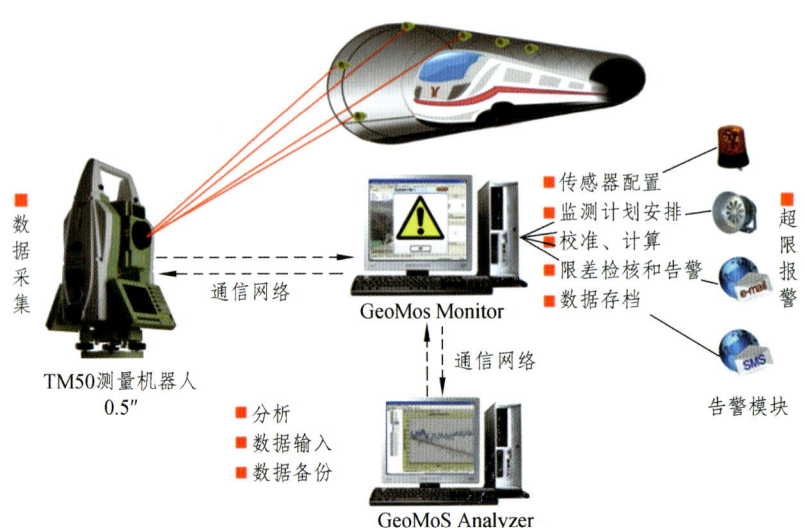

图5-38 全站仪自动化监测系统流程图

（2）徕卡TM50监测机器人。

徕卡Nova TM50集成了目前最高精度的测角和测距系统，自动照准（ATR自动目标识别）角度精度达到0.5″，距离达3 000 m，监测精度非常高。TM50小视场技术保障了仪器在恶劣环境下工作的高精度、高效率，全天候智能化地完成监测工作。

（3）无线数据传输。

既有线监测项目处于地铁运营期，主要使用3G、4G网络的无线数据终端（DTU）进行数据传输，如图5-39所示。

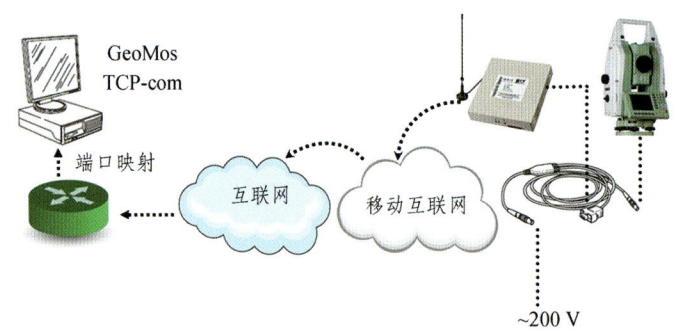

图5-39 无线数据传输示意图

2）系统特点

全站仪自动化监测系统满足自动化监测高精度、自动化、实时化和智能化的发展方向，研究较多，应用较广，具有如下特点：精度高、仪器测角精度达到0.5″、测距精度达到0.6 mm±1 ppm；测试项目较全，能监测所有位移类监测项目；运行及维护成本低；进行全天候监测，能获取真实、完整（可对被列车遮挡的点位设置补测次数）的隧道结构变形数据。

3）监测方法

全站仪自动化监测系统中数据采集子系统包含全站仪、采集软件、棱镜、通信单元等部分。目前全站仪一般选择TM50（TM系列）监测机器人，该仪器集成了目前最高精度的测角和测距系统，实现了调节焦距、正倒镜监测、数据记录、辨别目标、对准作用等自动化功能，能够自动测量监测点的绝对位移，进而计算位移类变形，如图5-40、图5-41所示。

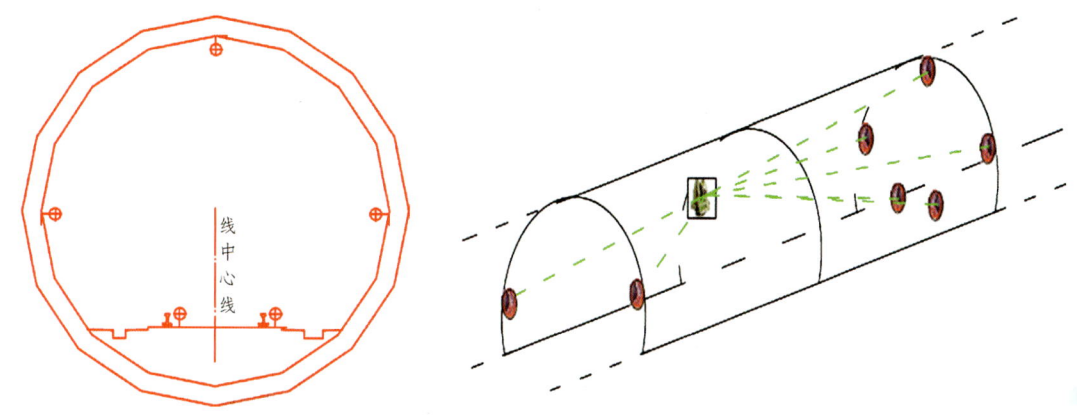

图5-40　工作基点、监测测点及全站仪布置示意

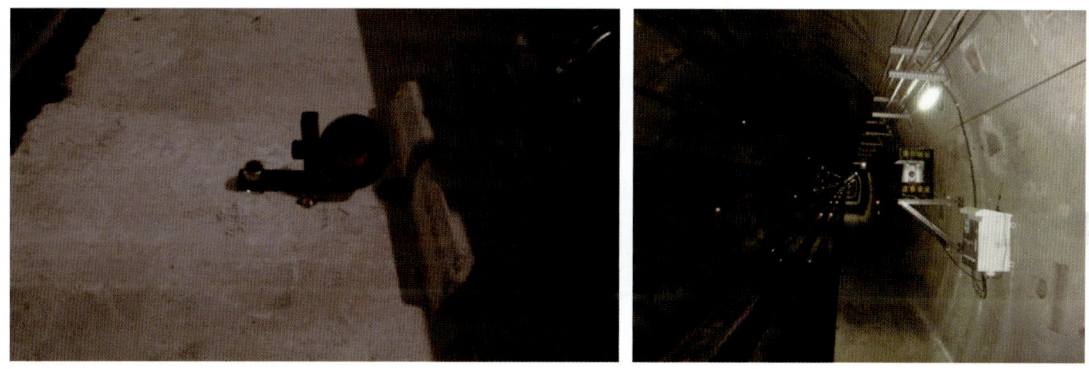

图5-41　监测测点现场布置实拍

4）监测反馈

（1）监测处理信息化。

为达到监测的实时、高效和自动化程度，对工程决策提供可靠、快速的数据服务。全站仪自动化监测采用监测信息管理系统进行数据处理、分析和管理，提供实时的监测数据和分析结果，并在信息网络系统平台上进行共享，更好地为业主提供服务，如图5-42、图5-43所示。

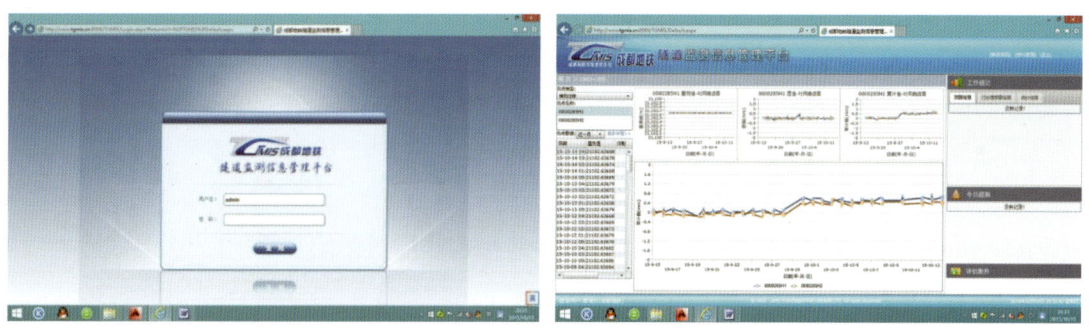

图5-42　隧道监测信息管理平台应用

图5-43　隧道监测信息管理平台手机App展示

（2）监测数据的分析。

每次监测后应对监测数据进行校核和整理。

根据监测数据的变形情况（累计值和速率值）和发展趋势，结合外部工程施工工序和变形情况，进行综合分析。

一般绘制监测数据的时间-位移时态曲线和距离-位移空间曲线图，掌握外部工程施工过程中的时间空间变形规律，出现异常变形曲线或变形趋势时，及时反馈监测信息，并在时态曲线图上注明关键施工工序等，以便对变形进行综合分析，同时做好现场的巡视记录。

（3）监测成果及信息反馈。

在监测过程中，实时对监测数据进行整理和分析，以报告的形式送达有关各方，工程结束后，提交完整的监测总报告及电子文档。包括：

监测预警：当发生监测预警及紧急预警时，将预警情况进行汇报，并在24 h内将书面报告递交到建设单位。

监测报告：在工程监测过程中，实时对监测结果进行整理，按要求将监测结果以书面报告的形式及时报送。

监测总报告：在监测工程完成后，及时对监测工作进行总结，在要求时间内将监测总报告进行提交。

5.1.5.3　线自动化监测系统在7号线的应用

成都地铁8号线暗挖区间于7号线下方正穿7号线左右线隧道区间，暗挖段与7号线左右线隧道区间最小距离约为1.9 m。

由于本暗挖段下穿7号线在地铁保护影响范围平面正交，在本暗挖段施工期间，7号线隧道可能会出现沉降、上浮、横向位移等，当变形量达到一定的程度时，隧道结构会发生错位、开裂等现象，从而影响隧道的结构安全，如图5-44所示。本监测项目采用全站仪自动化监测系统，主要包含GeoMoS软件、徕卡TM50监测机器人、无线数据传输。通过暗挖段施工期间对7号线区间隧道的变形监测，及时掌握施工期间地铁隧道的变形趋势及变形量大小，掌握区间隧道的变形规律及特性，可为保障地铁运营安全提供数据支撑。

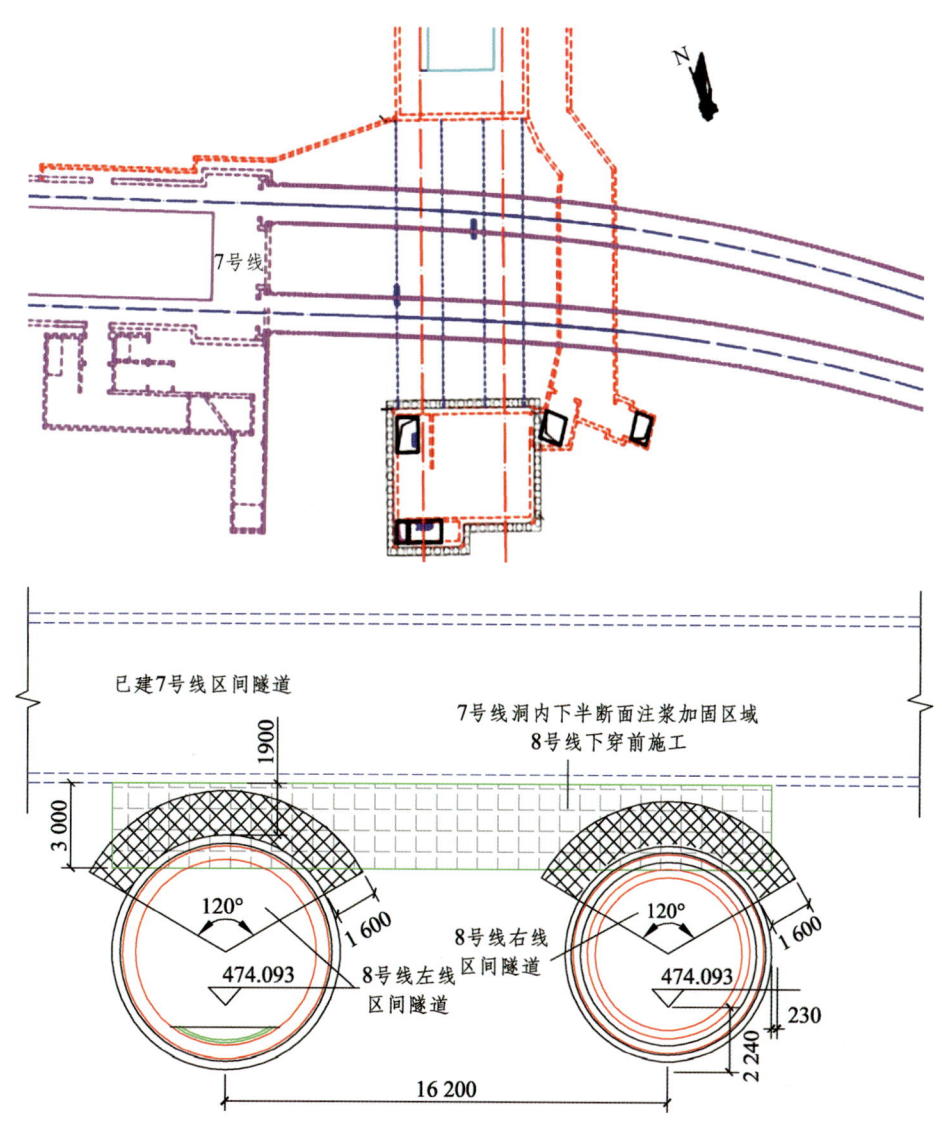

图5-44 暗挖段与7号线区间隧道平面及剖面关系图

1. 监测项目及布设

按照规范及成都轨道集团相关管理办法要求，7号线区间隧道监测项目及测点布设要求如表5-6所示。

表5-6 监测项目及测点布设要求

序号	监测项目	测点布设位置	监测断面布设间距
1	道床竖向位移	轨道道床	与暗挖段交叉段断面间距5 m；其他区段断面间距10 m
2	结构竖向位移与水平位移	地下结构底板、拱顶及侧墙	与暗挖段交叉段断面间距5 m；其他区段断面间距10 m
3	结构收敛	每监测断面布置	与暗挖段交叉段断面间距5 m；其他区段断面间距10 m
4	隧道内巡视	—	—

本监测项目涉及的点位主要包含基准点、设站点以及监测测点：

① 基准点包含4个基准点组，选取在施工影响范围外两端洞身处各布置基准点4个，并牢固地安置观测棱镜。

② 设站点为固定设站点，采用两台全站仪固定设站，点位同样选取在暗挖段对隧道的影响范围之外，在基准点与监测测点之间相对稳定的位置进行布置。

③ 监测测点布置在隧道洞身断面上，交叉段每隔5 m布置一个断面，扩展段每隔10 m布置一个断面，每个断面布设5个棱镜，分别为隧道道床2个、收敛2个以及拱部位置1个，沿隧道洞身环向布置。为了避开隧道顶部接触网，将拱顶处测点移动至隧道靠近一侧拱部位置布置，如图5-45、图5-46所示。

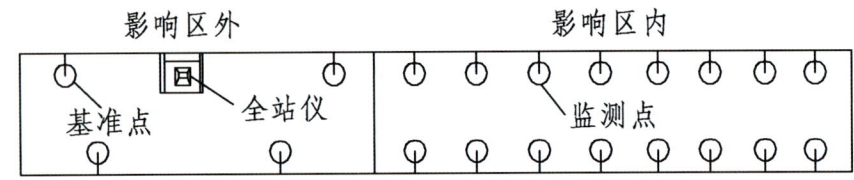

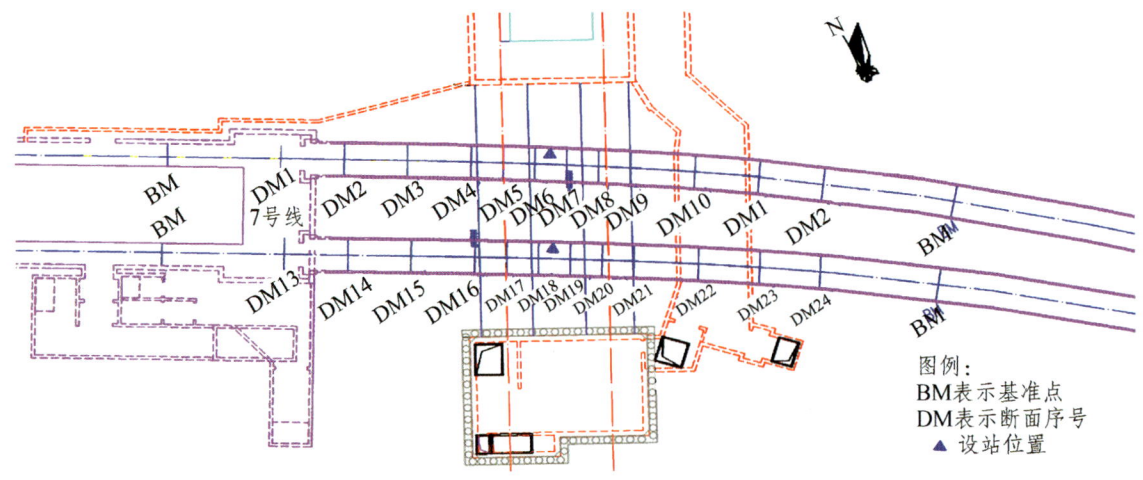

图5-45 隧道断面测点平面布设示意图

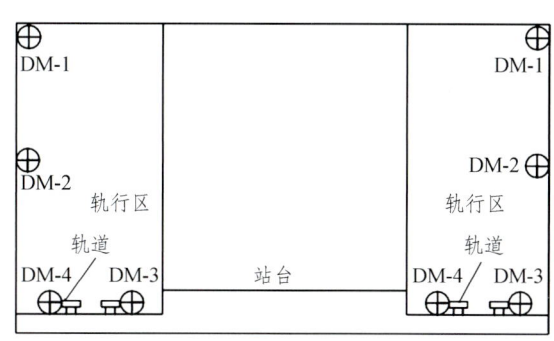 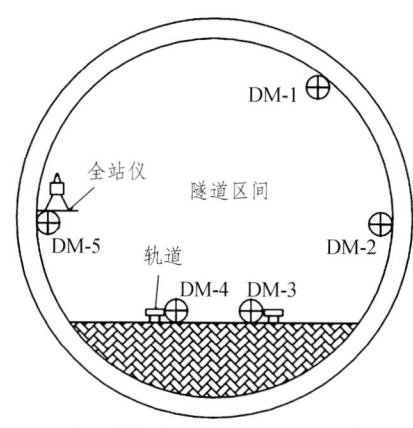

站台区监测点布设断面示意图　　　　　隧道区间断面监测点布设断面示意图

图5-46　断面测点剖面布设示意图

2. 监测仪器和精度

监测的水平位移监测与垂直位移监测应分别满足国家二级变形测量技术规范要求，其他监测项目应符合国家现行标准《工程测量标准》（GB 50026—2020）、《城市轨道交通工程测量规范》（GB/T 50308—2017）的有关规定，如表5-7所示。

表5-7　监测精度要求与仪器精度

序号	监测项目	精度要求	仪器	标称精度
1	结构竖向位移	1 mm	徕卡TM50	0.5″，0.6 mm+1 ppm
2	结构水平位移			
3	结构收敛			
4	道床左右差异沉降			
5	道床纵向差异沉降			

本测量采用TM50全站仪自动化监测，该仪器测角精度为0.5″，测距精度为0.6 mm ± 1 ppm，是主要的误差源。

3. 监测数据

根据3个多月的监测情况分析，所有监测数据均在控制值范围内，为暗挖段的安全顺利施工完成提供了数据支撑和技术保障，相关监测数据汇总见表5-8。

表5-8 监测数据汇总表

次报数		第106次		监测时间		2017年9月27日	
工程简述		通过自动化监测手段了解暗挖段过7号线区间隧道变形情况，本次监测项目主要包括道床沉降、结构水平与竖向位移、道床差异沉降					
监测项目		点号	累计变化值/mm	本次变化值/mm	控制值	是否超出警戒值	备注
竖向位移	累计最大	DM21-3	−5.68	−0.11	≤−10 mm	否	
	本次最大	DM4-3	−5.45	0.22		否	
水平位移	累计最大	DM17-1	2.43	−0.06	≤10 mm	否	
	本次最大	DM9-1	1.19	0.25		否	
道床左右差异沉降累计最大		DM9-2～DM9-3	0.44	0.04	≤±4 mm	否	
道床纵向差异沉降累计最大		DM20-3～DM21-3	−0.33	−0.20	≤±4 mm	否	

附具体数据曲线图：
①道床、结构竖向位移。

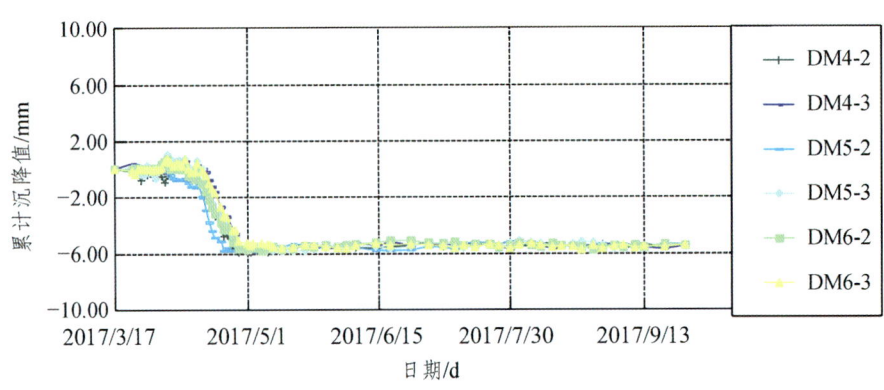

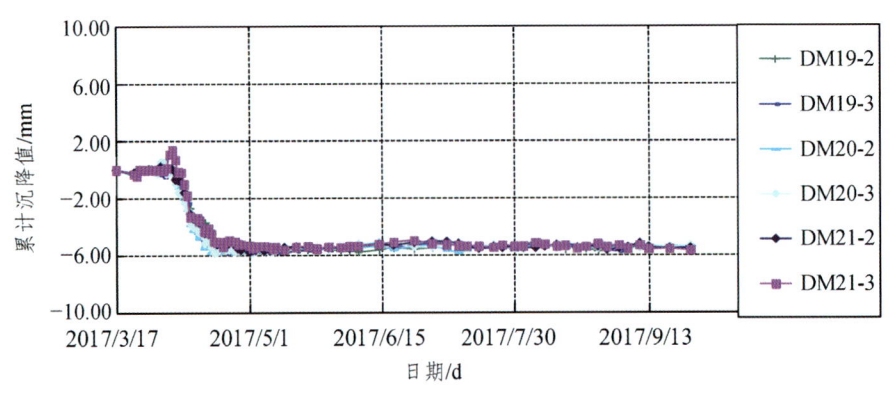

续 表

②结构水平位移。

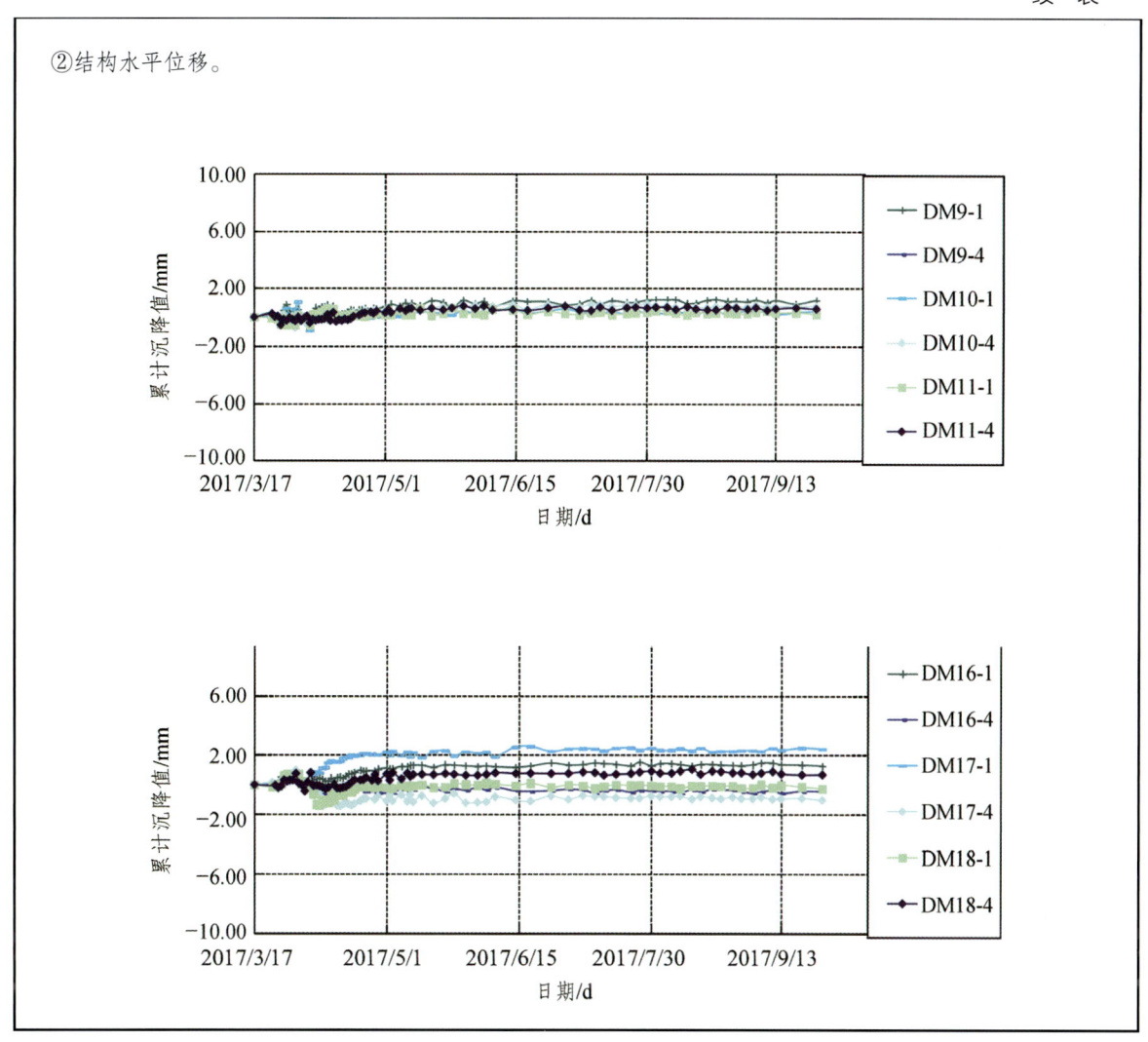

4. 监测小结

通过全站仪自动化监测系统对暗挖段穿越7号线施工全过程进行实时、连续监测，获取监测数据并进行分析，为暗挖段的顺利施工和既有线的安全运营提供了及时、有效的数据支撑，工作效率大大提高，为相关部门采取有效决策提供了可靠依据。

5.1.5.4　应用成效

通过全站仪自动化监测系统实时采集既有线结构的各项变形数据信息，及时准确地掌握了既有线隧道结构、轨道结构的沉降和位移变化情况，为分析和判断既有线路的运营安全状况提供了科学依据。因此通过对城市轨道交通工程控制保护区内既有线的全天候自动化监测，实时进行数据自动化处理和变形分析，自动生成监测报告，自动报警和进行应急处理，既保证了既有线隧道结构和地铁运营的安全，又为运营管理维护部门提供了一种科学、高效、便捷的管理手段。

5.2 区间施工关键技术创新

5.2.1 复杂砂卵石、泥岩地层盾构法隧道成套施工技术

7号线是一条环形线路，共62个盾构区间，盾构区间线路设计长度59 083.107延米，穿越地层主要以砂卵石和泥岩为主，砂卵石长度约27 864.217延米，泥岩长度约31 218.89延米，复合地层约占设计线路长度的15%。

盾构施工成套技术涉及内容较多，本节仅对7号线环线工程地质及水文地质、盾构机选型、盾构施工关键参数控制、施工中常见问题及处置方法等技术进行总结。

5.2.1.1 地层情况

1. 地层力学特性

地层力学特性如表5-9、表5-10、表5-11所示。

表5-9 各土层的工程特性表

岩土编号	岩土名称	容重γ/(kN/m³)	天然含水率ω	天然孔隙比e	液性指数I_L	标贯试验实测击数平均值N	电阻率/(Ω·M)	岩土施工工程分级
<1-2>	杂填土	18.50	—	—	—	—	31.61	Ⅱ
<3-0>	有机质土	17.90	33.18%	0.94	0.87	4.4	21.90	Ⅱ
<3-2-2>	粉质黏土（可塑状）	19.90	26.61%	0.74	0.40	11.0	27.63	Ⅱ
<3-4-2>	细砂（稍密）	19.00	—	—	—	13.5	44.47	Ⅰ
<3-4-4>	细砂（密实）	19.50	—	—	—	31.67	44.80	Ⅰ
<3-8-1>	卵石土（稍密）	21.00	—	—	—	—	75.49	Ⅲ
<3-8-2>	卵石土（中密）	21.50	—	—	—	—	81.56	Ⅲ
<3-8-3>	卵石土（密实）	22.50	—	—	—	—	83.09	Ⅳ
<5-1-2>	强风化泥岩	22.00	—	—	—	—	22.18	Ⅳ

表5-10 岩土参数取值表

岩土编号、名称	凝聚力C/kPa	内摩擦角Φ/°	垂直基床系数v/(MPa/m)	水平基床系数h/(MPa/m)	静止侧压力系数ξ	泊松比υ
<1-2>杂填土	—	—	—	—	—	—
<3-0>有机质土	13	10	4	5	0.77	0.40
<3-2-2>粉质黏土（可塑）	33	14	25	25	0.57	0.30

续 表

岩土编号、名称	凝聚力C/kPa	内摩擦角Φ/°	垂直基床系数v/（MPa/m）	水平基床系数h/（MPa/m）	静止侧压力系数ξ	泊松比υ
<3-4-2>细砂（稍密）	—	23	15	20	0.40	0.27
3-4-4>细砂（密实）	—	27	35	40	0.34	0.25
<3-8-1>卵石土（稍密）	—	32	40	35	0.29	0.22
<3-8-2>卵石土（中密）	—	38	60	55	0.24	0.18
<3-8-3>卵石土（密实）	—	42	80	75	0.19	0.15
<5-1-2>强风化泥岩	—	35	150	140	0.21	0.18
<5-1-3>中等风化泥岩	—	—	180	150	—	—

表5-11　岩石的工程特性表

岩层编号	岩层名称	天然单轴抗压强度 范围值/MPa	饱和单轴抗压强度 范围值/MPa	天然单轴抗压强度 建议值/MPa	坚硬程度	完整性指数/kV	完整性程度	岩体质量等级	电阻率/（Ω·M）	岩土施工工程分级
<5-1-3>	强风化泥岩	—	—	—	极软	0.36～0.39	较破碎	Ⅴ	22.18	Ⅴ
<5-1-2>	中等风化泥岩	5.00～14.90	3.11～10.11	8	极软～软	0.75～0.79	较完整～完整	Ⅳ	31.13	Ⅳ

2. 砂卵石、泥岩地层特性

1）砂卵石地层特性

（1）富含水，渗透系数大。

地下水位常年埋深4~6 m，含水层厚度为11.90~14.50 m。卵石土层为强透水层，水量补给丰富。

（2）卵石含量高，粒径大。

卵石土层中卵石含量达到55%~65%，由于卵石具有摩擦角大，粘聚力小的特点，具有一定的自稳性。在基坑开挖过程中揭示的最大粒径可达400 mm以上。砂卵石地层见图5-47（a）。

（3）卵石和漂石强度高。

卵石成分主要为砂岩、石英砂岩、灰岩及花岗岩，卵石常规抗压强度标准值为65.55 MPa，属硬质岩，如图5-47（b）。

　　　　　　　（a）　　　　　　　　　　　　　　　　（b）

图5-47　砂卵石地层图

2）泥岩地层特性

泥岩按风化程度分为强风化、中风化、微风化泥岩，有以下特性。

（1）软岩，遇水软化。

通过查询资料，强风化泥岩抗压强度为1.28 MPa，中等风化泥岩的饱和抗压强度为3.49 MPa，微风化泥岩的饱和抗压强度平均值为8.31 MPa。由此可见，无论是强风化泥岩还是微风化泥岩，均属于极软岩和软化岩石。

（2）微膨胀性。

根据地勘报告显示，泥岩为弱膨胀岩，自由膨胀率18%，膨胀力39.2 kPa。

（3）基岩裂隙水。

富含基岩裂隙水，水量主要受裂隙发育程度、连通性及裂隙充填特征等因素的控制，水量一般不大，局部地段水量丰富。

（4）粘土质矿物。

泥岩的主要矿物成分为粘土质矿物。

3. 水文地质情况

7号线环线属川西平原岷江水系Ⅰ、Ⅱ、Ⅲ级阶地场区（见图5-48），场地地形、地貌条件简单，地形平坦、开阔，地面高程约490.25～496.06 m，地势总体呈北西高南东低，局部呈微波状起伏。地下水主要赋存于场区第四系全新统、上更新统的砂、卵石土中，水量较丰富，为孔隙潜水，部分地段由于地形和上覆黏性土层控制，具微承压性。根据场区抽水试验成果资料，<3-8-2>中密卵石土层渗透系数24.2 m/d（米/日），<3-8-3>密实卵石土层渗透系数20.5 m/d，<5-1-3>中等风化泥岩层渗透系数0.32～0.41 m/d。场区孔隙水主要接受大气降水补给，其次为沿线河流、湖泊等的下渗补给，少量接受上覆地层的下渗补给。

5.2.1.2　盾构机选型

盾构机选型以砂卵石为主、泥岩为辅，适用广泛通用的原则，主要要求如下：

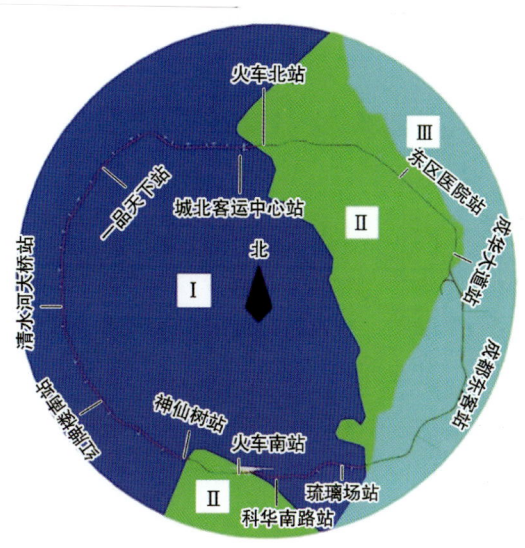

图5-48　7号线环线岷江水系Ⅰ、Ⅱ、Ⅲ级阶地场区图

（1）制定砂卵石排破结合的总体刀盘设计思路，提高刀盘开口率，增加了刀盘中心部位开口，在保证刀盘刚度的同时，确保碴土的顺利进仓。刀具进行刀高差设计，依据线速度及等寿命原则，切削区域的刀具轨迹总体采用阿基米德螺旋线原则布置，增加切屑面的覆盖率。考虑到周边线速度较大的原因，为减小冲击荷载，缩小边滚刀的间距。

（2）具备处理大粒径卵石和漂石的能力。采用了较多数量的滚刀（包括双刃滚刀），同时还考虑了滚刀、刮刀、齿刀、羊角刀的不同组合及布置，为保证刀具的使用寿命。采取加宽刀刃的厚度，提高其耐磨性，将刀刃宽由22 mm增加到28 mm，在增加耐磨性的同时提高了其抗冲击能力，提高了刀圈的使用寿命。改良刀刃的材质，进一步增加刀刃的耐磨性，通过在刀圈材料成分中适当提高钒、钨、铬等合金元素的含量，同时控制锻造工艺和热处理工艺，提高了其抗冲击和抗磨性。单刃滚刀由17寸改为18寸，增加刀圈弧长和高度，提高刀具耐磨性。同时在砂卵石条件下，碴土流态紊乱，很容易造成滚刀、刮刀的二次磨损，因此有针对性地进行了保护。

（3）具备处理高地下水的能力，以防止喷涌发生，盾构机的铰接系统和盾尾密封系统在压力状态下具有可靠防水密封性能。

（4）为防止刀盘结泥饼、减少刀盘刀具磨损，主要采用泡沫系统、膨润土系统，结合实际施工过程情况进行了研究改进。

实际施工中，采用CTE6250中铁装备生产的加泥式土压平衡盾构机。刀盘开挖直径6 280 mm，最大推力3 991 t，驱动采用液压驱动，额定扭矩6 650 kN·m，脱困扭矩8 100 kN·m。刀盘采用辐条+面板式，开口率为36%，设4个泡沫口，2个膨润土口，同时为加强土仓内碴土的流动性，设置4个主动搅拌臂。在刀盘设置方面，共设置中心双联滚刀4把，单刃滚刀32把，滚刀的刀间距100 mm。刮刀32把，边刮刀8把，焊接撕裂刀23把，与滚刀同轨迹喷口保护刀6把，大圈环保护刀24把。滚刀作为砂卵石地层中最主要的开挖刀具，刀具布置的高度最高，即最先接触开挖掌子面，其高度分别为：单刃滚刀187.7 mm和中心双联滚刀175 mm。焊接撕裂刀高度为150 mm，略低于滚刀高度，但高于滚刀轴承高度。它既要实现切削掌子面的功能，还要起到保护滚刀轴承的作用。刮刀高度为130 mm，其主要作用为拨动切削下来的碴土，使其具有更好流动性，能够顺利地进入土仓内部。为适应砂卵石地层较大粒径碴土通过，采用Φ800轴式螺旋机，最大通过粒径为Φ300×560 mm，刀盘结构形式如图5-49所示。

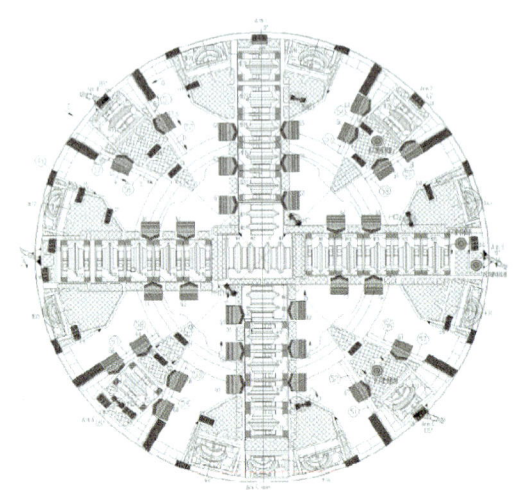 

图5-49 刀盘结构形式图

通过刀盘注入泡沫材料，降低土体的摩擦性来减小刀具磨损，调整土仓内土体塑性流动性，降低碴土的透水性，有效防止掘进中喷涌。加入膨润土泥浆后有效改善了砂卵石的颗粒级配，使土仓内土体塑性流动性好，在卵石表面有泥浆保护层，降低了碴土透水性和对刀盘、刀具的磨损。在系统喷口外加保护装置，以防堵塞。

5.2.1.3 盾构施工关键参数控制

掘进参数是盾构施工过程的信息化反馈，对参数的控制和调整反映了管理者对地层特性和盾构机性能的掌握程度，在砂卵石地层中掘进参数控制显得尤为重要。

1. 土压

按下式计算土压理论值：

$$P = P_1 + P_2 + P_3 = \gamma_w \cdot h + K_0 \cdot [(\gamma - \gamma_w) \cdot h + \gamma \cdot (H-h)] + 15 \qquad (5\text{-}1)$$

P——土仓压力（kPa）；

P_1——地下水压力（kPa）；

P_2——静止土压力（kPa）；

P_3——预备压力（取15kPa）；

γ_w——水的容重（kN/m³）；

h——地下水位以下的隧道埋深（算至隧道中心）（m）；

K_0——侧向土压力系数（地质勘测报告提供）；

γ——土的容重；

H——隧道埋深（算至隧道中心）（m）。

实际施工中，根据设计图纸、覆土厚度、水文地质等实时进行动态调整，过程中控制欠压。

同时，通过调整螺机转速控制出碴量，确保设计土压波动范围小基本保持稳定。

2. 刀盘转速及贯入度

砂卵石地层刀盘转速一般控制在1.3~1.5 rad/min，刀盘贯入度一般在40~50 mm，掘进速度可控制在50 mm/min左右（见图5-50）。泥岩地层根据围岩强度适当加快刀盘转速，一般控制在1.6~1.8 rad/min，贯入度控制在30~40 mm（见图5-51）。根据取样的两个区间，掘进平均速度分别为54 mm/min、56 mm/min。

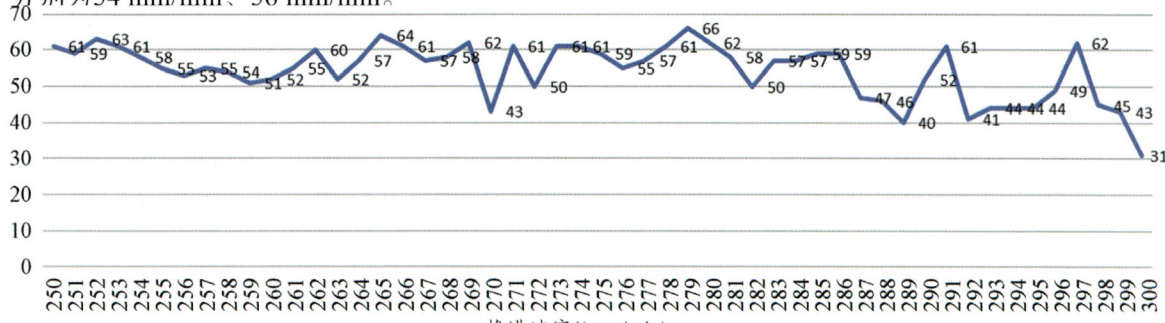

图5-50　某区间第250~300环（砂卵石地层段）掘进速度

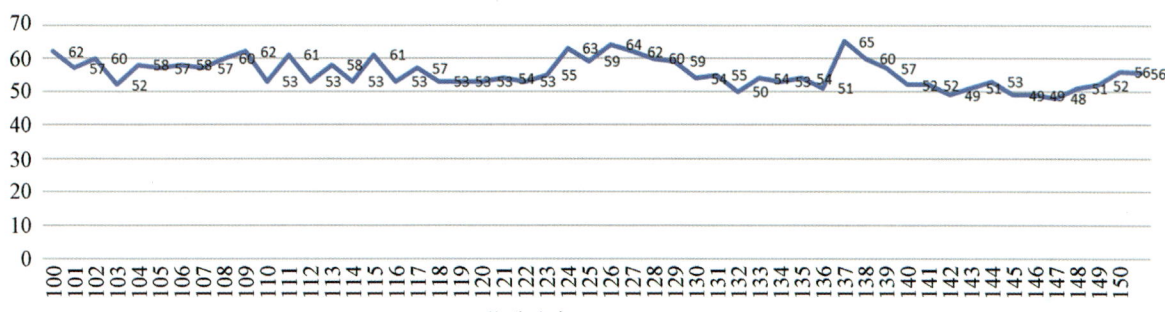

图5-51　某区间第100~150环（泥岩地层段）掘进速度

3. 刀盘扭矩

砂卵石地层掘进过程中刀盘扭矩基本控制在3 500~4 500 kN·m（见图5-52、5-53），取样的两个区间平均扭矩分别为3 642 kN·m、4 198 kN·m。

图5-52　某区间第250~300环（砂卵石地层段）掘进扭矩

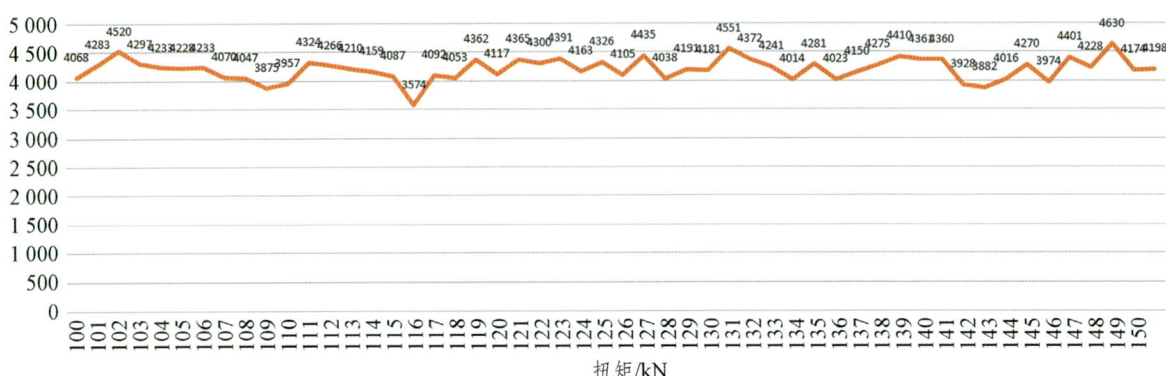

图5-53 某区间第100~150环（泥岩地层段）掘进扭矩

泥岩地层掘进过程中刀盘扭矩基本控制在1 600~2 500 kN·m（见图5-54），取样区间泥岩地层第600~700环平均扭矩为1 826 kN·m。

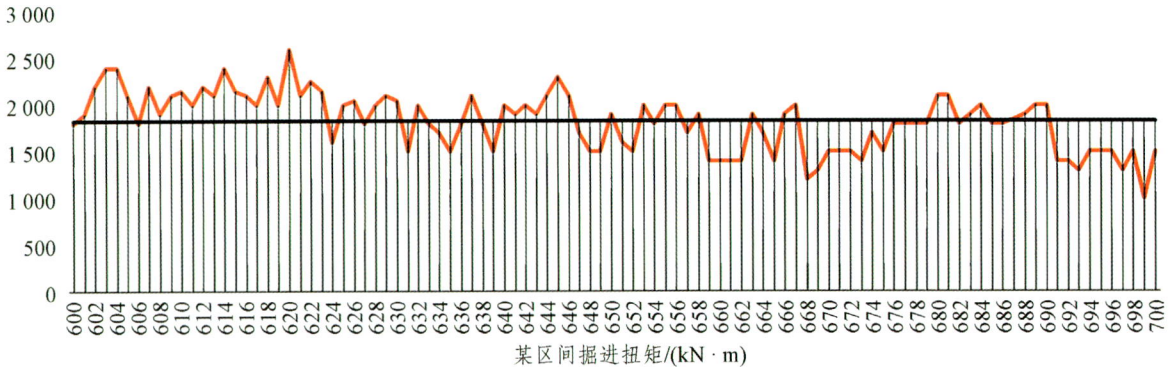

图5-54 某区间第600~700环（泥岩地层段）掘进扭矩

4. 总推力

砂卵石地层盾构推力一般控制在11 000~14 000 kN（见图5-55、图5-56），过大的推力可导致扭矩大幅增加，刀具磨损加剧。铰接压力油压控制在6~8 MPa。取样的两个区间平均推力分别为12 628 kN、11 190 kN。

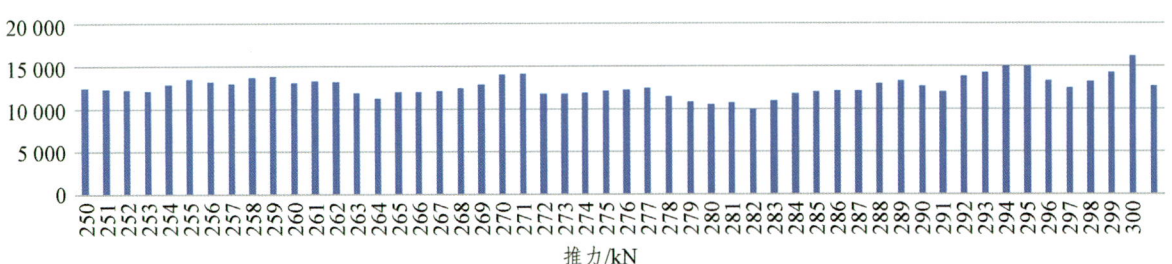

图5-55 某区间第250~300环（砂卵石地层段）总推力

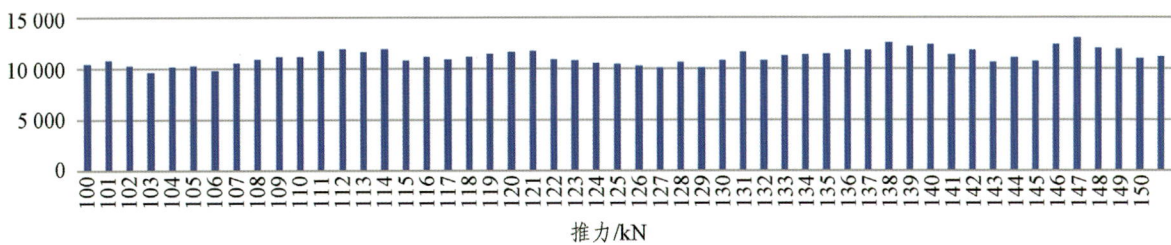

图5-56 某区间第100～150环（砂卵石地层段）推力

泥岩地层盾构推力一般控制在8 000～11 000 kN（见图5-57）。取样区间600～700环平均推力为9 231 kN。

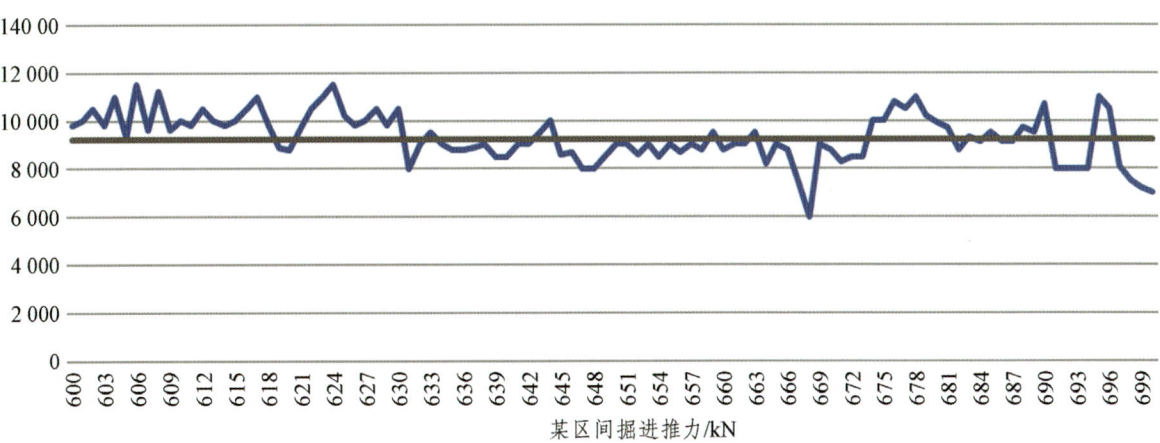

图5-57 某区间第600～700环（泥岩地层段）推力

5. 碴土改良

碴土改良是通过盾构机配置的专用装置向刀盘面、土仓、或螺旋输送机内注入添加剂，利用刀盘的旋转搅拌、土仓搅拌装置搅拌或螺旋输送机旋转搅拌使添加剂与土碴混合，其主要目的就是要使盾构切削下来的碴土具有好的流塑性、合适的稠度、较低的透水性和较小的摩阻力，以达到理想的工作状况。改良常用泡沫剂、水、膨润土浆液相结合的方式，开挖面土体的改良见图5-58。

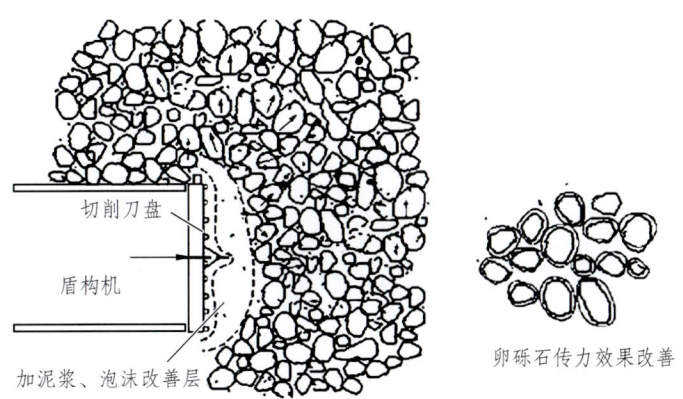

图5-58 开挖面土体的改良效果图

砂卵石地层一般每环泡沫剂用量为80~100 L，用水量为6~10 m³。在始发地层或缺水地层，用水量可提高至10 m³以上，同时可利用土仓注水进行改良。在缺乏细颗粒的地层，可采用10%~15%的钠质膨润土改良。

泥岩地层一般每环泡沫剂用量约在70~80 L，不用膨润土改良。

6. 盾构姿态控制

根据规范要求盾构姿态掘进过程中控制在±50 mm以内，盾构机共分4组油缸控制推进，在推进过程中相向两组油缸推力差值基本控制在500 kN以内，四组油缸的行程差一般不大于40 mm，每环盾构姿态调整量控制在10 mm以内。盾尾间隙不得小于50 mm，要避免间隙过小影响盾构机姿态。常规采用推进油缸分组油压差、铰接油缸行程进行控制；在特殊困难地段采用增加辅助油缸、超挖刀、"小"管片等措施，调整盾构机重心来进行姿态控制。

经实测，砂卵石地层管片上浮量约为20~30 mm，一般将盾构姿态后点控制在-20~-30 mm。泥岩地层管片上浮量约为50 mm，一般在盾构后点姿态控制在-40 mm左右。

7. 沉降控制

沉降影响因素主要有土仓压力、注浆效果、出碴量等，在砂卵石地层中沉降表现明显，而在泥岩地层中沉降表现不明显。需根据监控量测情况动态调整，确保沉降值满足要求。

1）注浆控制

注浆分为三类：

（1）同步注浆。

盾构推进同时从壁后注入浆液，开挖直径6.28 m+管片环宽1.5 m时理论注浆量为4 m³，实际注浆量控制在6~8 m³，注浆压力在200~300 kPa。在砂卵石地层一次性完成同步注浆，而在泥岩地层同步注浆量较少且由二次补浆来补充。

（2）二次注浆。

为保证地面沉降和有效控制管片上浮，在管片脱出盾壳3环后选用双液进行二次注浆，一般注浆量在0.5 m³左右，注浆压力控制在300 kPa左右。必要时先做环箍封水，后用水泥浆填充。

（3）深孔注浆。

在穿越重要的建（构）筑期间，采用直径$\Phi32 \times 3.5$ mm的钢花管进行深孔注浆。

2）出碴量的管理

砂卵石地层出碴量实行"重量和体积双控"，每环出碴量体积54 m³、重量108 t以内。泥岩地层出碴量以重量控制为主，每环在60 m³以内。根据碴土筛分情况计算土的容重控制出碴质量，特别注意松散系数的合理选用。

5.2.3.4 盾构掘进常见问题及处置方法

1. 砂卵石地层卡刀盘

1）主要现象

刀盘在掘进过程中跳停，刀盘扭矩达到或超过设定的额定扭矩，跳停后刀盘无法启动或者旋转。

2）原因分析

仓内出现沉仓现象，大粒径卵石在仓内囤积，导致刀盘启动扭矩增加。或是刀盘上前方地层发生坍塌，土层自重作用在刀盘上导致无法启动。或是地层中直径大于30 cm的卵石较多，刀具的破碎能力虽足，但盾构机设计额定扭矩不足。

3）解决方法

（1）反复刀盘正反转，观察刀盘的转动角度，如依旧跳停，启动脱困扭矩，再继续转动。

（2）向土仓内注入膨润土，通过增加细颗粒，减小仓内的卵石的摩擦角。

（3）利用膨润土或惰性浆液进行置换，出土降低仓位，减少仓内卵石囤积。

（4）向土仓内注入膨润土或惰性浆液，松开推进千斤顶，让盾体整体后退后转动刀盘。

（5）必要时开仓处理。

4）预防措施

（1）推进过程中加强碴样观察，特别是卵石的包裹情况，避免出现卵石与水土分离，卵石密布从螺机口排出。

（2）加强过程中的土仓压力的保持，应尽可能地满仓或者2/3仓掘进，出土量与掘进速度保持一致。

（3）掘进过程中扭矩应控制在3 500~4 500 kN·m，在扭矩无特殊情况下超过5 500 kN·m时，应提高警惕，观察土压变化，判断前方是否出现了超方。

（4）加强地质勘查工作，特别是在有大卵石粒径的地段，应加强排查，根据粒径大小在设备选型阶段调整格栅布置和刀具配置。

2. 砂卵石地层出土超方导致地面塌陷

1）主要现象

砂卵石地层出碴量采用体积与重量双控不准确，超方后导致地面塌陷。

2）原因分析

为追求掘进速度和减小仓内碴土改良难度，仓位较低，土仓压力不足以抵抗土压力，导致土体垮塌。掘进过程中，螺旋机转速与掘进速度不匹配，出现喷涌、结饼等情况时出土量不可控。或是地层条件较为复杂，存在透镜体砂层等不良地层，地层自稳性较差。

3）解决方法

对超方量大于3 m³的地段，立即停止施工，寻找空洞，先对空洞底部进行填砂处理，后进行灌注混凝土。待混凝土凝固后，恢复掘进。对超方量小于立方米的地段，加强监测，待盾尾通过后及时对地表进行注浆处理。

4）预防措施

（1）建立相应的预警预控制度，当掘进参数发生异常或出土量超方时，及时进行处置。

（2）合理控制掘进参数，特别是土压，保持合理的土压，适度欠压，避免空仓率过高导致坍塌。

（3）加强盾构主司机的培训和教育，充分认识砂卵石地层与其他地层的区别，特别是螺旋机闸门与转速的控制。

（4）对地层提前进行预判。特别是砂卵石上部黏土层欠缺或较薄，地层中存在透镜体砂层等不良地质，提前对地层进行加固处理。

3. 复合地层掘进及处理措施

1）主要现象

易出现超方、盾构姿态超限、刀盘结泥饼等现象。

2）原因分析

（1）超方。

原因同"砂卵石地层出土超方导致地面塌陷"。

（2）盾构姿态超限。

在复合地层中掘进时，盾构姿态不易控制，易往较松散地层偏移；盾构操作手经验不足，未预判掘进姿态，未及时纠正姿态。

（3）刀盘结泥饼。

碴土改良效果不佳，掘进速度慢，碴土在刀盘处固结。

3）解决方法

（1）以超方量3 m³为基准，处理同"砂卵石地层出土超方导致的地面塌陷"。

（2）盾构姿态超限后，及时纠偏，慢慢调整姿态，达到限定值以内。

（3）刀盘结泥饼后，可注入剥离剂等有效材料对刀盘上固结泥块进行剥离。若不能清除泥饼，则需进行开仓检查清除泥饼，并疏通刀盘喷水、泡沫管路、膨润土等管路，保证碴土改良的有效性。

4）预防措施

（1）建立相应的预警预控制度，当掘进参数发生异常或出土量超方时，及时进行处置。

（2）合理控制掘进参数，特别是土压，保持合理的土压，适度欠压，避免空仓率过高导致坍塌。

（3）加强碴土改良，减少结泥饼。

为提高盾构施工效率，降低刀盘刀具磨损，避免盾构掘进参数异常，保证盾构出碴顺畅，盾构施工过程中必须加强碴土改良。

常用的碴土改良剂有泡沫剂、水、膨润土、聚合物等，施工过程中根据盾构掘进情况及地质情况合理进行碴土改良剂的选用。

通过良好的盾构掘进控制，达到保持碴土较好和易性的目的。

施工过程中每环检查泡沫效果，及时对碴土土样粘度、碴温等进行测量，结合盾构掘进情况及时调整碴土改良参数。

定期采用剥离剂对刀盘上泥饼进行清除，保证刀盘刀具对土层的切削效果，减小土层对刀具的摩擦。

4. 泥岩地层管片上浮

1）主要现象

盾构隧道成型管片在脱离盾尾后发生上浮，上浮量在5 cm左右，部分可达8~10 cm。某区间第675~715环（泥岩地层段）管片上浮情况见图5-59。

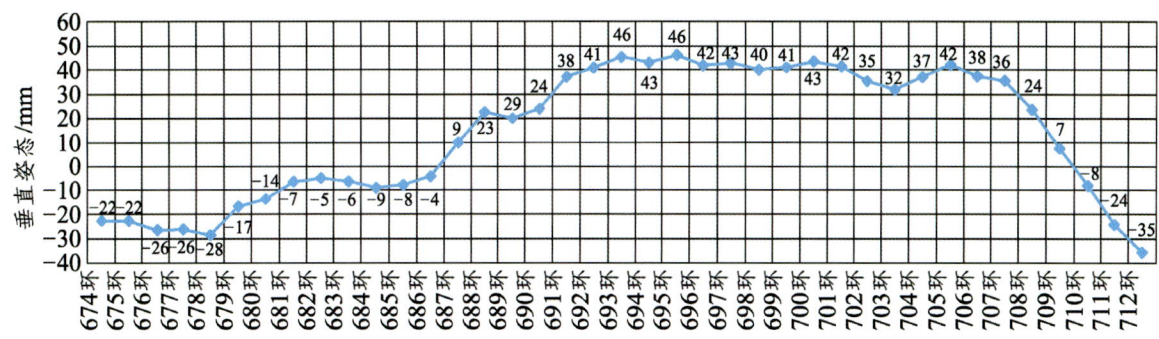

图5-59　某区间第675~715环（泥岩地层段）管片上浮图

2）原因分析

盾构开挖后地层与管片外侧间存在一定环形空腔。而泥岩地层有一定的自稳性，空腔未能及时被地层或浆液填充密实，拼装完成的管片处于"悬浮"状态。即使在进行同步注浆时，在浆液初凝前管片仍处于活动状态。

3）解决方法及预防措施

（1）控制盾构掘进姿态，后点垂直姿态一般取-40~-20 mm。

（2）管片脱出盾尾后3~5环及时进行二次注浆，二次注浆采用双液浆，注浆点位为上部，错开封顶块，注浆方量一般控制在0.3~0.5 m^3。

（3）做好螺栓复紧工作，三次或多次复紧。

（4）调整同步浆液凝结时间，采用高密度、良好充填性，体积收缩率低，保证浆液不分层、不离析。优先选择上部注浆管路进行注浆。

（5）对于长下的隧道，间隔15~20环全环注浆，形成环箍，切断后方水源补给。

（6）采用定位隼或者槽钢拉结的方式，让管片形成整体，增加自重。

（7）掘进过程中，注意控制盾构姿态与管片姿态的关系，将差值控制在每米5 mm内，减少推进过程中的千斤顶的分力影响。

5. 长时间停机后姿态控制困难

1）主要现象

长时间停机后盾构恢复推进，推进油缸正常压差条件下，盾构姿态不受控制，调整分区油压后仍然不受控。若增加推力，则铰接压力上涨较快。

2）原因分析

开挖后围岩松弛，或是泥岩微膨胀性导致盾体受到束缚，或是注浆液包裹盾体。

3）解决方法

（1）优化管片选型，使隧道轴线、盾构机轴线、管片轴线三线一致，必要时选用"小"管片，加快调整速率。

（2）加大上下油压差。

（3）盾构壳体润滑，减少盾体与地层间的摩擦阻力。

（4）扩大开挖直径增加超挖刀，用撕裂刀替换最外侧的滚刀。

4）预防措施

（1）对停机地点应提前进行筹划，同步注浆液调整为惰性浆或者膨润土，避免盾尾包裹。

（2）在停机期间，避免长时间围岩松弛将盾体裹住。

（3）在停机时，通过中盾径向孔注入膨润土，润滑盾体。

（4）在盾构机选型阶段，加装仿形刀，减少开仓换刀的风险。

（5）停机后恢复推进阶段，高度关注姿态的变化，及时调整掘进参数。

6. 刀盘结泥饼

1）主要现象

在正常推力条件下，掘进速度逐步下降，刀盘扭矩慢慢减少或者持续不变，增加推力掘进速度依然不能加快，刀盘旋转速度不均。观察碴样大粒径卵石变少，碴样筛分后卵石破碎率明显提高。刀盘结饼如图5-60所示。

图5-60　刀盘面板结饼图

2）原因分析

一是掘进过程中的碴土改良工作，泡沫发泡效果不佳，半衰期短，掘进过程中加水量不足导致碴土流动性不佳。二是盾构司机缺乏经验，掘进速度大于出碴速度致使仓内土体结饼。三是土体中粘粒含量较高。

3）解决方法

在结饼不严重的情况下，采用优质泡沫或分散性泡沫，通过增加刀盘面板加水和土仓加水的形式软化碴土；在结饼情况一般时，采用纯分散剂或者剥离剂泡仓，复推时将含分散剂的混合液注入土仓，减少碴土粘聚力；在结饼情况严重时，直接开仓进行处理。

4）预防措施

（1）在设备进场前，注意刀盘开口率和格栅的布置形式，避免进碴不畅。

（2）选用优质泡沫，注重碴土改良效果和管路检查，安排专人关注掘进参数，特别是当速度低于3 cm/min时，更应提高警惕。

（3）在通过粘粒含量高、无水砂卵石地层，应充分认识地层的变化，调整掘进参数。

（4）加强掘进过程中的碴样筛分，发现问题及时处置。

5.2.3.5 主要技术创新与应用

1. 创新国产盾构机在成都地铁的设计应用

1）多项技术成果解决"结泥饼"难题

针对成都地质特点，研究发明了利用高压流体喷射切槽装置取代盘形滚刀的技术方案，在应对松软地层时，既可依靠切割刀等机械刀具直接进行切削，也可依靠高压流体喷射与机械刀具联合进行切削，避免了现有技术中采用盘形滚刀的复合式盾构机可能出现的盘形滚刀卡滞、偏磨以及碴土在刀圈上结成"泥饼"的情况。盾构机中心回转接头采用整体式设计，通过增加高压水冲刷系统，在刀盘掘进过程中，根据地层变化开启高压水冲刷或控制土仓高压水冲刷的流量，并应用掘进安全性能高，设备持久性强的盾构机泥饼探测装置，有效解决盾构机"结泥饼"的难题。

2）增加刀盘喷水防堵装置

通过四杆活塞和弹簧实现了在盾构机停机时将出口封死，碴土无法进入喷口环内；盾构机掘进时靠泡沫或膨润土的压力，四杆活塞向下移动，泡沫或膨润土喷出，四杆活塞随外部压力上下波动，防止碴土进入。当胶垫磨损或者改良剂喷口堵塞，维修人员能够在洞内将喷口从刀盘的背部整体抽出，进行疏通或者更换，维修方便、操作简单。

3）发明精确控制的同步注浆控制系统

包括压力传感器设置在砂浆出口处，流量传感器设置在砂浆出口处，压力传感器的信号输出端和流量传感器的信号输出端连接控制单元的信号输入端。通过PLC对系统反馈数据和盾构运行状态进行综合判断，能够实现对盾构注浆的精确控制，并且可以大大减少注浆过程中的堵管和混合不匀等现象。

4）合理优化液压系统

上位机发出信号给多组油缸推力控制装置和一组推进油缸换向控制装置通过调节油缸的最大推力实现盾构机推进姿态的实时调节。在泵出口的控制油和稳压控制油源上加逻辑阀和比例溢流阀，让泵实现比例压力切断，从而使泵出口的压力无极调节。有效地解决油液老化和升温问题，能够很好地应用于液压马达高低速频繁切换的工况，并保证液压马达小排量高速运转时的背压。

5）发明基于控制器的盾构分布式PLC控制系统

作为隧道建设中自动化程度较高的盾构机，其PLC控制系统由集中控制模式逐步改进为分布式控制网络，但是，常规PLC的IO模块通道数量是既定的，通常至少是8个通道，并且模块硬件就决定了所有通道为单一的IO类型。对于一个小的功能系统或IO站时常仅使用若干个AI、AO、DI、DO以及脉冲计数等专用通道，通常为了少量某一类型的几个通道，不得不增加这一类型的模块，从而造成大量通道空余浪费，同时也受到了本就施工空间较小的环境限制；盾构中通常采用电磁感应开关来检测转速，而高频脉冲检测需要配置专用的转速监控器，增加了施工的成本。基于控制器的盾构分布式PLC控制系统系统结构简单，将盾构的PLC控制系统在集中控制模式改进为分布式控制网络的基础之上，建立基于控制器的盾构分布式PLC控制系统。能够降低控制成本，压缩设备占用空间，同时提高控制系统的灵活性、安全性、稳定性。

6)发明超挖刀自动控制系统

实现安装在刀盘上的超挖刀在任意指定区域手动或者自动定量超挖,节省了人力物力,大大提高了工作效率。

2. 盾构洞门延伸钢环始发技术

常规盾构始发时会因刀盘安全距离不足而破坏防水装置从而引发风险,往往需要进行洞门凿除施工。7号线施工时研发一种盾构始发洞门延伸钢环装置,洞门延伸钢环技术解决了安全距离不足的问题,不需洞门凿除便可直接盾构始发,优化了工序,提高了工效,避免了洞门凿除存在的风险,提高施工过程安全系数,延伸钢环可重复使用,对施工场地适应性强,如图5-61所示。

图5-61 洞门延伸钢环始发施工实景图

3. 快速顶推盾构过站施工技术

盾构机过站施工一般采用过站小车过站、顶升式过站及牵拉式过站等几种过站方式,过站小车过站时间一般为4 d,费用较高;顶升式过站时间一般为10 d,过站时间较长;牵拉式过站过站时间为2.5 d,危险性较大。7号线花照壁站—西南交大站、西南交大站—九里堤站盾构施工时研发了一种快速顶推盾构机过站的装置,该装置包括轨道、托架、轨道夹紧装置、推进千斤顶,盾构机过站施工时,将托架放置在轨道上,盾构机置于托架内,利用轨道夹紧装置提供空推反力,克服托架与轨道之间的摩擦力,由推进千斤顶提供推进动力,推动托架与盾构机沿轨道整体前移。该装置稳定使用,安全可靠,且加工安装周期短,经济实用,能有效减小盾构机过站的工效对施工的影响,也提高了盾构机快速过站的安全可靠性。

4. 盾构电瓶车双气路刹车系统

随着城市地铁施工的发展和盾构施工的设计轴线的坡度越来越大,盾构施工过程当中的水平运输的电瓶车组的刹车制动性能也需要相应的提升。7号线施工期间研发了一种电瓶车双气路刹车制动系统,该系统包括空气压缩机、供气管路和多个刹车气动系统,空气压缩机通过一个三通阀实现了双气路制动。通过在电瓶车组的每个转向架上安装储气瓶和快换阀,用快换阀来实现储气瓶的快速充气和放气。该技术能确保在隧道设计坡度较大的情况下实现电瓶车高速运行状态下快速刹车制动，能够确保在隧道坡度过大的情况下能够快速、安全地进行盾构的水平运输。设置双气路刹车系统，能够快速实现闸瓦的松开和制动，降低制动的时间，减小由于接触时的滑行摩擦导致刹车闸瓦和行走轮的磨损。通过在转向架上设置储气罐和自动变压阀，不仅缩短了松开刹车时储气的时间，而且在进行刹车时，可以达到快速制动的效果。

5. 盾构施工砂浆转浆技术

土压平衡式盾构机施工过程中，砂浆运输车有着不可替代的地位，但常规砂浆车转浆存在安全和效率上的不足。基于该问题，7号线施工期间研发了一种安全盾构施工砂浆车转浆装置，通过将转浆泵改至砂浆车端部平放，避免操作人员钻入砂浆车底部连接转浆管路，大大减少转接操作时间，并能将砂浆车内砂浆抽取干净，提高了施工效率；此外，通过在转浆泵上安装防护载物平台，既可以对电机进行防护，也可以在平台上放置各类耗材物料，大大提高了作业安全和转浆效率。

5.2.2 盾构接收段近距离下穿超大管径带压污水管施工技术

盾构接收是盾构法施工的最后一道"关隘"，也是盾构法施工重大风险源之一，特别是盾构接收端近距离下穿大口径带压污水管等一类的工程，安全风险极高。采用常规钢套筒接收法，虽然安全性能得到保障，但是工艺复杂、工期较长、费用较高。本小节围绕三瓦窑站（原科华南路站）—火车南站区间盾构接收段近距离下穿大口径带压污水管施工技术进行探讨。

5.2.2.1 工程概况

1. 工程简介

三瓦窑站—火车南站区间盾构接收端下穿DN2.2 m有压污水管及检查井，管线材质为混凝土，污水管位于<3-8-2>中密卵石层中，盾构穿越地层为<3-8-3>密实卵石层夹透镜体砂层。管线中心距离车站西端头侧墙距离为5.7~10 m。污水管为南北走向，与盾构隧道垂直相交，污水管内水流走向为由北向南。车站施工期间该处发生过涌水、涌砂现象，地质情况较差，如图5-62所示。

DN2.2 m污水管采用Ⅱ级钢筋混凝土承插管，接口采用滑动式橡胶圈密封止水，采用顶管法施工，内径2.2 m，管壁厚22 cm，每节管长2 m。在右线隧道上方设有顶管工作顶坑，现已回填，在原位置设有一口矩形直线钢筋混凝土检查井。顶管工作井为圆形，直径7 m，采用0.3 m厚C30砼人工护壁，井底采用C30砼护底；检查井平面尺寸为3.64 m×4.04 m，检查井底板厚50 cm，下设10 cm垫层，污水管从检查井底板上穿过，如表5-62所示。

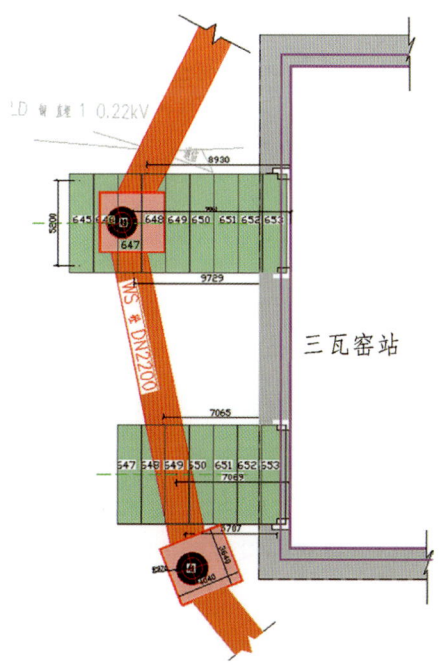

图5-62 污水管与隧道平面位置关系图

表5-12　盾构下穿污水管相对关系表

线别	穿越里程	穿越环号	管顶埋深/m	隧顶至管底净距/m	隧顶至右线检查井底净距/m
左线	ZDK19+891.490~ZDK19+885.486	648、649、650	6	2.823	—
右线	YDK19+894.638~YDK19+890.134	646、647、648、649	6.26	2.543	1.66

2. 地质情况

根据区间平纵断面图，三瓦窑站西端头地质情况主要为砂卵石层，砂卵石层中间夹杂少量中细沙层。盾构下穿2.2 m污水管段，地层自上而下依次为：人工杂填土、粉土、粉细砂土、中密砂卵石、密实砂卵石、中密中砂、全风化泥岩、强风化泥岩，污水管主要处于砂卵石层中，隧道下方有一段2 m厚的中密中砂不利地层，其中左线隧道洞门处有一段3.5 m厚中密中砂层，如图5-63所示。

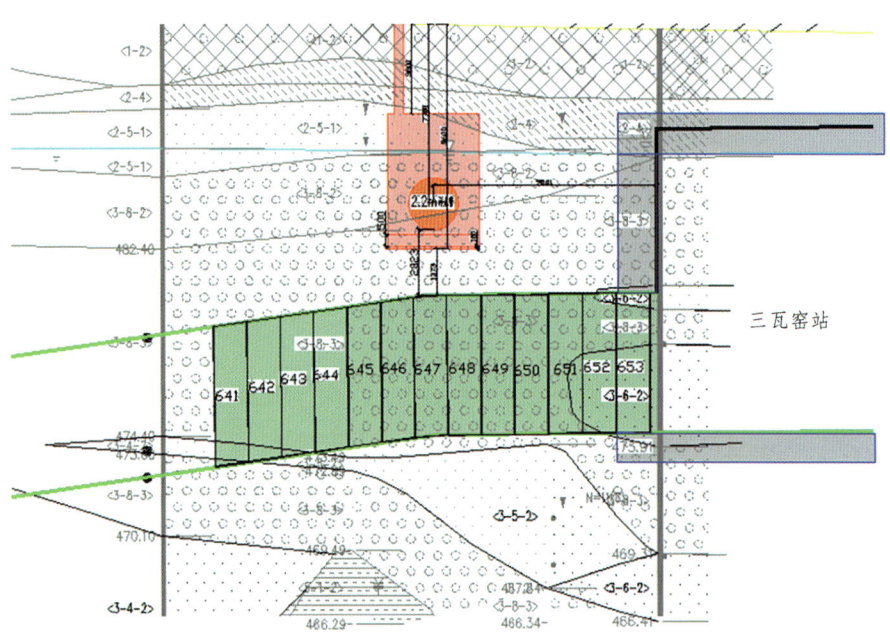

图5-63　污水管右线地质剖面图

3. 水文及管内污水情况

地勘报告显示，三瓦窑站西端头常年平均水位位于地下5.5 m，2.2 m污水管位于常年地下水位之下。通过对盾构上方污水检查井内水位进行观测，发现检查井内水位高位的时间段为11：00~02：00，高位时间段检查井内水深为3~5 m，检查井内水位低位的时间段为02：00~11：00，低位时间段检查井内水深为1.8~2.8 m，管内污水始终处于满水状态，流速约2 m/s，带有自然水压。

4. 技术重难点分析

该污水管为成都市污水排放主干管，每小时流量约30 000 m³，流速约2 m/s。由于管径大、常年满水且带有一定水压，距洞顶较近，加之处于盾构到达端，盾构下穿风险极高，难点主要如下。

（1）隧道洞身位于密实砂卵石中，洞底以下为粉细砂层，且接收洞门长期存在渗漏水现象，盾构掘进至此处时，基底极易发生涌水、流砂等突发事件，加之盾构机盾体自重可达300多t，盾构机容易出现"磕头"现象，卡在洞门处，不能及时使用接收托架，引发污水倒灌、地表坍塌等灾难性后果。所以如何做好接收地层加固，确保加固效果是本工程一个重点。

（2）污水管采用顶管法施工，接头处施工质量不能保证，从洞门处流水存在异味可判断，污水管接头处长期存在渗漏等现象。且右线隧道上方存在一口污水检查井，检查井两侧与污水管采用刚性连接。盾构掘进至此处时，地层很可能出现不均匀沉降，导致污水管被拉裂，污水倒灌等现象。所以如何选择合适的方法，做好污水管及检查井本身加固措施，是本工程的一个难点。

（3）盾构掘进至此处时，土压设定合不合理至关重要。若土压设定高了，容易出现污水管隆起，地层掘进困难，下穿时间过长等问题。若土压设定低了，容易出现污水管下沉开裂等现场。所以盾构下穿污水管期间的掘进参数的设定和优化至关重要，这也是本工程的一个难点。

5.2.2.2 关键技术

1. 创建接收端头井加固体系

1）地表注浆加固

通过地表预注浆加固对地层中可能出现的空洞、松散地层进行改良，提高地基整体强度；同时预留部分注浆孔保证盾构通过后能二次跟踪注浆。在盾构掘进异常，管线沉降超限时，能立即补充注浆，起到应急抢险作用。

2）洞口管棚加固

通过洞门管棚加固对污水管起到一个支撑作用，保证污水管不会立即断裂、漏水，后期通过快速补充注浆稳固地层，增大安全系数。通过加固体系从根本上解决该处地层易扰动、易沉陷等缺点，增强地基整体强度，提高污水管下方土体的自稳性，降低安全风险，如图5-64所示。

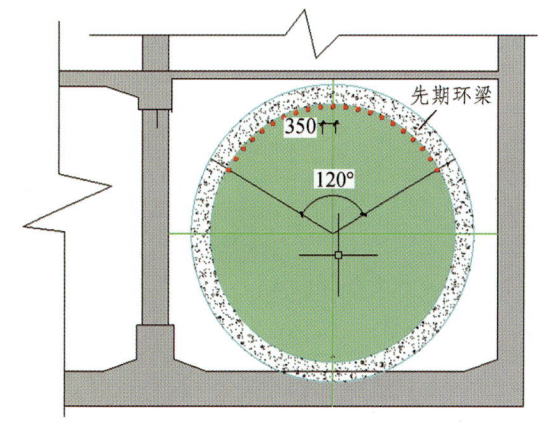 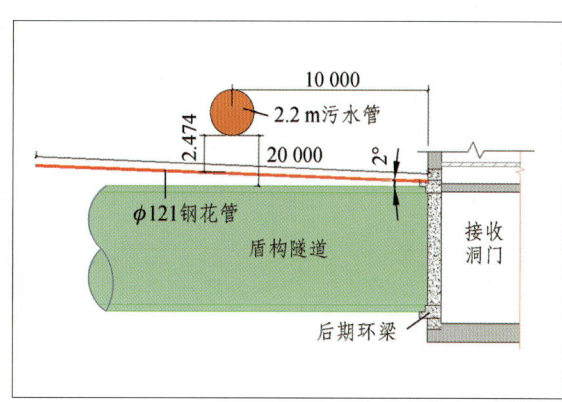

图5-64 盾构接收端管棚加固示意图

3）地表降水

盾构接收端处于砂卵石地层中，含水量丰富，考虑降水效果，在接收端共布设3口降水井进行地表降水。

2. 采用纵梁托换法加固污水管

通过放坡开挖至污水管后，保留管底45°左右地基，在污水管两侧人工挖四根混凝土桩基。污水管两侧采用底托型钢筋混凝土纵梁，纵梁搭载桩基上，达到基础托换的目的，污水管形成一个独立支撑体系，完全摆脱盾构施工的影响，确保了盾构接收安全。

（1）采用放坡锚杆支护的方式对污水管上方及两侧土体进行开挖。

（2）采用人工挖孔的方式施工支撑桩，按污水管走向分别布设在污水管两侧，每侧各两根，主要防止台梁和污水管整体下沉，提高纵梁整体刚度。

（3）对污水管两侧采用钢筋混凝土纵梁包裹支撑加固，包裹的范围为管线中心线下45°外其他范围，纵梁利用横梁支撑在临时桩上，形成整体，如图5-65、5-66、5-67所示。

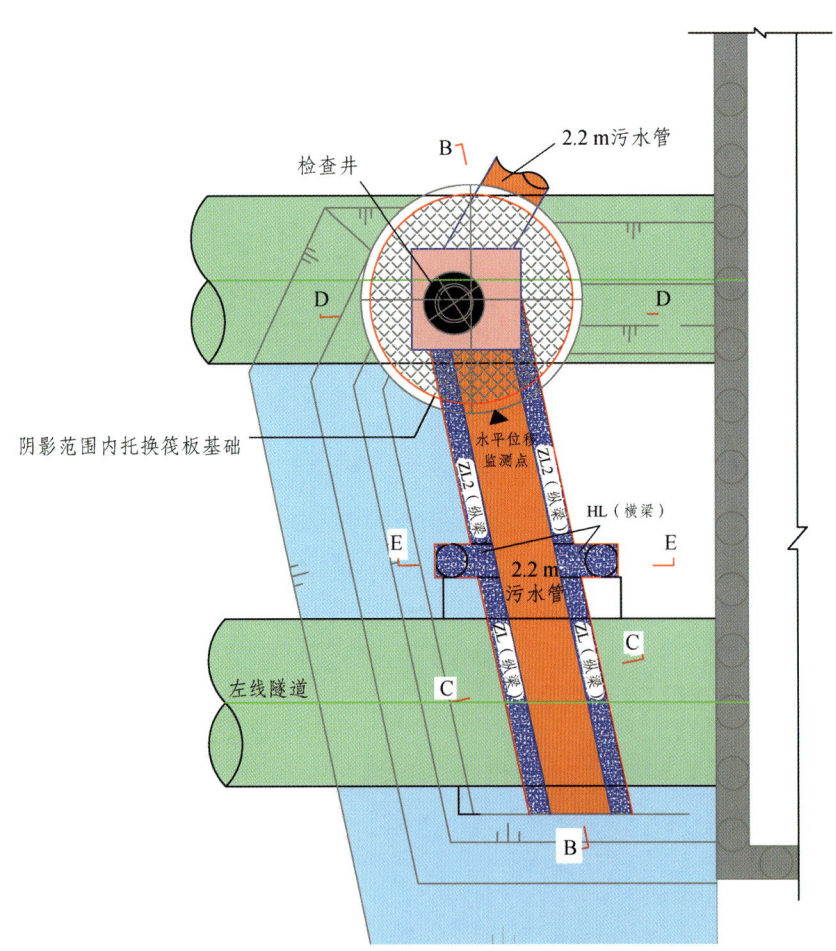

图5-65　污水管纵梁托换加固平面示意图

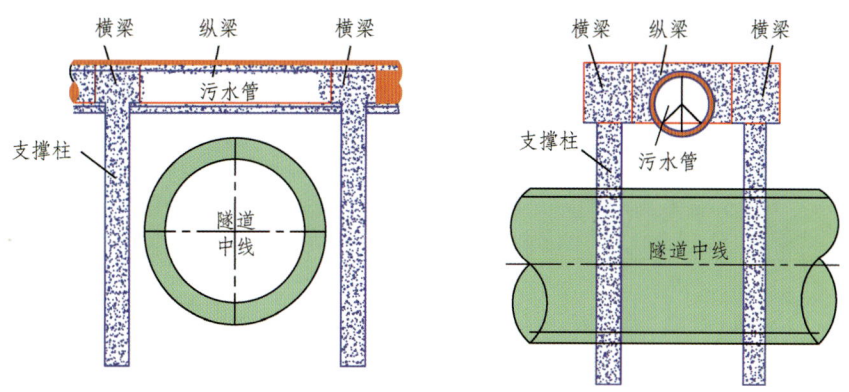

图5-66 污水管加固剖面示意图

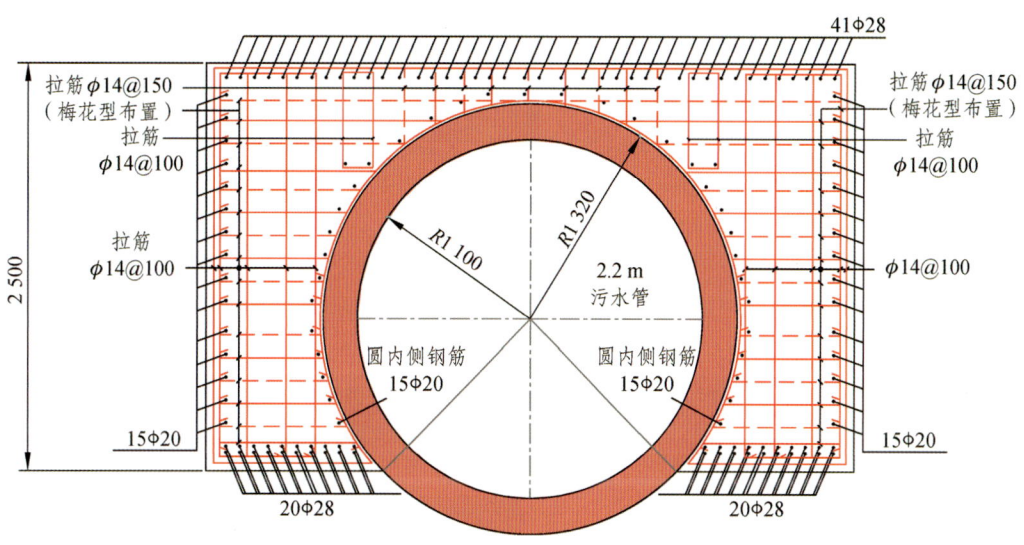

图5-67 污水管纵梁托换钢筋剖面图

（4）采用高强度钢丝绳环箍加固污水管接头。污水管接头为承插式，为确保管接头稳固，防止出现管头因不均匀沉降引起的开裂，在每节管头两端均采用Φ20 mm钢绳进行围箍，加强纵梁对污水管的支撑，钢绳围箍与纵梁钢筋一起绑扎，两侧使用兰花扣拉紧，随混凝土一并浇筑，如图5-68所示。

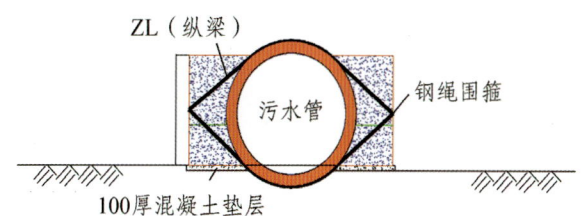

图5-68 污水管钢绳围箍剖面图

（5）检查井底板筏板加固。对检查井及先期工作井护壁进行凿毛处理，底部绑扎HRB 400钢筋，同纵梁钢架相连接，浇筑标号为C35混凝土，形成底板筏板和纵梁的整体基础，如图5-69所示。

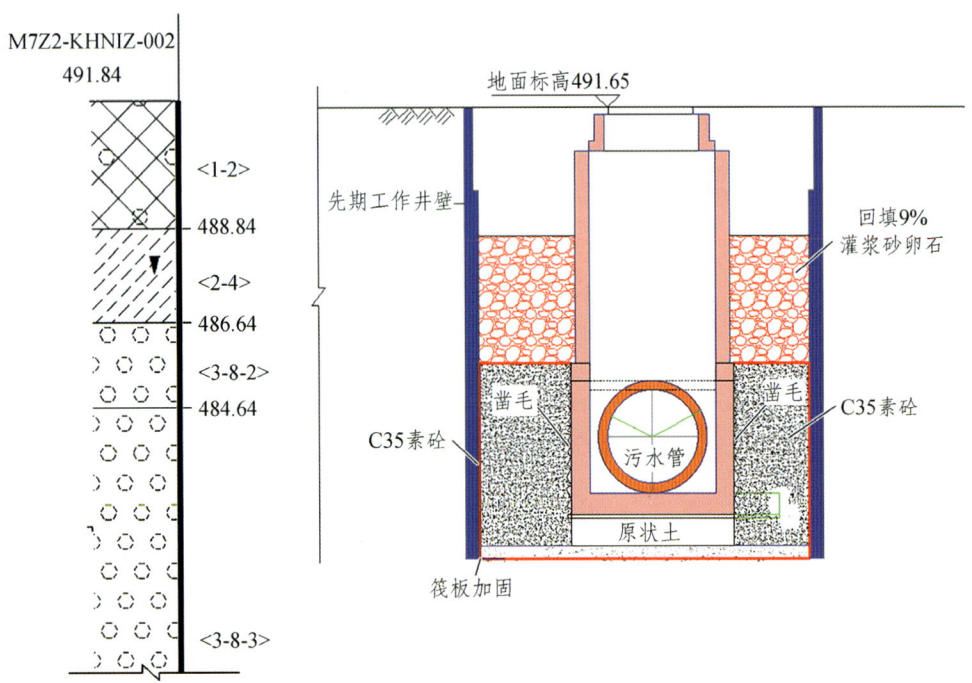

图5-69　检查井底板筏板加固

3. 监测点布设

为确保盾构下穿时监测数据可控，在工作井四周布设4个位移监测点，在筏板基础上布设4组沉降监测点，在管节处布设沉降监测点6组，如图5-70所示。

4. 掘进控制技术

1）分阶段掘进参数控制

通过对下穿前、下穿时、下穿后三个阶段的掘进参数进行对比控制，严格控制出土量与同步注浆量，有效规避喷涌、沉降超限等施工风险，参数见表5-13。

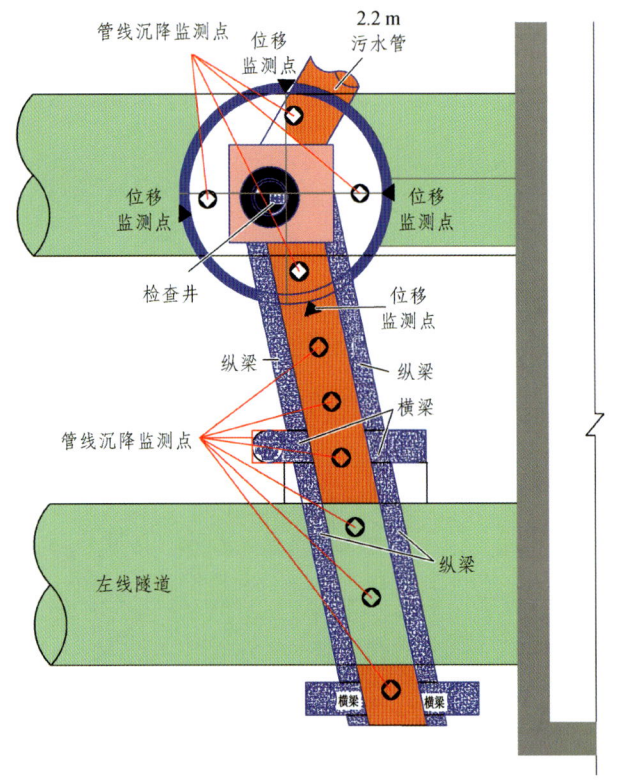

图5-70　检查井及污水管监测点平面图

表5-13 各阶段掘进参数表

推力/kN	扭矩/kN·m	刀盘转速/(rad/min)	掘进速度/(mm/min)	土仓压力/0.1 MPa	螺旋输送机转速/(rad/min)
下穿前					
8 000~13 000	3 000~4 300	1~1.2	20~50	0.7~1.0	3~6
下穿时					
8 000~11 000	3 000~4 300	0.8~1	25~35	0.4~0.7	3~6
下穿后盾构破门接收					
3 000~6 000	3 000~4 000	0.9~1.2	0~10	0~0.4	0~2

2）同步注浆

盾构下穿污水管期间选择的浆液初凝时间为5~7 h。同步注浆控制：注浆量和注浆压力双控，以注浆压力控制为主，注浆量控制为辅。注浆压力控制在150~250 kPa，注浆量（6.06~7.27 m^3）为理论值（4.06 m^3）的150%~180%，如表5-14所示，可以满足壁后填充达到密实并满足地面监测稳定的要求。

表5-14 同步注浆浆液配合比

水泥	细砂	粉煤灰	膨润土	水
200~250	550~600	380~420	75~100	500~560

3）碴土改良

右线盾构在641~648环下穿检查井，左线盾构将在646、647环下穿DN2.2 m污水管，为保证盾构顺利通过污水管，右线盾构掘进至640环及左线盾构掘进至645环时分别采用以膨润土为主，泡沫为辅的改良方法，注入率均为15%。

膨润土泥浆配合比为水：膨润土=100 kg：52 kg，膨润土为优质的钠基膨润土，膨化时间为8 h，泡沫辅助碴土改良，泡沫原液比为3%，保证碴土的改良效果，增加碴土的流塑性和自稳性，减小刀盘扭矩，保证刀盘周边土体的自稳性。

4）出土量控制

盾构施工中，对掘进所排出的碴土样本进行分析，判断地质情况，根据地质情况，确定出土量，加强出土量管理措施，严禁超挖或欠挖，出土量控制必须以碴土体积控制为主，重量复核为辅，保证控制地层损失率达到最小。环宽1.5 m的每环出土量控制在53~57 m^3，重量控制在111.3~119.7 t，与每环推进管理行程对比复核，并对记录进行分析评估。

5）二次注浆

通过拼装在当前环后方3~5环进行二次注浆，控制管片上浮和地表沉降。

二次注浆配比为水玻璃：水=1：1；水泥液：水玻璃混合液=1：1；注浆压力控制在0.2 MPa

以内，注浆量为0.2～0.8 m³，注浆点位在1、11点之间，以注浆压力控制为主。灌注频率为隔一环灌注一次。

6）盾构姿态控制及调整

浅覆土区域，土压平衡不容易建立，上下受力均匀，盾构姿态上扬，压坡困难，隧道上浮难以控制，垂直姿态控制在轴线下20 mm，水平沿轴线掘进。对于曲线掘进，将水平姿态控制在曲线内10～20 mm。

5.2.2.3 应用成效

该技术实现了污水管正常排输的同时，确保了盾构安全顺利接收。安全性好，可最大程度降低盾构接收风险。成本低，加固实施周期短。按照本工法，火车南站—三瓦窑站区间盾构顺利完成了接收端下穿大口径带压污水管施工，污水管整体沉降控制在3 mm左右，整个施工过程均处于安全、稳定、快速、优质的可控状态，可为今后富水砂卵石地层盾构下穿各类大口径管线或类似施工提供参考。

5.2.3 盾构下穿客运专线施工技术

5.2.3.1 工程概况

1. 工程简介

琉璃场站—三瓦窑站区间左、右线盾构隧道在744～770环范围下穿成贵客运专线段等铁路，该段铁路线路设计为5股道，其中改建东环线双向2股道、成贵客运专线双向2股道、成渝左联络线单线1股道，线路采用碎石道床，如表5-15所示。区间隧道线路设计平面为直线段，竖曲线为7.7‰的上坡。区间隧道左、右线线间距为7 m，隧道埋深28 m，与洗瓦堰桥02号桥墩最小水平净距约6.64 m，铁路桥梁段桩底距隧顶净距6.70 m，如图5-71、5-72所示。

表5-15 区间下穿成贵客运专线段等铁路概况表

序号	线路名称	下穿段铁路里程		下穿段长度	下穿段环号
1	成贵线	K5+147.822	K5+170.457	22.6	右线731～744环 左线745～757环
2	成渝左联络线	K1+348.664	K1+330.244	18.42	
3	东环线	暂未铺轨			

该铁路已于2014年12月投入运营，客运专线列车运行对沉降、隆起和铁轨间的差异沉降有着特殊的严格要求，再微小的变化都有可能会对列车安全运行构成深远影响。

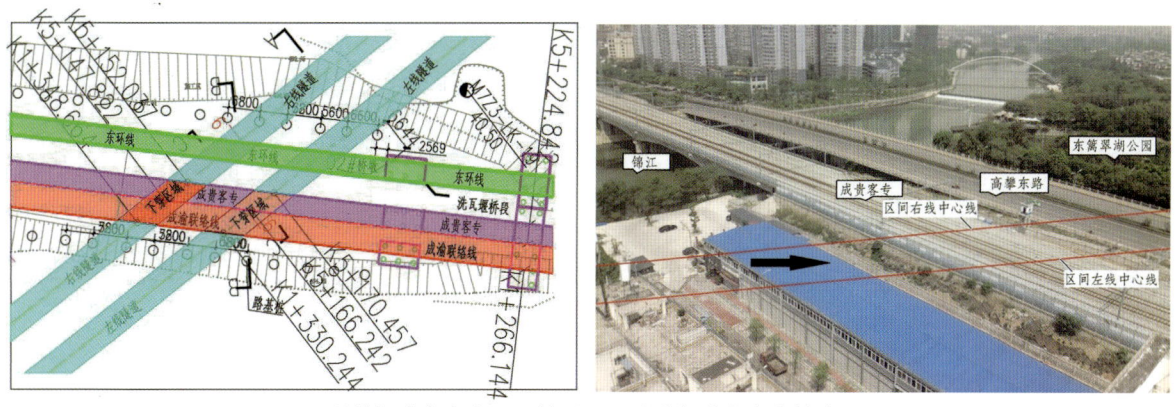

图5-71 隧道与成贵客专平面关系图及隧道与成贵客专铁路平面照片

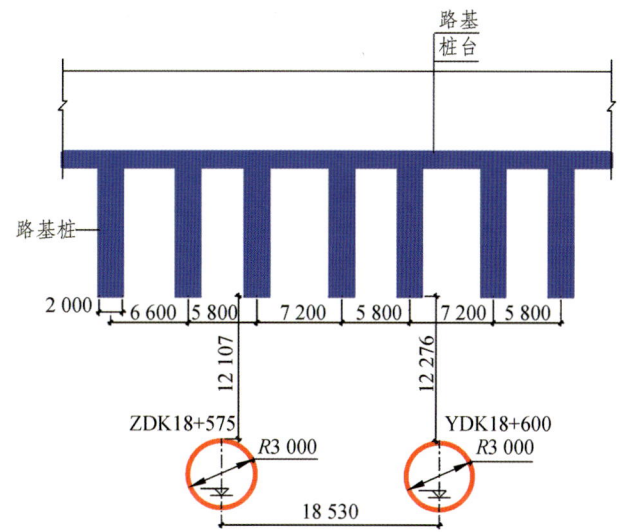

图5-72 区间隧道与成贵等铁路路基段剖面关系图

2. 地质情况

区间隧道下穿成贵客专段,上部覆土地层主要为:人工杂填土<1-2>、黏土(可塑～硬塑)<2-2>、中密卵石土<3-8-2>、密实卵石土<3-8-3>,如图5-73所示。

盾构穿越客专段主要地层为强风化泥岩<5-1-2>、中等风化泥岩<5-1-3>,如表5-16所示。

表5-16 区间隧道下穿成贵客运专线段等铁路地层分布表

序号	地层类别	地层厚度	地层分布与隧道位置关系
1	人工杂填土<1-2>	4.2	隧道上方
2	黏土(可塑～硬塑)<2-2>	1.5	
3	中密卵石土<3-8-2>	2.3	
4	密实卵石土<3-8-3>	4.6	
5	强风化泥岩<5-1-2>	15.4	隧道上方厚11.6 m,隧道开挖范围内厚3.8 m
6	中等风化泥岩<5-1-3>	2.2	位于隧道开挖范围内

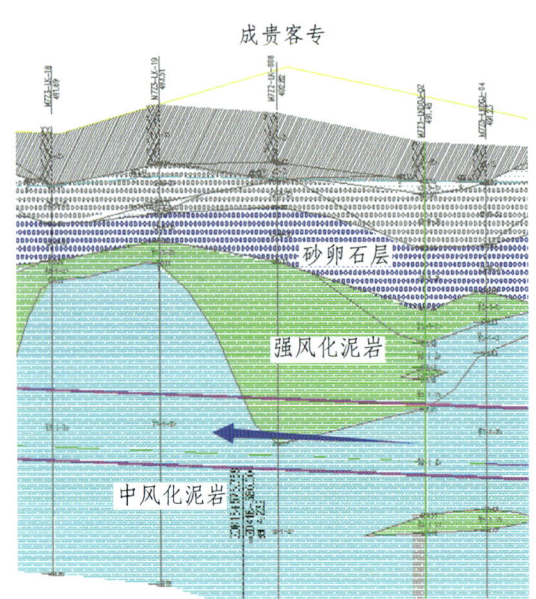

图5-73　隧道下穿成贵客运专线段等铁路地质剖面图

5.2.3.2　关键技术

1. 试验段掘进

由于盾构下穿铁路属于特别重大危险源,在盾构下穿铁路时参数设定与地表沉降控制尤其重要。盾构进入铁路影响范围前50米设定为试掘进段,摸索出适应下穿铁路段地质、埋深的掘进参数进行推进,来验证该套掘进参数是否适用于下穿铁路段使用,保证盾构下穿铁路安全可控。

试验段试验内容:

① 对盾构机各部件、管线的工作状态进行调整;

② 确定推进速度、推力、扭矩等各种施工参数与设计参数的关系;

③ 通过地层情况对同步注浆压力、注浆量、浆液的初凝时间及配比进行摸索,掌握其规律;

④ 确定水、土压力与各施工参数、地面变化的关系;

⑤ 通过监测,研究地面沉降与推进参数的关系;测试地表隆陷、地中位移、管片受力、建筑物位移等,对试验段掘进得到的有关技术资料进行详细分析,以掌握不同地层中各种推进参数和工况条件下的地层位移规律和结构受力状况,以及施工对地面环境的影响,并及时反馈调整施工参数。

2. 盾构下穿铁路掘进措施

区间盾构下穿成贵客运专线段等铁路前,与铁路运营单位对接,确定每天通过盾构下穿铁路段车次和具体通过时间。盾构下穿成贵客专等铁路线时采取分时段掘进,利用铁路空窗期掘进,掘进期间加强监测,白天铁路运行期间做好周边巡视工作。

1）盾构掘进参数设定

盾构下穿成贵客运专线段等铁路时,掘进参数控制尤为重要,根据下穿铁路段地质情况、线路埋深及隧道进入铁路前30米试掘进段参数总结,盾构下穿成贵客专掘进参数设定见表5-17。

表5-17 掘进参数表

推力/kN	扭矩/kN·m	刀盘转速(rad/min)	掘进速度/(mm/min)	土仓压力/(100kPa)	螺旋输送机转速/(rad/min)	同步注浆量/m³	出土方量/m³	出土重量/t
14 000~15 000	3 000~4 000	1.2~1.4	40~50	1.2~1.4	3~7	6	58~60	113~116

2）同步注浆控制

同步注浆参数如下：

（1）注浆压力，由于是从盾尾圆周上的4个点同时注浆，根据已掘进的经验，上部两个注浆孔的注浆压力最大值控制在200~250 kPa；下部两个注浆孔的注浆压力最大值控制在250~300 kPa。

（2）注浆量每环为：6.06~7.27 m³，为理论值（4.06 m³）的150%~180%，可以满足壁后填充达到密实并满足地面监测稳定。

（3）注浆速度，同步注浆速度和推进速度保持同步，以7 m³的注浆量和40 mm/min的速度来设定流量，流量为186 L/min，即在盾构机推进的同时进行足量注浆。

（4）同步注浆浆液配合比（kg/m³）见表5-18，同步注浆浆液初凝时间控制在5~7 h。

表5-18 下穿段同步注浆配合比表

水泥	细砂	粉煤灰	膨润土	水
200	580	380	80	560

3）二次注浆控制

二次注浆配比为水玻璃：水=1：1；水泥液：水玻璃混合液=1：1；注浆压力控制在0.2 MPa以内，注浆量为0.2~0.8 m³，注浆点位1、11点之间，以注浆压力控制为主。灌注频率为隔一环灌注一次。

4）碴土改良措施

根据地层地质情况，主要采用泡沫改良，正常推进阶段泡沫剂添加率为20%~35%。泡沫组成：90%~95%压缩空气和10%~15%泡沫溶液；泡沫溶液的组成为泡沫添加剂2%~3%、水97%~98%。

5）出碴量控制

盾构掘进中，只要出碴不超量，一般就不会造成地面沉降，因此，将出碴量控制作为各项掘进参数重中之重。出碴量采用体积与重量双重控制，不同岗位人员（盾构机司机、龙门吊司机、调度值班员）参与控制并形成书面文字记录。各岗位发现出碴超量时，立即通知项目领导，组织技术人员分析原因并采取相应补救措施。

盾构下穿成贵客运专线段等铁路前对现场工程师进行了详细的碴土计量交底，对渣斗车进行分格量化,从碴斗车顶往下每10 cm所对应的碴土数值进行精确计算,推进工程中每40 cm核算一次出碴量,确保值班技术员能够快速及时地掌握出碴情况。

6)联络协调措施

紧密依靠铁路局、业主、监理、设计等单位,主动联系,增进了解,及时请求解决施工中遇到的难题。施工时遇到特殊情况而自身不能解决的,应及时向铁路局、业主、监理、设计等单位联络,征求意见,争取在第一时间得到铁路局、业主、监理、设计等单位对该问题的处理方案和措施,以争取施工时间。

7)监控量测

除正常的盾构施工监测,下穿成贵客运专线、成渝联络线等铁路期间还聘请专业监测单位对该段区域埋设自动化监测设备。

铁路红线范围内采用静力水准系统进行实时监测。静力水准系统是测量两点间或多点间相对高程变化的精密仪器,通过有线或无线通信与计算机连接,从而实现自动化观测。

铁路红线范围外布设地表监测点、桥墩监测点,测量方式为采用国家二等水准测量监测要求进行,每千米往返测高差中数的偶然中误差控制在1 mm内,如表5-19所示。

表5-19 监测项目及频率

监测范围	监测项目	监测方式	监测频率
铁路红线内	铁路沉降监测	布置9个断面	静力水准监测	时时监测
	接触网基础沉降监测	布置2个测点	静力水准监测	时时监测
	桥涵桥墩监测	布置5个测点	电子水准监测	时时监测
铁路红线外	地表沉降监测	布置31个测点	电子水准监测	时时监测

对于多测点的静力水准系统,每个测点的静力水准仪均需加接三通接头,使各测点贮液容器用水管连通,各点容器上部与大气连通,且各点安装高程应基本相同,基准点必须稳固。在下穿成贵客运专线、成渝联络线段每个断面布置2个测点,共布置9个断面,且在接触网杆处增加地表监测点2个,总计20个测点,如图5-74所示。

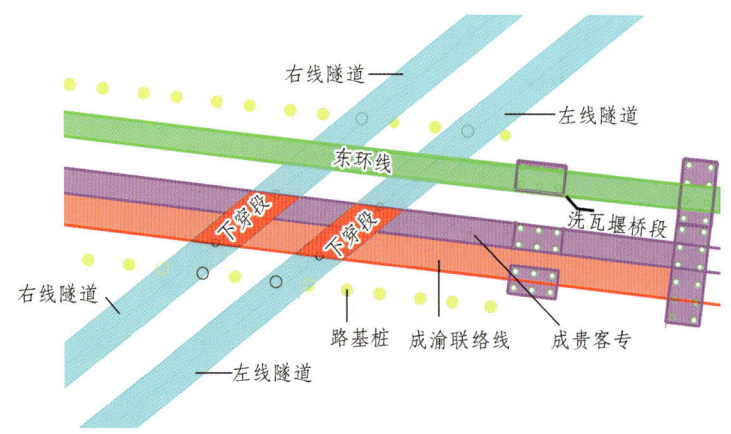

图5-74 下穿成贵客运专线、成渝联络线段静力水准测点布置图

8）控制基准及预警值

监测控制基准和预警值一般通过监测变量累计值和变化速率两项指标共同控制，见表5-20。

表5-20 监测控制基准及预（报）警值指标

监测范围	监测项目	判定内容	控制基准
铁路红线内	铁路沉降监测	累计值和单日变形量	累计值：隆起5 mm、下沉5 mm；单日变形量：隆起2 mm、下沉2 mm
	接触网基础沉降监测	累计值和单日变形量	
	桥涵桥墩监测	累计值和单日变形量	
铁路红线外	地表沉降监测	累计值和单日变形量	累计值：隆起10 mm、下沉30 mm；单日变形量：隆起3 mm、下沉3 mm

5.2.3.3 应用成效

盾构下穿既有线铁路，若不制定可行的施工方案、采取可靠的技术措施，可能会对铁路运营造成不利影响。琉璃场站—三瓦窑站盾构通过掘进总结，制定了有针对性的穿越措施，成功穿越成绵乐客运专线、成渝左联络线，最大沉降量-1.2 mm，未对铁路运营造成任何影响，施工所得参数可为今后类似工程提供参考。

5.2.4 盾构直接穿越危桥托换桩基施工技术

5.2.4.1 工程概况

1. 工程简介

青龙场立交桥位于成都市北面，是成绵高速、川陕路及铁路编组站的重要交通节点，是北门进出的"咽喉"。青龙场立交桥第二层环岛及其匝道桥处于带裂缝工作状态，被评估为"不合格桥"。7号线府青路站—八里小区站区间穿越青龙场立交桥有9根（涉及6座承台）桩基侵入隧道范围，为保证桥梁及隧道安全，盾构施工前，须对影响桩基进行托换，如图5-75所示。

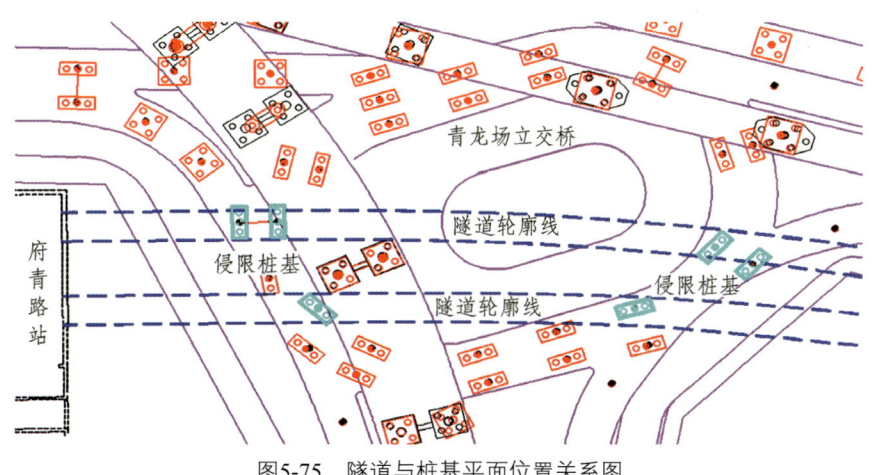

图5-75 隧道与桩基平面位置关系图

2. 工程地质及水文概况

隧道顶埋深11.04 m，穿越段地层为<3-8-2>中密、<3-8-3>密实卵石土层中，受地下水影响较大。地下水具有微承压性，卵石土层结构比较松散，含水丰富，含水层厚度为11.90～14.50 m。卵石土层取渗透系数k=18.00～25.00 m/d，为强透水层。

3. 盾构机概况

采用CTE6250中铁装备生产的加泥式土压平衡盾构机，其中刀盘开挖直径6 280 mm，最大推力3 991 t，驱动采用液压驱动，额定扭矩6 650 kN·m，脱困扭矩8 100 kN·m。刀盘采用辐条+面板式，开口率为36%，设4个泡沫口，2个膨润土口，同时为加强土仓内的碴土的流动性，设置4个主动搅拌臂。在刀盘设置上共设置中心双联滚刀4把，单刃滚刀32把，滚刀刀间距100 mm。刮刀32把，边刮刀8把，焊接撕裂刀23把，与滚刀同轨迹喷口保护刀6把，大圈环保护刀24把。滚刀作为砂卵石地层中最主要的开挖刀具，刀具布置的高度最高，即最先接触开挖掌子面，其高度分别为单刃滚刀187.7 mm和中心双联滚刀175 mm，如图5-76所示。

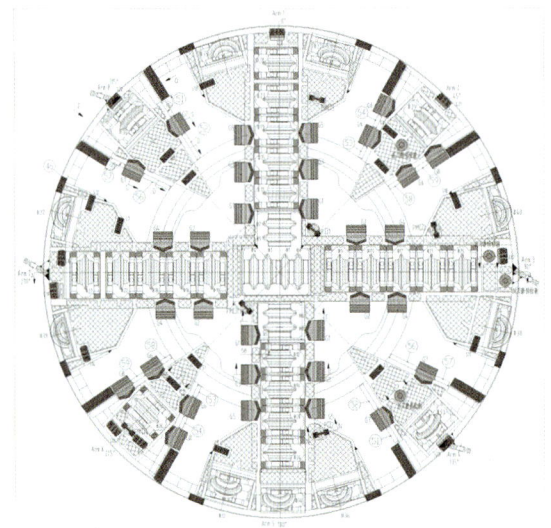

图5-76　盾构刀盘结构

焊接撕裂刀高度为150 mm，略低于滚刀高度，但高于滚刀轴承高度。它既要起到切削掌子面的功能，还要起到保护滚刀轴承的作用。

刮刀高度为130 mm，其主要作用为拨动切削下来的碴土，使其具有更好流动性，能够顺利地进入土仓内部，故其高度最低。

为适应砂卵石地层较大粒径碴土通过，采用$\Phi 800 \times 125\,000$ mm轴式螺旋机，最大通过粒径$\Phi 300 \times 560$ mm。

5.2.4.2　桩基托换施工

1. 桩基托换的基本原理

1）有承台结构桩基托换

对于原有桥梁有承台的结构，在原有桥梁承台下方新建"板凳"将其托起。"板凳"由托换梁和托换桩基组成。体系受力转换采用千斤顶主动顶升将桥梁上部荷载转换至新建"板凳"上。托换桩采用C35人工挖孔桩，直径为1 500 mm，桩底扩孔为3 000 mm，桩顶设顶升平台，如图5-77所示。

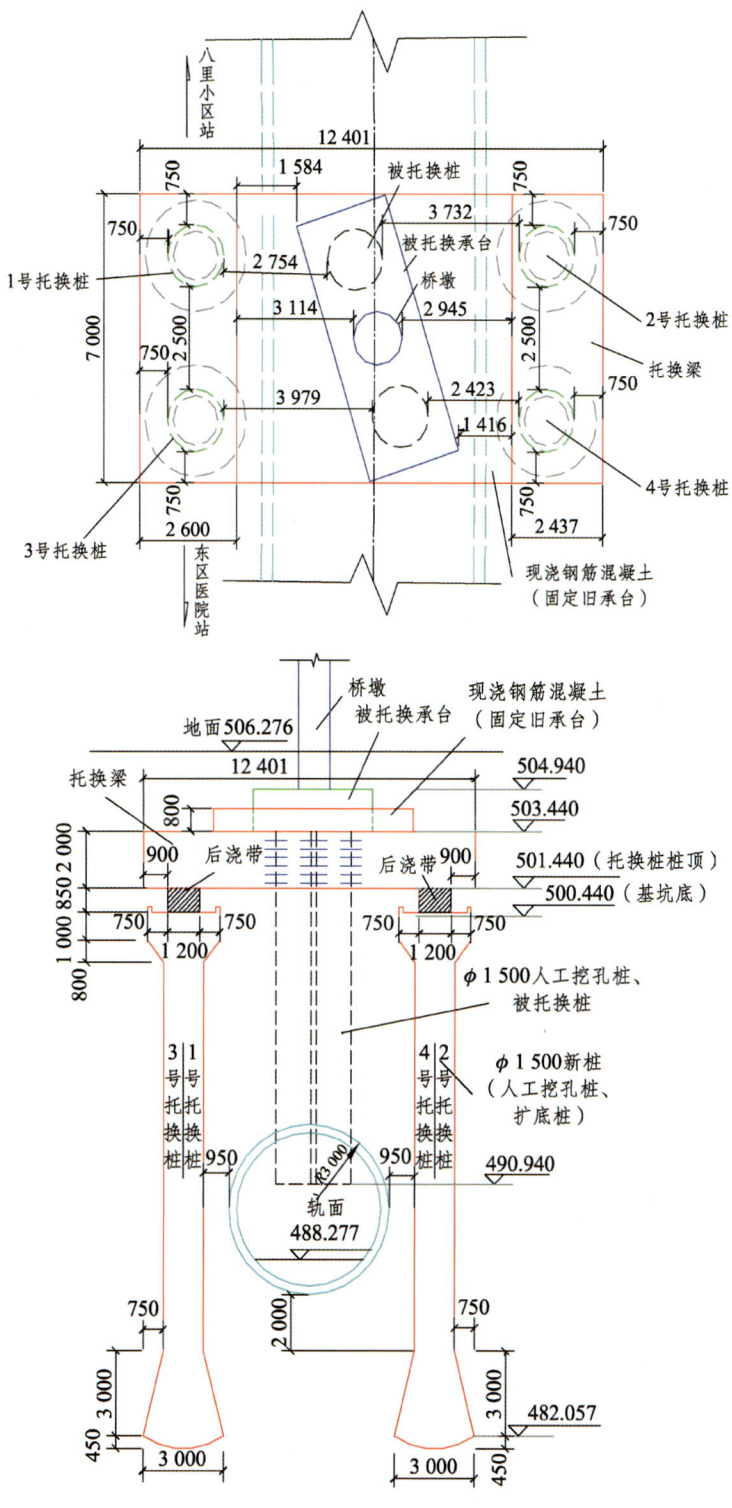

图5-77 桩基托换示意图

托换梁与旧桩之间的抗剪主要是通过托换梁和被托换桩之间的咬合、界面处理和植筋来实现，即在托换梁梁高范围内，把原桩表面凿毛，深度宜为20 mm左右，并刷界面剂进行界面处理；沿被托换桩周围植筋，钢筋和桩之间的缝隙用锚固胶填充，如图5-78所示。

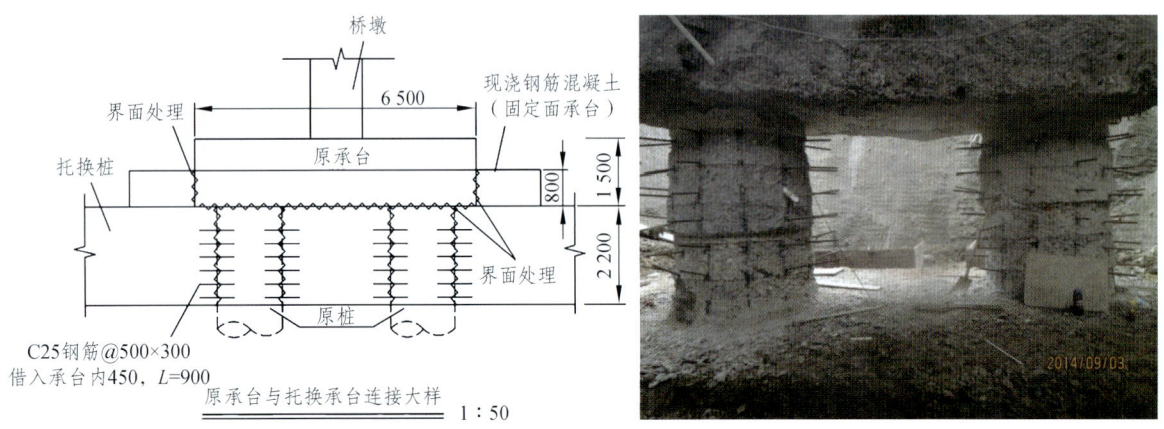

图5-78 桩基植筋图与现场照片

2）无承台结构桩基托换

对于无承台的单桩基础，采取措施对托换梁与既有墩或桩进行处理来满足传力的需要。其托换的思路为通过托换梁与桩基相交部分的界面处理（凿毛、切槽、植筋），增加托换梁的截面高度及在桩内开孔插入型钢，做好抗剪措施；托换梁浇筑完成后纵向施加预应力以增大托换梁与桩基接触面间产生的摩阻力。

2. 桩基托换关键性技术

1）托换的工序流程

（1）桥梁限高限重，施工场地硬化，并对影响范围内桩基进行注浆加固，开挖基坑至旧桩顶以确认承台及桩的具体位置，施工人工挖孔桩。

（2）开挖基坑至设计底面标高（托换梁底留土），施工顶升平台；旧桩及旧承台与托换梁接触面凿毛，在原桩上植筋，穿插H型钢；托换梁绑扎钢筋，浇筑混凝土；托换梁达到设计强度后，在顶升平台安放千斤顶及自锁装置，施加预应力张拉。

（3）将千斤顶加载至上部桥墩设计荷载值的100%，待桥梁变形及新桩沉降稳定后，再将千斤顶卸荷至稳压荷载。在托换梁下方按照说明要求截断两根原桩，在截桩过程中，密切监测桩顶沉降，并及时调整千斤顶高度控制桩顶位移。焊接托换梁节点处钢筋，浇筑顶升平台与托换梁节点处的混凝土，并将自锁装置浇筑在其中。

（4）托换梁下回填素混凝土，基坑回填，恢复周围路面。盾构通过前，人工挖孔破除旧桩。

2）主要控制技术

（1）成桩工艺。

由于立交桥下净空有限，采用旋挖钻孔不具备成桩条件，冲击钻孔对地层扰动太大，结合成都地区的施工经验，选择人工挖孔桩成桩。

鉴于成都地层的特殊性，局部存在透镜体砂层，且砂卵石下方为强风化泥岩，水位无法直接降至泥岩下，因此易发生流水流沙现象。在施工过程中采取高压旋喷注浆加固人工挖孔周边的流砂层，先人工挖孔桩护壁周边钻孔，深入到泥岩层中1 m，孔径148 mm，间距约0.4 m，再对每一个孔进行高压旋喷注浆，注浆压力约20 MPa。同时利用群井效应，减少各个孔位的水流量。在开挖过程中将开挖进尺缩短（约20~30 cm），用长约1.5m的钢筋（Φ20 mm）沿着护壁周边插入流砂层中，钢筋间距7~10 cm，在钢筋两侧编制稻草堵砂，每开挖20 cm，立即绑上箍筋，安装模板浇筑速凝混凝土。通过多次循环作业，最终将人工挖孔开挖完成。桩身采用水下混凝土灌注。

（2）节点处理。

托换梁与原结构的节点处理至关重要，界面的处理关系到整个托换工程的成败，尤其是对于无承台基础。

将原桩及承台混凝土表面利用手持钉锤间隔将桩（承台）表面混凝土凿毛。切槽深度为20 mm，槽宽100 mm，间隔100 mm，形成齿槽，为凿入部分混凝土将其表面浮浆皮凿除，全部露出新鲜混凝土界面。凿槽后使用钢丝刷清刷开凿部位混凝土碎屑，用水清洗干净。按设计要求进行植筋，清洗植筋过程会产生浮灰，敲掉植筋过程中的表面松散块体。植筋完成后立即做抗拔试验，满足要求后，方可进行下一步施工，如图5-79所示。

在桩内开孔插入型钢，做抗剪措施。由于桩芯植筋直径为2 mm，桩横截面积为3.14 m²，桩顶轴力较小，轴压比极小，因此在桩上开孔，开孔采用水钻，直径160 mm，竖向咬合30 mm，基本不影响桩

图5-79 节点处理照片

的受力。型钢高度约400 mm，腹板厚度为40 mm，翼缘厚度为20 mm，翼缘宽度为130 mm，能够提供的抗剪力约为570 t。型钢穿插完成后，用快速水泥将孔封住，预埋注浆管注浆。

为加强桩周核心混凝土的抗压、抗拉及抗剪性能，沿托换梁及梁上承台高度范围内3圈，13排环向加强套箍。混凝土增加箍筋后，箍筋将对核心混凝土约束，混凝土为三向受压，承载能力有很大提高。

（3）预应力工程。

对于单桩无承台基础，不能直接施做新托换梁形成下托上的结构，光靠切槽、植筋、增加托换梁截面高度是不能保证托换梁与原有桩基的抗剪承载力的，因此在新建托换梁两端施加预应力是十分有必要的。施加预应力，不仅提高了托换梁与原有桩基之间的抗剪承载力，而且也提高了托换梁的抗裂度与刚度。

利用构件本身作为支点张拉钢绞线预压托换梁，利用端部锚具固定预应力钢绞线以保持托换梁的预压状态。预应力由梁体中央向两侧对称张拉，梁底束与梁顶束交替张拉的顺序为N2→N3→N1，张拉完成后孔道灌注40 MPa微膨胀水泥浆。

（4）托换梁预顶及截桩。

主动托换采用预先对托换桩进行预压的方法消除部分沉降，相比被动方托换而言，可人为控制托换时及托换后的变形，更好地补偿托换梁挠度变形。但主动托换操作复杂，难度较大。

托换预顶的目的：消除托换后桥梁荷载作用至新桩产生变形对桥梁的不利影响，防止托换新桩桩顶沉降带动桥墩的沉降，同时检验托换体系的承载能力。托换施工时采取一次预顶，控制变形和沉降，确保安全，顶升值宜取各顶升端支座反力的100%。

① 托换前的准备工作。

托换梁浇筑完混凝土后养护等强，其强度必须达到设计值，混凝土试块经检测合格后可进行预顶。千斤顶在预定前必须进行标定。将千斤顶及自锁装置放在顶升平台的钢板上，每个桩安放3个千斤顶和3个自锁装置，并在顶升前调试好。

布置监测点：主要监测托换梁与新桩之间的水平位移、托换梁的挠度、上部墩柱沉降、桥梁梁底及托换梁裂缝的变化等。位移计安装在每个顶升平台及托换梁约1/2跨、节点上方。托换梁顶面四个角点处安放倾角仪器。托换梁纵向每侧粘贴应变片，分别在节点处、L1/2处、L1/4处粘贴应变片。

准备好监测的仪器及设备，主要有电子位移计、裂缝观测仪、倾角仪、精密水准仪、全站仪等，仪器在预顶前必须调试好，确保顶升正常进行。

② 预顶及截桩。

a. 预顶加载方式及控制指标。

顶升采取分级加载原则，共分20级加载，每级荷载增量为千斤顶加载上限值的5%。每级加载需保持20 min，等结构稳定后方可加下一级荷载，结构是否稳定是通过现场多种监测方式测量的结果来分析判断的。

当然，并不是说每个桥墩都能分20级顶升，有可能在顶升至第19级时，桥墩往上位移1～2 mm，此时旧桩必然存在一个抗拔力，那预顶就会立即停止；也有可能顶升至荷载值的100%，桥墩还是没有向上的趋势，应继续预顶，下一级荷载可按荷载值的102%或103%加载。预顶完成后，保持荷载值的80%进行稳压，自锁装置同步调整位移。

预顶的控制指标为被托换桩的上抬量不能大于2 mm，大于此值应停止加载。在加载过程中应同时严格监测托换梁裂缝的产生及发展，最大裂缝宽度变化量大于0.1 mm时，应停止加载。预顶时，加载控制上限值以桥梁墩柱顶部位移为标准，当墩顶发生向上位移时应记录并分析与目标值的差距，下一级加载应减小加载量。

b. 预顶监测。

预顶过程中通过严密的监控系统，分析反馈来的信息，根据信息控制油泵的工作系统，调节托换梁梁端顶升力，使其达到平衡。在加载过程中，采用裂缝观测仪严格监测托换梁裂缝的产生及发展；采用电子位移计监测托换梁挠度和既有桥墩竖向位移；采用倾角仪对既有桥墩、托换梁变形进行监测，当最大变形或位移大于设计要求限值时，应停止加载，通知设计进行分析处理。

监测的主控项目有被托换桥墩的竖向位移、桥墩的倾斜、托换新桩的桩顶位移、托换梁的钢筋应力、托换梁与托换桩的相对位移；次主控项目有托换梁的挠度及托换梁的裂缝变化。周边建构筑物、基坑、管线的监测频率严格按设计要求进行。

通过监测发现墩顶的位移自顶升前至顶升后位移向上1.5~2 mm，托换梁两侧向上的位移约4~5 mm，托换梁的挠度约3 mm（E13/E15托换梁施加了预应力，挠度更小）；托换桩的沉降小于1 mm；托换梁浇筑完混凝土拆除模板后，在托换梁两侧旧桩对应的位置通常有竖向裂缝，裂缝的最大宽度约0.2 mm，上下贯通，一般预顶荷载加载至70%~80%时，裂缝宽度会发生变化，但变化量较小，通常裂缝增量小于0.1 mm，不影响预顶施工，预顶继续加载至100%，裂缝不发生变化。所有监测项目均控制在设计预警值70%的范围以内。

c．截桩。

截桩是以人工破除的方式进行的，先挖托换梁底部旧桩位置的土体，沿托换梁底下70~80 cm截桩，由外向内，层层剥离，遇到桩身主筋时沿三个方向，切断一半的主筋，待桩身混凝土完全破除后，截桩顶升前切断剩余主筋，如图5-80所示。

截桩过程中千斤顶一直保持在设计荷载值的80%进行工作，设计给的荷载值是包含托换工程完成后，该桥墩上部结构荷载、车辆荷载、覆土荷载、托换梁自重荷载、旧桩的抗拔力等在内的数值，而施工过程中，车辆限高限重，基坑未回填，旧桩无抗拔力，实际所受的荷载值是小于设计值的，在旧桩桩身主筋切断后都有上抬量，上抬位移约0.5~1.0 mm。

旧桩桩身截断后，可通过千斤顶顶升来补偿前期降水引起的沉降，截桩过程中千斤顶每次加载量控制在设计荷载值的2%~5%，每顶升完一级后，自锁装置随千斤顶同步调整，确保千斤顶在不能承受荷载的情况下，自锁装置承受荷载；过程中同步监测，顶升桥梁沉降补偿完成后，拆除千斤顶，自锁装置承受荷载。

d．后浇带节点处理。

完成截桩，待桥梁沉降稳定后，锁紧自锁装置，拆除千斤顶，用灌满混凝土的钢护筒代替，自锁装置及钢护筒上下面焊接在钢板上。焊接顶升平台与托换梁之间预留的钢筋，焊接采用单面焊。安装模板，通过托换梁上方预留的孔洞浇筑微膨胀混凝土。

图5-80　桩基顶升

5.2.4.3　盾构穿越参数控制

为确保构建筑物安全，在盾构掘进施工时应合理选择并严格控制盾构施工各项技术参数，主要包括土压力、出土量、注浆填充率、注浆压力、盾构姿态、碴土改良、使用设计要求的加强管片等。

1. 盾构里程控制

盾构机显示里程未加上切口长度，切口距离刀盘前方750 mm，在修正长短链后加上750 mm（大里程往小里程方向掘进时为加）即为刀盘实际与桩基位置关系。

2. 土压力参数的选择与控制

土压平衡工况中掘进参数的确定是以土仓压力为基准点来进行的，掘进控制程序也应以土仓压力的保持为目的。实际土压力取值根据前期掘进参数控制在120～140 kPa。

3. 推进速度和推力控制

盾构过桩段放慢盾构机的掘进速度，盾构推力控制在15 000～18 000 kN，具体以速度和扭矩控制为主。确保盾构连续掘进、平稳通过，减小对地层的扰动。推力过大易造成地面隆起，过小则会造成地面沉降加大，盾构掘进速度亦不宜太快，避免同步注浆量不能同时跟进。

施工过程中在盾构机推进至距桩基础10 m左右控制好盾构机姿态以及隧道轴线确保盾构机以良好的姿态进行切桩施工。盾构机贴近桥梁桩基础时，以15 mm/min的速度进行慢速切磨，以减小对桩体的扰动。

4. 刀盘转速控制

刀盘转速控制对桩的稳定性有着重要影响，若转速过快则对桩周土体的扰动程度较大，以致产生较大的水平位移，影响桥梁的整体稳定性；若刀盘转速过小，则刀盘的贯入度过大，使得扭矩过大，对切桩不利。穿越期间刀盘转速宜控制在 1rad/min。

5. 排土量

盾构穿越期间，派专人监控出土体积和出土质量，每环出碴量应控制在58 m^3 及104 t以内。当出土量大于58 m^3 或104 t时，立即采取如下措施。

（1）安排注浆队伍在预留的注浆孔中注入水泥浆液，使扰动的土体尽快固结起来，避免地面滞后沉降的发生。

（2）增大同步注浆量。

（3）加密监测频率，根据监测数据情况，及时组织地面重复注浆以及洞内二次注浆。

6. 同步注浆和跟踪注浆

盾构施工引起的地层损失和盾构隧道周围受扰动或受剪切破坏的重塑土的再固结以及地下水的渗透，是导致地表沉降的重要原因。为减少和防止地表沉降，在盾构掘进过程中，及时进行同步和跟踪注浆，并适当加大注浆量。在盾尾后约5环处再向衬砌背后进行跟踪注浆，以弥补同步压浆的不足。

1）同步注浆

根据隧道洞身穿越地层的特点，为能尽早充填盾尾建筑空隙以及时支撑管片周围岩体，防止地层产生过大变形而危及周围环境安全，采用盾构边掘进边注浆方式，通过盾构机自设的同步注浆系统双泵四管路（四注入点）对称注浆，注浆要在盾构尾建筑空隙形成的同时进行。

2）跟踪二次注浆

穿越期间掘进速度相对较小，对地层的扰动较大，同步注浆使盾尾建筑空隙得到及时填充，地层变形及地表沉降得到控制，在浆液凝固后，强度得到提高，但可能有局部不够均匀或因浆液固结收缩而产生空隙等问题，因此为减小盾构穿越建构筑物时的影响，采取二次注浆以补充同步注浆未能填充的空隙，进一步填充空隙并形成密实的防水层，同时也达到加强隧道衬砌的目的。在盾构穿越E13期间每环进行二次注浆，二次注浆采用双液浆，以起到快速固结扰动土体的作用。

3）深孔注浆

当同步注浆及二次注浆不能有效控制地面及建筑物沉降时，采用深孔注浆的方式对扰动土体进行再次填充固结。

二次深孔注浆采用直径$\Phi 42 \text{ mm} \times 3.5 \text{ mm}$的钢花管，长度不小于3.5 m打入隧道壁，连通二次注浆设备进行注浆。

深孔注浆采用增设注浆孔管片的方式，根据实际需要对上部120°或者全断面360°范围进行注浆（需避开新建人工挖孔桩）。深孔注浆采用单液浆结合双液浆使用，先注入单液浆对土体进行填充，再注入双液浆进行封孔。根据管片受力影响及所处地层，注浆压力控制在0.2~0.4 MPa。

7. 盾构掘进轴线控制

盾构隧道距离新建人工挖孔桩净距较小，为防止在磨桩过程中盾构姿态波动过大对新建桩基造成影响，在穿越前控制好盾构推进水平姿态，盾构机前后端和设计轴线偏差控制在±20 mm以内，避免盾构机频繁或大幅度调整姿态。在穿越前10米进行一次测量换站及盾构姿态人工复测，确保盾构姿态在穿越时调整至最佳状态。同时加强穿越期间盾构机姿态的复核，确保盾构机推进轴线和设计轴线的偏差在设计允许范围内。

8. 碴土改良措施

在盾构机选型方面选择复合式土压平衡盾构机，以适应地质条件的变化。同时，加强掘进施工过程中对于添加剂的运用，提高碴土流动性，减少因扭矩变化可能造成出土量的变化，降低刀具及机件磨损，同时稳定地层。

碴土改良采用巴斯夫泡沫剂，泡沫液为泡沫剂原液3%与水稀释，泡沫稀释液流量为18~20 L/min，发泡倍率14倍（空气流量252~280 L/min），发泡后泡沫流量为300~400 L/min。

5.2.4.4 施工监测

主要包括地表沉降、桥墩沉降、地下管线沉降。值得说明的是，桥梁监测项目控制值应在调查分析桥梁规模、结构形式、基础类型、建筑材料、养护情况等的基础上，结合其与工程的空间位置关系、已有沉降、差异沉降和倾斜以及当地工程经验进行确定，并应符合现行行业标准《城市桥梁养护技术标准》（CJJ 99—2017）的有关规定；桥梁的沉降、差异沉降和倾斜控制值宜通过结构检测、计算分析和安全性评估确定。

5.2.4.5 结论

该项技术在7号线府青路站至八里小区站盾构区间下穿青龙场立交桥得到了很好的应用，盾构通过前对有冲突的桩基进行托换，共托换6个墩柱，新建14根桩，采取主动托换技术，减小差异沉降，盾构安全平稳穿越桩基，盾构姿态可控，出土量可控，桩基的混凝土呈7~10 cm小块，主筋呈5~10 cm短节，螺旋筋捆状输出，墩柱沉降-0.62 mm，地表沉降-0.7 mm。桥梁结构的沉降、倾斜、挠度、裂缝控制良好，为在同类条件下的施工提供了参考和借鉴。

5.2.5 富水砂卵石地层土压平衡盾构带气带压开仓施工技术

5.2.5.1 工程概况

火车北站—驷马桥站区间单线长度为1 770 m，原计划在距离始发端600 m、1 200 m附近换刀两次，第一次常压换刀在左线距始发端头453环（680 m）、右线距始发端头440环（660 m），原计划第二次换刀位置在荷花池停车场内，但屡次与停车场产权单位沟通协调无果，想继续按成都砂卵石地层常规的"降水+地层加固"的常压换刀方法进行换刀在区间剩余段已不具备条件，后续盾构机需连续下穿北新高架桥、荷花池停车场、城北宾馆、荷花池社区等重大风险源，且隧道开挖断面存在复合地层，考虑到下穿重大风险源和泥岩掘进的安全和质量，有必要再进行一次开仓换刀作业，如图5-81所示。

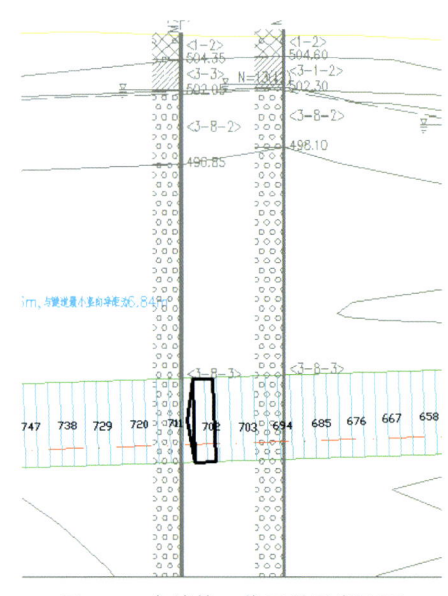

图5-81 左线换刀位置地质断面图

根据区间地质情况和掘进情况，结合地面现状，就带压换刀的可行性进行初步分析：

（1）区间地层为全断面密实砂卵石地层，地下水位5~6 m，水头高度17~18 m，该地层中可建立较高的压力。

（2）地面环境有打孔注浆处理的条件，可防止滞后沉降或塌陷，左线为铁路局工务大修段院内道路，右线为空地，地面无管线影响。

（3）盾构自带的压气带压设备和自动保压系统经检修后状态正常。

（4）施工单位带压换刀技术经验丰富，有从事带压换刀的专业队伍。

综合考虑，最终选择不做地面处置的带压换刀方法。

5.2.5.2 压气带压作业条件分析

带压换刀的风险集中在三个方面：地层的稳定性、设备的状态和作业人员的操作。对带压换刀的风险分析和危险源辨识是制定方案、管控措施、应急预案的依据。

（1）地层的稳定性：地层的稳定性表现在两个方面，一是地层本身具备较好的自立性，地层也较为密实，加气后掌子面稳定；二是地层稳定性稍差，但可以通过加固措施对刀盘上方和前方的稳定性进行加强，在气压作用下能保持掌子面的较长时间稳定。

（2）设备的状态：盾构机必须具备人闸系统和自动保压系统，人闸包括主仓和副仓两部分，人闸的密封性要满足要求，空压机及自动保压系统正常，设备本身预留有压气条件下的各项管路（风、水、电）。设备状态是否良好，能否保压，空压机的状态是否良好，自动保压系统的设备是否正常，各仪表、管路是否良好，用电安全能否保证。

（3）作业人员的操作：作业人员的操作分为两个方面的内容，一是压力控制人员（操仓员）的加减压及补气操作对高压作业人员的健康影响；二是进仓人员在狭小空间内的操作安全，高压力环境下的流血、昏厥等现象都可能酿成安全事故。

5.2.5.3 关键施工技术

1. 气密性控制

利用气压代替土压从而平衡开挖面的土水压力，提供施工人员安全进入盾构土仓的条件。压气对开挖面的稳定作用，可大致分为三种：

（1）可阻止来自开挖面的涌水以防止开挖面坍塌。

（2）由于气压作用于掌子面，能够加强掌子面的稳定。

（3）由于压气对围岩缝隙起到排挤水的作用，增强了砂卵石地层的强度。

因此带压换刀的核心在于建立稳定的作业环境，确保地层不渗水、不坍塌。

带压换刀的关键环节是围绕仓内高压力稳定来开展的，其核心是地层的气密性，这个工作分为两个方面来落实，一是地层的气密性加固，二是自动保压系统的加气状态判断和调整。

2. 刀盘上部土体加固

刀盘上部的稳定性和气密性非常关键，气密性薄弱区域如图5-82所示。刀盘上部的土体不出现塌落，掌子面的土体在气压作用下更加稳定，为加强带压换刀的安全性，根据地质条件，可制定上盘上部加固措施，采用化学浆液或双液浆进行加固，如图5-83所示。

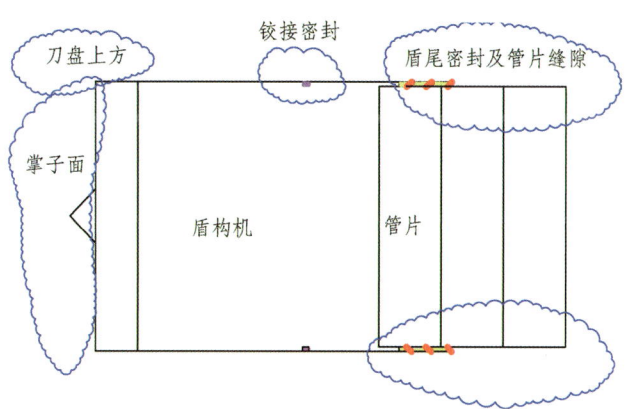

图5-82　盾构气密性薄弱区域示意图

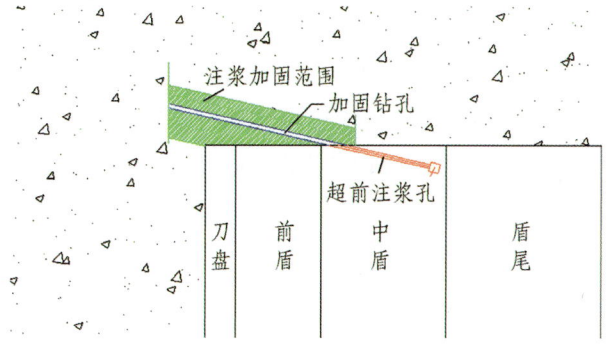

图5-83　开仓前刀盘上部加固示意图

3. 掌子面气密性加固

掌子面的气密性是通过高膨化、高浓度的膨润土泥浆在高压力作用下渗透进入地层的，并在刀盘和掌子面之间形成一层密实的泥膜。

施工方法如下。

（1）盾构停机时向土仓内注入膨润土泥浆，注入的体积由压力控制，每次注入时使上部土压达到掘进压力的1.5倍至2倍，并多次注入。

（2）开仓前降低仓位的同时注入膨润土泥浆，用泥浆置换碴土，置换碴土时要严格控制出土量，并控制土仓压力高于工作仓压30 kPa。

（3）进仓前注入高压空气置换泥浆。

使膨润土泥浆在多次高压力作用下不断在掌子面上挤压，形成泥膜，在整个泥膜建立过程中，可适当地收缩油缸，能使盾构机在压力作用下后退3~5 cm，对于泥膜的建立更为理想。

4. 周边地层的气密性加固

为保证铰接位置的气密性和确保气体不向盾体后面流窜，有必要对盾体上部或管片位置进行加固。

（1）通过盾体径向注浆孔向土仓内注入充分的优质聚氨酯：一是封堵盾体周围渗水通道，增强气密性；二是方便盾构机脱困。

（2）在盾尾后5~7环注入双液浆进行封环。

5. 作业压力确定及保压试验

1）土仓内作业环境压力确定

为了达到压气作业施工的目的，保障作业人员的身体健康，压气压力值的设定尤为重要。通常压气压力以开挖面的地下水为基准，再考虑隧道埋深从而来确定数值。实际上在成都富水砂卵石地层，盾构机停机的上部土仓压力基本等于该位置的水压力，再加上3 m的隧道埋深，因此作业环境的压力为：盾构机静止时的上部土仓压力+30 kPa。

以火—驷区间为例，静止时盾构机上部压力在190 kPa左右，将作业压力设定在220~230 kPa。

2）保压试验

在开仓前为验证地层的气密性，有必要进行一次保压试验，保压试验的时间为膨润土泥浆置换碴土后。

膨润土泥浆置换碴土后，经过一段时间的高压作用，开始用气体置换泥浆。置换完成后打开自动保压系统，使土仓压力稳定在工作压力位置，然后对空压力的补气情况进行检查。

以中铁装备的盾构机为例，自带的空压力为8 m^3，额定工作压力为800 kPa，将储气罐的压力设定在500~600 kPa，储气罐不断地给土仓内补气加压，稳定土仓压力，当压力低于设定的500~600 kPa时，空压机开始启动并补偿储气罐内的压力，使之接近800 kPa，然后空压机停止运转，压力降低后再次启动。

从成都的经验来看，只要自带的两台空压机能满足补气要求就能完成带压进仓，但空压机的自动启动过于频繁、甚至两台都在使用，补气量过大说明地层的气密性下降，风险也随之增大。

保压试验的情况将直接反映该地层条件能否进行带压进仓或反映地层气密性的加固是否到

位，人员能否进仓查看保养试验的结果。

5.2.5.4 应急准备

压气带压作业具有较高的风险，不同于常规的作业环境，因此在压气带压作业的全过程应保持高度警惕，准备到位方可进行下一步施工，并将风险的程度考虑到最大，做好以下应急准备：开仓前应急物资（设备）准备、开仓前应急演练、急救准备。

5.2.5.5 应用成效

本文以火—驷区间带压换刀为例进行了可行性分析、关键技术讲解、应急准备介绍。施工过程中严格挑选专业换刀队伍，严格做好作业前准备，严格控制各项掘进参数，顺利实施了火—驷区间左右线的带压换刀作业，总结出一套成熟的带压开仓的施工工艺，可为类似工程提供一定的指导。

5.2.6 砂卵石地层盾构掘进碴土分离减排技术

国内盾构的开发与使用始于1953年，目前全国范围内对盾构施工所产生的碴土都是采取运至废土场丢弃不用的措施，内陆城市废弃碴土的处理尤其困难，过程中造成的土地浪费、环境污染等问题越加凸显。最近几年城市地铁建设蓬勃发展，数十台甚至上百台盾构同时掘进，每天产生大量的施工碴土。成都地区碴土含水率高，普通拉土车不能运输，直接导致运输成本高；运输过程产生的扬尘、噪音、废气等对市区环境影响极大；而且盾构碴土不能再次利用，里面含有的添加剂（如：泡沫剂、膨润土等）不易分解，还将对环境产生很大的持续性影响。依托7号线土建2标盾构区间开展了砂卵石地层盾构掘进碴土分离的研究，取得了良好的效果，为碴土处理提供了新的思路。

5.2.6.1 概况

1. 成都砂卵石地层的特点

成都地区的砂卵石层主要是在冲洪积作用和冰川的冰水沉积作用下形成的。

砂卵石主要分布于平原部分，大多数厚度13～27 m，最大可超30 m，埋深1～3 m，最大可超7 m，地下水位1～5 m，砂卵石层之上绝大部分为亚粘土、轻亚粘土覆盖。横向上，由北西向南东，砂卵石层埋深由小到大，含泥量由少到多，砂卵石比由小到大。纵向上砂卵石地层自老到新，风化程度逐渐减弱；卵石层密实度及承压力随深度增加。

2. 砂卵石地层的颗粒构成

依托研究项目盾构主要穿越地层为<3-8-3>中密卵石土层，为确保碴土分离后，相应的砂和卵石能够充分发挥经济效益，对地层进行了颗粒分析，共取6个样本，具体颗粒分析情况如表5-21、图5-84所示。

表5-21 砂卵石地层颗粒组成

地层编号	取样深度 h/m	颗粒分析						不均匀系数 C_u	曲率系数 C_c
		>20 %	20~2 %	2~0.5 %	0.5~0.25 %	0.25~0.075 %	0.075~0.005 %		
<3-8-3>	16.00~18.00	68	7.1	2.9	6.2	4.3	11.5		
	11.40~14.30	81.1	7	2.4	1.9	1.6	6	116.67	41.28
	10.40~11.00			8.1	26.3	27.7	37.9		
	12.0~15.0	65	12.8	5	9.1	4.7	3.4	120.6	18.98
	20.0~24.0	57.1	10.1	4.9	5.5	8.3	14.1		
	15.0~18.0	74.1	6.4	8.2	3.5	2.2	5.6	110.86	30.9
	17.0~20.0	71.4	9.5	3.9	6.3	3.4	5.5	165.7	32.84
样本个数		6	6	7	7	7	7	4	4
最大值		81.1	12.8	8.2	26.3	27.7	37.9	165.7	41.3
最小值		57.1	6.4	2.4	1.9	1.6	3.4	110.9	19
平均值		69.5	8.8	5.1	8.4	7.5	12	128.5	31
标准值		62.686	6.792	3.344	2.326	0.663	3.102		

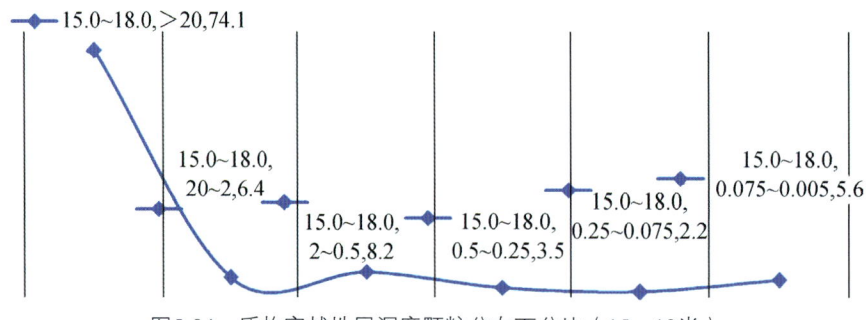

图5-84 盾构穿越地层深度颗粒分布百分比（15~18米）

5.2.6.2 碴土分离系统的构建与组成

通过上述对盾构碴土各类物质成分进行的分析和含量测定，确定能将各类碴土分离出来的机械设备；根据盾构施工现场的工程量确定设备的功率及技术参数，最后进行设备的组合、优化，使其更合理，更贴合施工现场实际，形成一套系统的砂卵石地层中盾构碴土处理设备。盾构碴土处理设备具体工作过程如下。

1. 第一阶段：碴土砂、卵石、泥、水分离设备

碴土砂、卵石、泥、水分离设备职责是将大部分碴土从废浆中分离出，振动筛分离后的碴土含水率<28%，浆液经搅拌器搅拌后进入压滤机。

（1）用挖机将碴坑内富含水的碴土送入碴土泥水分离设备。

（2）以振动筛将浆液中粒径大于4 mm的颗粒从筛面选出。

（3）以脱水设备将浆液中粒径0.074～4 mm的颗粒从筛面选出。

（4）碴土含水率28%左右适合汽车运输。

（5）筛下浆液直接进入浓缩沉淀池，搅拌均匀进入压滤设备。

2. 第二阶段：压滤系统

浆液在浓缩沉淀中充分浓缩后，底流高浓度泥浆泵入搅拌桶，浆液在此充分搅拌后，经入料隔膜泵打入压滤设备中，压滤设备的滤饼含水率28%左右，适合运碴车直接运输，滤液水固含率≤2 g/L，适合直接排放，如图5-85所示。

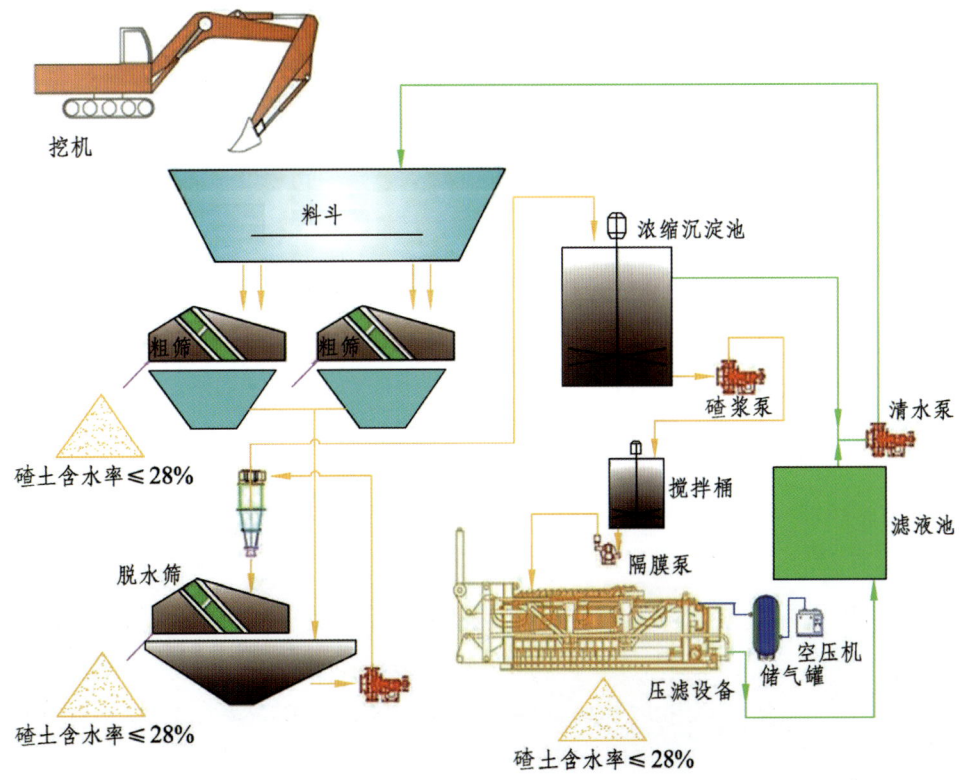

图5-85　碴土分离工艺流程原理图

5.2.6.3 碴土分离关键技术

1. 碴土的振动筛分技术

碴土砂、卵石、泥、水分离设备职责是将大部分碴土从废浆中分离出：双层粗筛将浆液中粒径大于4 mm的颗粒从筛面选出，粗筛筛出的卵石碴土含水率在28%左右，适合汽车运输；以精筛将浆液中粒径0.074～4 mm的中粗砂从筛面选出，筛分出的中粗砂作为盾构注浆材料，为项目节约成本；筛下浆液直接进入浓缩沉淀池，搅拌均匀后进入压滤设备。

有很多振动筛都可以对碴土进行筛分，例如圆振筛、三次元旋振筛和直线筛等。

本项目所采用的振动筛由双振动电机、碴土分配器、筛框、机架、悬挂弹簧和筛网等部件组成。双振动电机驱动筛，是一种具有国际先进水平的中小型多层筛，可单层或多层使用。由于粗精筛筛孔相对比较大，产量要求高，故筛框由钢质结构进行制作。配用的振动电机的安装方式可分为下振式和侧振式，减振器安装方式可分为座式和吊挂式。

粗精两种振动筛均由直立式振动电机作为激振源，电机上、下两端安装有偏心重锤，将电机的旋转运动转变为水平、垂直、倾斜的三次元运动，再把这个运动传递给筛面进行筛分。调节振动筛上、下两端的相位角，可以改变物料在筛面上的运动轨迹。当两台电机做同步、反向旋转时，其偏心块所产生的振动力在平行于电机轴线的方向相互抵消，在垂直于电机轴的方向叠为一合力，因此筛机的运动轨迹为一直线。两电机轴相对筛面在垂直方向有一倾角，在振动力和物料自重力的联合作用下，使物料在筛面上被抛起跳跃式向前做直线运动，以合理匹配筛网达到筛分的目的，这是本项目粗细振动筛的工作原理。

在实践过程中，不断的进行振动筛上下两端与水平面的角度进行优化，对振动筛的筛孔大小进行分配，最终做到了将盾构碴土中卵石、砂、泥水完全分离的效果，如图5-86所示。

优化后的双层粗筛和精筛的角度与筛孔大小有以下配置特点：

（1）效率高、设计精巧耐用，任何砂石类、泥岩类碴土均可筛分。

（2）换网容易、操作简单、清洗方便。

（3）网孔不堵塞、粉末不飞扬、可筛至0.074 mm。

（4）杂质、粗料自动排出，可以长时间连续作业。

图5-86　运行中的粗筛中粗砂精筛筛分过程

2. 泥饼的挤压技术

泥饼的挤压主要设备是压滤机，压滤机主要作用是：降低分离机后的盾构碴土泥浆中的含水率，方便运输。主要作用原理是：利用一种特殊的过滤介质，对对象施加一定的压力，使得液体渗析出来的一种机械设备。

1）压滤机的工作过程

压滤机的工作过程为：起动液压站，压滤机主油缸带动移动尾板关闭各滤室。起动用同一液压源驱动的隔膜泵，把料浆均匀注入各相邻滤板形成的滤室中，在注满滤室后继续入料，给滤室内的料浆施压，使得大部分滤液通过滤布，从滤板的沟槽流出。通过顶部高压吹风和隔膜压榨缩小滤室容积进行二次脱水，再用高压空气均匀吹过整个滤饼的断面进行气水置换，带走滤饼内的残留水分。然后主液压缸放开移动尾板，开启与尾板相连的6个滤室开始卸料，再依次启动辅助液压缸，开启其余滤室，完成卸料过程，进入下一个循环。

（1）压紧滤板过程：主液压缸动作，连杆带动移动板，将所有滤板压紧，相邻两滤板形成滤室。

（2）压滤过程：隔膜泵将料浆通过料浆集流管注入滤室，当料浆充满滤室后，继续对滤室内的料浆施压，产生压滤过程，进行固液分离。

（3）一次吹风过程：在高压空气的作用下，清洗滤布并带走残留在滤板沟槽中的滤液。

（4）隔膜压榨过程：采用0.6~1.0 MPa的高压空气将滤板隔膜鼓动，挤压滤饼，进一步脱水。

（5）二次吹风过程：为了进一步降低滤饼水分，从孔板中吹入高压空气，高压空气穿透滤饼，进行气水置换，带走残留在滤饼颗粒间的水分。

（6）卸饼过程：主液压缸通过连杆作用，将移动板推至远端，并打开第一组滤室，然后利用辅助液压缸依次打开剩下的滤室，卸下滤饼。

2）压滤机特点分析

压滤机设计理念先进合理、操作方便、运行稳定可靠。主机和滤板本体设计寿命长，使用年限可达20年以上。压滤机与喂料隔膜泵采用同一动力源，装机容量小，节省设备投资。压滤机滤室闭合、压紧滤板的动作设计为采用立式双油缸加三角曲柄装置"抱紧"滤板的形式，具有以下优点：

（1）滤板四周均匀受力，不易变形，保证了压滤机打开、闭合滤板时的平稳性。

（2）立式油缸的导向套、密封件等不受径向力作用，磨损小，油缸寿命是卧式油缸的5倍以上。

（3）压滤机机架不受拉伸力，不变形，滤室密封可靠。

（4）独特的滤室同步入料，入料速度快，成饼均匀。

（5）采用液压驱动的隔膜泵入料，充分满足脱水过程中初始阶段大流量、低压力，入料后期小流量、高压力的过滤工艺要求；对浆液保压过滤时对设备无损伤、无异常磨损。

（6）采用独特的开滤板液压缸分段打开滤室技术，滤板打开时快速、平稳，卸料速度快。

（7）滤板闭合同步性好，滤室关闭严密，不跑浆，结构稳定可靠。

(8)采用复合式滤板,滤板本体为钢制,强度高,不变形。过流部分采用改性聚乙烯和优质橡胶材料,脱水效果好,使用寿命长。

(9)滤板顶部吊挂,打开时滤板摆动幅度大,脱饼效果好,无需人工辅助卸料。

(10)滤布挂钩式安装,不需要把滤板吊出机外即可更换滤布。更换一块滤布只需5 min时间。

(11)采用滤板滤室两次吹风一次压榨,滤饼含水率低;同时吹风还起到清洗滤布的作用,保持良好过滤效果,使滤布使用寿命长。

(12)采用PLC自动控制,操作简便,运行可靠。

(13)整体设计紧凑,占地少,对基础无特殊要求,压滤机无需地脚螺栓固定,如图5-87所示。

经过压缩后的泥饼效果良好,压缩后的泥饼含水量低,可以直接运输,减少了盾构碴土的运出量,为项目节约了成本。

压滤机压滤后的滤液水杂质含量低,经水泵抽至清水箱,进行盾构碴土粗筛的清洗稀释,实现了循环利用,降低了项目的资源投入,如图5-88所示。

图5-87 压滤机泥饼效果图

图5-88 压滤出的滤液水

5.2.6.4 应用效果

经济效果:通过碴土筛分,减少了盾构碴土的外运数量,从而节约了大笔外运费用,碴土分离出的中粗砂可以用于同步注浆和二次注浆使用,分离出的卵石可以作为建筑材料销售。

环境效果:通过碴土分离,减少了弃土的排放,减少了对土地资源的占用。间接地减少了碴土外运过程中扬尘和汽车尾气排放。

社会效果:通过对碴土的处理,将盾构碴土这种废弃物变废为宝,践行新时代绿色经济的核心要义。

该项成果应用工地被评为"全国绿色施工示范工地"。

5.2.7 隧道洞内控制测量虚拟双导线测量技术

5.2.7.1 概述

隧道洞内控制测量，目的是保证必要的精度以使隧道按规范精度贯通，高精度测量成果需要必要的良好观测条件，需要停工、通风，耽误施工时间，精度与效率、成本、工期之间相互矛盾，为减小这对矛盾对隧道施工的影响，发明了一种隧道洞内控制测量虚拟双导线的测量技术，该技术测量效率是常规双导线的1.5倍左右，测量成果精度不低于常规双导线，可以取代常规双导线测量。该技术成功应用于7号线神仙树站—神仙树西站、茶店子站—花照壁站、一品天下站—茶店子站、武侯双楠站—清水河大桥站、神仙树西站—红牌楼南站等盾构区间。

5.2.7.2 技术应用

1. 技术原理

在进行地下隧道工程控制测量的过程中，通过内业将一条真实存在的支导线一分为二，理论上成为一实一虚的两条支导线，两者组合形成虚拟双导线；在测量过程中由于不可避免的测量误差，使原本重合的一实一虚导线点坐标成果一分为二不再重合，成为真正意义的双导线，让常规支导线具备双导线的一切技术特征，按常规双导线进行数据平差，精度评定，得到等同于传统双导线精度的结果，最后将支导线点及其对应的虚拟导线点坐标成果取加权平均值又将其合二为一，融合还原为一条支导线成果。

2. 应用案例

以7号线火车南站—神仙树盾构区间右线洞内控制测量为例，进行常规双导线和虚拟双导线实测比较介绍本测量技术。该区间加两端车站长度约2 000 m，区间内两个反向曲线连接隧道成S形，盾构由神仙树车站向火车南站掘进，神仙树车站用两井定向的方法将地面和地下控制点连接，火车南站有条件直接从地面控制点往隧道实现导线连接。

1）隧道洞内选点埋桩

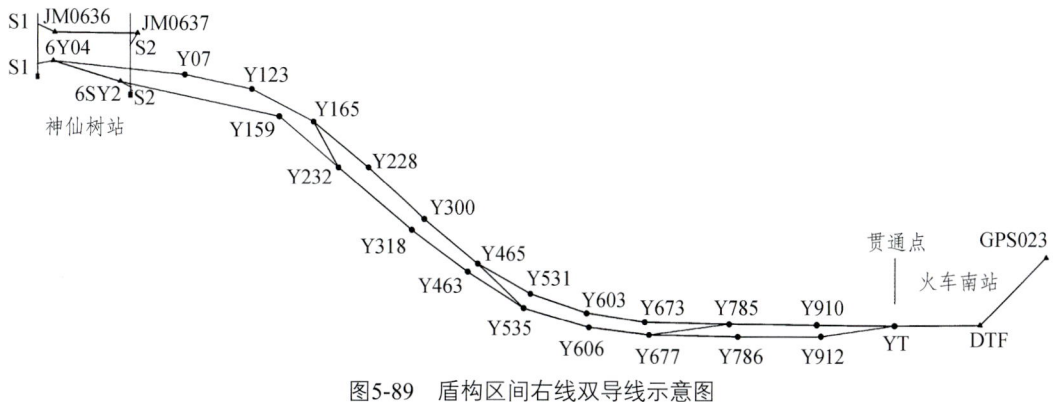

图5-89 盾构区间右线双导线示意图

从隧道进口往出口方向选埋Y159～Y910控制点，组成一条支导线，为减小对中误差影响，有条件时尽量采用强制对中观测标志，视线远离隧道边墙0.5 m以上，保证最优的观测条件。

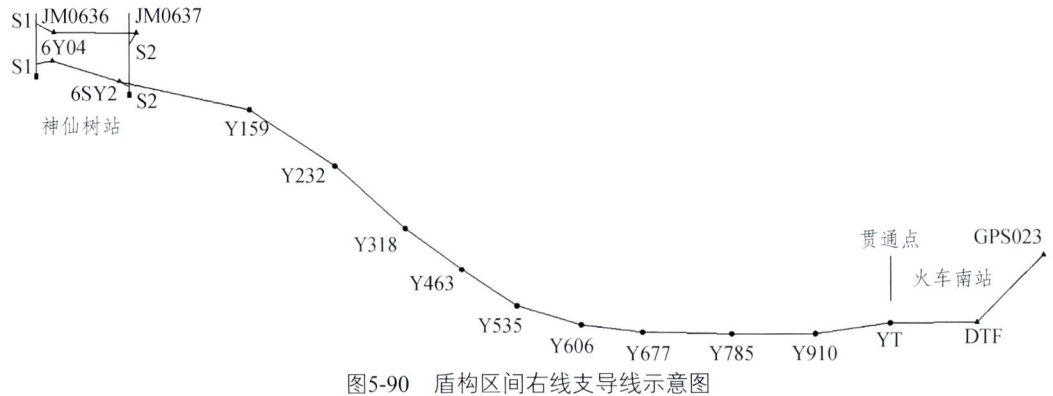

图5-90 盾构区间右线支导线示意图

2）内业构建虚拟双导线

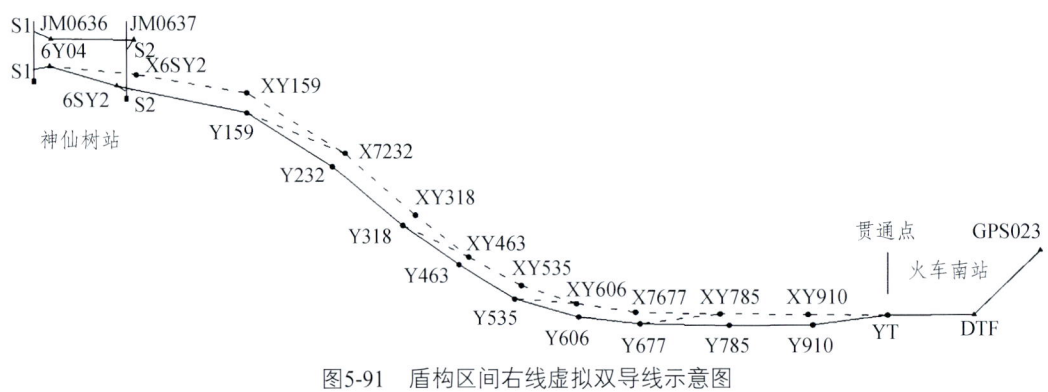

图5-91 盾构区间右线虚拟双导线示意图

以选定的支导线为基础，在原支导线前进方向左侧虚拟一排对应的支导线点XY159~XY910，如图5-91所示，分别由6个点组成5个导线闭合环组成洞内虚拟双导线网。

3）虚拟双导线测量

下面以图5-91中Y232和XY232一对点观测方法加以说明，其余测站类推。

将测量仪器架设在Y232测站上，测量反射镜觇标分别架设于Y159和Y318上整平对中，测量仪器和测量反射镜觇标各自记下光学对中器对中时的方向和整平时水准管方向，测站起始观测方向选为Y159，按盘左照准Y159读数、盘左顺时针转到Y318照准读数、倒镜盘右照准Y318读数、盘右逆时针转到Y159照准读数的顺序，完成一个测回测量并记录水平角度、导线边长等数据，依此类推，完成Y232测站其余测回工作，这样在记录上反映测出来的水平角度为∠Y159-Y232-Y318，即以Y232为顶点，Y159顺时针转到Y318的水平夹角。

将测量仪器和测量反射镜觇标光学对中器对中方向和水准管整平时方向，全部旋转180°进行重新精确对中整平，即完成XY232测站仪器架设，按照示意图仔细和前后视核对点号，然后按盘左照准XY318读数、盘左顺时针转到Y159照准读数、盘左微动仪器重新照准XY159读数、倒镜盘右照准XY159读数、盘右微动仪器重新照准Y159读数、盘右逆时针转到XY318照准读数的顺序完成一个测回测量并记录水平角度、导线边长等数据，依此类推，完成XY232测站其余测回工作，这样在记录上反映测出来的水平角度为∠XY318-XY232-Y159和∠XY318-XY232-XY159，即以XY232为顶点，XY318顺时针转到Y159和XY159的水平夹角。以此类推完成其他各测站数据观测，外业数据指标按照规范要求控制，无特殊要求。

4）外业数据闭合差检验及预处理

（1）闭合差检验。

外业观测完成后，将数据转换成平差软件需要的*.in2格式文件，然后进行闭合环闭合差检验，评定角度测量精度是否达到规范要求，如图5-92所示。

测角中误差 $m=\pm\sqrt{\dfrac{1}{N}\left(\dfrac{f_\beta^2}{n}\right)}\pm1.04''<\pm2.5''$，满足规范要求。

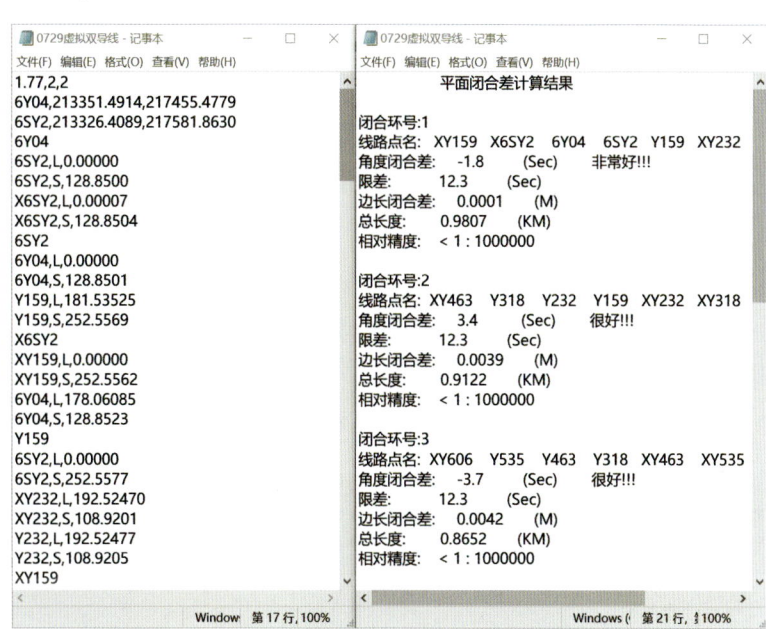

图5-92　平差文件及闭合差计算结果

（2）边长投影改化。

隧道洞内控制测量原始观测数据转换得到TCAS的平面数据文件（工程名.in2）和高差数据文件（工程名.in1）后，分别加入已知点坐标和已知点高程，直接平差得到近似坐标成果文件（工程名.ou2）和近似高程成果文件（工程名.ou1）。

启动虚拟双导线辅助程序软件，设置工作路径、选择平面数据文件（工程名.in2）、近似坐标成果文件（工程名.ou2）、近似高程成果文件（工程名.ou1）、勾选设置Y坐标加常数、投影面高程，点击"投影计算"按钮，即可直接得到"工程名投影后.in2"的平面数据文件存入路径目录。

5）虚拟双导线平差

启动TCAS软件选择投影后的*.in2文件进行平差，得到*.ou2平差结果文件自动存入*.in2文件所在文件夹下。

从平差结果文件中还可以查阅到各控制点坐标，坐标分量中误差，点位中误差等信息，平差坐标及精度如图5-93所示。

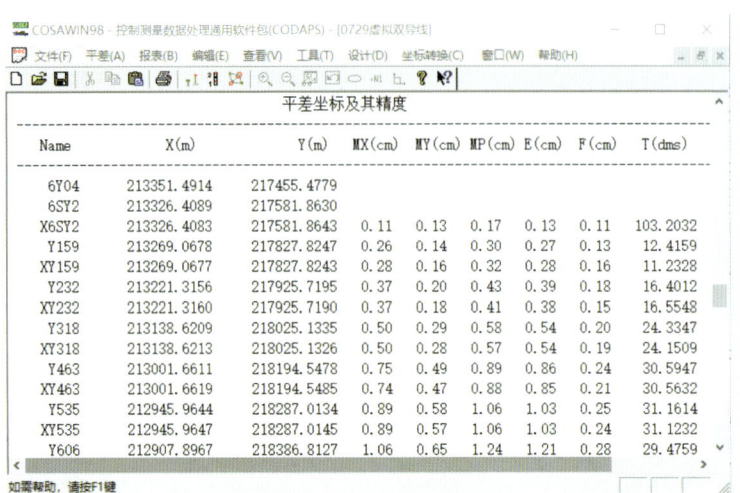

图5-93 平差坐标及精度

6）虚拟双导线融合为支导线

计算得出平差结果"工程名投影后.ou2"后，在虚拟双导线辅助程序软件里选择"工程名投影后.ou2"路径，根据内业构建虚拟导线的编号规则单选虚拟点判断条件，点击"重新计算"按钮，即可完成虚拟双导线融合。

生成的Excel表格可以进行编辑，放入正式的成果报告中。

7）本技术工法应用结果

盾构由神仙树车站开始掘进，到火车南站贯通，贯通点选取YT，计算得出的相应贯通误差如表5-22所示。

表5-22 神仙树车站贯通误差表

导线类别	贯通点	实测坐标／m		理论坐标／m		贯通误差／mm	
		X	Y	X	Y	横向	纵向
采用神仙树车站已知点对隧道洞内虚拟双导线控制网整体平差计算	YT	2 890.762 9	9 143.558 0	2 890.775 3	9 143.551 2	-12.4	6.8
采用神仙树车站已知点对隧道洞内常规双导线控制网整体平差计算		2 890.759 1	9 143.561 2			-16.2	10.0

火车南站—神仙树地铁盾构区间（2 000 m）右线应用计算成果，虚拟双导线实测的横向贯通误差为-12.4 mm，常规双导线控制网计算得到盾构区间隧道横向贯通误差-16.2 mm，虚拟双导线测量贯通结果略小于常规双导线成果，两者均满足《城市轨道交通工程测量规范》规定横向贯通中误差50 mm的要求。

5.2.7.3 应用成效

隧道洞内控制测量目前普遍使用支导线和双导线网，隧道洞内控制测量虚拟双导线测量技术与常规隧道洞内控制测量方法相比较，主要技术参数对比如表5-23所示。

表5-23 虚拟双导线测量技术与常规测量技术主要技术参数对比表

序 号	方法种类	支导线	常规双导线	虚拟双导线
1	应用范围	短隧道	长隧道	长隧道
2	测量精度	低	高	高
3	可靠性	低	高	高
4	测量速度	快	慢	快
5	平差改正	不能	能	能
6	埋桩数量	双导线的1/2	支导线的2倍	双导线的1/2
7	现场适应条件	强	受限制	强
8	一组最少测量人员	3	5	3

该技术的经济效益主要体现在以下三方面：

（1）节省直接测量成本：选点埋桩可以直接节省50%的费用，测量过程少投入40%的直接测量人员，提高30%~50%的测量工作效率，综合降低直接测量成本在40%左右。

（2）综合施工成本：采用新的洞内测量技术，测量占用隧道施工时间越短越有利于隧道工期的保证，虽不方便直接计算对综合施工成本的具体影响，但影响是显而易见的。

（3）不增加任何新的投入、不降低精度的情况下大幅提高测量效率，有效解决地下隧道导线控制测量效率、测量成本、隧道施工工期相互矛盾的问题，特别是在地下隧道越长、测量环境越困难的控制测量中更具显著优势。

5.3 超大型地下场段施工关键技术创新

5.3.1 超大型地下车辆基地深基坑施工技术

5.3.1.1 工程概况

7号线崔家店停车场是国内首个、亚洲最大的地铁双层地下停车场，其主体土石方开挖方量达206万方。如图5-94所示，崔家店停车场基坑分为四个区段：

A区为联络线区，为停车场的出入段线，其中A1区为停车场地下二层牵出线区间，最大开挖深度约16.5 m，最大开挖宽度约8 m，南北向长度约195 m；A2区为停车场地下二层、地下一层引入线区间及地下二层与地下一层联络线区间，最大开挖深度约17.5 m，最大开挖宽度约为27 m，南北向长度约330 m。B区为咽喉道岔区，呈三角形，南北向长度约250 m，每层面积约18 230 m²，最大开挖深度约18.7 m，平面尺寸不规则。C区、D区为停车场检修及停车库，最大开挖深度约18.7 m，最大宽度约为182.95 m，长度约为324 m。

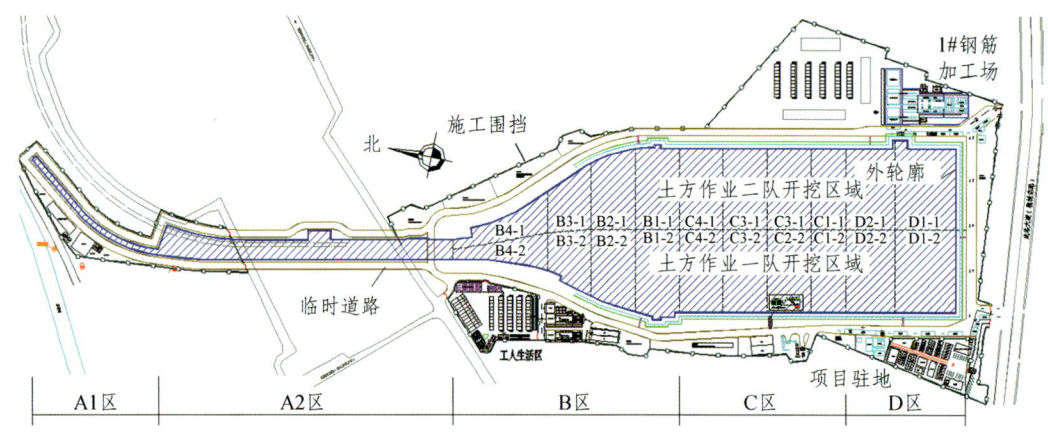

图5-94　崔家店停车场平面示意图

本停车场范围内上覆第四系人工填土层、全新统洪积层黏土及软土；第四系上更新统冰水沉积、冲积砂类及卵石土；第四系中更新统冰水沉积、冲积；下伏白垩系上统灌口组泥岩。按岩土层层序，从上至下依次为：<1-2>杂填土、<3-1-1>黏土、<3-1-2>黏土、<3-1-3>淤泥质土、<3-2>粉质黏土、<3-3>粉土、<3-4-2>粉细砂、<4-1>黏土、<4-1-1>黏土夹卵石、<4-2-4>中砂、<4-5-3>卵石土、<5-1-1>全风化泥岩、<5-1-2>强风化泥岩、<5-1-3>中等风化泥岩。特殊岩土有人工填土、膨胀土、膨胀岩及风化岩。其中人工填土、膨胀土分布于地表，对主体有一定的影响。

5.3.1.2　支护体系

设计上构建超大超挖明深基坑综合防护体系，广泛运用"围护桩+多层锚索结合放坡+土钉+喷锚"技术，保证施工期间不增加隔水封闭措施的情况下，消除膨胀土的不利影响，如图5-95、5-96所示。

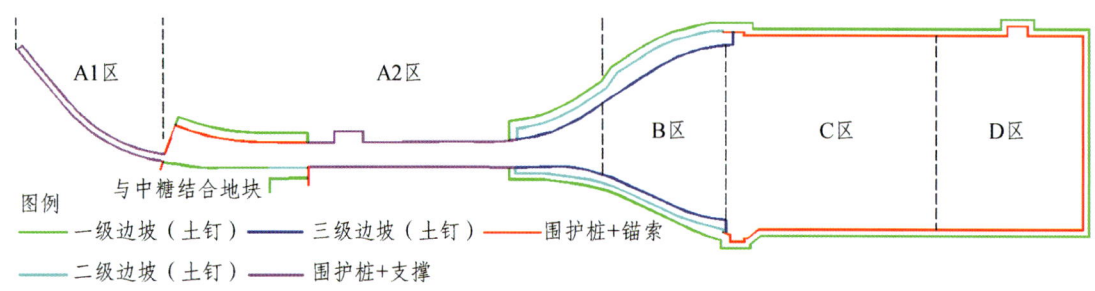

图5-95　崔家店停车场支护形式平面示意图

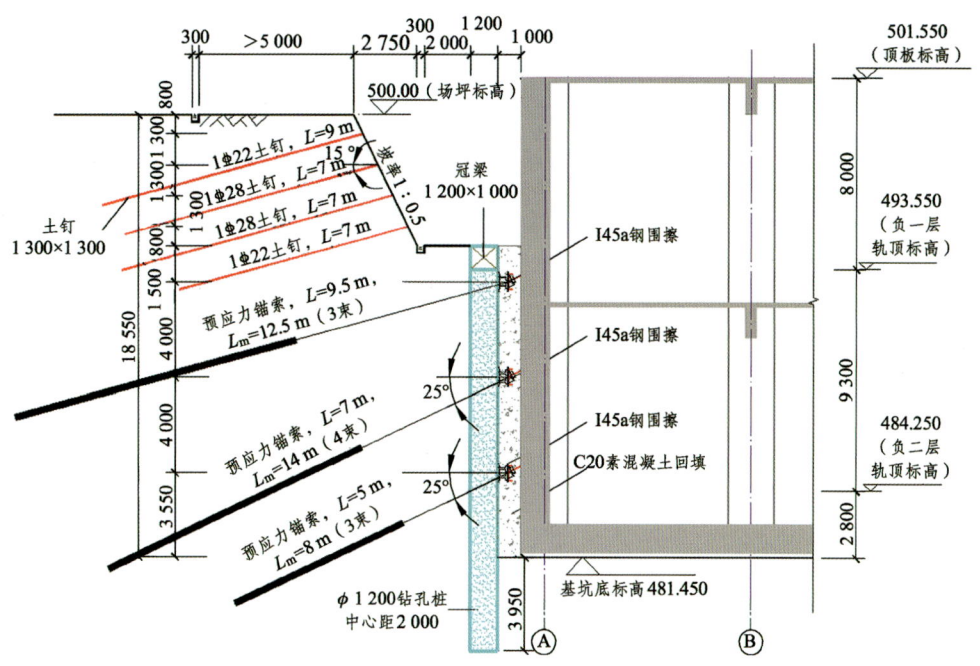

图5-96 土钉墙+桩锚支护典型断面图

5.3.1.3 施工关键技术

1. 开挖方案

整个基坑开挖分块分层进行，分块大小30 m×30 m左右，方便同时2辆自卸车停放待装。块与块之间按1:2坡率放坡，保持边坡稳定和排水需要。开挖时采用基坑盆式与岛式开挖灵活结合，先岛后盆的开挖方法。表层土采用岛式开挖四周土方，施工土钉墙；下层土方先采用盆式开挖中间土方，合理预留被动土及临时边坡，保证基坑稳定且土方开挖作业的连续性，也减少围护结构锚索施工工期长对土方开挖进度的影响。施工期间重视排水防汛工作，改进基坑降排水技术，消除膨胀土的不利影响。开挖工艺流程及工序断面示意图分别如图5-97、5-98所示。

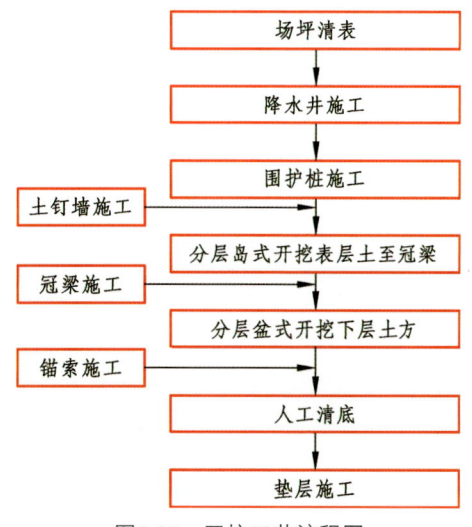

图5-97 开挖工艺流程图

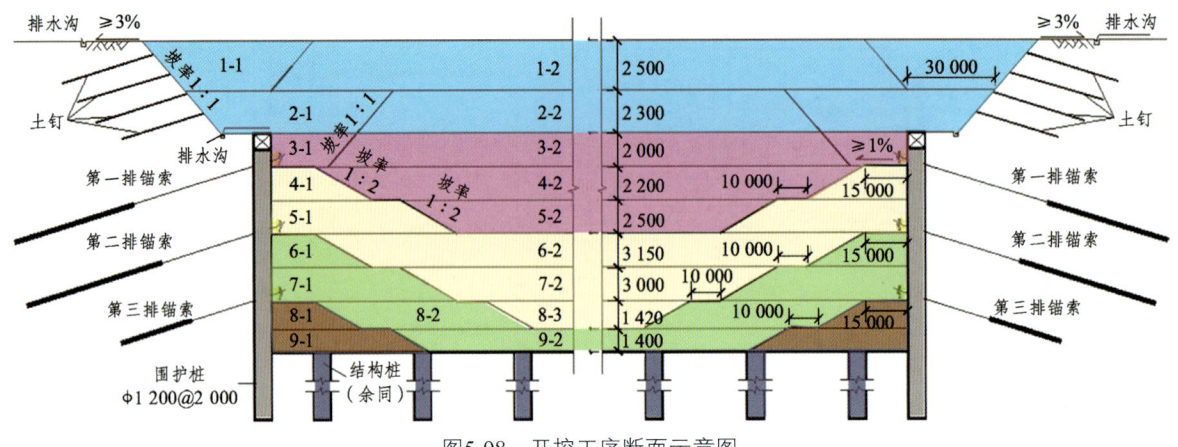

图5-98 开挖工序断面示意图

2. 开挖顺序

表层采用岛式开挖，纵向跳槽分段开挖边坡，一次开挖长度约30 m，深度2 m，以便及时施工锚索、喷射混凝土。岛式开挖如图5-99所示。

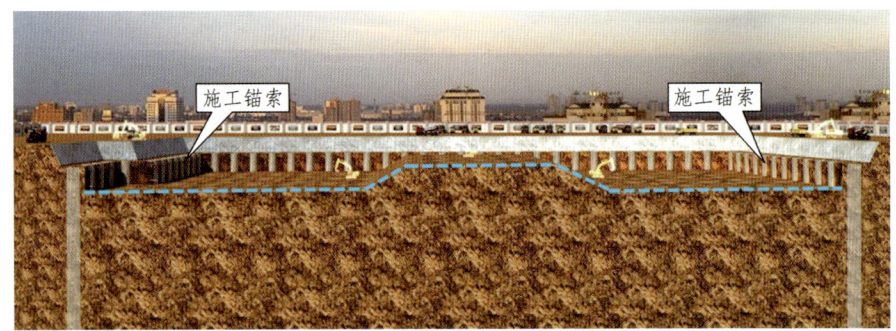

图5-99 岛式开挖断面示意图

锚索张拉等强期间，采用盆式开挖中间土方，四周预留被动土区的方式，能有效提高挖土进度。开挖中心土时按1∶2坡率放临坡，厚度2 m一层，留5 m宽平台。盆式开挖如图5-100、5-101所示。

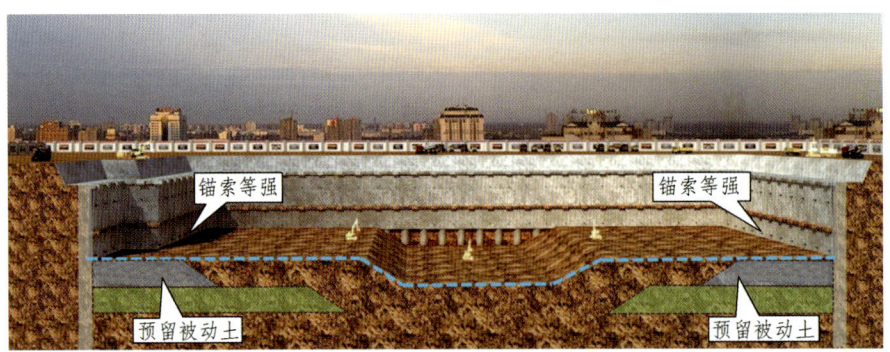

图5-100 盆式土开挖断面示意图

图5-101　崔家店停车场基坑施工实景

3. 运输组织

本工程开挖土石方量巨大，开挖期间运输车辆众多，科学、合理的组织既是工作效率的保障，也是安全管理的需要，如图5-102所示。

（1）合理划分施工区域并分别设置进出口、通道、马道，使各队伍运输车辆通行各自形成循环，互不干扰。

（2）结合挖掘机数量、弃土场运距、道路交通等情况，合理配置运输车辆数量，并进行编号管理。

（3）出土道路设置：土方开挖施工时，对基坑顶进行道路硬化处理，以满足高强度和长时间重载车辆通行为宜，推荐处理方式为：地基压实后面层采用水泥稳定碎石层（20 cm）结合C40混凝土面层（25 cm）。在场内设置行进诱导、限速等安全标志，并安装照明灯。

（4）出土马道设置：根据实际出土效率和顺序等情况，考虑100 m范围内左右两侧各设置出土马道一条，以有效地使得开挖阶梯形成，最低处与开挖平面达12 m，行走通道坡率（约1∶10）也能满足车辆上下爬行的需要。马道随基坑开挖调整，并用建碴碾压铺筑，利于运输车辆通行。临时设施及运输通道布置如图5-102所示。

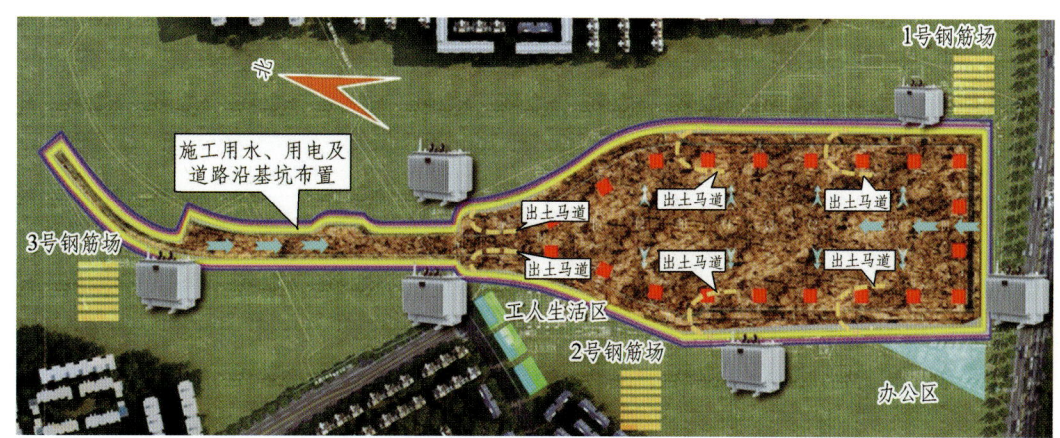

图5-102　临时设施及运输通道布置示意图

4. 降排水措施

（1）基坑降水：基坑外按20 m间距设置降水井，井深达底板以下3 m。土方开挖过程中，主要通过降水井抽水截断基坑外的水源补给进行降水。

（2）坑内明排：开挖时坑内利用旋挖钻机按20～30 m间距成孔，或挖出沟槽汇集地下水，通过抽排积水，提前梳干坑内土层地下水；距坡脚0.5 m设置汇水沟，并引入集水坑（槽），避免因浸泡边坡坡脚而发生垮塌；每个开挖分区内，沿基坑开挖线方向设置3‰的纵坡，在距离基坑围护边缘的位置3～5 m处设置截水沟，在角落设置集水坑，如图5-103所示。

图5-103　基坑内集水坑槽

（3）截水沟：基坑坡顶及土钉墙分层平台坡脚都设置截水沟，并做防水处理防止积水下渗，每隔30 m设置集水井，抽水排至地面排水沟槽。

（4）挡水线：基坑坡顶及土钉墙分层平台边缘设置挡水线，向基坑外设排水坡，将雨水、土钉墙泄水孔排水进行拦截，防止进入基坑，及时抽排以杜绝水分浸入边坡土体。

（5）主排水沟：沿基坑主环形道路外侧设置600 mm×600 mm主排水沟，沟内做防水处理以防止积水下渗，如图5-104所示。

图5-104　挡水线、截水沟及主排水沟设置

5.3.1.4 应用成效

崔家店停车场通过广泛运用围护桩+多层锚索结合放坡+土钉+喷锚施工技术，制定实施可靠的降排水技术措施，消除了膨胀土带来的不利影响，开挖时采用超大型基坑盆式与岛式开挖方法，合理预留被动土及临时边坡，保证基坑稳定和土方开挖作业连续性，也减少了围护结构锚索施工工期长对土方开挖进度造成的影响，实践证明基坑开挖施工进度、施工安全均得到了有效保障，对类似超大基坑开挖施工有一定的借鉴意义。

5.3.2 超大型停车场主体结构施工关键技术

5.3.2.1 工程概况

崔家店停车场工程为超大型地下两层单体建筑，钢筋混凝土框架结构，总建筑面积18.29万平方米，分为四个区段：A区（联络线区间）、B区（咽喉区）、C区（列检库及洗车库区）及D区（运用库区）。该停车场结构工程量巨大，其基底结构桩基4 441根，中梁柱板混凝土合计约37万立方米，钢筋制安约9.4万吨，结构柱共计1 102根，如图5-105所示。

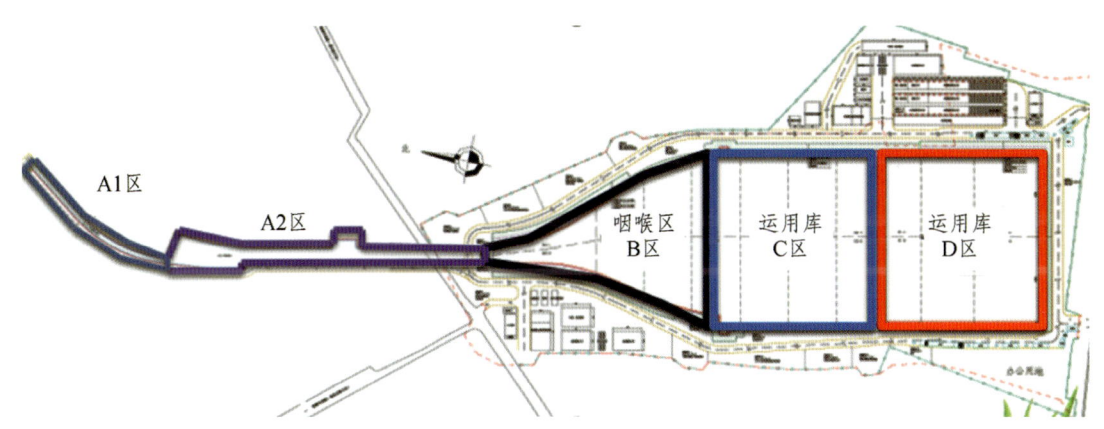

图5-105 崔家店停车场分区图

5.3.2.2 施工思路

主体结构施工步骤如下：结构桩基施工→垫层施工→底板、底梁施工→负二层立柱施工→负二层侧墙、中板施工→负一层立柱施工→负一层侧墙、顶板施工。

结构施工紧跟土方开挖进度，将结构划分成多个施工单元（约3 000 m²），投入4支作业队施工，每支作业队具备同时施工两个单元的能力，每队配置满足施工单元需求的模板及支架2套。

钢筋、模板和支架等材料的转运主要通过塔吊，根据场地条件，在主体运用库D区设置3台5513型塔吊、1台6610型塔吊，满足180 m×140 m范围的主体结构施工；C区设置6台5513型塔吊，B区设置4台5513型塔吊；A2区设置4台5513型塔吊，A1区属狭长区段采用汽车吊即可。混凝土输送以天泵为主，天泵浇筑不到的区域辅以布料机进行浇筑。

5.3.2.3 超高侧墙无拉杆一次成型施工技术

崔家店停车场侧墙单侧面积约7万平方米，体量巨大。侧墙作为中板、顶板的支承结构，需在施做中板、顶板之前先施工完成，侧墙的施工速度直接影响到上部结构的施工进度，且侧墙一次浇筑最高达到7.3 m，其垂直度、平整度、防水均有较高的要求。如何在保证侧墙施工质量的同时，加快侧墙的施工速度并增加模板支撑体系的周转次数是施工组织的难点。

综合考虑以上因素，崔家店停车场侧墙采用单侧墙体模板支架体系进行施工。该体系不设对拉螺杆，浇筑后的墙体防水性能好，如图5-106、5-107所示。

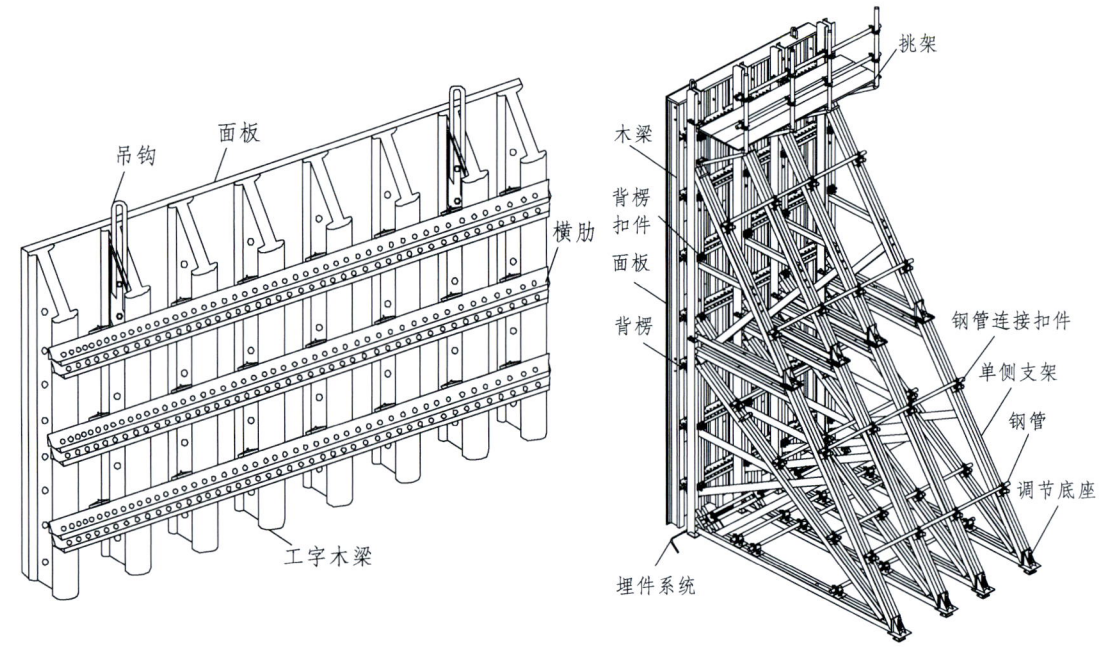

图5-106 单侧墙体模板拼装示意图

图5-107 侧墙支架模板安装施工

在浇筑底板时在侧墙根部预埋地脚螺栓，用于侧墙关模时对模板进行加固，如图5-108所示。关模时先将模板靠近墙体钢筋，然后用千斤顶及线锤校正模板的垂直度，按此办法依次把一段墙体的所有模板校正好，再将所有的模板连接起来。相邻两榀模板之间采用芯带连接，用芯带销固定，并用三道钢管将所有模板连为一个整体，从而保证模板的整体性，使模板受力更加合理。模板拼接缝用双面胶粘贴起来，防止漏浆。再通过墙体根部的预埋地脚螺栓对模板进行加固固定。单侧支架的内侧根部用短钢管和工字钢支撑。最后在单侧支架的顶部挑件上铺设浇筑操作平台，并用普通钢管搭设简易上下楼梯。

图5-108　利用侧墙根部预埋地脚螺栓固定及钢管加固支架模板

5.3.2.4　高大侧墙混凝土半自动养护技术

超大型建筑的混凝土侧墙等竖向结构往往很高且面积巨大，如何进行有效养护一直是个难题。人工覆盖洒水养护因受操作者的质量意识和工作态度影响，时常出现养护不及时或漏养护现象，加之实际操作中养护覆盖材料不能紧贴侧墙等竖向构件，存在空隙，无法达到理想的养护效果，因而混凝土表面极易产生裂纹，造成外观质量问题，甚至出现实体质量问题。崔家店停车场采用混凝土半自动喷淋养护系统，解决了大面积侧墙养护难题。

1. 工艺原理

侧墙混凝土半自动喷淋养护系统由蓄水池、水泵、喷淋管道、连接软管、喷淋头、增压泵等组成。蓄水池的水为降水井抽排水，能满足连续喷淋作业。在侧墙模板拆除之前，将半自动喷淋系统水平安装在墙体顶部并支撑加固紧实，拆模之后立即接通水源并调整喷淋头角度使喷淋范围最大并喷淋均匀。每次养护只需开启喷淋水源阀门，并根据气候温度条件调节喷淋养护时间。养护期满后，喷淋系统可分段拆除或整体转移至下一段工作。

2. 技术要点

半自动喷淋养护系统由蓄水池、水泵、增压泵、连接软管、喷淋管道、喷淋头等组成。喷淋管道主水管采用DN25PPR热熔管连接而成，连接软管用于连接喷淋管道和输入水源，采用普通软管即，沿主水管采用三通变径连接喷淋头，喷淋头与三通采用DN20PPR热熔管连接，整个系统组装好后呈多个"T"型连接排布，主水管两端留有软管连接口用于输入水源。喷淋养护系统示意图如图5-109所示。

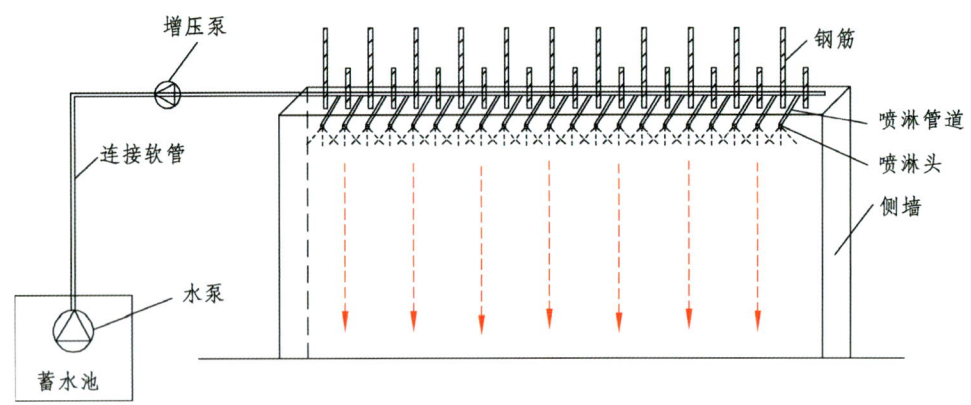

图5-109 半自动喷淋养护系统示意图

喷淋主水管每段长度约12 m，喷淋管道沿主水管间隔50 cm布设，喷淋管道长度30 cm，喷淋主水管安装在墙顶以上25cm，喷淋头与喷淋管道垂直，喷淋管道安装角度与水平方向呈30°，如图5-110、5-111、5-112、5-113所示。经现场多次试验，按以上参数进行安装能保证喷淋系统对侧墙从顶到底全覆盖养护，现场操作时应人工调整好喷淋角度，确保全覆盖养护。如喷射压力不够可以在主水管上安装增压水泵。通常养护14 d后，喷淋管道可以分段拆除或整体转移至下一段工作。

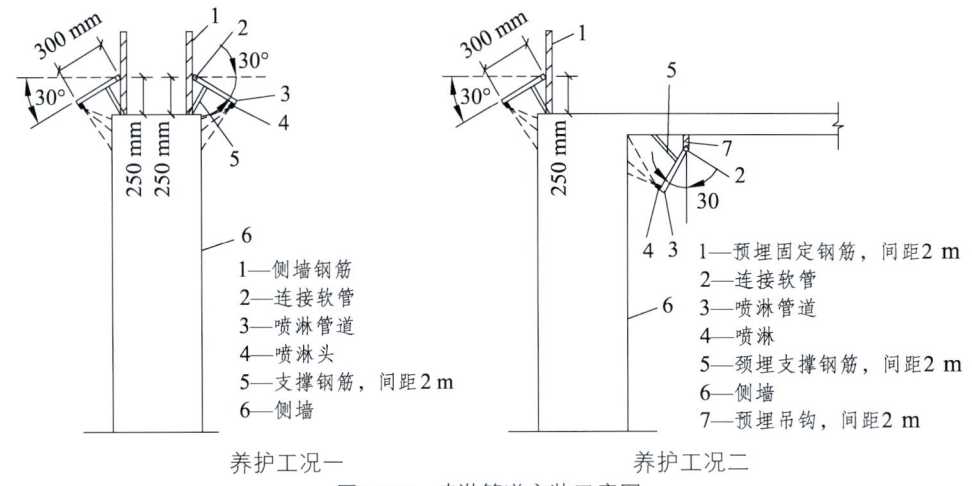

图5-110 喷淋管道安装示意图

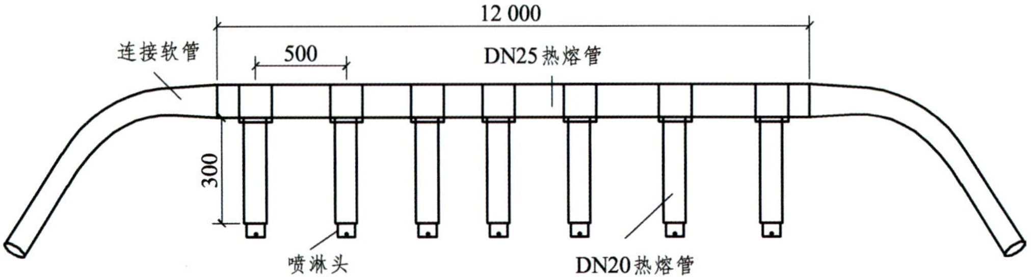

图5-111 喷淋头布置图

图5-112 人工调整喷淋头角度

图5-113 侧墙养护效果

5.3.2.5 超长无粘结预应力筋单端张拉技术

崔家店停车场，主体结构为地下两层，总长度为769 m、总建筑面积18.29万平方米，属于超大混凝土结构，为解决大跨度混凝土板裂缝，在中板、顶板设计无粘接预应力筋。特点是筋长度长，单端张拉，难点是预应力筋的定位、张拉、封锚质量。经对比，本工程为目前国内采用无粘结预力单端张拉长度最长的，达到59 m，其他工程单端张拉长度一般不超过20 m。

1. 工艺原理

利用焊接、绑扎"马凳"支撑方式，有效解决大跨度、大长度预应力混凝土板预应力筋水平及竖向定位不精准的问题；利用理论与实测双控，保证张拉力值与伸长值满足设计要求；定制专用模具有效控制防水渗漏，提高封锚效率。工艺流程如图5-114所示。

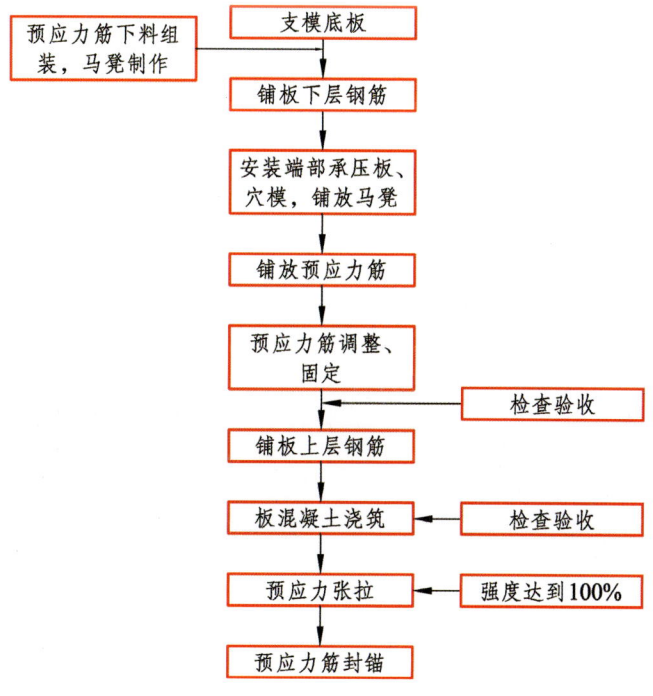

图5-114 无粘结预力板施工流程图

2. 技术要点

1）材料进场

现场采用成品无粘结预力钢绞线，钢绞线进场后，要对其进行外观检查，对油脂明显不足的部位予以切除。对护套有轻微破损的部位外包防水胶带修补，严重破损的不能使用。

2）下料

预应力筋遇洞口或柱子等不可通过处时，若洞口尺寸小于1 000 mm，则预应力筋可不断开，绕过洞口或柱子，如图5-115所示。若尺寸大于1 000 mm，则预应力筋不连续，在洞口或柱子处断开，设置固定端或张拉端。

下料长度要先经过计算得出，直线段长度=预应力筋曲线长度+千斤顶工作长度。下料场地宜选择在已浇筑完成的结构板上，保证预应力筋能水平拉直，才能确保长度准确。预应力筋采用砂轮切割机切断，严禁电弧烧割。

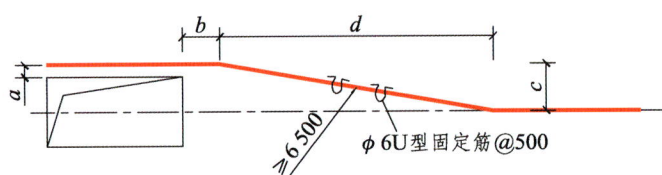

图5-115　板中预应力筋绕洞口、集水坑、柱示意图

3）组装

将切割好的预应力筋逐根进行检查，发现有预应力筋外皮破损的应弃用。固定端的做法：先将预应力筋一端端头破皮20 cm，套上配套钢板，用挤压锚将端头压紧，如图5-116所示。对组装好的预应力筋按图纸要求及计算长度进行编号。铺放使用前，将其妥善保存在干燥平整的地方，下垫上盖，锚具、配件要存放在室内。预应力筋安装时的运输采用人工抬移的方式，根据长度安排工人数量，保证预应力筋不在地上摩擦，不致外皮破损。

图5-116　预应力筋组装与堆放

4）铺设

首先进行现场放样，本工程板面无粘结预应力筋为，双向布置，施工前对每个纵横交叉点相的两个标高进行比较，对每个交叉点标高较低的无粘结预力先铺放，较高的次之，宜避免两个方

向的预应力筋相互穿插铺放。铺设预应力筋从固定端穿入,从张拉端穿出,并保证预应力筋伸至张拉端外500 mm,如图5-117所示。铺设时注意保持各束预应力筋平行走向准确,不得互相绞缠在一起。铺筋完毕后,逐根调整束形,保证预应力筋束形在纵向上基本为一条直线,预应力筋束形曲线与预应力筋设计曲线相吻合。位置确定正确以后,采用与20#镀锌铅丝将预应力筋与"马凳"绑扎固定好。

图5-117 预应力筋铺设与检查

5) 张拉端制作

崔家店停车场无粘结预应力筋张拉端分设置在后浇带及设置在板中两种形式:① 当张拉端设置在后浇带时,采用张拉端承压板紧贴后浇带收口网,承压板背后采用通长钢筋焊接固定,不需设置穴锚;② 当张拉端设置在板中时,采用木胶板或高密度泡沫制作穴锚,张拉端承压板紧贴穴锚,承压板背后采用通长钢筋焊接固定。

张拉端的安装在预力铺设检查合格后进行,张拉端穴模与结构端模和承压板紧贴并固定牢固。穴模及承压板安装位置正确且与预应力筋垂直,如图5-118所示。

图5-118 张拉端设置在板中时做法

6) 混凝土的浇筑

预应力筋铺放完成后,隐检验收合格后进行浇筑。浇注砼时要时刻注意承压板、锚板的周围的砼，严禁漏振，不得出现蜂窝或孔洞。振捣时，尽量避免踏压碰撞预应力筋、支撑架以及端部预埋部件。混凝土初凝1~2 d后，及时拆除穴锚，并清理承压板。

7）预应力筋张拉

当混凝土抗压强度达到设计规定强度时，方可进行张拉。当设计无具体要求时，混凝土抗压强度达到混凝土设计强度的75%时，进行张拉。张拉顺序为：预应力筋宜均匀、对称、中间向两边进行张拉，如图5-119所示。

图5-119　预力张拉

张拉程序：安装工作锚具→安装工作夹片→安装限位板→安装千斤顶→安装工具锚→安装工具夹片→张拉至10%→张拉至103%进行锚固。

8）预应力筋封锚

预应力筋张拉后经过2~3 d的静置时间，通过观察及实际测量后，认定锚环内外的无粘结预应力筋无长度收缩且稳定之后，采用手动砂轮机切断锚环外余留的超长预应力筋，露出夹片外的无粘结筋长度大于30 mm，且小于塑料保护套长度。割丝完成后，将张拉端槽孔附近混凝土凿毛并清理干净，然后进行张拉端封闭。张拉端采用双重封闭的方式，先用充满油脂的塑料保护套将锚具封闭，再用膨胀水泥砂浆将张拉槽封闭。张拉端设置在后浇带位置时的封锚，连同后浇带浇筑同时完成。张拉端设置在板中位置时，因设置了木胶板或高密度泡沫制作的穴锚，少量膨胀水泥砂浆封槽即可。

5.3.2.6　BIM技术应用

针对地铁地下停车场工程体量巨大、结构设计复杂、施工管理难度大这一特点，崔家店停车场的施工及项目管理全面运用了BIM技术，在工程量计算、图纸审核与交底、进度管理、特种构件安全计算等方面取得了较好的效益。

（1）通过BIM建模算量技术，对各项工程量进行了精确的计算和过程管理，有效地控制了工程造价。例如钢筋算量模型及钢筋翻样模型，实现了大规模工程量的精确分类、计算、统计，减少了计算人员的投入、大大减少了工作量、有效提高了计算精度，还优化了材料配料，降低了主体结构工程钢筋损耗率，如图5-120所示。

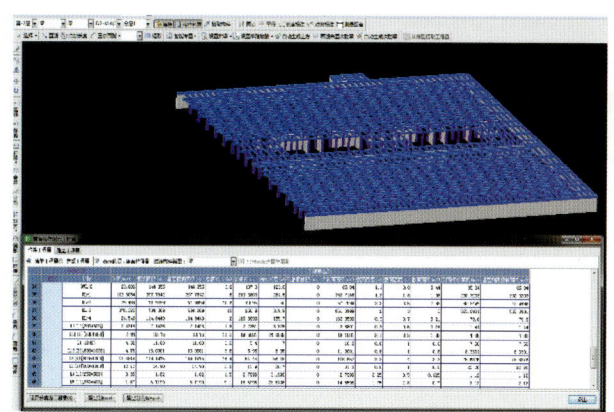 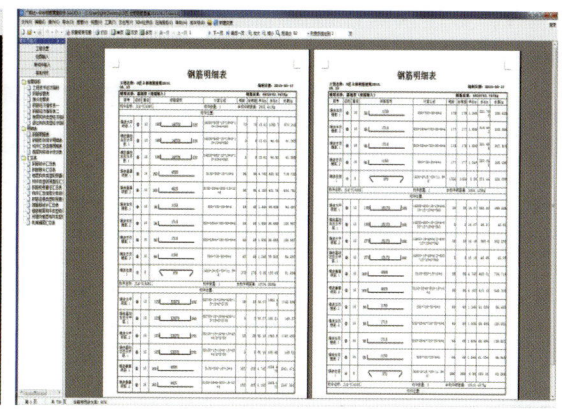

图5-120　钢筋算量模型与翻样成果

（2）针对崔家店停车场结构的特点，通过欧特克Revit建模软件，采用骨架式建模、树形结构分层管理的思路，各构件间通过发布的参数建立关联关系，快速对基于二维图纸的设计成果进行三维重建。根据结构图纸、建筑图纸及管线图纸分别建立了相应的Revit建筑模型，进行图纸审核，包括相互碰撞、对构件冲突、构件位置都进行了检验，避免了由于图纸的错漏产生的错误与返工，减少施工变更，如图5-121所示。

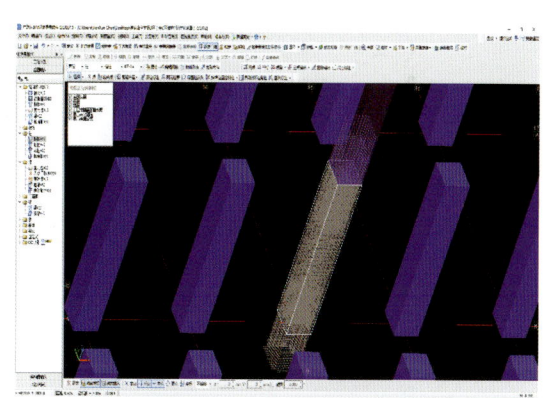

图5-121　结构间碰撞干涉

（3）使用建筑模型制定相应节点的技术交底，使现场技术人员及操作工人能直观地了解构件构造，钢筋排布等。极大地提高了技术交底的准确性与功能性，避免由于交底不清导致的施工错误，如图5-122所示。

（4）运用BIM技术对整个停车场重难点施工工艺进行模拟，通过三维动画模拟直观地展现各施工工艺的全过程，验证施工工艺的合理性，为工艺的不断优化和创新提供可靠的依据，如图5-123所示。

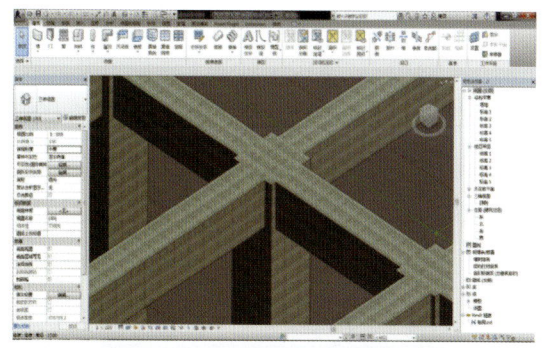

图5-122　柱钢筋排布虚拟展示交底

（5）运用BIM技术对支架模板体系进行建筑模拟，使用建筑模型对支架模板进行安全计算，可获得准确的支架排布参数。对特殊节点位置的支架排布可减轻反复手工计算时的工作量，减少由于手工计算产生的错误的风险。极大地减少了高支模施工的安全风险，也减少了不必要的材料

图5-123　虚拟仿真推演及内部结构漫游

投入,方便快捷地解决了支架模板的施工问题,如图5-124所示。

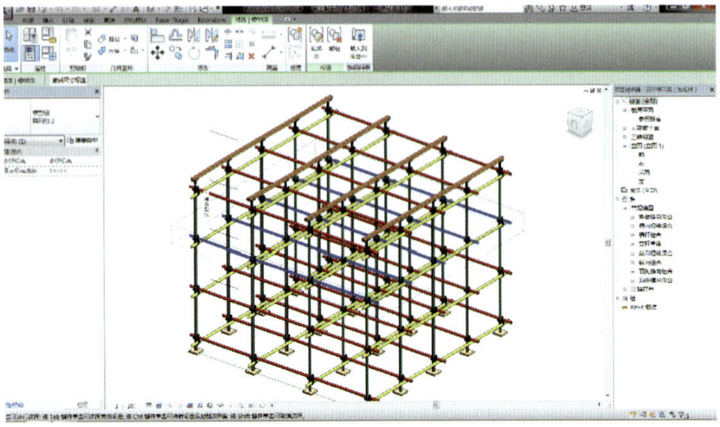

图5-124　支架建筑模拟计算

5.3.2.7　应用成效

(1)超高侧墙无拉杆一次成型施工技术在保证质量的前提下提高了施工效率,加快了工程建设进度,确保了主体结构按期封顶,取得了较好的经济和社会效益。

(2)高大侧墙混凝土半自动喷淋养护技术减少了操作者的质量意识和工作态度影响,显著提高了养护效果,保证了工程质量。同时养护作业较简便,效率提升明显,取得了较好的经济和社会效益。

(3)无粘结预应力单端张拉技术解决了大跨度、大长度预应力混凝土板预应力筋水平及竖向定位不精准的难点,有效控制大跨度、大空间结构中裂缝的出现,实现了设计意图。

(4)BIM技术应用加强了图纸审核与技术交底的深度,提高了交底水平,减少了错漏返工,减轻了工程量及构件安全性能计算的工作量,有效提升了项目管理水平。

通过以上关键技术,超大型地铁崔家店地下停车场主体结构安全顺利封顶,实现了全线重大里程碑目标,质量管控效果显著,荣获成都市优质结构工程奖。

5.4　轨道关键施工技术创新

5.4.1　整体道床施工技术

5.4.1.1　工程概况

7号线整体道床结构由钢轨、扣件、轨枕及整体道床部分组成,钢轨采用60 kg/m U75V热轧钢轨,扣件一般地段采用DZⅢ型或双层非线性扣件、轨枕采用混凝土短轨枕,整体道床采用钢筋混凝土(C35)道床、按照一定的长度设置道床伸缩缝(地下段一般按12.5 m线路长度设置），伸缩缝的嵌缝板采用20 mm的沥青木板，采用30 mm厚的聚氨酯密封材料嵌缝密封，在伸缩缝两端设置排流端子，如图5-125、5-126所示。

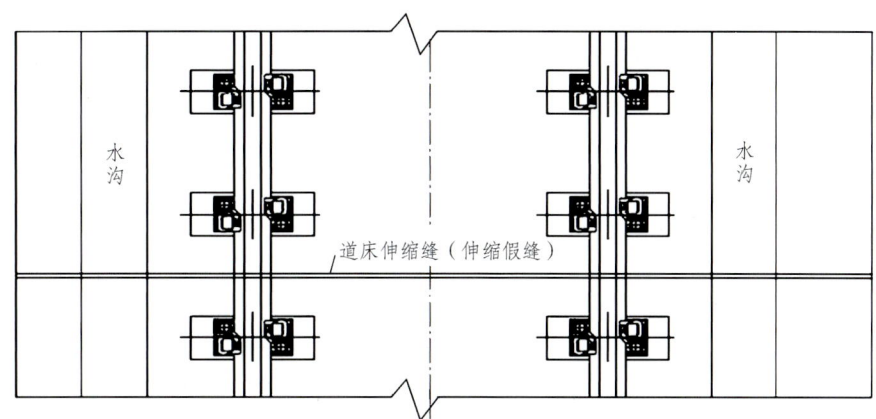

图5-125　圆形隧道整体道床平面示意图

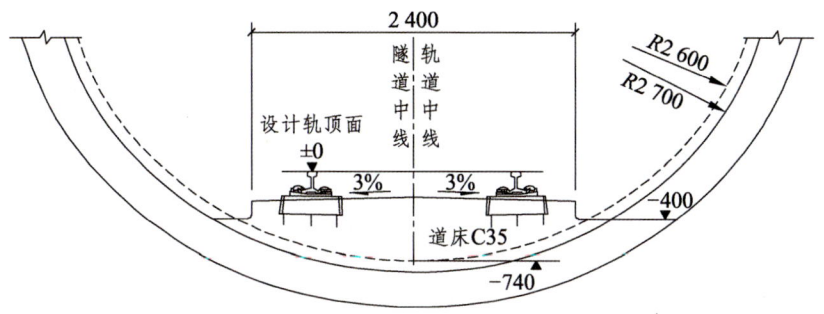

图5-126　圆形隧道整体道床断面示意图

5.4.1.2　主要施工工艺

整体道床轨道铺设采用"轨排法"施工：即在铺轨基地将25 m待焊钢轨、扣件及混凝土短轨枕，利用轨距拉杆组装成成品轨排，利用铺轨基地龙门吊将轨排吊装到2辆地铁专用平板车上，每个工作面用1台重型轨道车运送到施工现场，用2台地铁铺轨车将轨排吊运至作业面后铺设就位，然后利用钢轨支撑架架立轨排，调整轨道状态，绑扎整体道床钢筋，按规定焊接防杂散电流钢筋网及扁铜，经隐蔽验收合格后，浇筑整体道床中部混凝土，待地铁铺轨车走行轨拆除后，完成两侧混凝土浇筑施工，如图5-127所示。

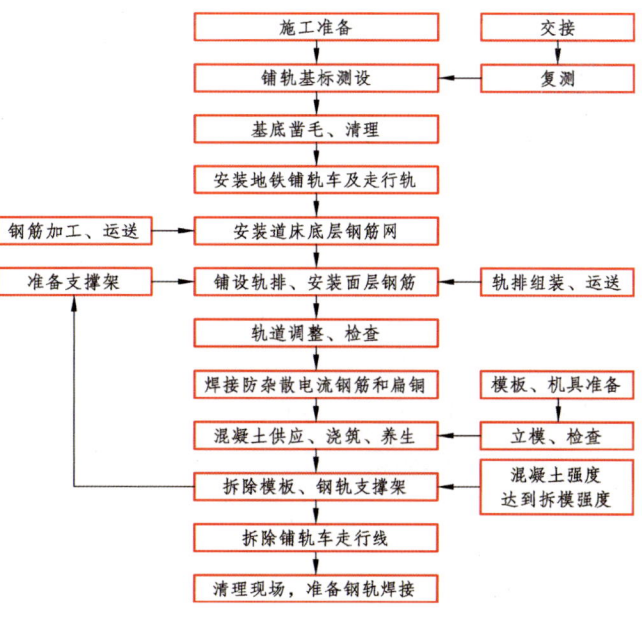

图5-127　短轨枕"轨排法"整体道床施工工艺流程

5.4.1.3 技术创新

整体道床轨道铺设采用的"轨排法"其本身是比较成熟的施工工艺，但项目在施工过程中对施工工艺进行了改进，对施工工装进行了研发、改良，提高了施工效率、节约了施工工期，提升了施工质量。

1. 新型轨排拼装台位研发

传统的轨排拼装是基地龙门吊配合"钢支凳"采用人工拼装的方式进行的，施工效率较慢，扣件与钢轨组装时容易发生扭转，导致轨距块与钢轨之间会产生缝隙，如图5-128所示。

铺轨基地利用槽钢条形基础和扣件限位钢基座组成钢轨与扣件安装台位；通过设置支撑底座和扣件底板承载槽，克服了扣件弹条安装时产生的扭转力矩，解决了钢轨与扣件装置时二次扭转力矩的产生，提升了轨排拼装质量，可将钢轨与扣件轨距块之间的缝隙控制在1 mm以内，有效地减少了钢轨与扣件轨距块之间的离缝现象，确保了轨道几何尺寸的精确性及稳定性；实现轨排拼装标准化，工厂化作业则大大提高了轨排拼装的生产效率，每个拼装台位日生产25 m轨排的数量可达到6个，比传统的轨排拼装方式提高了50%的生产效率，轨排拼装快速，同时又因省去了铺轨现场调整扣配件及方正轨枕等施工环节，极大地提高了现场单班机械铺轨的施工进度，如图5-129所示。

图5-128　传统轨排拼装台位

图5-129　新型排拼装台位

2. 道床测防端子固定工装的研发

整体道床设置测防端子，端子位于道床伸缩缝两侧，间距为120 mm，距离道床边75 mm，要求漏出道床5 mm，施工要求较高，如图5-130所示。

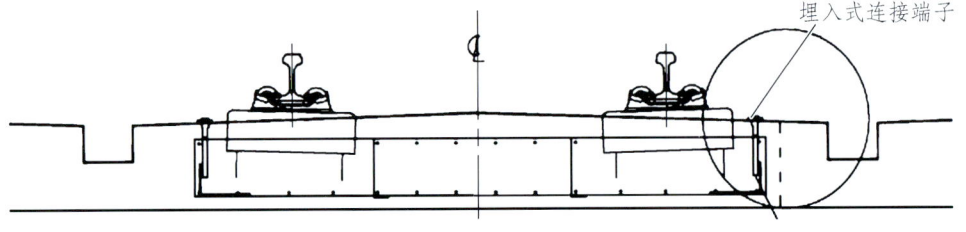

图5-130　道床测防端子安装断面示意图

在施工过程中，研究了道床测防端子固定工装，固定工装以钢轨为控制基准，通过限位装置（矩管、固定压板、活动压板、限位角钢、调节片等）控制道床测防端子的安装位置，确保了道床测防端子的施工质量，提高了整体道床的施工效率，如图5-131、5-132所示。

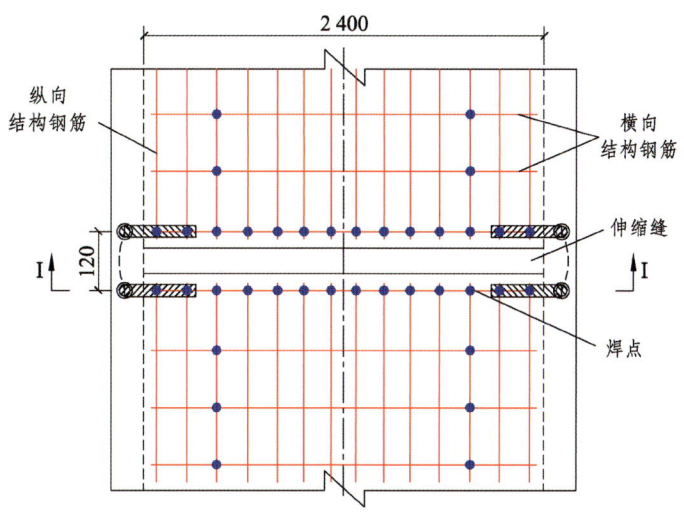

图5-131　道床测防端子安装平面示意图

图5-132　道床测防端子固定工装现场图片

3. 道床伸缩缝施工工艺改良

整体道床每12.5 m或在结构变形缝处设置伸缩缝，伸缩缝处道床上下层钢筋断开，采用20 mm沥青木板或闭孔聚乙烯泡沫塑料板填充，伸缩缝表面采用30 mm厚聚氨酯密封胶封口。

传统伸缩缝施工有两种方式：一是采用模板直接安装至道床面，后期凿除30 mm沥青木板，然后再进行道床伸缩缝的施工，采用该施工工艺进行施工时，凿除木板的难度、工作量较大，凿除过程中还会破坏整体道床，后期修复工作难度大；二是在模板安装时，沥青木板低于道床面30 mm，沥青木板上方设置30 mm的木条，在混凝土初凝后取出木方，后期再进行伸缩缝的施工，采用该施工工艺时木条固定难度大，整体道床浇筑时伸缩缝会出现上下错位、左右歪斜的质量病害，后期整改的难度也较大。

针对传统道床施工缝的施工工艺进行改良，采用壁厚为2 mm的矩形管，宽度50 mm，长度1 200 m，下部开口，在矩形管30 mm宽度位置焊接限位卡，顶部预留2处钢钉孔，将矩形管采用钢钉与模板固定连接，待道床混凝土终凝时拆除矩形管，然后再进行道床伸缩缝的施工，道床伸缩缝施工质量得以有效控制，如图5-133、5-134所示。

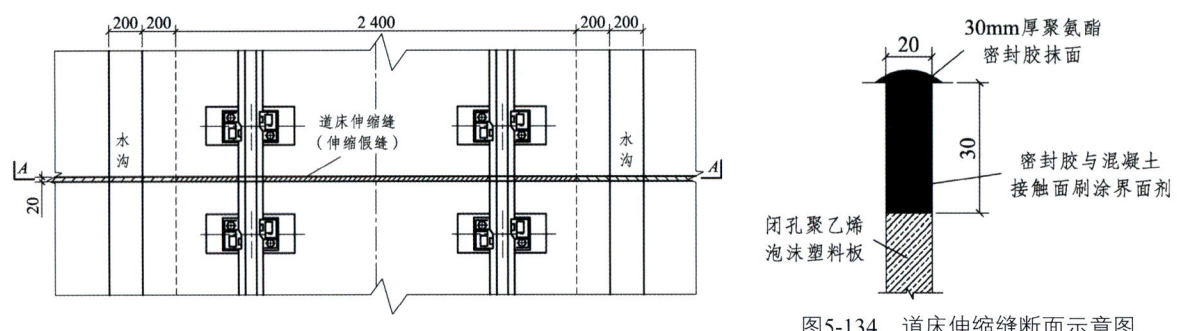

图5-133 道床伸缩缝平面示意图

图5-134 道床伸缩缝断面示意图

5.4.2 场段柱式检查坑施工技术

5.4.2.1 工程概况

7号线立柱式检查坑主要设置于崔家店停车场负一层、负二层运用库库内股道、川师车辆段运用库库内股道，共计10.35 km。立柱式检查坑整体道床位于高度为1.0 m的轨道立柱之上，由50 kg/m U71Mn钢轨、扣件、下垫板、钢筋混凝土道床组成，如图5-135所示。

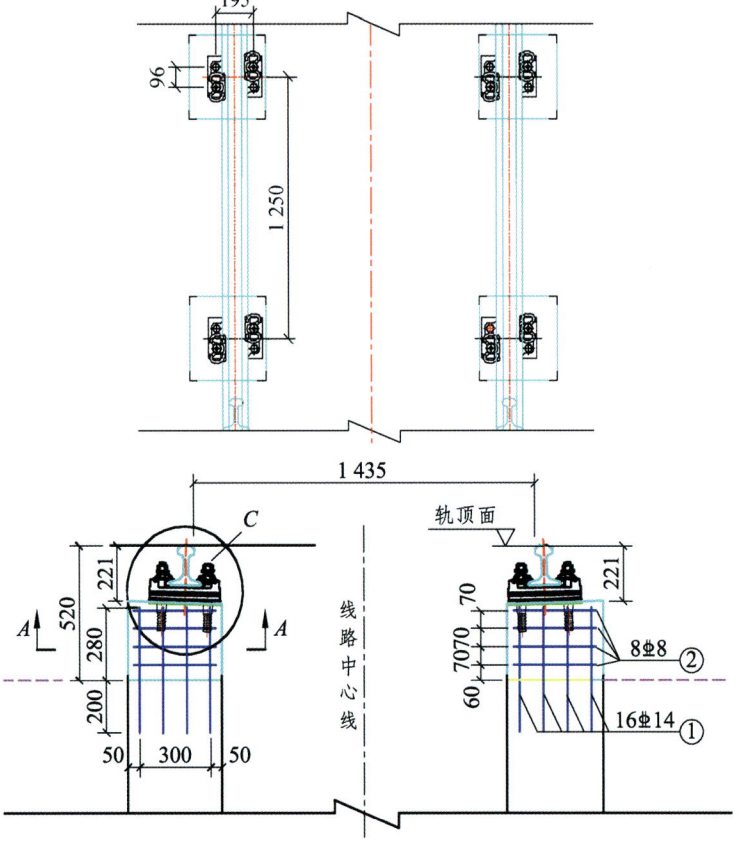

图5-135 立柱式整体道床平面及断面示意图

5.4.2.2 主要施工工艺

柱式检查坑整体道床采用"架轨法"施工。将标准轨运至设计位置后,现场组装扣件、下垫板、套管、胶垫等零部件,按设计间距安装在钢轨底部,同时搭设架轨平台,将钢轨吊装立柱上,调整轨道位置、轨顶标高后,线路精调及校正钢筋后,安装柱式整体道床模板,进行混凝土浇筑,如图5-136所示。

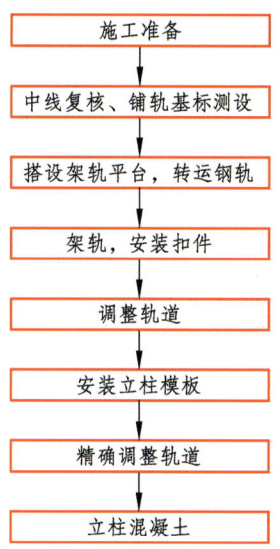

图5-136 柱式检查坑轨道铺设施工工艺流程图

5.4.2.3 技术创新

1. 滑轨系统的创新

轨道立柱距离地面高差为1.0 m,加工可以固定在轨道立柱上的支座系统,在支座系统上安装滚轮,确保钢轨可以在轨道立柱上顺利运输,如图5-137所示。

图5-137 立柱式整体道床滑轨系统

2. 轨道支撑系统创新

轨道立柱距离地面高差为1.0 m，为确保钢轨的架设及轨道几何尺寸的调整，研发轨道支撑系统，支撑系统由"支撑系统"和"调整系统"组成，支撑系统由型钢加工成"马凳"，两端部预留50丝孔，调整系统由承轨板、起道丝杆、轨距撑杆、连接横梁组成，整体形成柱式轨道支撑系统，可进行钢轨支撑、轨道平面及高程的调整，如图5-138所示。

图5-138 立柱式整体道床轨道支撑系统

3. 柱式整体道床模板创新

立柱式整体道床施工时传统模板采用木模板，施工质量难以控制，木模板重复利用率不高，施工效率低。

7号线立柱式整体道床采用3 mm钢板加工成2组垂直的定型模板，2组定型钢模板采用螺栓连接，提升了施工质量，提高了施工效率，且重复利用率高，节约了成本，如图5-139、5-140所示。

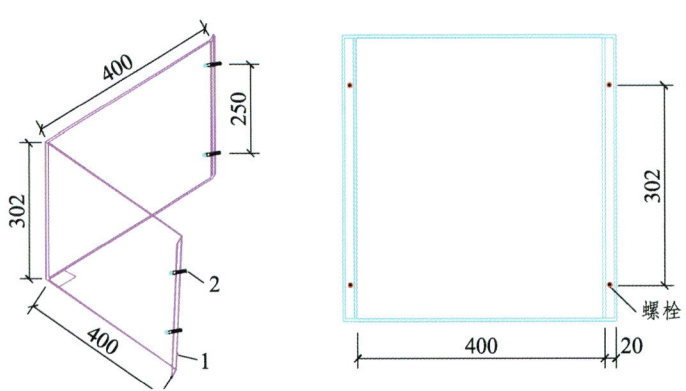

图5-139 立柱式整体道床轨道钢制模板立面、侧面示意图

图5-140 立柱式整体道床轨道钢制模板现场安装图

5.4.3 检查坑无缝线路施工技术

5.4.3.1 工程概况

7号线崔家店停车场运用库负一层、负二层轨道全部实行无缝线路设计,共计12 km,其中立柱式检查坑无缝线路施工9 km,根据目前地铁焊轨施工工艺,钢轨采用移动闪光焊接,因轨道立柱比地面高1.0 m,待焊钢轨对位难度大,焊接质量难以控制。

5.4.3.2 主要施工工艺

焊轨业前首先进行钢轨焊接型式试验,调试焊轨机的焊接参数,经试验焊接接头各项指标完全符合设计及规范要求后,将焊轨车组转至崔家店车辆段,进行焊轨施工,如图5-141所示。

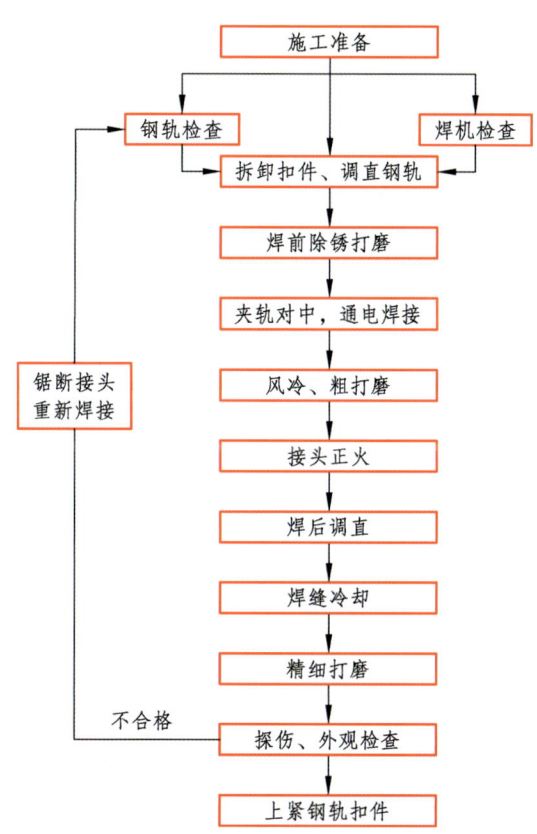

图5-141 钢轨焊接施工工艺流程框图

5.4.3.3 技术创新

针对立柱式检查坑轨道钢轨焊接的施工特点,采用槽钢根据立柱式检查坑的道床特点,加工特殊的门架,门架底部采用可360°旋转的滚轮作为滑动轮,门架顶部中间位置设置链条葫芦作为待焊钢轨起吊的动力装置,焊轨时将待焊钢轨通过立柱式检查坑焊轨工装起吊并对位,然后与焊轨进行焊接。立柱式检查坑焊轨工装的发明成功地解决了立柱式检查坑焊轨的难题,确保了高处焊轨施工的安全，保证了7号线柱式检查坑焊轨的施工质量，如图5-142所示。

图5-142　立柱式检查坑焊轨工装

5.4.4　轨道过渡电阻测试技术

5.4.4.1　过渡电阻概述

在城市地铁和轻轨等轨道交通运输系统中，通常采用直流机车牵引，走行轨为供电回流的通道，当轨道与大地绝缘不好时，不可避免地会有电流从走行轨泄入大地，这就是杂散电流。杂散电流对地下或地面的金属构件如结构钢筋、地下管线等会产生严重的腐蚀，从而直接影响地铁的安全运营。

轨道与结构钢筋间的过渡电阻值是考察轨道是否绝缘的重要参数，《地铁杂散电流腐蚀防护技术规程》（CJJ/T 49—2020）规定：兼用作回流的地铁走行轨与隧洞主体结构（或大地）之间的过渡电阻值（按照闭塞区间分段进行测量并换算为1 km长度的电阻值），对于新建线路不应小于15 Ω·km，对于运行线路不应小于3 Ω·km。

5.4.4.2　过渡电阻测试方案

钢轨过渡电阻的测试方法采用EN 50122—2的规定，如图5-143所示。

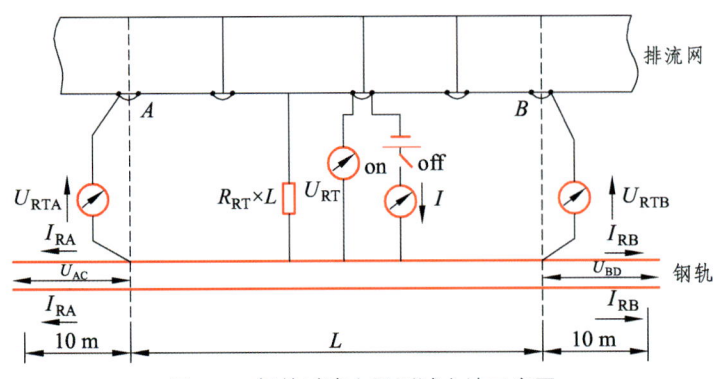

图5-143　钢轨过渡电阻测试方法示意图

通过测试 A 点附近（距离注入电源点 1 500 m）、B 点附近（距离注入电源点 1 500 m）的纵向电阻以及 AC、BD 两段的电压，可通过下式计算被测量区段的末端电流：

$$I_{RA} = \frac{U_{AC}}{R_A} \tag{5-2}$$

$$I_{RB} = \frac{U_{BD}}{R_B} \tag{5-3}$$

测量电压时，分别测量电路断开和闭合时的电压值。通过 $U = U_{on} - U_{off}$ 消除噪声的干扰。

钢轨过渡电阻表达式：

$$R_{RT} = \frac{L}{3} \times \frac{U_{RT} + U_{RTA} + U_{RTB}}{I - I_{RA} - I_{RB}} \tag{5-4}$$

式中　R_{RT}——单位长度的钢轨过渡电阻，$\Omega \cdot km$；

　　　I——电流源注入电流，A；

　　　I_{RA}，I_{RB}——被测量区段的末端电流，A；

　　　U_{RT}——电流注入点钢轨对排流网的电压，A；

　　　U_{RTA}，U_{RTB}——被测量区段的末端钢轨对排流网的电压，V；

　　　L——被测量区段的长度，km。

此测试方法进行钢轨过渡电阻的测试，能够排除一定的干扰，快速、准确地测试出钢轨与道床钢筋网之间的过渡电阻值，为明确杂散电流的泄露途径提供了参考，为后期运营线路的维护提供了一定的依据，同时钢轨过渡电阻的测试方式也给后续线路钢轨过渡电阻的测试提供了借鉴意义。

5.5　机电系统技术创新与实践

5.5.1　供电系统框架绝缘、电缆、接触网施工技术

地铁供电系统作为地铁的主要电能来源，是地铁系统的心脏和大动脉，在地铁的实际运行中起着极其重要的作用，由变电所、电力监控、环网、接触网等网络构成。变电所是地铁系统的心脏，为所有地铁设备提供电能，直接关系到设备的稳定安全运行。接触网是地铁系统的大动脉，为列车提供电能，其可靠与否甚至会威胁地铁乘客的生命安全，造成不可挽回的经济损失和社会影响。

5.5.1.1　创新直流框架绝缘安装，确保列车运营供电可靠

1. 背景

多年来，直流框架绝缘安装一直是行业难题，为解决这一难题，通过查阅大量相关资料和研

究，大胆创新，反复论证，在7号线直流框架绝缘上，决定采取在开关柜柜体和基础槽钢间加垫绝缘板的方案，同时在柜体连接螺栓部位先开孔再拼装绝缘板，柜与柜之间加装整体绝缘板，连接螺栓采用双"T"型绝缘螺栓，经多次测试，绝缘电阻值达到40 MΩ，绝缘效果良好。

2. 详细方案

新型的绝缘安装方式的核心为包裹柜体的绝缘安装底座及柜体开方孔采用绝缘板与绝缘组件连接的固定方式，通过增加绝缘底座及方孔安装的形式，不仅会使固定螺栓完全与柜体和基础槽钢隔离，而且会极大地增加爬电距离，增加绝缘效果，如图5-144所示。

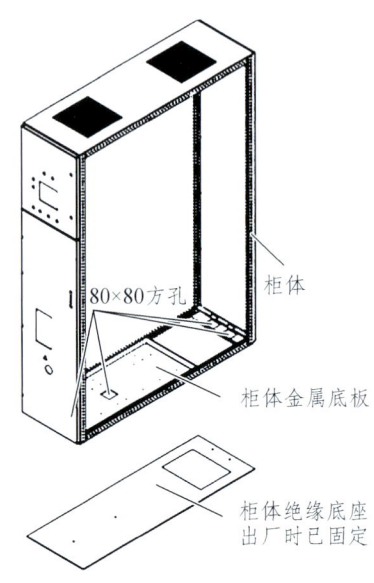

图5-144 增加绝缘底座示意图

设备出厂前，柜体绝缘底座由设备厂家固定安装在柜体金属底板下部，下面将柜体金属底板和柜体绝缘底座统称为"柜体（带绝缘底座）"。将绝缘底板按照技术要求敷设在槽钢上，并于柜体（带绝缘底座）在绝缘底板上就位后，根据柜体绝缘底座已有的地脚安装孔（孔径大小为Φ11），用钻孔器将绝缘底板和槽钢一起开孔（孔径尺寸为Φ13），然后将（1）螺丝帽、（2）双"T"头绝缘螺栓、（3）平垫圈、（4）弹垫圈、（5）SMC绝缘盖板和（6）PC绝缘垫板按图5-145中的顺序进行组装，最终用绝缘安装组件（1）～（6）将柜体（带绝缘底座）和绝缘底板固定在槽钢上，同时将（5）SMC绝缘盖板与柜体金属底板上的4个M6机动焊螺栓安装固定，柜体有4处绝缘安装组件（1）～（6），如图5-145、5-146、5-147、5-148所示。

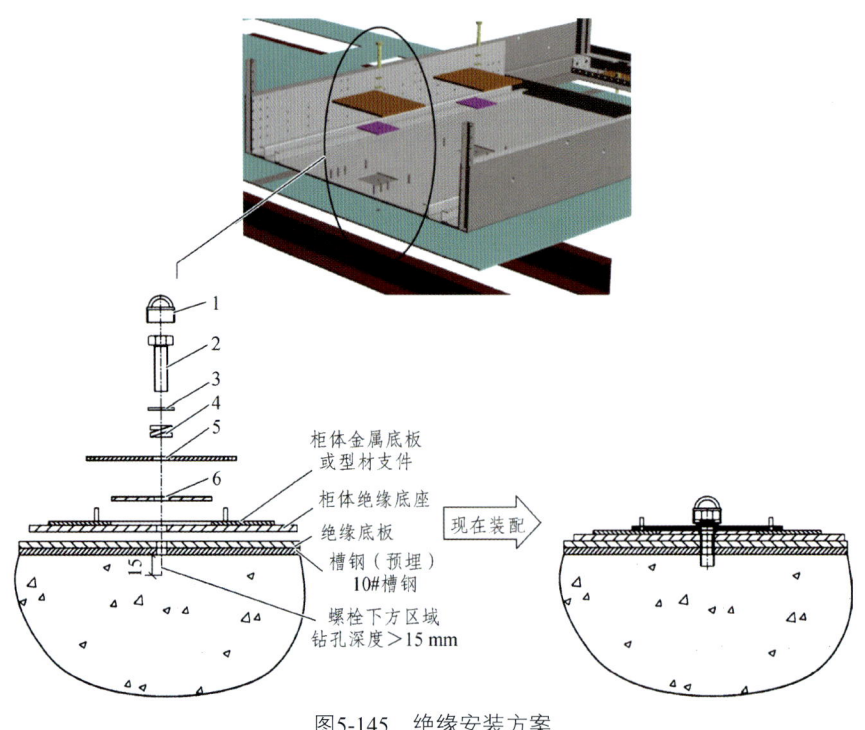

图5-145 绝缘安装方案

图5-146 绝缘安装成品

图5-147 双"T"头绝缘螺栓

图5-148 成排安装直流柜

其作用是通过（5）SMC绝缘盖板、（6）PC绝缘垫板和柜体绝缘底座将（2）绝缘螺栓、柜体金属底板、槽钢的金属部件完全隔离绝缘，并作为金属边框内的（6）PC绝缘垫板尺寸较大（可达80 mm×80 mm），爬电距离长，绝缘效果好；通过（6）PC绝缘垫板调整高度，使（5）SMC绝缘盖板与柜体金属底板之间紧密，提高密封性，并且在SMC绝缘盖板内的PC绝缘垫板及螺栓处可按现场情况方便地涂抹绝缘胶，减少环境潮湿带来的绝缘影响，增强绝缘性能；同时使用平垫圈和弹垫圈，防止螺栓松动；将螺丝保护帽套在螺栓上部，不仅美观，还可以防止灰尘在螺栓处堆积。

3. 应用效果

7号线直流框架绝缘验收各变电所绝缘均达到40MΩ，开通至今从未发生因直流框架绝缘不满足要求而中断运营的情况，各方专家对该安装方式给予了高度的评价。这一创新工艺为成都地铁建设的科技创新和技术进步起到了引领和示范的作用。

5.5.1.2 优化电缆排布，整齐划一，确保"主动脉"为变电所输送"血液"可靠

由于地铁供电系统供电设备品类较多，站、所设备布局不一致且支架布局与土建结构设计存在交叉问题，导致在夹层支架布局与电缆敷设路径存在问题。为解决上述问题，根据地铁施工规范、地铁运营单位的维护需求、结合每个站土建结构布局的特点，对设备夹层区域的支架布局及电缆敷设路径利用计算机软件技术进行模拟现场优化设计，然后对照现场试装，有效地避免工序返工，工艺美观。

1. 背景

变电所夹层支架布局及电缆敷设深化设计施工工法的形成是因车站设计不同导致站所供电设备分布不一，设备控制、载流连接电缆的密度很大，地下电缆夹层的结构柱等影响而进行的必要施工优化。

根据现场调查的土建电缆夹层结构尺寸图纸、机电单位的消防照明专业图纸、结合供电专业设计图纸的位置方位，利用计算机软件技术模拟所内消防管道、预留检修通道、通行人孔、设备安装位置情况对夹层支架布置、电缆布置进行优化确定，达到布局合理，电缆排列整齐、美观的工艺效果的要求。

2. 具体步骤

1）按电缆分层敷设原则，结合现场施工图纸，通过计算机软件技术进行模拟排布

（1）原则上满足设计对电缆支架的分层布局原则。即L1、35 kV环网高压电缆L2、L3、1 500 V直流电缆L4、1 500 V直流电缆（无400 V动力电缆的情况下）L5、控制电缆桥架及通信电缆、光缆。

（2）同一设备同一引流点因载流量的需要双根一次电缆可以同层叠放敷设固定，但不同回路的电缆不得进行双根叠放，考虑散热要求不得三根叠放。

（3）利用计算机技术（BIM或CAD）将以此原则进行分层深化敷设处理，处理过程中避免电缆敷设出现交叉的现象，如图5-149所示。

（4）根据电缆支架水平宽度（1 100 mm）、电缆敷设半径要求进行优化排布，避免出现强塞、硬挤现象。

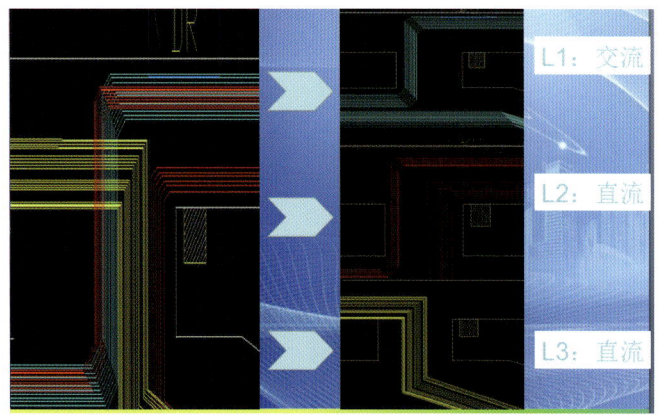

图5-149 采用BIM技术进行电缆模拟排布

2）设备平面布置图复核

重点对设备安装位置、支架位置与现场情况进行复核。

3）与各专业对接复核

与土建专业对接检查，对现场复测后发现与图纸有出入的尺寸应在图纸中进行标示，特别是设备边沿处引流点最靠近支架布局部分的相对距离（支架未安装前应确定好参照物如中心结构柱体边沿、侧墙位置、梁体边沿垂线）。

4）电缆支架路径定位

（1）支架路径原则上安排在周边设备中心区域，路径边缘距离应考虑在每排设备的边缘引流点垂线之外。

（2）避让结构柱穿插到支架路径中。

（3）主检修通道靠近外墙侧，条件满足情况下应>800 mm。

（4）人孔周边垂线至夹层处应避让，人孔落地垂线部分应与检修通道连接通畅。

5）确定敷设路径后进行电缆分层敷设固定

根据与各专业的图纸及现场复核后，与各专业管线无交叉、干扰后初步确定电缆敷设路径，同时结合电缆支架定位，再次采用计算机软件技术进行优化修改，确定最终的电缆敷设路径。

3. 应用效果

经过计算机软件技术优化后的电缆敷设路径，达到了既美观同时也方便运营人员检修的目的，具有强烈的视觉冲击，无论是在样板验收还是在实体验收阶段都得到各方专家的高度评价和肯定，开通至今，7号线故障率均低于其他已开通线路，分层敷设后电缆如图5-150所示。

图5-150　分层敷设后电缆

5.5.1.3　创新接触网工艺，提升品质，确保接触网供电可靠

接触网是地铁系统的大动脉，为列车提供电能，可靠与否甚至会威胁地铁乘客的生命安全，造成不可挽回的经济损失和社会影响。为提升7号线接触网品质，创新接触网施工工艺，主要对测量定位、悬挂打孔、锚栓预埋、锚栓拉拔试验、悬挂安装、汇流排安装、架空地线架设、悬挂调整、设备安装等关键工序进行创新优化。

1. 规范测量标注

标注内容包含悬挂点编号、安装类型、拉出值。标注采用模板喷涂形式，标注在疏散平台对面,上沿高度为轨面以上1.1 m,如图5-151所示。

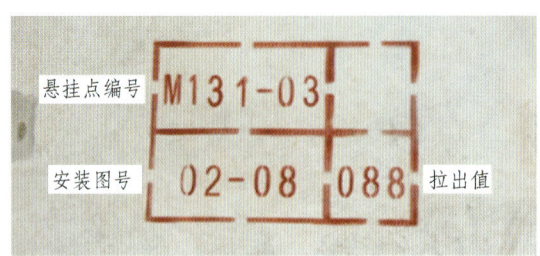

图5-151 测量标注

2. 钻孔预定位

为有效避免打孔位置与盾构管片内钢筋的冲突,研制了用于标定打孔位置的辅助工具:管片钢筋分布标尺,结合钢筋探测仪来确定打孔位置,从而大大提高了盾构区段的打孔准确度,如图5-152所示。

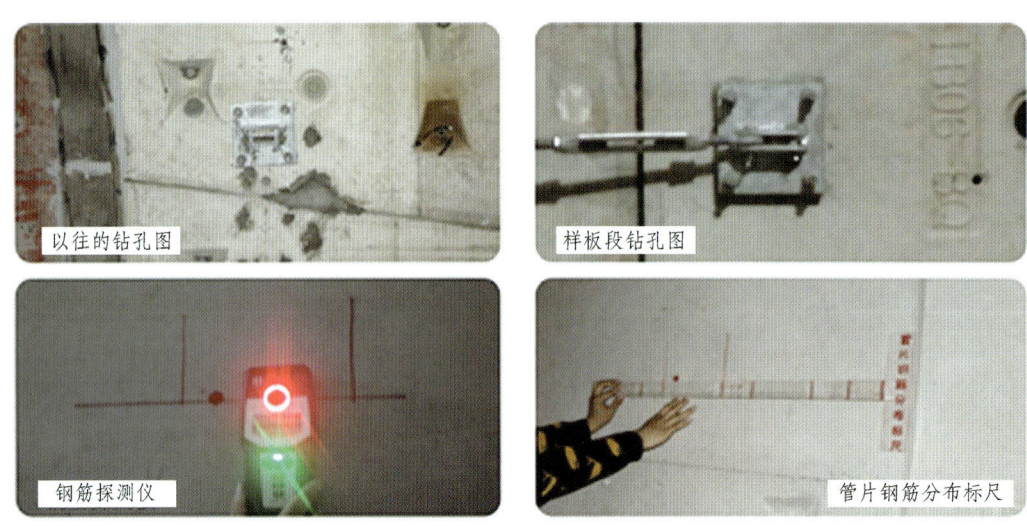

图5-152 现场示意图

3. 提高悬挂钻孔精度

为提高锚栓的铅垂度,采用带限位环的钻头进行施工,打孔达到限位环则停止,保证每个孔深度一致、垂直、美观,孔的纵向轴线与地面水平保持垂直,如图5-153所示。

施工时,限位卡环从钻头根部穿入钻头,量取相应距离后,利用固定螺丝将卡环固定在钻头上后,即可开始钻孔施工。

钻孔完成后,使用毛刷或气筒将孔内的余灰清理干净,测量检查孔深、孔径、孔距等各项参数是否满足安装要求。

4. 汇流排终端预制

根据实测锚段长度和现场安装温度,预留汇流排终端伸缩量,最后进行汇流排终端的工厂化预制和提前预对接。保证了汇流排的终端精度,现场安装一次到位,如图5-154所示。

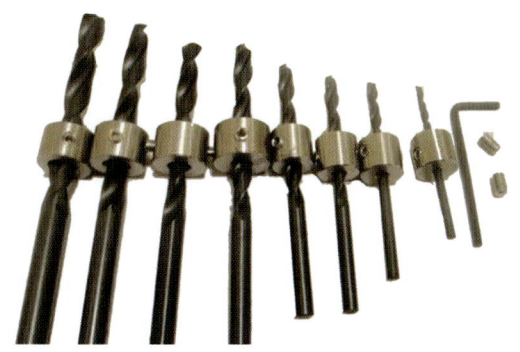
图5-153 钻头限位环

图5-154 汇流排终端预制

5. 道岔定位精准

为保证道岔定位的准确，掌握了轨道岔道的相关技术尺寸后，利用钢卷尺从道岔岔前端接缝处向岔后量取了13.839 m来确定岔心位置，再根据接触网平面布置图确定道岔各个悬挂点的位置。保证了道岔起测点的精确，如图5-155所示。

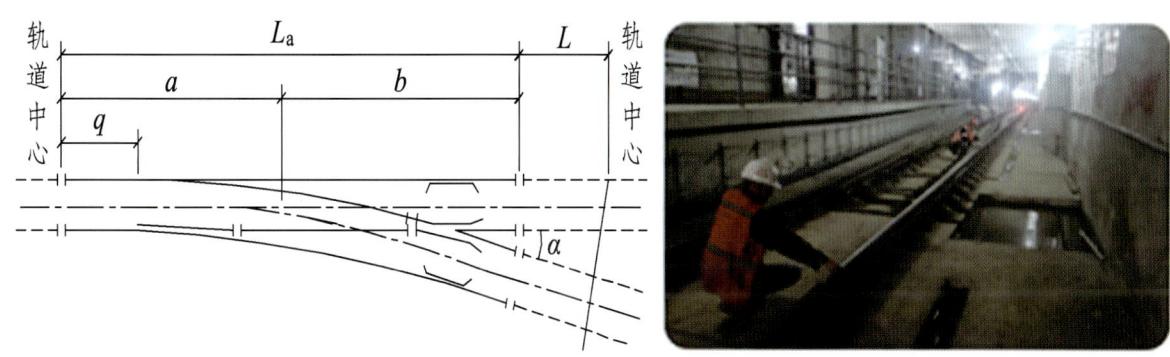
图5-155 现场确定悬挂点的位置

6. 精确控制汇流排接缝间隙

在汇流排对接施工时对接口进行平整处理，安装完成后利用汇流排接缝塞尺进行100%的严格检验，经测量接缝间隙平均在0.4 mm范围内，保证了汇流排的平整过渡，如图5-156所示。

图5-156 现场用塞尺检查汇流排连接缝

7. 优化直流电缆敷设

针对以往地铁线路电缆敷设工艺较差、绑扎不整齐、电缆不平顺、运营一段时间后转弯处电缆外皮有磨损等问题。7号线采用预先进行划线，然后逐根敷设、逐根绑扎，做到平行整齐排列，布置均匀合理，电缆弯曲自然，并在转弯支架位置加装电缆保护套，防止电缆拐弯处损伤，如图5-157所示。

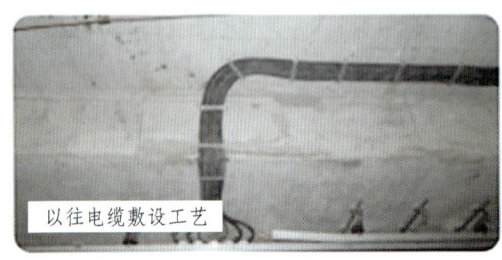 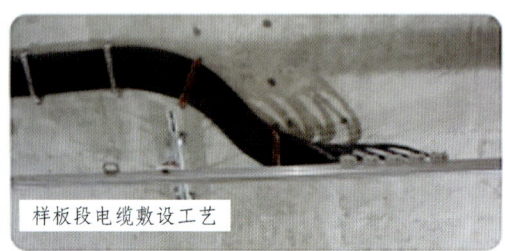

图5-157 电缆敷设对比图

8. 工厂化预制电连接

地铁7号线采用工厂化预制电连接线，并对电连接线每隔100 mm间距进行绑扎，确保了电连接在运输和现场安装过程中不会出现散股、松股现象，确保了安装工艺的美观。

电连接预制：关节及道岔电连接下料长度为600 mm，进行工厂化预制，每隔100 mm绑扎一次，防止散股，同时在汇流排电连接线夹与接线端子连接处涂抹导电膏，以增强导电性。如图5-158所示。

图5-158 电连接

电连接安装如图5-159所示。

道岔电连接如图5-160所示，非绝缘锚段关节电连接线预制及连接如图5-161所示。

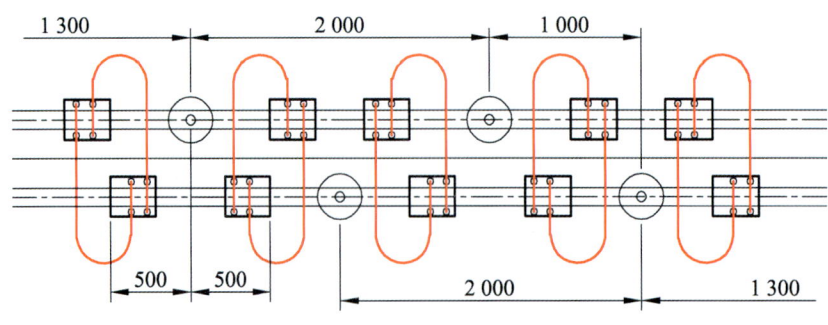

图5-159 电连接示意图

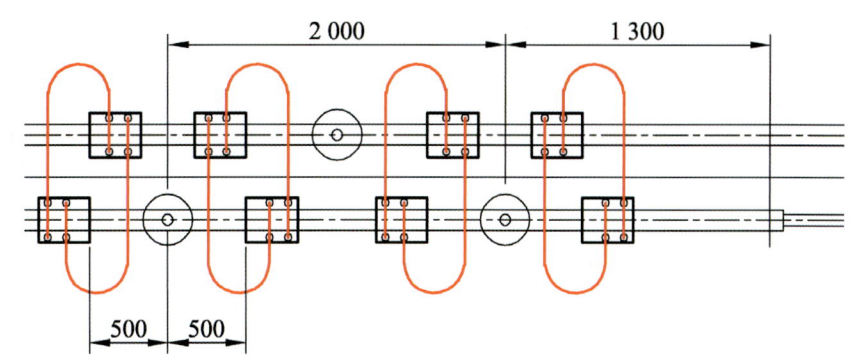

图5-160 道岔电连接

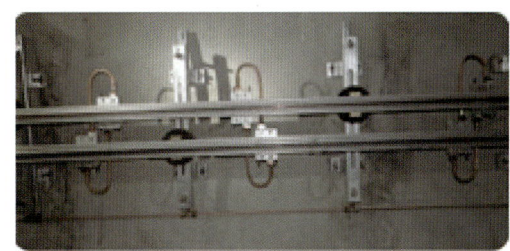 

图5-161 非绝缘锚段关节电连接线预制及连接

9. 应用成效

成都地铁7号线供电系统开通以来，得到各方的高度评价，接触网磨耗等指标均优于其他已开通线路，对后续线路供电系统高标准、高起点、高要求施工起到了引领和示范的作用。

成都地铁7号线供电系统经过多重工艺创新，为成都地铁7号线环线一次送电成功，一次性开通奠定了基础，为机车提供了可靠稳定的电能。自开通以来，设备故障率及接触网故障率均低于其他已开通线路，得到地铁运营方的高度评价和肯定，为成都地铁后续线路起到了引领和示范作用。

5.5.2 动力照明消防电源监控施工技术

5.5.2.1 设置原则和架构组成

成都地铁7号线作为成都地铁首条环线，低压配电系统首次采用了消防设备电源监控系统，系统主要检测消防设备电源的相关电气参数。在电源发生过压、欠压、过流、缺相、错相等故障及异常时，相关电气参数不在设定值要求范围内时应能发出报警信号，并在系统中指示出具体报警部位，记录并保存报警信息，以便及早维护，保证消防设备的供电可靠性，避免火灾发生时因消防设备不能正常使用而导致火灾灾情不能有效控制，从而减少火灾损失。

系统采用三层式结构，即主控层、通信层、设备层。对所监控的消防设备电源的运行信息、故障信息、位置信息等参数进线跟踪采集、储存、分析，方便用户进行管理和监控，通过人机交互界面，将消防电源信息的数据进行汇总显示，监控主机设置在车站车控室，并具有管理、查看、报警、打印等多项功能。

5.5.2.2 现场实施分析

消防设备电源监控系统在实际中的应用并不复杂，在安装设计后会有一个系统回路，发生火灾的预警和设备的监控都是在回路中发生的。7号线消防设备电源监控系统在线路开通运营后增设，属既有线施工范围，需考虑现场是否具备足够的安装条件，制定各站对应的施工方案，避免对既有线运营造成影响。在实施过程中采取了以下措施，以确保实施过程的安全可控。

1. 结合现场确定设计方案

7号线已开通运营，为避免对既有设备使用造成影响，本着可靠、安全、便捷的施工原则，提前与环控电控柜、EPS应急电源厂家对接，确定柜内新增设备安装位置。系统归属低压配电箱厂家，厂家提前调查原有箱体尺寸是否能够满足安装需求，不满足的需增设箱体。

2. 按照指定施工方案

7号线全线共计8个施工标段，31个车站、1场1段，施工点位多、线路长，需根据各站特点及运营批点情况制定各自的施工方案，满足现场施工要求。

3. 合理规划报警主机安装位置

根据运营需求，系统主机需安装于车控室，为保证主机安装位置合理、美观，提前与运营公司对接进行现场踏勘，明确各站主机安装位置，形成资料，提供设计进行图纸进行深化。

4. 规划线缆敷设路由及施工计划

新增电缆敷设需新增管道，在实施前标段应进行现场踏勘，明确管道敷设路由，并根据规划路由编制施工计划，避免吊顶拆卸影响了次日正常运营。

5. 实施期间加强管理

在设备安装期间，需注意电压、电流信号的采集不可以损坏被监测的线路，加强施工工艺控制。

5.5.2.3 效益分析

火灾的发生都是没有规律的，在运营管理过程中容易疏忽大意，忽略消防设备电源的重要，只有在发生火灾时才会发现消防设备电源出现了故障而无法启动的严重问题。通过新增消防设备电源监控系统使得整套配电系统的运作更加可靠、高效，并丰富系统功能，实现提升管理效率的目标，确保运营人员能够最快地发现报警点位，减少现场巡检频率。

5.5.3 站台门接地、绝缘施工技术

5.5.3.1 站台门系统特色及重难点

站台门的门体绝缘和等电位连接一直是本系统亟待解决的问题，自国内地铁采用站台门系统以来，对于通风空调系统节能和安全防护起到了至关重要的作用，但就国内各个城市轨道交通的运营情况而言，在开通运营一定年限后，受灰尘、空气潮湿等环境因素影响，普遍存在站台门的门体与车站结构绝缘失效导致等电位连接线缆点过热、门体与车厢存在电位差等问题。

5.5.3.2 站台门系统关键施工创新及实践

为保障设备的运行安全及地铁的运营安全，国内各个城市在建设阶段均采取了不同的措施，《地铁设计规范》（GB 50157—2013）对于门体的绝缘及等电位连接要求也进行了调整：站台门门体与车厢宜保持等电位，当与钢轨有等电位连接要求时，门体与钢轨的连接电阻值不大于0.4 Ω，门体与车站结构绝缘电阻值不小于0.5MΩ。当门体与车厢无等电位要求时，门体应与车站综合接地装置连接，接地电阻不大于1 Ω。根据规范要求，结合本工程实际特点，站台门系统采取了以下创新实践。

1. 新增站台门门体接地端子箱

站台门门体采用与钢轨等电位连接的方式，具体实施方案为在门头内设置等电位连接铜排，各个门扇单元、门体支撑结构件、顶箱、盖板等均与门头内的等电位连接铜排进行电气连接，再采用电缆将等定位连接铜排与钢轨进行单点连接。

同时，在站台门控制室内新增一个接地端子箱，该接地端子箱通过接地电缆与车站综合接地装置进行连接。在安装时，需将站台门顶箱内等电位连接铜排与站台门设备房内接地端子箱之间的连接电缆预留到位。若在开通运营后，因环境因素导致门体与车站结构的绝缘电阻值不满足≥0.5MΩ时，则将门体与钢轨的等电位连接电缆断开，再将门体通过预留好的连接电缆与站台门设备房新增接地端子箱进行连接，从而达到门体与车站综合接地装置进行连接的目的。

2. 绝缘型站台门门槛、门体构件绝缘膜及站台绝缘层

站台门系统预留了与车站综合接地装置连接的条件，在运营后期若将门体与钢轨间的等电位连接断开，并与预留接地端子箱进行连接，则车厢与门体间存在电位差。为消除电位差对乘客人身安全的影响，本工程对乘客上下车过程中身体与站台门可能形成的接触面进行了绝缘处理，采用了绝缘型站台门门槛、门体构件绝缘膜及站台绝缘层。

1) 绝缘型站台门门槛现场实施分析

本工程站台门的滑动门、应急门、固定门门槛使用的是绝缘型站台门门槛，采用绝缘复合材料制作。表面为复合不锈钢的形式，门槛踏步面根据实际要求做蚀刻或冲压等防滑纹处理，复合材料构成的门槛绝缘性能稳定持久且机械性能完全满足在载荷1 200 kg的情况下弹性变形量小于2 mm的要求。绝缘型站台门门槛与车站结构、门体立柱均采用绝缘安装的方式，消除门槛与车厢之间的电位差及乘客上下车时的跨步电压。

整体绝缘安装方案如下：

（1）站台门与土建连接件采取上下绝缘处理：顶部结构连接件与立柱通过顶部伸缩绝缘套进行绝缘处理；立柱与底部支撑件采取通过绝缘垫和螺栓绝缘套进行绝缘处理的方式。

（2）底部支撑件增加L型绝缘挡板，防止站台垫层、绝缘层等施工对底部基座的绝缘产生影响。

（3）绝缘型站台门门槛独立绝缘安装，门槛部件对地绝缘安装，门槛与站台门其他门体部件均相对绝缘。门槛中间支撑部分通过绝缘套实现门槛与地绝缘，门槛两侧与立柱底部支撑连接部位通过绝缘支撑架实现门槛与立柱之间的绝缘处理，门槛踩踏面与立柱包板之间预留10 mm绝缘间隙，间隙处由绝缘胶填充，如图5-162所示。

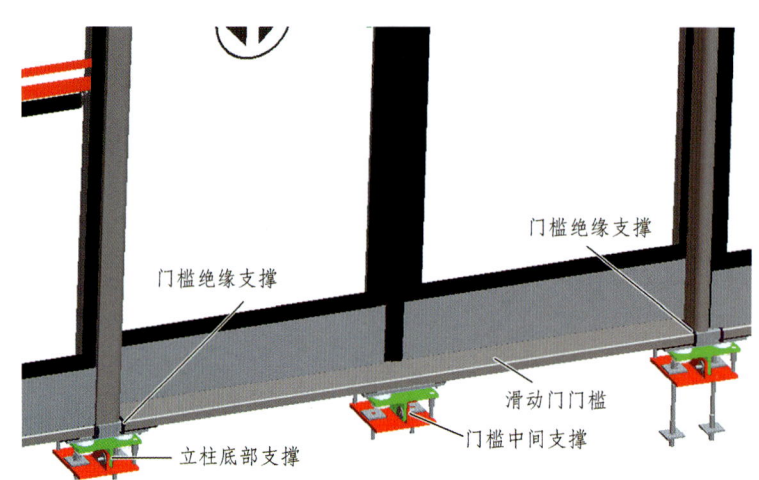

图5-162　绝缘型站台门门槛独立绝缘安装示意图

2）门体构件贴敷绝缘膜现场实施分析

本工程滑动门门体立柱、门楣等乘客在上下车时可能接触的部分均贴绝缘膜。在进行绝缘膜的施工时，必须按照严格的工艺流程进行，以保证良好的绝缘效果及绝缘寿命。

安装要求如下：

（1）施工准备：绝缘膜施工前须保持施工现场的整洁、干净。

（2）表面清理：贴膜前须清除粘附于不锈钢上的泥尘、涂料、硅酮胶、油污、灰尘等污染物，并用专用清洗液喷洒于玻璃表面并均匀擦洗，直至表面光亮无污渍。

（3）贴膜：将绝缘膜边缘平铺于不锈钢上，再滑动至正确位置，膜边与窗框边间隙小于0.8 mm。用橡胶刮擦板按照从中心到边缘、从上到下的顺序刮膜，再用专用刮板重复1遍，将隔热膜与不锈钢之间的空气挤出，重复滚压一遍，并及时修整拼接处的翘边。

（4）清洁保养：绝缘膜安装后3日内，不应用水擦洗贴膜玻璃膜面。3日后，可用专用清洗剂或中性洗洁精和柔性橡胶刮擦板、不起毛擦洗布等擦拭清洗绝缘膜表面。绝缘膜接缝处表面清洗时，应沿接缝方向擦拭清洗。

3）站台绝缘层现场实施分析

本工程为消除乘客上下车时的跨步电压，采用了暗敷式绝缘卷材作为站台绝缘层。

站台门绝缘层敷设范围如下：

（1）站台边缘站台门槛靠公共区侧、端门门槛两侧原则上敷设1 250 mm（宽）绝缘层；端门与设备房侧墙搭接两侧敷设长1 000 mm、高2 500 mm绝缘层。

（2）站台板范围内绝缘层敷设于站台公共区装修层以下站台结构板以上，并与公共区装修地砖的铺设相配合。绝缘层敷设时按二柱轴线之间为一个独立绝缘单元且与非绝缘区的砖石材伸缩缝连接，每侧站台边绝缘带由若干个独立的绝缘单元组成，每个单元施工完毕后必须进行绝缘效果测试。

（3）在站台门门槛板和站台绝缘层之间设置"L"型绝缘隔板，保护分隔缝不被杂质污染。

站台门绝缘层敷设工艺流程要求如下：

（1）测量放线：根据设计要求和施工需要，地铁线站台绝缘层工程项目测量的主要目的是：确定测量基准、建立施工坐标系、确定实际尺寸与图纸尺寸偏差。

（2）绝缘基层清理：清理绝缘区域内的站台结构层表面，移除绝缘区杂物，去掉表面松散突出的水泥残渣，清除地面钢筋，螺栓等尖锐突出物体。

（3）安装"L"型绝缘隔板：绝缘挡板安装在地面找平层之上。在安装之前将地面颗粒、尖锐等容易引起绝缘挡板变形或凸起的杂物清理干净。绝缘挡板完全与屏蔽门门槛贴合后，用不锈钢钉将绝缘挡板固定在找平层地面，每隔1 m进行固定，防止在施工中绝缘挡板移动。

（4）敷设绝缘卷材："L"型绝缘隔板安装完成后，将绝缘卷材放置在各自位置的垫层上面；整理好绝缘槽四周立边，保证四边均高于完成面30 mm以上；将绝缘层底部压实，压平；将绝缘卷材四个角向平行于轨道缝隙内折叠，形成绝缘槽。

（5）检测绝缘阻值：用DC 500 V的表对已形成的各个绝缘槽进行检测，每个检测点的绝缘阻值都满足大于等于50 MΩ的要求。

（6）在绝缘槽上铺贴装饰面材（由装修专业完成）。

（7）装饰面材完工后的绝缘检测：用DC 500 V的表对已形成的各个绝缘单元进行检测，每个检测点的绝缘阻值都满足大于等于0.5 MΩ的要求。

（8）接口位置绝缘槽裁剪及打胶收口：把接口位置绝缘槽边缘和挡板裁剪与装饰面材顶面相平。清理各处接口位置，用吸尘器对接口位置彻底吸清，检测一次绝缘指标，绝缘指标合格的单元，进行接口位置打胶密封。打胶位置包括：绝缘区域独立单元间、绝缘区域与非绝缘区域间、绝缘区域与门槛间、绝缘区域与墙体间。

5.5.3.3 效益分析

为解决目前普遍存在的站台门系统门体绝缘的难点问题，结合国内城市轨道交通站台门建设和运营经验，在成都地铁7号线站台门系统优化接地模式、新增绝缘措施，在安装过程中做到严格管理、精心施工，保证施工工艺和绝缘要求，达到设计、规范要求，确保站台门绝缘一次达标。

站台门接地端子箱、绝缘型门槛、绝缘膜及站台绝缘层的实施，为地铁开通后的设备运行的安全性提供了保障、为设备的运营维护提供了便利，同时，为其他新建的城市轨道交通站台门门体绝缘提供了参考。

第 6 章

7号线运营管理

6.1 运营筹备管理创新

运营筹备是指在工程建设阶段，为了使建设工程和相应设备顺利移交给运营单位，进而实现线路安全、及时、有序开通运营所做的一系列筹划和准备工作。国内城市轨道交通新线运营筹备，按筹备条件不同分为首条线运营筹备和后续线运营筹备两种情况。

6.1.1 运营筹备概论

6.1.1.1 运营筹备的意义

在进行城市轨道交通建设时，应充分认识科学开展运营筹备工作的重要意义，并充分结合城市布局情况，确保线路运营筹备工作的有序运行。

国内城市轨道交通新线运营筹备模式，一般先从定规划、定架构、明思路开始，按照工程筹备计划节点倒排运营筹备重要工程节点，做好人力资源、资金、物资、后勤保障、技术与管理等筹备工作，再通过运营接管、联调联试、运营演练等阶段性工作，全面检验筹备效果，查漏补缺，以期保证高质量开通试运营。

6.1.1.2 运营筹备的工作内容

城市轨道交通线路运营筹备主要涉及4个阶段，分别是筹备规划期、运营接管期、综合联调期、试运营期。为了科学开展城市轨道交通线路运营筹备工作，需明确筹备阶段工作的重点内容，有序展开各项工作。

1. 人员筹备

在定岗定编的基础上，轨道交通行业需要制订科学合理的人员筹备策略，确保人员数量充足、到位及时、结构合理、成本可控，确保"第一资源"——人力资源能够为新线筹备工作提供坚实保障，以顺利完成各阶段目标。

2. 完善基础设施建设

运营参与建设是指从项目设计、建设、施工到工程完工之前，在以工程建设为主导的阶段，运营单位根据近远期规划的运营需求，及时、合理、有效地参与项目建设的各项工作。

运营单位参与建设，可以更快了解、熟悉工程现场与设备安装状态，掌握新环境、新设备、新功能和新技术，以便在新线接管后能及时开展系统联调、演练等工作；同时，在参与建设过程中，可以根据运营需求、经验和教训，从运营角度发现并反馈工程存在和需要完善的问题，将其解决在工程建设过程中，为后期的运营带来便利。

前期运营筹备工作涉及对基础设施设备的引进，应结合具体的施工方案，明确本次轨道交通建设工作需使用的基础设施设备，拟定设备的引进计划。设备的软、硬件条件不同，安装及运营条件也不同，对设备进行安装调试，分析设备运营有无安全隐患，对设备技术资料建档，对设备进行定期维修，确保设备安装调试后能有效平稳运行。对城市轨道交通通信、信号设备进行测试，确保连接稳定，对于一些通信故障要及时处理，确保能有效监控城市轨道交通运营状况。

3. 建立内部管理机制

在运营筹备过程中，建立适宜、有效、充分的规章体系，确保线路开通运营的工期目标顺利实现和提供满足符合外部要求及其对外承诺的质量标准的运营服务，是十分必要和迫切的。通常情况下，需结合相应的法律法规、顺应时代发展，遵循具体问题具体分析的原则，优化管理工作的内容和形式。应组建专业的管理团队，在建设施工的全过程中进行严格管理。同时，可建立责任监督机制，规范管理人员和员工的工作行为。另外，应定期对管理人员展开培训，提升其运营筹备能力和创新意识。

6.1.2 "线网+线路"分层级运营筹备创新

成都地铁7号线（以下简称"7号线"）是至2017年年底成都轨道集团一次性开通里程最长、配车数最多的线路。作为成都地铁首条环线，7号线的建成标志着成都地铁"井+环"的线网格局（南北向的1、3号线，东西向的2、4号线，环线7号线）正式成型。同步建成的中环控制中心投用后，成都地铁"线网控制中心+三座区域控制中心"的线网调度指挥体系正式形成，如图6-1所示。

为保证高质量完成7号线筹备任务，实现线网运营管理全面升级，成都轨道集团立足线网、统筹谋划，在总结既有线路筹备经验的基础上，结合环形线路的特点，按照"线网+线路"分级创新开展筹备工作。

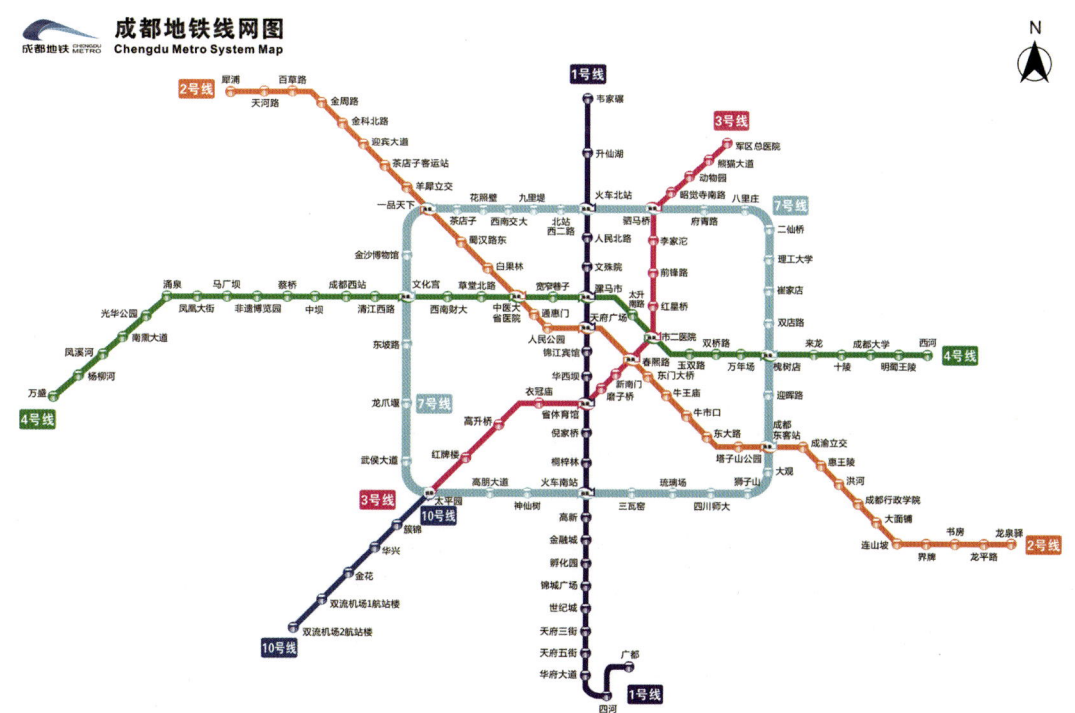

图6-1 成都轨道交通已开通线路示意图

从7号线开始，成都轨道集团创新性地提出了线网级筹备和线路级筹备的两级筹备概念，并逐渐迭代优化形成了一套相对完善的理论体系。

线网筹备方面，成都轨道集团从线网级系统建设、资源共享与互联互通、区域化维保与应急等方面出发，围绕线网调度指挥体系建立、线网资源规划、线网运营规章制定、线网应急联动体系健全以及线网维保模式适配等方面进行专题研究，全面提升线网运营的服务和管理水平。

线路筹备方面，按照"标准化+差异化"的筹备思路，充分考虑7号线环线运营、全地下场段、多换乘站的特点以及系统设备选型的差异性，围绕人员招聘与培训、制度建设与应急演练、系统接管与消缺整改、系统调试与综合联调、精检细修与物资保障、客运服务与票务组织、行车组织与空载试运行等方面进行系统梳理和深入研究。

6.1.2.1 规章制度体系

既有规章制度体系仅包含线路级的安全、行车、客运、维保规章，未涉及线网层面，包括调度指挥、客运、维保、票务管理等，"井+环"线网顶层规章体系亟待建设。

为适应线网指挥中心建成后调度转型提升，成都轨道集团从运营维护、应急指挥、票务管理、信息服务、资源利用等方面对线路层和线网层运营管理需求进行再梳理，线网（面）—线路（线）—现场（点）三级运营管理再定位，实现线网运营管理规章体系再完善。

线网层面结合线网指挥中心与线路OCC的职责划分，按照"统一指挥、逐级负责、协调动作"的原则，编发了《线网行车组织规则》《线网信息调度手册》等30项规章，如表6-1所示。

表6-1　线网规章制度目录

序号	文件编号	文件材料题名
1	2YY-3-1-06	线网票务管理制度
2	2YY-4-1-07	线网运营指标分类规则
3	CDYY-XCZZ-01-005-2017	线网行车组织规则
4	CDYY-XCZZ-03-012-2017	维修调度手册
5	CDYY-XCZZ-03-010-2017	行车调度手册
6	CDYY-XCZZ-01-002-2017	线网施工检修管理规则
7	CDYY-XCZZ-03-016-2017	信息调度手册
8	CDYY-XCZZ-01-005-2017	线网信息管理规则
9	CDYY-XCZZ-01-003-2017	供电系统运行规则
10	CDYY-XCZZ-09-009-2017	电力调度手册
11	CDYY-XCZZ-02-001-2017	线网调度管理规则
12	CDYY-XCZZ-01-004-2017	线网指挥联动管理办法
13	CDYY-XCZZ-03-016-2017	运营调度手册

续　表

序号	文件编号	文件材料题名
14	CDYY-XCZZ-03-011-2017	设备调度手册
15	CDYY-XCZZ-03-013-2017	线网信息调度手册
16	CDYY-XCZZ-03-007-2017	COCC运作手册
17	CDYY-XCZZ-03-017-2017	世纪城OCC运作手册
18	CDYY-XCZZ-03-008-2017	崔家店OCC运作手册
19	CDYY-XCZZ-03-018-2017	新苗OCC运作手册
20	CDYY-XCZZ-02-002-2017	1号线行车组织细则（含COCC）
21	CDYY-XCZZ-02-003-2017	2号线行车组织细则（含COCC）
22	CDYY-XCZZ-02-004-2017	3号线行车组织细则（含COCC）
23	CDYY-XCZZ-02-005-2017	4号线行车组织细则（含COCC）
24	CDYY-XCZZ-02-006-2017	10号线行车组织细则（含COCC）
25	CDYY-XCZZ-02-007-2017	7号线行车组织细则（含COCC）
26	CDYY-YJCZ-04-019-2016	大客流应急处置程序
27	CDYY-SBWH-02-017-2017	线网资产及运营生产管理系统（PMS）管理办法
28	CDYY-AQGL-04-022-2017	区域应急值守点管理细则
29	CDYY-KYFW-03-020-2017	线网票务管理办法
30	CDYY-KYFW-02-026-2017	ACC清分规则

　　线路规章方面，结合环线行车、正线存车、共享主所、地下场段管理等方面的内容对规章制度进一步细化，按照安全管理、应急处置、客运服务、行车组织、设备维护、操作办法分六大类。线路层规章制度共计501项，其中安全管理类52项、应急处置类25项、客运服务类20项、行车制度类11项、设备维护类293项、操作办法类100项，如图6-2所示。

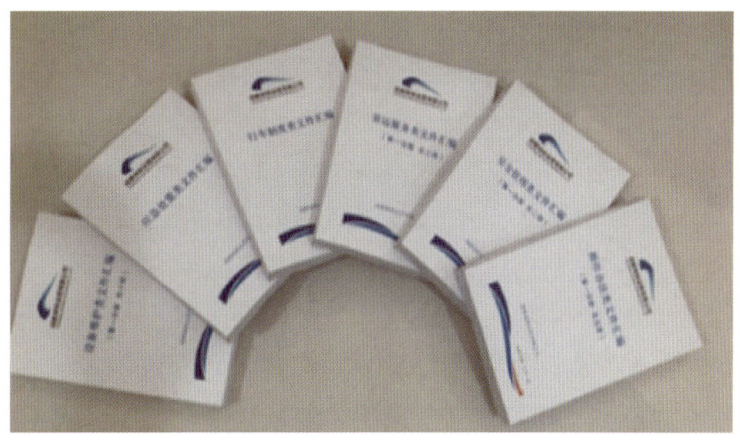

图6-2　线路规章制度

6.1.2.2 维保管理模式

为实现"公益+效益"的可持续发展，在保证运营安全的前提下，通过创新思路采取区域化和差异化维保管理模式优化，进一步提升了设备维修效率。

在区域化维保方面，全面打破线路的桎梏，以提升效率为目的，形成区域化的管控架构。AFC专业设置12个区域化维保班组，由3个AFC车间分区域管理；供电专业按"运检分离"维保模式设置抢修区域化班组，设置东区、西区、南区、北区、中区应急抢修工班；信号专业按照线网化运营进行区域划分，合理优化维保资源，对单线工班进行资源整合，将既有的信号单线工班维保模式优化设置为"区域化维保工班+单线维保工班"的维保方式。通过区域化集约管理，有效提升应急处置效率，推动线网维保质量的稳步提高。

差异化维保方面，充分考虑A型号车、环线等特点，丰富既有维保体系。中环停车场为成都地铁第一个地下场段，地下场段风机、水泵、照明设施数量倍增，其中水泵数量为普通场段的40倍，因此参照车站标准设置委外维保值守点，安排专人值守，负责日常维保及应急处理。同时，针对环形线路内外环轮对磨耗不均衡的特点，定期对轮对偏磨情况进行数据监测和分析，并通过中环停车场负一层、负二层的调车计划安排，均衡列车轮对内外侧磨耗。

6.1.2.3 应急管理体系

为进一步提升线网应急覆盖的全面性和及时性，充分利用环线的可达优势，对应急值守点及应急基地进行优化。

综合各站点及场段人员、物资配置情况及应急处置实际需求，设置应急抢险基地（线网）、区域应急值守点（区域）、现场（车站、主所、OCC）三级应急点。其中，应急基地9个（线网级4个），公司级综合性区域应急值守点6个，部门级专业应急值守点153个。

应急抢险基地设置于场段内，配备供电、接触网、车辆、信号、通信、工建、机电、自动化、AFC等专业人员，并配置大型专业工器具、抢险汽车、救援工程列车及相应备品备件，主要负责多专业联动处置的抢险救援及全线网救援，并兼顾应急基地周边10 km范围内区域站点故障的快速响应及处置工作。

成都轨道集团结合区域位置，在东西南北中分别设置了东客站、火车南站、文化宫、驷马桥、天府广场、太平园6个综合性公司级区域应急值守点，并结合正线工班点布设情况，设置有153个部门级专业应急值守点，如图6-3所示。区域应急值守点配置专职综合性值守人员及常用、适用应急处置工器具，主要负责值守点周边5 km范围内车辆、站台门、供电、接触网等直接影响行车的专业设备故障快速响应处置，以及其他突发事件的快速响应、处置配合、处置监督等工作。专业应急值守点配置常用、适用应急处置工器具及备品备件，值守工作由正线驻站工班人员兼顾，并作为区域应急值守点的强化补充力量。

车站作为正线突发事件先期处置作战单元，运营期配置有站务、保安、安检等人员（共计人员不少于15人），并配置防汛、消防、通讯、照明、防护及乘客疏导、救援常用应急物资，主要负责车站属地管理范围内部分终端设备故障和各类突发事件的初期控制，并辅助支援本线路的应急处置，侧重于保障属地车站的正常运转。

图6-3　应急区域及应急点分布图

6.1.2.4　应急演练组织

针对7号线独有的环线、换乘站多、主所共享等特点，更有针对性地进行了应急演练科目设置并开展针对性演练。

应急演练共计33项，除常规演练外，还结合环线特点开展了多控制中心联动、跨区域应急、线网信息发布、大客流导致车站封站、COCC接管新苗OCC、中环OCC接管COCC及共享主所失电支援供电等线网级应急演练。另外，成都轨道集团还根据应急和生产工作需求，开展了各类常态化及突击应急演练，所有演练均制定演练方案，按计划开展并形成演练评估报告，所有演练一旦发现问题均形成闭环。

为进一步验证各类规章制度、应急预案的适用性及突发情况下现场处置能力，成都轨道集团组织了有针对性的大型综合应急演练，以供电故障造成行车中断为演练科目，主要对环线行车中断后的区间乘客疏散、线网行车组织调整、线网应急救援力量调派、线网客流组织、舆情监控等进行检验，同时，对线网运营情况下救援力量布设、应急预案适用等进行进一步验证。

6.1.2.5　客运管理措施

7号线与既有线换乘联动关系复杂，新技术新设备应用多，需专项研究客运服务组织方案。

在新线建设阶段，成都轨道集团重点对7号线客运组织、客服设备、人员配置等方面的问题进行了专项研究及优化完善。

在客运服务设施准备方面,针对环线运营,就PIS、车辆电子地图、列车广播等乘客界面设备进行了方案优化及程序更新,进一步体现环线运营区别于既有常规线路的功能改进,同时建成成都地铁App,丰富乘客出行体验。

在导向标识安装及优化方面,一是屏蔽门盖板运行方向版面设置为环形,并对排版进行了特殊设计;二是在站台运行方向指引吊挂上增加了前方重点车站及内外环信息;三是在站台增加了列车运行方向示意图,方便乘客快速选择乘车方向;四是根据首发车安排,对车站出入口时刻牌末班车信息进行了细化显示。

6.1.3 "1+3"线网管理体系创新

成都地铁世纪城控制中心与1号线一期同步投入使用,负责成都地铁1、2、3、4号线的运营指挥及协调工作。除已建成的世纪城控制中心,2017年相继新建并投用了新苗控制中心(接入10号线)、中环控制中心(接入7号线),形成3个OCC并存的整体局面。

在中环控制中心、新苗控制中心正式投用前,通过物理集中的世纪城控制中心即可实现对已开通的全部4条线路的集中监控与线间协调。在7、10号线开通后,成都轨道集团3个区域控制中心各自独立运行、缺乏全线网统一监控和管理。

为了彻底解决这一问题,成都轨道集团启动了线网指挥中心(COCC)项目建设,并将COCC系统的研究与实施作为线网筹备的重中之重,在调度管理、安全应急、客运管理、设备设施等方面投入了大量的精力开展研究,取得了良好的实施效果。在COCC系统的助力下,成都轨道集团从运营管理上完成了线网调度指挥体系下COCC调度、各区控制中心调度与生产调度之间的接口关系及界面划分,顺利完成了线网调度指挥体系下生产组织流程的梳理,结合成都轨道集团生产实际完成了线网调度体系及生产组织体系规章制度的修订,从线网应急管理工作上,完成了应急预案体系、应急指挥流程、应急资源外部协作体系的全面建立,多次组织COCC及OCC间应急协作机制的专项演练,进一步提升了成都轨道集团线网应急处置实战能力,更新了信息发布机制,更加适应线网运营管理的实际需求,实现了全线网门禁的统一授权管理,促进了工作效率的大幅提升。

COCC项目的研究及实施应用极大地提升了成都轨道集团线网运营管理的信息化水平,提升了线网应急突发情况处置的智能化程度,减轻了线网相关工作人员的工作强度,提高了信息的传递效率,顺利实现了"COCC+3OCC"线网管理体系的建立。

线网指挥中心作为成都地铁线网运营的最高指挥机构,位于中环控制中心,负责总体协调世纪城、新苗、中环三个OCC,如图6-4所示。线网指挥中心设有值班总调、运营调度、设备调度、线网信息调度四个岗位,其职责为负责线网运营指挥工作,监督各OCC运营组织,对线网行车、客运、关键设备进行监视,应急情况下,总体协调地铁内部、外部应急资源,传达上级指示、下达运营指令,并负责对外信息的统一报送。

图6-4 成都地铁COCC调度大厅实景图

6.1.4 线网模式下的运营筹备创新

6.1.4.1 筹备模式

2017年成都轨道集团先后开通了4号线二期、10号线一期和7号线，1号线三期在2017年年底也投入空载试运行。与此同时，有10条线路正在同步建设，新线筹备组织的复杂性激增。7号线运营筹备的目标，不仅是要在多线并建的压力下实现线网运营的升级转型，还要为后续大规模多制式线网的运营奠定基础。

成都轨道集团充分总结既有经验，按照运营前置的理念，统筹线网筹备。一是强化以运营为主导的规划设计体系，加强线网层面的顶层设计，充分研究线网资源共享、互联互通的方案；二是形成建设阶段的标准化体系，完成用户需求书、标准化工艺图集、动车调试、综合联调全过程的标准化；三是按"线网+线路"思路，以线网资源统筹和线路差异化研究为抓手，分层分级开展新线筹备工作；四是建立标准化培训体系，通过培训中心硬件打造和标准化教材软件升级，建立运营人员长效培养机制。

6.1.4.2 行车组织

环线的行车组织和客流特征与普通线路均存在较大差异，作为主城区的骨干环线，7号线的行车组织须充分考虑运营组织的灵活性和线网的匹配，与此同时，内外环首末班车时间不一致、终点站不同于传统线路等差异也尚待乘客适应。

一是重点输入7号线的"内环/外环"概念，利用导向、PIS、车载电子地图等不同的乘客界面向乘客灌输环线概念；二是充分调研了国内地铁环线运营情况，进一步优化了环线行车组织方案及应急情况下的行车组织方案；三是对配线支持的19个交路和10个常用的C型交路，以及多站的跳停功能在空载期间进行了充分的验证，确保了系统能力满足应急情况下的行车组织要求；四是采取武侯大道站夜间存车措施，有效缩短正线出车时间，确保重点车站首班车开行；五是充分考虑与火车站、机场等交通枢纽的接驳情况及原则，制定线网首末班车匹配方案；六是针对环线与普通线路行车组织的差异点，加强对乘客的宣传。

6.1.4.3 客运组织

太平园为成都地铁第一个三线换乘车站，3、7、10三线采用节点换乘，车站建筑结构较为复杂，客流交织点多，且10号线末班车迟于3号线和7号线，客运组织较为复杂。

一是结合太平园站建筑结构的特点，通过数据建模和现场推演制定了专项换乘站客流组织方案，如图6-5所示；二是为保证乘客准确掌握站点及换乘信息，制定太平园导向专项方案，对车站的导向以及车辆的LCD动态电子地图进行优化；三是针对末班车不一致的情况，采用专人引导、区域隔离、启用移动围栏、增设等候座椅等措施，进行客运组织；四是组织了多次车站站台疏散演练，进一步优化了两个车控室之间的应急联动机制，增强了车站人员业务技术能力，提升了应急处置效率。

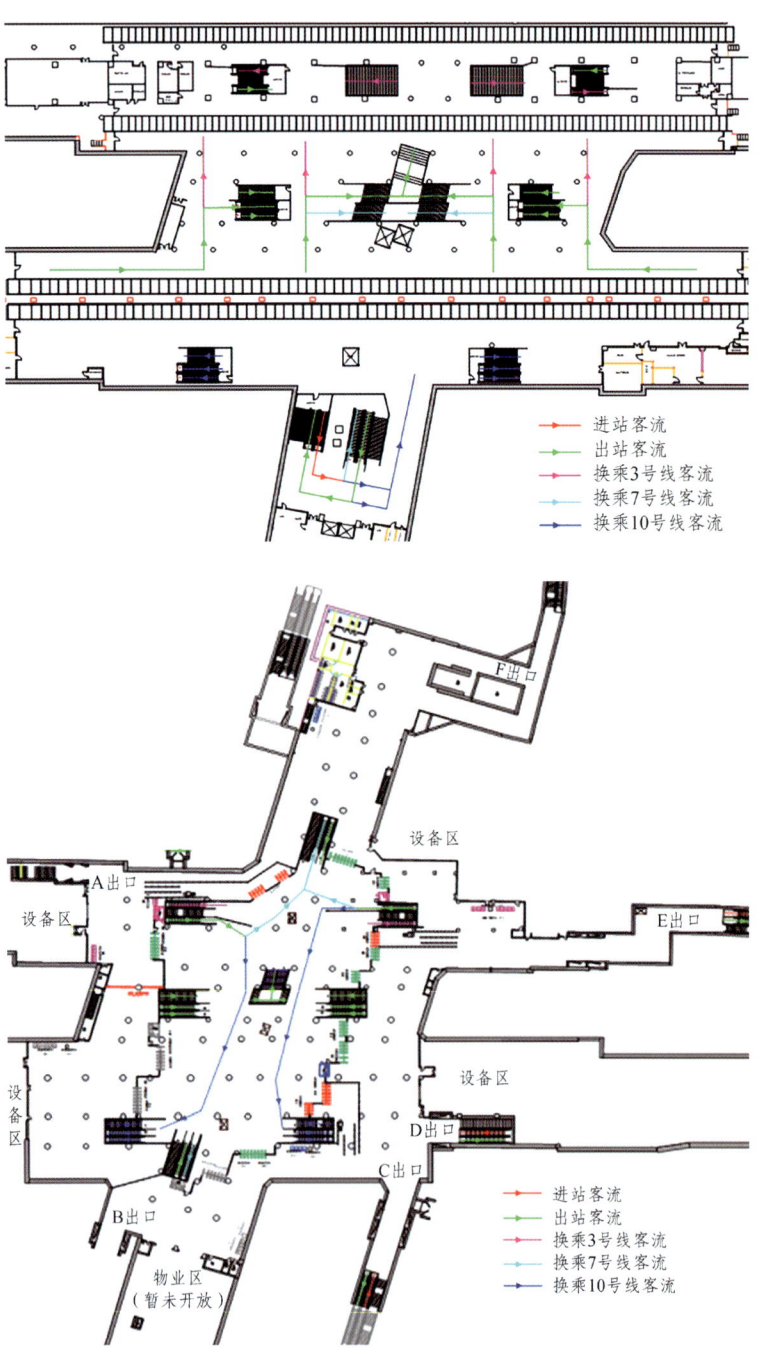

图6-5　太平园客流组织方案示意图

6.2 综合联调创新

城市轨道交通的设备系统具有涵盖专业广、技术条件复杂、接口关系多等显著特点，它往往要求十余个设备系统既要按各自特定的设计标准独立工作，又要求它们能以预先设定的方式协同工作。轨道、车辆、电气、机械、软件、功能、规范等方面错综复杂的关联与区别使得城市轨道交通系统不同于传统的船舶、核电、航天等大型工业，需要通过设备系统的联合调试来集成一个性能可靠、功能强大的设备大系统。

城市轨道交通综合联调是在各机电系统（包括车辆、信号、通信、供电、综合监控、火灾自动报警、通风空调、给排水及消防、动力照明、自动扶梯、垂直电梯、站台门、自动售检票等）安装调试完成的基础上，以运营需求为导向，自上而下地验证各机电系统的关键性能、接口以及联动功能，检验各机电系统的运行能力是否满足标准及设计要求。

在总结既有线路综合联调经验的基础上，成都轨道集团始终围绕线路特点，创新多专业异地调试思路、强化"线网+线路"协同调试机制，按照"先单系统、接口及全功能调试，后联调，再空载"的流程开展综合联调工作。综合联调自2017年5月至2017年11月，历时6个月，一次性通过率达99.48%，高标准高质量按期完成，为7号线全线开通试运营奠定了坚实的基础。

6.2.1 综合联调概论

6.2.1.1 综合联调内容

目前，国内主流城市的综合联调工作主要以"车站""中央"及"行车"为界限分为三类：车站级设备系统的综合联调、中央级设备系统的综合联调和列车及与列车运行相关系统的综合联调。

车站级设备系统的综合联调是验证车站控制室内的系统是否符合功能要求，能否对车站管辖区域的设备进行监控；中央级设备系统的综合联调可以验证所有系统在中央控制中心能否对车站或其他区域的设备进行监控；列车及与列车运行相关系统的综合联调是通过模拟真实状况以验证列车运行相关的系统如车辆、信号、通信等之间的联动功能，检验线路是否能满足在早晚高峰期的运营需求。

城市轨道交通综合联调在实施过程中可以分为准备阶段、实施阶段、完善阶段。综合联调工作结束后，可以通过运营场景演练和行车可靠性等试验，验证整个线路的运行水平；满足试运营基本条件后，城轨线路进入试运营阶段，如图6-6所示。

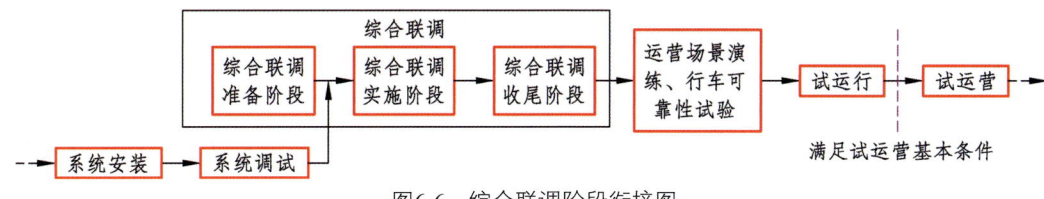

图6-6 综合联调阶段衔接图

1. 综合联调准备阶段

建立综合联调的组织机构；制定综合联调的工作大纲；编制综合联调的实施方案；确认综合联调的前提条件；召开启动大会宣贯大纲、方案等。

2. 综合联调实施阶段

车辆与相关系统联调；信号与相关系统联调；通信与相关系统联调；供电与相关系统联调；综合监控与车站机电设施设备联调；自动售检票与关联系统联调。

综合联调实施阶段是综合联调工作的主体部分，实施细则中要求的各项检测都在此过程中开展，是综合联调效果评价的重要依据。因此，参与各方必须明确自身岗位职责，严格遵守各项规章制度，执行好本专业的调试工作并做好相关检测的记录工作，积极协助其他相关专业调试，确保综合联调工作的高质量、高标准完成。

3. 综合联调完善阶段

对综合联调过程发现的问题进行整改与复查；编制综合联调评估报告；配合试运营基本条件进行评审，并根据专家意见进一步完善综合联调工作。

6.2.1.2 综合联调组织形式

1. 咨询服务单位

目前，大多数城市在联调联试阶段，通过引入联调联试咨询服务商组织协调各集成商开展联调联试工作。联调联试咨询服务商的主要工作方式有 2 种：

第一种，由建设单位组织各集成商开展联调联试工作，咨询服务商为业主提供咨询服务，帮助业主梳理整个联调联试的测试项目，梳理各系统间的接口关系，制定联调联试计划，并对联调联试结果提出评估等；

第二种，咨询服务商直接组织各集成商开展联调联试工作，在联调联试期间开展计划管理、文档管理、接口管理等内容，并在联调联试结束后出具评估报告。

2. 独立第三方单位

《城市轨道交通初期运营前安全评估技术规范 第1部分：地铁和轻轨》中提出了设备系统应进行功能核验以及联动功能测试，明确了测试项目的主要内容和方法，同时提出了测试项目在安全评估时的检查方式为文件核验及现场抽查测试，其中部分测试项目可以委托第三方进行测试，部分项目可以采信建设单位出具的测试报告。因此，在联调联试阶段，建设单位可以委托 1 个独立的联调联试咨询服务商作为独立的第三方单位，结合目前城市轨道交通联调联试的市场需求，制定联调联试的工作内容及开展形式，并对设备系统的关键功能及联动功能进行独立测试验证，以第三方的名义单独出具测试报告，为初期运营前的安全评估提供依据。此时联调联试咨询服务商的作用是独立开展测试的第三方单位。

3. 综合联调组织机构

无论采取以上哪种组织模式开展综合联调工作的实施，理清相关的调试界面，各方关系的配合协调都需要建立综合联调领导小组，综合联调领导小组一般由综合联调实施方组织建设单位、设计单位、监理单位、运营单位等共同组成，负责总体指挥及协调工作；综合联调工作组由建设单位、设计单位、监理单位、运营单位、安装承包商及供货商等共同组成，负责日常的管理工作；专家组/咨询单位负责对联调过程中出现的各类技术问题提供咨询服务并审核各专业综合联调技术方案。综合联调工作的开展实施则由车站级综合联调组、中央级综合联调组、列车及相关行车系统联调组、调度组、安全督导组、后勤保障组等负责完成；列车及相关行车系统联调组、车站级综合联调组和中央级综合联调组下设车辆、信号、通信、屏蔽门、供电、FAS、BAS等专业试验小组，负责配合联调工作的开展实施，如图6-7所示。

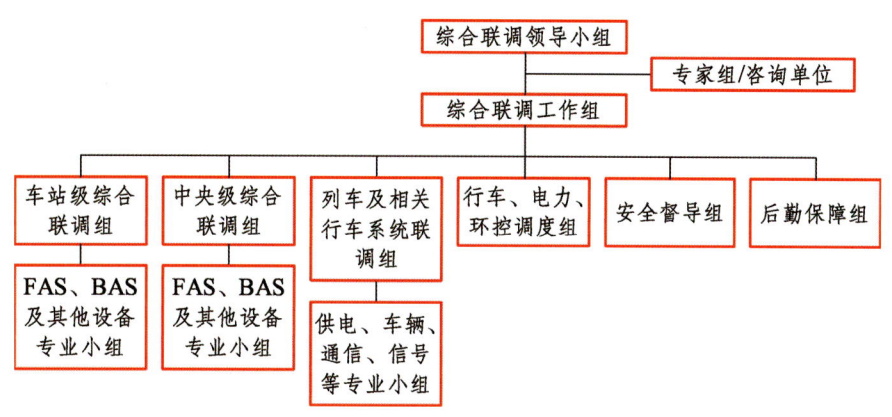

图6-7　典型综合联调组织框架

6.2.2 "线网+线路"模式下的综合联调

在COCC建设的同时，成都轨道集团还建成了线网通信系统（含线网无线统一调度、线网视频监控、线网广播、线网调度电话）和线网门禁授权系统。在此之前，成都地铁综合联调主要分为三大类别：车站类、行车类、供电类，线网级系统测试仅涉及新线AFC与既有线互联互通及共用主所跨线支援供电测试（采用票务、供电专业零星组织的方式完成）。

成都轨道集团组织专门力量提前展开研究，剥茧抽丝理思路，采取了以下创新措施，确保7号线综合联调工作的安全、顺利完成。

6.2.2.1 联调分类方式

为主动适应综合联调形式和内容的变化，增加"线网类"综合联调分类，将线网级系统测试悉数纳入，形成车站、行车、供电、线网四大类即"线路+线网"综合联调新模式。随着后续新线的逐条接入，这一模式也沿用至今。7号线线网类综合联调大纲如表6-2所示。

表6-2 地上、地下场段主要差异表

类别	科目
AFC互联互通	AFC互联互通测试
线网联调	线网综合监控测试
线网设备监察	线网行车监控测试
	线网供电监控测试
线网门禁授权	线网门禁授权功能测试
线网联调	线网无线统一调度功能测试
	线网视频监控测试
线网通信	线网广播功能测试
	线网调度电话功能测试

6.2.2.2 联调组织形式

因COCC平台为一次性建成，除需完成7号线各系统接入COCC的功能验证，还需完成既有1、2、3、4、10号线接入联调工作。为确保联调工作效率，对于新建线路的联调，总体采取线网侧与线路侧联调同步开展的模式，做到联调"零工期"；对于既有线路的联调，则采取提前梳理、功能分类、差异化组织调试，"新线新标准，老线老标准"，缩减请点作业工作量，减小对既有线路运营工作的影响。此外，针对日常高频次变量数据、特殊状态数据、关键信息数据等也分别采取了不同的方式进行联调组织。按照系统分类，对综合监控、供电监控系统采用"线网+线路"同步联调组织形式，实现了现场设备、车站、OCC、COCC的统一验证，其他线网级系统则需在线路中央功能完成验证后单独组织调试。

6.2.2.3 联调人员组织

线网类联调组织工作量大，为确保一次性成功，需线路各系统在工期紧张的条件下统筹做好线网、线路同步联调的准备，协调工作量极大，在前期的测试过程中经常出现线路系统在来不及准备的情况下甩开线网侧自行调试的情况，而线网级系统单独组织联调仍需线路侧配合，将造成人员和工期方面的浪费。为了解决这一问题，我们采用了线网类联调从类别上独立，但是从管理上与车站类联调合并，即车站及线网类联调工作组人员需同时负责两类联调工作的协同开展，解决了两组人员调试目标不统一的问题，实现了联调前置条件的统一卡控，从管理上确保了线网联调在调试节点上对标看齐。

6.2.2.4 线网联调标准

COCC系统缺乏相应的行业标准。为了解决这一问题，成都轨道集团开展了深入研究，以报警信息为例，线路综合监控系统的中央调度工作站报警信息众多，而真正重要的信息会被众多的信息掩盖，OCC调度人员基本上来不及处理。而COCC系统一次性接入了所有线网的综合监控、供电监控、ATS系统信息，报警信息较线路系统呈几何级增长，若仍按照线路报警标准实施，线网级系统报警信息将被进一步稀释，因此成都轨道集团编制并发布了企业标准《COCC线网报警分级标准》与线路侧进行区分，线网级系统仅关注一定数量级别的设备故障及可能影响安全的设备报警。线网级系统据此进行建设，在联调过程中对提前制定的线网管理类规章进行验证，确保系统功能实用性和联调标准的唯一性。成都轨道集团还先后完成了《COCC线网数据标准》《COCC线网指标标准》《COCC线网接入标准》《COCC线网信息发布标准》和各类线网级管理类标准的发布，确保联调工作有据可依。

6.2.2.5 安全保障措施

因7号线线网类综合联调涉及与各既有线路接口，为确保既有线路运营安全，成都轨道集团在联调工作组中指定各专业联调安全负责人，严格遵守公司既有线相关施工管理制度，做好软件版本的管控，并安排公司各级管理人员对影响行车及乘客服务的关键系统联调进行抽查，对于出现的安全事件苗头要严格进行通报、考核。

6.2.2.6 线网功能验证

线网联调不仅是对线网级系统平台的功能验证，同时也是对线路侧系统设备功能的一次检验。通过线网联调工作的开展，同步完成了线路综合监控、信号、通信、供电系统功能全面差异化梳理，为后续线路的建设实施提出了统一的功能要求。对线路门禁授权系统功能的梳理推动了后续线路门禁系统标准化用户需求书的出台，对线网视频监控字符的叠加统一了CCTV全线网车站、车载点位字符格式，为线网调度及管理人员的日常监视及应急指挥提供了更多的便利。

经过联调经验的不断累积和坚持不懈的精心组织，7号线线网类综合联调取得了良好的效果。一是从测试结果来看，7号线线网类综合联调累计测试16 999项，一次性通过16 968项，未通过项31项，一次性通过率为99.82%，取得了超出预期的成果；二是从工期节点上看，线网联调自2017年4月6日启动至2017年11月17日结束，历时7个半月，完成了1、2、3、4、10、7共计6条线路的综合联调工作，圆满完成了调试任务，有效支撑了7号线首条环线开通后的线网运营管理；三是从安全管理上看，线网联调虽涉及现场的情况较少，但是与既有线40多个系统存在接口，调试期间未发生一起影响既有线运营安全的事故。自此以后，成都轨道集团新建线路"线路+线网"综合联调组织模式正式确立。

6.2.3 多专业异地调试

列车调试作为综合联调的一个独立环节，具有综合性强、技术复杂，子系统间接口多的特点，而列车调试成功与否直接关系到总联调的成败。川师车辆段在建设过程中因受古墓搬迁等因素的影响造成工程进度延迟，制约了车辆卸车和后续相关调试工作。同时7号线面临着诸多新技术的应用，如配属车辆多且首次采用A型铝合金车体、首次使用再生制动能量吸收新技术、通信广播及PIS首次新增与信号接口、车载视频上传、跳停联动及列车故障火灾信息上传等多方接口功能调试等，各种新技术方案及多方接口功能的实现为车辆调试工作增加了额外的难度。

为缓解建设工期影响，确保7号线按计划开通，成都轨道集团创新思路，将地铁的加速建设任务与我市轨道交通产业落地有机结合，首次提出"异地调试"的线网筹备思路。通过对中车产业园试车线进行必要的升级改造，以空间换时间，先期开展多专业异地调试工作，为后续正线调试及综合联调争取时间，以保证车辆相关调试与综合联调同步。一是加大人员投入，由成都轨道集团牵头组织各方专业人员成立施工推进组和多方调试推进组，全面负责产业园相关改造建设工作及调试组织工作，统筹协调各专业调试设施需求及测试相关问题协调处理。二是结合既有线问题，在建设初期即组织相关系统专业共同完成了试验线改造方案及接口调试方案研究，按计划完成了信号设备、再生制动低压回馈装置、屏蔽门、通信广播、CCTV、乘客信息系统的安装调试工作。三是为有效利用车辆生产与异地调试的资源，在调试阶段与中车产业园成立联合调度组，牵头异地调试计划和生产组织工作。四是结合产业园新车制造流程和现场条件，编制并发布异地调试作业流程和安全卡控措施，确保调试工作的有序推进。五是建立由建设单位、运营单位、设计单位及承包商参与的联合办公机制，对接口测试中发现的接口设计问题及现场调试问题及时协调处理，从而满足调试要求。

通过上述一系列措施，7号线车辆在产业园下线并完成静、动态调试后，在试车线按计划依次完成低压逆变装置—车辆、车辆—信号、信号—屏蔽门、车辆—通信、通信—综合监控、通信—信号等各项接口及联动功能测试，大大地缩短了正线调试时间，避免了对综合联调产生不利影响，如图6-8、6-9所示。

图6-8　车辆、信号接口测试低压逆变与车辆接口测试

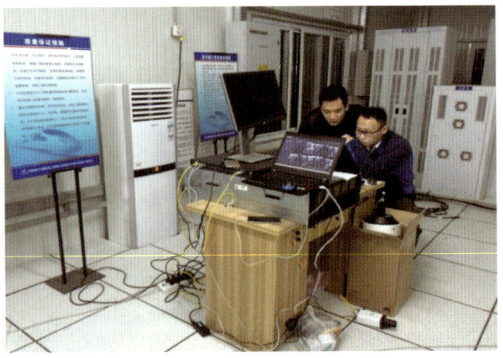

图6-9　信号屏蔽门接口测试车载视频上传测试

多专业异地调试是成都轨道集团优化线网筹备思路的创新举措，使车辆可提前启动与相关专业的接口调试工作，不必受制于土建施工进度，同时为后续正线调试做足充分准备，避免了后期正线多专业接口功能调试给联调阶段带来的风险，较以往线路至少提前6个月完成了相关测试工作，有效地实现了在更短的时间内完成远远难于以往的调试任务。多专业异地调试不仅缩短了筹备工期、验证了各系统接口可靠性、保障了联调质量、提前培养了人员，也为后续线路建立异地调试标准化流程积累了宝贵经验。

6.2.4 全地下场段综合联调

中环停车场、川师车辆段为成都轨道集团首次建设和调试的全地下场段。与地面地铁场段相比较，地下场段有以下特点：一是土地利用程度不同，普通地铁场段一般来说占地面积较大，修建全地下车辆段和停车场有利于节约土地，同时不影响整体城市规划，解决了地上停车场、车辆段与日益紧张的大宗用地之间的矛盾；二是消防要求不同，地下场段较地上场段消防要求更高；三是设备数量不同，地下场段的设备数量远高于地上场段，施工安装调试工作量极大。

由表6-3可知，全地下场段的综合联调与地上场段的主要差异在于调试工作量更大。7号线建设工期紧张，如何在确保安全的情况下组织尽快完成全地下场段的综合联调是工作的重点。

为确保两大全地下场段顺利完成综合联调，成都轨道集团一是组织系统及设备差异化培训，使参与联调的人员了解了地下场段基本情况，做到心中有数；二是加强安全管理，全地下场段所辖面积巨大，建设期现场情况复杂，需进一步加大安全安保工作力度；三是做好综合联调组织工作，为应对巨大的调试工作量，在正常车站联调的基础上增加分组，多组人员同步推进调试，缩短调试周期，在此情况下，中环停车场的全功能测试、综合联调时间都在3 d以上；四是做好综合后勤保障，现场调试人员的照明、餐饮、通信、安全防护等后勤保障工作由专人负责，有力支撑全地下场段综合联调的顺利开展。上述措施带来了良好的效果，两个全地下场段综合联调一次性通过率均超过97%。

表6-3 地上、地下场段主要差异

系统	地上场段	地下场地	备注
通风	一般可采用"自然通风+机械排烟"相结合的方式来达到通风和火灾时排烟的目的	几乎没有自能通风，只能通过机械排风，导致风机、风阀数量大幅增加	中环停车场BAS接入风机160多台，FAS接入的风机100多台
排水	正常配置排水泵	处于地下，排水泵配置较地上场段数量更多	
防水	大部分设备露天设置，因此设备的防水等级要求较高，或者需考虑设备防雨设施	处于地下，除了安装水幕附近以及露天处，其他设备均不需要考虑防雨设施	
照明	正常配置照明设备	照明设置较地上场段设置更多	

6.3 客运组织创新

近年来,轨道交通已成为我国新型城镇化建设中引导城市群空间形态布局的重要力量和促进城市群形成发展的基础条件。随着经济社会的快速发展和技术水平的提升,轨道交通呈多制式、网络化发展趋势。发改规划〔2019〕328号《国家发展改革委关于培育发展现代化都市圈的指导意见》提出要统筹考虑都市圈轨道交通网络布局,构建以轨道交通为骨干的通勤圈。在有条件地区编制都市圈轨道交通规划,推动干线铁路、城际铁路、市域(郊)铁路、城市轨道交通"四网融合"。

6.3.1 轨道交通枢纽

6.3.1.1 轨道交通线网内涵

我国轨道交通从功能层次上可分为4类,如表6-4所示,其服务功能和圈层不同,主要特征如下所示。

(1)干线铁路(普铁和高铁):服务全国各大城市群的快速联系,兼顾部分重点城镇联系。

(2)城际铁路(含城际轨道交通):服务城市群内部各城市、重点城镇间的快速联系,兼顾部分外围组团联系。

(3)市域铁路(含市郊铁路):服务中心城区边缘与市域范围各中小城镇(城市副中心或组团)的出行,运行速度高于城市轨道交通。

(4)城市轨道交通(含地铁、轻轨、有轨电车等,以下简称"城轨"):服务都市区内部重点版块、枢纽之间的联系,支撑城市主要客流走廊。服务范围以城市市区内部中长距离为主,适当外延。

表6-4 轨道交通网络

四网分类	设计速度 /km·h^{-1}	旅行速度 /km·h^{-1}	站间距/km	服务客流	公交化水平
高速铁路	250~350	>200	30~50	全国	低
城际铁路	120~200	>120	5~20	省域为主 不宜超过80 km	较高(大站直达 和站站停)
市域铁路	100~160	>50	1~2		
城轨	<120	20~40	0.5~1	不宜超过35 km	高

6.3.1.2 轨道交通枢纽换乘形式

轨道交通枢纽是地铁、高铁等轨道交通方式与其他交通方式衔接的重要场所。枢纽内部的客流量是由各种不同交通方式在此集散产生的,复杂的乘客流和车流形成了枢纽内部的两大矛盾,给枢纽的运营造成了很大的压力。因此，交通枢纽是城市内部的一座大规模建筑，交通流复杂多变，是城市拥挤中心之一。轨道交通枢纽是各种交通方式之间换乘的重要场所，具有高效、安全、便捷的特点。

1. 通道换乘

通道换乘是指某 两种交通方式线路交叉处设置通道进行换乘，从而减少换乘过程中环境因素的影响。该方式可以充分利用线路布局及设施设备，车站的空间位置直接决定了乘客换乘走行距离，这种情况一般是因为在建设时期没有考虑到未来多种交通方式会产生交互的可能性。通道换乘示意图如图6-10所示。

2. 站厅换乘

站厅换乘是两种交通方式的线路通过站厅进行换乘，乘客下车后由换乘设备到达站厅换乘，在站厅进入要换乘的交通方式站台区域候车。这种方式可以有效地疏散聚集在车站站台的客流，减少车站站台的聚集客流，而站厅受线路限制较少，其面积相对于站台面积要大，有利于客流组织，但同样会导致乘客换乘距离变长，对于携带大量行李的乘客来说非常不便。

3. 站外换乘

站外换乘是由于线路形式不同时发生的换乘行为，由于条件限制无法通过其他换乘方式进行换乘，或者说已建好的线路没有预留与其他交通方式换乘的条件，改建施工量大，操作复杂。站外换乘无形之中导致了换乘乘客的走行距离增加，而且由于乘客需要出站换乘，站外的突发情况会影响换乘乘客的流线，一般不建议使用站外换乘方式。

4. 同站台换乘

同站台换乘通常用于四线夹两台换乘站，两台之间的线路为同一种交通方式，两台最外侧线路为另一种交通方式的线路。同站台换乘示意图如图 6-11 所示。同站台换乘方式极大地节约了乘客在换乘过程中花费的时间，保证乘客及时、快速地完成换乘，是一种较为理想的换乘方式。但换乘客流可能与本站客流产生流线交叉，对客运组织工作带来不便。

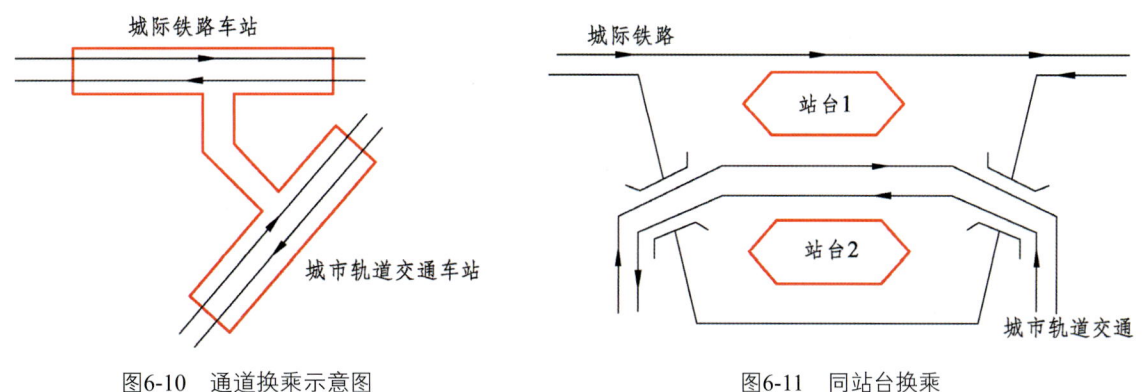

图6-10　通道换乘示意图　　　　图6-11　同站台换乘

6.3.1.3　大型客运枢纽特征

随着中国高速铁路的快速发展，各城市铁路客站建设也取得了长足进展。大型客运枢纽在便利旅客出行、支撑城市经济社会发展等方面发挥了重要作用。

1. 大型铁路客站与城市发展互为支撑

大型铁路客站对于支撑城市空间结构、集聚产业发展、锚固交通网络发挥了重要作用，同时城市经济社会的发展又进一步促进铁路出行、带来更多铁路客流增长，铁路客站与城市发展形成互为支撑的良性互动。

2. 大型铁路客站接驳交通以城市轨道交通为主

大型铁路客站接驳交通以公共交通为主，占比一般达到70%以上。其中，城市轨道交通发挥主要作用，分担比例一般达到40%~60%，公共汽车分担比例相对较低，一般为10%~20%。为支撑铁路的客流集散，大型铁路客站多数有2条及以上城市轨道交通线路衔接，且城市轨道交通与铁路客站大多都采用站内立体布局并以站厅换乘形式为主。

3. 大型铁路客站布局形式以立体布局为主

大型铁路客站由于客流规模大、站房规模大，大多以立体布局形式为主，以便进行客流换乘。近年来，大型高铁客站多采用立体、高架站房布局模式，人流组织形式多采用"上进下出"的模式。大型铁路客站落客区也以高架为主，落客区通过连续匝道与周边城市道路衔接。

4. 大型铁路客站旅客到发较为均衡、高峰小时不明显

大型铁路客站旅客也以高铁、城际、动车旅客出行为主。从主要客站调查数据来看，大型铁路客站高峰小时并不明显，高峰小时系数基本为7%~8%，且全天较为平稳。

6.3.2 成都地铁7号线线客流特点

成都地铁7号线因其规划的线位走向和规划的功能定位，其客流具有以下特点。

6.3.2.1 串联轨道交通枢纽

成都地铁7号线作为环线，串联了成都市三大综合交通枢纽：火车北站、成都东客站及红牌楼南站，这三座车站全日客流量占远期全日客流总量的比例分别为6.02%、7.00%、5.16%，远超过平均每座车站3.23%的比例。

6.3.2.2 客流换乘比例大

全线共有19座换乘站，占全线车站总数的比例为61.3%。远期全日客流总量为104.6万人次，其中换乘客流量达到每天42.78万人次，占全日客流量比例为40.9%，换乘比例较高。

6.3.2.3 高峰时段内、外环客流不均衡

内环与外环客流量级有一定的差异。在初期，内环与外环客流量相差较小。在近远期内环与外环客流量相差较大，在早高峰内环客流小于外环客流，在晚高峰内环客流大于外环客流。

远期地铁7号线早高峰时段为7：30~8：30，早高峰客运量占全日客运量的13.64%；晚高峰时段在17：30~18：30，晚高峰客运量占全日客运量的12.96%，因此，7号线以早高峰时段客流作为最大行车量的设计依据。

初期，早高峰顺时针方向最高断面客流为每小时 1.88 万人次，其位置出现在火车北站到驷马桥站之间；逆时针方向最高断面客流为每小时 2.02 万人次，其位置出现在火车北站与城北客运中线站之间，如图6-12所示。

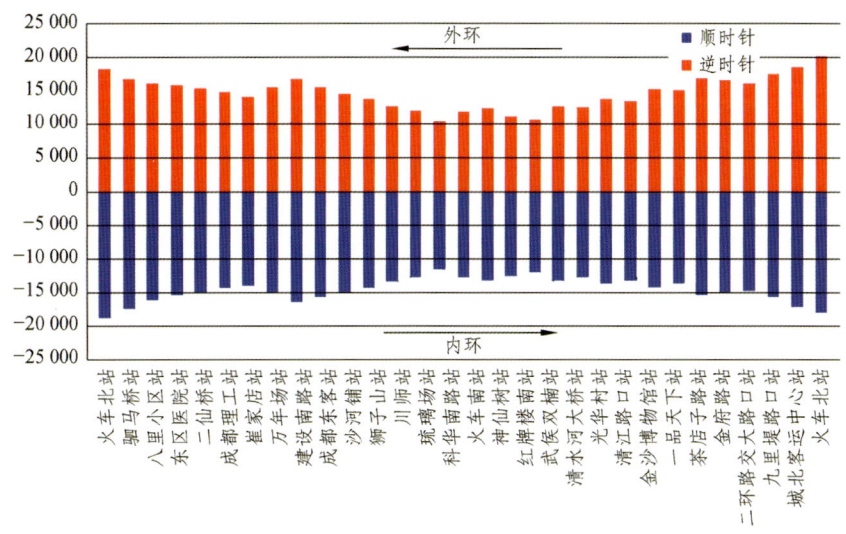

图6-12　初期早高峰小时客流断面图

近期，早高峰顺时针方向最高断面客流为每小时 2.83 万人次，其位置出现在火车北站到驷马桥站之间。逆时针方向最高断面客流为每小时 2.94 万人次，其位置出现在火车北站与城北客运中心站之间，如图6-13所示。

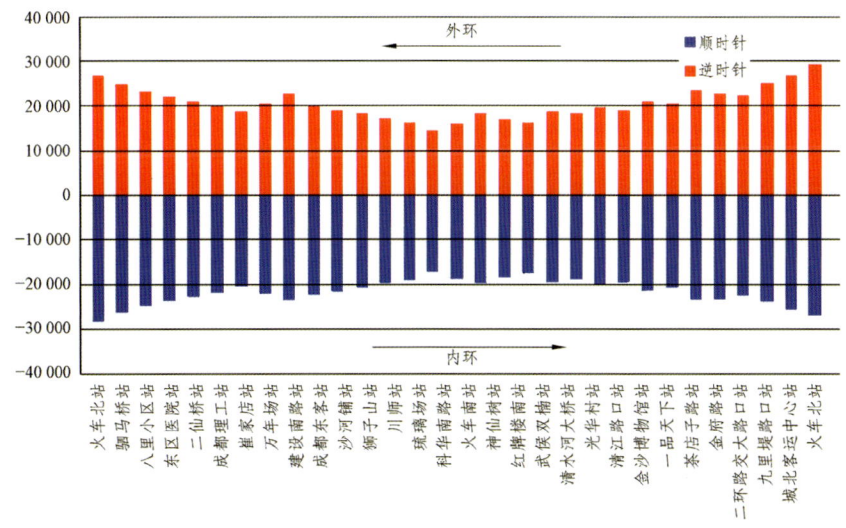

图6-13　近期早高峰小时客流断面图

远期，早高峰顺时针方向最高断面客流为每小时 3.43 万人次，其位置出现在火车北站到驷马桥站之间；逆时针方向最高断面客流为每小时 3.51 万人次，其位置出现在火车北站与城北客运中心站之间。远期，7 号线上的换乘站达到了 19 个，换乘客流比较大，火车北站、成都东客站、火车南站、红牌楼南站、城北客运中心站等成了主要的客流集散点，成都东客站—火车北站—清江路口站区段的客流断面明显较高，其他区段客流断面相对较小，如图6-14所示。

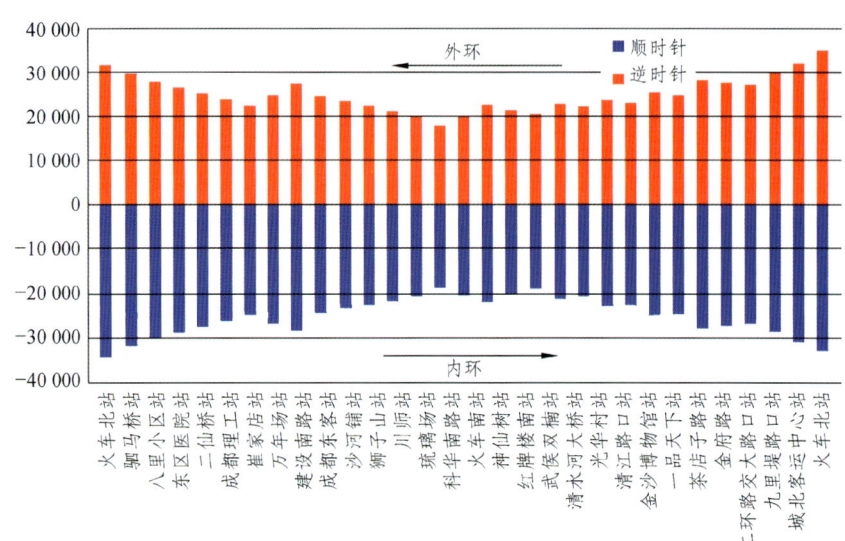

图6-14　远期早高峰小时客流断面图

6.3.2.4　平均运距短

成都地铁 7 号线的平均运距明显比放射型的成都地铁 1、2、3、4 号线要短。近、远期随着地铁线网通车线路的增加、换乘站数量增多、换乘客流量增大，平均运距也是逐年降低。7 号线的平均运距明显比放射型的成都地铁 1、2、3、4 号线要短。近、远期随着地铁线网通车线路的增加、换乘站数量增多、换乘客流量增大，平均运距也是逐年降低。

6.3.2.5　全日客运量大

成都地铁 7 号线远期高峰小时最高客流断面为每小时 3.51 万人次，虽明显少于成都地铁 1、2、3、4 号线，但 7 号线作为环线，换乘功能明显，平均运距较短，乘客上下车次数频繁，客运总量达到了很高的量级。7 号线远期全日客流量达到了每天 104.6 万人次，与成都地铁 1、2、3、4 号线量级相当。

6.3.2.6　客运分布不均衡

全线各区段客流分布不均匀，成都东客站—火车北站—清江路站区段的客流断面明显较高，其他区段客流断面相对较小。

6.3.3　漏斗型客流换乘站

6.3.3.1　基本情况

火车南站是地铁1号线、7号线、18号线的换乘站。其中1号线、7号线位于天府大道西侧，1号线沿南北方向敷设，7号线沿东西方向敷设，现已开通运营；18号线位于天府大道东侧，铁路成都南站站房南侧，沿南北方向敷设。车站周边建构筑主要有天府大道高架桥，北侧的成都南站站房，西侧的公交综合换乘枢纽、苏宁广场，东侧的凯德天府、大鼎世纪广场等，如图6-15～6-18所示。

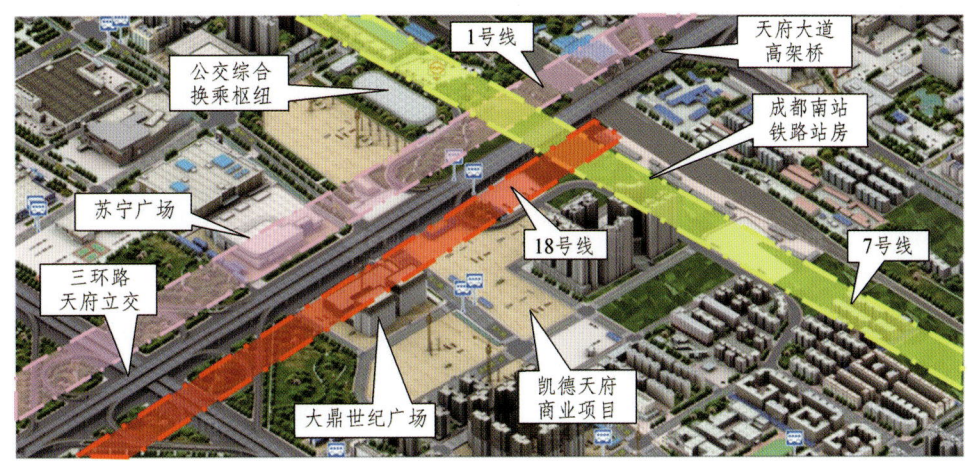

图6-15　火车南站站址周边环境

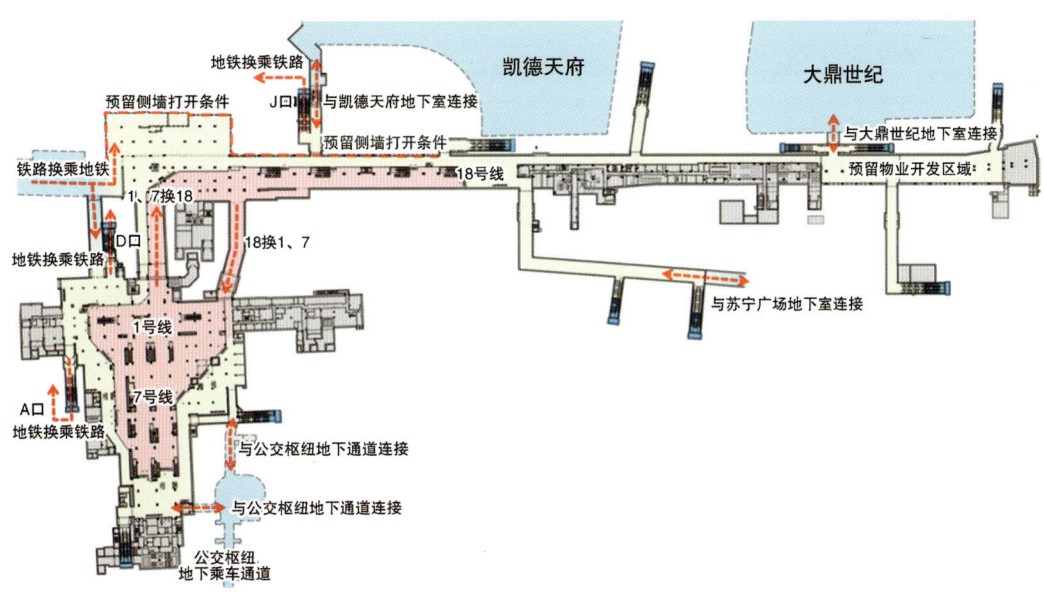

图6-16　地下一层平面图（1、7号线与18号线站厅层）

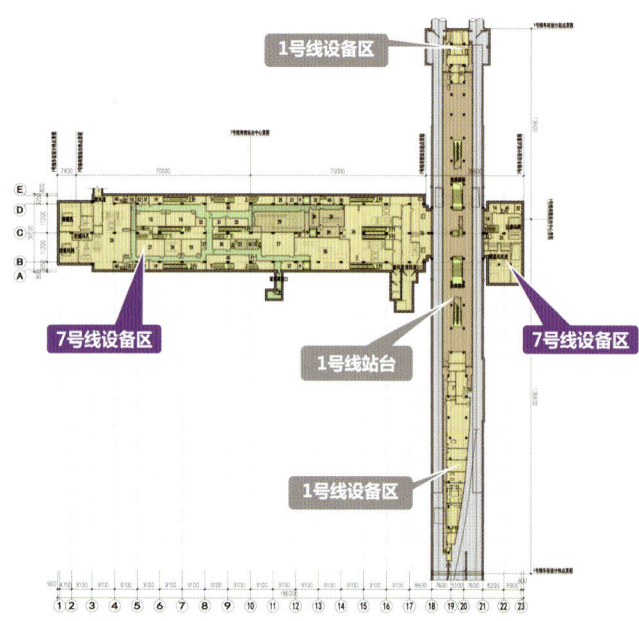

图6-17 地下二层平面图（1号线站台层、7号线设备层）

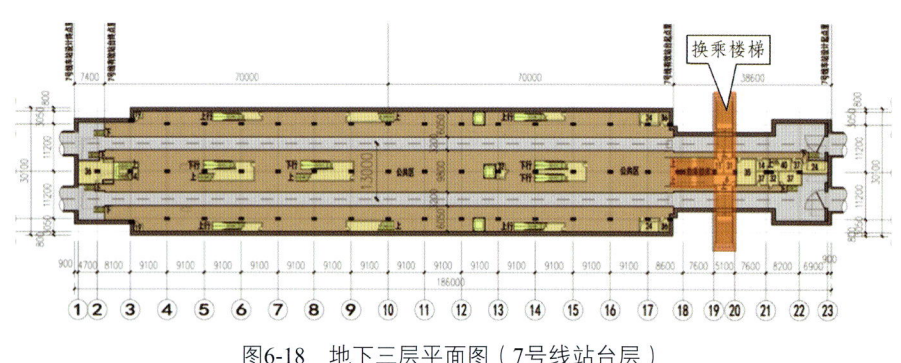

图6-18 地下三层平面图（7号线站台层）

6.3.3.2 客流情况

7号线开通初期，火车南站工作日日均进站量为3.32万人次，日均换乘量为18.34万乘次；周末日均进站量为3.15万人次，日均换乘量为12.41万乘次，工作日主要为通勤、换乘客流，是全线网换乘量最大的车站，早高峰7换1客流较大，晚高峰1换7客流较大。客流压力主要集中在换乘客流中。

6.3.3.3 拥堵点分析及相关改造措施

受城市规划影响，成都地铁南北潮汐客流明显，大量的日常通勤客流选择在火车南站换乘1号线，车站换乘客流已远大于远期设计预测换乘客流量，换乘的方向性明确，早晚高峰期换乘人员和时间集中。由此带来的是，火车南站的主要拥堵点在运能与蓄客能力都不足的1号线站台，以及站台有效宽度较小的7号线中部岛式上客站台。

根据站厅客流模拟情况，早高峰站厅拥堵点主要集中在1号线站厅两端扶梯入口处，1号线站台蓄客能力不足，扶梯下行能力不足，均是导致大量客流在站厅扶梯前排队等候，形成拥堵的原因。

根据站台客流模拟情况，1号线运能不足，站台蓄客能力不足，站台上下行扶梯两侧排队候车乘客均较多，站台拥堵严重；7号线下车站台两端扶梯入口处局部形成拥堵点，扶梯上行能力不足，如图6-19、图6-20所示。

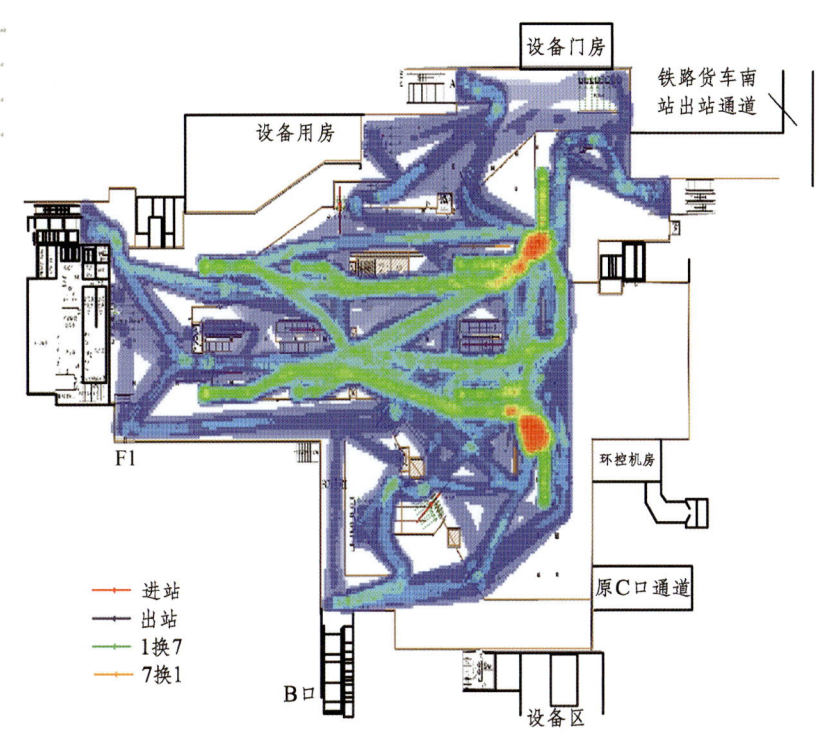

图6-19　1、7号线站厅层客流模拟情况

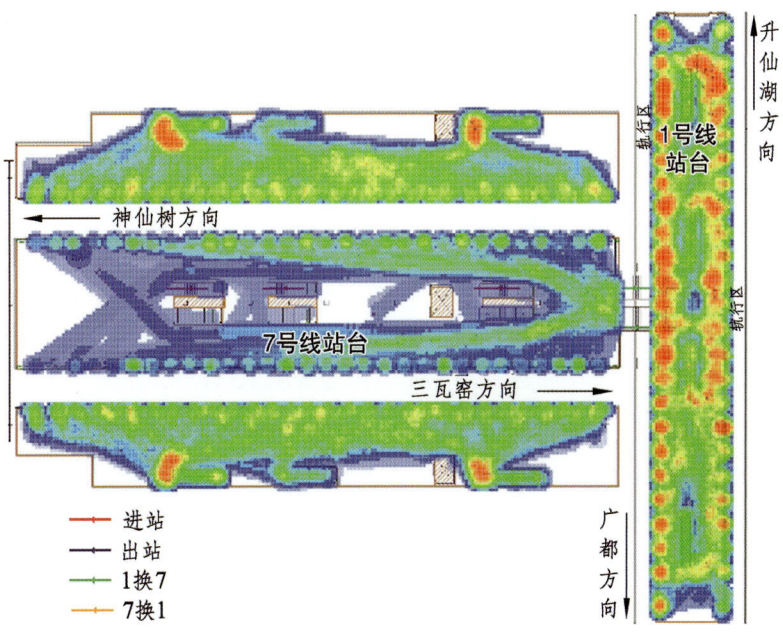

图6-20　1、7号线站台层客流模拟情况

7号线开通前车站装修调试阶段，结合1号线实际客流及城市规划发展布局，预测车站1、7号线客流换乘的压力较大，对车站进行了功能提升改造。

（1）拆除1号线站台公共区北侧清扫工具间、车站备品库、公共区中部楼扶梯下3个三角机房、公共区南侧屏蔽门控制室，拆除站台18个柱子外包造型装修，拆除后增加1号线站台蓄客面积共约99 m²，如图6-21所示。

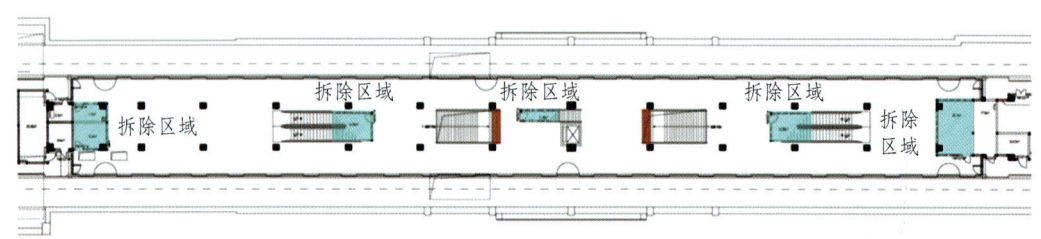

图6-21　1号线站台拆除区域

（2）对7号线地下一层站厅进行改造加宽，原7号线站厅北侧与1号线站厅西侧区域加宽，增加面积3 242 m²，原7号线站厅南侧与B号通道之间夹土及7号线风道范围改造为站厅公共区，增加面积998 m²，共增加7号线站厅面积4 240 m²，增加7号线与1号线站厅直接连通范围长度约53 m，如图6-22所示。

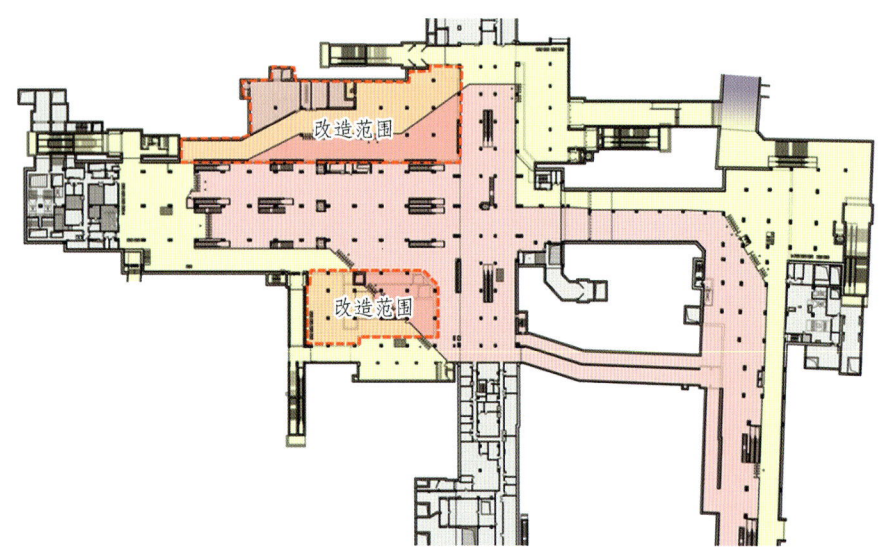

图6-22　7号线站厅扩能提升改造区域

7号线站厅增加的区域，主要考虑预留2020年年底18号线车站开通后，组织18与1、7换乘客流采用单向循环方式换乘。1、7换乘18客流通过1号线公共区北端绕行，18换乘1、7客流通过1号线公共区南端绕行，避免18换1、7客流与7换18号线客流在1号线较小的站厅区域内交叉拥堵，给1号线车站造成更大的客流压力，如图6-23所示。

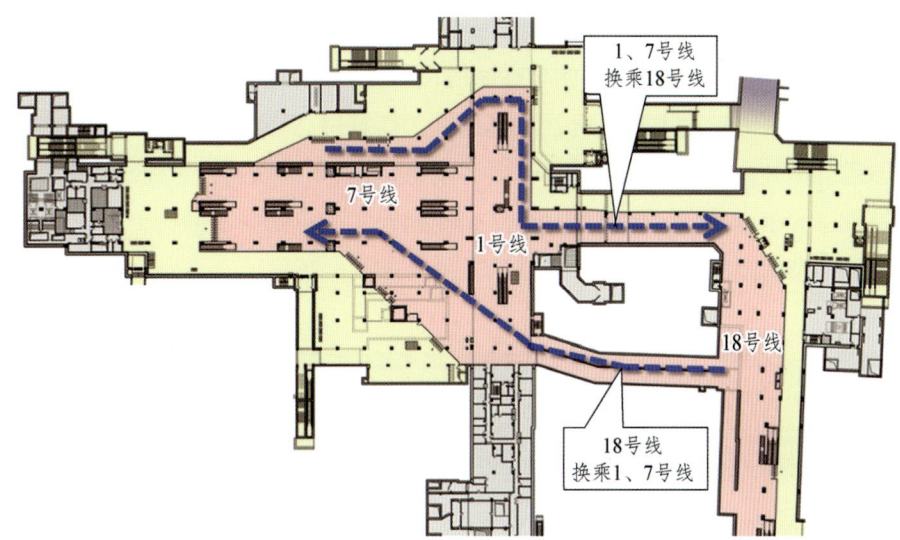

图6-23 1、7换18号线站厅客流组织

（3）7号线于2017年12月开通后，首个工作日早高峰，大量7换1客流造成火车南站1号线站台严重拥堵，为进一步提升该站台的客流容纳能力，对站台中部无障碍电梯进行拆除，拆除后封堵原电梯孔洞，增加站台使用面积9 m²，拓展了乘客排队候车空间，如图6-24所示。

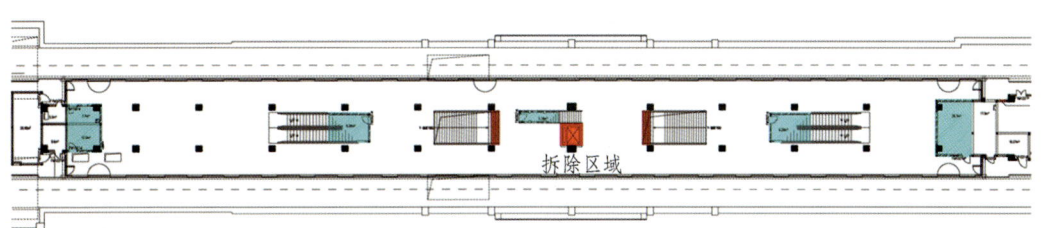

图6-24 1号线站台无障碍电梯拆除

经过7号线开通前几日的爆发式客流增长后，车站日均客流量趋于平稳，早高峰7号线换乘1号线的客流与1号线运量饱和的矛盾最为突出，晚高峰1号线换乘7号线的客流在换乘节点楼梯处形成瓶颈，因此在土建改造完成后，客运组织在早晚高峰时段进行了临时铁马引导措施。

（1）早高峰时段（8:30~9:30），为缓解7号线换乘1号线时，1号线站台大量客流滞留排队问题，在7号线扩建的站厅内设置铁马，根据1号线站台上乘客滞留情况，首先引导乘客根据铁马进行绕行，延长乘客走行路径及换乘时间，若滞留情况严重，在站厅交接处对乘客进行拦截，根据1号线站台滞留情况间断放行，如图6-25所示。

图6-25 1号线站台早高峰现状

引导乘客绕行对缓解1号线站厅下行楼扶梯处的拥堵情况效果较好，对缓解站台候车压力起到一定作用。但受1号线运力限制，即使早高峰时段行车间隔密度仅为2 min，火车南站每节车厢仍仅能再上乘客6~8人。针对上述情况，成都地铁工作日早高峰行车组织采用了"大站空车"方案，组织4~5趟空车到火车南站载客，有效缓解了1号线火车南站站台客流压力。

早高峰时段在火车南站1号线站厅中部1.2 m楼梯处实行单向向下通行，同时两侧下行扶梯外侧也利用铁马引导排队绕行，以缓解下行排队压力，如图6-26所示。

图6-26　7号线站厅铁马引导绕行

火车南站7号线早高峰出站客流，乘客大多按照出站流线朝东行至侧站台最东端一部扶梯处，扶梯口部形成局部拥堵。一列车到达后，乘客需2 min左右的时间才能疏散至站厅层，侧站台中部楼梯、西端扶梯的使用率不高。

（2）晚高峰时段（5:30~6:30），客流压力主要集中于1换7的换乘楼梯处，而换乘楼梯设置于7号线站台东端端头处，乘客大多停留在端头位置，形成局部客流拥堵；7号线岛式站台受1号线车站原预留围护桩限制，站台宽度仅9.8 m，侧站台有效宽度仅2.55 m，远不能满足排队候车与纵向行走乘客的需求。为缓解7号线站台拥堵情况，沿站台纵向设置铁马，将排队候车乘客与纵向行走乘客分开，同时引导乘客尽快前行，避免他们滞留在换乘节点处，如图6-27所示。

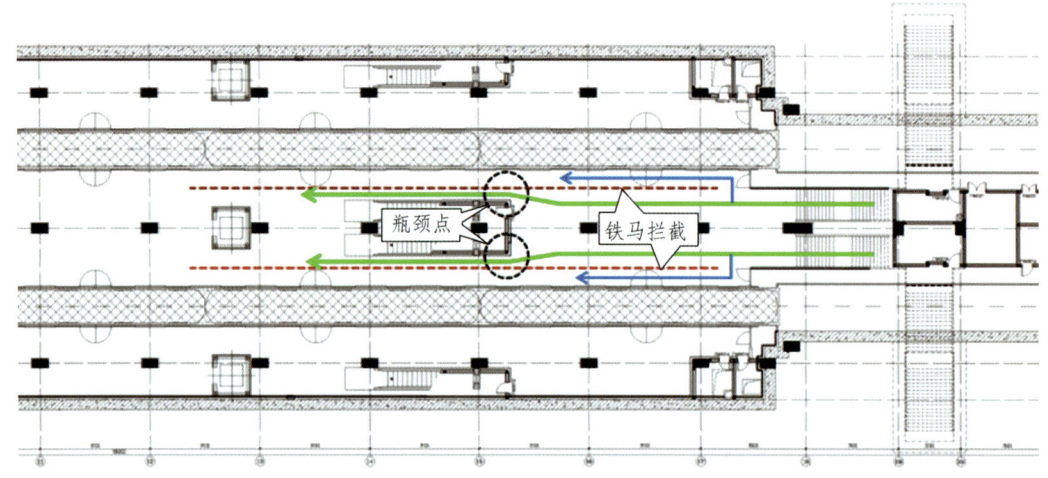

图6-27　7号线换乘节点端头铁马拦截

因1换7的换乘楼梯实行单向向下通行，增大了踩踏风险，晚高峰换乘客流量较大时，在1号线两端各两节车厢长度范围内设置了铁马，引导乘客通过站厅进行换乘，减少换乘楼梯及7号线站台东端客流压力，如图6-28所示。

图6-28　7号线站台换乘节点处晚高峰现状

6.3.4　安检互信换乘站

安检是高铁站与配套地铁站换乘过程中的主要耗时环节。2018年，国务院以文件形式明确规定"依法对进入城市轨道交通场站的人员、物品进行安全检查"。安检有助于保障安全，但是会导致客流高峰期乘客缓行甚至客流积压，造成出行效率的损失。与一般的地铁站乘客不同，从高铁站出站的乘客在出行的高铁起始站已经经过了一道安检，在地铁站进行再次安检显得重复。同理，经由地铁来到高铁站的乘客也已经通过了地铁进站的安检，这种情况下高铁站的进站安检也显得冗余。

安全检查系统应能探测出国家、地方及相关部门制定的《危险物品目录》所列的危险物品。地铁和国铁虽在安检规定的细则上略有出入，但二者对危险品的限制原则总体上是一致的。安检互认涉及地铁及国铁双方的责任与利益，一般须由上级管理部门牵头协调，商讨确定解决方案；另外，不同结构的高铁站在实施安检互认时的改造成本会有所不同，通过成本效益分析确定。

目前，重要交通枢纽的安检互认，目前已在国内一些大城市逐渐达成共识。我国已有一批高铁枢纽实现了地铁安检和国铁安检双向互认，取得了良好的效果。2019年10月，交通运输部印发的《城市轨道交通客运组织与服务管理办法》中从国家层面对减少重复安检提出了要求："与火车站、长途客运站、机场等相衔接的车站，提供的安检场地应为安检互认提供便利，以减少重复安检，提高通行效率和服务水平"。

6.3.4.1　基本情况

地铁成都东客站为2、7号线换乘站，位于成都东站综合交通枢纽处。以成都东客站为中心，西侧为机场大巴专线、出租车换乘区域以及铁路进站口，南、北侧为铁路出站口，东侧为铁路进出站口、汽车客运中心、出租车换乘区域以及公交客运站。

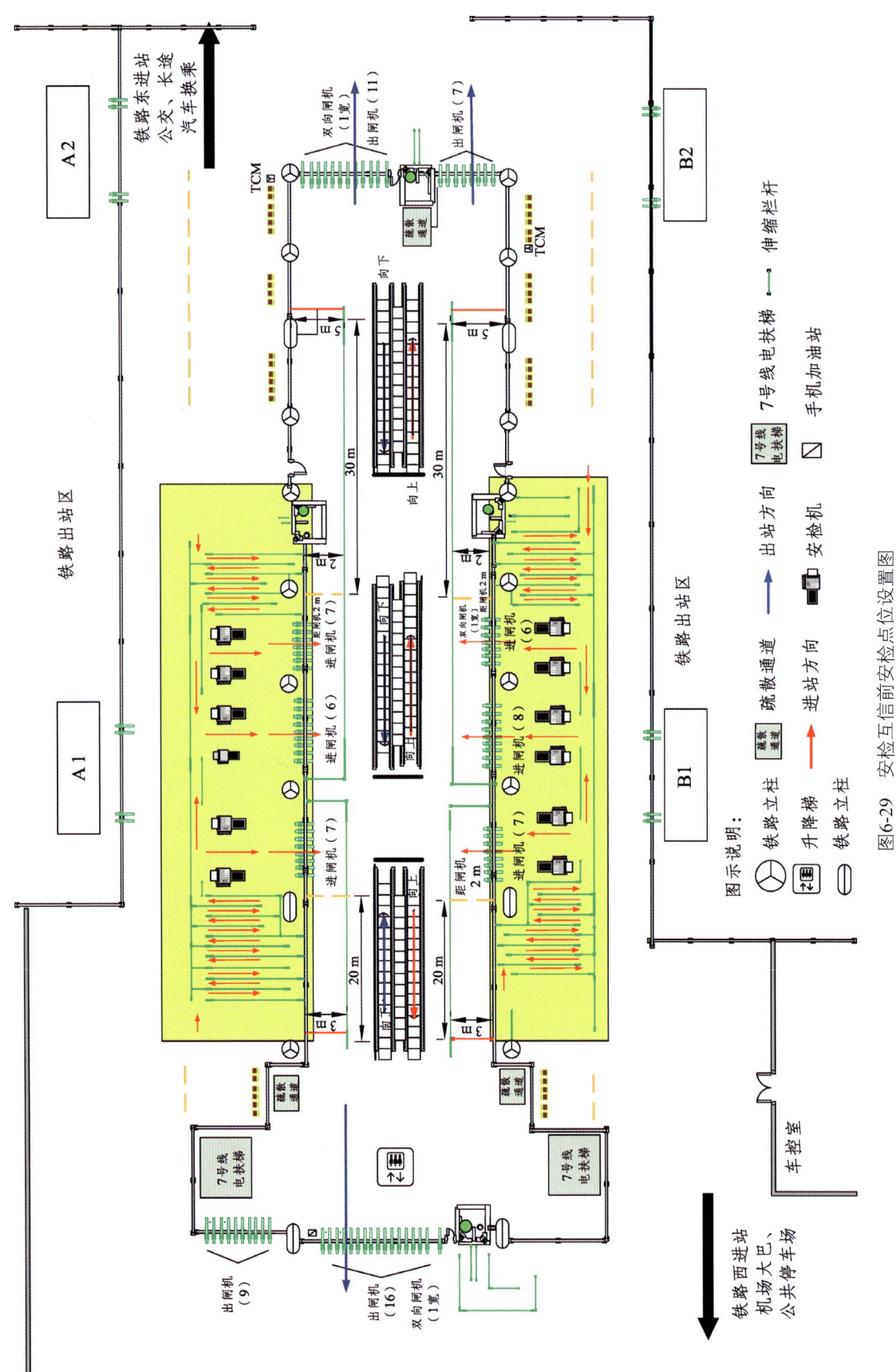

图6-29 安检互信前安检点位设置图

成都东客站日均进站量为11.65万人次，换乘量为7.37万乘次，单日最大进站量为20.63万人次。据数据统计，约80%的铁路到达旅客将换乘地铁。

2017年11月28日，成都东客站正式启用"铁路到达出站乘客换乘地铁免除二次安检"模式，对铁路乘客换乘地铁流线及安检流程进行了优化。安检信任前，成都东客站进站口与铁路成都东站出口相对设置，撤除地铁原有安检点后，乘客从铁路出站时无需再次经过安检便可直接购票搭乘地铁，给广大乘客提供了更加便捷的出行服务。安检信任启动后，乘客进站时间缩短50%以上，大幅提高了乘客换乘地铁的效率，有效缓解了车站客流压力。

6.3.4.2 安检互信实施概况

安检信任实施前，地铁进站口与铁路出站口相对设置，乘客从铁路出站后需通过地铁安检方可乘坐地铁。地铁区域共设置12台安检机供乘客安检进站，具体设置如图6-29的黄色区域所示。

铁路出站乘客携带行李较多，客流较大时，易在安检点位造成拥堵，导致乘客换乘地铁体验较差，不能充分发挥交通枢纽的便捷性。另外，乘客在铁路乘车时已通过安检，换乘地铁仍需再次进行安检，存在重复安检，资源浪费的情况，有必要对乘客进站流线及安检流程进行优化。

为使铁路乘客更加方便快捷换乘地铁，经研究，提出成都东客站地铁对铁路安检信任方案，具体实施方案如图6-30所示。

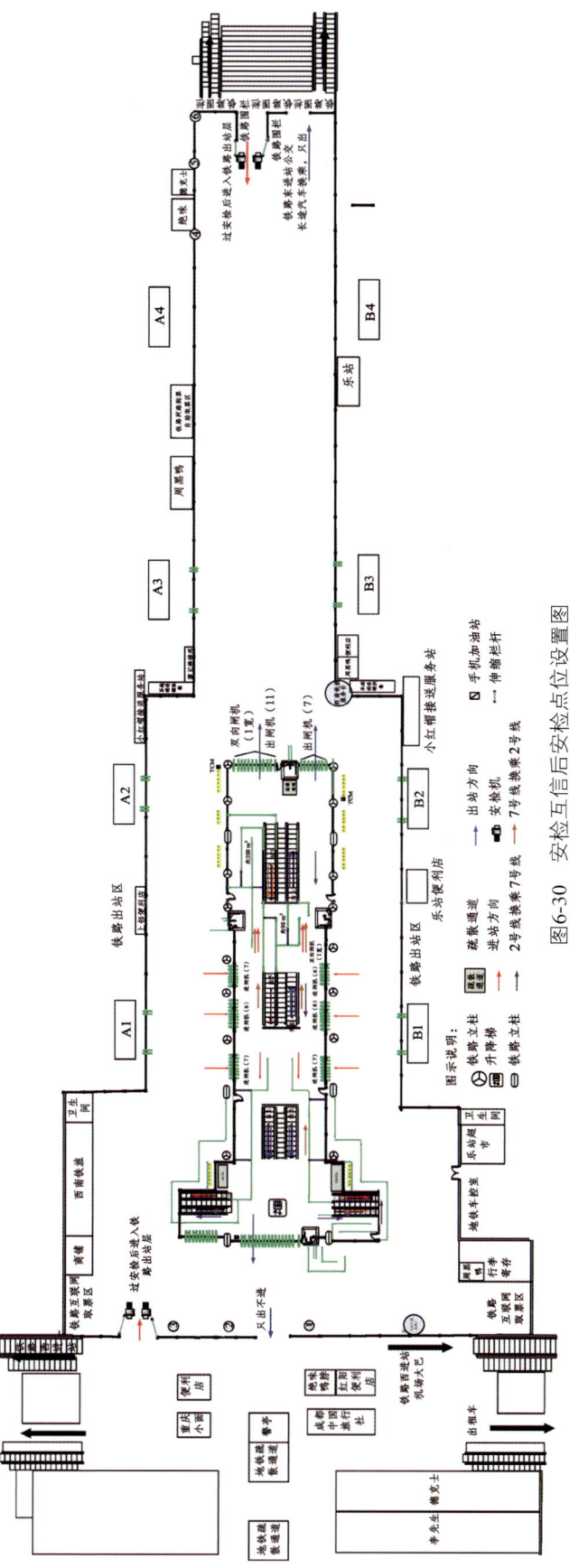

图6-30 安检互信后安检点位设置图

（1）撤除成都东客站现有地铁安检点，乘客从铁路出站后，可直接进闸乘车，无需再次安检。

（2）在成都东客站西端区域设置2组安检点，对经西广场进入该区域的人员进行安检。设置点位为：③号立柱以北，在铁路现有栏杆的基础上加设安检口，安检机布置在铁路栏杆以内。

（3）在成都东客站东端区域设置2组安检点，对经东广场进入该区域的人员进行安检。设置点位为：以⑤、⑥号立柱为分界点，在铁路现有栏杆的基础上增设部分栏杆，设置安检口，安检机布置在⑤号立柱以西。

（4）保留铁路东、西端区域现有铁路出站口，同时各增设两名地铁保安加强监控，确保铁路出站口只出不进。

6.3.4.3 安检互信安全保障措施

（1）安检人员安排。车站设安检点2个，8台安检机（东广场6台、西广场2台），每个安检点按照高峰期5人，平峰期4人的标准配置。安检装备有X光机9台、爆炸物检测仪2台、手持式液体爆炸物检测仪6个、手持式金属探测仪若干及配有警用防爆桶、防爆管等。

（2）安检信任标准。地铁安检标准与铁路安检标准稍有差别（例：地铁不能带发胶，但铁路可以带；铁路规定了携带物件的长度和体积，但地铁只规定了长度），安检信任后，地铁完全认同铁路方安检标准。

（3）安保巡视。地铁付费区、自动售票机及半自动售检票机周边区域、两端安检区域均有地铁保安定期巡视，一旦发现长时间逗留人员会及时上前询问，发现可疑遗留物品则立即隔离并上报公安处置。

（4）防隔栏递物。在东西端安检隔离栏杆处设置红外线对射装置，防止乘客通过隔离栏杆递包递物。

6.3.4.4 客运保障措施

为保障客运秩序，确保站内客运组织顺畅，节假日等大客流时段采取了增加站内引导及值守人员、增设预制票售卖点及安检点、设置站内导流设施、增加上线列车等措施，最大程度满足乘客出行需求，确保现场客运组织的有序。同时建立与铁路、汽车站、公交站定期联络及信息共享机制，实时掌握周边客流情况，做好客流联控。

1. 大客流客运组织原则

针对进站客流较大的情况，制定了三级应急响应制度，分级执行相应的客流控制措施。

2. 客流疏导措施

基于现有车站结构及客流组织方案，成都东客站换乘流线图如图6-31、6-32所示。

措施1：由于东端为主要的乘客来源地，东边票亭只办理充值、兑零，不办理售票业务。当铁路A3、B3出口乘客到地铁站时，东边出闸引导岗实时报告车控室，并联控南北端进闸引导岗，根据排队购票情况引导东端乘客往人少的一端购票进站。

措施2：站厅及站台付费区设置客流疏导栏杆，疏导客流分散走行至站台，避免站台、站厅

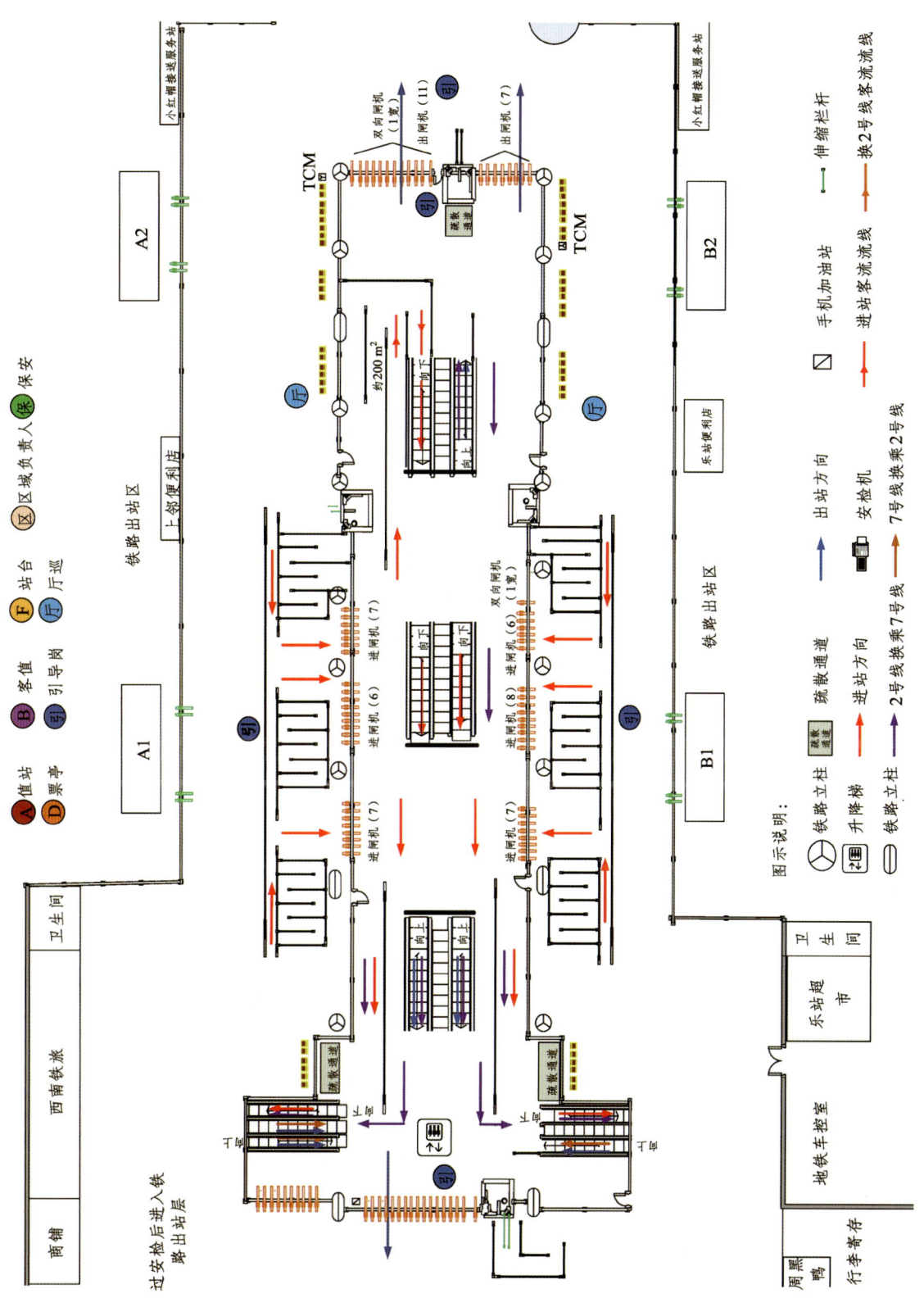

图6-31 成都东客站站厅层换乘流线图

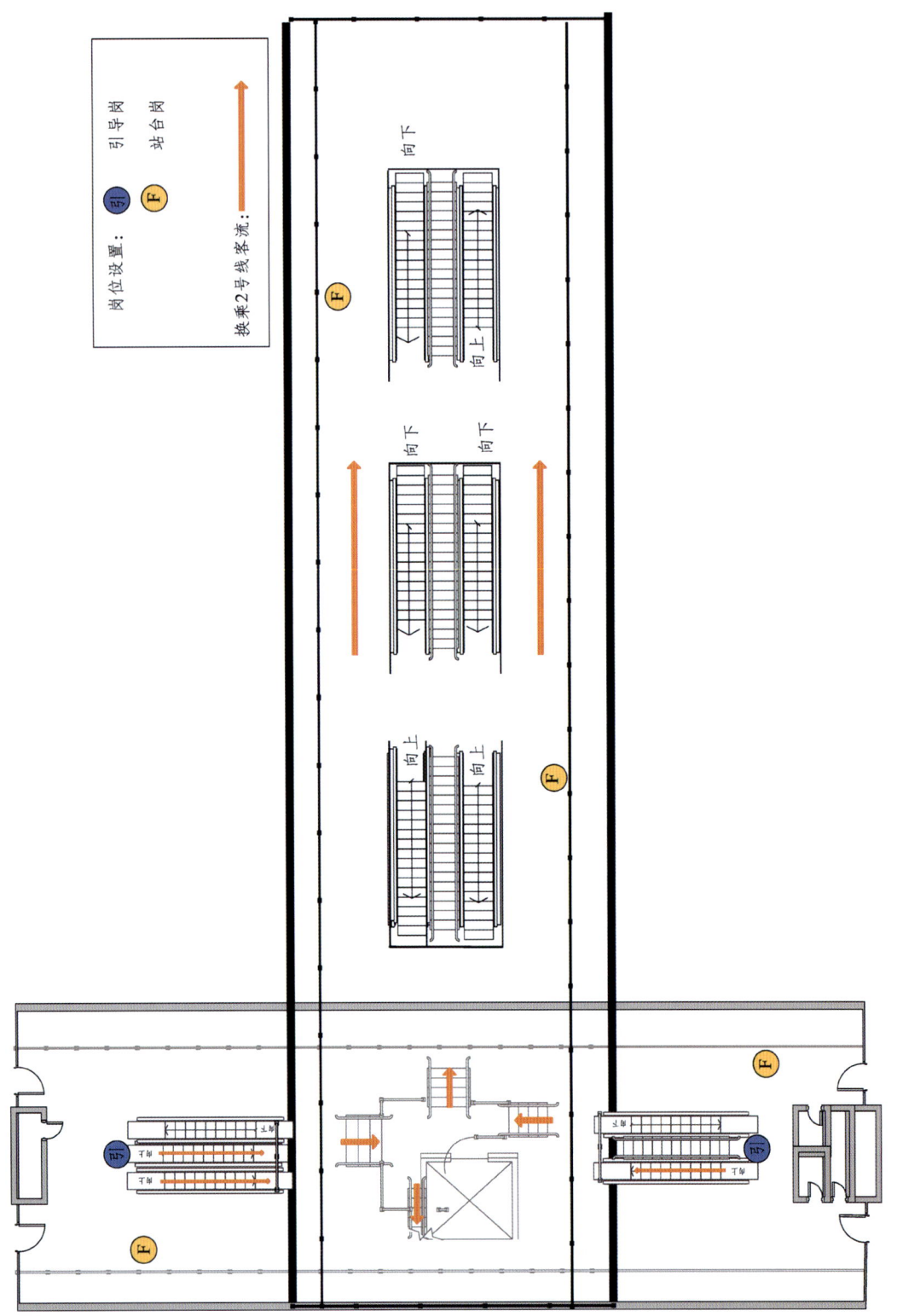

图6-32　成都东客站站台层换乘流线图

乘客过度拥挤。

措施3：2换7乘客通过站厅换乘，7换2乘客通过7号线站台十字楼梯换乘。在7号线站台换乘楼梯入口与2号线站台换乘楼梯出口处设置铁马控制换乘速度，避免排队候车乘客堵塞换乘通道。

3. 大客流情况下"双铁联动"机制

（1）在大客流准备及组织过程中，地铁与铁路保持信息同步，及时、准确地向对方传达有关情况。

（2）大客流组织期间，地铁、铁路双方同时开启广播，加强对乘客的引导。地铁站采取客流控制措施时，双方同时将客流控制信息告知乘客，并建议乘客改乘其他交通工具。

（3）如遇铁路列车集中到站、列车大面积晚点等造成共用综合换乘大厅拥堵时，地铁与铁路配合开展客流引导、控制工作，避免对铁路、地铁运输组织等工作造成更大影响。

（4）客流恢复正常，地铁通知铁路取消联动措施，恢复正常运营。

6.3.5　交通枢纽换乘站

6.3.5.1　火车北站

火车北站为1、7号线换乘站，地下三层结构，负一层为站厅层，负二层为1号线站台，负三层为7号线站台。车站共设六个出入口，A、E口紧邻成都站进站口，D、H口紧邻铁路售票大厅，C、F口紧邻二环路BRT公交站、荷花池市场。火车北站工作日日均进站量为3.25万人次，日均换乘量5.89万乘次；周末日均进站量3.45万人次，日均换乘量4.61万乘次；单日最大进站量77 154人次，最大换乘量70 852乘次。火车北站客流组织重点包括开站客流、铁路到发客流、开站客流。车站在A、E口设置铁马绕行，开始运营的前10 min开站，安排站务人员及保安在出入口进行组织和疏导，确保乘客顺利通过绕行区域进站乘车，防止因客流拥堵造成踩踏事件发生，车站客运组织措施如下。

1. 大客流客运组织原则

地铁与铁路加强沟通，掌握国铁列车到发时刻表，同时，对时刻表进行分析，针对铁路到发的集中时间段，制定有针对性的客流组织细化安排，确保在客流集中时间段，车站人员、措施及时到位。对出站大客流，车站采取常开闸机、人工收票等方式提高乘客出站效率；对进站大客流，车站制订三级客流控制响应方案，采取出入口绕行和客流控制的方式以确保地铁运输安全有序。

2. 客流疏导措施

基于现有车站结构及客流组织方案，火车北站站厅层平面布置及客流流线图如图6-33、6-34、6-35所示。

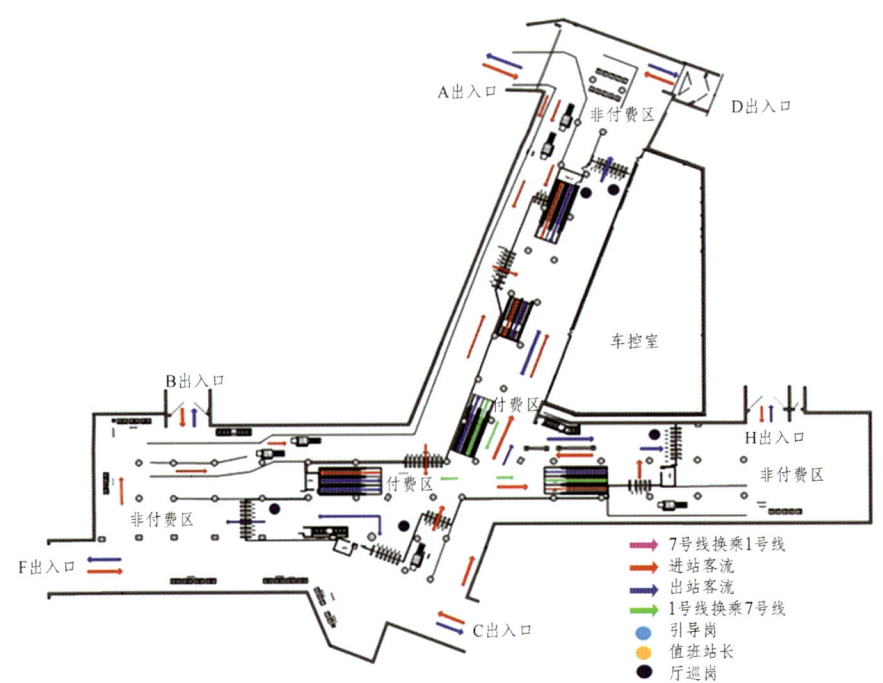

图6-33 火车北站站厅层换乘流线图

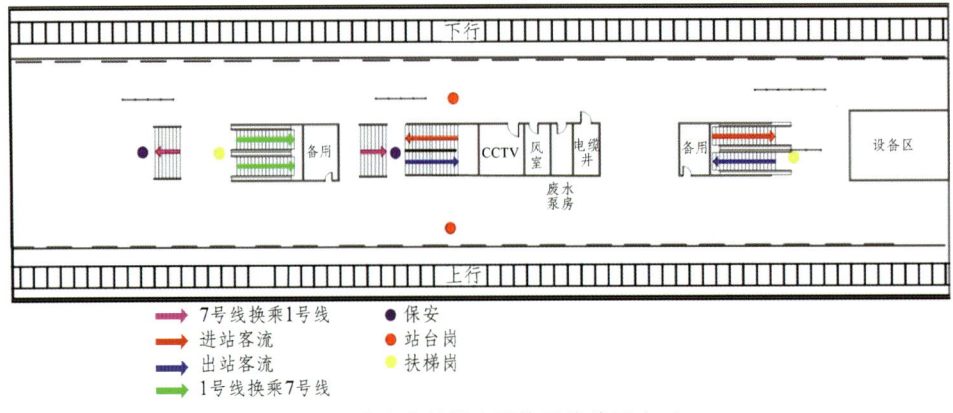

图6-34 火车北站站台层换乘流线图（1）

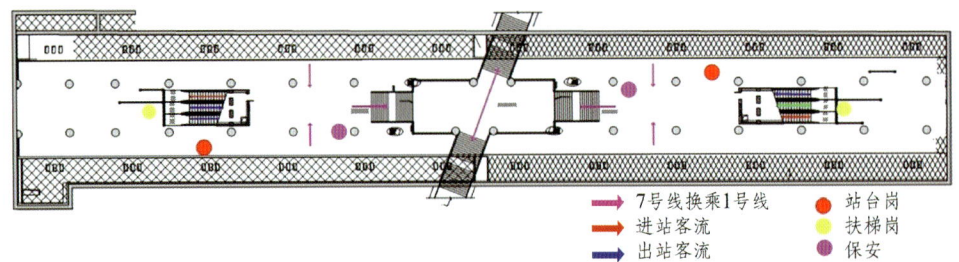

图6-35 火车北站站台层换乘流线图（2）

措施1：高峰期客运值班员与值班站长在公共区引导乘客，并安排人员在站厅换乘通道引导乘客，平衡7号线站台两端的客流。

措施2：高峰期值班站长及2名工作人员在7号线站台楼梯口控流，并安排2名工作人员在1号线站台换乘通道出口进行均衡排队候车引导。

措施3：安排工作人员在7号线站厅非付费区E口安检处和1号线站厅非付费区A口安检处指引乘客绕行进站，并设置购票、乘车告示牌，以维护正常的进站秩序。

6.3.5.2 文化宫

地铁文化宫站是4、7号线换乘站，其中4号线车站呈东西走向、7号线车站呈南北走向，两条线路形成T型换乘。该站位于成都市劳动人民文化宫下方，车站出口呈四个走向，分别连接成都市金沙公交交通枢纽站、成都市劳动人民文化宫及成都市金沙医院。该站工作日日均进站量为2.19万人次，换乘量为11.44万乘次，周末日均进站量为1.81万人次，换乘量为10.68万乘次，单日最大进站量为2.34万人次，换乘量14.04万乘次，车站客运组织措施如下。

1. 大客流客运组织原则

制定专项客运组织方案，并针对换乘客流较大的情况，制定了三级应急响应制度，分级执行相应的客流控制措施。

2. 客流疏导措施

措施1：在7号线站厅北端付费区设置铁马，将进、出站、4换7客流进行分隔，并安排工作人员在4号线西站厅将部分4换7乘客通过7号线站厅南端楼扶梯引导至7号线站台，如图6-36所示。

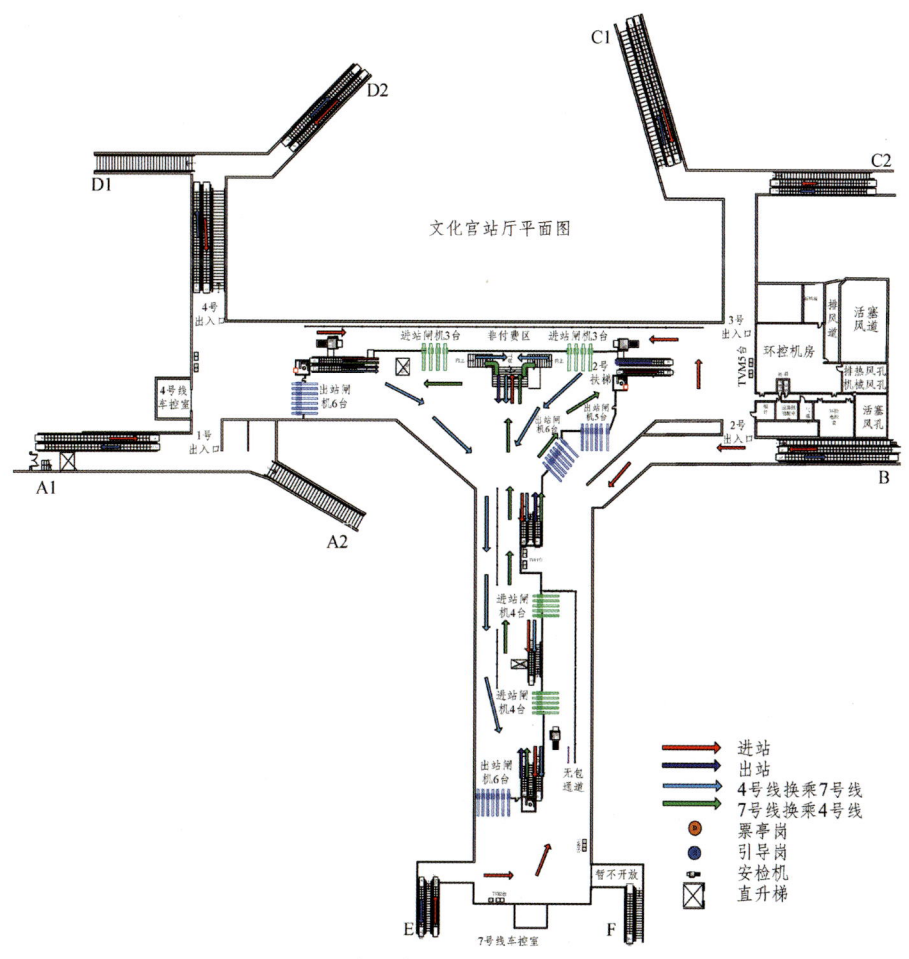

图6-36 文化宫站站厅日常客运组织图

措施2：在7号线站台中部安排工作人员将部分7换4乘客通过换乘步梯引导至4号线站台，如图6-37所示。

措施3：设置2名工作人员在4号线站台中部维持秩序，阻止乘客从换乘步梯向下到达7号线站台，如图6-38所示。

措施4：在站台A、B端自动扶梯位置设置伸缩栏杆，防止因大量乘客乘坐扶梯，造成扶梯口拥堵，同时安排工作人员在扶梯口引导。

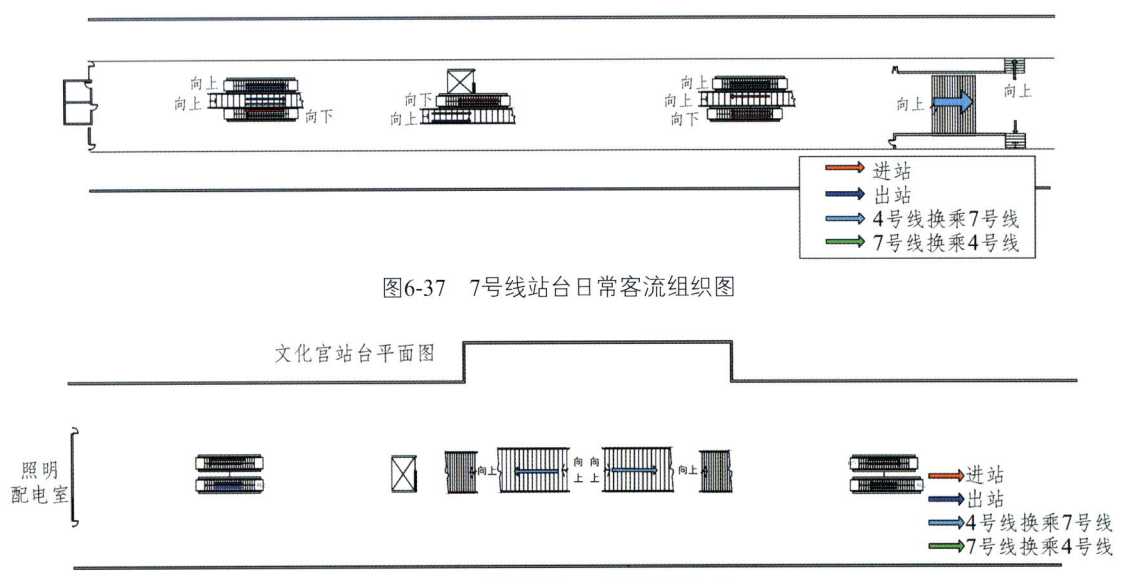

图6-37　7号线站台日常客流组织图

图6-38　4号线站台日常客流组织图

6.4　行车组织创新

6.4.1　首末班车发车组织

首班车时间，指线网上列车开始提供运营服务的时间点。从线路不同方向或车站发出的首班车，一般取时间最早者作为线路的首班车时间，而线网的首班车时间指的是所有线路首班车时间中的最早者。

6.4.1.1　国内首班车发车情况

从表6-5、表6-6可见，首班车时间与地理位置有关，各城市线网的首班车时间整体上呈现"东部城市较早、西部城市较晚、城市越大相对越早"的规律。

表6-5 国内线路首班车时间排名

排名	城市	线路	首班车时间
1	北京	8号线	4:40
2	北京	10号线	4:47
3	北京	6号线	4:52
4	上海	1号线	4:57
5	北京	1号线	5:00
6	北京	9号线	5:00
7	北京	13号线	5:00
8	北京	5号线	5:00
9	北京	八通线	5:00
10	北京	4号线及大兴线	5:00

表6-6 国内城市线路首班车统计表

线网首班车时间	各城市	城市占比
5:00以前	北京（4:40）、上海（4:55）	5.4%
5:00~5:30（含）	长春（5:15）、沈阳（5:30）、大连（5:30）	8.1%
5:30~6:00	苏州（5:40）、南京（5:40）、无锡（5:52）、杭州（5:54）、深圳（5:56）	13.5%
6:00	成都、广州、合肥、武汉、天津、西安、郑州、宁波、青岛、南昌、呼和浩特、常州、徐州、济南、哈尔滨	40.5%
6:00~6:30	贵阳（6:20）、昆明（6:20）、温州（6:25）	8.1%
6:30	重庆、福州、兰州、南宁、长沙、厦门、东莞、石家庄	21.6%
6:30以后	乌鲁木齐（7:40）	2.7%

6.4.1.2 首班车"多点发车"组织

随着成都地铁线网化运营的发展，7号线线路长、换乘站点多给行车组织带来的困难逐渐凸显。为满足7号线场段出车、线上存车、客运服务等多方面的需求，有必要对首末班车的开行方式及开行时间进行研究，以达到提高运营服务水平的目的。

通过多站点同时开行首班车的方式，将部分车站的运营服务时间提前，以更好地适应各换乘站的接驳需求，从而达到提高运营服务水平的目的。

7号线轧道车出车时间约为05:10，首班车时间为06:15，在首班载客车和轧道列车之间还有部分空驶列车，列车运能利用率不够充分。而"多点发车"方案能够有效提高空驶列车利用率及线路运营服务水平，首班车开行方案如图6-39、图6-40、表6-7、表6-8所示。

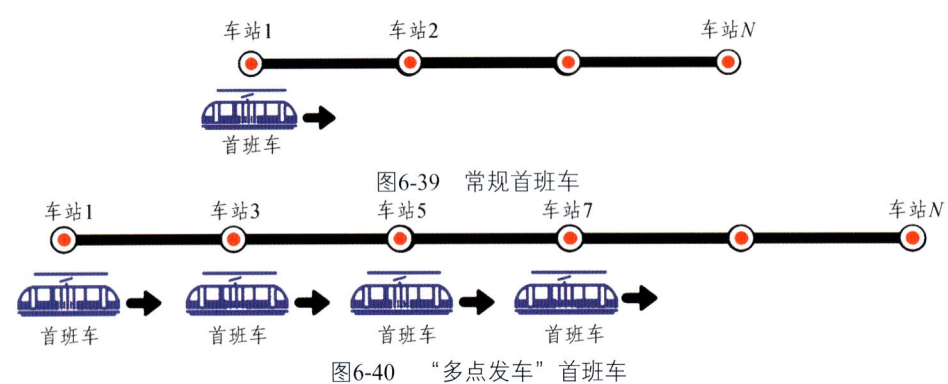

图6-39 常规首班车

图6-40 "多点发车"首班车

表6-7 "多点发车"技术要点

序号	技术要点	技术描述	实现方式
1	线上存车	在正线存车线/站线夜间停放列车,分单双号调整列车的存放位置,节省出车时间	根据场段位置,首班车时间,通过计算施工作业时间,轧道时间,确定列车存放位置及数量
2	提前布车	根据施工作业时间及场段位置,提前发车到正线	通过首班车发车时间,反向推算需要出车的时间
3	优化施工	施工作业时间会制约运营服务时间,通过优化施工提高运营服务水平	1.施工作业整合,按照区段划分施工作业,由一个单位负责统筹; 2.分段施工,根据列车收车情况,具备条件的区段先进行施工作业
4	分段轧道	为实现快速轧道,采用多列车同时轧道的方法	根据线路长度,结合场段、线上存车位置,按轧道限速分别计算分段轧道的时间,确保各列车的轧道时间基本一致

表6-8 7号线首班车"多点发车"方案

线路	首班车时间	首班车分布	较原来首班车提前
7号线	06:15	外环方向:三瓦窑站、龙爪堰站、金沙博物馆站、火车北站、崔家店站	最多可提前47 min
		内环方向:九里堤站、一品天下站、高朋大道站、成都东客站、崔家店站	最多可提前49 min

7号线通过首班车采用"多点发车"的方式运营,有效延长了线路运营服务时间,部分车站开站时间最多提前了49 min,更好地满足了地铁线路间换乘及与其他交通方式接驳的需求。

6.4.1.3 单程末班车及全程末班车组织

末班车从发车到抵达线路终点站的过程中,沿线车站将陆续结束运营服务,因此末班车时间要考虑末班车最晚发车时间及本线线路运营时间。7号线为环形线路,因此末班车有全程末班车以及单程末班车之分，乘客乘坐全程末班车可到达7号线任一站点，而单程末班车终点站设置在"虚拟始发站"中环站，待运营结束后返回中环停车场，单程末班车与全程末班车之间的列车根据线路特点组织在中环或槐树店站清客，各自经负一层/负二层入场线返回中环停车场检修。

为进一步提升末班车服务水平，7号线内外环均取消通勤车，将单程末班车始发时间调整至23:05，终到时间调整为00:14。同时将单程末班车上一列车行程确定为全程末班车，尽量延长末班车服务时间，提升服务水平，满足了市民夜间出行的需求。

7号线通过取消通勤列车，全程末班车与单程末班车始发时间均推迟了10 min左右，运营时间得以延长，服务水平得到提升。

6.4.2 线上存车组织

7号线场段集中设置在东半环，若运营前对环线西半环的轧道作业均由场段发车，会在目前5:09分首列轧道车出场时间的基础上再提前至少30 min，由此将会导致夜间施工时间被进一步压缩。

考虑地理位置因素，选择在7号线的西南方位，同时也是中环负一、负二层停车场之间折中位置的武侯大道存车线作为正线存车点，如图6-41所示；在运营组织上将2列电客车进出存车线的运行路径编制到运行图内，在晚低峰期组织2列电客车清客后进入存车线，于次日运营出车时上线担任内、外环的轧道任务；在施工组织上设置每周六为施工天窗期，次日运营出车时由场段提前发车担任轧道任务。

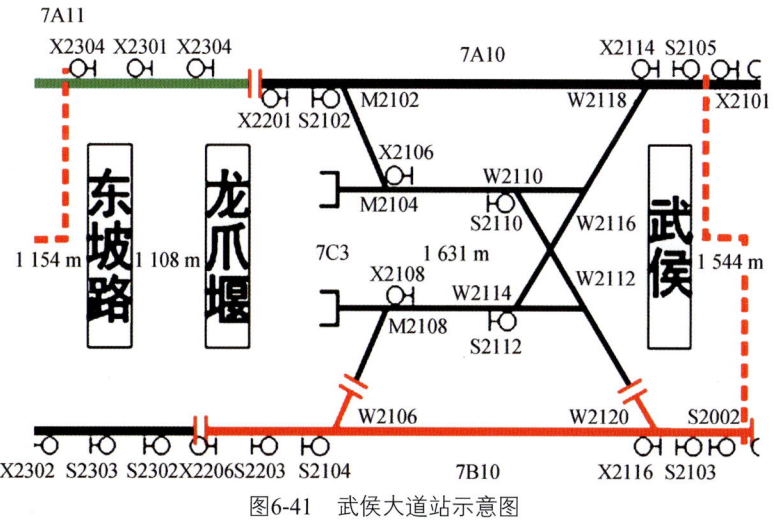

图6-41 武侯大道站示意图

7号线采用轧道车线上存车方案后，轧道车发车时间推迟30 min左右，有效施工时间及电客车司机休息时间均得以延长，施工组织的灵活性得到了极大加强。

6.4.3 不均衡运输组织

成都市民出行呈现早高峰往南汇聚、晚高峰由南发散的特点，7号线早高峰期间内外环客流存在不同程度的差异化，潮汐式分布特征明显。

针对潮汐化客流的特点，早高峰期间通过组织7号线外环上线19列、内环上线17列的方式，局部压缩外环行车间隔，实现内外环不均衡运力配置，如图6-42、图6-43所示。

7号线采用不均衡运力配置后，早高峰外环最小行车间隔为3 min20 s，内环最小行车间隔为3 min30 s，重点提升了外环方向运输能力。不均衡运力配置较均衡运力配置，有效减少了高峰上线列车数，且早高峰内外环拥挤度均控制在80%左右，晚高峰内外环拥挤度均控制在60%左右，提高了线路运能与运量的整体匹配度。

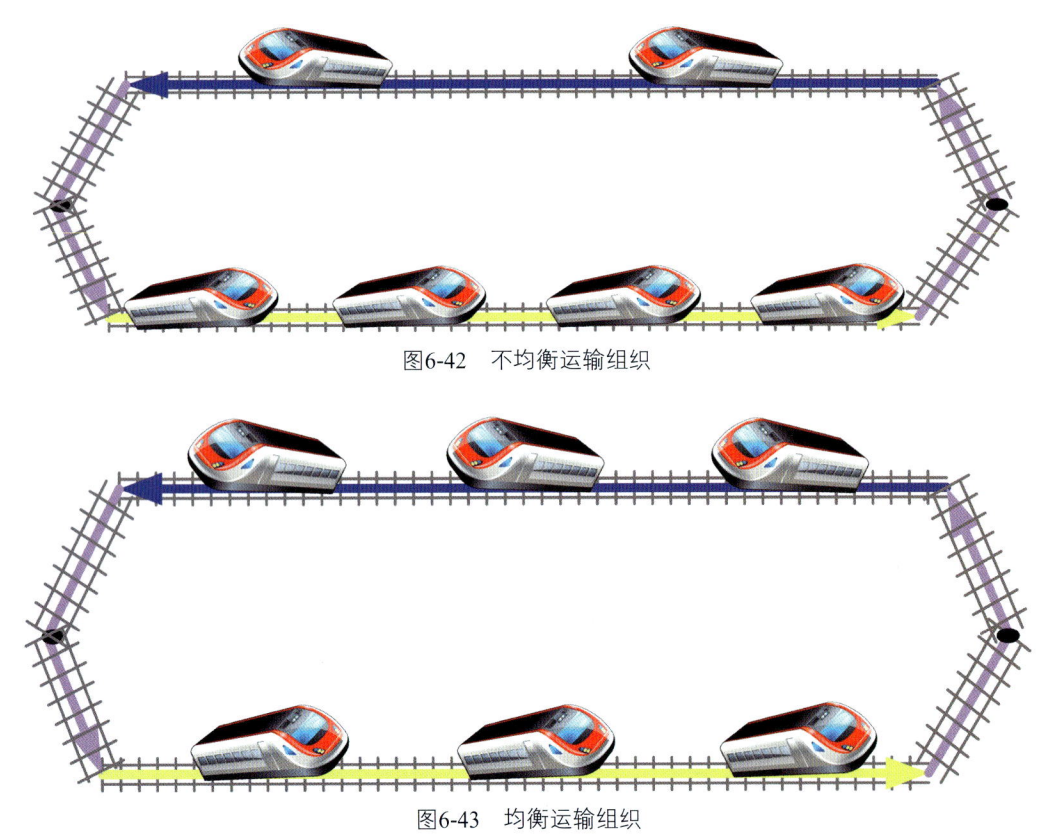

图6-42　不均衡运输组织

图6-43　均衡运输组织

6.4.4　C字型交路加密发车

7号线开通后，根据客流特点组织列车按内外环独立运行的方式运营，运输能力与客流特征匹配良好。开通初期文化宫至火车南站西半环客流略高于东半环，但随着大规模线网的逐步发展，客流不均衡分布特征越发明显。

7号线南半环客流明显大于北半环客流时，通过在金沙博物馆—火车南站—槐树店区段组织开行小交路列车，精准加密客流聚集区域行车间隔，进一步提高环线运能与运量匹配度，提高线路车辆运用效率，实现运输组织的精细化管理。

7号线通过采取C字型交路加密的方式，进一步压缩行车间隔10~20 s，提升客流聚集区段运输能力，满足乘客出行需求，如图6-44所示。

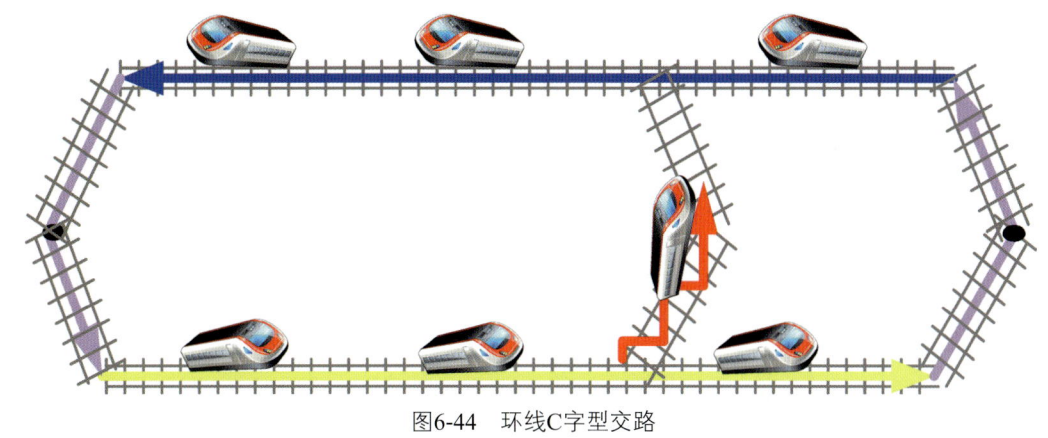

图6-44　环线C字型交路

6.4.5　应急行车组织

环线的行车组织方式与原有的非闭合线路有较大差异，因此不能简单地套用原有的应急事件处置原则，为此，开展了环线应急行车组织研究。

7号线内、外环列车追踪运行，若运营期间发生应急事件且对环线运营造成较大影响时的处置原则为：一是大客流情况下，通过加密内环或外环的行车密度提升运能；二是单环故障时，维持另一环正常运行，并适当加密行车间隔，降低故障影响；三是单环故障时，合理组织小交路，确保未受影响区段的正常运行；四是双环均故障时，采用C型交路，将环线运营调整为直线运营。

若环线运营列车因故须下线时，列车无清客折返需求，需组织故障列车在与车场衔接的车站（中环、槐树店、琉璃场）清客回场段，并灵活组织场段或正线备车上线运营替换故障列车。

若环线运营列车发生大面积晚点时，因无折返作业，所以无法通过减少折返时间实现追点，只能通过缩短区间运行时间及减少站停时间的方式来达到缩短延误的目的，又因途经换乘枢纽较多，发生夹物几率较高，有可能造成列车晚点的持续增加，则需采取灵活组织备车上线的方式以降低列车晚点对运营造成的影响，如图6-45所示。

通过加密行车间隔、单环独立运行、C型交路、直线运营等方式，提高了环线应急处置的灵活性，有效降低了设备故障和应急事件对环线运营的不利影响。

6.4.6　虚拟起终点运用

普通线路在线路两端均存在起始和终到车站，收发车组织时列车通常在终到站清客后回场，即运营列车需回段/场时，在运营计划的最后一个单程，列车在始发站或折返线接收回段/场的目的地码，正常载客运营至终点站清客后回段或折返后空车运营至车辆段/停车场连接的车站后回段，客运组织相对简单。

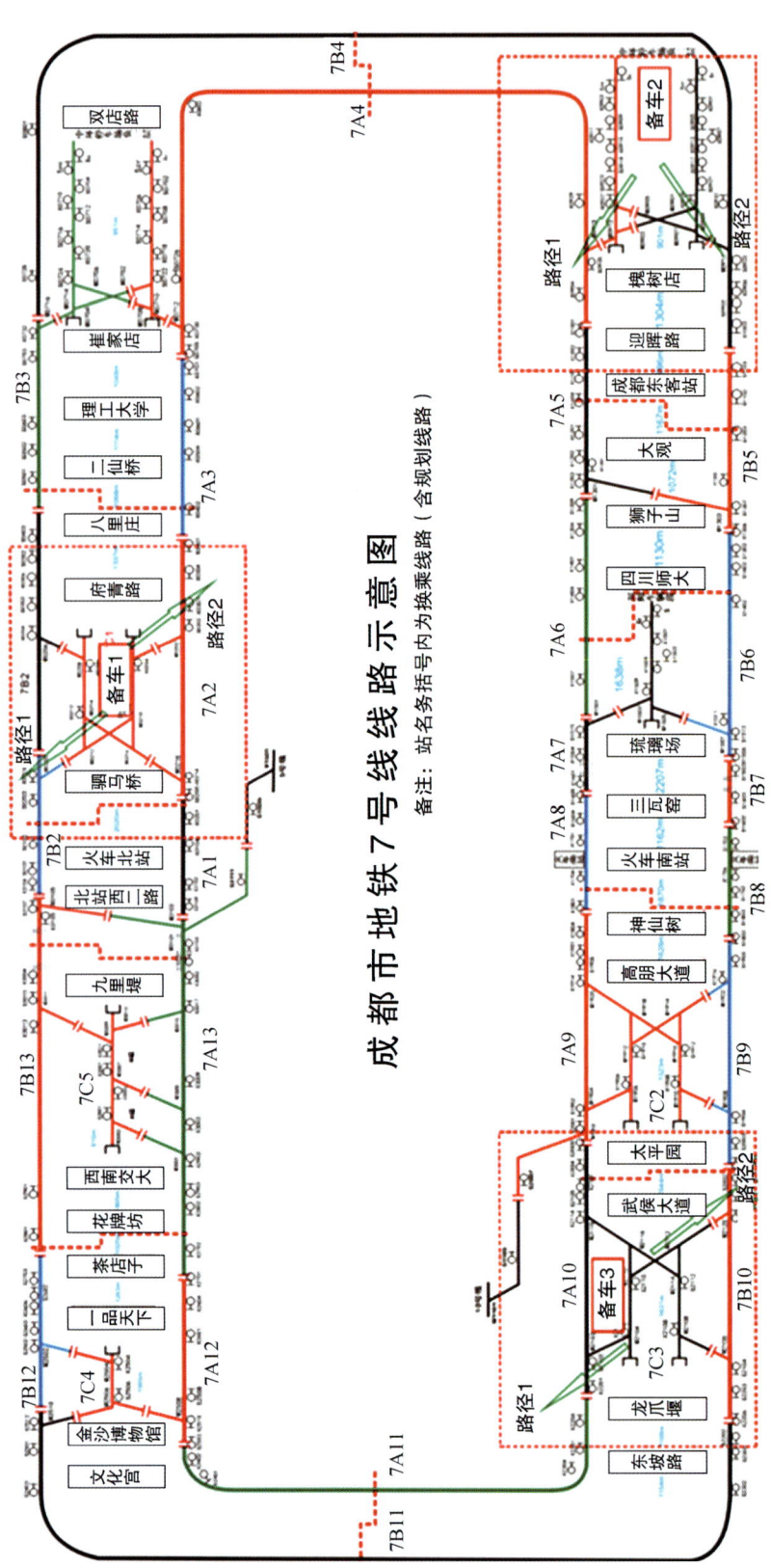

图6-45 环线备车位置

而环形线路无严格意义的起始和终到车站，收发车组织时对前后列车间隔影响较大，为避免收发车阶段线上列车间隔出现明显失衡的现象，将场段衔接站（中环、槐树店、琉璃场）设置为虚拟起始站点和终到站，调整列车在虚拟起始站和终到站附近车站的站停时间和区间运行时间，以站停时间不超过2 min的原则，将列车转峰回场的行车大间隔均匀"消化"至附近站点和区间，避免乘客在转峰期长时间候车等待，在一定程度上能够降低收发车对运营组织的影响。

运营列车需回段/场时，在运营计划的最后一圈开始前，列车在中环站上/下行线实现车次号的更新，接收回段/场交路号，列车在中环站出站后播报乘客广播，提醒乘客本交路运营的终点站，列车完成运营任务在终点站清客完毕后回段/场。

6.5 维保信息化创新

6.5.1 智慧城轨概念

智慧城轨在建设交通强国和智慧城市过程中有着重要作用，是交通强国建设的战略突破口、智慧城市建设先导工程、是城轨交通高质量发展的主要抓手，同时也是城轨行业自主创新发展的重要平台。

智慧城轨指的是应用云计算、大数据、物联网、人工智能、5G、卫星通信、区块链等新兴信息技术，全面感知、深度互联和智能融合乘客、设施、设备、环境等实体信息，经自主进化，创新服务、运营、建设管理模式，构建安全、便捷、高效、绿色、经济的新一代中国式智慧型城市轨道交通。

智慧城轨面向中国城市轨道交通行业，以强国建设为导向，以推进城轨信息化、发展智能系统、建设智慧城轨为主题，以城轨交通的关键核心业务为主线，以数字化、智能化、网络化为手段，构建高度集成的城轨云与大数据平台，建立系统完备的技术标准体系，准确把握智慧城轨发展方向，按照"1-8-1-1"的布局结构，创建智慧乘客服务、智能运输组织、智能能源系统、智能列车运行、智能技术装备、智能基础设施、智能运维安全和智慧网络管理八大体系；建立一个城轨云与大数据平台；制定一套中国智慧城轨技术标准体系，如图6-46所示。

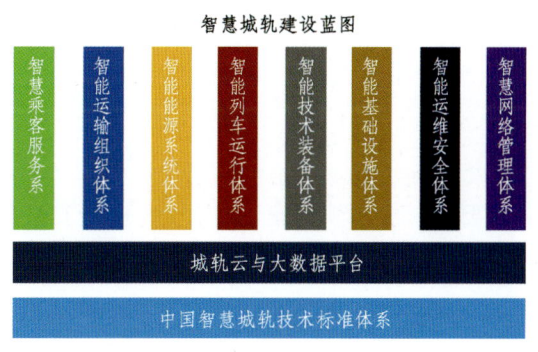

图6-46　智慧城轨发展蓝图

6.5.2 智慧运维

智慧运维将人的知识和运维经验与大数据、机器学习技术相结合，开发成一系列的智能策略，融入运维系统中。充分利用智能化、信息化和大数据等手段，在获取大量的设备运行状态数据的基础上，通过数据计算和深度挖掘，指导设备运用与维护、优化运营管理方式和管理成本，从而提升运营管理活动和促进高质量可持续发展的过程。

成都地铁智慧维保建设围绕"一网三中心"展开，结合专业、设备特点和管理实际分步实施，总体思路如图6-47所示。

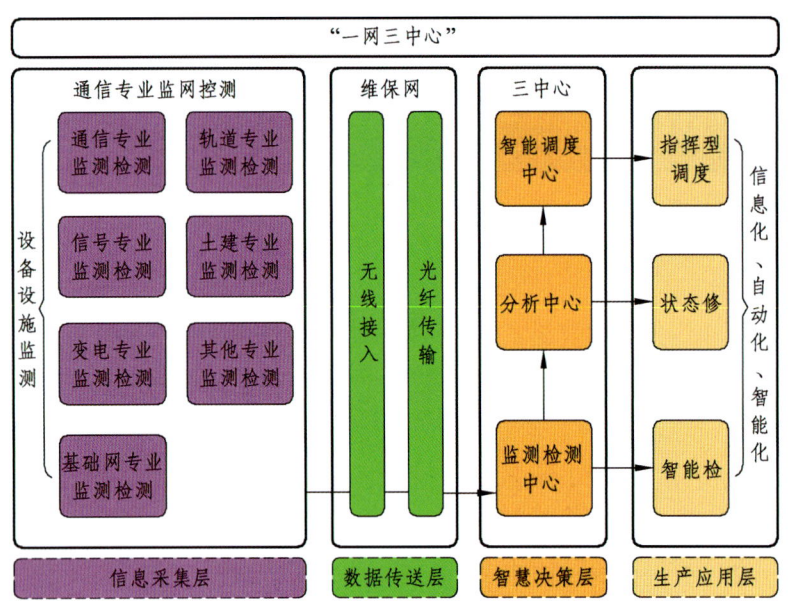

图6-47 成都地铁智慧维保建设总体架构图

一张网：即维保网，由无线网络和有线网络两部分组成。无线网络解决非接触式监测数据的灵活接入，有线网络解决监测数据的长距离回传。

三中心：即监测检测中心、分析中心、智能调度中心。监测检测中心，汇聚并处理线网设备设施运行数据，监控设备设施工作状态，并提供实时的故障告警；分析中心，对监测检测中心处理后的数据进行深度分析，并提供事件决策方案；智能调度中心，执行分析中心的决策方案，并实现业务的智能联动。

6.5.3 维护监测系统

为满足线网智能运维建设要求，成都轨道集团在7号线开展了综合运维系统补强，进一步加大监测深度、广度，完善智能监测中心底层基础监测数据建设，为在线监测及智能分析提供精准有效的数据支持。

对现场维护监测系统运用版本进行全面提档升级，提升了系统的集成度；对使用界面及功能模块进行重新优化、合理布局，提供维护统计报告，为运维分析提供基础数据保障；完成设备报警分级管理，并对CBTC各接口报警进一步梳理，实现联锁、车载等设备报警精确到板卡级，如图6-48所示。

通过对维护监测系统的软件优化，在提供现场设备实时、全面、精准的故障告警、预警信息、设施状态信息的基础上，结合故障处置专家库，实现了对故障更精准的判断，并提供处置建议。同时结合采集硬件设备补强，实现更精确的智能分析功能，报警定位更精准，可通过设备原理图精准标注故障位置并提供维护指导建议，如图6-49所示。

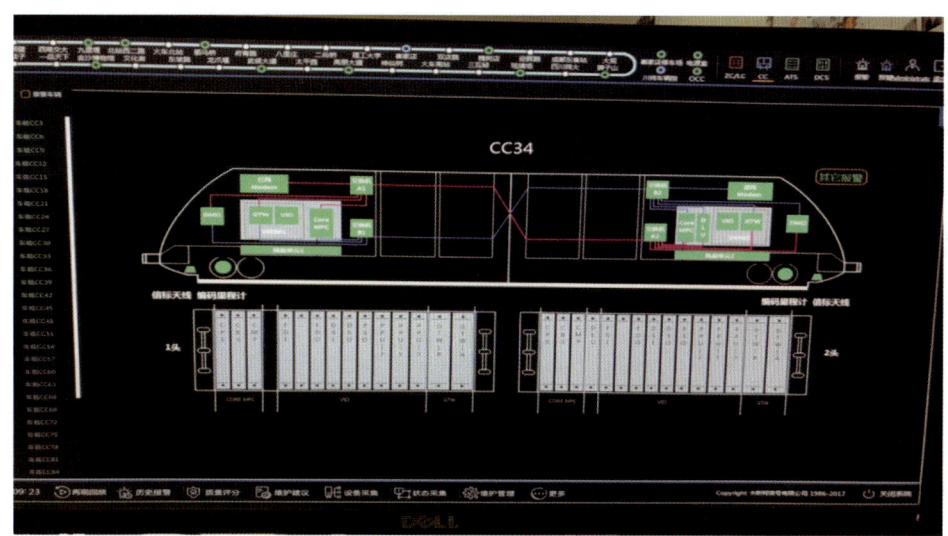

图6-48 车载子系统报警精确到板卡级

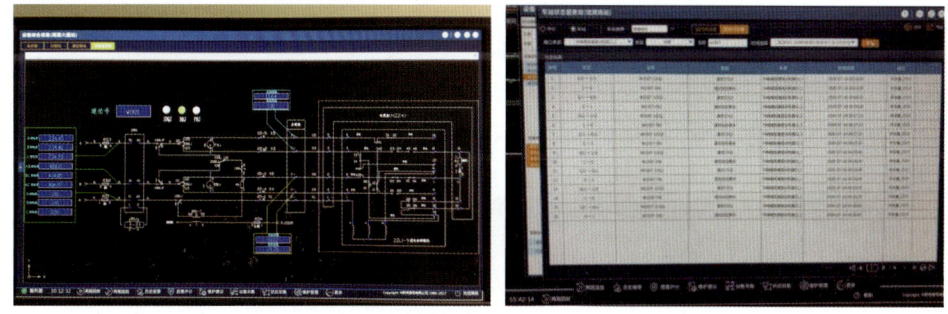

图6-49 结合设备原理图的故障定位及维护建议

6.5.4 集中告警系统

为协助通信系统维保人员快速准确处理各系统设备故障，通信系统在控制中心设置集中告警系统，采集、显示、存储并打印通信各系统的故障告警信息。该系统对通信系统进行集中监测告警管理，将通信各系统的运行状态和告警信息反映到集中监控平台设备上，维护人员可通过集中监控平台近、远程登录。

通信集中告警系统可实现对通信各子系统运行状况24 h不间断的信息采集，当通信子系统的维护管理终端向集中告警系统发送故障告警信息时，集中告警系统可在屏幕显示告警信息并发出声音告警信息，网管管理系统记录下收到的故障信息并保存到数据库中。

集中告警系统采用分层管理结构，并具备自诊断功能，为日常操作人员提供从主网—子网—模块—电路板网络设备的运行信息，使之及时做出判断和反应。集中告警系统通过开放的接口，接入其他子系统，实施集中监视管理；并提供对其他设备的网络级管理、状态监视等。监测范围包括：传输系统、无线系统、公务电话系统、专用电话系统、视频监视系统、广播系统、时钟系统、电源系统、乘客信息系统、计算机网络系统设备等，如图6-50所示。

图6-50 集中告警系统界面

集中告警系统对通信各系统进行实时自动故障监视，能根据维保单位的需求对集中告警系统的告警信息等级、报警方式（声光、打印）、打开或屏蔽等进行自由设置，更加贴合维保生产实际，如图6-51所示。

图6-51 集中告警设置

6.5.5 车辆故障预警及健康管理系统

为保证列车高效、安全运营，成都轨道集团在车辆运行监测方面进行了积极的探索。成都轨道集团目前采用列车控制和管理系统（以下简称TCMS）进行车辆运行监控。TCMS系统主要负责列车中央控制和牵引控制，基于TCMS系统开发的车辆故障预警及健康管理系统（以下简称PHM系统）则可以实现对网压、牵引、辅助设备、制动系统、车门、PIS等各系统的运行状态监视，在发生故障后可以及时自动判别故障位置和故障类型，辅助维修人员对故障进行处理。

PHM系统包括运行状态监测、故障诊断与报警、车辆集群健康评估和单列车健康评估四个功能模块。

运行状态监测模块主要包括列车状态实时监控、关键子系统监控以及行驶状态监测功能。该模块实现了对列车的工况、速度、里程、位置等列车基本行驶信息，空调、车门、制动、牵引等列车关键系统状态信息以及列车所在的区间、站点等行驶状态信息的实时监测。

故障诊断与报警模块主要包括列车故障查询、故障预警、列车故障统计、故障预警统计、能耗统计和司机评判等功能。该模块根据故障监测数据，对列车关键部件的故障进行分析和诊断，快速定位，通过图形化的方式提供维修决策支持，并根据故障预测模型，对地铁列车关键部件的故障进行预测，并建立故障处理专家库，当故障发生时，系统可以提供故障处理指导，为有关维护人员提供远程维护指导。

车辆集群和单列车健康评估模块是系统根据列车故障、维修等实际情况，利用大数据分析构建合理的健康评估指标和分值，完善评估与管理体系，为列车的运行安全状态评估和管理提供支撑。

成都轨道集团通过基于车辆PHM系统的应用创新实践，解决了城市轨道交通在大发展时期不断快速扩张的情况下地铁电客车正线故障难以快速处置、信息传递效率低存在的实际运维问题，达到优化修程修制，降低运营成本的目的，对后续大线网下车辆状态修及维保成本管控奠定了基础。

通过对2019年3月到2019年5月的车辆正线故障响应时间的分析，PHM系统报警时间比人工信息报送时间平均提前5.42 min，起到了对正线故障快速报警提示的作用

6.5.6 线网资产及运营生产管理系统

成都地铁运营有限公司"线网资产及运营生产管理系统"（以下简称PMS系统）通过对数据、业务、平台三大基础的构建，在地铁资产编码、资产管理、安全管理、设备维保管理、物流管理、乘务及站务管理等运营主体业务中全面应用，利用信息系统，促进了业务协同的效率，有效提升管理水平。

其中PMS维保管理子系统，针对运营设备设施，建立以设备台账为基础，工单，检修规程、预防性维护、维修计划、故障维修及分析为主线，委外管理、项目管理及问题库管理为辅的维保全过程系统化管理。实现了设备检修的标准化、规范化，如图6-52所示。

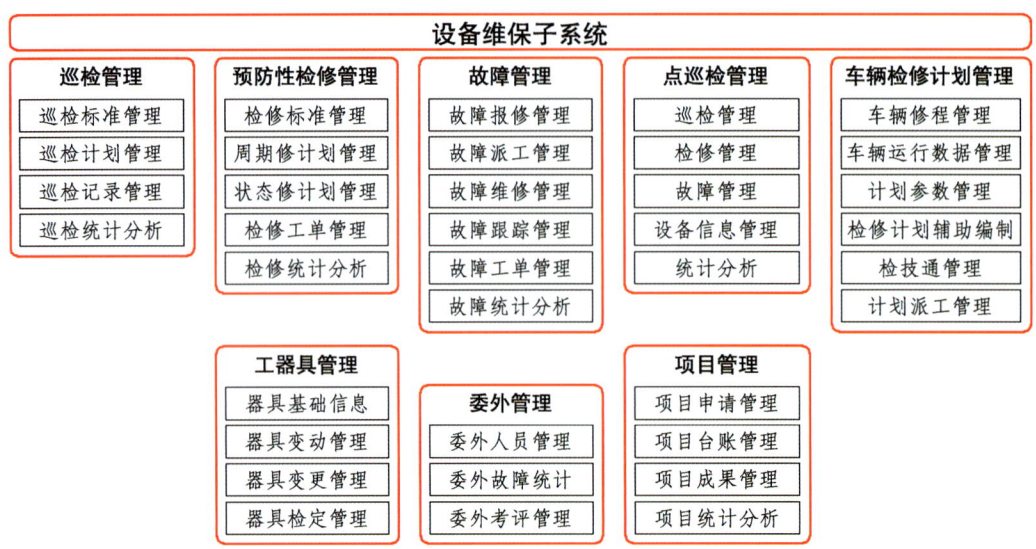

图6-52　PMS维保子系统功能架构图

成都地铁运营有限公司利用PMS系统平台，在7号线新增以下创新应用。

6.5.6.1　创新建立接管问题库

为确保按时高质量开通，对于新线移交接管等问题，需及时整改消缺。结合PMS系统建设，成都地铁运营有限公司又组织开发了新线问题库功能。

自2号线西延线开始，成都地铁运营有限公司建立了完善的问题库管理制度，以问题库为核心，建立起移交和接管单位的桥梁，对接管遗留问题整改起到了重要推动作用。但由于检查问题数量大、参与人员多，入库问题难以及时审核，人工电子表格管理方式也存在信息沟通不畅、数据汇总容易出差错，按不同维度统计进行问题统计分析工作量十分庞大且容易出差错，前期线路接管问题的经验教训有效的传递及遗留问题的跟踪处理也存在漏洞。

成都地铁运营有限公司利用PMS平台及线路、人员等基础信息，开发新线问题库模块，实现了问题提报、审核、发布、设计回复、施工单位处置、销项、数据统计分析等功能，新线消缺工作效率大幅提升，主要体现在以下几方面。

（1）利用系统功能，问题提报、审核、处理等相关人员可以及时了解问题状态，并进行信息填报，从而提高了沟通和处置效率。后期还开发了移动化功能，可利用个人手机进行操作，进一步提升了问题提报及销项的实时性。

（2）新线问题的统计分析功能，不仅省去了人工统计耗费的大量时间，也增强了统计分析能力，从不同纬度统计消缺率、消缺趋势。实现了对数据的深层次挖掘，给建设及施工单位提升管理水平提供了有效的数据支撑。

（3）通过系统提报，规范了问题库档案管理。一是消缺相关信息，如问题提报人、销项人、销项时间、审核人等采用系统基础数据和服务器时间，确保准确性。二是对于议定不处理的问题，可上传相关纪要等证明信文件备查。三是对设计问题，还可上传设计方案、联系单等，为移交、接管单位提供下载渠道。四是问题库数据也为后续新线建设和接管问题的发现处置提供借鉴。五是开通后未完成处理的问题，可转移至PMS系统设备问题库继续跟踪，确保问题闭环。

（4）通过配置常见问题责任专业、严重级别分类等信息，建立相关逻辑关系，可减少提报人员填写工作量，同时提高问题严重级别分类、责任专业、责任单位填报的准确性。

新线接管问题库中7号线移交接管问题共入库8 780条，开通前销项比例高达99.76%，较前期开通线路有了明显提高，起到了助力7号线优质高效开通的目的，如图6-53所示。

图6-53　接管问题库示意图

6.5.6.2　创新建设智能仓App

随着成都地铁线网发展，仓储管理的物资种类及数量也在不断增加，出入库频率呈数量级剧增，仓储管理作业复杂且多样化，传统的人工仓库作业模式和数据采集方式已经很难满足仓储管理对于快速及准确的要求。

结合PMS系统相关管理功能，成都地铁运营有限公司实施了移动化物流管理软件（以下简称智能仓App）项目，该项目于2017年建设完成。通过智能仓App应用，加强了对库存物资的监督管理，减少了手工记账的工作量，降低了差错率，提高了工作效率，降低物资管理成本，实现了仓库物资的最优管理，极大地提升了物资仓储管理水平。为成都地铁运营有限公司生产运营提供安全、稳定、高效的物资供应保障。

智能仓App软件系统是基于PMS系统物流管理子系统基础上开发的移动化物流管理软件，应用手持终端操作，按照仓储作业的业务规则和运算法则，对信息采集、资源共享、行为监控进行管理。App主要功能组成为：到货登记、物资入库、物资出库、库存盘点、维护保养、物资调拨、借用归还、报废损坏、质量抽查、实时库存、采购订单、日志等。

智能仓App配套的手持终端采用严格的工业级设计要求，具备多种数据采集及无线通信功能，智能仓App系统的投入使用，改变了工班一线人员的仓储操作习惯，强化了实物的条码管理意识，提升了物资的精准管理粒度，提高了实际仓储作业的便利性及高效性，应用成效主要有：

（1）智能仓App可通过手持终端扫描条形码或者二维码，实现仓库数据收集的自动化、准确性、共享性、实时性。采集输入代替手工输入减少了失误率，使仓储生命周期被实时记录。利用物资的条码管理实现仓储作业的各个环节数据自动化采集，提高了仓储作业效率与数据的准确性。

（2）通过使用App可随时随地地管理和控制仓储中所有物资的出入库状态，实现了物资快速准确出入库，提高了仓储管理的及时性；并可实现对仓储物流数据的实时分析。

（3）由于城市轨道交通行业存在地域性广的特点，智能仓App能让库管人员可脱离PC系统，远程、异地进行到货登记，确保物资及时、实时录入PMS系统，确保物资数据准确。

（4）App在无网络的情况下可通过离线登录功能进行物资的盘点、维保和抽查，仓储管理应用不受限于网络条件，更加方便快捷。

（5）App可连接蓝牙打印机随时打印物资条码，及时替换或更新，使物资管理更加条理有序。

6.5.7 大型检测维修设备

6.5.7.1 接触网悬挂智能巡检创新

7号线供电系统采用全地下段刚性接触网方式，施工工艺、设备结构复杂，因其环线的线路特点，全线曲线区段占比较高。由于接触网使用条件苛刻，长期工作在振动环境中，定位装置、支持装置、接触悬挂、附加悬挂、吊柱座等零部件易出现脱落、缺失等缺陷，如果不及时处理，将引发严重的弓网故障，甚至造成行车事故。既有线路接触网悬挂检查主要依赖于天窗期内梯车定期巡视，覆盖周期约为3个月，若采取该方法进行周期修，效率低，工作强度大，且故障隐患不易发现。

接触网悬挂状态智能巡检系统是成都地铁运营有限公司结合7号线环线设备结构和实际需求而进行的研发，有针对性地解决了既有巡检系统拍摄范围、智能识别、技术参数等问题，实现了对地铁接触网关键零部件高清成像，具备替代部分人工巡视作业的能力，只需要一个天窗点即可完成整条线路的接触网悬挂状态巡视，大大提升了巡视效率。通过高清成像检测模块对接触网悬挂设备进行高清拍摄，并通过图像智能分析软件实现对关键零部件的脱落、缺失、破损等缺陷的智能识别，如图6-54所示。

图6-54 接触网悬挂状态智能巡检设备

智能巡检系统分析软件可对零部件螺母脱落、螺母缺失、绝缘子破损等24项缺陷图像进行自动识别，仅需一个工作日即可完成全线接触网巡检图像数据分析，自动识别悬挂装置缺陷生成分析报告，极大降低了人工分析工作量。

截至目前已采集7号线全线接触网悬挂巡检图像56万余张，经过软件智能分析和人工复核共排查疑似缺陷12处，并均已完成现场复核处理。

在网络化运营时代，随着弓网检测体系的建立，"监测+巡检"模式下的故障预警、设备状态预判的特点能够进一步保障安全运营、提高服务质量。后续将评估系统运用效果并将人工巡视周期进一步延长，充分发挥"设备保安全"的积极作用，高效准确地排查设备隐患，保障接触网安全平稳运行。

6.5.7.2 车载轨道巡检系统运用

为满足环线高难度需求，其设计的减振道床、减振扣件、小半径曲线占比高，其中减振道床及减振扣件使用达到40%以上。同时设计在曲线超高及缓长上也做了大量妥协，其中超高设置超过120 mm，缓长小于70 m的曲线达到了70条。先天线性设计的不足，造成在线网运行中，轨道设备易出现缺陷，这就需要更先进的设备对轨道结构进行检查。车载轨道巡检系统具有快速、高效、精确、覆盖面广等特点，能够有效弥补人工巡道方式在巡检效率和检测精度方面的缺陷。

1. 病害检测

车载轨道巡检系统能够有效检出多种类型的缺陷，如扣件丢失、外来物、道床裂纹、钢轨表面缺陷、钢轨裂纹、宽窄轨缝等，如图6-55所示。

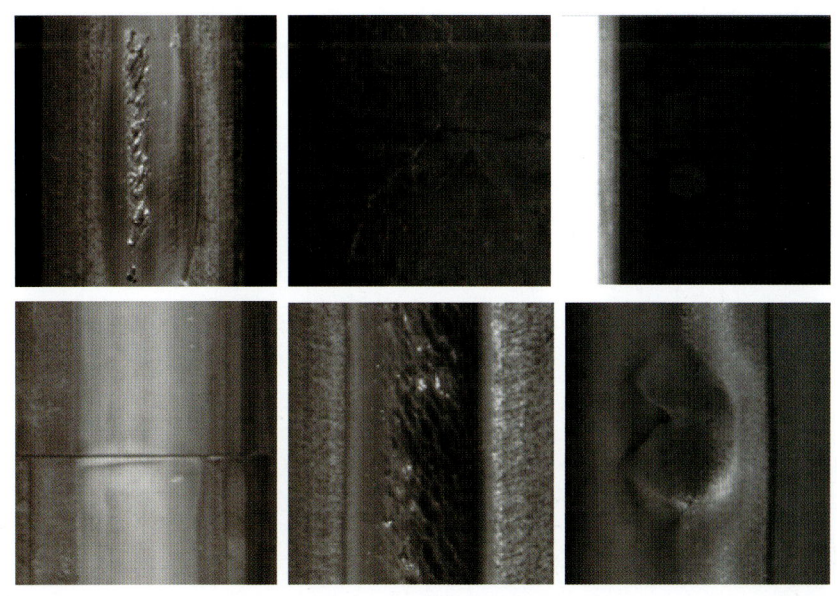

图6-55 巡检缺陷图示

2. 伤损跟踪

缺陷跟踪一般是针对较为严重但又不能及时处理的缺陷。特别是轨面伤损，如掉块、剥离、焊缝低踏等缺陷。从地铁各既有线挑选几处轨面缺陷追踪点，通过图片对比、超限峰值对比，跟踪缺陷发展状态，分析缺陷发展趋势和周期，最终给予维保部门作业指导意见。

3. 磨耗分析

通过可视化功能的展开，可实现对波磨从发生到发展的周期性过程的研究，以指导差异性打磨工作。巡检系统的介入，提供了有效可靠的图像直观数据，减少人工现场测量波磨，对波磨进行拍照等繁琐工作带来的弊端。通过巡检数据结合波磨检测的数据，研究波磨的形成时间、发展周期，可提前介入预防性打磨工作。

车载巡检系统自运用以来，对7号线共检测386.9 km，共发现扣件异常4处，现场复核4处，准确率100%；道床裂纹确认病害数量81处，准确率98.2%。轨面擦伤确认病害63处，准确率97.5%。从复核情况来看，车载轨道巡检系统巡检准确率高，可替代部分人工巡检，大大减轻了巡检人员劳动强度。相对于传统人工巡查方式，该系统在检测效率、巡检人员人身安全等方面已表现出极大的优越性，在环线地铁线路工务设备的检查维护中日益发挥出重要的作用。

6.5.7.3 钢轨探伤体系

结合"减少人工低效率作业，增加机械智能化高效率"的维保发展思路，7号线借助成都地铁首台探伤车，初步建立"大型机械+小型人工"探伤体系，路轨探伤以大型探伤车为主，道岔及焊缝以小型探伤仪人工为主，两者相互补充，新增探伤数据回放标准，通过"二次诊断"，实现钢轨检测"零死角"。初步形成了成都地铁的钢轨探伤体系。

1. 钢轨探伤车

钢轨探伤车具备检测效率高、检出率高、检测重复性好、耦合性能强、受外界因素影响小等优点，借助成都地铁首台钢轨探伤车，极大提升了钢轨探伤自动化程度及作业效率。

2. 人工路轨探伤

人工路轨探伤是对探伤车检测的有力补充，着力于解决探伤车难以解决的道岔检测能力不足的缺点，两种设备有机互补，有力地保证了钢轨伤损的检出。

3. 人工焊缝探伤

钢轨焊接接头为钢轨薄弱地段，钢轨探伤车及人工路轨探伤均无法探测钢轨焊缝底部三角区至轨底边缘地带，因此采用焊缝探伤仪对焊缝进行全断面检测。

4. 渗透探伤

渗透探伤主要用于解决钢轨表面开口性裂纹，在道岔岔心裂纹、钢轨接头螺孔裂纹、回流线焊点检测方面效果显著。

5. 数据二次回放

通过数据二次回放，追踪伤损发展趋势，开展周期对比、探伤和巡检联合分析等方式有效地提升了伤损的管控。

钢轨探伤体系的建立，主要取得了如下成效：

（1）促进修程修制优化。工务修程优化5项，正线母材检测周期由人工双月检调整为年检，焊缝探伤周期由原半年检优化为新线开通两年内免检。

（2）大型设备运用推进减员增效，促进探伤人员优化比例达到20%，检测精准度有效提升，伤损漏检及误判率降低。

（3）运用技术向精细化迈进。人员业务水平显著提升，向专业化、精细化转变，检测及数据分析变得更加精准有效。

（4）以7号线为试点，成都地铁运营有限公司推进钢轨探伤体系优化，形成以"大型检测设备+小型辅助平台+人工"的三维立体探伤体系，不断拓展提升检测设备的科技智慧化水平，实现线网运营模式下钢轨探伤维保新模式，进一步优化修程修制，以设备代替人，用技术来保障运营，推进"计划修"向"状态修"的维保革命性进程，形成"经济+效益"的可持续维保模式，推动线网维保事业高质量可持续发展。

6.5.7.4 车载钢轨波磨系统运用

钢轨作为列车载体，长期承受着来自列车的重复性、周期性的荷载作用，这些荷载长期作用于轨面会使轨面产生多种多样的病害，而钢轨波磨就是典型病害之一。在环线地铁小半径曲线偏多的情况下，其曲线内外轨长度差异大，内轮行驶路径较短，因此内轮会在外轮的牵动作用下做蠕动运行，在蠕滑力作用下内轮易发生摩擦自激震动，形成波磨，且波磨主要产生在小半径曲线下股。波磨按照波长的不同可以划分为短波、中波、长波、特长波等。

车载波磨检测系统，该系统可以较快、准确地采集轨道表面的波磨数据，并通过波磨数据采集、整理、分析等一系列环节来评估钢轨波磨严重情况，成为指导钢轨打磨的首要依据。

通过采集7号线钢轨表面完整的波磨检测数据，对测得的波磨幅值统计每一米的正负峰值及峰峰值，以获取测试范围内钢轨波磨的幅值情况，再通过研究钢轨波磨的变化趋势与特征，结合钢轨廓形修复，制定打磨策略。

另外，利用车载钢轨波磨检测系统和巡检可视化系统的结合，可对波磨的形成机理进行深入的研究，实时性、周期性地检测轨面变化情况，对波磨的形成时间、发展周期的研究提供准确可靠的数据资料。

车载波磨检测系统设备稳定可靠，检测准确，多次采集的数据重合性达到95%以上。与人工检测方法相比其检测效率更高、精度更高，能为波磨缺陷提供准确量化数据，能有效地指导钢轨打磨等一些维修作业。通过车载波磨检测系统采集的波磨数据指导7号线钢轨打磨50余次，合计打磨20 km以上，为环线地铁减震降噪提供有力保障。未来将充分挖掘该系统的检测能力，通过其对小半径曲线内存在不同波长的波磨进行研究，同一曲线不同扣件区段的波磨发展对比研究，不同减振过渡区域钢轨波磨发展研究等。

6.5.7.5 钢轨廓形打磨

由于环线自身特点，钢轨表面更容易出现滚动接触疲劳裂纹、剥离掉块、曲线上股钢轨侧磨、曲线下股钢轨顶面波磨、轨头压溃、焊接接头不平顺、内轨肥边等病害，导致钢轨使用寿命缩短，养护成本增加，影响乘客乘坐舒适度，严重情况下还可能出现断轨，直接影响行车安全。

成都地铁运营有限公司根据7号线线路状况，量身定做了钢轨打磨方案，逐步由修复性打磨向预防性打磨转变,并优化《线路运行与检修规程》。同时针对7号线浮置板减振道床地段波磨发展较快的情况,联合西南交通大学对1 152个车轮廓形及不圆度进行测试,对钢轨伤损现场情况调查超过40 km,进行6次线路振动噪声测试,涵盖车轮及轨道各方面的数据,对钢轨对症下药,形成差异性廓形打磨。

差异性廓形打磨技术,有效地改善了轮轨接触关系,将小半径曲线钢轨使用寿命延长了30%~50%,并减少了由于轮轨关系恶化而引起的换轨、镟轮、转向架维修等的工作量,同时还改善了列车行车条件,降低了噪声振动,增加了乘客乘坐的舒适度。

第 7 章

7 号线开通后的影响分析

7.1 轨道环线开通后的影响概述

7.1.1 轨道线网视角

环线与放射型线路的明显区别在于其能够整合分离线路，提高网络效应，使得客流在整个网络上分布更加合理。实践表明，环线上换乘客流比例通常高于其他线路，环线的广泛联通性和高交换量使其具备了调节线网中客流分布的功能，提高了整体网络的运输效率。

需要指出的是，不同于道路环线，轨道交通系统线路通常独立运行，轨道环线与市中心线路在速度上没有太大差别。因此，对于沿径向线穿城而过的客流而言，环线的分流和疏解城市内部交通的作用并不明显。然而，对于起讫点在环线附近或环线外的切向型客流也就是径向线的折角客流而言，由于环线与众多放射线相交，换乘站的比例高，经环线出行会更为便捷。特别是当起讫点在离市中心较远的放射线上时，便捷性的提升更为明显。

以北京轨道交通环线2号线、10号线为例，2号线日均客运量从2000年的65万人次增至2013年4月128万人次，年均增长率为5.35%。10号线一期日均客运量由2008年8月的50万人次增至2012年12月的89万人次，年均增长率达到15.5%。2013年10号线成环运行后，客运量大幅上涨，2013年7月日均客运量增至177万人次，是2012年日均客运量的2.03倍，如图7-1所示。可以看出，随着轨道交通逐步形成网络以及全网客运量的增加，环线日均客运量持续平稳增加。

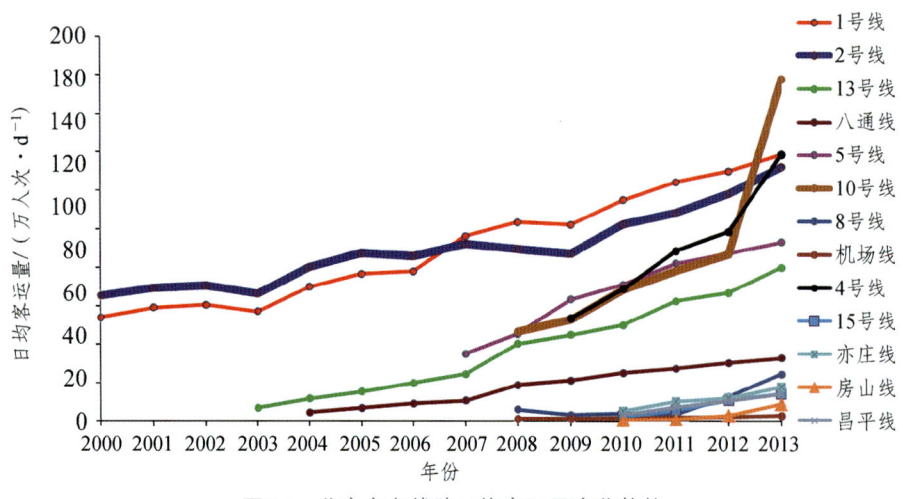

图7-1 北京市各线路日均客运量变化趋势

2010年年底，北京市4条郊区线路和15号线开通，城市轨道交通运营里程由228 km升至336 km，轨道交通系统呈现网络化特征。之后地铁2号线、10号线换乘量增长速度明显加快。2013年，随着地铁6号线的开通、8号线南延至鼓楼以及10号线成环运营，2号线、10号线换入客流量超过1号线，位居前两位，如图7-2所示。

2号线换入量占客运量的比例由2001年的22%增至2013年的51%。北京地铁10号线换入量占客运量比例由成环前（2013年3月）的44%增至成环后（2013年7月）的46%。

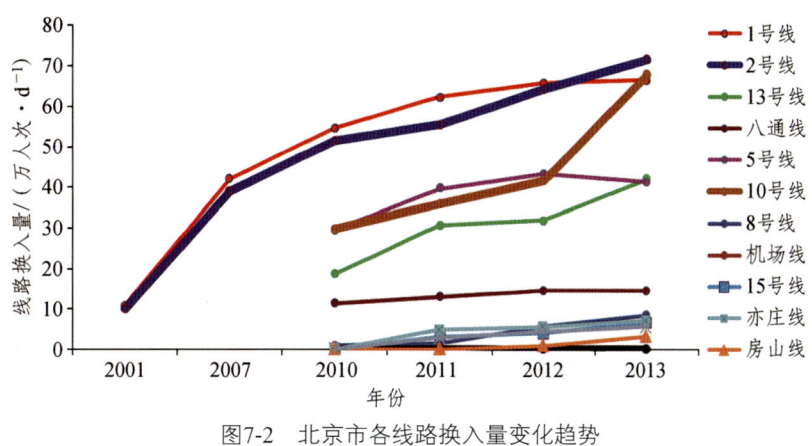

图7-2　北京市各线路换入量变化趋势

2号线、10号线的换乘站数量占全网换乘站总数的一半以上，且线网中大客流换乘节点主要集中在骨干线与环线的相交处，两条环线承担了全网大多数换乘客流。北京轨道交通线网结构存在半径线较多的问题，在两条环线的整合下，线网通达性得到很大提高。北京轨道交通环线实现了径向交通走廊之间的贯通，有效分散了核心区换乘站负荷，并减少了切向型客流的时间耗费，极大提高了线网的系统效益，较好地发挥了环线疏解、分散客流压力的作用。

7.1.2　城市发展视角

从国内城市轨道交通现状及规划看，目前除北京、成都等少数城市外，其他设置了环线的城市的城轨交通的环线数量均为1条。可见，环线在一定程度上具有唯一性和稀缺性。环线必须与城市发展战略相适应，才能真正发挥功能。郑州市提出了"城市用地以向东为主"的城市发展战略，故其环线设置于老城区外围偏东方向，且东西方向的轴长、南北方向的轴短，既串联了各放射线，又加强了发展轴间的联系。成都市提出城市发展战略由"大城市"向"多中心、组团式、网络化"转变，相应的成都轨道交通7号线（内环）侧重于放射线路间的客流转换功能，以缓解城区内部交通压力；成都轨道交通9号线（外环）侧重于连接外围的市域轨道交通线，以便市区线路和市域轨道交通线路之间的客流转换。

城市轨道交通是大运量和高度集约化的运输方式。因此，对城市空间结构形态的作用较其他交通方式更大。纯放射式线网与环形放射式线网所支撑的城市空间形态是不同的。相对而言，纯放射式轨道交通线网更倾向于形成高密度城市核心区和沿径向的发展轴，能在维持城市中心区活力的同时，向外延伸出高密度的串珠式带状走廊。而引入环线能有力地推进城市中心区外围多个副中心的形成。尤其是布置在市中心外围区且穿过城市的建成区的环线。在这类环线与径向线的交叉处，轨道交通可达性好，客流密度高，加上这里离CBD较远，迫切需要能够满足附近居民需求的各种功能设施，因此很容易在此形成新的副中心，从而引导城市由单中心城市向多中心演变。此外，从环线的拓扑结构看，环线在叠加放射线的径向联系功能后也能较好地满足副中心的多种出行需求。

下面以东京中心城区运营的环状市域铁路线为例。山手线在逐渐成环的过程中有机地衔接了地铁和市域铁路共57条线路，逐步形成了"环+放射"状的轨道交通线路网络，如图7-3所示。由此，山手线发展成为东京市轨道交通系统的分界线，内侧区域以地铁为主，外侧区域则主要为干线铁路和市域铁路。

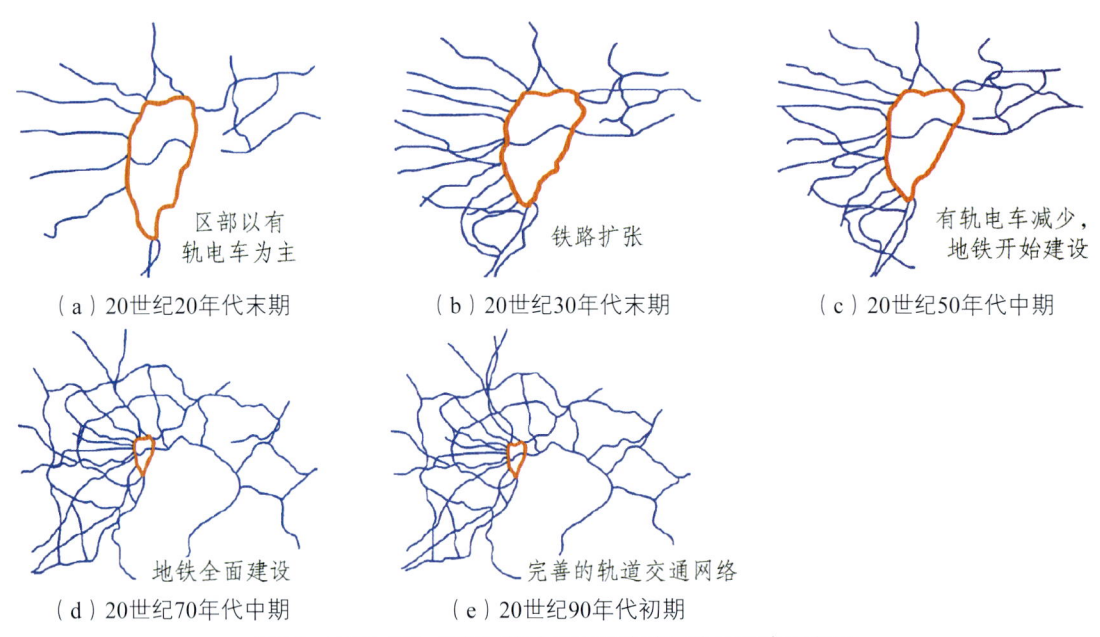

图7-3 东京"环+放射"状轨道交通线路网络的形成和发展

山手线在东京轨道交通线网中扮演着都市区环状铁路枢纽走廊的角色，不断引导着城市的功能布局，进而对城市空间格局产生了深远的影响。下面从"单中心+环"城市群形态和"一核七心"城市区域空间结构2个层面分别介绍山手线的发展对东京城市空间格局的影响。

1. "单中心+环"城市群形态

日本在城市化进程中，城市产业不断转型，人口逐渐集中到城市，交通需求大增，大运量、快速、便捷的轨道交通得以发展。同时，城市开发沿着轨道交通线路逐步展开，加速了城市扩张、都市圈的扩大，进而出现了城市群。

在城市空间发展上，山手线已成为东京中心城区与市郊地带的分界。山手线以内为东京区部，是都市圈的中心，集中了大部分中枢功能；山手线以外为市郊地带，在这些地区，市郊通勤私铁线路从不同方向与山手线连接，并因此在以东京区部为核心、外延50 km的范围内形成了具有一定特色的业务核都市（如多摩、筑波等），承接从东京区部转移出来的部分功能。凭借着"环+放射"状轨道交通线路网络，这些外围业务核都市群呈"环状"围绕着东京区部，呈现出"单中心+环"的城市群形态，如图7-4所示。

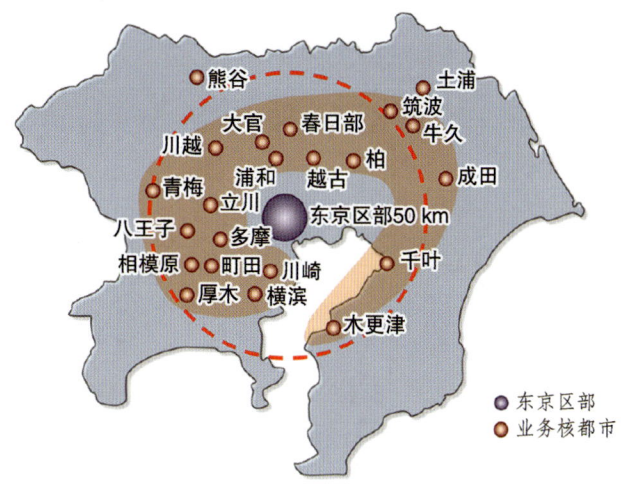

图7-4 "单中心+环"城市群形态

2. 东京区部的"一核七心"空间结构

20世纪60年代，东京都政府开始推行建设副都心，引导区部由东京都心的高度聚集结构向区部多中心结构转变的政策。而此时，山手线环形通道与环状枢纽体系逐步形成，为此政策的实施提供了有利条件。经过多年的发展，东京区部依托山手线，设置重要的综合交通枢纽，实现了枢纽车站的立体化及其地下空间利用的优化，建成大规模、大体量的综合化车站城，并以此为基础最终形成了"一核七心"的城市结构。"一核七心"中的"一核"指东京都心，"七心"指7个副都心，即池袋、新宿、涩谷、大崎、上野、浅草、锦系町、龟户、临海，东京都心是政治、经济、金融中心，各副都心的功能定位如图7-5所示。副都心基本上均位于山手线与放射状轨道交通线路的交汇处，充分利用了交通枢纽对商务及人流的聚集效应。

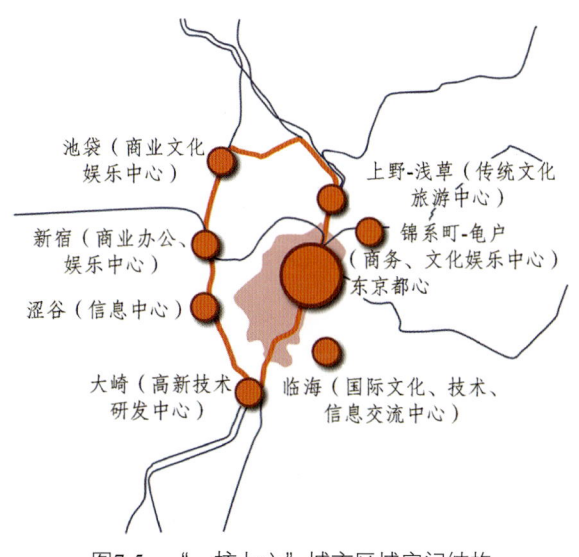

图7-5 "一核七心"城市区域空间结构

7.2 成都地铁 7 号线开通后影响分析

7.2.1 成都市空间发展格局及客流分布特征

7.2.1.1 城市人口

成都，四川省省会，是成渝地区双城经济圈核心城市，国务院批复确定的中国西部地区重要的中心城市，也是国家重要的高新技术产业基地、商贸物流中心和综合交通枢纽。2020年第七次全国人口普查数据显示，成都市常住人口达到2 093.78万人，首次进入超大城市序列。

自1953年第一次全国人口普查以来，成都市常住人口总量呈持续上升的态势，过去十年的年均增速更是居历次普查之首，如图7-6所示。成都人口吸引力和集聚度的不断提升，与城市能级提升相匹配，充分彰显了城市强大的吸引力，与近年来成都市持续推动城市功能定位、营城逻辑、治理方式全方位变革，加速优化城市空间结构，不断改善创业就业环境，加快建设高品质生活宜居地密切相关。

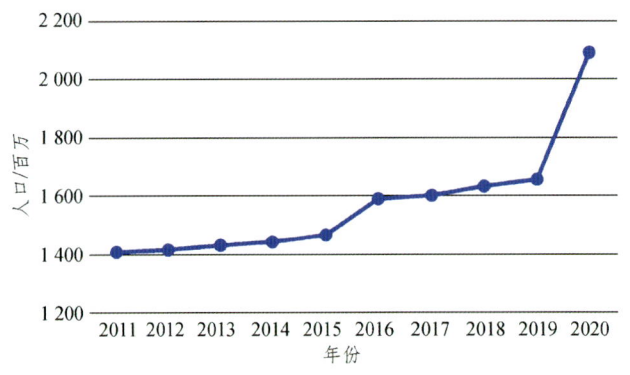

图7-6　2011～2020年成都市常住人口数（根据成都市统计年鉴绘制）

7.2.1.2 城市空间发展格局

在成都市全域范围内，将推动城镇空间格局由"两山夹一城"向"一山连两翼"转变，构建"一心两翼三轴多中心"的城镇空间格局，如图7-7所示。着力改变单中心集聚、圈层式蔓延的发展模式，构建网络化、多中心、生态型的城市发展新格局。其中，"一心"为龙泉山城市森林公园；"两翼"为中心城区和东部城市新区；"三轴"为南北城市中轴、东西城市轴线、龙泉山东侧新城发展轴，集聚核心城市功能。"多中心"为28个国家中心城市功能中心。从城市总体发展规划中可以看出，成都将保持向东向南发展的大趋势。

在成都市中心城区空间布局上，构筑"双核、双轴、一区、多点"的空间结构，如图7-8所示，引导中心城区发展重心向东、向南转移。"双核"是指老城中心和天府新中心；"双轴"是指南北城市中轴、东西城市轴线；"一区"是指将高新南区建成中央活力区；"多点"是指集中承载国家中心城市核心功能的主中心、副中心和片区中心。

第 7 章 7号线开通后的影响分析

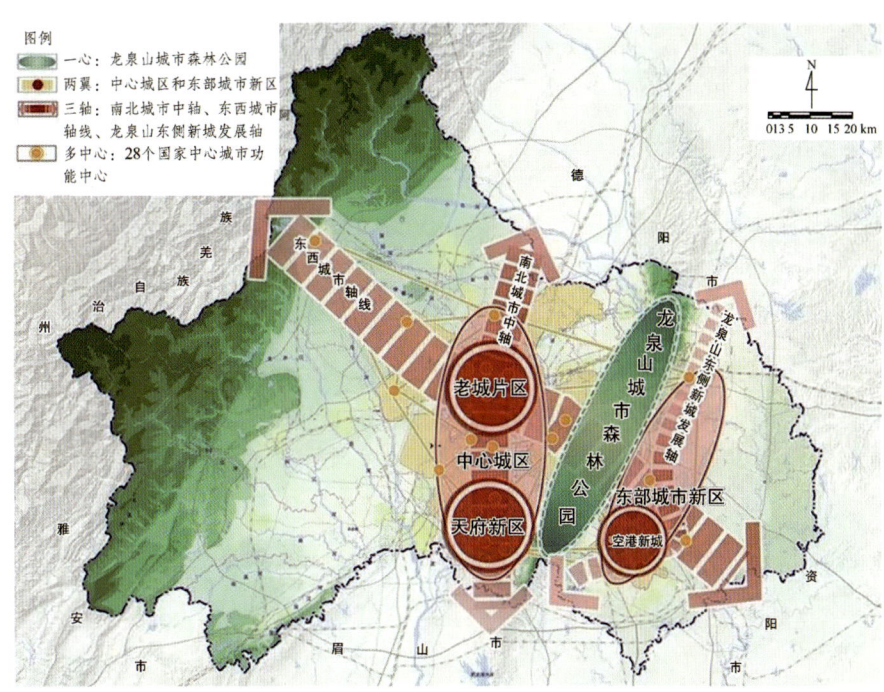

图7-7 成都市域空间结构规划图［成都市城市总体规划（2016~2035年）草案］

图7-8 成都中心城区空间结构规划图［成都市城市总体规划（2016~2035年）草案］

7.2.1.3 人口和就业分布特征

天府新区是四川省国家级新区，同时也是成渝地区双城经济圈"西核"的极核之一。在历经建设谋划期、发展初创期后，天府新区已全面进入战略提能期。"十三五"期间，天府新区生产总值突破3 000亿元，位居全国19个国家级新区第五位，新区经济活跃度持续跃升，综合实力显著提升，正在成为中国西部经济的增长极和动力源。

随着天府新区新核心的崛起，成都城市结构和功能分布正在经历向南拓展的变化，新城区呈现出高开发强度、高建筑密度、大规模建设发展特征，天府新区与主城中心的"双核"格局基本形成。在新的城市空间格局下，成都市人口和就业岗位分布也呈现出新的特点：二环内为传统强就业中心、三环沿线居住分布密集、东北三四环间为就业洼地、双流和天府新区正崛起为新的强就业中心、天府大道（人民南路南延伸线）沿线成为新核心城市职能最集中的首批发展地区。南部核心沿天府大道走廊呈带状布局。天府新区，尤其是天府大道走廊沿线，现状就业岗位分布密集。

7.2.1.4 通勤客流分布特征

部分城市功能迁移带来了大量围绕原城市中心和天府新核心的向心出行需求，如图7-9所示。金牛、大丰、三圣、洪河、十陵等三环-绕城高速之间片区成为与三环内中心区联系密切的区域，其中三环内中心区向南绕城高速附近区域的通勤联系强度最大。人民路至天府大道是双核心之间通勤出行需求最密集的走廊。

中国城市规划设计研究院在《成都18号线天府大道廊道客流研究报告》中的调查数据显示，2015年以绕城高速为截面的中心城区与天府新区双核心之间客运量双向达每日60万人次，其中，地铁1号线、小汽车、公共汽车的分担率分别为15%，46%，28%。早高峰时段，跨南绕城高速截面全方式客运量中，南向北进城方向为每小时3.15万人次，北向南出城方向为每小时3.43万人次，天府新区就业吸引略强于三环内中心区。

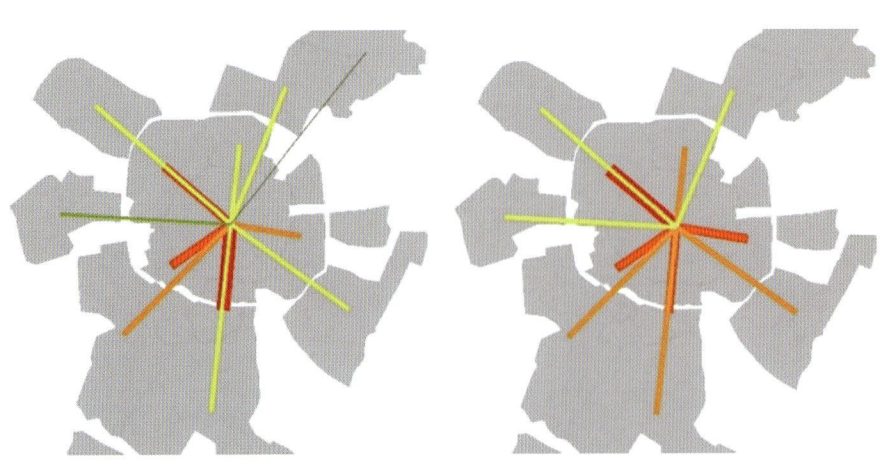

图7-9　三环内中心区与外围各区的通勤联系分布

成都市规划设计院通过结合手机信令、公交刷卡、共享单车骑行等共计5.5亿条多元数据融合分析,以轨道交通、常规公交、共享单车三种绿色出行交通方式为研究对象,以成都"5+1"城区(锦江区、青羊区、金牛区、武侯区、成华区、高新区)为主要研究范围,发布了《2019年成都市绿色交通运行特征研究报告》。报告显示:2019年成都"5+1"城区范围内居民日常通勤的平均距离为8.6 km,较2016年(6.7 km)上升了约28%,长距离跨区通勤需求增加。2019年成都市绿色交通通勤客流方向示意图,如图7-10所示,与上述客流分布特征基本一致。

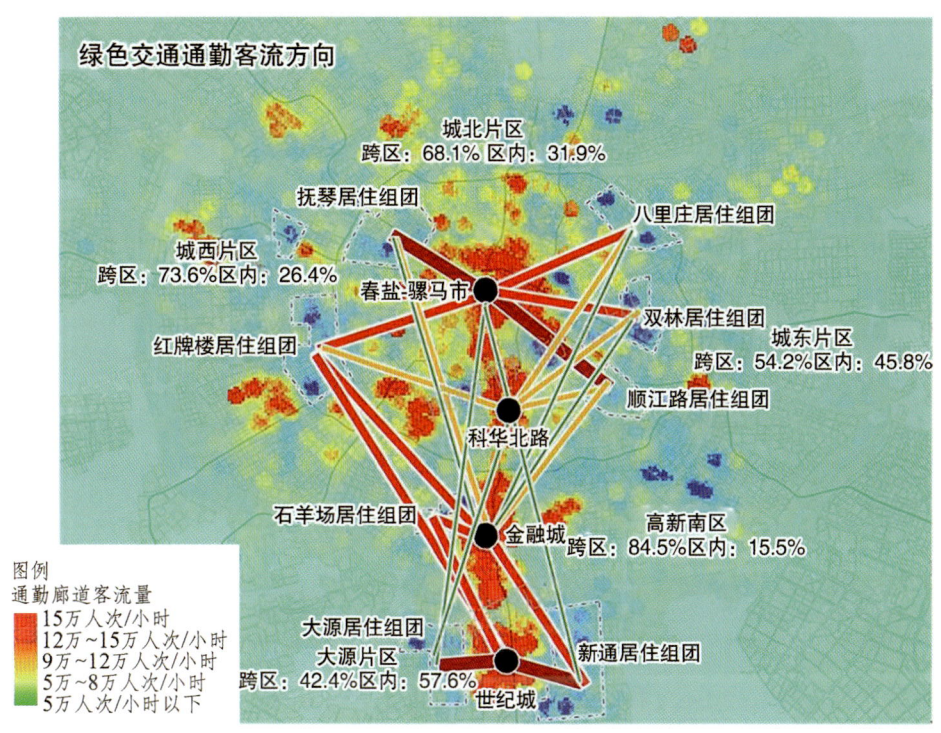

图7-10　2019年成都市居民通勤主要客流廊道

7.2.2　成都地铁7号线开通前后客流特征对比分析

7.2.2.1　路网信息简介

7号线开通前成都市轨道交通开通线路的详细信息如表7-1所示。7号线开通后路网示意图如图7-11所示。

表7-1　7号线开通前成都市轨道交通线路信息表

线路名称	开通时间	开通区间
1号线一期	2010年9月	升仙湖—世纪城
2号线一期	2012年9月	成都行政学院站—茶店子客运站
2号线西延线	2013年6月	迎宾大道站—犀浦站

续 表

线路名称	开通时间	开通区间
2号线东延线	2014年10月	龙泉驿站—大面铺站
1号线二期	2015年5月	世纪城—广都
4号线一期	2016年1月	非遗博览园站—万年场站
4号线东西延线	2017年6月	万盛站—非遗博览园站 万年场站—西河站
10号线一期	2017年9月	太平园站—双流机场2航站楼站
3号线一期	2016年7月	军区总医院站—太平园站

图7-11　7号线开通后成都地铁路网示意图

7.2.2.2　线网结构分析

截至2017年年底，成都市已开通运营6条地铁线路，其轨道交通的发展历程可概括为以下四个阶段：

（1）单线运营阶段：1号线一期运营，全长18.5 km，设17站。1号线是贯穿成都市南北向中心轴的一条线路，串联城市空间结构的双核心，依次途经火车北站、天府广场、火车南站、金融城孵化园商务办公区、世纪城、华阳，天府新区段周边分布高开发强度的就业岗位集聚区。

（2）十字网结构阶段：2号线一期、二期建成开通，网络全长72.5 km，设48站。1、2号线呈十字交叉形态。

（3）放射网结构阶段：一号线二期、3号线一期、4号线一期分别开通，全网形成四线运营，全长120.3 km，共设81站；2号线、4号线贯穿中心城区，为中心城区主干线路。两条线均为西北—东南斜向线路，衔接中心城区与外围组团、并横穿中心城区，途经地区分布大量居住用地。3号线为东北—西南斜向放射线，目前未突破三环范围。

（4）环放结构阶段：随着7号线建成，成都市轨道交通初步形成环"环形+放射"结构。

1号线~4号线为骨干线，皆穿越核心，两两相交围合地区是CBD和中心商业区，使城市核心区的快轨覆盖面积达到很高水平。每条线都实现了外围组团与中心城区的有效连接，有力地支持了外围组团的发展。7号线和10号线为辅助填充线，在基本骨架线网形成后，在中心城区中心区与外围区内，加密线网，扩大轨道交通覆盖范围，提高轨道交通服务水平。

7.2.2.3 各线日均客运量分析

2010~2018年，成都市轨道交通日均客运量增长变化趋势如图7-12所示。

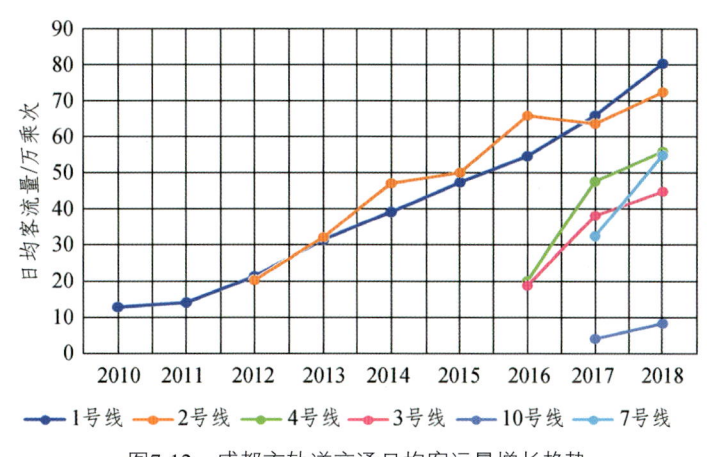

图7-12 成都市轨道交通日均客运量增长趋势

（1）单线运营阶段，1号线一期开通当月日均客运量达到15万人次。2012年，日均客运量达到近20万人次。囿于车辆不足导致的运力限制，两年内线路客运量增长33%。

（2）十字网结构阶段，全网日均客运量从2013年60万人次增长至2015年（4号线开通前）100万人次。

（3）放射网结构阶段，全网客运量呈现爆发式增长。2015年12月，4号线开通将全网日均客运量推升至超过100万人次；2016年7月，3号线一期开通运营，全网日均客运量进入150~200万人次的水平。2016年12月日均客运量稳定在180万~200万人次。线路开通后，客运量能很快达到一定规模、保持稳步增长，是快速城镇化背景下大城市轨道交通客流培育期缩短的表现。地铁2号线、3号线、4号线在开通当月即实现客流快速增长，没有经历客流培育期。运营里程不变时，全网客运量能实现稳步增长，体现了轨道交通对居民出行的吸引逐步增加。新线路的开通带来了网络客流的突变式增长。随着3号线、4号线的开通运营，客流网络化趋势初见端倪，线网客运量增长迅猛。自2010年开通至2017年4月，全网日均客运量增长约14倍。

（4）环放结构阶段：2017年10号线和7号线开通，线网环放结构形成。1号线三期2018年3月开通，对1号线本线客流的影响较大，全网也存在一定的影响。本研究中为了研究7号线对全网带来的城市结构变化和客运量时空分布变化，从数据中剔除出发站或目的点为一号线三期所属站点的客流。2018年，全网日均客运量推升至超过300万人次。

由图7-13可知，7号线开通后10号线和本线客流增长最快，分别为约104%和68%，其他各线的客流都有一定的增长。由此可知7号线路由选择途经火车北站、火车南站、成都东客站并将位置设定于2.5环客流集中带是恰当的，其路由的选择起到了很好地本线客流吸引效果。成都地铁10号线一期工程为机场专线，7号线开通后客流翻倍。这很好地验证了7号线串联各大对外客流集散点决策的正确性，为增加成都的对外沟通交流能力做出了贡献。

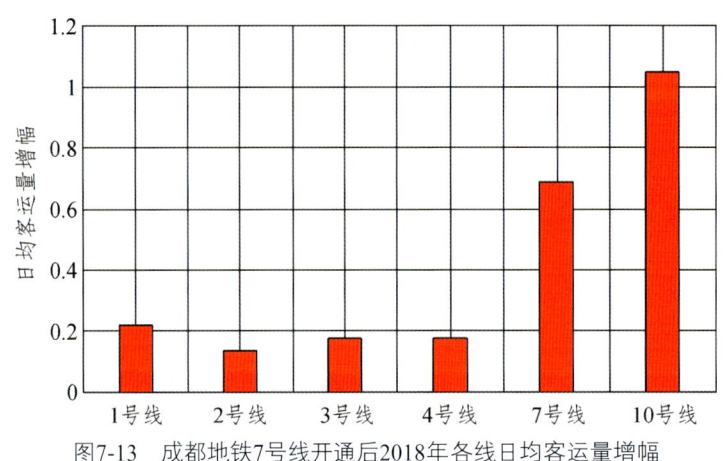

图7-13　成都地铁7号线开通后2018年各线日均客运量增幅

7.2.2.4　开通后进出站客流分析

1. 基本情况

7号线开通前进站客流相对均匀分布在二环至绕城高速范围内；1号线南端起始站广都站、2号线西端起始站犀浦站、4号线西端起始站非遗博览园站在早高峰均有较大进站客流量，线路起终点进出站量明显大于其他车站，这与线路延伸至城区外围片区、吸引片区的向心出行有关。出站客流集中在二环内和天府大道沿线，即成都市双核心范围，沿线车站早高峰出站量逐年增加。这表明随着轨道交通网络规模的增加，吸引到更大范围居民以城市中心为目的地的通勤出行，进一步强化了城市中心的可达性。早高峰二环以外地区进站客流集中、双核心出站客流量大，充分印证成都市轨道交通线网规划有效地助力了成都"双核心"城市形态的形成。

天府新区新中心的崛起、中心城区老中心的巩固，均在强化1号线在线网中的地位，也是对1号线运力的挑战。客流压力大、客流强度逐年升高，是1号线最突出的客流特征。1号线从单线运营到十字网结构再到放射网结构阶段的日均客运量增长量超过3倍。1号线高峰断面客流增长迅速，最大断面位置南移，方向不均衡性明显。北向南方向的最大高峰断面客流量约是南向北方向的2倍。高密度的就业岗位分布、已达上限的1号线运力限制、天府大道沿线车站位居前列的出站客流量，使得天府大道沿线存在加大车站密度、增加轨道交通线路服务、设置四线的需要。

7号线开通后正式形成环放线网结构，全网客流持续增长约44%，各组团进站客流增加量较大，成都地铁线网吸引能力提高。成都东客站、春熙路和犀浦站进站客流量排名前三，火车南站到高新、高新到火车南站断面拥挤度仍然居高不下。7号线的开通大大提高了射线间的换乘便利度，增加了各大组团到南部新核的可达性，并且为18号线的开通培育了客流。同时，针对7号线开通后1号线南段高峰断面持续拥堵和新出现的火车南站大客流等问题提出了相应的组织措施：一是对客运组织方案再次进行优化和提升，通过压缩1号线早高峰行车间、加强车站流线组织、线网行车联动、大站空车精准投放等多项举措的协调联动确保广大乘客安全有序乘车；二是提前实施18号线与1号线的换乘改造工作，对火车南站的换乘空间再次优化提升，有效提高1号线站厅和站台人流通行能力。

2. 换乘站进站客流

成都地铁在7号线开通后正式形成环放结构，全网换乘站进站客流量均有较大的增幅，如图7-14所示。驷马桥、槐树店、一品天下和火车南站分别增长76.4%、70%、62.5%和43.8%名列前四。四个车站进站量增幅的空间分布如图7-15所示。进站增幅最大的车站都位于7号线上，说明7号线路由方案合理，起到了较好地吸引客流的作用。

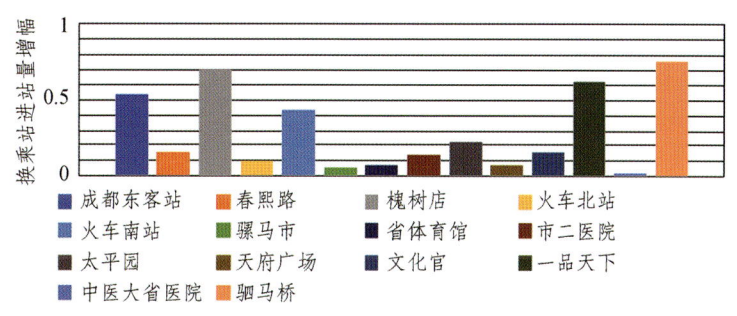

图7-14　7号线开通后换乘站进站量增幅

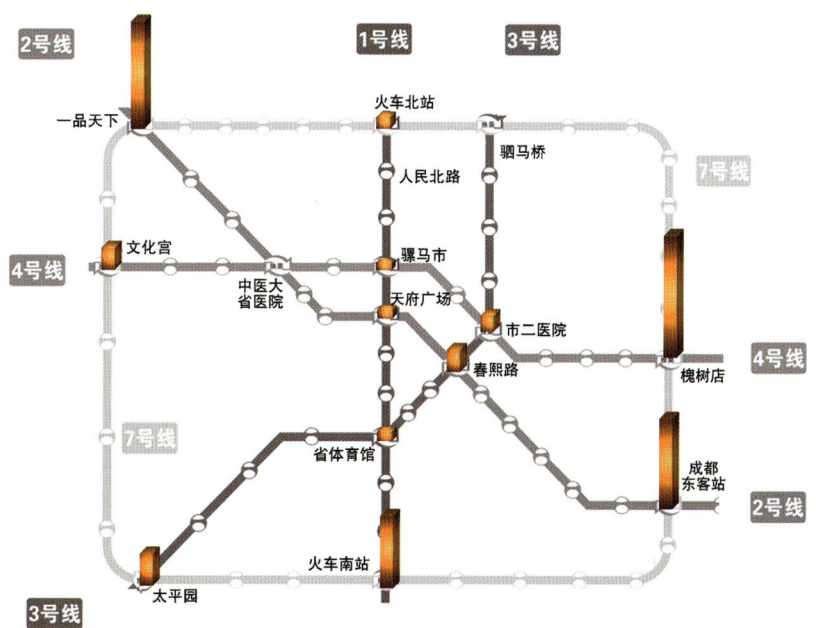

图7-15　7号线开通后换乘站进站量增幅空间分布

7.2.2.5 开通后换乘站换乘客流分析

对于沿线城市功能成熟、运力保障足够的城区骨干轨道交通线路，本线客流在达到一定规模后通常趋于平稳或缓慢增长，换乘客流则可能随着线网规模的扩张保持持续增长。对于全网来说，换乘系数通常随轨道交通网络规模扩大而持续增长的。成都市轨道交通线网在十字网结构、放射网结构两个阶段的换乘系数分别为1.20~1.25，1.35~1.50，增长十分明显。成都与北京、广州两市同等线网规模下的换乘系数处在同一区间（1.4~1.5）。随着成都市轨道交通线路网络化运营成形，换乘系数仍存在增长空间。2010~2016年，天府广场站作为第一个换乘站（1号线与2号线换乘），在经历了连续四年的换乘客流增长后，日换乘量曾达到19万人次；而在2016年4号线、3号线相继开通后，全日换乘量有所下降。2016年，天府广场站工作日换乘量约为17万人次，周末换乘量为每日11万~12万人次。由于换乘站数量较少，其余5个换乘站换乘量为每日6万~10万人次。在两线换乘时期，天府广场站作为唯一的换乘车站，全网换乘压力均由该站承担，因而出现换乘客流高峰；而随着轨道交通成网，乘客可选择路径增多，全网换乘压力分散在多个换乘站，天府广场站换乘量阶段性持续下降，如图7-16所示。

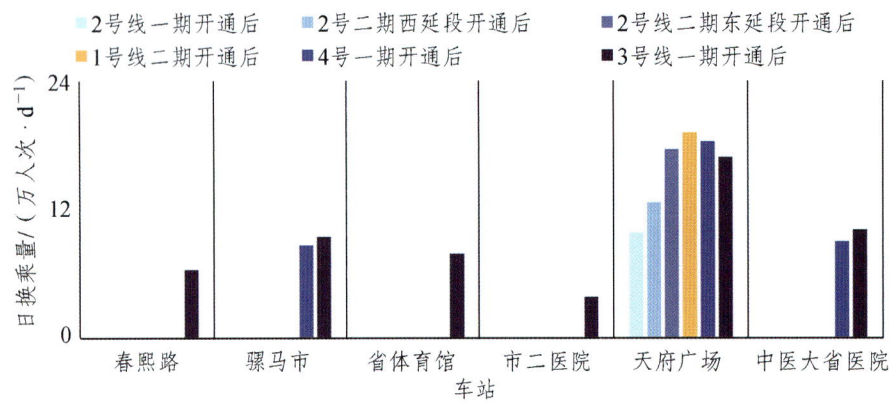

图7-16　2010-2016年新增线路后换乘站换乘客流量变化

成都地铁7号线后各线间的换乘可能增加，大部分乘客调整了出行路径选择。换乘量在各站间进行了重新分配，如图7-17所示。换乘站换乘量用变色长方柱表示，上端颜色为换乘站换出线路的标志色，下端颜色为换乘站换入线路的标志色，柱高为换乘站该方向的换乘量。从图7-18中可以看出7号线开通后除了省体育馆3→1有少量增加之外，其他换乘站的换乘量都有了较大的下降，特别是骡马市、天府广场、省体育馆等传统大客流点。

7号线开通后新增部分换乘站，开通后所有换乘站的分方向换乘量如图7-18所示。鉴于成都市轨道交通主要客流压力仍在1号线人民路—天府大道走廊上，该走廊交通压力很可能随天府新区良好开发而持续增长，并且新线开通也将使人民路—天府大道走廊吸引更多换乘客流。1号线沿线换乘车站换乘压力存在持续增加的可能，火车南站成为了开通后换乘客流压力较大的站点。

第 7 章　7 号线开通后的影响分析　471

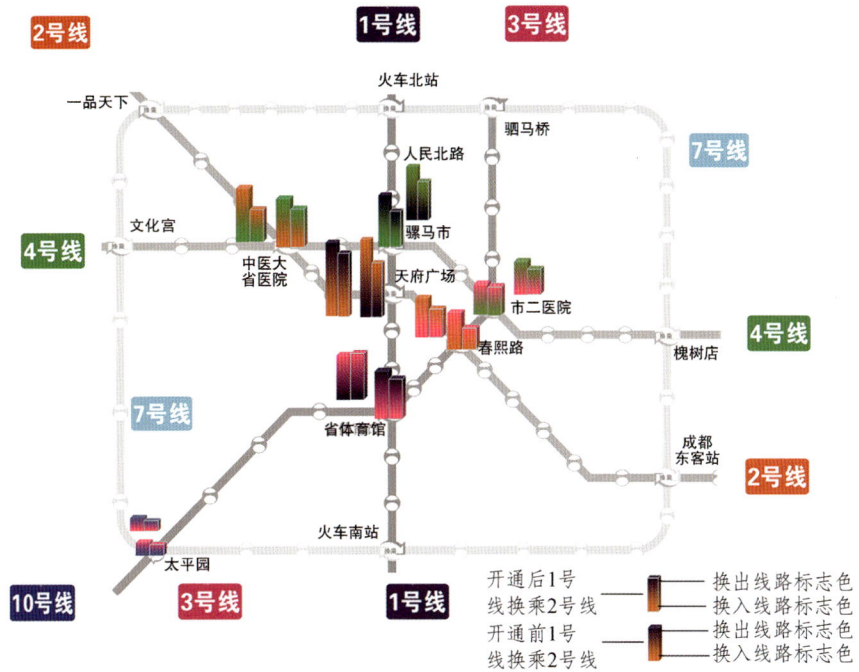

图7-17　7号线开通前换乘站分方向换乘量空间分布图

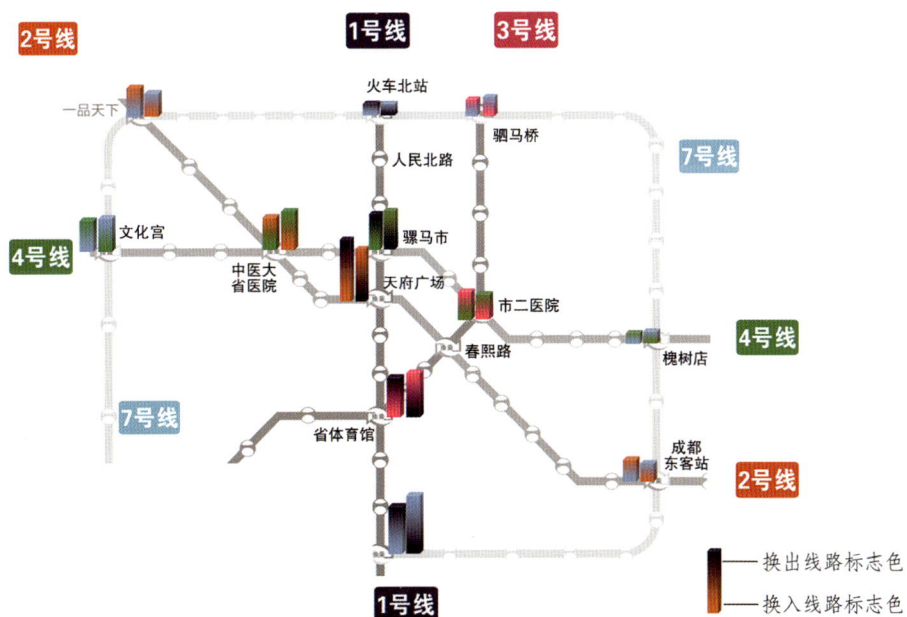

图7-18　7号线开通后换乘站分方向换乘量空间分布图

第 8 章

7 号线创新成果汇总

8.1 规　划

成都地铁7号线是国内首条一次建成开通的环线，各专业队伍和专家团队对城市轨道交通普通线路规划与设计理论体系进行了梳理并参照环线客流特点和工程特色，将成都地铁7号线打造成了一个十分"典型"的环线规划建设案例。在成都地铁7号线的规划和建设过程中，逐步形成了一套针对轨道交通环线的切实可行的工程实践方法和符合环线特征的规划理论体系，相较于普通线路，环线在规划方面的创新点如下。

（1）通过对环放网络结构乘客的出行路径选择行为分析，在模拟环境下定量地确定了环线半径在6km以内时，采用放射线路径所需要的时间均少于采用环线的时间，但随着环线半径的增大，两路径之间的时间差值逐渐减少，半径为6 km时，时差较为接近。对于中小型"十字加环"线网，由于使用环线需两次换乘，旅客选择放射线更省时间，此时环线的交通转换功能不能充分发挥，受线网规模的影响很大。因此当环线规模较小，即半径小于6 km时，"十字加环"的线网形态既增加了换乘站数量，又不易分散中心点的换乘负荷，设置环线的意义不大。例如，成都市二环路半径4～4.5 km、全长28.3 km，三环路半径7～10 km、全长50.9 km，地铁环线位于二环至三环之间，半径在6 km左右，环线长35 km上下，环线设置位置恰当。

（2）环线线型的选择需要结合城市远期发展规模和轨道交通线网规模动态调整。如城市远期发展规模和城市轨道交通线网规模相对较小，则不应设置独立封闭环线。如，2005版线网中通过对有无环线的多方案深入比选提出"Ω"形线路。正是由于当期的城市发展规划和轨道交通线网规模较小，"Ω"形线路可以解决停车场设置问题和规避客流断面较小的路段。2012年，随着城市规模、空间结构与用地布局的变化、城市新增人口数量和位置规划等新信息不断产生，城市规模和线网规模以及环向新增人口都符合了设置独立封闭环线的要求。因此，成都地铁最终于2012版线网规划阶段明确形成封闭环线的设置。

（3）通过效益定线模型和节点定线模型进行定量分析并结合规划论证得出：在"米"字形放射线网基本形成、放射线客流达到一定规模、放射线网继续扩大、环线沿线居住用地密集且大型集散点已成规模的时期，是建设环线的最佳时期。

（4）从功能、运输能力、服务水平、运营管理等角度论证了铁路枢纽环线无法替代城轨环线，系统解决了铁路枢纽环线利用之争。通过实证得出BRT环线可早于城市轨道交通环线建设并投入运营，可以起到串联各大客流集散点并增加环线居住带人口密度的作用。在城市轨道交通环线建成后，BRT环线的功能将相对弱化，成为城市轨道交通环线的补充辅助系统。

8.2 设　计

8.2.1 充分理解环线的客流特点

环线客流的解读不同于射线地铁，一般具备客流总量大、客流强度大、换乘系数高、平均运距短等与射线地铁不同的客流出行特征。在设计阶段应充分理解和解读环线客流预测资料，为行车组织设计做好铺垫。对7号线客流预测的解读体现在以下几个方面。

1. 提升射线集散效益

作为成都地铁首条闭合环形线路，与已建成的1、2、3、4、10号线放射型线路形成换乘关系，标志着中心城区"井+环"骨干线路织密成网初步完成，不仅增加与各条放射状线路的换乘功能，极大地缓解中心城区交通拥堵状况，使得客运转换更加便捷，而且大大增强整个地铁线网的客流吸引能力，开启成都地铁"井+环"线网化运营时代。7号线开通前，线网有6座换乘站，7号线开通后，换乘站增加到14座，其余未开通换乘站将随着后续线路的建设而陆续开通。换乘站的增加，意味着乘客出行时在路径和时间上的选择空间更大，客流吸引的效果更明显。根据客流预测报告显示，7号线开通后，单线日均客流将集聚上涨，很快将突破日均80万人次，与线网其他线路的换乘量将达到50%，换乘系数将接近2.0，较目前放射型线路，无论是单线客流的增长率、线网间的换乘比例还是换乘系数都将大大提升（7号线开通前各线的换乘量约为31%）。

2. 串联多座综合交通枢纽

7号线作为环线，串联成都市三大综合交通枢纽：火车北站、成都东客站及火车南站，这三座车站全日客流量占远期全日客流总量的比例分别为5.73%、6.33%、5.20%，远超过平均每座车站3.23%的比例。

3. 换乘客流所占比例大

全线共有22座换乘站，占全线车站总数的比例为71%。远期全日客流总量为每日149.33万人次，其中换乘客流量达到每日86.71万人次，占全日客流量比例为58.1%，换乘比例非常高。

4. 全日客流量大。

7号线在初期全日客流量就达到了87.0万人次，远期更是达到了每日149.33万人次，远超过其他放射性骨干线的全日客流量。

5. 客流断面特征与放射性线地铁线路也存在较大差别

一般的放射性线路的客流断面一般都是呈"中间大、两个末端小，高峰断面只有一个"的特征，而地铁7号线作为环线，客流断面出现多个峰值，并且没有明显特别低的客流区域。

8.2.2 行车组织设计充分重视环线的效率和灵活性

为适应环线客流运距短、上下车频繁的情况，线路连接对外铁路、机场大型综合交通枢纽的特征，7号线是成都第一条采用A型车设计，列车运行交路结合客流特点采用单一交路设计，停车场接轨采用 2+2 "八"字型方案，负一、负二层之间设置了迁出线，以克服轮轨偏磨，辅助配线的设计在克服工程环境困难的环线线路上，充分考虑组织临时运行交路和故障状态下的运营组织需要。

8.2.3 线路设计充分体现资源的合理利用和与环境的友好结合

1. 线站位设置与城市规划、建设紧密结合，符合城市规划、建设的要求

7号线是一条沿成都市中心城区的中环线路，与市政二环路改造存在众多的接口关系，在规划设计前期开展了大量的研究设计工作，并进行了市政工程统筹，已将地铁沿线车辆段、车站、区间隧道用地纳入控制规划中严格控制；地铁沿线相关新建地块的规划、报建工作也纳入地铁控制范围。如二环交大路口站与高架桥、下穿隧道的关系，九里堤路口站与高架桥的关系，城北客运中心站与高架桥的关系等，均进行了充分的统筹协调，考虑了相应接口条件。

2. 线路设计特点

7号线全线总左偏角485°22′54″，总右偏角845°22′54″，总偏角360°；全线（右线）79处曲线中，右偏曲线42处，左偏曲线37处，右偏曲线与左偏曲线数量比例约为1.14∶1；全线（右线）曲线长度17.16 km，其中，右偏曲线10.35 km，左偏曲线6.81 km，右偏曲线与左偏曲线数量长度比例约为1.52∶1。由此可见7号线虽为环线线路，但其轮轨偏磨并不显著。

全线$i<25‰$的坡段占全线长度的84.76%，整条线路大部分地段坡度起伏不大，线路纵坡条件较好，虽然局部地段受外部条件控制，线路采用了较大的坡度，但连续爬升高度较小。

8.2.4 车站设计特点

在困难的站址环境条件下，为尽可能减少拆迁，增强工程建设可实施性，车站出入口布置按照分期实施方案进行，并预留出相应的接口扩展条件，做到了既满足车站初期运营功能和防灾要求，又保证与城市发展规划相适应。

1. 首次采用暗挖法横向扩挖实现车站功能

火车北站临近万通商场，东端南侧围护桩侵入万通商场内，结构紧贴万通商场外墙。由于万通商场短时间内无法实现拆迁，采用站厅局部压缩、轨行区横向扩挖的方案实现功能，如图8-1所示。

明挖段土方开挖期间，对万通商场下方地层进行注浆加固，并在负三层暗挖段上方布置Φ108双排管棚，间距为1.5m。主体结构在万通商场暗挖范围内，将靠

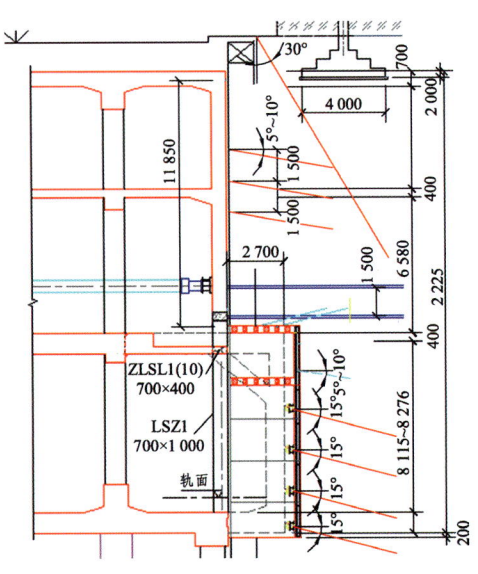

图8-1 万通商场下方采用暗挖扩挖法实现车站功能结构示意图

近暗挖两跨结构负二层中板加厚至1 m，以便在暗挖时形成悬挑结构，支撑上方土压力。车站侧墙对应的地下三层设置临时柱，立柱间距为9.1 m，与结构柱间距一致，采用C35混凝土，结构断面为0.7 m×1 m，在柱上设置纵梁，纵梁尺寸为0.4 m×0.7 m，形成整体，临时立柱及梁承担上方侧墙及暗挖段施工期间的土压力。

监测数据显示，局部扩挖段在暗挖施工期间，建筑物最大沉降值为-3.6 mm，地表沉降最大值为-4.3 mm，安全可控。

2. 与其他市政工程同步规划、同步设计、同步建成，统筹实施的探索

成都轨道交通建设过程中，高度重视轨道交通与其他市政工程的衔接与共建，在满足功能需求的前提下，尽量做到同步规划、同步设计、同步（或分期）实施，实行在项目立项和资金来源各自分列的管理创新模式，为市政工程的建设节约了大量的资金和减少了重复建设的环节，减少对市民的干扰，受到了市民的广泛赞誉。以7号线建设为例：在规划的7号线线站位上，还规划有大量市政高架桥梁或下穿工程。在方案研究阶段，由市规划局、市建委统一协调，不同的建设业主、设计单位、施工单位集中讨论，从设计上优化方案布局，结构上合理占用空间，施工方案上分工协作，最终，在7号线二仙桥站、理工大学站、槐树店站、武侯大道站、龙爪堰站、一品天下站等六座车站上方，建设了六座市政高架桥。其中：槐树店站、武侯大道站、龙爪堰站上方的高架桥桩兼作地铁车站围护结构桩；二仙桥站、理工大学站、一品天下站的高架桥墩设在地铁车站主体结构顶板上。在7号线茶店子车站上方还与市政合建了一座下穿隧道。在地铁建设完工后，崭新的市政工程也呈现在市民眼前，如图8-2所示。

图8-2　车站上方设置市政高架桥或下穿实景图

8.2.5　车站公共区装修以"太阳神鸟"为主题，展示文化底蕴

7号线是成都首条地铁环线，地处成都中心城区中环，途经古蜀文化的发掘地金沙遗址，于是以"太阳神鸟"演绎7号线为成都城市带来的文化蕴含再贴切不过了。古蜀先民崇日崇鸟，以"太阳神鸟"为图腾，象征春夏秋冬、四季轮回，与7号线的环形产生共鸣，如图8-3所示；7号线也以春夏秋冬四季不同的代表颜色作为车站装修的主题色，衍生不同表现形式的色彩应用于装修中，让古蜀人的生产、生活与现代文明成都的灵动和绚丽色彩相得益彰。

图8-3　金沙遗址"太阳神鸟"图腾

8.2.6　区间工程首次在成都砂卵石地层中采用双侧壁导坑法暗挖工法

西南交大站—九里堤站暗挖区间，区间全长504.4 m，该段隧道处于富水砂卵石地层，设有一条单线双列位的停车线，隧道断面大（开挖断面87.8 m²，开挖宽度11.8 m，高度9.42 m），同时，该隧道上有二环路交大立交桥、二环路高架桥、地面行人、车辆来往频繁，为控制地表沉降，确保施工安全及交通安全，首次采用双侧壁导坑法施工，如图8-4所示。

通过严格控制各项措施落实到位，桥墩最大沉降值为-2.34 mm；桩基水平位移最大值为-2.47 mm，竖向沉降最大值为-2.43 mm，确保了该特别重大风险源安全、顺利、高效完成。

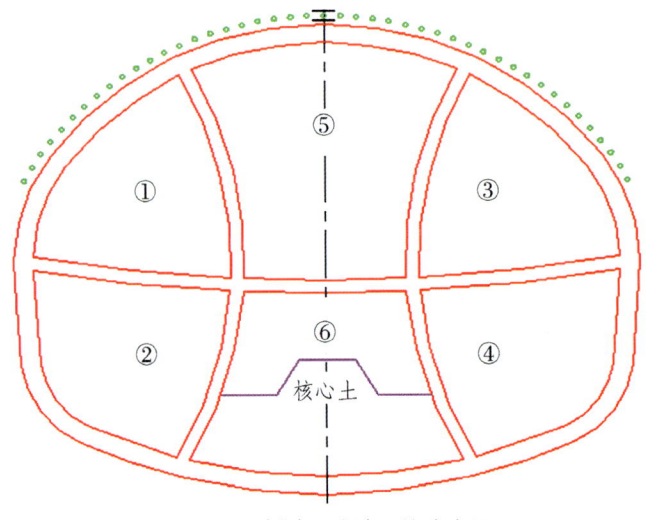

图8-4　双侧壁导坑法开挖步序图

8.2.7　首个轨道交通双层地下停车库——崔家店停车场的尝试

7号线崔家店停车场在用地资源严重不足的情况下，仅用不到10 hm²的土地，建设了地下双层停车场。停车场埋深18 m，主基坑宽200 m，长600 m，分上下两层，总建筑面积18.29万平方米，一层相当于13个足球场，可保证全线远期30对/小时系统设计能力所需的全部72列运用列车停放。采用"2+2"八字形出入段线，将停车场上下两层分别接入崔家店站和槐树店站，满足环线左右、内外环均衡发车需求，工程规模庞大，是在建规模最大的全地下双层停车场。

停车场运用库区，在设计阶段，结合超长无缝结构和上盖物业开发的需求，设置板面无粘接预应力筋，提高结构承载及抗温度裂缝能力；在施工阶段，以控制预应力筋的定位、张拉及封锚质量为关键点，实现设计意图，确保工程质量、保证安全可靠，如图8-5所示。

整个工程的建成，克服了膨胀土地区深基坑作业，经受了超大基坑的防汛考验，确保了大体积混凝土施工质量，整个工程按期投用。

图8-5　崔家店停车场施工期间

图8-6　7号线再生电能吸收装置

8.2.8　从设计源头，重视环保节能技术的应用

在总结成都地铁1、2、3、4号线采用的节能环保技术的基础上，初步设计阶段充分借鉴国内外地铁节能环保新技术，进一步对"车辆再生制动及能量吸收方式优选""提高变压器负载率""变频控制的应用""优化照明系统""能源管理系统的应用""部分换乘站冷源共享"等一系列节能环保方案进行了研究，并在设计中应用或预留了今后的实施条件。

城市轨道交通电客车传统的制动方式为"车载电阻+空气制动"。列车制动时，部分再生制动能量不能被相邻车辆吸收，通过车辆上制动电阻发热消耗或空气制动消耗，浪费了大量电能，制动时车载电阻产生的大量热量散发在地铁隧道内，既升高了隧道温度，又增加了环控设备用电量和维护成本。

为此，7号线沿线合理设置了再生电能吸收装置（7套再生制动能量逆变中压回馈吸收装置+6套再生制动能量逆变低压回馈及电阻吸收装置+1套纯电阻吸收装置），不仅有效地减少了隧道温升等问题，还能通过能源的再次利用产生良好的综合经济效益，如图8-6所示。根据估算，至7号线初期运行时，每年可节省电费1 359万元；至近期运行时，每年可节省电费总额约1 695万元；至远期运行时，每年可节省电费总额约2 033万元。

8.2.9 供电系统环网大分区的应用

在总结国内城市轨道交通供电系统环网分区技术近十年发展演变的基础上，本工程供电系统设计充分利用7号线环线优势，在环网分区设置问题上采用大分区方案，该方案的使用在提高供电系统可靠性的同时，有效节约供电电缆的直接投资和相关土建的间接投资，并减少供电电缆充电无功电能的损耗。

8.2.10 强化了设计对工程质量安全风险控制源头

根据《城市轨道交通工程安全质量管理暂行办法》（建质〔2010〕5号）的精神，设计强化了安全质量风险控制，在充分研究地质条件、调查周边环境的基础上，通过计算分析，对影响工程安全质量的风险因素进行了识别，提出了相应的控制措施，设计文件配套完成了各工点《安全质量风险工程》（专册），补充完善了相关风险保护工程的内容。

设计还借鉴了成都地铁1、2、3、4号线系统安全保障的研究成果，从辅助配线、车站建筑、疏散通道、疏散平台等线路、土建设施的布置，以及通风空调、综合监控、消防等机电设备系统的构成、灾害情况的联动等方面落实减低和消除风险因素的各项措施。此外，针对地铁防恐的特点，配置了相应的安防设施（如X光机、防爆、防易燃易爆、防管制刀具等检测设备）。

8.3 建设管理

8.3.1 前期统筹与协调

7号线环线沿线串联整个中心城区，面临中心城区普遍基础设施老旧，人流车流量巨大，临街房屋及商业密集，用地需求量大，对中环地铁线建设的前期工作异常艰巨等挑战。城市轨道交通建设管理中的前期工作，具有政策性强、需求紧、情况复杂、持续周期长等特点；在开展前期工作过程中，根据其客观存在的特点，需要在工作的组织方式上、工作方法上有针对性地开展工作。为此，前期工作如何有序、高效开展，存在问题的应对方案、措施如何得当就显得尤为重要。

7号线建设过程中，重视顶层设计，注重组织协调。以顶层政府主导，确定主体原则。明确市政府就成都市轨道交通加速成网建设的顶层设计，完善了体制机制；理顺相关市级主管部门和单位的工作职责，建立协调推进工作机制。确定了"成都市城市轨道交通建设联席会""轨道交通建设指挥部工作会""轨道交通建设轨道办工作例会"等市级决策会议制度，并落实轨道交通项目目标考核机制，对成员单位和责任部门实施目标绩效管理。

加强统筹协调，发挥政、企层级实施主体作用。明确资金保障、轨道交通建设土地保障，结合轨道交通建设项目施工安排，研究制定局部和片区施工期交通组织方案和城市交通缓堵保畅应急处理方案；轨道交通建设涉及供排水、电力、照明、燃气、通信、人防工程及建构筑物等，各拆迁实施主体和管线产权单位按照既定的进度目标完成，并明确征拆标准，以及管线迁改、道路、水利、绿化、广场等市政设施的迁移及恢复实施主体及费用承担原则。

同时加强与权属单位合同、总承包合同的管理，明确双方各自实施界面及职责，发挥双方各自主体主动作用。加强宣传与联动，主动应对与预判；在加强队伍建设方面，加强组织力量、技术保障、强化沟通协调能力。

8.3.2 三线换乘地下车站同步统筹实施建设管理

太平园站作为成都地铁首个三线换乘车站，是成都重要的地铁换乘枢纽，采用10号线与3号线同站台换乘、与7号线跨层换乘的三线无缝换乘模式。10号线太平园站最后建设，紧邻已运营的3号线，上跨7号线，周边交通拥堵，场地狭小，基坑内外管线密集，安全风险极高。为解决上述难题，采用全封闭满焊钢板隔离墙，实现了新线施工对既有运营线路的零干扰；采用复合应用局部盖板、钢管柱、局部锚索、临时隔墙等措施确保了深基坑安全开挖；采用与政府部门联动值勤，夜间封闭交通，解决了繁华地段狭小场地重大工程施工的问题；采用长悬臂梁实现了长距离220 kV电力隧道悬吊保护。探索出了一整套多线换乘、深大基坑、复杂环境交通枢纽施工综合管理方法，为后续多线换乘车站施工积累了宝贵经验。

8.3.3 超大体量全地下地铁场段建设管理

2013年至2016年10月，7号线川师车辆段作为成都地铁首个全地下车辆段完成主体结构施工。川师车辆段在建设过程中困难重重，既有复杂的外部环境也有工程本身的难点，从2013年建设以来先后克服了征地拆迁和考古工作比原计划推迟了约10个月移交建设用地；110 kV电力迁改超高压供电迁改程序多，周期长；南支三渠断流涉及多部门多单位反复沟通协调；以开挖深达37 m膨胀土地区深基坑作业、结构超高层高高大模板施工、超大基坑的防洪防汛、大体积混凝土施工质量控制、超大规模工程的施工组织等困难。在集团公司的正确领导和支持下，积极主动对接征地拆迁、考古、电力迁改工作，逐一扫除施工"拦路虎"，积极组织参建各方攻坚克难、科学施工组织管理保节点，战高温、熬酷暑、抢晴天、争雨天，挥洒热情和汗水，组织"千人会战"，严格施工过程安全、质量管控，最终安全高效优质地完成了川师车辆段主体结构施工节点任务，为7号线整体工筹的实现奠定了坚实的基础。

8.3.4 火车南站扩能改造

火车南站站厅扩能改造工程是成都轨道交通第一次对既有线进行如此大规模的站厅改造，10余家参建单位历经5个月夜以继日的艰苦奋战，顺利完成既有线结构拆除、新建、机电装修及接口调试等全部改造工作，为轨道交通建设的后续类似项目积累了非常宝贵的管理经验。

8.3.5 站后工程统筹管理

7号线作为国内首条一次性开通的环线，存在涉及单位多、工期压力紧、协调交叉难等难点和问题。为了实现7号线建设的统一协作、联合指挥，给所有参建单位搭建一个交流协调平台，由建设分公司、运营公司、中铁城投牵头，7号线各参建单位参与共同组建了联合指挥部，联合指挥部坚持"联合指挥、集中办公、有序组织"的原则，根据现场需要及时召开各项专题会议，解决现场施工、调试、移交消缺问题。在建设、运营、成投组织推动下，联合指挥部工作职能得到了高效发挥。

8.3.6 装修工程管理

在整体装修风格统一的基础上，每段车站的装饰色彩各有不同，增强了站点的识别性。车站装修采用防火、防潮、防腐、便于清洁、光反射系数小的环保型材料。顶部采用圆通作为空间基调，墙面采用瓷砖、微晶石、烤瓷铝板等主材作为空间的色彩调配，再配以地面浅灰色调的花岗岩白麻，标准模块尺寸随柱网尺寸分割，充分营造了清新、素雅而又温馨、亲切的空间效果。施工管理坚持"样板引路"，以样板施工为主导，将设计效果还原现场，验证方案的可实施性和还原度，统一收口原则及质量标准，严控材料的工艺质量，总结样板存在的方案问题及工艺质量问题，并及时优化整改，验收合格后作为全线施工质量标准，精心组织施工作业，以此来推进装修工作的全面展开，保证装修效果及工艺质量。

8.3.7 BIM技术助力站后工程质量上新台阶

7号线机电安装及装修工程全线运用了BIM技术，在施工前，各标段组织技术人员对车站全站全过程进行模型搭建，并优化管线及设备排布，对发现的问题及时优化调整，经五方审查确认无误后出二次图，并经过现场技术交底等环节，将深化成果严格落实到现场施工中，7号线工程通过BIM技术运用，有效解决了地下狭小空间管线复杂的施工难题，并减少了返工，节约了成本，在工期和质量的控制方面上了一个新台阶。

8.3.8 单机单系统调试

针对7号线特有的环线、换乘站点和换乘方式多、首次同步接入线网中心、超大体量地下段场等重难点问题，7号线单机单系统调试阶段以建设单位为龙头，整体要求调试质量，规划调试节点，提前组织参加各方细化调试内容，明确各项功能符合设计要求和运营需求，紧盯各个调试环节，站、线、网齐头并进，通过各方的努力，安全、优质、高效地完成了7号线调试工作。

8.3.9 消缺整改管理

7号线消缺工作实行了问题库管理机制，坚持"预防为主、整改为辅"的原则，堵源头、重过程、抓收尾，从前期的设计审核、全线施工标准化、总结经验抓重点，到施工阶段的严格管控、问题缺陷及时解决，再到最后成立专项消缺工作组，定期对接，目标化管理，消缺例会和现场会结合，消缺工作贯穿线路建设的全过程；强调以人为本，重视细节管控，切实把提高线路质量，减少维保压力落到实处。

8.3.10 运营协调管理

7号线作为国内首条一次性开通的长大地铁环线，具有涉及换乘、主变电所等既有接口多、机电系统管线采用BIM优化设计、供电直流框架绝缘安装创新、35 kV继电保护采用大分区数字通信保护、中低压再生能量回馈等在内的新技术、新设备多、技术标准高的特点。为保证线路建设的科学有效推进，贯穿"运营前置"的理念。结合运营意见进行深化创新，并对运营参与技术源头、施工阶段的运营协调管理、既有线建设创新协调管理、轨行区移交创新协调管理等环节进行程序化、制度化加以落实，确保建设和运营的有序、高效对接和协调的机制扎根于建设全过程，进而确保了7号线工程建设按期、安全、优质完成和与营运的协调管理，达到零缝隙的沟通效果。

8.3.11 安全与质量管理

7号线与已开通运营的地铁1、2、3、4号线，在建的5、6、8、10号线多次交叉，穿越复杂的水文地质环境，庞杂的铁路干线和大量老旧建构筑物、城市管网、河流等。施工过程克服了三瓦窑站至火车南站盾构接收段近距离下穿带压大管径污水管、火车北站站台层暗挖扩挖法施工风险、成都市区内受外界条件限制下首次采用交叉中隔壁工法暗挖、全成都市首次在主干道下采用高承压富水砂卵石层地铁车站全盖挖顺做法施工、崔家店出入线暗挖隧道穿越淤泥质软土地质风险、太平园三线同台换乘施工、全成都最深的膨胀泥岩深基坑工程（川师站）和暗挖工程（车辆段暗挖）等16项特别重大危险源和229项重大危险源施工风险，施工难度堪称成都之最、西南之最、国内之最。

1. 强化制度管控管控

修增及修订了52项管理制度。从源头上规范和约束建设管理行为，确保对各类安全隐患或险情的管理和处置上有章可循、有据可依。为了适应7号线大规模建设面临的巨大安全风险，新增了《安全、质量事故（事件）调查处理规则》《建设工程创优奖励管理办法》《建设工程无后果违规、违章作业行为管理细则》《成都地铁建设工程监理主要管理人员考核管理规定》《成都地铁建设工程施工范围内建构筑物现状调查及鉴定实施细则》等制度，从人员履约、周边建构筑物调查和现场违规违章查处以及管理人员内部问责和激励等方面下手，进一步强化和完善了管理手段；从源头上激励了管理人员不断提升创效，也威慑和警示了失职将会面临的严厉追责，从而达到管理水平整体提升的效果。

2. 强化智慧系统应用

在坚持以"安全风险监控系统"为重要管理手段的基础上，着力研究盾构施工管理在风险监控系统中的应用，系统通过地表监控量测预警、盾构掘进参数实时分析，进行动态管控。创新引进"隐患排查点巡检系统"，该系统通过每日定量向参建各方下派巡查任务，对施工现场进行安全、质量隐患排查，系统进行实时监控和跟踪，充分调动了各方力量，达到了现场管理科学、直接、高效的目的。两个系统的完美结合，为7号线建设的安全平稳局面打下良好基础，也为成都地铁建设正式开启了双预控安全管理模式。

3. 强化第三方服务质量

7号线建设过程中，系统研究了第三方测量在盾构施工中的重要作用，以第三方测量为基础，纵向延伸至各参建单位，明确了参建各方在施工过程中测量工作的具体任务和要求，首次将测量工作任务要求纳入考核，与监测和质量检测共同为地铁建设的安全、质量保驾护航。第三方的引入，如实反映了建设过程中的安全风险、质量问题和测量弊病；提醒各方高度重视发现的问题，及时采取有效的方法解决，为地铁建设增添了一道安全质量保护屏障。

4. 强化参建单位履约履职

（1）强化监理履职。面对监理市场实际情况，7号线从招标阶段便开始研究提升监理履约，充分发挥监理作用的措施。在合同里明确约定主要监理人员的资格、业绩以及到岗履约率，同时也加大了对履约人员违约的处罚。让监理单位不敢违约、不能违约。进一步强化了从业监理在地铁建设施工过程中的履约能力。

（2）强化违规违章查处。为确保建设安全平稳，在7号线率先实行把无后果违章违规查处挺在隐患排查治理前面。即使现场发现没有造成后果的违规和违章行为，也要受到处罚。通过定期巡查和不定期督查、夜访等形式对现场违规违章行为严肃处理，促使现场安全质量违规违章行为数量大大下降，事故发生率大大减小，管理水平不断提升。

（3）强化防汛应急管理。7号线创新成立三级防汛应急救援队，建设单位、成投公司、项目部三级。制定各级单位应急抢险物资标准化配备清单，确保人力及时、物资充沛；建立应急分区响应机制，将建设单位管理人员以及在建线路的大型应急设备按照东南西北中，五个区进行分区管理，形成一方应急，四方支援的局面；由轨道集团牵头，联动建设、运营两大板块，多维度应急互补，最大限度降低大雨、暴雨等自然灾害对地铁建设造成的损失和影响。

（4）强化专业培训。严格按照教学式安全培训和体验式安全培训相结合的原则，提升工人安全意识。变"要我安全"为"我要安全"；同时邀请业内专家对参建各方开展高大模板、起重吊装、盾构施工及瓦斯隧道施工安全等的专业培训，全面提升各级业务能力，做到懂专业，会管理。

5. 创新验收管理

7号线建设集土建、站后和大量市政配套项目于一体，工序空前搭接，全线共62个单位工程验收。成都轨道集团按照验前检查、正式验收、竣工验收，且每次验收一次性通过的步骤，结合计划工期,至少需组织360次验收,平均每天一次。在正式验收前,建设单位先组织施工、监理、勘察、设计、运营和第三方单位进行验收前检查。验前检查中存在的问题全部整改完毕,方可申请正式验收。验前检查的目的是及早发现问题、及时解决问题,为正式验收创造条件一次性通过,为下一道工序进场争取了时间。同时,为保证工程能够满足线路最终接管使用单位的功能需求,从土建工程验收前,邀请运营公司提前介入,对土建工程及后续各项工程提出使用要求,建立缺陷问题库,要求各单位专项整改、逐一消缺,以确保线路顺利开通运营。

8.4 工程实施

8.4.1 车站站台层暗挖扩挖法施工技术

7号线火车北站为地下三层车站,采用局部盖挖法施工。车站临近万通商场,东端南侧围护桩侵入万通商场内,结构紧贴万通商场外墙。由于万通商场短时间内无法实现拆迁,采用站厅局部压缩、轨行区横向扩挖的技术成功实现车站功能,成功突破拆迁影响。

8.4.2 车站全盖挖顺做施工技术

针对7号线西南交大站地处二环路北一段与交大路交叉路口处,地面交通十分繁忙,地下管线错综复杂,构建筑物较多的特点,运用全盖挖顺做施工技术,克服了明挖法施工对路面交通的影响,确保了城市繁华地区和交通繁忙地段的正常通行,也减小了对周边环境光、声、尘污染和沉降变形影响。

8.4.3 穿越车站结构的电力隧道保护技术

太平园站结构与2.2 m×2.0 m超高压电力隧道冲突,电力隧道迁改的经济和工期成本巨大。经过研究,最终该站选择电力隧道穿越车站结构的方案,施工过程中采取专项技术措施对电力隧道进行了有效的保护,避免了改迁的大量协调工作,节约了管线改移的成本和工期。

8.4.4 低矮空间下紧邻桥梁钻孔灌注桩施工技术

7号线北站西二路站市政配套工程桩基位于及二环高架桥下,净空9~12 m,且紧邻7号线北站西二路站—火车北站盾构区间,水平距离仅1.25~3 m,高度大的旋挖钻和振动大的冲击钻不能使用。针对这种情况,该站运用360°全回转套管钻孔灌注桩施工工法,解决了低矮空间下常规桩基设备无法施工的难题,施工过程中振动小、噪音低、安全性高、环保性好、成孔质量高。

8.4.5　复杂砂卵石、泥岩地层盾构法隧道成套施工技术

7号线盾构区间线路设计长度59 km，穿越地层主要以砂卵石和泥岩为主，砂卵石长度约27.8 km，泥岩长度约31.2 km，复合地层约占设计线路长度的15%。针对7号线地质特点，从盾构机选型、盾构施工关键参数控制、施工中常见问题及处置方法等技术进行研究，实施并形成了复杂砂卵石、泥岩地层盾构法隧道成套施工技术。

8.4.6　盾构接收端近距离下穿大管径带压污水管技术

三瓦窑站—火车南站区间盾构接收端地处砂卵石地层，且需下穿DN2200带压污水主干管，隧顶至管底净距仅2.5 m。通过创建端头加固体系、托换加固污水管、合理的掘进参数和控制措施，实现污水管正常排输的同时，确保了盾构安全顺利接收。

8.4.7　盾构下穿既有线铁路控制技术

琉璃场站—三瓦窑站盾构下穿既有线铁路，通过制定针对性穿越措施，成功穿越成绵乐客运专线、成渝左联络线，最大沉降量-1.2 mm，未对铁路运营造成不良影响，施工所得参数可为今后类似工程提供参考。

8.4.8　盾构直接穿越危桥托换桩基施工技术

府青路站—八里小区站盾构下穿青龙场立交桥，青龙场立交桥第二层环岛及其匝道桥处于带裂缝工作状态，评估为危桥。盾构通过前对有冲突的桩基采取主动托换技术，减小差异沉降，盾构安全平稳切削穿越废弃桩基，盾构姿态和出土量可控，桥梁结构的沉降、倾斜、挠度、裂缝控制良好。

8.4.9　富水砂卵石地层土压平衡盾构带气带压开仓施工技术

火车北站—驷马桥站盾构区间原计划第二次换刀位置在荷花池停车场内，但屡次与停车场产权单位沟通协调无果，砂卵石地层常规的"降水+地层加固"的常压换刀方法进行换刀在区间剩余段已不具备实施条件，后续还需下穿多个重大风险源。在此情况下，该区间研究实施了带气带压开仓换刀，确保了穿越安全和掘进效率。

8.4.10　砂卵石地层盾构掘进碴土分离减排技术

针对成都砂卵石地层盾构碴土特点，从分析引起盾构碴土处理成本、质量、节约节能、对环境影响等方面着手，在盾构施工地质情况、碴土组成、产生碴土量、碴土处理流程、有用材料的

分区回收、添加剂的回收利用等关键部位进行试验研究,形成了一套适合成都地区砂卵石地层的盾构掘进碴土分离减排系统,变废为宝创造了利益,取得了较好的社会和经济效果。

8.4.11 隧道洞内虚拟双导线控制测量技术

火车南站—神仙树站地铁盾构区间运用虚拟双导线控制测量技术,采用一条支导线与一条虚拟支导线相结合组成虚拟双导线,在传统双导线基础上再一次提高了导线的精度和可靠性。该技术使地下隧道导线控制测量同时兼具传统支导线布设灵活简便、测量快捷和双导线精度高、可靠性高的特点,有效解决地下隧道导线控制测量点位布设、测量效率、测量成本、施工工期间相互矛盾的问题。

8.4.12 超大型地下车辆基地深基坑施工技术

7号线崔家店停车场是国内首个、亚洲最大地铁双层地下停车场,主体土石方开挖方量达206万方,体量巨大。深基坑施工期间,运用"围护桩+多层锚索结合放坡+土钉+喷锚施工"技术,重视排水防汛工作,改进了基坑降排水技术,消除了膨胀土的不利影响,开挖时运用超大型基坑盆式与岛式开挖灵活结合的开挖方法,合理预留被动土及临时边坡,保证基坑稳定且土方开挖作业的连续性,也减少了围护结构锚索施工工期长对土方开挖进度的影响。

8.4.13 超大型停车场主体结构施工关键技术

针对崔家店停车场超大体量的主体结构施工,运用超高侧墙无拉杆一次成型施工技术在保证质量的前提下提高了施工效率,加快了工程建设进度,确保了主体结构按期封顶。运用无粘结预应力单端张拉技术解决了大跨度、大长度预力混凝土板预应力筋水平及竖向定位不精准的难点,有效控制大跨度、大空间结构中裂缝的出现,实现了设计意图。运用高大侧墙混凝土半自动喷淋养护技术,减少了操作者的质量意识和工作态度影响,解决了大体量混凝土养护不及时不到位的难题,显著提高了养护效果,保证了工程质量,同时有效节约了养护成本。通过BIM技术应用加强图纸审核与技术交底的深度,提高了交底水平,减少了错漏返工,减轻了工程量及构件安全性能计算的工作量,有效提升了项目管理水平。

8.4.14 轨道施工技术

7号线整体道床轨道铺设采用"轨排法",其本身是比较成熟的施工工艺,项目在施工过程中对施工工艺进行了改进,研究改良新型轨排拼装台位,克服了扣件弹条安装时产生的扭转力矩,改良道床测防端子固定工装,确保了道床测防端子的施工质量,进一步提高了效率、提升了质量、节约了工期;场段柱式检查坑施工时,研究改良了立柱式滑轨系统,确保钢轨可以在轨道立柱上顺利运输。设计了柱式整体道床模板，解决了传统木模板施工质量难以控制，木模板重复利用率不高，施工效率低的弊端；检查坑无缝线路施工时，发明立柱式检查坑焊轨工装，解决了立柱式检查坑焊轨的难题，确保了高处焊轨施工的安全，保证了焊轨的施工质量。

8.4.15 站后施工技术

7号线是成都地铁第一条环线，为高标准高品质保证开通，成都轨道集团建设公司、运营公司、中铁成都轨道交通工程指挥部、设计院、各标段及厂家等成立的联合指挥部，以设计为龙头，技术管理为基础，采用样板引路/建立台账/动态管理/质量提升等方法，推进着7号线有条不紊地向前建设。为保证功能最优化最稳定实现，供电首推数字通信电流保护及中压与低压混合逆变能馈技术，通信首次采用软交换技术，通风新增DN模式，动照增加消防电源监控技术，屏蔽门调整接地极绝缘方案，各专业以技术创新为基础，严控质量为要点，确保技术创新在实施上高质量高标准落地，实现技术创新带来的社会及经济效益。

8.5 运营组织

8.5.1 "井+环"模式下的运营筹备组织

针对7号线建成后成都地铁"井+环"的线网格局，为保证高质量完成7号线运营筹备任务，实现线网运营全面升级，成都轨道集团在总结既有线路运营筹备经验的基础上，结合环形线路特点，立足线网、统筹谋划，按照"线网+线路"分层级开展筹备工作。

线网筹备方面，成都轨道集团重点开展了线网级系统建设、资源共享与互联互通、区域化维保与应急等专题研究，同时围绕线网调度指挥体系建立、线网资源规划、线网运营规章制定、线网应急联动体系建设、线网维保模式优化开展线网筹备工作，全面提升了线网服务水平和管理水平。

线路筹备方面，沿用"标准化+差异化"的筹备思路，充分考虑7号线环线运营、全地下场段、多换乘站的特点以及系统设备选型的差异性，围绕人员招聘与培训、制度建设与应急演练、系统接管与消缺整改、系统调试与综合联调、精调细修与物资保障、客运服务与票务组织、行车组织与空载试运行进行充分研究、精心组织。

8.5.2 "1+3"的调度指挥体系

成都轨道集团2017年相继新建并投用新苗控制中心（接入10号线）、中环控制中心（接入7号线），加之既有的世纪城控制中心，形成了3个OCC并存的局面。

为解决3个区域控制中心各自独立运行（区域控制中心数量后续还将继续增加）、全地铁线网无法进行统一监控和管理的问题，成都轨道集团开展了线网指挥中心（COCC）建设工作，形成了1个线网指挥中心+3个区域控制中心的调度指挥体系。

在COCC系统的助力下，成都轨道集团从运营管理上：①完成了线网调度指挥体系下COCC调度、各区控制中心调度与生产调度之间的接口关系及界面划分，顺利完成了线网调度指挥体系下生产组织流程的梳理；②结合成都轨道集团生产实际完成了线网调度体系及生产组织体系规章制度的修订；③从线网应急管理工作上，完成了应急预案体系、应急指挥流程、应急资源外部协作体系的全面建立；④多次组织COCC及OCC间应急协作机制的专项演练，进一步提升了成都轨道集团线网应急处置实战能力；⑤更新了信息发布机制，更加适应线网运营管理的实际需求；实现了全线网门禁的统一授权管理，促进了工作效率的大幅提升。

8.5.3 综合联调

1. 多专业协同的异地调试

由于7号线车辆受川师车辆段古墓搬迁、首次采用A型铝合金车体、首次使用再生制动能量吸收新技术等因素影响，车辆调试工期较为紧张。为缓解工期影响，成都轨道集团创新思路，将成都地铁的加速建设任务与成都市轨道交通产业落地有机结合，首次提出"异地调试"的思路。通过对中车产业园试车线进行必要的升级改造，以空间换时间，先期开展多专业异地调试工作，为后续正线调试及综合联调争取时间，确保了车辆相关调试能与综合联调同步开展。

"异地调试"的创举，使车辆可提前启动与相关专业的接口调试工作，不必受制于土建施工进度，同时为后续正线调试做足充分准备，避免了后期正线多专业接口功能调试给联调阶段带来的风险，较以往线路至少提前6个月完成了相关测试工作，有效地实现了轨行区移交后以较短的时间完成远远难于以往的调试任务。

2. "线网+线路"模式协同组织综合联调

由于成都轨道集团在7号线同步建设了线网指挥中心、线网通信系统（含线网无线统一调度、线网视频监控、线网广播级线网调度电话）和线网门禁授权系统等。在此之前，成都地铁综合联调主要分为三大类别：车站类、行车类、供电类，线网级系统测试仅新线AFC与既有线互联互通及共用主所跨线支援供电测试（采用票务、供电专业零星组织的方式完成）。在7号线综合联调期间，既有的综合联调组织模式已无法适应新形势下的系统功能验证。

为此，采取的主要创新措施为：一是新增线网类联调，正式形成"线路+线网"联调组织模式；二是优化联调组织模式，提升7号线综合联调效率；三是人员组织特殊考虑，保驾线网联调顺利开展；四是线网联调标准先行，确保联调工作开展有据可依；五是关键位置重点盯控，确保联调期间既有线路安全；六是提升线网联调高度，完成各线路系统功能全面梳理与验证。

8.5.4 客运组织

1. 太平园三线换乘客运组织

太平园为成都地铁第一个三线换乘车站，3、7、10三线采用节点换乘，车站建筑结构较为复杂，客流交织点多，且10号线末班车迟于3号线和7号线，客运组织较为复杂。

根据太平园客运组织特点，制定了专项客运组织方案：一是结合太平园站建筑结构的特点，通过数据建模和现场演练拟定了专项客流组织方案；二是为保证乘客掌握站点信息及换乘信息的准确性制定太平园导向专项方案，对车站的导向以及车辆的LCD动态电子地图进行优化；三是针对末班车不一致的情况，采用专人引导、区域隔离、启用移动围栏、增设等候座椅等措施，优化客运组织；四是组织了多次车站站台疏散演练，进一步磨合了两个车控室之间的应急联动，增加了车站人员应急处置经验。

2. 线网客流急速攀升下的1号线客运组织

随着天府新区建设的推进，职住分离造成的南北主干线1号线客流压力日益突出，而7号线开通后，主城区的客流成漏斗状汇聚后向1号线集中，1号线客流压力急剧攀升，作为换乘站的火车南站早高峰持续面临7号线6A客流换乘已满载的6B车，客运压力极大。

解决措施：①通过土建扩能，在火车南站新建了3 000 m²的换乘站厅，在客流高峰时段采用设置铁马绕行等措施进行换乘客流疏导；②进一步加强1号线站台的客流容纳能力，对站台中部无障碍电梯进行拆除，拆除后封堵原电梯孔洞，增加乘客排队候车空间；③加快1号线三期调试进度，在7号线开通时同步具备北延伸线ATB折返条件，在此基础上进一步压缩行车间隔，提高1号线运力；④在1号线北段采取常态化限流等客运组织手段，并在极端情况下采取7号线火车南站跳停的客运组织措施；⑤采用了"大站空车"方案，周一早高峰组织5趟空车到火车南站载客，周二至周五每日早高峰组织4趟空车到火车南站载客；⑥持续加强错峰出行宣传力度，鼓励乘客错峰。

3. 安检互信探索

在铁路出站乘客普遍携带行李较多，客流较大时，在安检点位易形成拥堵，乘客换乘地铁体验较差；此外，铁路旅客乘车时已过安检，换乘地铁时还需再次安检，存在资源浪费的情况，且极为不便。为使铁路出站乘客更加方便快捷换乘地铁，通过对铁路出站乘客进入地铁车站流线及安检流程进行优化，在成都东客站实施了地铁与铁路安检互信方案。具体措施是撤除成都东客站现有地铁安检点，乘客从铁路出站、购票后，可直接进闸乘车，不需再次进行安检；保留铁路西端区域、东端区域现有铁路出站口，同时各增设两名地铁保安，确保铁路出站口只出不进。

8.5.5 行车组织

1. 环线首末班车采用多点发车方式

7号线作为成都地铁首条环形线路，与线网其他线路换乘节点众多，为满足早上场段出车、线上存车、乘客需求等多方面的需求，7号线首末班车采用多点发车的方式。通过采取多站点同时开行首班车的方式，提早部分车站的运营服务时间，更好地适应地铁各大枢纽站的接驳需求，从而达到提高运营服务水平的效果。

2. 早高峰采取不均衡运力配置

成都市民出行呈现早高峰往南汇聚、晚高峰由南发散的特点，7号线早高峰期间上下行客流存在不同程度的差异化，潮汐式分布特征明显。针对潮汐化客流的特点，早高峰期间通过组织7号线外环上线17列、内环上线15列的方式，局部压缩外环行车间隔，实现内外环不均衡运力配置。既能有效减少上线列车数，又能提高线路运能与运量匹配度。

3. "C字型"交路优化

通过7号线"C字型"交路优化研究，在金沙博物馆—火车南站—琉璃场区段组织开行小交路列车，进一步提高环线运能与运量匹配，提高线路车辆运用效率，提升客运服务整体水平，实现运输组织精细化管理。

8.5.6 维保信息化

1. 综合运维系统升级补强

为满足线网智能运维建设要求，成都轨道集团首次在7号线开展综合运维系统补强。通过对维护监测系统的软件优化，在提供现场设备实时、全面、精准的故障告警、预警信息、设施状态信息的基础上，结合故障处置专家库，实现了对故障更精准的判断，并实时提供处置建议。同时结合采集硬件设备补强，可以实现更精确的智能分析功能、报警定位更精准，通过设备原理图精准标注故障位置并提供维护指导建议。

2. PHM系统应用

为保证列车正线高效安全运营，成都轨道集团在车辆运行监测方面进行了积极的探索，采用基于列车控制和管理系统的车辆PHM系统实现对网压、牵引、辅助设备、制动系统、车门、PIS等各系统的运行状态监视，实现了线路列车状态监视、远程故障实时查询、故障统计分析、列车运行信息分析、司机驾驶里程统计、司机驾驶行为监视分析、地面车辆安全预警分析等功能，解决了城市轨道交通在大发展时期不断快速扩张的情况下地铁电客车正线故障难以快速处置、信息传递效率低等实际运维问题。

3. PMS系统应用

7号线施工建设期间，成都轨道集团线网资产管理及运营生产管理系统（以下简称PMS系统）项目同时也在进行项目建设。PMS系统实现从新线资产移交到开通后的资产管理以及运营生产相关物资管理、设备设施维护管理、安全管理、乘务及站务管理等功能，基本涵盖了运营主要的业务工作。利用PMS系统平台，成都轨道集团组织开发了新线问题库模块及智能仓App。

7号线一次性开通里程长，为确保按时高质量开通，将新线移交接管的问题及时消缺是极为重要的。依据PMS平台及线路、人员等基础信息，开发了新线问题库模块，实现了新线问题的提报、审核、发布、设计回复、施工单位处置、销项、数据统计分析等功能，大幅提升了新线消缺整改工作效率。

智能仓App软件系统是基于PMS系统物流管理子系统基础上开发的移动化物流管理软件，应用于手持终端操作，按照仓储作业的业务规则和运算法则，对信息采集、资源共享、行为监控进行管理。通过智能仓App应用，减少了物资管理的手工记账工作量，降低了差错率，提高了工作效率，降低物资管理成本，实现了仓库物资的优化管理，极大地提升了物资仓储管理工作效率。

4. 大型检测维修设备的智能化应用

钢轨、接触网等位于轨行区的重型设备，一旦发生故障，具有故障突发性强、抢修时间长、对行车影响大等特点，为此，做好钢轨、接触网的日常巡检工作显得尤为重要。为提升巡检水平，地铁公司对用于巡检的大型检测维修设备进行了智能化创新应用。

研发了接触网悬挂状态智能巡检系统，通过接触网高清成像检测模块高清拍摄其悬挂设备，并通过图像智能分析软件实现对关键零部件的脱落、缺失、破损等缺陷的智能识别。

采用了具备快速、高效、精确、覆盖面广等特点的车载轨道巡检系统，有效地弥补人工巡道方式在巡检效率和检测精度方面的缺陷。

建立了"大型检测设备+小型辅助平台+人工"的三维立体探伤体系，不断拓展提升检测设备的科技智慧化水平，实现线网运营模式下钢轨探伤维保新模式，进一步优化修程修制，以设备代替人，用技术来保障运营。

制定了钢轨差异化廓形打磨方案，有效地改善了轮轨关系，大大减少了由于轮轨关系恶化引起的换轨、镟轮、转向架等的维修工作，同时还改善了列车行车条件，减小了噪声振动，增加了乘客乘坐的舒适度。